城市轨道交通供电系统设计原理与应用

于松伟　杨兴山　韩连祥　张　巍　编著

西南交通大学出版社
·成　都·

内容提要

本书是在作者总结以往数十年城市轨道交通供电系统设计经验的基础上，系统地阐述了城市轨道交通供电系统的设计理论、设计方法、设计实践。全书共分 19 章，从基础知识、系统功能、系统构成、系统方案、计算方法、设备选型、设备布置、节能措施等进行了全面介绍，最后还列举了国内外工程设计应用实例。

本书具有城市轨道交通供电系统的设计指南作用，适用于城市轨道交通工程供电系统的设计人员，对城市轨道交通建设与运营管理单位的工程技术人员，也是一本很好的参考书。也可供大专院校、科研单位、施工单位、设备制造厂家等专业人员参考。

本书为四川省“十一五”重点图书。

图书在版编目（CIP）数据

城市轨道交通供电系统设计原理与应用 / 于松伟等编著. —成都: 西南交通大学出版社, 2008.6 (2014.1 重印)
ISBN 978-7-81104-850-6

Ⅰ. 城… Ⅱ. 于… Ⅲ. 城市铁路－供电－电力系统－系统设计 Ⅳ. U239.5

中国版本图书馆 CIP 数据核字（2008）第 081605 号

城市轨道交通供电系统设计原理与应用

于松伟　杨兴山　韩连祥　张巍　编著

*

责任编辑　高平　万方

封面设计　本格设计

西南交通大学出版社出版发行

(成都二环路北一段 111 号　邮政编码：610031　发行部电话：028-87600564)

http: //press.swjtu.edu.cn

四川森林印务有限责任公司印刷

*

成品尺寸：185 mm×260 mm　　印张：32.5

字数：811 千字

2008 年 6 月第 1 版　　2014 年 1 月第 2 次印刷

ISBN 978-7-81104-850-6

定价：68.00 元

图书如有印装质量问题　本社负责退换

序

很高兴看到这本书！因为它满足了目前我国城市轨道交通建设的应时之需。

当前我国高度重视节能降耗问题。2008 年 4 月 1 日起施行的《中华人民共和国节约能源法》明确规定：节约资源是我国的基本国策。国家实施节约与开发并举、把节约放在首位的能源发展战略。“十一五”期间，我国单位国内生产总值能源消耗要降低 20% 左右，主要污染物排放要减少 10%。

城市轨道交通工程，是电力驱动的车辆运输系统，它具有运量大、耗能少、快捷、准时、污染轻、占地少等特点，它对缓解城市交通拥堵、改善城市居民出行、节约能源、减少污染物排放量，具有重要作用。城市轨道交通符合城市可持续发展的战略要求。

目前，大力发展城市轨道交通已成共识。我国国民经济和社会发展第十一个五年规划纲要明确指出：优先发展公共交通，有条件的大城市和城市群地区要把轨道交通作为优先领域，超前规划，适时建设。最近，国务院下发的“节能减排综合性工作方案的通知”提出：优先发展城市公共交通，加快城市快速公交和轨道交通的建设。我国城市轨道交通事业正面临着前所未有的良好发展环境和难得的发展机遇。北京、上海、广州等特大城市的轨道交通已步入了网络化发展时代。

城市轨道交通供电系统，是城轨工程中重要机电设备系统之一，它担负着为电动列车和各种运营设备提供电能的重要任务，也是城市电网的用电大户。城轨供电系统的可靠性与安全性，直接影响到城轨交通的安全运营与服务水平；城轨供电方案的科学性及设备选型的合理性，也直接影响到城轨交通的节能效果。

北京城建设计研究总院的电气工程师们，结合工程实际，对多年来的城市轨道交通供电系统设计经验及研究成果进行了全面总结、系统提升，并编著成书与业内共享。这在城轨供电设计指导参考书比较缺乏的情况下，无疑是一件好事。它将有助于进一步提高我国城轨供电系统的技术水平和经济效益，促进我国城市轨道交通事业又好又快的发展，这对建设资源节约型、安全便捷型、环境友好型、技术创新型的城市轨道交通具有重要现实意义。

中国工程院院士

施仲衡

2008 年春节前夕于北京

前　言

进入21世纪以来，随着我国大城市交通问题的日益突出，优先发展公共交通，大力发展城市轨道交通已成为城市交通发展的必然选择。目前，我国城市轨道交通建设已进入了大规模高速度发展期，国内现有30多个城市正在建设或规划筹建城市轨道交通工程，北京、上海、广州等特大城市正在逐步形成城市轨道交通网络。

城市轨道交通供电系统，负责为电动列车提供牵引电源和为各种运营设备提供动力照明电源，同时也是城市电网的重大用户。因而，城轨供电系统对城市轨道交通的安全运营、节能降耗具有直接影响。

设计工作是城市轨道交通工程建设的龙头。设计效率影响工程工期，设计质量影响工程质量、工程投资、运营费用。城市轨道交通牵引供电系统，与铁路牵引供电系统相比，有其自身的特点，一般采用直流牵引供电制式。与交流牵引供电相比，直流牵引供电具有多电源多回路多参数的特点；另外，中压网络、牵引整流机组、接触轨、杂散电流腐蚀防护、直流牵引供电计算、直流短路计算与分析、直流牵引供电回路时间常数等，都是城市轨道交通供电系统所特有的，而这方面的基础教材、专业书籍、设计手册等都比较缺乏。长期以来，城轨供电设计基本上是在言传身教、手把手作坊式的设计培训模式中进行的，这样不能满足目前城轨又好又快的建设需求。近几年刚刚投入到城轨供电系统的广大设计人员，急需得到系统性专业化的设计参考资料。为此，有必要就城轨供电系统设计原理及应用，编写一本具有工程实用价值的书籍。

北京城建设计研究总院是我国第一家从事地铁设计与研究的单位，先后完成了国内外20多条城轨线路的供电系统设计，积累了丰富的设计经验，并拥有许多科研成果。在目前城轨设计书籍匮乏的情况下，北京城建设计研究总院的电气工程师们在总结几十年来的国内外城市轨道交通供电系统设计经验的基础上，系统地阐述城市轨道交通供电系统的理论知识、设计原则、系统方案、计算方法、保护配置、设备选型原则等，编著成这本《城市轨道交通供电系统　设计原理与应用》，与业内共享。

本书的编写突出了以下特点：

（1）对城轨供电系统的可靠性与安全性要求进行了全面分析，并落实到设计原理、技术方案、设备选型之中；

（2）基于工程实际，对以往设计经验进行了总结、凝练、提升，并吸纳了当今城轨供电技术的科技创新成果；

（3）主要技术原则遵从《地铁设计规范》（GB50157—2003）等国家和行业的标准、规范；同时对国家标准规范中没有明确的内容，实事求是地对目前实际做法进行了简单介绍；

（4）着力强化了城市轨道交通供电系统的技术特点，对中压网络、直流牵引供电系统、直流牵引变电所等重点内容进行了详细论述；

（5）提出了城轨供电系统的节能设计措施。

全书共分 19 章。具体内容如下：城市轨道交通供电系统概论；外部电源；主变电所；中压网络；牵引变电所；降压变电所；控制、保护、信号、测量；变电所自用电及应急照明电源；接触轨；架空接触网；杂散电流腐蚀防护；电力监控系统；接地与过电压保护；电缆选择及敷设；主要设备选择；变电所设备平面布置；供电计算与分析；节能设计；设计应用实例。

本书由于松伟、杨兴山、韩连祥、张巍等 14 位执笔人共同编著。各章节执笔人如下：于松伟执笔第 1 章、第 2 章（2.1、2.2、2.3、2.4、2.7 节）、第 3 章、第 19.3 节；杨兴山执笔第 2 章（2.5、2.6 节）、第 4 章、第 5 章、第 6 章；韩连祥执笔第 8 章、第 13 章、第 15 章；张巍执笔第 18 章、第 19.2 节；陈德胜执笔第 7 章（7.6 节以外部分）、第 19.1 节；周菁执笔第 9.3 节、第 9.4 节、第 9.6 节；赵颖红执笔第 9.1 节、第 9.2 节、第 9.5 节、第 9.7 节；王云执笔第 10 章；梁玉娟执笔第 11 章；袁志宏执笔第 12 章、第 7.6 节；孙名刚执笔第 14 章、第 19.4 节；傅宝文执笔第 16 章；李华执笔第 17 章；包童执笔第 19.5 节。于松伟负责总策划并统稿。

中国工程院施仲衡院士百忙中为本书作序，这是对城市轨道交通供电系统设计工作的极大关注和对作者的殷切勉励。编写过程中，还得到中国工程院钱清泉院士的教导与鼓励。宋敏华、李国庆、廖国才、杨秀仁等总院领导就图书定位、编写原则、技术路线、专业接口等进行了总体指导。包国兴、黄德胜、宋文义、宋琨、李嘉、王颖等业内专家审阅了本书，并提出了宝贵的修改意见；尤其是黄德胜同志先后两次仔细地审核了本书全部内容，这为提升本书技术质量起到了重要作用。沈景炎、沈子钧两位资深专家对作者设计工作的教诲，也增加了作者的写作勇气；冯爱军女士、任静女士在作者利用行业与总院技术资源方面提供了支持。樊建辉在本书编写过程中，做了大量的文字处理工作；另外，王绍勇、王凯建、张剑涛、张维等也参与了部分文字处理工作。张巍、梁玉娟为编写组做了大量的协助组织工作。北京城建顺捷电子图文公司为本书编写提供了便捷服务。西南交通大学出版社为本书出版提供了鼎力支持。

在此，对所有编著人员、审稿人员、指导者、支持者一并表示深深的感谢！

最后作者由衷地感谢被誉为“中国地铁的摇篮”的北京城建设计研究总院有限责任公司及其全体同事们。尤其要感谢总院的老一辈专家们，是他们创造并积累了丰厚的地铁供电设计经验，并无私地教授了我们中青年设计人员。总院是我们编写者技术成长的沃土、事业发展的平台，正是总院积极向上的学术氛围、博大精深的技术资源，才造就了本书。可以说，本书是北京城建设计研究总院老中青三代电气工程师们集体智慧的创作。同时行业发展的激励及业内专家的指导，也促进了本书编写工作。本书编写过程中的主要参考文献，以目录的形式附在书末。在此，对其作者或单位表示衷心的感谢！

由于编写人员水平有限，编写时间又短，本书难免会有各种不当之处甚至也会有错误。敬请广大读者批评指正！我们希望本书的出版在业内能够起到“抛砖引玉”的作用。

作　者
2008 年元月于北京

目　录

1 城市轨道交通供电系统概论

城市轨道交通供电系统（以下简称城轨供电系统），是城市轨道交通工程中重要机电设备系统之一，它担负着为电动列车和各种运营设备提供电能的重要任务。牵引供电技术与车辆技术的发展史与城市轨道交通技术的发展史，紧密相关、直接相联。因此，在介绍城轨供电系统之前，本章首先对城市轨道交通工程概况进行简单介绍。在此基础上，再对城轨供电系统的功能、构成以及技术发展进行概述。

1.1 城市轨道交通工程概论

世界城市轨道交通已有 150 多年历史，目前已呈现多元化的发展趋势。我国城市轨道交通起步较晚，只有 50 年历史，但近期发展迅猛。所以，在介绍国内外城市轨道交通发展史及城市轨道交通分类之后，对我国城市轨道交通工程建设管理进行重点介绍。

1.1.1 世界城市轨道交通发展

1）发展简史

1863 年，世界上第一条用蒸汽机车牵引的地下铁道线路在英国伦敦建成通车，当时还没有电车和电灯，至今已有 150 多年。纵观世界城市轨道交通发展历史，大致可分为两大阶段。

第一阶段从 1863 年到 20 世纪中叶。从第一条地铁诞生起，欧美的城市轨道交通发展较快，第二次世界大战前，有 13 个城市修建了地铁[8]。

第二阶段从 20 世纪中叶至今。第二次世界大战后，伴随着各国城市的快速发展，地铁发展极为迅速。到 1969 年，又有 17 个城市新建了地铁[8]，特别是 1970 年以后，地铁发展更快。根据 2005 年日本地下铁道协会的统计，全世界有 142 个城市拥有城市轨道交通系统。其中 112 个城市拥有 8 227 km 地铁线路，计有地铁车辆 64 587 辆，其中 90% 以上线路均在 20 世纪 90 年代以前建成。排名前 10 位的城市依次是：巴黎、纽约、伦敦、首尔、莫斯科、东京、芝加哥、柏林、波士顿、旧金山。其中巴黎、纽约、伦敦，均在 400 km 以上[12]。截止到 2013 年底我国上海城市轨道交通运营线路已有 567 km，跃居世界第一位。

2）技术发展

城市轨道交通属于集多工种、多专业于一身的复杂系统。1879 年，电力驱动列车的研制成功，不仅使地铁乘客和工作人员免除了蒸汽机车的烟熏之苦，也使城市轨道交通开创了使用无大气污染的二次能源之先河，城市轨道交通从此步入了连续不断的发展时期，相继出现了传统轮轨系统、直线电机驱动系统、磁悬浮列车、单轨交通系统、新交通系统等。现代城市轨道交通技术进步的标志，当以先进舒适的车辆和行车控制技术为代表。

（1）车辆技术

城市轨道交通车辆的技术发展，可以从车体结构、车辆传动和走行系统三个方面来介绍。

车体结构技术。城市轨道交通车辆的车体，过去主要采用碳素钢或耐候钢材料，现在已向不锈钢车体和铝合金车体发展。铝合金制成的车体，可以减轻车辆自重，增强抗腐蚀能力，延长使用寿命，还将减少大量的日常维护保养工作，可节省能源，并减轻对支撑结构物的压力而节省土建工程费用。但铝合金车体整体承载结构需要使用大型铝材，技术难度较大，目前有的国家已在研究组合结构的车体技术。另外，目前世界范围内不锈钢车体也得到了广泛应用。不锈钢车体有局部不锈钢车、表板不锈钢车、全不锈钢车、半不锈钢车等几种类型，其最大优点是耐腐蚀，不用涂漆，易于维修。

车辆传动技术。以前城市轨道交通车辆的牵引控制系统，主要采用直流电动机的凸轮变阻控制方式，这种方式使用了几十年，工作安全可靠，但车辆的启动和制动频繁，要消耗大量电能，其能量的散发还将引起隧道内温度的上升，对环境产生不良影响。自20世纪60年代初，新造车辆已越来越多地采用无级斩波调压控制方式。这确保了车辆的平稳启动与制动，又使得车辆设备的体积和重量大为减小，加上列车再生制动能量的利用，能耗显著降低，日常维护保养工作大大减少。1990年，随着GTO、IGBT等大功率电子元器件的发展，为了使车辆运行更为平稳并达到主电动机无维修化目的，各国成功地开发了交流异步电动机变压变频控制技术。同时，作为科技发展新成就的代表，直线电机驱动技术、磁悬浮列车技术在城市轨道交通工程中也得到了实际应用。

车辆走行系统。传统的车辆走行系统是车体通过转向架及轮对在钢轨上行走。城市轨道交通车辆的走行系统也在不断地革新和发展，并已在实际工程上有所突破。如法国里尔地铁的VAL系统和日本神户等地的新交通系统等，都已经把传统的钢轮钢轨取消，而改为用橡胶轮承重和水平轮导向的体系，车下轨道则采用特制的混凝土结构或钢板结构，使振动和噪声大大降低[10]。另外，悬挂式单轨交通和跨座式单轨交通，在城市轨道交通工程中也得到了实际应用。

（2）行车控制技术

就行车控制技术而言，由于信息科学的不断进步，推动了微电子技术、信息传输技术和计算机网络技术的飞跃发展，城市轨道交通系统的行车控制技术充分利用了这些高新技术成果。行车系统使用的设备和工艺流程技术，已从传统的电磁和电机设备，发展到功率电子和计算机技术；从运用普通金属电缆，发展到运用具有高速通信能力的光缆，使通信系统向无线通信和控制一体化的方向发展。就城市轨道交通的整体控制系统来说，将从以往的单一功能系统，向以模块化组成的、适用于多种目的和多层次需要的综合控制系统发展；从单个列车局部而孤立的控制技术，向列车群的综合管理和控制方向发展；从中央集中控制管理方式，向集中管理、分散控制的自律分散式系统发展；从适用于固定闭塞的列车控制方式，向以列车自动运行为主体的移动闭塞方式发展[10]。行车控制技术的发展，将使列车运行的安全度和准点率得到更为可靠的保障。

1.1.2 国内城市轨道交通发展

我国城市轨道交通开始于20世纪50年代的北京地铁建设。北京地铁一期工程1965年开工，

1969 年建成通车。直到 20 世纪 80 年代，中国城市仅有北京地铁 40 km，天津地铁 7.6 km。

随着我国国民经济的持续发展，城市化进程的逐步加快，城市人口与机动车数量急剧增长，人员出行和物资交流频繁，在我国大城市及特大城市，普遍存在着交通道路阻塞、交通秩序混乱、交通事故频发、交通污染严重等问题。由于城市轨道交通具有运量大、快捷舒适、安全节能、污染轻、占地少等特点，发展城市轨道交通已成为大城市发展公共交通的根本方针和缓解城市交通拥堵的最佳选择。

进入 20 世纪 90 年代以来，在国家政策的正确引导和各城市积极努力下，我国城市轨道交通进入了一个快速发展期，建设规模之大是世界城市轨道交通发展史上少有的，凸显了后发之势。

截止到 2013 年底，全国（不包括台湾地区和香港、澳门特别行政区）已开通城市轨道交通的城市有：北京、天津、上海、广州、长春、大连、重庆、武汉、深圳、南京、沈阳、成都、佛山、西安、苏州、杭州、昆明、郑州共 18 个城市，线路总长度已超过 2 008 km。

进入 21 世纪以来，随着大城市交通问题的日益突出，大力发展城市轨道交通已成共识。城市轨道交通的建设也进入了新的高潮期，发展态势更为迅猛，全国百万人口以上的大城市中已有 50 多个城市开展了城市轨道交通的建设或筹建工作，据有关课题组初步统计，近期规划建设线路，长约 4 300 km，总投资达到 2 万亿元；我国远期线网总长将超过 14 000 km。

在我国城市轨道交通的未来发展中，其趋势与前景主要集中在以下几个方面：

（1）城市轨道交通的网络化

北京、上海、广州等特大城市已建成多条线路，在未来的 5～10 年内，将逐步形成城市轨道交通网络，以构建城市轨道交通为骨干的公共交通系统。例如，根据《北京市城市快速轨道交通建设规划（2007～2016 年）调整方案》，北京 2016 年之前，将建成城市轨道交通线路 21 条，线路总长度约 664 km。同样，上海远期将建成城市轨道交通线路 17 条，线路总长度约 1 050 km。这些城市面对网络化发展，开展了一系列的网络化专题研究，如车辆段与综合基地、主变电站、控制中心、无线通信、AFC 等资源共享研究。

（2）交通制式的多元化

目前 18 个城市投入运行的近 66 条线路，虽大多数为传统地铁制式，但也出现了多样化的趋势。如长春建设了现代化轻轨交通；重庆轨道交通 2 号线为跨座式单轨交通；广州轨道交通 4 号线、北京机场线为直线电机系统；上海市区通往浦东机场则建成了高速磁悬浮线路。此外，还有 100 km/h、120 km/h 不同等级的市域快线等。

（3）车辆与机电设备的国产化

在国家城市轨道交通设备国产化政策推动下，通过建立合资企业，引进消化吸收新技术，开展多种形式的技术合作，我国将不断提高城市轨道交通的车辆、设备制造的技术水平和国产化率，逐步形成城市轨道交通车辆与机电设备的产业化。

1.1.3 城市轨道交通分类

城市轨道交通是采用轨道结构进行承重和导向的车辆运输系统，依据城市交通总体规划的要求，设置全封闭或部分封闭的专用轨道线路，以列车或单车形式运送相当规模客流量的公共交通方式[13]。城市轨道交通属于城市公共交通范畴。根据建设部行业标准《城市公共交通分类标准》(CJJ/T114—2007)，我国城市轨道交通包括：地铁、轻轨、单轨、有轨电车、磁悬浮系统、自动导向轨道系统、市域快速轨道系统。其中地铁与轻轨，是我国城市轨道交通的主流。

地铁是一种大运量的轨道运输系统，采用钢轮钢轨体系，标准轨距为 1 435 mm，主要在大城市地下空间修筑的隧道中运行，当条件允许时，也可穿出地面，在地上或高架桥上运行[13]。按照选用车型的不同，又可分为常规地铁和小断面地铁；根据线路客运规模的不同，又可分为高运量地铁和大运量地铁。地铁车辆的基本车型为 A 型车、B 型车和 L_B 型车（直线电机）三种。A 型车车辆基本宽度为 3 000 mm，B 型车和 L_B 型车车辆基本宽度为 2 800 mm。每种车型有带司机室和不带司机室、动车和拖车的区分。

轻轨是一种中运量的轨道运输系统，一般采用钢轮钢轨体系，标准轨距为 1 435 mm，主要在城市地面或高架桥上运行，线路采用地面专用轨道或高架轨道，遇繁华街区，也可进入地下或与地铁衔接[13]。轻轨车辆包括 C 型车辆、L_C 型车辆（直线电机）。轻轨 C 型车和 L_C 型车都采用钢轮钢轨体系，车辆基本宽度为 2 600 mm。

单轨系统是一种车辆与特制轨道梁组合成一体运行的中运量轨道运输系统，轨道梁不仅是车辆的承重结构，同时是车辆运行的导向轨道[13]。单轨系统的类型主要有两种：一种是车辆跨骑在单根梁上运行的方式，称之为跨座式单轨系统；另一种是车辆悬挂在单根梁上运行的方式，称之为悬挂式单轨系统。

1.1.4 城市轨道交通工程建设

目前，我国城市轨道交通建设正处于一个高速发展期，作为城市轨道交通工程概论的一部分重点内容，下面对城市轨道交通项目的建设程序与管理、建设标准与规范、系统构成与运行进行简要介绍。

1.1.4.1 建设程序与管理

城市轨道交通项目是大型的城市基础设施项目。按照现代项目管理理论及我国目前建设程序，一个城市轨道交通项目，可以分成项目前期阶段、工程实施阶段、投入运营阶段。项目前期阶段又包括：城市轨道交通线网规划、预可行性研究（项目建议书）、可行性研究。而工程实施阶段一般又分成：总体设计、初步设计、施工图设计、施工安装、系统联调、试运行等阶段。

1）项目前期

（1）城市轨道交通线网规划

城市轨道交通发展直接影响到城市的布局结构和发展方向，应统筹规划、分步实施。所有拟建设城市轨道交通项目的城市，应在编制城市总体规划及城市交通发展规划的基础上，组织制订城市轨道交通线网规划与近期建设规划，根据城市发展要求和财力情况，明确远期目标和近期建设任务，以及相应的资金筹措方案。

城市轨道交通线网建设规划也是项目建设的前提，对建设项目的选择、为项目建设提供规划条件、协调与其他交通方式的衔接及市政工程的配套，都有直接的作用。规划建设城市轨道交通项目的线路，要搞好沿线土地规划控制，编制专项土地控制规划，防止新建建筑物对线路的侵占。

（2）预可行性研究

预可行性研究是介于投资机会研究和可行性研究的中间阶段，其研究内容与可行性研究基本相同，但深度和广度略低，其研究目的是编制项目建议书。因此，预可行性研究阶段往往也称为项目建议书阶段。预可行性研究是城市轨道交通项目立项的依据，其任务是根据城市总体规划及城市轨道交通线网规划的要求，对项目与城市发展的关系，项目在城市交通发展中的地位和作用，主要工程技术标准和方案设想、组织机构和建设速度等进行研究，进行初步技术经济评价，以判定项目的必要性和紧迫性，为下一步的可行性研究工作奠定基础。

预可行性研究对投资估算精度控制在±20%以内[14]。

预可行性研究阶段，供电系统的主要研究内容如下：

① 初步调查城市电网及外部电源引入情况。

② 初步确定供电系统方案。

③ 配合车辆选型，初步确定牵引供电制式。

④ 框算供电系统的工程投资。

（3）可行性研究

可行性研究是对项目进行详细深入技术经济分析论证的阶段，是项目决策研究的关键环节。可行性研究报告要对建设项目的技术、经济、环境和节能的合理性进行全面分析论证和多种方案比较，提出评价意见，凡可行性研究未通过的项目不得上报项目和进行下一步工作。城市轨道交通是一项专业多、造价高、工期长和作用大的城市基础设施项目，既是政府重视的项目又是市民关心的项目。其前期工作中的可行性研究报告阶段非常重要，它是投资者和政府部门进行项目最终决策的重要依据。可行性研究对投资估算精度要求控制在±10%左右[14]。

在项目可行性研究报告提出后，由具有一定资质的咨询评估单位对拟建项目本身及可行性研究报告进行技术上、经济上的评价论证。这种论证是站在客观角度，对项目进行分析评价，决定项目可行性研究报告提出的方案是否可行，科学、客观、公正地提出项目可行性研究报告的评估意见，为政府决策部门或业主对项目审批决策提供依据。

可行性研究阶段，供电系统的主要研究内容如下：

① 外部电源方案：外部电源方案的方式（集中、分散、混合）、外部电源的落实。

② 供电系统方案：主变电所的设置（数量及容量）、中压网络的构成及其电压等级的选择。

③ 牵引供电方案：牵引网系统的标称电压（直流 1 500 V 或直流 750 V）的确定、牵引变电所的设置（数量及容量）、牵引网悬挂方式的选择（接触轨或架空网）。

④ 电力监控与综合监控系统的关系界定。

⑤ 杂散电流腐蚀防护及综合接地方案。

2）总体设计

总体设计是城市轨道交通工程设计过程中的一个中间阶段，介于可行性研究和初步设计之间，往往成为设计总体工作的一项重要内容。总体设计阶段不是一个必需的设计阶段；有的工程没有总体设计阶段，有时也会被方案设计阶段或投标方案优化阶段所取代。

总体设计一般来说由设计总体单位负责实施，有时也由设计总体单位组织各分项设计单位实施。

开展总体设计的主要目的是为更好地进行初步设计奠定基础和创造条件。总体设计基本目标如下：落实边界条件，稳定线路站位；明确功能定位，确定运营规模；梳理系统方案，协调设计接口；统一技术标准，分割合同单元；筹划合理工期，控制投资总额。总体设计过程中，应对重大技术方案进行综合比选或进行专题研究。总体设计阶段，供电系统设计内容包括动力照明设计。

总体设计阶段，供电系统的主要设计内容如下：

（1）外部电源方案

电源点及引入路径落实。

（2）全线系统

① 主要设计原则及技术标准。

② 中压网络方案。

③ 牵引供电系统方案。

④ 综合接地系统。

（3）牵引降压混合变电所

① 主要设计原则及技术标准。

② 主接线方案及运行方式。

③ 设备用房与设备平面布置。

④ 继电保护、测量、计量的配置。

⑤ 变电所交直流自用电系统。

⑥ 设备选型原则。

（4）降压变电所

① 主要设计原则及技术标准。

② 主接线方案及运行方式。

③ 设备用房与设备平面布置。

④ 继电保护、测量、计量的配置。

⑤ 变电所交直流自用电系统。

⑥ 设备选型原则。

（5）接触网

① 主要设计原则及技术标准。

② 主要设计条件及设计参数。

③ 接触悬挂设计方案。

④ 设备、材料选型原则。

⑤ 线材使用张力。

（6）动力照明

① 主要设计原则及技术标准。

② 负荷分级及供电要求。

③ 动力照明配电系统典型设计。

④ 电缆、电线选型原则及敷设主路径。

⑤ 设备选型原则。

⑥ 设备接地与安全。

（7）杂散电流腐蚀防护

① 主要设计原则及技术标准。

② 杂散电流腐蚀防护技术方案。

③ 杂散电流监测系统。

④ 杂散电流日常监测及维护。

⑤ 杂散电流腐蚀防护与综合接地的关系。

⑥ 杂散电流腐蚀防护对相关专业要求。

（8）电力监控系统

（9）供电车间

① 主要设计原则及主要技术标准。

② 综合维修工区设置及其主要任务。

③ 综合维修工区定员及设备设置。

④ 房屋设置。

⑤ 检修设备配备。

（10）设计界面划分与设计接口界定

（11）主要设备数量、主要工程量、投资估算

（12）附图

3）初步设计

在初步设计阶段，各专业应对本专业内容的设计方案或重大技术问题的解决方案进行综合技术经济分析，论证技术上的适用性、可靠性和经济上的合理性。初步设计文件应符合已审定的设计方案及落实的接口条件，能据以确定土地征用、进行主要设备及材料的准备以及建筑物和构筑物搬迁、管线改移，并可据以进行施工图设计和施工准备（如施工单位招标等），提供工程设计概算，作为审批确定项目投资的依据[15]。

初步设计文件根据设计任务书（或批准的可行性研究报告、总体设计文件）编制，由设计总说明书、各专业设计说明书、图纸、主要设备及材料表和工程概算书等几部分组成。

初步设计阶段，供电系统设计内容应满足建设部颁发的《市政公用工程设计文件编制深度规定》中“城市轨道交通工程初步设计文件编制深度”的要求。

需要说明的是，在初步设计及其以后阶段，动力照明作为建筑物附属设备，其设计文件一般纳入车站、区间等土建篇册或机电篇册，而不纳入供电系统篇册。

4）施工图设计

施工图设计文件的深度应达到可以据此编制施工预算、安排材料和设备订货、非标设备制作，进行施工和安装，进行工程验收[15]。《市政公用工程设计文件编制深度规定》对供电系统施工图设计内容也提出了要求。

施工图设计应根据已批准的初步设计文件进行编制，内容以图纸为主，应包括：封面、图纸目录、设计说明、图纸等。

施工图设计文件一般以专业独立编册。

施工图设计周期比较长，施工图设计一般分期分批进行，但施工图的设计进度应能满足施工安装的需要。为满足开工需要，第一批土建施工图应是围护结构或桩基开挖等图纸；第

一批设备施工图应是预留、预埋等图纸。

对于供电系统来说，第一批施工图是外引接地装置预埋图及设备预留孔洞图等，这部分图纸应在主体结构施工前完成。电缆敷设及布线、二次接线原理、继电保护整定表等图纸一般是最后一批施工图。

有时为了满足工程进度的需要，施工图设计与设备招标同期进行。此时，往往在施工图设计开始先进行设备招标图设计。设备招标图设计，没有统一规定，只要满足设备招标即可；基本内容包括：设备技术规格书、主要设备数量、附图等。

5）施工安装

土建施工、设备安装，是工程实施阶段中的主要内容。

供电设计人员在此阶段进行技术交底，配合设备订货和安装，根据需要修改设计图纸，并参加供电系统调试，以确保供电系统安全可靠。

供电系统调试，一般按照以下调试程序进行：单机调试、设备组调试、变电所内设备调试、变电所间设备调试。供电系统调试期间，设计单位、施工单位、设备供应商之间应密切配合。

6）系统联调

系统联调是在完成系统调试的基础上进行的，它是各系统之间的联合运行试验和调试。其主要内容包括系统之间的所有接口功能核对、性能测试和综合调试。接口功能核对是证明各设备系统之间的所有接口功能正确；综合调试是指几个相关专业设备系统均经过联合运行测试检验后，证明设备系统间可以有机地结合在一起，有效地工作，能满足列车运行的要求，保证列车正常地运行。

系统联调的目的是实现机电设备系统的综合集成，实现工程中移动设备和固定设备的最佳整体匹配。通过联调，研究分析出现的技术、安全等问题，提出解决及整改意见，以保证系统的安全性和可靠性，满足设计要求，形成一个安全可靠的城市轨道交通系统。

7）试运行

在完成系统联调之后，就可以进行试运行。试运行的目的，是为了全面检验车辆和机电设备系统运行是否正常，检验各设备系统间能否协调配合运转，检验运营管理能力是否满足运营要求，检查整个系统是否达到设计目标[16]。

在试运行期间，可对正常运行模式的不同工况（客流高峰和低峰）、非正常运行模式（列车阻塞、晚点）和灾害运行模式下的运营管理、紧急工况下的应急处置进行演习和操作，以便积累经验和进一步改善管理工作。考核和检验在非正常运行模式和紧急状态下系统的运行性能和各种安全防护措施的完善情况，必要时还应对相关系统的有关参数进行重新调整，以适应实际运营的需要。

对于供电系统，试运行期间根据实际情况，往往要对保护整定值等进行重点调整。如果必要，在试运行期间也可以进行相关试验，如牵引网直流短路试验等。

试运行合格并具备基本运营条件的线路，可以进行试运营（参见建设部《城市轨道交通运营管理办法》第五条）。

1.1.4.2 建设标准与规范

为规范城市轨道交通工程的勘察、测量、设计、施工，城市轨道交通工程的各种规范、标准也陆续编写颁布实施。有的城市还根据本地的环境、地质特点和经济特点，编制了适于本地区特点的规范、标准。

（1）已颁布的国家规范、标准（部分）

①《地铁设计规范》(GB50157—2003)，该标准正在修订中。

②《地下铁道车辆通用技术条件》(GB/T7928—2003)。

③《地下铁道工程施工及验收规范》(GB50299—1999)（2003 版)。该标准正在修订中。

④《地下铁道、轻轨交通岩土工程勘察规范》(GB50307—1999)。该标准正在修订中。

⑤《地下铁道、轻轨交通工程测量规范》(GB50308—2008)。

⑥《城市轨道交通工程项目建设标准》(建标 104—2008)。

⑦《地铁限界标准》(CJJ96—2003，J274—2003)。该标准正在修订中。

⑧《城市轨道交通直流牵引供电系统》(GB/T 10411—2005)。

⑨《地铁杂散电流腐蚀防护技术规程》(CJJ 49—92)。该标准正在修订中。

⑩《城市轨道交通照明》(GB/T 16275—2008)。

⑪《城市轨道交通分类标准》(CJJ/T114—2007)。

⑫《城市轨道交通技术规范》(GB 50490—2009)。

⑬《中低速磁悬浮交通车辆通用技术条件》(GJ/T 375—2011)。

⑭《跨座式单轨交通设计规范》(GB 50458—2008)。

⑮《地铁与轻轨运营管理规范》(CJJ/T 170—2011)。

⑯《城市轨道交通基本术语标准》(GB/T 50833—2012)。

（2）已颁布的地方标准和规定（部分）

①《北京市城市轨道交通安全运营管理办法》(2004 年 4 月 28 日，北京市人民政府令第 147 号令公布，根据 2007 年 12 月 23 日北京市人民政府第 200 号令第一次修改，根据 2009 年 6 月 26 日北京市人民政府第 213 号令第二次修改)。

② 上海市工程建设规范《城市轨道交通设计规范》(DGJ08-109—2004/J10325—2004)。

③《天津市轨道交通管理规定》(2006 年 6 月 1 日，天津市人民政府令第 101 号)。

④《广州市地下铁道建设管理规定》(1994 年、1995 年广州市人民政府令)。

（3）正在编制中的标准、规范、规定（部分）

①《中低速磁浮交通工程设计规范》。

②《直线电机牵引车辆通用技术条件》。

③《直线电机轨道交通设计规范》。

④《北京市城市轨道交通设计规范》。

（4）正在筹划中的标准、规范、规定（部分）

①《城市轨道交通防灾设计规范》。

②《现代有轨电车交通设计规范》。

③《城市轨道交通采暖通风与空气调节设计规范》。

④《轻轨交通设计规范》。

1.1.4.3 系统构成与运行

城市轨道交通工程，是一个庞大的复杂的综合技术系统。其技术专业门类从传统的土木建筑、机械制造、电机电器，到属于高新技术的控制技术、网络技术、计算机技术、通信技术等。既有土建机电的工程技术，又有运营维护的管理科学。

从运营角度，城市轨道交通工程大体上可以分成以下三大系统：

① 列车运行系统：站台、隧道、高架桥、轨道、车辆、牵引供电、信号、通信、控制中心。

② 客运服务系统：车站、动力照明、给排水与消防、通风空调与采暖、环境与设备监控系统、火灾自动报警系统、电梯、自动扶梯、自动人行道、乘客信息显示系统、自动售检票、屏蔽门与安全门。

③ 维护保障系统：对上述设备设施，提供日常维护及故障检修的手段、设施、能力。包括：沿线的维修工区、停车场、车辆段、综合维修基地（含供电车间）等。

从设计角度，城市轨道交通工程大体上可以分成以下五个部分：

① 综合部分：客流、线路、行车、车辆、限界、轨道、路基、车辆段与综合基地、工程筹划、交通衔接、防灾、节能、环境保护等。

② 土建部分：车站(含地上站、地下站、高架站)建筑、高架桥、隧道、防水、降水、人防等。

③ 系统设备：供电、信号、通信、环境与设备监控系统、火灾自动报警系统、自动售检票、乘客信息显示系统、综合监控系统等。

④ 车站设备：动力照明、给排水与消防、通风空调与采暖、屏蔽门与安全门、防淹门、门禁、电梯、自动扶梯、自动人行道等。

⑤ 经济部分：投资估算、初步设计概算、资金筹措、经济分析等。

城市轨道交通工程中，各种专业设备设施的运行各有规律与特点。有动态的，如车辆；有看似静态而内部一直在运动的，如供电、通信、信号、接触网、轨道等；有静态的，如隧道、车站等。

城市轨道交通的安全运行与优质服务，要求它们之间有严格的技术配合，如列车和钢轨、列车和接触网、列车和信号、供电和通信信号、通信和信号等。可以说在列车运行时，它们相互之间环环相扣共同保证列车正常运行和服务。任何一环故障均会不同程度地使城市轨道交通的正常运行受到影响，严重的甚至造成列车停运。

1.2 供电系统的功能

城轨供电系统是城市轨道交通运营的动力源泉，负责电能的供应与传输，为电动列车牵引供电和提供车站、区间、车辆段、控制中心等其他建筑物所需要的动力照明用电。供电系统应具有安全性和可靠性，以保障供电。

1.2.1 系统的总体功能

城轨供电系统应具备安全可靠、经济适用、调度方便的特点，其总体功能如下：

（1）供电服务功能

城轨供电系统是为城市轨道交通安全运营服务的，其职责是保证所有电气用户安全、可靠地用电。在城市轨道交通庞大的用电群体中，用电设备有不同的电压等级，不同的电压制式，既有固定的风机、水泵，也有时刻在运动着的列车，供电系统就是要满足这些不同用电设备对电源的不同要求，使各用电设备都能发挥各自的功能和作用，保证城市轨道交通安全运营。

（2）故障自救功能

系统的安全性、可靠性是供电系统的首要因素，无论供电系统如何构成，采用什么样的设备，安全、可靠的供电是第一位的。在系统中，发生任何一种故障，系统本身都应有备用措施（接触网除外），以保证城市轨道交通的正常运行不受影响。双电源是构成供电系统的主要原则，当一路电源故障时，另一路电源应能保证正常供电。主变电所、牵引变电所和降压变电所为双电源、双机组；动力、照明的一级负荷采用双电源、双回路供电；牵引网同一馈电区采用双边供电方式。这些都是系统故障自救功能的体现。

（3）自我保护功能

系统应有完整、协调的保护措施，供电系统的各级继电保护应相互配合和协调，当系统发生故障时，应当只切除故障设备，从而使故障范围缩小。系统的各级保护应当满足可靠性、选择性、灵敏性、速动性的要求。分散式供电系统的中压交流侧保护，应和城市电网的保护相配合和协调，因此其保护选择性会受到一定制约。

（4）防误操作功能

系统中任何一个环节的操作都应有相应的联锁条件，不允许因误操作而发生故障。防止误操作的联锁条件可以是机械的，也可以是电气的，还可以是电气设备本身所具备的或在操作规程上所规定的。防止误操作，是保证系统安全、可靠地运行所不可缺少的环节。

（5）便于调度功能

供电系统应能在控制中心进行远程控制、监视和测量，并应能根据运行需要，方便灵活地进行调度，变更运行方式，分配负荷潮流，使系统的运行更加经济合理。

（6）控制、显示和计量功能

系统应能进行就地和距离控制，并可以方便地进行操作转换，同时系统各环节的运行状态应有明确的显示，使运行人员一目了然。 各种电量的测量和电能的计量应准确，并便于运行人员查证和分析， 牵引用电和动力照明用电应分别计量，以利于对用电指标进行考核与分析。

（7）电磁兼容功能

城市轨道交通处于强电、弱电多个系统共存的电磁环境， 为了使各种设备或系统在这个环境中能正常工作且不对该环境中其他设备、装置或系统构成不能承受的电磁干扰，各种电气和电子设备的系统内部以及和其他系统之间的电磁兼容显得尤为重要。供电系统及其设备在城市轨道交通这个电磁环境中，首先是作为电磁干扰源存在，同时也是敏感设备。在城市轨道交通电磁环境中，供电系统与其他设备、装置或系统应是电磁兼容的。这要在技术上采取措施，抑制干扰源，消除或减弱电磁耦合，提高敏感设备的抗干扰能力。

1.2.2 系统的基本要求

城轨供电系统应满足安全性、可靠性、适用性、经济性、先进性的基本要求。

（1）安全性

城轨供电系统的安全性，是指在城市轨道交通工程运营过程中的安全程度。

供电系统的安全性，关系着乘客安全、运营人员安全、行车安全、设备安全等多个方面，而且各种安全性是相互联系、不可分割的。

供电系统设计时，一般从系统安全性和设备安全性两个方面进行分析研究。系统安全性分析，一般包括联锁关系、继电保护、牵引网、直流牵引系统、综合接地系统、应急照明电源等方面；设备安全性分析，一般包括变压器、牵引整流器、断路器、隔离开关、接地开关、电缆等方面。

（2）可靠性

城轨供电系统的可靠性，是指城市轨道交通供电系统对列车及各种动力照明负荷的持续供电能力。

供电系统的可靠性，是正常运营、事故处理、灾害救援等方面的前提条件。供电系统可靠性涉及规划、设计、运行管理等各个方面，并渗透到供电、变电、配电等不同环节。每一个环节的可靠性既包括电气原理的可靠性又包括电气设备的可靠性。例如构成变电所的可靠性包括变电所主接线可靠性及组成主接线的断路器、变压器、母线等设备的可靠性。

供电系统设计时，应从各个环节着手，分析系统的故障现象，研究定性或定量的评定指标，提出提高可靠性的措施。双电源供电方式是供电系统可靠性实施的重要手段。

根据城市轨道交通可靠性要求，供电系统应满足“N－1准则”，又称单一故障安全准则。按照这一准则,供电系统的N个元件中的任一独立元件（发电机、输电线路、变压器等）发生故障而被切除后，其他元件不过负荷，电压和频率均在允许范围内，供电系统应能保持稳定运行和正常供电。

对于城市轨道交通电源网络来说，当一个电源退出时，另一个电源应能保证系统的正常供电，保证列车正常运行；当一个电源点（主变电所或电源开闭所）的两个电源都退出时，应从相邻电源点引入两路应急电源，提供一定的运输能力和必要的动力照明，维持城市轨道交通继续运行。

（3）适用性

城轨供电系统的适用性，是指城轨供电系统的建设应满足业主建设目的与性能要求。

设计是实现业主建设需求的首要环节。供电系统设计应根据业主需求进行，供电系统的建设标准、技术水平、设备档次、工期要求、投资控制等，应与城市特点、本线功能定位及特殊要求相适应。

（4）经济性

城轨供电系统的经济性，这里是指从项目全生命周期的角度实现供电系统费用的经济合理。

在满足供电系统的安全性、可靠性、适用性的前提下，要重视供电系统的经济性。经济性不但要求节省工程投资，同时还要求降低运营成本，争取得到最佳的技术经济效果。

供电系统设计应优化电源网络结构，实现外部电源资源共享；另外应尽可能地采用成熟设备、新型材料，做到经济合理、简便实用。

（5）先进性

城轨供电系统的先进性，体现在先进的设计理念、先进的系统方案、先进的设备及工艺、先进的管理手段等方面。

供电系统应具有一定的先进性，但要兼顾系统基本功能、投资规模、运营成本、环保要求、操作灵活性以及技术发展等因素，合理选择。

供电系统设计应采用先进的理念。要充分认识到环境保护与节约能源的重要性，采取必要措施进行环境保护与降低能耗。要解决好电磁辐射、噪音、温室气体、不易分解废料等问题。

1.3 供电系统的构成

供电系统的构成从不同角度可按系统功能、设计任务、采购单元来划分。

1.3.1 按系统功能划分

按功能的不同，城轨供电系统，一般划分成以下几个部分：外部电源；主变电所或电源开闭所；牵引供电系统；动力照明供电系统；杂散电流腐蚀防护系统；电力监控系统。

（1）外部电源

顾名思义，城市轨道交通的外部电源就是为城轨供电系统的主变电所或电源开闭所供电的外部城市电网电源。外部电源方案的形式，有集中式供电、分散式供电、混合式供电。

（2）主变电所或电源开闭所

主变电所的功能是接受城网高压电源，经降压为牵引变电所、降压变电所提供中压电源；主变电所适用于集中式供电。电源开闭所的功能是接受城市中压电源，为牵引变电所、降压变电所转供中压电源，电源开闭所一般与车站牵引（或降压）变电所合建；电源开闭所适用于分散式供电。

（3）牵引供电系统

牵引供电系统的功能是将交流中压电压经降压整流变成直流 1 500 V 或直流 750 V 电压，为电动列车提供牵引供电。它包括牵引变电所与牵引网。

牵引变电所可以分成正线牵引变电所、车辆段或停车场牵引变电所；正线牵引变电所又分为车站牵引变电所、区间牵引变电所。牵引变电所一般采用设备安装在建筑物内的形式，另外也有少量的箱式牵引变电所。作为试点，上海轨道交通 5 号线工程采用了箱式牵引变电所。

牵引网包括接触网与回流网。接触网有架空接触网和接触轨两种悬挂方式。大多数工程利用走行轨兼作回流网；少数工程单独设置回流轨。

（4）动力照明供电系统

动力照明供电系统的功能是将交流中压电压降压变成交流 220/380 V 电压，为运营需要的各种机电设备提供低压电源。它包括降压变电所、动力照明配电系统。

根据设置的位置不同，降压变电所可以分成车站降压变电所、车辆段或停车场降压变电所、控制中心降压变电所；根据主接线的形式不同，降压变电所又可以分成一般降压变电所、跟随式降压变电所；当降压变电所与牵引变电所合建时，将形成牵引降压混合变电所；另外，有的地面线路采用了箱式降压变电所。

（5）杂散电流腐蚀防护系统

杂散电流腐蚀防护系统的功能是减少因直流牵引供电引起的杂散电流并防止其对外扩

散，尽量避免杂散电流对城市轨道交通本身及其附近结构钢筋、金属管线的电腐蚀，并对杂散电流及其腐蚀防护情况进行监测。尽管杂散电流腐蚀防护系统涉及多个专业，由于直流牵引供电系统是产生杂散电流的根源，因而通常将杂散电流腐蚀防护系统归由供电系统设计。

（6）电力监控系统

电力监控系统的功能是实时对城市轨道交通各变电所、接触网设备进行远程数据采集和监控。在城市轨道交通控制中心，通过调度端、通信通道和执行端（变电所综合自动化系统），对主要电气设备进行遥控（含遥调）、遥信、遥测，实现对整个供电系统的运营调度和管理。

1.3.2 按设计任务划分

为便于设计任务的分割及设计界面的清晰，城市轨道交通供电系统可以划分成以下设计单元：主变电所、全线系统、牵引变电所、降压变电所、接触网、电力监控系统、杂散电流腐蚀防护系统。动力照明设备，属于车站等建筑物附属设备，一般划归土建工点单位连同建筑结构一起进行设计，而不由供电系统设计单位进行设计。

（1）主变电所

主变电所设计内容包括：主接线、二次接线、设备选择、设备布置、土建设计等。主变电所与城市电网的设计界面为城网变电所 110 kV（或 66 kV）高压出线间隔，电源外线一般由主变电所设计单位同时设计；主变电所与全线系统的设计界面为主变电所中压馈线开关的电缆接线端，主变电所馈出电缆一般由全线系统设计单位设计。

（2）全线系统

全线系统设计内容包括：供电系统方案、中压网络、牵引变电所布点、系统运行方式、潮流分析、谐波计算、综合接地系统、再生能量吸收装置、UPS 电源整合等。全线系统与牵引变电所和降压变电所的设计界面为中压进线开关的引入端。

（3）牵引变电所

牵引变电所设计内容包括：主接线、二次接线、自用电、设备平面布置、电缆敷设等。牵引变电所与接触网的设计界面为接触网隔离开关的电源端、回流箱的电源端。上网电缆及回流电缆的规格由牵引变电所负责设计。

（4）降压变电所

降压变电所设计内容包括：主接线、二次接线、自用电、低压无功补偿、设备平面布置、电缆敷设等。降压变电所与动力照明的设计界面为降压变电所低压开关柜的馈出端子，低压馈出电缆由动力照明负责设计。

（5）接触网

接触网设计内容包括：接触悬挂、支持结构与基础、附加导线、防雷与接地、平面布置等。接触网隔离开关、回流箱及尾线由接触网设计。

（6）电力监控系统

电力监控系统与变电所的设计界面在变电所综合自动化屏的通信端口；变电所综合自动化由变电所设计。电力监控系统所需要的通信通道由通信专业设计。

如果采用综合监控系统，电力监控系统将被集成到综合监控系统中，作为综合监控系统的一部分而进行统一设计。

（7）杂散电流腐蚀防护系统

杂散电流腐蚀防护系统设计内容包括：排流柜、排流（收集）网、监测系统的设置等。

1.3.3 按采购单元划分

为便于设备采购招标，城市轨道交通供电系统可以划分成以下采购单元或以下采购单元的组合：

① 主变电所设备，包括接地变压器、消弧装置。

② 牵引变压器及整流器。

③ 配电变压器。

④ 中压开关设备。

⑤ 低压开关设备，包括低压开关柜、电容补偿装置，而低压配电箱、照明灯具等属于车站机电设备，一般由土建承建商进行招标采购。

⑥ 直流开关设备，包括直流快速开关、负极柜、直流隔离开关、钢轨电位限制装置等。

⑦ 接触网设备。

⑧ 电缆，包括中压电缆、低压电缆、控制电缆、直流电缆。

⑨ 电力监控系统。

⑩ 其他设备，包括变电所自用电装置、控制屏、杂散电流腐蚀防护监测设备及排流柜、列车再生能量吸收装置等。

1.4 城轨供电技术的发展

随着时代的发展、科技的进步，城轨供电技术发展十分迅猛。下面从牵引网供电制式、中压网络、基础设备、控制保护与自动化等几个方面进行介绍。

1.4.1 牵引网供电制式

牵引网供电制式主要指电流制、电压等级和馈电方式等。

（1）牵引网系统的电流制

直流馈电相对交流馈电而言，其电动车辆具有调速范围大、调速方便、易于控制、启动制动平稳、接触网简单、投资省、电压质量高等优点，它不但适合于电阻启动控制方式，而且也适用于斩波调压和变频调压等电子控制方式。目前，车辆无论采用直流牵引电动机或交流牵引电动机还是线性电动机驱动方式，基本上都采用了直流制。

（2）牵引网系统的电压等级

目前，世界上城市轨道交通中的直流牵引电压等级繁多，如 570 V、600 V、625 V、650 V、700 V、750 V、780 V、825 V、900 V、1 000 V、1 100 V、1 200 V、1 500 V，3 000 V，其发展趋向是 IEC 标准中的 600 V、750 V、1 500 V[17]；中国国家标准规定为 750 V、1 500 V 两种，其电压允许波动范围分别为 500～900 V、1 000～1 800 V。具体选用哪种电压等级，要结合馈电方式，根据车辆、线路等工程特点综合比较确定。

（3）牵引网系统馈电方式及其与电压等级的关系

牵引网系统的馈电方式有架空接触网和接触轨两种方式。电压等级与馈电方式是牵引网供电制式中的关键点，两者密切相关。对于一个具体的城市，电压等级与馈电方式的选择，应该结合起来，统一考虑。我国牵引网供电制式可以选择以下四种方式：直流 1 500 V 架空接触网、直流 1 500 V 接触轨、直流 750 V 架空接触网、直流 750 V 接触轨。

（4）我国城市轨道交通接触网发展应用情况简介

北京地铁 1 号线一期工程、天津地铁首期工程，采用的是直流 750 V 上部授流低碳钢接触轨系统；其后建成的北京地铁复八线、八通线、13 号线，采用的也是这一系统。

1995 年投入试运营的上海地铁 1 号线，采用了引进德国的直流 1 500 V 柔性架空接触网系统；其后上海地铁 2 号线等采用了这一形式。1999 年通车的广州地铁 1 号线、2004 年底通车的深圳地铁 1 号线一期工程、2005 年通车的南京地铁 1 号线，也采用了 1 500 V 柔性架空接触网这一形式。

2002 年建成通车的长春轻轨采用了直流 750 V 柔性架空接触网系统；大连快轨 3 号线采用了直流 1 500 V 柔性架空接触网系统。

2003 年 6 月 28 日，开通运营的广州地铁 2 号线，国内首次采用了直流 1 500 V 刚性架空接触网系统；其后广州地铁 3 号线、南京地铁 2 号线、上海地铁多条线路也采用了直流 1 500 V 刚性架空接触网系统。

2005 年 6 月 28 日，建成通车的武汉轨道交通 1 号线一期工程，国内首次采用直流 750 V 下部授流钢铝复合接触轨系统。

2005 年 12 月 28 日，建成通车的广州地铁 4 号线大学城段，国内首次在正线采用直流 1 500 V 下部授流钢铝复合接触轨系统；深圳轨道交通 3 号线，其正线与车辆段都采用直流 1 500 V 下部授流钢铝复合接触轨系统。

2007 年 9 月建成运营的北京地铁 5 号线工程，采用了直流 750 V 上部授流钢铝复合接触轨系统。随后 2008 年投运的 10 号线一期与奥运支线、建设中的 4 号线以及后续多条线路，都将采用直流 750 V 上部授流钢铝复合接触轨系统。

总之，接触轨电压等级已由 750 V 发展成为 1 500 V，接触轨悬挂方式由上部接触向着下部接触发展过渡，导电轨材料由低碳钢发展成为钢铝复合轨；同时在柔性架空接触网的基础上，刚性架空接触网在国内也得到了应用。

1.4.2 中压网络

（1）电压等级

北京地铁 1 号线一期工程建设时，因 35 kV 设备绝缘要求高、设备体积大、价格高等，中压网络的电压等级采用的是 10 kV。20 世纪 90 年代建设上海地铁 1 号线时，因设备引进原因，牵引变电所的中压开关柜采用了国外的 33 kV 设备，而降压变电所的中压开关柜仍然采用了国内的 10 kV 设备。

20 世纪 90 年代末，随着 35 kV 中压开关柜设备小型化的发展及价格的下降，35 kV 中压开关柜应用得愈加广泛。广州、深圳、南京及上海的后续建设线路，都采用了 35 kV 中压网络。

另外，在国外广泛应用的 20 kV 中压网络，目前在我国也已经成为城市轨道交通可以使用的电压等级。

（2）系统接线

随着环网技术的发展，国内城轨供电系统多采用环网接线形式。以负荷开关代替断路器作为车站变电所电源进线，构成环网接线系统，保护简单、运行灵活，这种接线系统已经在伊朗德黑兰城市轨道交通中成功应用，具有广阔的发展前景。

1.4.3　控制、保护、自动化装置

随着基础设备智能化的发展，以及控制技术、网络技术、计算机技术、通信技术的发展，控制、保护、自动化装置已由分离元器件发展成微机综合保护装置，这为变电所综合自动化创造了条件。

同时，整个供电系统从以调度电话下达调度命令、人工操作，已发展为由电力监控系统实现遥控、遥信、遥测等远动系统控制。

20 世纪末 21 世纪初，随着计算机技术和网络技术的进一步发展，各种分立的自动化系统逐步走向综合集成，各种自动化系统采用统一的计算机网络平台和软件体系，构成了综合监控系统。目前电力监控系统已经被集成到综合监控系统之中，这有利于不同系统之间的数据信息互通、软硬件资源共享、运营管理水平提高。

1.4.4　基础设备

（1）GIS 高压开关柜

城市轨道交通工程使用的 110 kV 和 66 kV 电压级的 GIS 高压开关柜，已由敞开式室外设备，发展为室内安装的高压 GIS 设备，并且由三相分箱发展为三相共箱，设备体积大大减小。

（2）变压器

变压器从油浸式逐步发展为体积小、重量轻、性能优的环氧浇注干式变压器，并由绝缘纸干式变压器向环氧树脂绝缘干式变压器发展。目前牵引变压器、配电变压器已全部采用环氧树脂绝缘干式变压器；主变压器因电压等级高、容量大，仍多采用油浸式，但已有采用干式变压器的工程实例。

（3）牵引整流机组

随着大功率电子元器件的发展，牵引整流机组已由双机组等效 12 脉波整流，发展成为单机组 12 脉波整流、双机组等效 24 脉波整流。

（4）中压开关柜

20 世纪 80 年代后我国开始引进国外中压断路器生产技术，有真空断路器也有 SF_6 断路器。其中中压真空断路器的技术性能如额定电流、分断能力及使用寿命已得到了很大提高。基于真空断路器的显著特点，目前城市轨道交通工程使用的中压断路器基本为真空断路器。

（5）直流快速开关柜

国内直流快速开关的发展历程大致如下：从 20 世纪 60 年代上海整流器厂的 DS1、70 年代上海立新电器厂的 DS12 开始，上海立新厂、武汉中船总 712 所、西安电力整流器厂、西安电器设备制造厂、上海新联电器有限公司等进行了大量工作，最近几年江苏长江电气股份有限公司，通过引进瑞士 SECHERON 技术，又将直流快速开关的国产化工作向前推动了一步。

（6）低压开关柜

由最早只有一种固定式，已发展成固定式、插拔式、抽屉式并存，并各具特点，适用国内低压开关柜不同要求。低压空气断路器已发展成智能化产品；塑壳开关的分断能力、保护性能也日益提高。

（7）无功补偿装置

无功补偿装置由三相共补向分相补偿发展，同时向着多功能、智能化方向发展。无功功率补偿技术改进和新技术应用归纳起来主要有以下几方面：

① 由三相共补到分相补偿，以求达到更理想的补偿效果。

② 由单一的无功补偿到同时具有滤波及抑制谐波功能的补偿装置，采用电抗器/电容器模块，有效防止供配电网的谐振和谐波分量。

③ 选用晶闸管开关电路投切，以及发展为等电压投、零电流切的最佳投切模式。

④ 智能型自动补偿控制器和配电变压器的运行记录仪相结合，设有通信口，在软件的支持下可进行遥控、遥测、遥信。

⑤ 采用先进的 DSP（数字信号处理器），补偿过程全智能化。

⑥ 内设故障检测和自诊断程序，一旦有故障，自动显示故障信息，供操作人员在排除故障时参考。

1.4.5 供电设备国产化

改革开放以来，我国供电设备技术水平有了长足发展，总体水平已达到或接近当代国际水平，个别产品达到国际先进水平。城市轨道交通工程供电设备基本上实现了国产化，但个别产品还需要自主研发，如 35 kV 的 GIS 开关柜、20 kV 的 GIS 开关柜，直流开关柜内的直流快速断路器、微机保护监控单元，再生制动能量吸收装置等。

2 外部电源

城市轨道交通工程需从城网取得外部电源，城轨供电系统可以简单地分成外部电源与内部系统。本章对外部电源及相关问题进行介绍与分析，内容包括外部电源方案形式、外部电源方案比选、电源外线设计原则、谐波分析与治理、无功功率补偿、供电系统资源共享研究。

2.1 概 述

外部电源方案有集中式供电、分散式供电、混合式供电三种方式。外部电源方案的确定，需要从不同角度由经济技术综合比较确定；电源外线部分包括外部电源的电压等级及主要设计原则；谐波分析与治理部分则从谐波概念入手，介绍谐波的危害，给出谐波计算的方法，提出谐波治理的措施；无功功率补偿部分介绍无功功率的来源与危害、无功功率补偿方式、无功功率补偿装置、常用无功补偿方案，提出避免过补偿的措施。本章最后就供电系统资源共享研究的必要性、研究内容、研究原则进行说明。

集中式供电方案，是指由专门设置的主变电所集中为牵引变电所及降压变电所供电的外部供电方式。分散式供电方案，是指沿线分散引入城市中压电源直接（或通过电源开闭所间接）为牵引变电所及降压变电所供电的外部供电方式。混合式供电方案，多指以集中式供电为主以分散式供电为辅的供电方式。

外部电源方案要通过综合比选确定。比选因素包括：工程条件，工程方案，工程投资，运营管理。其中工程方案又包括：供电质量，供电可靠性，中压网络电压，牵引供电系统对城网的影响，资源共享，工程实施等。

外部电源的电压等级，对于集中式供电方案一般为 110 kV（东北地区也有 66 kV）；对于分散式供电方案，外部电源电压等级应与城网电压等级相一致，一般为 10 kV。电源外线的设计应满足城轨供电要求。

城市轨道交通中存在许多非线性用电负荷，如牵引整流机组、荧光灯等。这些非线性用电负荷会产生大量的谐波，注入电网，使得外部电力系统的正弦波形畸变，电能质量降低，对各种电气设备产生不同程度的影响和危害。城轨供电系统应采取合理措施，保证用户注入公用电网的谐波电流满足国家标准《电能质量　公用电网谐波》(GB/T 14549）的要求。

城市轨道交通中有大量自然功率因数较低的低压用电设备。供电系统中功率因数较低时，供电线路的损耗增大，变电设备的输出容量增大，因而应进行适当的无功功率补偿。无功功率的补偿方式有：就地补偿、集中补偿、静态补偿、动态补偿；无功功率补偿装置由自愈式电容器、电抗器、投切开关以及控制器等构成；新型的控制器已不再选用以功率因数 $\cos\varphi$ 为检测量，而是以无功电流 I_q 为检测量的控制器。该检测方法简单，不会发生震荡，补偿效果与电网电压的波动无关。目前常用无功补偿方案为集中补偿与就地补偿相结合。补偿同时应避免出现过补偿。

随着城市轨道交通的网络化发展，为降低消耗、提高效益，有必要对供电系统资源共享问题进行研究。

2.2 外部电源方案的形式

城市轨道交通作为城网的特殊用户，一条线其用电范围多在 10～40 km 之间，呈线状分布。城市轨道交通系统的外部电源方案，根据线路实际情况，可采用不同形式。

2.2.1 集中式供电

所谓集中式供电方案，是指由专门设置的主变电所集中为牵引变电所及降压变电所供电的外部供电方式，如图 2.1 所示。每个主变电所有两路独立的进线电源。主变电所进线电压一般为 110 kV，经降压后变成 35 kV 或 10 kV（也可以是 20 kV）。牵引变电所、降压变电所均有两个独立的引入电源。

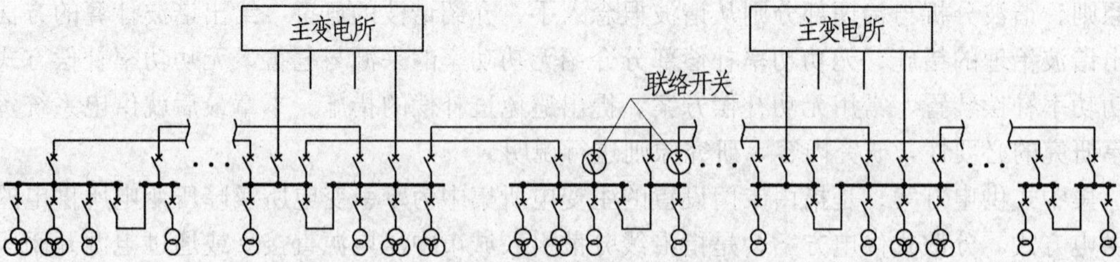

图 2.1 集中式供电方案示意图

集中式供电方案的主要特点如下：

① 在城市轨道交通沿线，建设专用主变电所，集中为牵引变电所及降压变电所供电。

② 城轨供电系统从城网引入高压电源，与城网接口比较少，每座主变电所只从城网引入两路独立的进线电源，外部电源电压等级一般为 110 kV（如，上海轨道交通 3 号线一期工程线路全长 24.97 km，采用了集中式供电，与城网只有 2 座变电所即 4 路电源接口；而北京地铁 13 号线工程线路长度为 40.85 km，采用了分散式供电，共设 8 座电源开闭所，与城网接口为 16 路电源）。

③ 城轨供电系统相对独立，自成系统，便于运营管理。

上海、广州、南京、香港、德黑兰地铁等为集中式供电方案。

2.2.2 分散式供电

所谓分散式供电方案，是指沿线分散引入城市中压电源直接（或通过电源开闭所间接）为牵引变电所及降压变电所供电的外部供电方式，如图 2.2 所示。由于城网 35 kV 电压级趋于淘汰，因而分散式供电一般从城市电网引入 10 kV 中压电源，这要求城市轨道交通沿线有足够的电源引入点及备用容量。从沿线就近引来的城网中压电源，经电源开闭所母线向牵引变电所和降压变电所提供中压电源。一般情况下，两个电源开闭所之间需要建立电源联系，即两个电源开闭所之间的供电分区间通过双环网电缆进行联络。

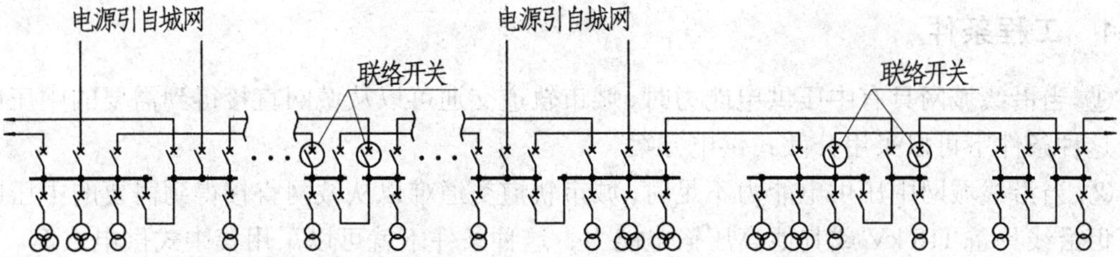

图 2.2 分散式供电方案示意图

分散式供电方案的主要特点如下：

① 在城市轨道交通沿线，直接从城网分散地引入多路中压电源作为城市轨道交通电源。

② 城轨供电系统从城网引入中压电源，与城网接口比较多，平均每 4～5 个车站就要引入两路电源。外部电源电压等级多为 10 kV 电压级，也有少量的 35 kV 电压级。

③ 城轨供电系统与城网关系紧密，独立性差，运营管理相对复杂。

分散式供电方案最早应用于北京地铁 1、2 号线。长春轻轨、大连快轨、北京地铁 4、5、9 号线及 10 号线一期等为分散式供电方案。

2.2.3 混合式供电

所谓混合式供电方案，多指以集中式供电为主以分散式供电为辅的供电方式，如图 2.3 所示。混合式供电方案介于集中式供电与分散式供电之间的一种结合方案，根据城网现状、规划以及城市轨道交通自身的需要，吸收了集中式外部电源方案与分散式外部电源方案的各自优点，系统方案灵活，使供电系统完善和可靠。

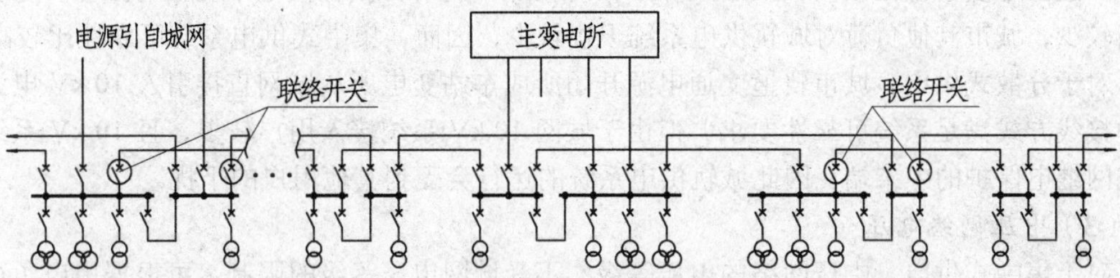

图 2.3 混合式供电方案示意图

当构建集中式供电方案时，在主变电所设置一定的情况下，如果线路末端中压网络压降不能满足要求，则可以从城网引入中压电源作为补充，这就构成了以集中式为主的混合式供电方案。武汉轨道交通一期工程采用了以集中式供电为主的混合式供电方案。

另外，当构建分散式供电方案时，如果沿线有城市轨道交通主变电所可以资源共享，那么也可以从该主变电所引入中压电源，作为城网中压电源点的补充，这就构成了以分散式为主的混合式供电方案。北京地铁 10 号线二期工程采用了以分散式为主的混合式供电方案。

2.3 外部电源方案的比选

对于具体工程，究竟是采用何种形式的外部电源方案，应在计算确定用电负荷之后，根据城市轨道交通线网规划、城网构成特点、工程实际情况等综合比选确定。

2.3.1 工程条件

① 当沿线城网具有中压供电能力时，城市轨道交通可以从城网直接得到需要的中压电源点，这种条件下可以采用分散式供电方案。

② 当沿线城网中压供电能力不足时，城市轨道交通难以从城网直接得到需要的中压电源点，但沿线具备 110 kV 或其他高压输电能力，这种条件下就可以采用集中式供电方案。

③ 对于集中式为主的混合式供电方案，一般在线路末端或车辆段等地方能引入城网中压电源作为补充；对于分散式为主的混合式供电方案，则要求绝大部分线路能够得到城网中压电源，且沿线资源共享的城轨主变电所还能提供中压电源作为补充。

2.3.2 工程方案

（1）供电质量

集中式供电的外部电源引自城市高压电网（如 110 kV），电压等级高，输电容量大，系统短路容量大，抗干扰能力强，电网电压波动小。另外，城轨主变电所一般装设有载调压装置，因此中压侧电压相对稳定,供电质量高。

分散式供电的外部电源引自城市 10 kV 电网，一般从距离城市轨道交通线路较近的城网变电所直接引入，输电线路较短，线路损耗较少。但由于 10 kV 电压等级较低，用户较多，所以系统网压波动较大。

（2）供电可靠性

对于集中式供电，由于主变电所进线电压等级较高,电气设备的绝缘等级、制造水平、继电保护配置等要求都比较高，线路故障率相对较低。同时，城轨供电系统相对独立，与城网接口较少，城市其他负荷对城轨供电系统干扰较少，因而，集中式供电系统可靠性比较高。

对于分散式供电，城市轨道交通电源开闭所或车站变电所从城网直接引入 10 kV 电源，这种接线方式满足系统可靠性要求。但由于城网 10 kV 系统接入用户较多，且 10 kV 系统处于城网继电保护的中末端，因此城轨供电系统的运行会受到其他用户的干扰。

（3）中压网络电压

对于集中式供电，中压网络的电压等级，不受城网电压等级的限制，可根据用电负荷、供电距离等情况比选确定。目前集中式供电的中压网络电压等级较高，一般为 35 kV。这样可以提高系统的供电能力与供电可靠性，同时可以降低供电线路的功率损耗。

对于分散式供电，中压网络的电压等级完全受城网电压等级的制约，必须选择与城网相同的电压等级。目前我国多采用 10 kV 电压等级。

（4）对城网影响

城轨供电系统对城网的影响主要表现在谐波影响和网压波动两个方面。

目前，牵引整流机组一般采用双机组等效 24 脉波整流装置。由谐波理论可知，牵引整流机组的脉波数越高，产生的低次谐波就越少。因此，无论采用集中式供电还是分散式供电，城市轨道交通直流牵引系统注入城网的谐波含量都非常低，对城网影响非常小。但相对而言，采用集中式供电时，高次谐波经过多级变电所变换、分流以后，注入城网的谐波含量将会更少。

在网压波动方面，由于城市轨道交通牵引系统是一个实时变化的移动负荷，电源电压将会受到一定的影响。采用集中式供电时，主变压器容量近期一般为 20～31.5 MV · A，远期一般为 40～63 MV · A 之间。牵引负荷产生的电压波动和闪变在城轨供电系统内部经过两级变压器的转换，逐渐变得平衡，对城网其他用户的影响相对要少得多[20]。采用分散式供电时，牵引变电所直接接入城市 10 kV 电网，牵引负荷产生的网压波动经过一级变压器转换后就会波及到与城市轨道交通接入同一供电系统的其他用户，如果该变压器容量较小，那么产生的影响就会更明显。

（5）资源共享

电力资源共享、满足环境保护要求是城轨供电系统的发展方向。

采用集中式供电，有利于主变电所电力资源共享的实施。具体来说，一方面两条及以上数量的城市轨道交通线路可以共享一个主变电所；另一方面城市轨道交通主变电所可与城网主变电所合建，向城市轨道交通系统及地区用户同时提供电源。

对于中压网络资源丰富的城市，城市轨道交通采用分散式供电，可以充分利用既有外部城网中压资源，节省城市轨道交通主变电所的建设费用。

（6）工程实施

采用集中式供电时，城轨主变电所与城网接口较少，外部电源引入路径相对较少，建设单位与城市规划的协调工作也相对较少，易于实施。如，上海轨道交通 3 号线工程只需找到 4 条电缆的敷设路径；而北京地铁 13 号线西段工程则需要找到 10 条电缆的敷设路径[20]。另外，由于集中式供电系统与城网接口较少，相对独立，城市轨道交通系统向城市电力部门的用电申请也容易协调、操作简便。

采用分散式供电时，由于城轨供电系统与城网接口较多，难免有部分电源电缆的敷设路径难以解决，尤其在中心城区，地下各种管线及构筑物交错庞杂，电缆路径更是难以解决。如果改变电源开闭所位置或电源电缆路径，供电质量与末端电压就难以保证。另外，中心城区城网变电站负荷相对饱和，如果新增城市轨道交通这样的大用户，供电容量有时也难以满足需求。

2.3.3 工程投资

资金是城市轨道交通建设的关键问题。控制工程投资是城轨供电系统设计必须考虑的。

对于集中式供电来说，除电源外线的投资外，还要建设主变电所。集中式供电的电源外线电压等级高，一般为 110 kV。主变电所的投资包括土建与设备两大部分。对于集中式供电，设备电压等级高，绝缘要求高，容量较大，价格较高。对于分散式供电，电源外线电压等级低，一般为 10 kV，而且电源开闭所与牵引变电所合建，设备要求也相对简单一些。

总之，综合考虑电源外线及主变电所（电源开闭所）的电压等级、绝缘水平、设备容量、土建费用等，集中式供电方案的工程投资要大一些。但是随着城市轨道交通网络化及城市轨道交通主变电所资源共享的发展，一个主变电所还可以为两条及以上线路提供电源，这样后续工程就可以减少主变电所投资。因此，从网络化发展角度来看，采用集中式供电方案整体上还是比较合适的。

2.3.4 运营管理

当采用集中式供电时，外部电源点引入少，城轨供电系统与城网的接口较少，系统相对独立，如果发生故障需要改变其运行方式，那么属于系统内部调整，易于调度，操作方便，工作效率较高。

而当采用分散式供电时，因城轨供电系统与城网的接口较多，关系复杂，同一条城市轨道交通线路的电源引入点往往涉及到城市多个行政区域，如果城轨供电系统发生故障需要改变运行方式，则需要与相关城区电力部门协调配合，才能改变其运行方式，工作效率明显降低。另外，电源开闭所进线开关与分段开关有时受着城市电力部门的管理与制约，城市轨道交通内部操作不便。

除上述调度操作外，集中式供电较分散式供电，电力部门与城市轨道交通产权划分明晰、计量计费方便、维护维修简单等。

2.4 电源外线的设计原则

城市轨道交通工程电源外线的设计，一般结合城网架空线走廊或电缆通道进行，多由当地电力部门的设计单位负责设计。

2.4.1 外部电源的电压等级

（1）城网电压等级的现状与发展

根据国家标准《标准电压》(GB156—2003)的规定，我国电网标准电压是 750 kV、500 kV、330 kV、220 kV、110 kV、66 kV、35 kV、(20 kV)、10 kV、6 kV、3 kV 及 380/660 V、220/380 V 等 13 个等级。一般认为 220 kV 及以上的电压等级为高压送电网，110 kV、66 kV 等级为高压配电网，1 kV 以上 35 kV 及以下电压等级为中压配电网，1 kV 及以下为低压配电网。上述括号内的 20 kV 电压等级，根据用户要求也是可以使用的中压电压等级。

20 kV 作为中压一次配电层，功能上可以替代 35 kV 与 10 kV 两个配电层，而造价上则与 10 kV 设备差异不大。20 kV 电压等级的这种特点，适合于高密度负荷地区的城网。我国第一个 20 kV 一次配电的供电区，已经于 1996 年 5 月在苏州工业园区投入运行。

国外城轨供电系统广泛采用 20 kV 中压网络。

（2）集中式供电对外部电源电压等级的要求

集中式供电要求从城网引进高压电源。因 330 kV 及以上为地区高压送电电压级，故不直接用于电力用户。目前 220 kV 变电所的变压器装机容量多在（2×120～3×250）MV · A 之间，远期变压器增容一般不小于（3×180）MV · A。对于中等运量的城市轨道交通，主变压器选择多在（2×25～2×63）MV · A 之间，一般不超过（2×63）MV · A。若城市轨道交通主变电站外部电源采用 220 kV，将不能充分发挥 220 kV 的供电能力，这将造成电力资源的浪费，而且还将增加设备投资，加大管理难度。因此对于集中式外部电源方案，目前外部电源电压等级一般为 110 kV。东北地区沈阳、哈尔滨等则为 66 kV。

（3）分散式供电对外部电源电压等级的要求

分散式供电需要从城网直接引入中压电源，故对于分散式供电方案，中压网络的电压等级应与城网相一致，根据城网情况，可以采用 35 kV，也可以采用 10 kV，如北京、长春、大连等。

2.4.2 电源外线的一般设计原则

① 所有电源外线应就近从城网引至电源变电所（主变电所或电源开闭所）。

② 对于分散式供电方案，引至同一电源开闭所的两回电源线路应从城网变电站不同馈电母线直接引入，电源线路在城区应采用电缆线路引入，在郊区宜采用电缆线路（也可采用架空线路）引入。

③ 对于集中式供电方案，引至同一主变电所的两回电源线路至少应有一回电源直接从城网变电站馈电母线专用回路引入。电源线路在城区宜采用电缆线路引入，在郊区可采用架空线路引入。

④ 对于电缆线路，引至同一电源变电所的两回电源线路应敷设在不同的电缆通路或同一通路的不同支架和管道内。

⑤ 电缆（架空线）导体的输送容量，应根据主变压器容量确定。

⑥ 电缆（架空线）线路工程设计应考虑当地气象条件。

⑦ 电缆（架空线）的技术条件应满足运行要求。

⑧ 电缆型式及导线截面积的计算应根据不同环境温度、敷设方式下的载流量等确定。

⑨ 电缆金属外护套的感应电压应满足《电力工程电缆设计规范》(GB50217) 的相关要求。

⑩ 电缆（架空线）线路应满足防雷要求。

⑪ 电缆（架空线）线路应满足防震要求。

⑫ 电缆线路应满足防蚁要求。

⑬ 电缆线路应满足防火要求。

⑭ 电缆在主变电所外敷设时，可以采用隧道内、电缆沟、直埋、穿管等方式。

⑮ 电缆在主变电所内敷设时，可以采用电缆支架等方式。

⑯ 电缆（架空线）线路不应干扰线路附近通信设施的良好运行，否则应采取相应措施。

⑰ 沿电缆线路敷设的光纤的技术性能应满足运行要求。

2.5 谐波分析及治理

城市轨道交通中存在非线性负荷，除牵引整流机组外，还存在大量荧光灯、UPS 电源、变频器及软启动装置等，这些设备产生大量的谐波，使电力系统的正弦波形畸变，电能质量降低。谐波需要综合治理，首先从谐波源头进行限制，其次采取必要技术措施以降低谐波的危害程度。

2.5.1 谐波的概念

在理想干净的电力系统中，电流和电压都是纯粹的正弦波。由于电力系统中某些设备和负荷的非线性特性，即所加的电压与产生的电流不成线性（正比）关系而造成波形畸变。当电力系统向非线性设备及负荷供电时，这些设备或负荷在传递（如变压器）、变换（如交直流换流器）、吸收（如电弧炉）系统发电机所供给的基波能量的同时，又把部分基波能量转换为谐波能量，向系统倒送大量的高次谐波，使电力系统的正弦波形畸变，电能质量降低。

城轨供电系统中的谐波源主要为电子开关型，即城市轨道交通中广泛使用各种交直流换流装置（整流器、逆变器）以及双向晶闸管可控开关设备。

谐波频率是基波频率的整倍数，根据法国数学家傅立叶（M.Fourier）分析原理证明，任何重复的波形都可以分解为含有基波频率和一系列为基波倍数的谐波的正弦波分量。谐波是正弦波，每个谐波都具有不同的频率、幅度与相角。谐波可以区分为偶次谐波与奇次谐波，第 3、5、7 次等谐波为奇次谐波，而第 2、4、6、8 次等谐波为偶次谐波。对于三相整流装置，出现的是 5、7、11、13、17、19 次等谐波，而变频器主要产生 5、7 次谐波。

2.5.1.1 牵引供电系统谐波

牵引供电系统是城轨供电系统的主要谐波源。其中采用的牵引整流机组，属于非线性受电设备，电压畸变的程度取决于整流装置容量和电网容量的相对比值及供电系统对谐波频率的阻抗。当然，非正弦电压施加在线性电路上时，电流也是非正弦波。这种非正弦电流波形,由于系统的参数、牵引整流机组的整流相数、接线方式的不同，波形畸变程度也不同。

整流谐波有特征谐波和非特征谐波之分。特征谐波是指整流装置运行于理想条件下产生的谐波，在理想运行条件下三相交流电源是对称的纯正弦电压,交流侧三相阻抗完全相等，直流侧平均电流恒定，且没有受到直流侧负载的调制。

由于整流装置运行的三相系统出现的交流电压不对称、延迟角不对称、三相阻抗不相等、直流侧平均电流不恒定等诸多因素，将会产生非特征谐波，非特征谐波次数和幅值目前还不可能用一个通用公式表达出来，工程上可以实际测量它的数值。

整流相数（脉波数）越多，整流电压越平稳,纹波系数也低，所产生谐波的次数越高，特征谐波和非特征谐波的含量越低，见表 2.1、表 2.2。若采用 12 脉波整流,理论上讲，12 脉波整流只产生 11、13、23、25 次以上特征谐波，而 24 脉波整流只产生 23、25 次以上特征谐波。

表 2.1 脉波数 p 与谐波电流最大幅值关系

脉波数 p	6	12	24	48
5～49 次谐波电流最大幅值的百分数（$\gamma=0$）	62.4	28.4	11.6	3.3

注：谐波电流以整流器交流电流总的有效值的百分比表示。

表 2.2 脉波数 p 与纹波系数的关系

脉波数 p	6	12	24	48
纹波系数	7.015	1.72	0.429	0.107 15

注：纹波系数为直流电压峰值与谷值之差的一半对平均值的百分比。

实际上，由于各种非理想因素（电网电压不对称、牵引变压器三相阻抗不对称等）的存在，不可避免地产生非特征谐波，24 相整流也将产生 5、7、11、13 次谐波，这些谐波的大小取决于牵引整流机组的制造技术[3]。

2.5.1.2 动力照明系统谐波

除牵引供电系统产生谐波外，动力照明设备也会产生谐波。以下设备是动力照明系统的主要谐波源[21]：

① 变频器。
② 荧光灯。
③ 高压气体放电灯。
④ 计算机。
⑤ 软启动装置。
⑥ 电容器。

2.5.2 谐波的危害

谐波对电力系统的污染日益严重，谐波源的注入使电网谐波电流、谐波电压增加，其危害波及全网，对各种电气设备都有不同程度的影响和危害。主要体现在以下几个方面[21]：

① 谐波对供电线路产生了附加损耗。
② 谐波影响各种电气设备的正常工作。
③ 谐波使电网中的电容器产生谐振。
④ 谐波对附近的通信系统产生干扰。

2.5.3 谐波的计算

2.5.3.1 牵引整流机组谐波计算

1）谐波术语的数学表达式

（1）第 h 次谐波电压含有率 HRU_h

$$HRU_h = \frac{U_h}{U_1} \times 100\% \tag{2.5-1}$$

式中 U_h——第 h 次谐波电压（均方根值）(kV)；
U_1——基波电压（均方根值）(kV)。

（2）第 h 次谐波电流含有率 HRI_h

$$HRI_h = \frac{I_h}{I_1} \times 100\% \tag{2.5-2}$$

式中 I_h——第 h 次谐波电流（均方根值）(A)；
I_1——基波电流（均方根值）(A)。

（3）谐波电压含量 U_H

$$U_H = \sqrt{\sum_{h=2}^{\infty}(U_h)^2} \tag{2.5-3}$$

（4）谐波电流含量 I_H

$$I_H = \sqrt{\sum_{h=2}^{\infty}(I_h)^2} \tag{2.5-4}$$

（5）电压总谐波畸变率 THD_u

$$THD_u = \frac{U_H}{U_1} \tag{2.5-5}$$

（6）电流总谐波畸变率 THD_i

$$THD_i = \frac{I_H}{I_1} \tag{2.5-6}$$

2）谐波次数

整流谐波有特征谐波和非特征谐波之分。

（1）特征谐波次数

根据傅立叶级数分析计算，整流装置产生的特征谐波次数由整流相数决定，计算公式如下：

$$h = kp \pm 1 \tag{2.5-7}$$

式中 h——谐波次数；

p——相数（脉波数）；

k——1，2，3，4…正整数。

（2）非特征谐波次数

脉波数较高的整流器所产生的非特征谐波，一般为 6 脉波整流器特征谐波的 10%～15%。

3）整流器谐波电流幅值

第 h 次谐波的理论幅值为 $I_h = I_1 / h$（式中 I_1 为基波的幅值）。

实际上，由于各种非理想因素的存在，不可避免地产生非特征次数的谐波。

由于换相重叠现象、直流电流脉动等，实际的谐波值将与理论值有所差异，大量统计表明，6 脉波及其以上的整流器产生的谐波电流对基波电流之比的典型值见表 2.3。

表 2.3　整流电路谐波含量统计表

脉波数 p	谐波次数 h（相对基波电流 I_1 的标幺值）							
	5	7	11	13	17	19	23	25
6	0.175	0.110	0.045	0.029	0.015	0.010	0.009	0.008
12	0.026	0.016	0.045	0.029	0.002	0.001	0.009	0.008
24	0.026	0.016	0.007	0.004	0.002	0.001	0.009	0.008

2.5.3.2　不同谐波源的迭加计算

（1）谐波电流允许值

国家标准《电能质量　公用电网谐波》（GB/T 14549—93）对用户注入公用电网的谐波电流允许值做了规定：同一公共连接点的每个用户向电网注入的谐波电流允许值按此用户在该点的协议容量与其公共连接点的供电设备容量之比进行分配。

（2）谐波电流允许值的换算

国家标准《电能质量　公用电网谐波》中规定的电网谐波电压限值、谐波电流允许值见表 2.4、表 2.5。

表 2.4 公用电网谐波电压（相电压）限值表

电网标称电压（kV）	电压总谐波畸变率（%）	各次谐波电压含有率（%）	
		奇次	偶次
0.38	5.0	4.0	2.0
10	4.0	3.2	1.4
35	3.0	2.4	1.2
110	2.0	1.6	0.8

表 2.5 注入公共连接点的谐波电流允许值

标称电压（kV）	基准短路容量（MV·A）	谐波次数及谐波电流允许值（A）											
		2	3	4	5	6	7	8	9	10	11	12	13
0.38	10	78	62	39	62	26	44	19	21	16	28	13	24
6	100	43	34	21	34	14	24	11	11	8.5	16	7.1	13
10	100	26	20	13	20	8.5	15	6.4	6.8	5.1	9.3	4.3	7.9
35	250	15	12	7.7	12	5.1	8.8	3.8	4.1	3.1	5.6	2.6	4.7
66	500	16	13	8.1	13	5.4	9.3	4.1	4.3	3.3	5.9	2.7	5.0
110	750	12	0.6	6.0	9.6	4.0	6.8	3.0	3.2	2.4	4.3	2.0	3.7
标称电压（kV）	基准短路容量（MV·A）	谐波次数及谐波电流允许值（A）											
		14	15	16	17	18	19	20	21	22	23	24	25
0.38	10	11	12	9.7	18	8.6	16	7.8	8.9	7.1	14	6.5	12
6	100	6.1	6.8	5.3	10	4.7	9.0	4.3	4.9	3.9	7.4	3.6	6.8
10	100	3.7	4.1	3.2	6.0	2.8	5.4	2.6	2.9	2.3	4.5	2.1	4.1
35	250	2.2	2.5	1.9	3.6	1.7	3.2	1.5	1.8	1.4	2.7	1.3	2.5
66	500	2.3	2.6	2.0	3.8	1.8	3.4	1.6	1.9	1.5	2.8	1.4	2.6
110	750	1.7	1.9	1.5	2.8	1.3	2.5	1.2	1.4	1.1	2.1	1.0	1.9

当电网公共连接点的最小短路容量不同于表 2.5 基准短路容量时，按（2.5-8）式修正表 2.5 中的谐波电流允许值。

$$I_h = \frac{S_{k1}}{S_{k2}} I_{hp} \tag{2.5-8}$$

式中 S_{k1}——公共连接点的最小短路容量（MV · A）；

S_{k2}——基准短路容量（MV · A）；

I_{hp}——表 2.5 中的第 h 次谐波电流允许值（A）；

I_h——短路容量为 S_{k1} 时的第 h 次谐波电流允许值（A）。

（3）第 h 次谐波电压含有率 HRU_h 与第 h 次谐波电流分量 I_h 的关系

$$HRU_h = \frac{\sqrt{3} Z_h I_h}{10 U_N} \times 100\% \tag{2.5-9}$$

近似的工程估算可按式（2.5-10）计算。

$$HRU_h = \frac{\sqrt{3}U_N hI_h}{10S_k} \times 100\% \tag{2.5-10}$$

式中 U_N——电网的标称电压（kV）；

S_k——公共连接点的三相短路容量（MV · A）；

Z_h——系统的第 h 次谐波阻抗（Ω）。

（4）两个谐波源的同次谐波电流在一条线路的同一相上迭加计算

在实际电网中，无论是谐波电压或谐波电流的相位关系均有一定的随机性，例如谐波源的基波电压因受电力系统潮流随机变化的影响，其相位角作随机变化；谐波源工况的变化，导致基波功率因数角作随机变化；谐波源负荷的波形，受到各种随机因素的影响，也会偏离于典型形状，从而造成谐波电流相位角的随机变化。

$$I_h = \sqrt{I_{h1}^2 + I_{h2}^2 + K_h I_{h1} I_{h2}} \tag{2.5-11}$$

式中 I_{h1}——谐波源 1 的第 h 次谐波电流（A）；

I_{h2}——谐波源 2 的第 h 次谐波电流（A）；

K_h——计算系数，见表 2.6。

表 2.6　K_h 计算系数选取表

h	3	5	7	11	13	9 | >13 | 偶次
K_h	1.62	1.28	0.72	0.18	0.08	0

两个以上同次谐波电流迭加时，首先将两个谐波电流迭加，然后再与第三个谐波电流相迭加，依次类推。

两个及以上谐波源在同一节点同一相上引起的同次谐波电压迭加的计算公式与式 (2.5-11) 同。

（5）在公共连接点处第 i 个用户的第 h 次谐波电流允许值计算

$$I_{hi} = I_h \left(\frac{S_i}{S_t}\right)^{1/\alpha} \tag{2.5-12}$$

式中 I_h——按式（2.5-8）换算的第 h 次谐波电流允许值（A）；

S_i——第 i 个用户的用电协议容量（MV · A）；

S_t——公共连接点的供电设备容量（MV · A）；

α——相位迭加系数，见表 2.7。

表 2.7　相位迭加系数 α 选取表

h	3	5	7	11	13	9 | >13 | 偶次
α	1.1	1.2	1.4	1.8	1.9	2

2.5.4 谐波的治理

谐波治理属于综合性工程。首先限制谐波源头，采取必要的技术措施将谐波含量降到最小，其次采取辅助措施，降低谐波的影响。

2.5.4.1 限制电网谐波

限制电网谐波的主要措施有：增加整流装置的脉波数，加装交流滤波器、有源电力滤波器等。

1）增加牵引整流机组的脉波数

高次谐波电流与整流相数密切相关，即相数增多，高次谐波的最低次数变高，则谐波电流幅值变小。

为了减少牵引供电系统产生的谐波电流，牵引变电所采用两套带移相线圈的12脉波牵引整流机组，正常情况下，两台机组并联运行，形成24脉波整流，最大限度地限制谐波的产生。

2）安装滤波装置或谐波补偿装置

常用的滤波装置主要为两类：无源滤波装置和有源滤波装置。

（1）无源滤波装置

该装置由电容器、电抗器，有时还包括电阻器等无源元件组成，对某次谐波及其以上次谐波形成低阻抗通路，以达到抑制高次谐波的作用。滤波器与动态控制的电抗器一起并联，这样既满足无功补偿、改善功率因数，又能消除高次谐波的影响。

无源滤波装置种类有：各阶次单调谐滤波器、双调谐滤波器、二阶宽频带与三阶宽频带高通滤波器等。

无源滤波器具有投资少、效率高、结构简单及维护方便等优点，现阶段广泛用于配电网中，但由于滤波特性受系统参数影响大，只能消除特定的几次谐波，而对某些次谐波会产生放大作用，甚至谐振现象。

（2）有源滤波装置

有源滤波装置利用可控的功率半导体器件向电网注入与谐波源电流幅值相等、相位相反的电流，使电源的总谐波电流为零，达到实时补偿谐波电流的目的。它与无源滤波器相比，有以下特点：

① 不仅能补偿各次谐波，还可抑制闪变、补偿无功，有一机多能的特点，在性价比上较为合理。

② 滤波特性不受系统阻抗等影响，可消除与系统阻抗发生谐振的危险。

③ 具有自适应功能，可自动跟踪补偿变化着的谐波，即具有高度可控性和快速响应性等特点。

运营初期，客流量不大，用电负荷较小，城轨供电系统中牵引整流机组产生的谐波含量不高，必要时主变电所、电源开闭所预留滤波装置的安装位置。当供电系统谐波含量超标时，投入滤波装置。

（3）谐波补偿装置

在主变电所、电源开闭所或直接从城网引入电源的变电所设置谐波补偿装置。有一种电能质量有源恢复系统，其装置既可补偿谐波，又可补偿无功功率。

（4）荧光灯

荧光灯若选用电子镇流器，则选L级产品，规定其3次谐波含量不高于30%。节能电感镇流器其本身的谐波含量很低，小于10%，其配用的就地功率因数补偿电容能够对谐波电流起到分流作用，进一步降低谐波电流[21]。

2.5.4.2 其他辅助措施

（1）选用 D, yn_{11} 接线组别的三相配电变压器

三相变压器对高次谐波的响应状况取决于所用的连接方式（星形或三角形连接）。

D, yn_{11} 接线的三相变压器中把高压侧绕组接成三角形，低压绕组为星形连接且和同相的高压侧相量成“11”点以保证相电动势接近于正弦波，从而避免了相电动势波形畸变的影响。不平衡和 3N 次谐波电流在一次绕组循环流动而不会传到电源系统中去。

（2）将产生谐波的供电线路和对谐波敏感的供电线路分开

因为供电系统有内阻抗，所以谐波负荷电流将造成电压波形的谐波电压畸变。此阻抗有两个组成部分：PCC（公共耦合点）的内部电缆的阻抗，以及在 PCC 上供电系统的固有阻抗。由非线性负荷形成的畸变负荷电流在电缆的阻抗上产生一个畸变的电压降。合成的畸变电压波形，加到与此同一电路相连的全部的其他负荷上去，而形成谐波电流在其上流过，甚至它们是线性负荷时也是如此。

线性负荷和非线性负荷从公共连接点用分别的电路馈电，以使由非线性负荷产生的电压畸变不会加到线性负荷上去。

（3）加强监测管理

在主变电所、电源开闭所外部电源进线处设有谐波监测装置，对谐波情况进行动态跟踪。国家标准要求在进行谐波测量时，应选择在电网正常供电时可能出现的最小运行方式，且应在谐波工作周期中产生的谐波量大的时段内进行（如运营高峰时段）。当测量点附近安装有电容器组时，应在电容器组的各种运行方式下进行测量。由于 6～110 kV 电磁式电压互感器，一般用于 1 000 Hz 以下频率测量，故国家标准中规定“测量次数一般为 2～19 次”。

由于谐波的波动性，宜用概率选值，为了实用方便，规定实测值不少于 30 个，使测量平均数的分布接近于正态分布所需的最低样本数。对于较稳定的谐波源，国家标准规定可选用 5 个接近的实测值，取算术平均值[21]。

2.6 无功功率补偿

城市轨道交通中包含了大量的低压用电设备，其自然功率因数较低，动力设备一般为 0.8 左右，荧光灯等气体放电灯则为 0.5。供电系统中功率因数较低时，增大了供电线路中的损耗，变电设备的输出容量增大，应进行适当的无功功率补偿。同时，还应防止过补偿现象。

2.6.1 无功功率的来源与危害

1）无功功率的来源

（1）无功功率的概念

具有电感和电容的交流电路中，电感的磁场或电容的电场在一个周期中的一部分时间内从电源吸收能量，另一部分时间内将能量返回电源。在整个周期内平均功率为零，也就是没有能量消耗，但能量是在电源和电感或电容之间来回交换的。能量交换率的最大值叫做无功功率。

（2）无功功率的来源

凡是有电磁线圈的电气设备，要建立磁场，利用电磁感应实现能量的转换和传递。如发

电机、变压器、电动机等，就是通过磁场来完成机械能与电能之间的转换的。

电动机需要建立和维持旋转磁场，使转子转动，从而带动机械运动，电动机的转子磁场就是靠从电源取得无功功率建立的，从电网吸收的无功功率在电网与电动机之间不断地进行交换。

变压器也同样需要无功功率，才能使变压器的一次线圈产生磁场，在二次线圈感应出电压。

2）无功功率的危害

无功功率的危害主要体现在以下四个方面：

① 供电线路中增加了无功功率的有功损耗，导致变送电设备、供电线路、用电设备发热程度加重。

② 增加了无功电流在供电线路上产生的无功电压降，导致供电线路末端的输出端电压进一步降低，致使用电设备的实际输出功率大大降低。

③ 因变送电设备的负荷容量中增加了无功容量，致使变送电设备的有功输出容量降低。

④ 电网中的电流与电压的相位不同相，产生较为严重的谐波分量，导致供电网络电压不稳定和谐波干扰增大。

2.6.2 无功功率补偿方式

电力部门对用户功率因数的一般要求如下：高压供电的用户，其功率因数不小于 0.9；低压供电的用户，其功率因数不小于 0.85。

提高功率因数的主要方法是采用低压无功补偿技术，通常采用的补偿方式有多种。无功功率补偿按安装位置划分有就地补偿、集中补偿；按工艺划分有动态补偿、静态补偿。

1）就地补偿

就地补偿是将低压电容器组与电动机并接，通过控制、保护装置与电机同时投切。就地补偿适用于补偿电动机的无功消耗，以补励磁无功为主，此种方式可较好地限制城轨供电系统的无功负荷。具体如下：可减小配电线路的导线截面和配电变压器的容量；可减少中压网络、配电变压器、低压配电线路的功率损耗；补偿点的无功经济当量最大，因而降低能耗效果更好；可降低电动机的启动电流。

就地补偿同样适用于荧光灯、气体放电灯的无功消耗，将低压电容器组与荧光灯、气体放电灯并接，通过保护装置与荧光灯、气体放电灯同时投切。

就地补偿的特点：用电设备运行时，无功补偿投入，用电设备停运时，补偿设备也退出，而且不需频繁调整补偿容量。具有投资少、占空间小、安装容易、配置方便、维护简单、事故率低等特点。

2）集中补偿

集中补偿又分为主变电所集中补偿和低压集中补偿两种方式。

（1）主变电所集中补偿

针对中压网络的无功平衡，在主变电所进行集中补偿，补偿装置包括并联电容器、同步调相机、静止补偿器等，主要目的是改善高压侧电源的功率因数，提高降压变电所的电压和补偿变压器的无功损耗。这些补偿装置一般连接在主变电所中压母线上，因此具有管理容易、维护方便等优点。

（2）变电所低压集中补偿

以无功补偿投切装置作为控制保护装置，将低压电容器组设在变电所低压 0.4 kV 母线上的补偿方式，根据低压负荷水平的波动投入相应数量的电容器进行跟踪补偿。

低压集中补偿主要目的是提高配电变压器的功率因数，实现无功的就地平衡，对降低中压网络和配电变压器的电压损失有一定作用，也有助于保证低压配电系统的电压水平。可以替代就地补偿方式，是目前补偿无功最常用的手段之一。

集中补偿运行方式灵活，运行维护工作量小，寿命相对延长、运行更可靠。但不能降低配电线路及电气设备的功率损耗，且控制保护装置复杂、首期投资相对较大。集中补偿方式可与就地补偿方式结合使用。

3）静态补偿

静态补偿一般由值班人员负责手工投入或退出，投切速度慢，不适合负载变化频繁的场合，容易产生欠补偿或者过补偿，造成电网电压波动，损坏用电设备，维护量大。

4）动态补偿

动态补偿通过自动检测相电流、相电压、功率因数等数据，对任何负载情况进行实时快速补偿，并有稳定电网电压功能，提高电网质量。有触点投切装置，投切频率高，电容器寿命受到影响；无触点零电流投切技术增加了电容器使用寿命。

2.6.3 无功功率补偿装置

2.6.3.1 补偿装置的系统构成

无功功率补偿装置由自愈式电容器、电抗器、投切开关以及控制器等构成。

1）电容器接线形式

三相共补接线方式根据控制器统一取样，各相投入相同的补偿容量，适用于三相负载基本平衡、各相负载的功率因数相近的网络。三相分补接线方式就是各相分别取样，各相分别投入不同的补偿容量。适用于各相负载相差较大，其功率因数 $\cos\varphi$ 值也有较大差别的场合，造价要高于三相共补接线方式 20%～30%。

由于城市轨道交通工程中三相负荷与单相负荷并存，主要负荷为三相平衡负荷。可以采用电容器 △－Y 接线，即三相共补与三相分补相结合的接线方案，如图 2.4 所示。三相共补部分的电容器为 △ 接线，三相分补部分的电容器为 Y 接线。这种接线方式的补偿装置，运行方式机动灵活，成套价格低于三相分补的接线方案。

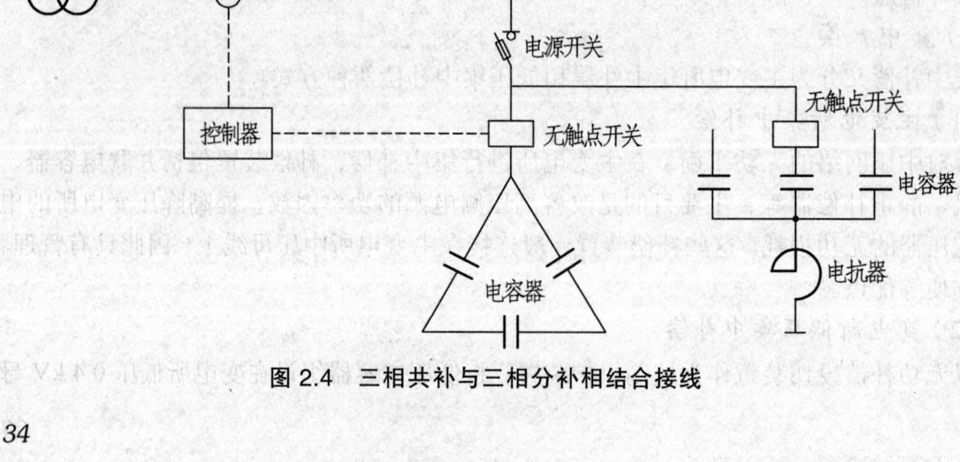

图 2.4 三相共补与三相分补相结合接线

电容器本身具备一定的抗谐波能力，但同时也有放大谐波的副作用。无功补偿时应考虑谐波治理，在有较大谐波干扰又需要补偿无功的地点，应考虑增加滤波装置。

2）关键元件配置

（1）并联电容器的投切开关

① 交流接触器。以往多使用交流接触器作为并联电容器的投切开关。电容投切时产生的涌流对交流接触器的触头有一定伤害，应适当选择额定容量较大的接触器。采用专用的接触器，每台电容器加装串联小电抗器，用以抑制涌流。目前，交流接触器基本不再作为并联电容器的投切开关。

② 双向晶闸管开关电路。采用双向晶闸管的无触点开关电路（又称固态继电器）取代交流接触器。

③ 新型无触点开关电路。等电压投、零电流切的新型无触点开关，其电路运行功耗低、涌流小、谐波影响小，制造成本低，开关电路和接触器的使用寿命长。如图 2.5 所示。

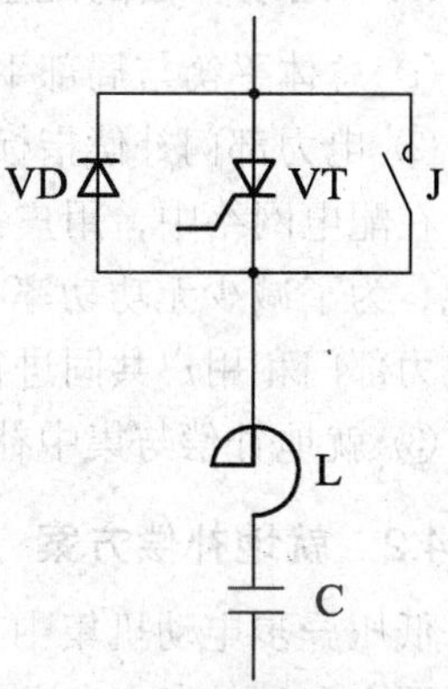

图 2.5 新型无触点开关电路

（2）智能型自动控制器

无功补偿智能型自动控制器取样的物理量为负载的无功功率 Q，可对 △－Y 电容器组的任意组合方式进行调节，防止无功投切震荡及补偿死区，并当电网中发生过电压、欠电压、缺相、谐波或零序电流超标及电容器温升超标时，快速切除补偿电容器。

2.6.3.2 补偿装置的控制原理

当前，国内各厂家生产的自动补偿装置通常是根据功率因数实现电容器的自动投切，也有为了保证用户电压水平而以电压为判据的。这种以电压为判据方案虽然有助于保证用户的电能质量，但对电力系统并不可取。虽然线路电压的波动主要由无功量变化引起，但线路的电压水平取决于系统情况。当线路电压基准偏高或偏低时，无功的投切量可能与实际需求相去很大，出现无功过补偿或欠补偿。

检测量主要有功率因数 $\cos\varphi$、无功功率 Q 和无功电流 I_q 三种。

20 世纪 80 年代中期多选用以 $\cos\varphi$ 为检测量的控制器，执行手段是投切电容器，补偿的最终目的是减少进出电网的无功功率。此方案的主要缺点是：轻载时容易产生投切震荡，重载时又不易达到充分补偿，故新型的控制器已不再选用以 $\cos\varphi$ 为检测量。

检测量为 Q 的控制器，其工作原理是将电压和电流的信号送入霍尔元件或相敏放大器等具有乘法功能的器件，以测出 $Q=UI\sin\varphi$，由于检测量和控制目标都是同一物理量，技术上是合理的，但检测难度要大些。

检测量为 I_q 的控制器，利用了相电压 U 由正到负过零的瞬间，恰好就是该相无功电流最大值 I_{qmax} 的原理，用相电压 U 负过零信号控制，采用开关和简单的保持电路，以完成对 I_q 实时检测。这种方案的优点是：检测方法简单，不会发生震荡，补偿效果与电网电压的波动无关。

2.6.4 常用无功功率补偿方案

城轨供电系统消耗的无功功率主要为低压异步电动机和照明灯具。无功功率补偿措施应该系统地进行整体考虑，即集中补偿与就地补偿相结合。

在降压变电所设置低压集中补偿装置，对系统前端进行补偿，虽能满足电力部门对并网功率因数的要求，但对以下各级分支电路不作无功补偿，因此低压配电线路中无功电流大，从而造成线路截面和配电开关容量不能减小，且不能保证整个低压系统的供电质量。

2.6.4.1 无功补偿的配置原则

① 总体平衡与局部平衡相结合，以局部平衡为主。

② 电力部门补偿指标与用户补偿要求相结合。

在配电网络中，用户消耗的无功功率约占 50%～60%，其余的无功功率消耗在配电网中。因此，为了减少无功功率在网络中的输送，要尽可能地实现就地补偿，就地平衡，所以必须由电力部门和用户共同进行补偿。

③ 就地补偿与集中补偿相结合，以就地补偿为主。

2.6.4.2 就地补偿方案

低压异步电动机集中布置在车站两端头的设备区以及区间泵房和通风机房，照明灯具分散布置在车站的各个角落。尤其是照明灯具，呈纵向和横向布置形式，极为分散。因此，采取就地补偿措施，效果明显。

1）就地补偿方案

（1）电动机设置无功功率自动补偿装置

单台电动机设置无功功率补偿装置，应考虑运营成本。地下车站单台电动机工作的情况很多，如污水泵、排水泵、废水泵、电梯、自动扶梯，等等，由于这些设备分散布置，分别设置无功功率自动补偿装置后，给维修管理带来不便，而且运营成本有所上升。所以，单台电动机是否设置专用的无功功率补偿装置，应对节能效果和运营成本进行综合分析后确定。

如果环控机房设备相对集中，具备设置无功功率补偿装置的条件，则可采用集中式低压配电系统，这样就兼顾了运营管理的需要。

（2）照明灯具自带电容补偿

如果照明灯具自带电容补偿，补偿后的功率因数达 0.9，低压配电线路的节能效果是非常明显的。

2）无功功率补偿容量

（1）单负荷就地补偿容量

电动机无功功率就地补偿的应用范围：

① 长期连续运行的电动机，经常轻载或空载运行的电动机。

② 离配电变压器距离较远的电动机，一般不小于 10 m。

③ 单台容量较大的电动机，一般低压电动机不小于 5.5 kW。

（2）多负荷补偿容量计算

多负荷补偿容量根据补偿前后的功率因数来确定。

对运营线路要提高功率因数，其补偿容量 Q_c 计算公式[21]如下：

$$Q_c = K_m K_j(\tan\varphi_1 - \tan\varphi_2)/T_m \tag{2.6-1}$$

式中 K_m——最大负荷月时有功功率消耗量，由有功电能表读得；

K_j——补偿容量计算系数，可取 0.8～0.9；

T_m——企业的月工作小时数；

$\tan\varphi_1$——补偿前自然功率因数角的正切值，由有功和无功电能表读数求得；

$\tan\varphi_2$——补偿后功率因数角的正切值。

设计阶段，无功补偿容量 Q_c 计算公式如下：

$$Q_c = K_n P_n(\tan\varphi_1 - \tan\varphi_2) \tag{2.6-2}$$

式中 K_n——年平均有功负荷系数，一般取 0.7～0.75；

P_n——企业有功功率之和；

$\tan\varphi_1$——意义同前，可根据企业负荷性质查手册近似取值，也可用加权平均功率因数求得；

$\tan\varphi_2$——意义同前。

2.6.4.3 集中补偿方案

个别设备（如污水泵）没有设置就地补偿装置，则根据实际需要在配电变压器二次侧（即 0.4 kV 母线）装设无功功率集中补偿装置，采用三相共补与分补相结合的接线，根据负荷变化自动投入无功补偿容量。

由于部分采取了就地补偿方式，无功功率集中补偿装置的容量需要重新核算，将已采取就地补偿的设备的功率因数看做自然功率因数，然后再根据变压器二次侧的有功功率与无功功率计算值，确定无功功率集中补偿装置的安装容量，以避免出现过补偿现象。

2.6.5 避免产生过补偿

1）过补偿的危害

当前，城轨供电系统一方面需要考虑低压无功电容补偿，另一方面，在电源端又存在无功过补偿的问题。国内某些线路在运营初期，城市电网的公共供电点出现了无功功率过补偿现象。国内某城市轨道交通在主变电所设置了电抗器，通过电抗器抵消无功电容，但该电抗器的发热量比较大，且解决无功电容的效果不理想。

过补偿的危害往往比欠补偿更严重。补偿容量过大，在变压器空载运行时或者负荷较轻时，会造成过补偿，使功率因数角超前、无功功率向电力系统倒送，将抬升上级配电变压器出口电压，增加有功功率损耗，增加谐波震荡的发生几率以致造成电网伤害。

2）产生过补偿的根源

制定无功功率补偿方案时，根据补偿后功率因数不小于 0.9 设计指标，简单地采用 0.4 kV 母线电容集中补偿方式，忽视了中压网络电缆电容、牵引负荷、三相不平衡等潜在因素。

直流牵引供电系统采用了等效 24 脉波整流器，直流牵引供电系统的功率因数达到了 0.95 以上。牵引用电负荷对配电线路功率因数有很大的提升作用，相对于车站动力照明用电负荷而言，牵引供电负荷所占比重越大，其影响就越明显[24]。

对于放射式、单环网和双环网中压网络结构形式，正常运行时，其电缆电容对外部电源连接点处的功率因数影响较大[24]。为避免供电系统出现容性特征，应简化中压网络结构，减少系统电缆数量，适当增大电缆敷设的间距，这样可以减少中压网络的电缆分布电容，减少向供电系统返送无功负荷。

城市轨道交通工程中大量使用了单相负荷，照明、空调风机盘管等负荷变化随机性大，容易造成三相负载的严重不平衡。由于调节补偿无功功率的采样信号取自三相中的任意一相，因而造成未检测的两相有可能过补偿或者欠补偿[24]。

3）避免过补偿措施

为解决过补偿问题，应采取以下几个措施：

（1）优化补偿容量和补偿地点

无功补偿的关注点往往放在低压侧，只注意补偿用户的功率因数。然而要实现有效的降低无功损耗，必须从电力系统角度出发，通过计算供电系统的无功潮流，确定配电网的补偿方式、最优补偿容量和补偿地点。

（2）采用分相电容自动补偿

对于三相不平衡及单相配电系统采用分相电容自动补偿是解决过补偿问题的较好办法，其原理是通过调节无功功率参数的信号取自三相中的每一相，根据每相感性负载的大小和功率因数的高低进行相应补偿，对其他相不产生影响，因而避免了产生欠补偿和过补偿。

（3）电能质量有源恢复系统

为了解决无功过补偿问题，还可以在主变电所、电源开闭所或直接由城网引入外部电源的变电所设置电能质量有源恢复系统。

电能质量有源恢复系统能补偿电网的无功电流、谐波，以最大限度恢复电能质量，使电压波动率 d_u<2%。

电能质量有源恢复系统具有优良的动态特性，响应时间小于 1 ms；三相补偿谐波电流、谐波次数可达 50 次；可消除中性线电流的 3 次谐波及其他零序性质的谐波；自身功率损耗低；在既消除谐波又进行无功补偿的操作模式下 $\cos\varphi$ 可补偿到 1。

2.7 关于供电系统资源共享研究

在 20 世纪 90 年代之前，国内城市轨道交通工程基本上处于单线建设模式，相应地各条线的外部电源也是独立配置，不同线路之间的供电系统也没有考虑综合配置。目前我国北京、上海、广州等特大城市，城市轨道交通已进入了网络化发展时代，原来各条线独自考虑设置供电系统的模式，已不符合目前轨道交通网络化建设的要求，供电系统网络资源共享问题日益显现。如何进行供电系统资源共享研究？下面将对研究必要性、研究内容、研究原则进行说明。

2.7.1 供电系统资源共享的研究必要性

面对我国城市轨道交通的网络化发展，为实现城网电力资源的合理利用、城轨供电系统的综合配置，达到资源共享、高效使用、降低投资和保护环境的目的，有必要根据城市轨道交通线网规划及城市电网的现状及规划，对城轨供电系统提升到网络高度，统一规划、统筹考虑。

供电系统资源共享的研究意义主要体现以下几个方面：

（1）优化利用城网电力资源

虽然说近几年我国城市电网建设获得了极大的发展，但整体上城网电力资源依然非常紧张。如果城轨供电系统还是按照单线模式进行配置，那么城轨供电系统将占用大量的城网电力资源。例如：对于集中式供电方案，如果一条线路设置2～3座主变电所，那么10条线路就要设置20～30座主变电所，这些主变电所将占用40～60个高压（如110 kV）出线间隔，这将给城网220 kV电源点的布局和规划造成很大困难。为了减少城轨供电系统对城网电力资源的占用，优化利用好城网电力资源，避免浪费，那么就有必要对城轨供电系统进行资源共享的研究。

（2）完善城轨供电系统结构

如果城轨供电系统按照单线模式进行配置，那么各条线的供电系统基本独立，当供电系统发生故障时，只能依靠本线供电系统自身的故障应对能力，进行故障处理。如果某一线路因供电系统故障而出现停运，城市公交系统短时间内压力骤增、秩序混乱，将造成间接经济损失及社会不良影响。通过供电系统资源共享研究，不同线路间的外部电源可以综合配置，不同线路间的供电系统可以相互支援，这将提高城轨供电系统的可靠性，保障整个城市轨道交通线网可靠有序地运行。

（3）降低城轨供电投资

对于集中式供电，通过资源共享研究，可以减少整个城市轨道交通线网主变电所、外部电源点、电源外线通道的总体数量，并相应地减少工程综合投资；对于分散式供电，通过资源共享研究，可实现不同线路供电系统的综合配置，优化电源外线的回路数量及报装容量，从而降低城轨供电系统的整体造价。

（4）减少市政工程建设干扰

前面已经介绍过，如果城轨供电系统按照单线模式进行配置，对于集中式供电方案，势必要修建大量的主变电所，同时还需要从城市电网引入数量较多的外部电源点，这要求建设大量的从外部电源点到城市轨道交通的电力通道。大量的主变电所及电力通道的建设将给城市规划、市政建设带来诸多困难。通过供电系统资源共享研究，减少外部电源引入点，有利于减少市政工程建设干扰、保护环境。

2.7.2 供电系统资源共享的研究内容

供电系统资源共享的研究内容主要包括：外部电源资源共享及主变电所资源共享。具体研究内容如下：

① 分析城轨供电系统的用电负荷特点。

② 分析供电系统资源共享与新线建设时序之间的关系。

③ 研究共享主变电所布点。

④ 研究共享后主变压器容量选择与近、远期用电负荷之间的关系。

⑤ 研究主变电所共享后对城市轨道交通可靠性的影响，特别是故障情况下供电能力及可靠性的评价。

⑥ 研究城轨供电系统可靠性与城网供电系统可靠性之间的依赖关系。

⑦ 对目前城轨供电系统计量点的设置及计费中存在的问题进行研究，为有关部门制定合适的城市轨道交通供电计费政策提供决策依据。

⑧ 明确投资（建设）主体与供电系统资源共享受益者之间的关系与责任。

⑨ 明确运营体制与供电系统资源共享所带来的技术经济责任之间的关系。

⑩ 分析共享后产生的社会效益、经济效益。

⑪ 对于以分散式外部电源方案为主的城市，研究制定城轨供电网络规划方案：分析单条线路的供电系统规划方案，在此基础上结合线网分布特征及建设时序，提出城市轨道交通线网供电系统规划整合方案，并对电力资源合理利用等综合研究。

⑫ 应同时研究城市轨道交通供电系统资源共享所带来的新问题：城网供电能力的配套、城网与城市轨道交通同期实施问题、外部电源电缆通道落实问题、控制中心与电力调度等问题。

2.7.3 外部电源共享的研究原则

无论是集中式供电、分散式供电，还是混合式供电，都应该研究供电系统资源共享问题。对于集中式供电，优化主变电所的布点及容量是研究的重点；对于分散式供电，优化供电系统结构，提高不同线路间供电系统的相互支援能力，则是研究的重点。

（1）电源进线

① 城市轨道交通为重要电力用户，属于一级用电负荷。每座城轨主变电所或电源开闭所应有两路进线电源，每个进线电源的容量应满足电源变电所全部一、二级负荷的要求。为保证两个电源之间具有一定的独立性，即在一个电源发生故障的情况下，另一个电源不应同时受到损坏。这两个电源可以来自城网的不同变电所，也可来自城网同一变电所的不同母线。主变电所进线电源应至少有一个为专线电源。

② 外部电源点应尽可能地靠近城市轨道交通线路。

③ 结合城市轨道交通工程建设时序以及城网发展规划，市有关部门应有步骤地规划建设满足向城市轨道交通供电的外部电源点。城轨供电系统与城网变配电系统应做到相互协调、资源共享、充分利用。

④ 为共享主变电所供电的电源外线应满足以下要求：两条轨道交通线路共享的主变电所，其两路电源进线宜采用不同沟电缆排管的敷设方式引入；超过两条轨道交通线路共享的主变电所，其两路电源进线应采用不同沟电缆排管的敷设方式引入[23]。

（2）主变电所站址

① 主变电所资源共享，应以城市总体规划、城市轨道交通线网规划、城市电网规划等为基础条件。主变电所站址应综合考虑城市轨道交通线路走向、线路关系、建设时序，以及城市总体规划及城网规划的建设实施等因素。主变电所应尽量设置在线路交汇车站，以结合城网电力资源，研究一个主变电所同时向多条城市轨道交通线路供电的可行性。

② 对于 35 kV 中压网络，两个相邻主变电所的间距可以按 25～30 km 考虑，以保证在一个受电点故障全停时，非故障受电点可向故障受电点的负荷供电，并满足城轨供电系统中压网络的压降要求，保证城市轨道交通线路继续运行。

③ 尽可能把主变电所配置在中心城区以外，以免在建筑物密集的中心城区建设主变电所。其目的是减少拆迁，便于落实所址；同时为建设地面主变电所创造条件，以降低投资。当主变电所站址与城市规划发生矛盾时，应服从城市规划总体布局要求，地面没有主变电所设置条件时，也可设置地下变电所，但需满足使用功能和消防安全等要求。

（3）系统接线与主变压器容量

① 城市轨道交通共享主变电所高压侧主接线宜简单，对每条后建线路每段中压母线按一路出线考虑。共享主变电所与后建线路的接口，在共享主变电所中压开关柜的馈出电缆端子。

② 后建城市轨道交通线路的供电采用中压电源开闭所的模式，其两路进线电源引自共享主变电所的两段中压母线[23]。

③ 对于集中式供电，不考虑一个主变电所解列，同时中压环网电缆又发生故障的情况。当一座主变电所退出运行时，其相邻主变电所可越区供电。

④ 对于分散式供电，城市轨道交通中压网络的构成应考虑当一个受电点的电源全部故障，其他受电点应向故障受电点影响线路区段提供电力支援。

⑤ 共享主变电所设备容量的确定仅考虑与其相邻的一个主变电所解列的情况。另请参见第 3 章“主变电所”中“主变压器容量的确定”的相关内容。

3 主变电所

城市轨道交通主变电所设计涉及内容较多。本章重点对主变电所选址、电气主接线、主变压器选择、主变压器中性点接地、共享主变电所的问题与建议等进行介绍。其他内容如：高压开关柜选择、中压开关柜选择、继电保护、变电所综合自动化、无功补偿、所用电、设备布置、土建要求等参见其他相关章节。

3.1 概 述

对于集中式外部电源方案，应建设城市轨道交通用主变电所。城轨主变电所的功能是接受城网高压电源，经降压后为牵引变电所、降压变电所提供中压电源。

根据城市轨道交通用电负荷特点，城轨主变电所一般沿线路布置。根据电压损失要求确定主变电所数量之后，通过与城市规划、电力等部门协商就可以确定主变电所位置。主变电所结构形式应根据主变电所所处城市位置确定。

主变电所电气主接线，可以从高压侧和中压侧两个方面来描述。高压侧主接线主要有线路－变压器组、内桥形、外桥形三种接线形式；中压侧一般采用单母线分段形式，并设置母线分段开关。

主变压器的选择，是主变电所设计的重要内容。它包括主变压器台数与容量的确定、主变压器形式的选择、主变压器阻抗的选择、主变压器电压调整方式的选择以及冷却方式等。

主变压器高压侧接地方式按城网运行方式确定；中压侧中性点一般经消弧线圈接地或接地电阻接地。

需要说明的是，对于分散式外部电源方案，往往需要设置电源开闭所，负责向供电分区供电。电源开闭所一般不单独建设，而是在城市轨道交通车站与牵引（或降压）变电所合建，且共用中压母线，中压母线应采用单母线分段接线。在这种情况下，电源开闭所将连同牵引（或降压）变电所一起设计。

3.2 所址选择

变电所选址是配电网规划的重要组成部分。其位置是否合理除直接影响变电所工程投资和运行经济效益外，还关系到配电网的网络结构、供电质量和运行经济性。城网变电所选址涉及负荷分布、现有电网状况、线路走廊、所址地形地质、与城市规划相一致等诸多因素，可以说与城网变电所所址有关的因素错综复杂，很难凭经验就能确定最佳位置。因而，对于城网变电所选址，往往会利用模糊理论和优化分析，建立各种数学模型，进行综合判别与决策。

城市轨道交通主变电所选址，虽然涉及多个因素，但总体上来说，要比城网变电所选址简单。

3.2.1 所址选择的基本原则

主变电所选址应符合下列原则：

① 靠近负荷中心，邻近城市轨道交通线路布置。

② 满足中压网络电缆压降要求。

③ 满足城市轨道交通供电网络规划中主变电所资源共享的要求。

④ 应和城市规划、城市电网规划相协调。

⑤ 可独立设置，也可以合建。为节约城市土地资源，市区内主变电所宜与其他建筑合建或建于地下；当与城市电力部门合建时，也可设置在地面，但其与线路的电缆敷设距离不宜过长。

⑥ 便于电缆线路引入、引出。

⑦ 便于设备运输。

⑧ 周围环境宜无明显污秽。

⑨ 具有适宜的地质、地形和地貌条件（如避开断层、塌陷区等）。

⑩ 应考虑主变电所与周围环境、邻近设施的相互影响。

3.2.2 根据负荷特点确定主变电所沿线路布置

城网变电所的用电负荷呈区域性分布，而城市轨道交通主变电所的用电负荷则沿城市轨道交通线路走向呈线状分布。这种负荷分布的特点，就要求主变电所的位置只能在城市轨道交通沿线。主变电所位置应尽量靠近轨道线路，以便减小主变电所至城市轨道交通线路间的电缆通道距离。一般来说，主变电所位置离城市轨道交通线路的距离控制在几百米范围之内。实际工程中，许多主变电所就贴近线路布置。

3.2.3 根据电压损失要求确定主变电所数量

一条城市轨道交通线路是设置一个主变电所，还是设置两个及以上主变电所，其数量取决于负荷分布及大小（负荷矩），即中压网络电缆的压降应满足设计要求。《地铁设计规范》（GB50157—2003）第 14.1.12 要求："供电系统的中压网络应按列车运行的远期通过能力设计，对互为备用线路，一路退出运行另一路应承担其一、二级负荷的供电，线路末端电压损失不宜超过 5%。"

据此确定主变电所数量，并初步确定主变电所的大致位置。在沿线用电负荷基本均匀的情况下，若设一座主变电所，则首选位置考虑在线路长度中心附近；若设两座主变电所，则首选位置考虑在线路长度的 1/4 及 3/4 处。

当然，随着特大城市轨道交通建设的网络化发展，主变电所的位置应满足网络资源共享的要求。这部分内容详见"3.6 共享主变电所的问题与建议"。

3.2.4 根据城市规划要求确定主变电所位置

在大致确定主变电所位置之后，具体位置要与城市规划部门沟通，征得城市规划部门同意，以便实现主变电所建设与城市规划相协调。另外，主变电所位置的选择还必须考虑外部电源引入方便，并与城市电网规划相协调。

3.2.5 根据所处城市位置确定主变电所结构形式

城市变电所按其结构形式，主要分成以下几类，见表 3.1。

表 3.1 城市变电所按其结构形式分类

<table>
<tr><th>分 类</th><th colspan="2">结 构 形 式</th></tr>
<tr><td rowspan="2">1</td><td rowspan="2">户外式</td><td>全户外式</td></tr>
<tr><td>半户外式</td></tr>
<tr><td rowspan="2">2</td><td rowspan="2">户内式</td><td>常规户内式</td></tr>
<tr><td>小型户内式</td></tr>
<tr><td rowspan="2">3</td><td rowspan="2">地下式</td><td>全地下式</td></tr>
<tr><td>半地下式</td></tr>
</table>

城市轨道交通主变电所多数采用户内式、半户外式或地下式，很少采用全户外式。其结构形式的选择，要根据新建主变电所位置所处城市的不同位置而进行。

（1）布设在市区边缘或郊区、县的主变电所，可采用布置紧凑、占地较小的半户外式

改革开放以来，随着城市用电量的急剧增加，市区负荷密度迅速增高，110 kV 以上高压变电所已逐渐深入市区，且布点数量越来越多。而市区用地日趋紧张，选址困难和环保要求，使得改变变电所过去通常选用的体积大、用地多的常规户外式结构形式，减少主变电所占地和加强环保措施，已成为当前迫切需要解决的问题。国内外实践经验表明，在不影响电网安全运行和供电可靠性的条件下，通过改进布置方式，简化接线和设备选型等措施，实现变电所户内化、小型化，可以达到减小占地改善环境质量的目的。近年来，采用紧凑型布置方式的半户外型、全户内型以及与其他建筑合建等结构形式的变电所在我国城市市区已得到迅速发展。主变电所的建设，力求做到与周围环境的协调，使市区主变电所不仅实现了减少占地，而且还尽可能地满足城市建筑的多功能要求，使其除了作为为城市轨道交通供应电能的工业建筑外，还作为城市建筑的有机组成部分，在立面造型风格上和使用功能上，充分体现了城市未来的发展，适应城市现代化建设需要。同时，在市区规划建设城市轨道交通主变电所时还需要考虑有良好的消防设施，按照消防的有关规范规定，适当提高变电所建筑的防火等级，配置有效的消防装置和报警装置，妥善地解决防火、防爆、防毒气及环保等问题。

（2）市区内及市中心区规划新建的主变电所，宜采用户内式结构

主变电所可与其他建筑物混合建设，或建设地下主变电所。在市中心区，尤其是在大、中城市的超高层公共建筑群区、中心商务区及繁华闹市区，土地极为珍贵，地价高昂。为了用好每一寸土地，充分发挥土地的使用价值，取得良好的社会、经济、环境综合效益，国外 20 世纪 60 年代，国内 20 世纪 80 年代初，一些大、中城市已经开始发展小型化全户内变电所，有的还与其他建筑结合建设，或建设地下变电所，多年来都积累有丰富的运行经验，如日本东京都，20 世纪 80 年代共建设变电所 440 座，其中地下变电所为 130 座，约占 30%。地面户内式变电所大多数都和其他建筑或公共建筑楼群相结合，其建筑立面造型，甚至色彩都考虑与周围建筑的协调。对于户内式变电所和地下变电所，消防和通风显得尤为重要。从消防角度考虑，电气设备应尽量无油化，对于地下变电所（特别是和大型公共建筑合建或在

其地下），采用全封闭组合电器成套配电设备，还可采用 SF_6 气体绝缘变压器，并备有先进的消防措施和隔音装置，并有防爆管，以防故障引起火灾。我国城市（如北京、上海、广州、武汉、重庆等）都有在市中心地区或繁华街区建设地面全户内型变电所或地下式变电所的实例，运行经验表明，不仅可行而且都取得了较显著的社会、经济、环境综合效益的效果。

3.3 电气主接线

主变电所电气主接线应与当地电力部门协商确定。城市轨道交通主变电所高压侧与城网之间应设明显的电气分断点。

3.3.1 线路-变压器组接线

① 主变电所两路高压电源进线（如 110 kV），可以都是专线，也可以是一路专线、另一路“T”接。高压侧主接线采用线路-变压器组、两断路器的形式，如图 3.1（a）所示。

② 这种接线的优点是接线简洁、高压设备少、占地少、投资省、继电保护简单。

③ 在正常运行方式下，两路线路各带一台主变压器。

④ 如主变压器一、二级负荷的负载率较低，系统发生故障时，恢复供电操作十分方便。当一台主变或一条线路故障退出运行时，只需在主变电所中压侧做转移负载操作，由另一路进线电源的主变压器承担本主变电所范围内的全部一、二级用电负荷，对相邻主变电所无影响。

⑤ 如主变压器一、二级负荷的负载率较高，当主变或线路发生故障时，需要通过相邻主变电所联络来转移部分负荷，实现相互支援。

⑥ 适用范围：主变电所不设高压配电装置，一台主变压器退出时，其他主变压器能承担本主变电所供电范围内的全部一、二级负荷。线路-变压器组接线形式被广泛应用于城市轨道交通主变电所。

3.3.2 内桥形接线

① 主变电所两路高压电源进线（如 110 kV），可以都是专线，也可以是一路专线、另一路“T”接。高压侧主接线采用内桥形接线形式，如图 3.1（b）所示。

② 这种接线的优点是有 3 台断路器，需要的断路器较少，而且线路故障操作简单方便，系统接线清晰。

③ 在正常运行方式下，桥联断路器打开，类似于线路-变压器组接线，两路线路各带一台主变压器。

④ 因内桥形接线线路侧装有断路器，线路的投入和切除十分方便。当送电线路发生故障时，只需断开故障线路的断路器，不影响另一回路正常运行。需要时也可以合上桥联断路器由一路进线带两台主变压器。但主变压器故障时，则与该变压器连接的两台断路器都要断开，从而影响了另一回未故障线路的正常运行。另外，桥联断路器检修时，电源线路需较长时间停运；出线断路器检修时，电源线路也需较长时间停运。

⑤ 因主变压器运行可靠其故障率低于线路故障率，且主变压器也不需要经常切换，因此这种主接线形式应用较多。

⑥ 适用范围：对于电源线路较长、故障率较高的情况，采用这种接线方式可以提高供电可靠性。

3.3.3 外桥形接线

① 主变电所两路高压电源进线（如 110 kV），可以都是专线，也可以是一路专线、另一路“T”接。高压侧主接线采用外桥形接线形式，如图 3.1（c）所示。

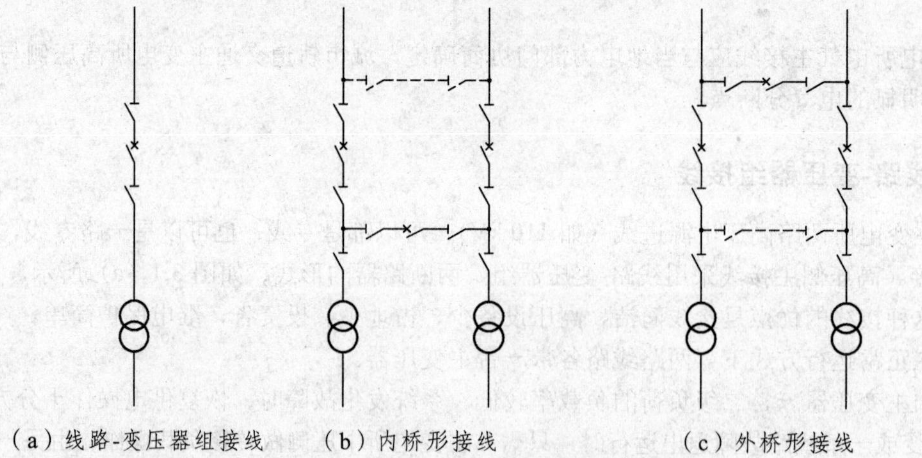

图 3.1 线路-变压器组接线及桥形接线

② 这种接线的优点是有 3 台断路器，需要的断路器较少。

③ 在正常运行方式下，外桥联断路器打开，类似于线路－变压器组接线，两路线路各带一台主变压器。当一路进线电源失电后，外桥联断路器合闸，由另一路进线电源向分挂在两段母线上的两台主变压器供电，承担本主变电所范围内的全部一、二级用电负荷，根据供电系统负荷变动情况，确定三级负荷的切除与保留。

④ 线路的投入和切除不十分方便，需操作两台断路器，并有一台主变压器暂时停运。桥联断路器检修时，两个回路需解列运行；主变压器侧断路器检修时，主变压器需较长时期停运。

⑤ 适用范围：电源线路较短，故障率较少。当电源线路有穿越功率时，也可采用。根据目前国内城网情况，城市轨道交通主变电所属终端变电所，没有穿越功率，因而基本不采用这种接线形式。

3.3.4 中压侧主接线形式

① 主变电所中压侧一般采用单母线分段形式，并设置母线分段开关，如图 3.2 所示。

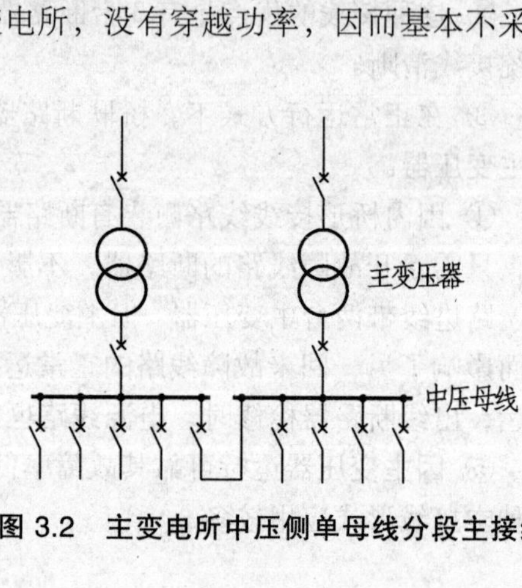

图 3.2 主变电所中压侧单母线分段主接线

② 这种接线的优点：正常情况下，两段母线分列运行；牵引变电所和降压变电所可以从不同母线段取得中压电源；当主变电所一段中压母线失电时，另一段中压母线可以迅速恢复对牵引变电所和降压变电所供电。

③ 当一路高压进线失电或一台主变压器退出后，通过中压母线分段开关迅速合闸，由另一台主变压器承担本主变电所范围内的全部一、二级用电负荷，根据供电系统负荷变动情况，确定是否切除三级负荷。

④ 当一段中压母线故障时，该段母线上的进线开关分闸，同时该段母线上馈线所接的第一级牵引或降压变电所进线开关也应失压跳闸；根据中压供电网络运行方式，由主变电所的另一段中压母线继续供电。

3.4 主变压器选择

主变压器的选择，包括主变压器台数与容量的确定、主变压器选型、主变压器阻抗的选择、主变压器电压调整方式的选择以及冷却方式等。

3.4.1 主变压器台数的确定

① 原则上，主变压器台数应结合供电网络规划、中压网络形式、系统运行方式、主变电所容量备用要求等因素综合分析确定。

② 目前，国内城市轨道交通主变电所均设置两台主变压器，互为备用。正常情况下，两台变压器并列运行，各负担约 50% 的用电负荷。

③ 国外城市轨道交通主变电所中主变压器数量，不尽一致。有 2 台的，有 3 台的，还有 5 台的。

德黑兰地铁 1 号线、2 号线的主变电所，高压侧为 63 kV，中压侧为 20 kV。每座主变电所共设置 3 台主变压器，其中初期安装 2 台，远期预留 1 台。当初期安装的 2 台主变压器容量不能满足远期运行需要时，将安装第 3 台主变压器，实现对该主变电所的增容。初期变电所土建设计时，就为第 3 台主变压器及需要增加的 63 kV GIS 间隔、20 kV 开关设备预留了位置。

开罗地铁 3 号线一期工程的主变电所，高压侧为 220 kV，中压侧为 20 kV。220 kV 为双母线隔离开关分段接线，每段母线上有两路进线。一段母线上接 3 台主变压器（2 台给牵引变电所供电，1 台给降压变电所供电）；另一段接 2 台主变压器（1 台给牵引变电所供电，1 台给动力照明变电所供电）。20 kV 则有 5 个主母线段对应 5 台主变压器，其中 3 个为 20 kV 牵引母线段，2 个为 20 kV 动力照明母线段。

3.4.2 主变压器容量的确定

主变压器容量的选择，涉及供电网络资源共享、运行方式、建设时序、建设资金等多个因素，需要综合考虑确定。

（1）供电网络资源共享对主变压器容量选择的影响

对于已经完成城市轨道交通供电网络规划的城市，新建主变电所的主变压器容量的选择，应依据城市轨道交通供电网络规划进行。设计阶段要对主变电所的供电范围进行确认，并根据最新资料对主变压器容量进行核算。在供电网络资源共享的情况下，主变压器容量规格与单线建设时相比会有所增加。

对于尚未完成城市轨道交通供电网络规划的城市，作为确定主变压器容量的设计条件，应首先确定要不要考虑主变电所的资源共享。如果考虑，应明确考虑的原则，即依据资源共享方案确定主变压器容量按照多少预留。作为设计建议，主变压器容量可以按照加大一级容量规格考虑。

（2）运行方式对主变压器容量选择的影响

为描述方便，这里把运行方式简单地分成 N－1 和 N－2 两种运行方式。所谓 N－1 运行方式,是指供电系统中有一个任意元件（如电源线路、变压器等）发生故障后的运行方式。此时按照城市轨道交通可靠性要求，供电系统应满足“N－1 准则”（参见 1.2.2“系统的基本要求”），保证列车正常运行。所谓 N－2 运行方式,是指供电系统中有两个任意元件发生故障后的运行方式。此时供电系统应能维持列车继续运行，而并不要求保证列车正常运行。因此，主变压器容量能满足“N－1 准则”要求即可。

目前，国内城市轨道交通主变电所一般设置两台主变压器。正常运行时，两台主变压器共同承担本所供电范围内的用电负荷。当一台主变压器退出运行时，另一台主变压器应能承担重新调度后供电范围内的一、二级负荷，保证列车正常运行，按 N－1 准则，应充分考虑供电分区的重新调度与划分。主变压器容量的选择应满足该运行要求。对此《地铁设计规范》(GB50157—2003) 也做出了明确规定。另外，个别城市与线路在设计时还建议：若条件许可还应考虑当一个主变电所一台变压器退出运行时，通过调整供电分区及负荷再分配，与相邻主变电所共同承担全部负荷的供电。这样做，理论上讲是有可能的，但实施性与主变电所的位置距离有关。

当一座主变电所退出运行时，是否由其他相邻主变电所承担全线一、二级负荷的供电，这属于 N－2 运行方式下的问题。从城市轨道交通可靠性要求来说，主变电所设置、主变压器容量、中压网络电缆规格，满足“N－1 准则”即可满足国家标准对一级负荷电源的要求，为此，《地铁设计规范》(GB50157—2003) 并没有对上述问题进行规定。然而，在实际工程设计中，国内多数城市与线路的设计原则是：当一座主变电所退出运行时，由其他相邻主变电所承担全线一、二级负荷的供电，保证列车正常运行。只有个别城市的设计情况是：当一座主变电所退出运行时，其他相邻主变电所未能完全承担全线一、二级负荷的供电，而是通过适当降低列车发车密度，维持列车继续运行。前者对主变压器备用容量要求高、投资大、能耗大；后者对主变压器备用容量要求低、投资小、能耗小。

（3）建设时序对主变压器容量选择的影响

对于同期建设的具有主变电所共享条件的线路，主变压器近期负荷与远期负荷均应按共享后合并计算；对于建设时序相差较大的具有主变电所共享条件的线路，主变压器的近期负荷可只考虑先期建设线路的用电负荷，但对于远期负荷应按共享后合并计算。

（4）建设资金对主变压器容量选择的影响

根据国家《地铁设计规范》(GB50157—2003)，地铁工程的设计年限分为初期、近期、远期三期。初期按建成通车后第 3 年要求设计，近期按第 10 年要求设计，远期按第 25 年要求设计。主变电所应根据远期高峰小时各类负荷的用电需求设计一次完成。经综合比较后，主变压器等设备配置可以按近、远期分期实施，也可按远期需求一次建成。但在分期实施时土建规模应按远期预留。

经计算，如果近、远期主变压器容量差别不大，初期投资相差不大，则建议主变压器等设备配置可以按远期一次到位；如果近、远期主变压器容量差别较大，结合主变压器使用寿命，则建议主变压器等设备配置按近、远期分期实施，以节省工程初期投资。

（5）用电负荷计算与主变压器容量选择

按近、远期两种情况，分别计算正常用电负荷及一台主变压器退出运行时两种不同运行方式下的用电负荷。根据两者中的大者，分别确定近、远期主变压器容量。

3.4.3 主变压器形式的选择

当不受运输条件限制时，在 330 kV 及以下的发电厂和变电所，均应选用三相变压器。城市轨道交通主变电所高压侧电压为 110 kV 或以下，因而均选用三相变压器。

目前，我国城市轨道交通主变压器一般采用两线圈变压器。随着 35 kV 设备的小型化及价格的降低，大多城市的城市轨道交通采用 110/35 kV 两线圈变压器，少数城市的城市轨道交通由于历史等原因仍采用 110/10 kV 两线圈变压器。

目前主变压器一般采用 Y, d 结线，有载调压开关装在高压侧。

3.4.4 主变压器阻抗的选择

变压器的阻抗实质就是绕组间的漏抗。阻抗的大小主要决定于变压器的结构和采用的材料。当变压器的电压比和结构、形式、材料确定之后，其阻抗大小随着变压器容量的增加有增大的趋势，但并不与容量增加成正比关系。

从主变压器设备自身制造来说，其阻抗过大，会使其制造成本提高。从电力系统稳定和供电电压质量考虑，也希望主变压器的阻抗越小越好，因为阻抗越小电压损失越小；但阻抗偏小又会使系统短路电流增加，造成中压电器设备选择少、造价高。主变压器阻抗的选择要考虑如下原则：各侧阻抗值的选择必须从电力系统稳定、潮流方向、功率分配、继电保护、短路电流、系统内的调压手段等方面进行综合考虑；并应以对工程起决定性作用的因素来确定。

主变压器阻抗的选择与系统短路容量、变压器额定容量密切相关。根据《城市电力规划规范》（GB/50293—1999）设计导则，各级电网的规划短路容量为：110 kV 为 20 kA，35 kV 为 18 kA，10 kV 为 16 kA。据统计，目前 110 kV 电网短路容量距 20 kA 尚有一定距离，但随着 110 kV 电网短路容量的不断增大，10 kV 短路容量已经接近甚至超过了 16 kA。当系统短路容量和变压器额定容量不变时，阻抗越大，低压侧短路电流越小。因此一些工程中已经开始选用高阻抗变压器。

对于 110/10 kV 主变电所来说，为把 10 kV 短路容量控制在 16 kA 以下，主变压器容量为 31.5 MV · A 及以下时，短路阻抗可取 $U_k\%=10.5\%$；主变压器容量为 40 MV · A 时，短路阻抗可取 $U_k\%=12\%$。

3.4.5 主变压器电压调整方式的选择

主变分接头应根据电网电压水平选择，根据《电力系统电压质量和无功电力管理规定》，110 kV 电源最高电压取 110×（1+0.07）kV，最低电压取 110×（1−0.03）kV；35 kV 系统其供电电压正、负偏差绝对值之和不超过标称电压的 10%；10 kV 母线电压合理范围为 10.0～10.7 kV。

为保证中压母线电压在合格范围内，应采用有载调压变压器。实际工程中主变压器分接头范围一般选择 [(110±8)×1.25%] kV。其主分接头位置则根据城网的潮流计算来确定。

3.4.6 主变压器的冷却方式

主变压器一般采用的冷却方式有：自然风冷却；强迫油循环风冷却；强迫油循环水冷却；强迫油循环导向冷却。

小容量变压器一般采用自然冷却或自然风冷却。大容量变压器一般采用强迫油循环风冷却。在发电厂水源充足的情况下，为了压缩占地面积，大容量变压器也有采用强迫油循环水冷却方式的。在 100 MV · A 以上的大容量变压器中，有的也采用强迫油循环导向冷却方式。

根据目前国内变压器制造水平，对于城市轨道交通用主变压器，110 kV 等级容量 50 MV · A 以下的，一般采用自然冷却方式。

3.5 主变压器中性点接地方式

主变压器中性点接地方式是一个综合性问题。它与电压等级、单相接地短路电流、过电压水平、保护配置等有关，直接影响系统供电的可靠性和连续性、主变压器的运行安全以及对通信线路的干扰等。

中性点接地方式可以分成：中性点直接接地或经小电阻接地，中性点非直接接地。中性点非直接接地又可以分成：中性点不接地，中性点经消弧线圈接地，中性点经高电阻接地。

3.5.1 确定中性点接地方式的原则

① 单相接地故障对连续性供电的影响最小，用电设备能够继续运行较长时间。

② 单相接地故障时，非接地相的过电压倍数较低，不至于破坏用电系统的绝缘水平，发展为相间短路。

③ 发生单相接地故障时，能将故障电流对电动机、电缆等的危害限制到最低限度，同时有利于实现灵敏而有选择性的接地保护。

3.5.2 主变压器中性点接地方式

（1）主变压器 110 kV 侧中性点接地方式

根据有关标准，我国 110 kV 及以上电力系统为中性点直接接地系统。但在实际运行中，主变压器高压侧中性点是否直接接地，则根据地区电网具体运行情况确定。有时一个主变电所的两台主变压器，其高压侧一台接地而另一台不接地。

（2）主变压器 10～35 kV 侧中性点接地方式

6～63 kV 电网采用中性点不接地方式，但当接地电容电流大于 30 A（6～10 kV 电网），或 10 A（20～63 kV 电网）时，中性点应经消弧线圈接地或小电阻接地。

城轨供电系统中压网络全为电缆线路，其电容电流比较大。电容电流可按下式进行估算：

$$I_c = KUL \quad (\text{A}) \tag{3.5-1}$$

其中　　　$K=(95+1.44\ S)/(2\ 200+0.23\ S)$

式中　U——电缆的额定电压（kV）；

L——电缆的总长度（km）；

S——电缆线芯总截面（mm^2）。

（3）中性点设备的选择

安装在 Y, d 接线双绕组变压器中性点上的消弧线圈的容量，不应超过变压器三相容量的 50%，并且不得大于三绕组变压器任一绕组的容量。安装在 Y, y 接线的变压器中性点上的消弧线圈的容量，不应超过变压器三相容量的 20%。

前面介绍过，主变压器大部分采用 Y, d 结线。当主变压器无中性点或中性点未引出时，应装设专用接地变压器。选择接地变压器容量时，可考虑主变压器的短时过负荷能力。接地变压器的特性要求是：零序阻抗低，空载阻抗高，损失小。采用曲折形接法的变压器，能满足这些要求。

3.6 共享主变电所的问题与建议

主变电所在实施资源共享以后，会出现一些新的问题。设计过程中要针对这些问题采取相应措施。

3.6.1 主变电所资源共享存在的问题

① 实施主变电所共享后，其供电范围扩大，中压馈线增多，馈线回路中的故障引起共享主变电所内开关跳闸或故障的几率提高，即对主变电所的主接线形式和继电保护和自动装置提出了新的要求。

② 实施主变电所共享后，110 kV 进线电源数量减少，如两条城市轨道交通线路共享一个主变电所，110 kV 进线就由四路减少到两路，三条城市轨道交通线路共享一个主变电所，110 kV 进线就由六路减少到两路，但随之而来的，每一回 110 kV 进线的容量大大增加，对 110 kV 进线电缆通道安全及 110 kV 电源的可靠性也提出了更高的要求。

③ 实施主变电所共享后，由于一个共享主变电所同时为两条或以上城市轨道交通线路供电，变电所有关的信息必须传送到相关各条线的控制中心，同时又只能接受一个控制中心的遥控、遥调，这对每条线的电力调度提出了新的要求。

④ 实施主变电所共享后，其供电范围也由一条线增至两条或两条以上线路，如果这两条线路属于不同的运营商（上海、北京、深圳等城市已经出现了两家运营商），在电费计量上，如何在国家电价政策允许的范围内，对不同运营主体的城市轨道交通实施“一点计量，分线核算”，需由电力部门、城市轨道交通各运营方和市政有关部门共同协商确定。

3.6.2 主变电所资源共享的实施建议

（1）对建设管理的实施建议

① 按照统一布点规划建设的共享主变电所，其土建结构、配套的通风、给排水、动力照明、消防等相关设施的建设，按照最终规模一次建成的原则实施。

② 共享主变电所 110 kV 进线电缆、110 kV 开关、35 kV 开关、继电保护、电力监控系

统、电力调度管理系统等电气设备按照“最终规模、预留接口、一次建成”的原则实施。

③ 同期建设的城市轨道交通线路，共享主变电所的建设费用（如外线电源费、土建建设费及一次建设的配套费用），按照“按用户负荷比例，谁使用谁负担”的原则实施。

④ 建设工期相差三年以上的城市轨道交通线路，共享主变电所的建设费用（如外线电源费、土建建设费及一次建设的配套费用），由第一家建设单位承担。

⑤ 建设工期相同或相差不足三年的城市轨道交通线路，共享主变电所的主变压器安装容量的选择，按照最终实施规模，主变压器设备费用按用户负荷比例分担。

⑥ 建设工期相差超过三年的城市轨道交通线路，共享主变电所的主变压器安装容量的选择，应按分阶段进行经济、技术比较后确定。

⑦ 对于主变压器安装容量分阶段建设的共享主变电所，设计单位应考虑将来运营的实际情况，在设计过程中预留各阶段更换主变压器设备等所需的条件，以方便将来运营时对主变压器及配套设备的更换。

⑧ 共享主变电所主变压器容量分阶段增容所发生的费用，由负责后建城市轨道交通线路的单位承担。

⑨ 对于主变压器容量分阶段增容的共享主变电所，电力部门应按计划予以配合实施[23]。

（2）对运营管理的实施建议

① 共享主变电所运营管理，按照“先营为主”的原则实施。对共享变电所内的所有电气开关、主变压器、继电保护等相关设备进行运营维护、管理，即共享主变电所的运营管理纳入到与其城市轨道交通线路同步投入运营的线路中。

② 110 kV 进线侧设置电力部门的专用计量装置，即共享主变电所的电费由该线路运营管理主体单位统一缴纳。

③ 当共享主变电所通过中压（如 35 kV）侧向不同城市轨道交通线路供电时，共享主变电所中压侧在各自设置必要的计量装置，用于内部分线路的核算。即后续建设的城市轨道交通线路的供电电源引自共享主变电所时，其供电系统的用电电费由该城市轨道交通线路运营主体单位与管理共享主变电所的运营管理主体单位进行核算[23]。

（3）对控制中心的实施建议

① 已建成开通及正在建设和规划中的各条线路均设置独立的电力监控系统。

② 共享主变电所电力调度管理按照“先建为主”的基本原则实施。即先建线路的电力监控系统负责共享主变电所内 110 kV 所有供电设备和中压供电设备的监控管理。

③ 共享主变电所与后建城市轨道交通线路主变电所间的环网联络开关由后建线路的电力监控系统进行控制，相关信息发送至先建线路的电力监控系统[23]。

（4）对信息交换的实施建议

① 对于同时向多条城市轨道交通线供电的共享主变电所，其电力调度系统需进行信息交换。

② 共享主变电所的变电所综合自动化系统信息采集方式遵循“先建为主”的原则，即先建线路的电力调度系统负责共享主变电所内所有 110 kV 供电设备和中压供电设备相关信息的采集。

③ 后建线路的电力调度系统可采集共享主变电所内所有 110 kV 供电设备和中压供电设备的相关信息[23]。

4 中压网络

通过中压电缆，纵向把上级主变电所和下级牵引变电所、降压变电所连接起来，横向把全线的各个牵引变电所、降压变电所连接起来，便形成了中压网络，其功能类似于电力系统中的输电线路。

本章重点分析中压网络的两大属性，即电压等级和构成形式[29]，并对集中式供电系统、分散式供电系统和混合式供电系统的中压网络结构及其不同运行方式进行分析。最后简单介绍中压网络潮流分布的分析方法。

4.1 概 述

中压网络不是供电系统中独立的子系统，但它是供电系统设计的核心内容，涉及外部电源方案、主变电所的位置及数量、牵引变电所及降压变电所的数量、牵引变电所与降压变电所的主接线等。

城市轨道交通中压网络电压等级是采用 35 kV 还是采用 33 kV、20 kV 或者 10 kV，要结合外部电源、线路走向、运能、站点设置、设备供应情况等诸多因素，进行技术经济比较，选择适合工程实际的电压等级。上海、广州部分地铁线路由于历史条件限制成套引进国外设备，因此采用了 33 kV 电压等级，南京、深圳等城市采用了 35 kV 电压等级，北京、长春、大连等城市则采用了 10 kV 电压等级。

根据中压网络功能的不同，为牵引变电所供电的中压网络称为牵引供电网络（简称牵引网络）；同样，为降压变电所供电的中压网络称为动力照明供电网络（简称动力照明网络）。目前，国内城市轨道交通工程经常采用的形式有牵引动力照明混合网络与牵引动力照明独立网络。

牵引动力照明混合网络采用同一电压等级，并通过公用电源电缆同时向牵引变电所、降压变电所提供中压电能，供电系统的整体性比较好。

牵引动力照明独立网络既可采用不同的电压等级，也可以采用同一个电压级，牵引网络与动力照明网络相对独立，彼此相互影响较小。

对于集中式供电系统，牵引网络和动力照明网络可以采用相对独立的形式，即牵引动力照明独立网络，也可以共用混合网络。对于分散式供电系统，则采用牵引动力照明混合网络。中压网络内部结构形式涉及中压网络供电安全准则及其运行方式。

要实现中压网络安全、可靠、经济、高效运行，则需要分析城轨供电系统在各种运行方式下各个点和各条线路上的电压分布和功率分布情况，即对中压网络的潮流分布进行分析。

4.2 中压网络的电压等级

电压等级是中压网络两大属性之一。下面结合我国现行中压配电标准电压等级来介绍城市轨道交通中压网络电压等级的选用。

4.2.1 国内城市轨道交通中压网络现状

我国现行中压配电标准电压等级有：35 kV、20 kV、10 kV、6 kV 和 3 kV。目前，国内既有城市轨道交通的中压网络电压等级采用了 35 kV（若采用国外设备则为 33 kV）或 10 kV。截止到 2007 年，国内已投入运营的部分线路情况统计见表 4.1。

表 4.1 国内已投入运营线路情况统计

城市轨道交通线路	中压网络构成与电压等级		
	混合网络	牵引网络	动力照明网络
北京地铁 1、2、5、13 号线，八通线	10 kV		
长春轨道交通一、二期	10 kV		
大连快速轨道交通 3 号线	10 kV		
武汉轨道交通 1 号线	10 kV		
重庆轨道交通“校新”线	10 kV		
天津地铁 1 号线	10 kV		
广州地铁 1、2、3、4 号线	33 kV		
天津滨海快速轨道交通	35 kV		
南京地铁 1、2 号线	35 kV		
深圳地铁 1、4 号线	35 kV		
上海城市轨道交通 1、2 号线		33 kV	10 kV
上海城市轨道交通 3、4 号线		35 kV	10 kV
上海城市轨道交通 5、6、8、9 号线	35 kV		

目前，国内城市轨道交通普遍采用牵引动力照明混合网络，电压为 10 kV 或 35 kV。如在建的北京地铁（10 kV）、长春轨道交通 3 号线（10 kV）、武汉地铁 2 号线（35 kV）、深圳地铁 5 号线（35 kV）、重庆地铁 1 号线（35 kV）、上海地铁 13 号线（35 kV）等。

随着城乡电力消费的增长，发展城乡 20 kV 配电网已提上议事日程。20 kV 是目前公认的具有发展前景的优选电压级。20 kV 开关柜、变压器、电力电缆等一系列设备，也完全实现了国产化。

对于集中式供电系统，与其他公用用户相比，它相对独立并自成系统。无论从施工建设，还是运营管理、养护维修等均相对独立。因此城市轨道交通中压网络的电压等级不一定与外部城网电压等级相一致。在上海地铁、广州地铁，已采用了国外的 33 kV 设备，而我国电压等级是 35 kV，并非 33 kV。另外，南京地铁、深圳地铁采用的 35 kV，也是这两座城市电网所要取消的电压等级。因此，在城市轨道交通中压网络电压等级与外部城网电压等级的关系上，是采用 35 kV 还是采用 33 kV、20 kV 或者 10 kV，要在综合分析线路走向、站点设置、外部电源条件、设备供应情况等诸多因素的前提下，进行技术经济比较。

4.2.2 不同电压等级供电能力分析

（1）电压等级与功率输送能力及电压损失的关系

线路输送功率计算公式如下：

$$P=\sqrt{3}UI\cos\varphi \tag{4.2-1}$$

式中 P——线路输送功率（kW）；

U——系统标称电压（kV）；

I——线路计算电流（A）；

$\cos\varphi$——负荷功率因数。

线路电压损失计算公式如下：

$$\Delta u\%=\frac{1}{10U^2}(R'+X'\tan\varphi)Pl \tag{4.2-2}$$

式中 $\Delta u\%$——线路电压损失百分数（%）；

R'——三相线路单位长度的电阻（Ω/km）；

X'——三相线路单位长度的感抗（Ω/km）；

P——有功负荷（kW）；

$\tan\varphi$——功率因数角相对应的正切值；

l——线路长度（km）。

假设对于同一条三相平衡负荷线路，电压损失、负荷有功功率、负荷无功功率、导线规格不变，在忽略由于电压等级变化带来的导线阻抗变化的条件下，35 kV、20 kV、10 kV 供电线路的供电长度之比为 12.25：4：1。电压等级越高，则供电长度越长。

计算电流不变，电压等级越高，则线路的功率输送能力越强，即线路能够输送功率量越大，具体而言，35 kV、20 kV、10 kV 供电线路的功率输送能力（输送功率量）之比为 3.5：2：1。

如导线长度、输送功率、导线规格不变，在忽略由于电压等级变化带来的导线阻抗变化的条件下，35 kV、20 kV、10 kV 供电线路的电压损失之比约为 1：4：12.25。

由此可见就供电能力来讲，中压系统的供电能力（主要指功率输送能力和电压损失）与电压等级密切相关，而且在其他条件不变的情况下，供电线路的功率输送能力与电压成正比，电压损失与电压的平方成反比。

（2）电压等级与功率损耗的关系

线路功率损耗计算公式如下：

有功功率损耗

$$\Delta P_l=3I^2R\times10^{-3} \tag{4.2-3}$$

无功功率损耗

$$\Delta Q_l=3I^2X\times10^{-3} \tag{4.2-4}$$

计算负荷与计算电流的关系

$$P=\sqrt{3}UI\cos\varphi \tag{4.2-5}$$

以上三式中符号含义见式（4.2-1）、（4.2-2）有关部分。

根据公式（4.2-3）、（4.2-4）、（4.2-5）表明，在负荷大小、功率因数、线路参数不变的情况下，电压等级越高，计算电流越小，功率损失越小。

综上所述，对于城市轨道交通供电系统来说，在考虑可实施性的前提下电压越高，系统的功率输送能力越强、供电距离越远、功率损失越小。

当然，电压等级的选择要从工程的技术经济角度进行综合考虑，不仅仅要考虑系统的供电能力，还要考虑工程造价以及长期运营的经济性。

4.2.3 不同电压等级的中压网络的特点

① 35 kV 中压网络，国家标准电压级。输电容量较大、距离较长；设备来源国内；设备体积较大，占用变电所面积较大，不利于减小车站体量；设备价格适中；国内没有环网开关，因而不能用相对于断路器柜价格较便宜的环网开关，构成接线与保护简单、操作灵活的环网系统；广州地铁、上海地铁等已经普遍采用。

② 33 kV 中压网络，国际标准电压级。输电容量较大、距离较长，基本与 35 kV 一致；设备来源国外，不利于国产化；国外开关设备体积较小、价格较高，广州、上海地铁部分先期建设线路有所采用；国外 C-GIS 产品有环网单元。

③ 20 kV 中压网络，国际标准电压级。输电容量及距离适中，比 10 kV 系统大。设备完全实现国产化；引进国外技术的开关设备，体积较小，占用变电所面积远小于国产 35 kV 设备，有利于减小车站体量，节省土建投资；价格适中；有环网单元，能构成接线与保护简单、操作灵活的环网系统；国内城市轨道交通尚没有采用，但国外城市轨道交通普遍采用。

④ 10 kV 中压网络，国家标准电压级。输电容量较小、距离较短；设备来源国内；设备体积适中；设备价格较低；环网开关技术成熟、运营经验丰厚，可用其构成保护简单、操作灵活的环网系统；国内外城市轨道交通广为采用[29]。

不同电压等级中压网络的综合比较，见表 4.2。

表 4.2　不同电压等级中压网络的综合比较[29]

序号	项　目	35 kV	33 kV	20 kV	10 kV
1	适用标准	国家标准	国际标准	国家、国际标准	国家、国际标准
2	对外部电压等级要求	城网可以没有 35 kV	城网可以没有 33 kV	城网可以没有 20 kV	一般城网均已有 10 kV
3	设备国产化	国　内	国　外	国　内	国　内
4	环网柜情况	无环网柜	有环网柜	有环网柜	有环网柜
5	设备尺寸及占用变电所面积	较大，不利于减小车站体　量	较小（C-GIS），利于减小车站体量	较小，利于减小车站体量，节省土建投资	较小，利于减小车站体量
6	设备价格	适　中	最　高	适中，比 35 kV 低	最　低
7	输电容量	较　大	较　大	适中，比 10 kV 大	较　小
8	输电距离	较　长	较　长	适中，比 10 kV 长	较　短
9	城市轨道交通应用	国内有采用	国内外有采用	国外有采用	国内外有采用

4.3 中压网络的构成形式

城网中压网络常用典型接线有：单电源辐射网、“手拉手”环网、“网格式”环网、电缆单环网、电缆双环网等。在城轨供电系统中，单电源辐射网、“手拉手”环网及“网格式”环网基本不采用。上海地铁 1 号线牵引网络为独立式，采用了电缆单环网，基于消防等系统电源特殊需要，不适合于动力照明网络，目前国内城市轨道交通已基本不采用。电缆双环网是国内城市轨道交通最为常见的中压网络接线形式。

在城轨供电系统中压网络设计中，应根据中压网络优化准则，结合外部电源的实际情况，通过对供电分区的用电性质、负荷密度的分析研究，确定安全可靠、经济实用的中压网络接线方式。

中压网络的重要指标是供电可靠性。供电可靠性是指供电系统设备对用户连续供电的能力。具体要求如下：

① 中压网络负荷转移能力必须满足 N－1 安全准则。

② 主变电所（电源开闭所）失去任何一回进线或一台主变压器而降低供电能力时，中压网络应具有转移一、二级负荷的能力。

③ 主变电所（电源开闭所）的中压一段母线因故退出时，中压网络应具有转移其一、二级负荷的能力。

4.3.1 中压网络的构成原则

中压网络的构成形式涉及很多方面，在电压等级确定的前提下，应遵循以下原则：

① 满足安全可靠的供电要求。

② 每一个变电所均应有两个独立电源。

③ 满足潮流计算要求，即设备容量及电压降满足要求。

④ 满足负荷分配平衡的要求。

⑤ 供电分区应就近引入电源，尽量避免反送电。

⑥ 具有良好的经济指标。

⑦ 满足继电保护的要求。

⑧ 系统接线方式尽量简单。

⑨ 全线牵引变电所、降压变电所的主接线尽量一致。

⑩ 满足运行管理、倒闸操作的要求。

⑪ 满足设备选型要求。

4.3.2 中压网络的构成形式

4.3.2.1 集中式供电系统的中压网络

1）独立牵引网络＋独立动力照明网络

（1）牵引网络的接线方式

当中压网络为两个独立网络时，牵引网络的常用接线方式有 A、B、C、D 四种类型[29]，如图 4.1 所示。

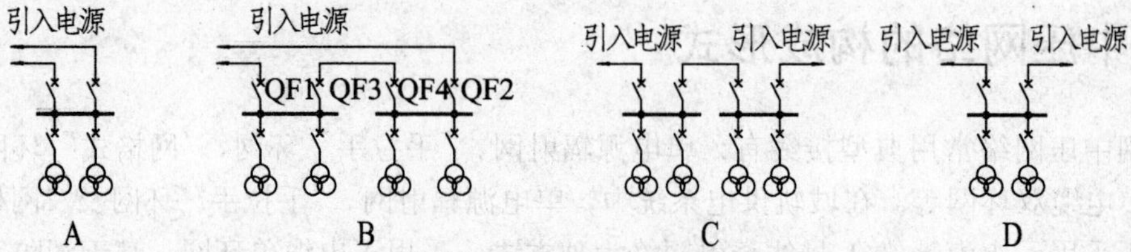

图 4.1　独立的牵引网络

A 型：牵引变电所主接线为单母线，牵引变电所的两个独立电源来自于同一个主变电所的不同母线，牵引变电所的进线与出线均采用断路器。该类型接线适用于位于线路始末端及紧邻主变电所的牵引变电所。

B 型：两个牵引变电所为一组，牵引变电所主接线均为单母线。这一组牵引变电所的两个独立电源来自于同一个主变电所的不同母线，每个牵引变电所均从主变电所接入一路主电源，两个牵引变电所通过联络电缆实现电源互为备用。牵引变电所的进线与出线均采用断路器。该类型接线适用于位于线路始末端的牵引变电所。

C 型：两个牵引变电所为一组，牵引变电所主接线均为单母线。这一组牵引变电所的两个独立电源来自于不同的主变电所，左侧牵引变电所从左侧主变电所接入一路主电源，右侧牵引变电所从右侧主变电所接入一路主电源，两个牵引变电所通过联络电缆实现电源互为备用。牵引变电所的进线与出线均采用断路器。该类型接线适用于位于两个主变电所之间的牵引变电所。

D 型：牵引变电所主接线为单母线。牵引变电所的两个独立电源来自于左右两侧不同的主变电所，牵引变电所的进线与出线均采用断路器。该类型接线适用于位于两个主变电所之间的牵引变电所。

B、C 型接线方式备用电源投入方式比较复杂。现以 B 型接线为例进行分析。

QF1、QF2 分别为两个牵引变电所主电源，QF3、QF4 分别为两个牵引变电所备用电源。为避免变电所合环运行，QF1、QF2、QF3、QF4 开关不得同时处于合闸状态。假设 QF1、QF2、QF3 同时处于合闸状态，当 QF1 因进线电源失压跳闸后，QF4 开关合闸，以保障该牵引变电所正常运行，故此两个牵引变电所之间需要建立联锁关系。

（2）动力照明网络的接线方式

动力照明网络的基本接线方式，如图 4.2 所示。

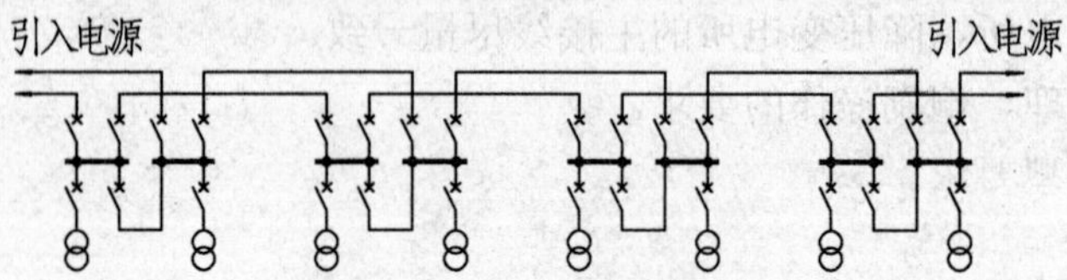

图 4.2　独立的动力照明网络

将全线的降压变电所分成若干个供电分区，每一个供电分区均从主变电所（如 35/10 kV 主变压器）就近引入两个独立电源。根据负荷力矩、电压等级及节能的需要，确定每个供电分区内的降压变电所数量。中压网络采用双环网接线方式，两个主变电所各自负责的供电分区间（彼此相邻的两个供电分区）可以通过环网电缆联络，建立电源关系。降压变电所主接线一般采用分段单母线形式，其进线开关采用断路器，该接线方式运行灵活。

2）牵引动力照明混合网络

当牵引网络与动力照明网络采用同一个电压等级时，就可以采用牵引动力照明混合网络。其基本接线方式，如图 4.3 所示。

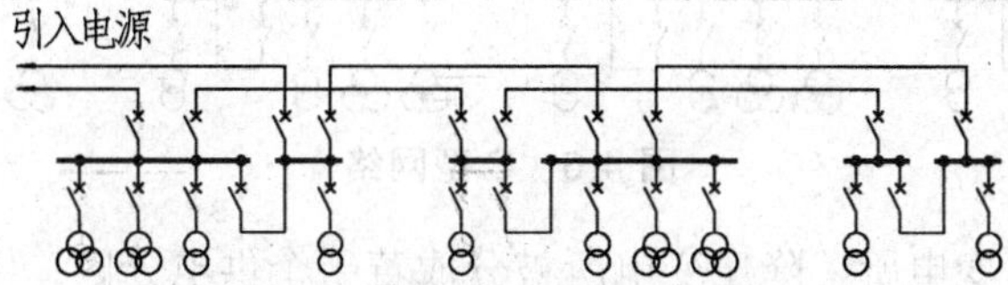

图 4.3 牵引动力照明混合网络

将全线的牵引变电所及降压变电所分成若干个供电分区，根据负荷力矩、电压等级及节能的需要，确定每个供电分区内的牵引变电所和降压变电所的数量。每一个供电分区均从主变电所的不同母线就近引入两个中压电源，中压网络采用双线双环网接线方式。

牵引降压混合变电所、牵引变电所的主接线采用分段单母线加母线分段开关形式；降压变电所的主接线可采用分段单母线加母线分段开关形式，也可以取消母线分段开关，对于同一城市轨道交通线路的降压变电所，其主接线应尽量一致。

同一个主变电所供电范围内的供电分区间可以不设联络电缆（尤其是当这些供电分区分别只有一个牵引变电所时）。

牵引动力照明混合网络接线方式运行灵活。一般情况下，35 kV 牵引动力照明混合网络因其输电容量大、距离长，一般应用于地下和运能大的线路；10 kV 牵引动力照明混合网络因其输电容量小、距离短，一般适用于地面线路。

4.3.2.2 分散式供电系统的中压网络

对分散式供电系统，中压网络采用牵引动力照明混合网络，这些基本接线方式可以分成 A 型、B 型、C 型三种类型，分别如图 4.4、图 4.5、图 4.6 所示。

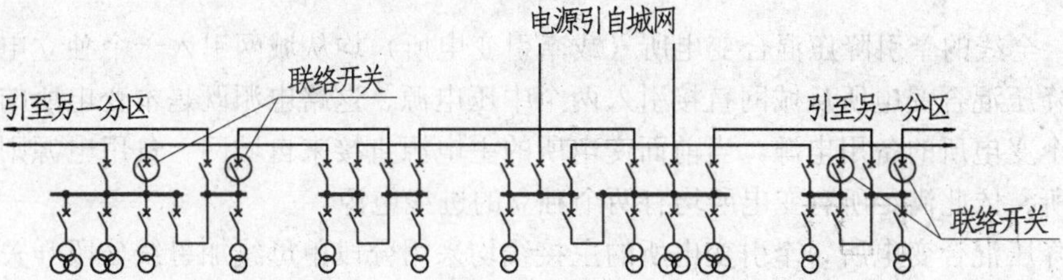

图 4.4 A 型网络

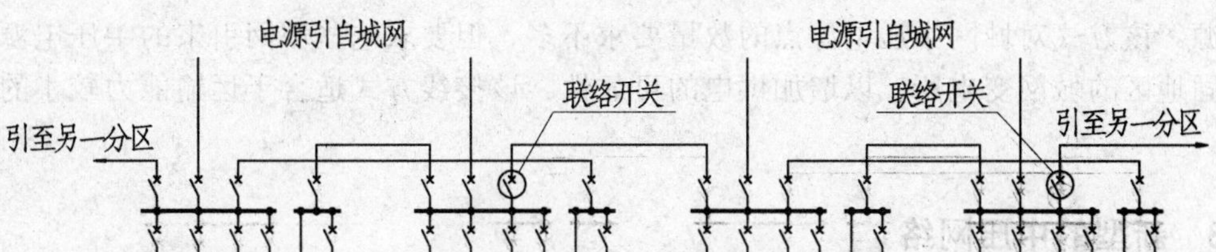

图 4.5 B 型网络

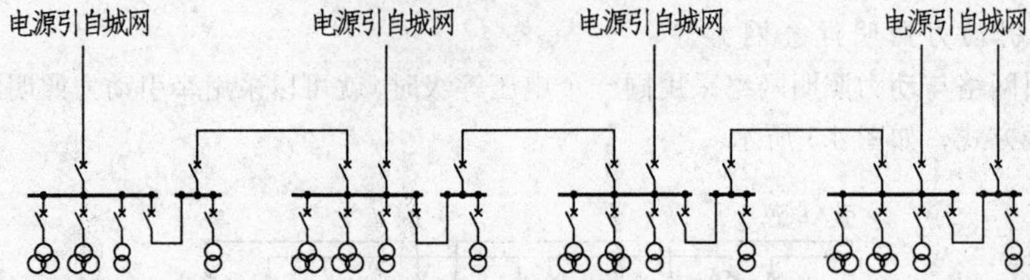

图 4.6　C 型网络

A 型：全线的牵引变电所、降压变电所被分成若干个供电分区，中压网络采用双环网接线方式，两个相邻供电分区间通过两路环网电缆联络。每一个供电分区均从城网就近引入两个独立电源，牵引变电所、降压变电所的主接线，均采用分段单母线加母线分段开关形式。牵引变电所、降压变电所的环网进线开关均采用断路器。

该接线方式运行灵活。同一个供电分区的外部电源可以来自不同地区的城网变电所，也可以来自同一地区城网变电所的不同母线。该方式要求城网有比较多的中压电源点，且不存在供电能力不足问题。

B 型：全线的牵引降压混合变电所（或牵引变电所），每两个分成一组。每一组均从城网引入两个独立电源，分别作为两个牵引降压混合变电所的主电源，同时同一组的两个牵引降压混合变电所间设双路联络电缆，实现电源互为备用。相邻两组牵引降压混合变电所之间设单路联络电缆，增加系统的供电可靠性。

牵引降压混合变电所、牵引变电所的主接线均采用分段单母线加母线分段开关形式。没有牵引变电所的地面车站，其降压变电所可按跟随式降压变电所考虑。没有牵引变电所的地下车站，其降压变电所的中压电源可以由相邻两组间的单路联络电缆提供，该降压变电所应采用分段单母线主接线。

该接线方式比较简洁。该方式对城网中压电源点的数量要求不多，但要求每组从城网引来的两个独立电源应来自不同地区的城网变电所，以增加供电的可靠性。该接线方式适合于地面线路。

C 型：全线的牵引降压混合变电所（或牵引变电所）均从城网引入一个独立电源，最后一个牵引降压混合变电所从城网直接引入两个中压电源，这路电源既是本变电所的主电源，又是前一个变电所的备用电源。当前面变电所的主电源直接来自城网，备用电源则来自于下一个变电所，依此满足所有变电所均有两个独立的进线电源。

牵引降压混合变电所、牵引变电所的主接线均采用分段单母线加母线分段开关形式。没有牵引变电所的车站，其降压变电所可按跟随式降压变电所考虑。

该接线方式最为简洁。N 个变电所需要 N＋1 路 10 kV 电源，相邻变电所间只有一路联络电源。该方式对城网中压电源点的数量要求不多，但要求这些城网引来的中压电源应来自不同地区的城网变电所，以增加供电的可靠性。该接线方式适合于运输能力较小的地面线路。

4.3.3　新型的中压网络

1）既有中压网络形式比较

既有中压网络形式见表 4.3。

表 4.3　既有中压网络形式

中压网络形式	集中式供电方案			分散式供电方案
	牵引动力照明网络相互独立	牵引动力照明混合网络		牵引动力照明混合网络
牵引网络电压等级（kV）	35（33，20）	35（33）	10	10
动力照明网络电压等级（kV）	10（20）	35（33）	10	10
应用实例	上海地铁 1、2、3、4 号线等	南京地铁 1、2 号线，深圳地铁 1、4 号线，天津滨海快速交通，上海地铁 5、6、8、9 号线，广州地铁 1、2、3、4 号线等	武汉地铁 1 号线，重庆轨道交通新线，天津地铁 1 号线等	北京地铁 1、2 号线、八通线、13 号线，大连快轨、长春轻轨等

注：表中括号内“20”表示国外采用 20 kV 牵引网络＋20 kV 动力照明网络的情况，如伊朗德黑兰地铁等。“33”表示以下两种情况：33 kV 牵引网络＋10 kV 动力照明网络，如上海地铁 1 号线及 2 号线；33 kV 牵引动力照明混合网络，如广州地铁 1 号线等。

（1）独立牵引网络+独立动力照明网络接线形式

由于城市轨道交通线路用电负荷呈线状分布，确定中压网络形式时，电压等级的选取是很重要的因素。如 10 kV 电压的负荷力矩要比 20 kV、35 kV 的小，在集中式供电系统中，10 kV 电压的供电距离受到限制，所以，将牵引供电系统和动力照明供电系统设置为两个独立的中压网络，减轻了 10 kV 中压网络的负荷力矩。

使用 35 kV、10 kV 两种电压等级，输变压的环节较多，配电线路变得复杂，变压器及配电线路的损耗增加[29]。

（2）牵引动力照明混合网络接线形式

集中式供电系统中，混合网络电压等级采用 35 kV，利用了该等级供电距离长、负荷力矩大的优势，但存在造价较高的不足。混合网络电压等级采用 10 kV，设备造价较低，但负荷力矩较小、供电距离较短，主变电所之间的供电距离不宜过长或需增加 10 kV 供电分区数量。

分散式供电系统中，混合网络电压等级采用了 10 kV，利用了与城网电力资源共享的优势。该中压网络形式要求引入较多数量的城网中压电源[29]。

（3）变电所主接线形式

一般情况下，变电所主接线大都采用了分段单母线加母线分段开关形式，进线开关和母线分段开关采用断路器。

2）新型的中压网络

针对既有中压网络形式存在的种种不足，这里介绍一种新型的中压网络，即 20 kV 牵引动力照明混合网络，如图 4.7 所示。

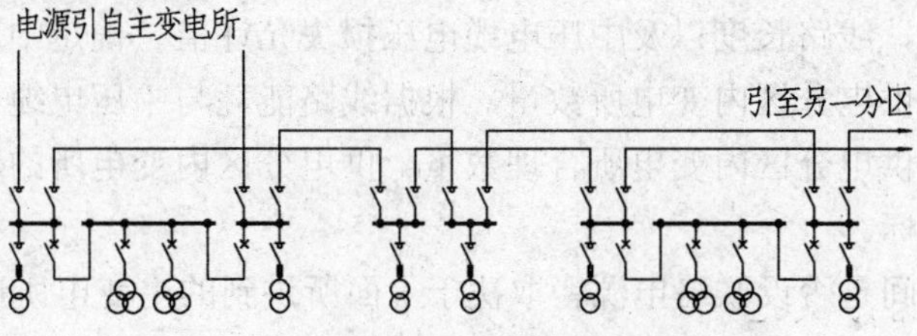

图 4.7　20 kV 牵引动力照明混合网络

全线的牵引降压混合变电所及降压变电所被分成若干个供电分区，每个供电分区车站数量根据潮流分布计算结果确定。每一个供电分区均从主变电所的不同母线就近引入两个 20 kV 电源。

牵引降压混合变电所、牵引变电所的主接线均采用分段单母线形式，即设有两段环网电源母线及一段牵引电源母线，牵引母线与两段环网电源母线间设有联络断路器，任何时候只允许一个联络断路器处于合闸位置，另一进线断路器（作为备用）投入的条件是“失压自投、过流闭锁”。两套牵引整流机组均接入牵引母线，牵引降压混合变电所的两台配电变压器则分别接入两段环网电源母线。降压变电所主接线采用分段单母线形式，配电变压器可以采用负荷开关-熔断器组合电器保护。

中压网络采用双环网接线方式。牵引降压混合变电所、牵引变电所、降压变电所的环网进线开关均采用负荷开关，需要注意负荷开关的短路耐受电流值与系统配合。两个主变电所之间的供电分区间通过双环网电缆联络，其他供电分区间可以不设联络电缆。

该接线方式特点：传统的 10 kV 动力照明网络、10 kV 牵引动力照明混合网络、35（33）kV 牵引动力照明混合网络，尽管也采用了环网接线方式，但除了 10 kV 牵引动力照明混合网络中的降压变电所可采取了负荷开关外，基本上是以断路器作为环网进线开关。20 kV 牵引动力照明混合网络，其最大构成特点是利用 20 kV 负荷开关作为环网进线开关，同时设置了两段环网电源母线，主接线简洁，投资省，充分利用 20 kV 电压级设备的特点。

该接线方式优点：当中压网络中的一个环网电缆故障时，主变电所中相应的 20 kV 馈出断路器将跳闸，相关牵引母线的联络断路器也将失压跳闸，随之备用联络断路器将自动投入，保证对牵引整流机组的不间断供电[29]。

4.3.4　中压网络的几个关系

中压网络构成形式的确定涉及城轨供电系统安全准则、供电系统运行方式、继电保护以及电力调度等方面，这主要体现在应处理好以下几个关系：

（1）中压网络与主变电所运行方式的关系

中压网络构成及其运行方式依托于主变电所（电源开闭所）之间的电源关系，即供电系统的正常运行方式和故障运行方式。两个主变电所之间的电源关系有如下两种形式：

① 两个主变电所之间相邻的供电分区间通过环网电缆联络，建立彼此电源关系。该方式区间电缆较少，属于常用的一种方式。

② 两个主变电所中压母线间设联络电源，两个主变电所之间的供电分区间不必再设联络电缆。该方式需要单独设置中压电缆，造价高，一般不采用。

（2）中压网络与供电分区的关系

根据负荷用电量、线路长度以及中压电缆电压损失允许值，确定中压电缆的规格和实际长度，由此初步确定供电分区内变电所数量。根据线路能耗与中压电缆、中压开关设备造价综合比较，最后确定供电分区内变电所合理数量。供电分区内变电所的数量主要取决于线路的负荷力矩、经济指标。

相邻供电分区之间是否设联络电源，取决于上面所讲到的主变电所运行方式。

（3）中压网络与线路继电保护的关系

中压网络与线路继电保护的关系主要体现在变电所进线与联络馈线开关形式、中压网络运行方式。

变电所进线与联络馈线开关采用隔离开关或负荷开关时，由于隔离开关不具备继电保护功能，中压网络电源电缆故障由主变电所或电源开闭所馈出开关切除，故障范围容易扩大。

变电所进线与联络馈线开关均采用断路器，由于断路器具备继电保护功能，中压网络电源电缆故障由故障电缆两端的开关切除，容易控制故障范围。

需要说明的是，供电分区内变电所的数量与线路继电保护内容及实现手段没有直接联系，线路继电保护仅是保证城轨供电系统安全可靠运行的一种辅助手段。继电保护的内容及实现手段，国家相关规范、规程另有规定。

（4）中压网络与电力调度的关系

变电所进线与联络馈线开关均采用隔离开关，隔离开关不能带负荷操作。此接线形式简单实用，经济合理。对于电力管理和调度来讲，只能实现遥信、遥测功能，不能遥控。

变电所进线与联络馈线开关均采用负荷开关，负荷开关可带负荷操作。此接线形式经济且较为合理，简单实用，能实现遥信、遥测、遥控。

变电所进线与联络馈线开关均采用断路器，断路器具备继电保护及带负荷操作功能。此接线形式可靠性高，经济性欠佳，可以实现遥控、遥信、遥测功能。

4.4 供电系统运行方式

供电系统的运行方式是由城市轨道交通用电负荷等级所决定的。除非在得到当地电力部门允许情况下，变电所可以短时间内合环运行，即短时间内两个进线开关和母线分段开关同时处于合闸状态，否则变电所两个进线电源必须分列运行。

牵引用电负荷为一级负荷，动力照明用电负荷分为一级负荷、二级负荷及三级负荷。一级负荷应由双电源双回线路供电，当一个电源发生故障时，另一个电源不应同时受到损坏。对互为备用线路，一路退出运行，另一路应承担其一、二级负荷的供电，且技术指标不降低，如电源电缆的电压损失、谐波含量等控制在允许的范围内。

城轨供电系统要满足列车与动力照明用电设备对电源的不同要求，满足灾害下电源的可靠性，使城轨的所有设备都能发挥各自的功能和作用，保证安全运营。

4.4.1 电源变电所运行方式

电源变电所运行方式，是指集中式供电系统中主变电所运行方式及分散式供电系统中电源开闭所运行方式。

4.4.1.1 主变电所的运行方式

主变电所有三种主要运行方式：正常运行方式；单故障运行方式；主变电所退出运行方式。

两个主变电所之间的供电分区间设置环网电缆联络，如图 4.8 所示。

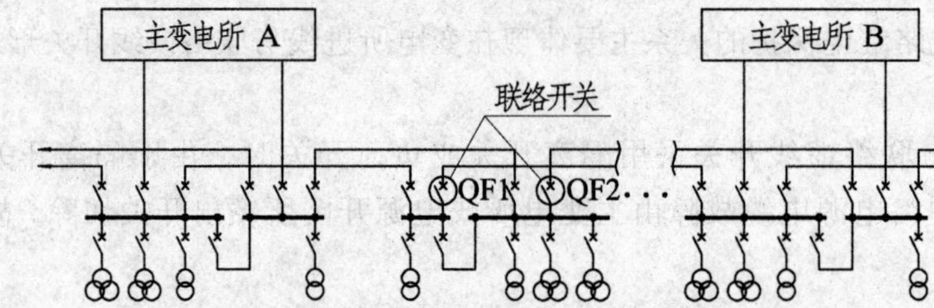

图 4.8　供电分区间联络电源示意图

1）正常运行方式

在正常情况下，每座主变电所各自承担所辖范围内所有变电所的负荷，除中压母线分段开关、应急联络开关为分断状态外，其余进、出线开关均在闭合状态。

2）单故障运行方式

主变电所的单故障类型有以下三种：主变电所一个进线电源失电；单台主变压器退出；主变电所一段中压母线故障。

（1）主变电所一个进线电源失电

当主变电所一个进线电源失电后，内桥或外桥断路器合闸，由另一个进线电源向分挂在两段母线上的两台主变压器供电，承担本主变电所范围内的全部一、二级负荷。

如主变电所采用线路-变压器组接线形式，当主变电所一个进线电源失电后，由另一个进线电源的主变压器承担本主变电所范围内的全部一、二级负荷。

（2）单台主变压器退出

当单台主变压器退出后，中压母线分段开关合闸，由另一台主变压器承担本主变电所范围内的全部一、二级用电负荷。

（3）主变电所一段中压母线故障

当一段中压母线故障时，该段母线上的进线开关跳闸，同时该段母线上馈线所接的第一级变电所进线开关也应失压跳闸；主变电所的另一段中压母线继续供电。

3）主变电所退出运行方式

当一座主变电所退出后，首先应将该主变电所所有馈出开关分闸，将该主变电所和中压网络电气隔离，使该主变电所处于无电状态；解除 QF1、QF2 应急联络开关的闭锁关系并合闸，此时，通过两个主变电所之间的供电分区间的联络电缆，由相邻主变电所向该主变电所供电，承担该主变电所所辖范围内一定的用电负荷。详见第 1.2.2 系统的基本要求，及第 3.4.2 主变压器容量的确定。

4.4.1.2　电源开闭所的运行方式

（1）正常运行方式

在正常情况下，每座电源开闭所各自承担所辖范围内所有变电所的负荷，除中压母线分段开关为分断状态外，其余进、出线开关均在闭合状态。相邻电源开闭所之间的供电分区间通过环网电缆联络，供电分区间应急联络开关处于分闸位，并与所在中压母线的进线开关、母线联络开关有闭锁关系。

（2）单故障运行方式

当电源开闭所一路进线电源失电后，启动备自投，母线分段开关合闸，由另一路进线电源承担本电源开闭所范围内的全部一、二级用电负荷。

（3）电源开闭所退出运行方式

当电源开闭所退出（两段中压母线无故障）后，首先应将该电源开闭所进线开关和母线分段开关全部分闸，防止向城网反送电；解除应急联络开关的闭锁关系并合闸，此时，通过相邻电源开闭所之间的供电分区间的联络电缆，由相邻电源开闭所向该电源开闭所供电，承担该电源开闭所所辖范围内一定的用电负荷。

此时，根据退出后的电源开闭所所辖范围内的用电负荷大小，需要界定左右相邻电源开闭所的供电范围。为避免合环运行，由控制中心严格管理新供电分界点的维护和操作。

4.4.2 放射式中压网络运行方式

放射式中压网络供电，变电所之间没有直接的电气联系，变电所电源可靠性较差，另外投资较高。但当任意一回中压电缆故障时，不影响其他回路供电，且操作灵活方便，易于实现保护和自动化。这种网络结构在中、大运量城轨交通中不采用，在小运量的新交通制式中有类似单回路接线方式。

放射式中压网络不存在中压电缆故障后的负荷转移，可以不考虑线路的备用容量，每回线路可满载运行，即正常最大供电负荷不超过该线路安全载流量。

放射式中压网络有两种形式：单回路放射式和双回路放射式。

4.4.2.1 单回路放射式

单回路放射式单母线中压网络如图 4.9 所示。

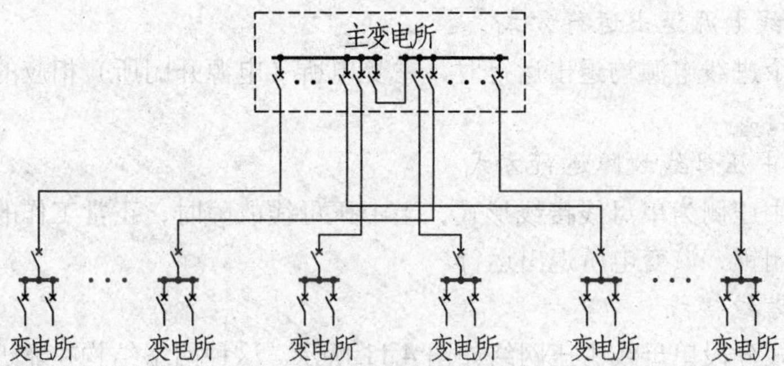

图 4.9 单回路放射式单母线中压网络

1）正常运行方式

在正常运行情况下，主变电所（电源开闭所）分别馈出一回中压电源为城轨各变电所直接供电，主变电所（电源开闭所）的中压母线分段开关处于分闸状态，变电所进线开关处于合闸。

2）进线电源退出运行方式

变电所进线电源故障时，主变电所（电源开闭所）相应的馈出开关跳闸，由于该变电所仅有一个进线电源，故此该变电所退出运行。

3）变电所母线退出运行方式

当变电所的母线退出时，其进线开关或者主变电所（电源开闭所）相应的馈出开关跳闸，该变电所退出运行。其后果和进线电源退出时运行方式相同。

4.4.2.2 双回路放射式

1）单母线接线

双回路放射式单母线中压网络如图 4.10 所示。

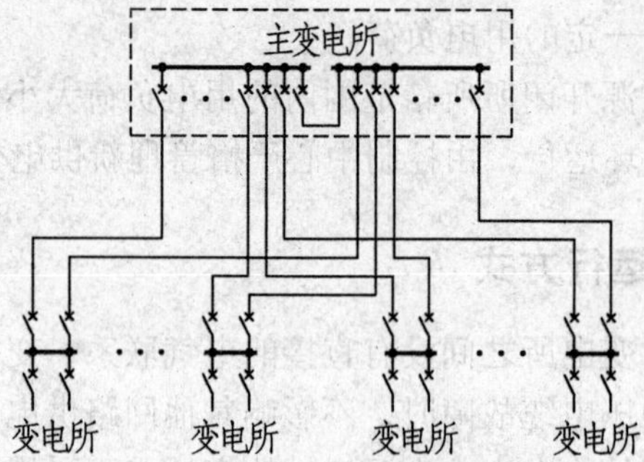

图 4.10 双回路放射式单母线中压网络

（1）正常运行方式

在正常运行情况下，主变电所（电源开闭所）分别馈出两回中压电源为城轨各变电所直接供电，此时两个进线电源均接于同一段母线。正常情况下只有一个进线电源投入运行，为变电所提供电源，另一个进线电源备用。

（2）一进线电源退出运行方式

当变电所正常工作的一个进线电源退出运行时，另一个备用的电源将投入运行。

（3）两个进线电源退出运行方式

变电所的两个进线电源均退出运行时，主变电所（电源开闭所）相应的馈出开关跳闸，该变电所退出运行。

（4）变电所中压母线故障运行方式

由于变电所中压侧为单母线接线形式，当中压母线故障时，正常工作的进线开关跳闸，备用进线开关被闭锁，该变电所退出运行。

2）分段单母线接线

双回路放射式分段单母线中压网络如图 4.11 所示。这种网络结构在靠近主变电所的牵引变电所有所采用。

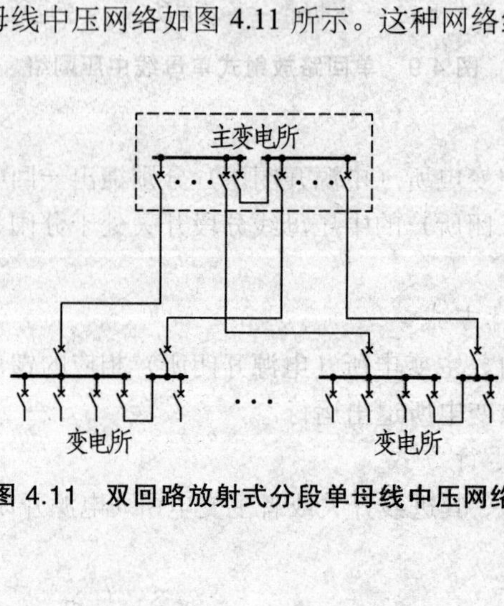

图 4.11 双回路放射式分段单母线中压网络

（1）正常运行方式

在正常运行情况下，主变电所（电源开闭所）分别馈出两回中压电源为城轨各变电所直接供电，两个电源分别接于两段不同的母线。正常情况下，母线分段开关处于分闸状态，两个电源均正常分列工作，共同承担该变电所范围内的全部负荷。

（2）一进线电源退出运行方式

一个进线电源退出运行时，该变电所进线开关跳闸，启动备自投，母线分段开关合闸，由另一个进线电源承担该变电所范围内的全部一、二级用电负荷。

（3）两进线电源退出运行方式

变电所的两个进线电源均退出运行时，主变电所（电源开闭所）相应的馈出开关跳闸，该变电所退出运行。

（4）变电所中压母线故障运行方式

变电所一段中压母线退出时，本段母线上的进线开关跳闸，分段开关被闭锁不合闸，由另一个进线电源承担该变电所范围内动力照明系统的一、二级负荷。若牵引整流机组所挂母线故障，则该牵引整流机组将退出运行。

4.4.3　单环网中压网络运行方式

单环网中压网络如图 4.12 所示。这种网络结构在大、中运量城轨中不采用，限于历史条件，上海城市轨道交通 1 号线 33 kV 牵引网络采用了该类似中压网络方案。

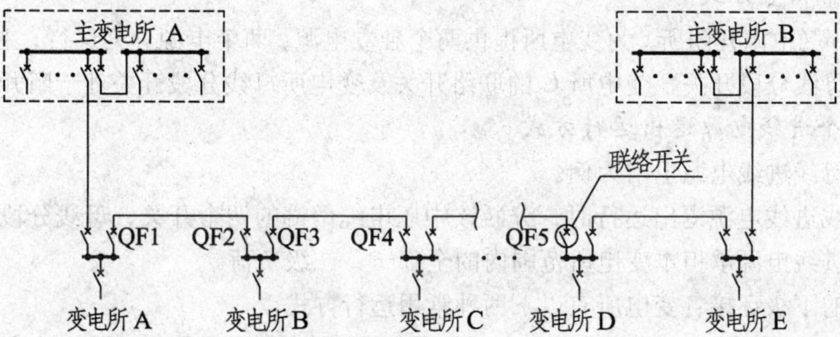

图 4.12　单环网中压网络

（1）正常运行方式

正常情况下，主变电所 A（电源开闭所）一段母线和主变电所 B（电源开闭所）一段母线分别向就近的变电所提供单个电源，相邻变电所通过单回电缆连接，电源联络开关 QF5 处于分闸状态。

（2）一个进线电源退出运行方式

以变电所 B 为例。由主变电所 A 向变电所 B 提供的一个进线电源（QF2）退出时，调度中心遥分该进线电源两端的两个开关 QF1、QF2，将该段电源电缆隔离。调度中心遥合位于变电所 D 的电源联络开关 QF5，由主变电所 B（电源开闭所）向变电所 B 越区供电。

（3）中压母线故障运行方式

以变电所 B 为例。当变电所 B 母线故障时，该变电所进线开关 QF2 跳闸，调度中心遥分该进线电源始端的开关 QF1；调度中心遥分变电所 B 与下一级变电所 C 联络的电缆两端的两个开关 QF3、QF4，将变电所 B 故障母线隔离。然后，调度中心遥合位于变电所 D 的电源联络开关 QF5，由主变电所 B（电源开闭所）向变电所 C 越区供电。此时，变电所 B 退出运行，其余各变电所为单电源运行。

4.4.4 双环网中压网络运行方式

两个供电分区间设联络电源，如图 4.13 所示。目前，这种网络结构在大、中运量城轨中被广泛采用。

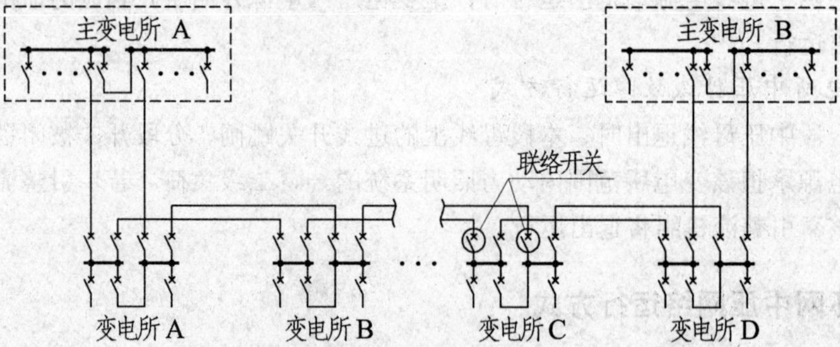

图 4.13 双环网中压网络

（1）正常供电方式

主变电所（电源开闭所）为变电所提供两个独立电源，两个电源分列运行，主变电所（电源开闭所）母线分段开关、变电所 C 的联络开关及变电所母线分段开关处于断开状态。

（2）一个进线电源退出运行方式

以 I 段母线进线电源退出为例。

I 段母线进线电源退出运行时，分断该中压电缆两端的两个开关，母线分段开关合闸，由 II 段母线进线电源承担本变电所范围内的全部一、二级负荷。

受影响的下级环接各变电所有以下两种常用运行方式：

① 备自投延时启动（延时时间比上一级略长），由上级变电所向下级变电所 I 段母线提供进线电源，此时，下级各变电所 I、II 段母线均保持分列运行方式。

② 备自投不启动，母线分段开关不合闸，母线分段开关合闸，此时，受影响的下级各变电所 I 段母线均退出运行。

（3）变电所一段中压母线退出运行方式

变电所一段 I（II）中压母线退出时，母线分段开关被闭锁不合闸，由另一个进线电源承担本变电所范围内的全部一、二级负荷。如牵引整流机组所接母线故障，则牵引整流机组退出运行。

受影响的下级环接各变电所一般采用备自投延时启动（延时时间比上一级略长）、母线分段开关合闸运行方式，此时，下级各变电所 I（II）段母线均保持分列运行。

（4）变电所两段中压母线退出运行方式

变电所两段中压母线退出时，该变电所退出运行。

当该变电所介于两个供电分区之间时，可通过调整两个供电分区的分界点，重新划分用电负荷，恢复受影响的各变电所正常运行方式。如该变电所不属于供电分区末端变电所，且本供电分区无联络电源，将导致其下级环接各变电所退出运行，对线路运营造成严重影响，甚至造成运行中断。

4.5　潮流分析

城轨交通供电系统规划设计或运行时，需要分析在各种运行方式下各个点和各条线路上的电压分布和功率分布情况，为此而进行的定量分析计算称为潮流分布计算。潮流分布计算是确定城轨交通供电系统运行方式、分析运行稳定性以及过电压计算的基础。

通过潮流分布计算可以确定系统变压器的抽头位置，判断是否需要设置无功补偿以及确定无功补偿量的大小。

4.5.1　潮流分析的内容

城轨交通供电系统潮流是指负荷功率在中压网络中的分布情况，通过对供电系统的潮流计算，能够准确地了解到中压网络负荷功率在各支路中的分布、各节点的电压损失、线路能耗以及供电系统负荷总功率因数[28]。

简单地讲，潮流分析计算的主要内容就是计算中压网络各节点的电压分布与功率分布。其中，功率分布包括有功功率分布和无功功率分布。

对中压网络的以下三种运行方式进行简单潮流分析计算：

① 正常运行方式。

② 单电源运行方式。

③ 一座主变电所或电源开闭所退出运行。

正常运行方式下，车站变电所承担全部动力照明负荷和牵引负荷。单电源运行方式下，降压变电所承担全所一、二级负荷，牵引降压混合变电所承担高峰小时牵引负荷和动力照明一、二级负荷。一座主变电所或电源开闭所解列退出运行，相邻的主变电所或电源开闭所向该主变电所或电源开闭所提供必要的用电负荷。

通过中压网络潮流分布计算与分析，验证以下内容：

① 各变电所的母线电压是否在设计允许范围内。

② 中压网络的中压电缆在各种运行方式情况下，是否会出现过负荷情况。

③ 中压网络供电分区的功率分布是否均衡。

如果上述计算及分析结果不满足中压网络的技术要求，则必须修正中压网络构成或运行方式，以保障城轨交通供电系统安全可靠地运行，并尽量满足节能要求。

4.5.2　潮流分析的方法

随着城轨供电系统的发展，计算方法不断改进，计算准确度不断提高。目前，潮流分布计算的方法大致分为以下三类：

（1）解析计算

解析计算：即一般利用公式进行计算。为了减少计算量，通常采用各种近似假定条件进行简化计算。这种方法只适用于较简单的中压网络，但它却有助于掌握各电量之间的物理关系[28]。

（2）模拟计算

模拟计算：即利用一些装置来模拟城轨供电系统中压网络的情况，然后对模拟设备的各电量进行实测，将所得的结果乘以比例系数，得到实际系统的运行参数。这类设备有直流计算台、交流计算台和城轨供电系统动态模拟等[28]。

（3）数学模型计算

根据城轨供电系统设计的中压网络结构和运行方式，建立数学模型，利用计算机进行复杂的潮流计算。改变电量参数、局部网络结构和运行方式，计算机可以迅速地给出计算结果。随着计算软件的发展，计算机也可以根据潮流分布的要求，自动修正城轨供电系统中压网络结构和运行方式，提出可供参考的建议方案。

城轨供电系统中的每个变电所都有两个进线电源，中压网络为开环式辐射状，如果忽略中压网络的功率损耗，则各节点的功率分布只要用基尔霍夫第一定律即可确定。下面结合实例来说明具体的计算方法及有关问题。

变电所与城网的简单关系如图 4.14（a）所示，车站变电所（终端变电所）从主变电所或电源开闭所的中压母线经过一条输电线路引入电源。其中输电线路可用Π形等值电路代替，变压器可用Γ形等值电路代替，如图 4.14（b）所示。对于 35 kV 以下的线路，可以不考虑电容的影响。由于城轨供电系统中压网络电压等级一般为 35 kV 及以下，为便于总体把握潮流分布计算方法，这里还是将线路电容的影响计入在内。

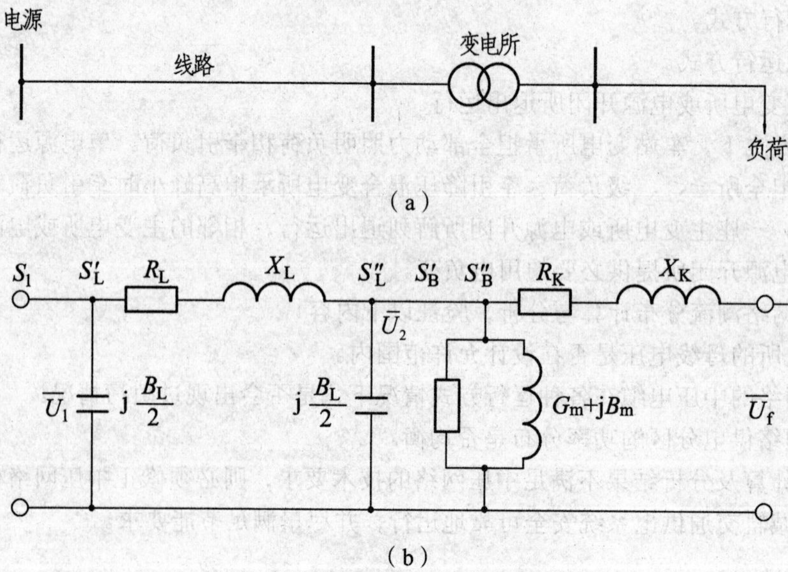

（b）

图 4.14　中压网络

对于图 4.14 中压网络，最关键的是输电线路始端、中间端和终端的功率、电压等电气参数。作为计算的原始条件，可以分为以下两类：

第一类：给出同一点的功率和电压，例如给出始端（主变电所或电源开闭所）送出的功

率 S_1 及其母线电压 U_1，求终端（车站变电所）送出的功率及其终端变电所维持的电压。反之已知终端功率、电压，求始端的电压和功率值等。这类问题的计算较为简单，只需要按照一般的等值电路、电压损失计算，功率损耗计算等方法逐步计算即可。

第二类：给出不同点的电压和功率，例如给出始端的电压 U_1 及终端变电所的负荷 P_f+jQ_f，求始端功率 S_1 及终端应维持的电压 U_f；或已知始端功率 S_1 及终端应维持的电压 U_f，求始端的电压 U_1 及终端变电所的负荷 P_f+jQ_f。这类计算比较麻烦。由于给出的不是同一点的功率和电压值，所以不能直接引用电压损失和功率损耗的计算公式，这时可用“逐步渐进法”或“迭代法”等方法求解。

例如，当已知始端的电压 U_1 及终端变电所的负荷 P_f+jQ_f 时，首先按由终端到始端的功率方向，取电压为网络额定电压，在分别进行变压器损耗、电容功率、线路损耗等计算之后，即可求得始端 S_1，再按始端 S_1 及始端电压 U_1，从始端到终端进行电压损失计算，即可求得终端的电压 U_f。

下面列举一个实例来说明其计算过程[28]。

[例 4-5-1]　输变电线路如图 4.15 所示，变压器和线路的参数在等值电路中已经注明。已知变压器在－2.5% 的分接头运行，2 台变压器同母线并列运行，变压器的最大负荷为 40 MW，最小负荷为 20 MW，功率因数为 0.8；外部电源高压母线在最大负荷时维持 118 kV，在最小负荷时维持 113 kV。试求：最大及最小运行方式时的功率与电压分布；变电所低压侧的实际电压。

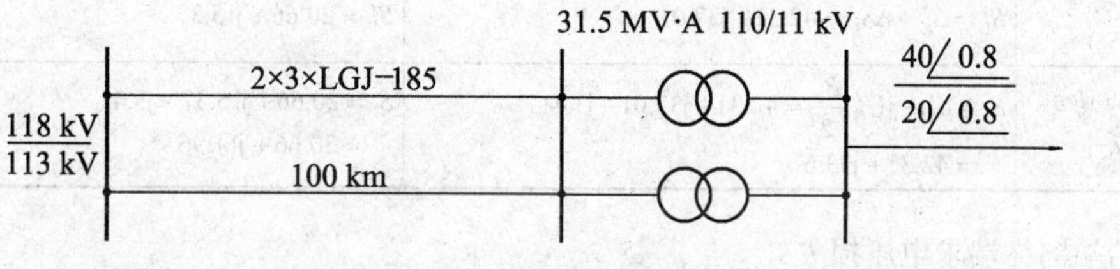

（a）

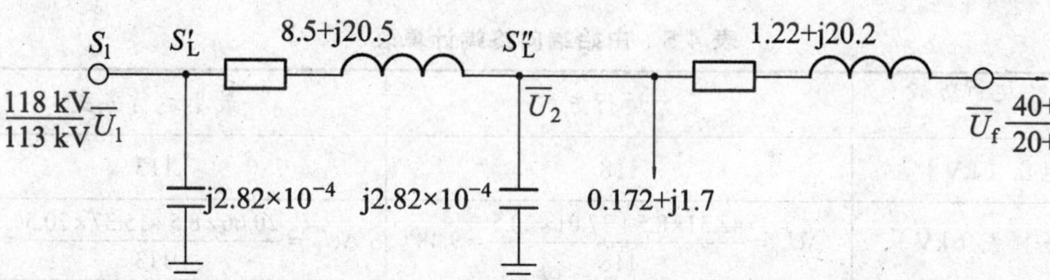

（b）

图 4.15　输变电线路

解　采用表格形式同时计算最大运行方式和最小运行方式，这样计算过程清晰，可以提高工作效率，又便于发现错误。

① 取网络电压为额定电压，由终端向始端求功率分布。

由终端向始端的计算见表 4.4。

表 4.4　由终端向始端计算表

项　目＼运行方式	最大运行方式	最小运行方式
负荷功率（MV·A）	$S_f=40+j30$	$S_f=20+j15$
变压器功率损耗（MV·A）	$\Delta S_{Bk}=\Delta P_k+j\Delta Q_k=\left(\frac{S_f}{U_N}\right)^2(R_k+jX_k)$ $=\frac{40^2+30^2}{110^2}(1.22+j20.2)=0.25+j4.17$	$\Delta S_{Bk}=\frac{20^2+15^2}{110^2}(1.22+j20.2)$ $=0.06+j1.04$
变压器线圈的输入功率（MV·A）	$S''_B=S_f+\Delta S_{Bk}=40.25+j34.17$	$S''=S_f+\Delta S_{Bk}=20.06+j16.04$
变压器的空载损耗（MV·A）	$\Delta S_{B0}=0.17+j1.7$	$\Delta S_{B0}=0.17+j1.7$
变压器的输入功率（MV·A）	$S'_B=S''_B+\Delta S_{B0}=40.42+j35.87$	$S'_B=20.23+j17.74$
线路终端电容功率（MV·A）	$-jU_N^2\frac{B_L}{2}=-j110^2\times2.82\times10^{-4}=-j3.41$	$-j3.41$
线路终端功率（MV·A）	$S''_L=S'_B-jU_N^2\frac{B_L}{2}=40.42+j32.46$	$S''_L=20.23+j14.33$
线路功率损耗（MV·A）	$\Delta S_L=\left(\frac{S_L}{U_N}\right)^2(R_L+jX_L)$ $=\frac{40.42^2+32.46^2}{110^2}(8.5+j20.5)=1.89+j4.55$	$\Delta S_L=\frac{20.23^2+14.33^2}{110^2}(8.5+j20.5)$ $=0.43+j1.04$
线路始端功率（MV·A）	$S'_L=S''_L+\Delta S_L=42.31+j37.01$	$S'_L=20.66+j15.37$
始端送出的功率（MV·A）	$S_1=S'_L-jU_N^2\frac{B_L}{2}=42.31+j37.01-j3.41$ $=42.31+j33.6$	$S_1=20.66+j15.37-j3.41$ $=20.66+j11.96$

② 由始端向终端求电压损失。

由始端向终端的计算见表 4.5。

表 4.5　由始端向终端计算表

项　目＼运行方式	最大运行方式	最小运行方式
始端电压（kV）	118	113
线路电压损失（kV）	$\Delta U_L=\frac{42.31\times8.5+37.01\times20.5}{118}=9.48$	$\Delta U_L=\frac{20.66\times8.5+15.37\times20.5}{113}=4.34$
线路终端电压（kV）	$U_2=U_1-\Delta U_L=118-9.48=108.52$	$U_2=113-4.34=108.66$
变压器上的电压损失（kV）	$\Delta U_B=\frac{40.25\times1.22+34.17\times20.2}{108.52}=6.81$	$\Delta U_B=\frac{20.06\times1.22+16.04\times20.2}{108.66}=3.21$
归算到高压侧的变压器低压侧电压（kV）	$U_f=U_2-\Delta U_B=108.52-6.81=101.71$	$U_f=108.66-3.21=105.45$

上面的计算过程中均忽略了电压降中横分量的影响，实际上在最大负荷时线路电压降的横分量为

$$\delta U_L=\frac{42.31\times 20.5-37.01\times 8.5}{118}=4.68\quad(\text{kV})$$

计入横分量时的线路终端电压为

$$U_2=\sqrt{(118-9.48)^2-4.68^2}\approx 108.42\quad(\text{kV})$$

计算结果表明，在一般情况下电压降中横分量的影响在计算中完全可以不考虑。

③ 求变电所低压侧的实际电压。

当变压器在－2.5%分接头位置运行时，其变比 k 为

$$k=\frac{110(1-0.025)}{11}=9.75$$

因此，在最大负荷运行时，变电所低压侧的实际电压为

$$\frac{101.71}{9.75}\approx 10.43\quad(\text{kV})$$

在最小负荷运行时，变电所低压侧的实际电压为

$$\frac{105.45}{9.75}\approx 10.82\quad(\text{kV})$$

计算得知，在最小负荷运行时变电所低压母线电压偏高，如果变压器采用主分接头运行，经计算可知，最大负荷下低压侧电压为 10.17 kV，最小负荷下低压侧电压则为 10.54 kV，电压水平比较理想。

上述计算过程为一个变电所。如图 4.16 所示为中间具有几个变电所的中压网络，这在城轨供电系统中是最常见的形式，计算起来要复杂许多。

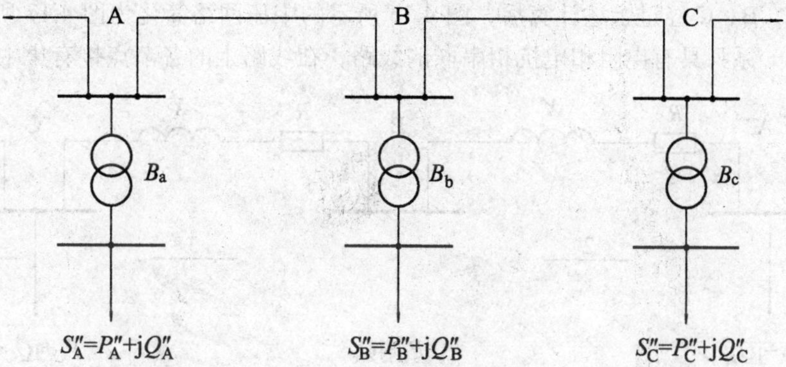

（a）接线图

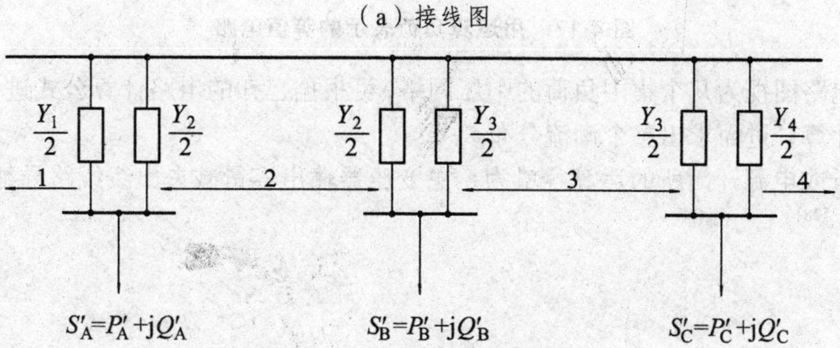

（b）等值电路与运算负荷图

图 4.16　多个变电所接线和等效电路

针对多个变电所的情况，常把变电所处理为一个等值的负荷，将主变电所或电源开闭所处理为一个等值的电源，一般叫做变电所的运算负荷和主变电所或电源开闭所的运算容量。

变电所的运算负荷包括：低压实际负荷、变压器功率损耗、与变电所相接的线路导纳中功率损耗的一半。

现以变电所 B 为例。在图 4.16（a）中 $P''_B + jQ''_B$ 为变压器低压侧的实际负荷，图 4.16（b）中 P'_B 为变压器一次侧的有功功率输入值，jQ'_B 为变压器一次侧的无功功率输入值。

$$P'_B = P''_B + \Delta P_B \tag{4.5-1}$$

$$Q'_B = Q''_B + \Delta Q_B \tag{4.5-2}$$

式中 P''_B——变压器低压侧的有功功率；

ΔP_B——变压器的有功损耗；

Q''_B——变压器低压侧的无功功率；

ΔQ_B——变压器的无功损耗。

变电所 B 的运算负荷计算公式如下：

$$P_B + jQ_B = \left(P'_B + \frac{\Delta P_2 + \Delta P_3}{2}\right) + j\left(Q'_B - \frac{\Delta Q_2 + \Delta Q_3}{2}\right) \tag{4.5-3}$$

式中 $\frac{\Delta P_2 + \Delta P_3}{2}$——与变电所 B 相邻的中压线路电阻所产生有功损耗的一半；

$\frac{\Delta Q_2 + \Delta Q_3}{2}$——与变电所 B 相邻的中压线路导纳所产生充电功率的一半。

变电所 A、B、C 经过上述计算后，图 4.16 所示的中压网络简化为图 4.17 所示的等值电路形式，它是一系列具有电阻和电抗相串联的线路，在线路上的各节点接有集中的负荷。

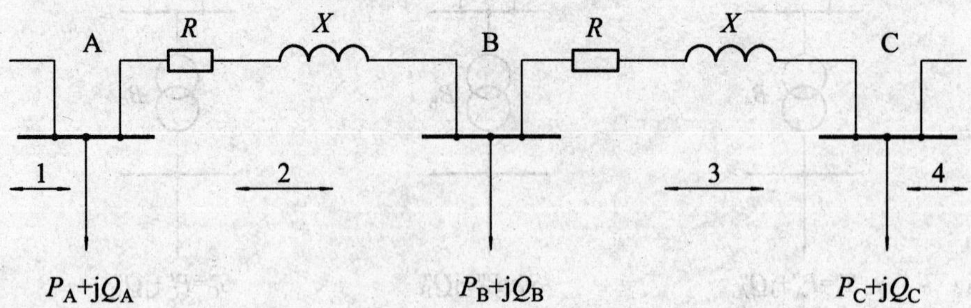

图 4.17 用运算负荷表示的等值电路

该等值电路图视为几个集中负荷的中压网络，可根据已知的电路计算公式进行电压损失、功率损耗的计算，进而求出整个潮流分布。

主变电所或电源开闭所的运算容量为：主变压器输出容量减去出线线路导纳所引起的功率损耗的一半[28]。

5 牵引变电所

牵引变电所引入两个独立的中压交流电源，并将交流电能转换为直流电能，承担着向电动列车提供直流牵引电能的功能。

本章分为牵引变电所设置和牵引变电所主接线两个部分。从牵引变电所布点及选址入手，对牵引变电所的设置进行分析；同时对牵引变电所的中压主接线和直流主接线的形式及其运行方式进行分析。牵引变电所有关计算部分见第 17 章相关内容。

5.1 概 述

在沿线布置的众多牵引变电所中，线路中间的某牵引变电所退出，通过直流侧母线或纵向电动隔离开关实现大双边供电的电气连接；当线路末端牵引变电所退出，采用单边供电或上下行牵引网并联，以满足正常运营需求。牵引变电所的位置与线路敷设形式（地上或地下线路）、直流牵引网电压质量以及线路运输能力有关。

牵引变电所的数量与直流牵引电压等级、牵引网最大电压损失允许值等多个因素有关。牵引网最大电压损失允许值一般发生在双边供电分区中部或单边供电分区末端，该值应能保证列车的正常启动。牵引供电系统设计容量应满足远期高峰小时的用电负荷要求。正常运行方式下，牵引供电系统的电能损耗应最小。牵引变电所供电效率不得低于 96%。

正线牵引变电所一般与车站合建，在长大区间也有单建形式或箱式牵引变电所形式。车辆段（停车场）牵引变电所一般紧邻咽喉区布置。大多数情况下，牵引变电所与车站降压变电所合建，形成牵引降压混合变电所。

牵引变电所中压主接线的基本环节是电源和引出线。母线是中间环节，起着汇总和分配电能的作用。按母线形式划分，主要有单母线不分段接线、分段单母线接线两种。按两套牵引整流机组运行方式划分，有两套牵引整流机组分接两段母线、两套牵引整流机组同接一段母线两种，为保证两套牵引整流机组构成等效 24 脉波整流和出力平衡，城市轨道交通多采用后者。

牵引变电所直流主接线方案是牵引变电所设计的重要内容。直流主接线按母线形式不同有单母线系统、双母线系统两种主要形式。先期建成的北京地铁采用了双母线系统，其他城市均采用了单母线系统。直流主接线的确定与直流牵引供电系统运行的可靠性、灵活性和经济性密切相关，并且对牵引供电系统设备选择、设备布置、继电保护配置和控制方式设置有较大影响。

牵引变电所通过直流快速断路器分别向上下行接触网供电，以保证列车安全可靠地运行。根据运行需要，牵引变电所可以双机组运行或单机组运行，并对牵引网实行双边供电或大双边供电。牵引供电系统中，一座或相隔的多座牵引变电所退出运行，不应影响城市轨道交通的运输能力。

5.2 牵引变电所设置

牵引变电所的设置取决于：牵引网电压等级、牵引网电压损失；同时应对杂散电流腐蚀防护、线路能耗、电缆敷设、土建造价及运营管理等加以统筹考虑。

牵引变电所分布应尽量均匀，便于牵引整流机组规格统一，便于设备维护管理以及降低维护成本。简单地为减少牵引变电所数量，而设置过长供电分区，将不利于牵引网电压改善，不利于杂散电流腐蚀防护。

5.2.1 布 点

安全性与可靠性是城市轨道交通的根本，为保障正常的运营和运输能力，当技术性能与经济指标发生矛盾时，优先考虑技术因素，并在此基础上优化技术方案，力求技术方案具有整体合理性。

5.2.1.1 满足直流牵引供电系统运行方式要求

1）单牵引整流机组双边供电

各牵引变电所设置一套牵引整流机组，同一供电分区由相邻牵引变电所各经一路馈线同时馈电，牵引网电压质量较好且能耗较低。

单牵引整流机组双边供电时，按照Ⅵ级重牵引负荷特性，牵引整流机组应具有 150% 过负荷、连续运行 2 小时的供电能力。该接线形式在法国巴黎、日本东京等城市地铁被采用，国内尚无应用实例。

2）双牵引整流机组双边供电

各牵引变电所的两套牵引整流机组均投入运行，馈电方式和单牵引整流机组双边供电形式相同，牵引网电压质量好，牵引网能耗低。

一套牵引整流机组故障或检修退出后，另一套牵引整流机组若继续运行，牵引变电所整流方式将由双机组等效 24 脉波变成了单机组 12 脉波，谐波含量增加。一般来说，对于集中式外部电源系统某牵引变电所只有一套牵引整流机组运行时，谐波含量的增加一般能控制在许可范围内。对于分散式外部电源系统则需要认真核算。若经校核后确认谐波含量没有超标，那么另一套牵引整流机组可以继续运行。因为双边供电无论是对线路损耗的降低还是对再生能量利用，均为有利；同时双边供电方式对杂散电流腐蚀防护也是有利的。

3）大双边供电

正常工作状态下，正线接触网由两个相邻牵引变电所构成双边供电方式；当某个中间牵引变电所退出运行时，相关正线接触网由与该牵引变电所相邻的两个牵引变电所通过直流母线或纵向联络开关等方式越区供电，即大双边供电方式。

实现大双边供电有以下两种方式：

（1）利用解列牵引变电所的直流母线构成大双边供电

该构成方式要求具备如下条件：

牵引变电所两套牵引整流机组退出运行时，其直流母线、上下行 4 路馈线开关及其二次回路完好且能正常运行，如图 5.1 所示。

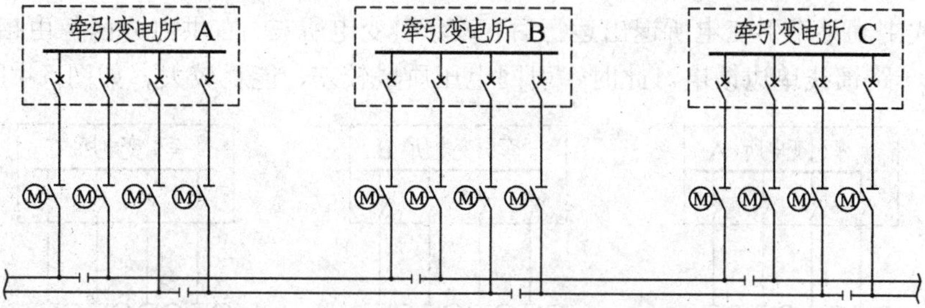

图 5.1 直流母线构成大双边供电示意图

这种大双边供电方式的优点是简单方便，容易实现；缺点是故障涉及到故障变电所的直流母线或馈线开关时都不适用。

利用故障变电所的直流母线将上下行的接触网并联起来，改善了牵引网电压质量，但同时也会扩大事故范围，因为此时当接触网一点再发生短路故障时，可能引起多路馈线开关跳闸，从而使事故范围扩大。

（2）利用纵向电动隔离开关构成大双边供电

当牵引变电所故障解列时，利用电分段处的纵向电动隔离开关构成大双边供电，使整座牵引变电所可以退出运行（含上网开关），运行不受故障牵引变电所的影响，如图 5.2 所示。

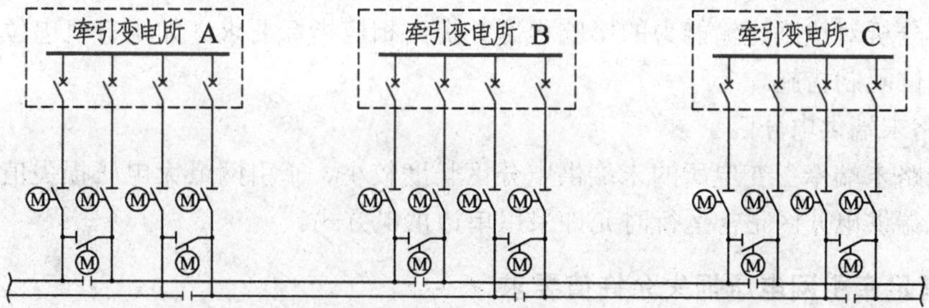

图 5.2 纵向电动隔离开关构成大双边供电示意图

这种大双边供电方式的优点是简单方便；缺点是纵向电动隔离开关不能带负荷操作，对线路正常运营有短时间的影响。

4）双牵引整流机组单边供电

（1）供电形式

① 线路末端牵引变电所 A 向线路末端供电分区馈电，或牵引变电所 A 解列、牵引变电所 B 向线路末端供电分区馈电，此时牵引网电压质量较差，牵引网能耗较大，如图 5.3 所示。

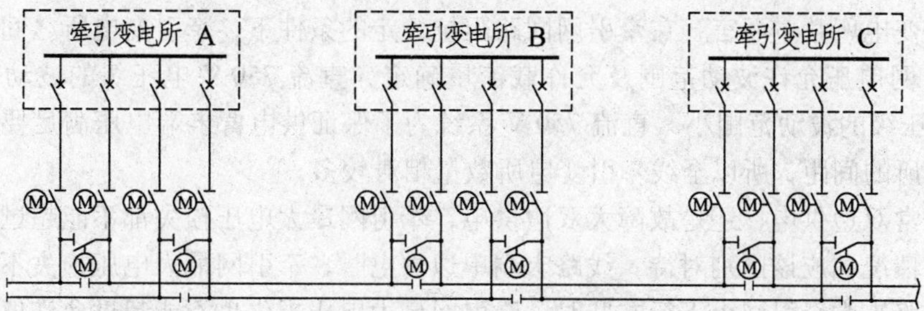

图 5.3 线路末端牵引变电所单边供电

② 沿线中间某牵引变电所退出运行后，该牵引变电所左、右供电分区各由相邻牵引变电所 A、C 经一路馈线单边馈电。此时牵引网电压质量较差、能耗较大，如图 5.4 所示。

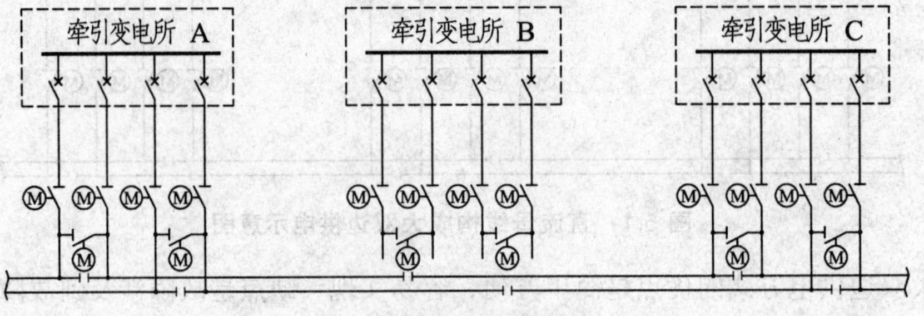

图 5.4　线路中间牵引变电所单边供电

（2）应用分析

① 线路中间供电分区。

对于线路中间供电分区，由于单边供电时的牵引网电压质量较差，能耗也较大，必要时还将增加牵引变电所数量。因此，单边供电只作为牵引供电系统运行中一种特殊处理手段、临时供电方式，而不能成为直流牵引供电系统经常运行的方式[3]。

当线路中部出现单边供电的特殊运行方式时，应对线路中间的牵引变电所单边供电能力进行核算，分析对线路运输能力的影响程度并提出相应指标要求。如走行轨电位超标，则采取走行轨电位限制措施。

② 线路末端供电分区。

由于线路末端牵引变电所的末端供电分区长度较小，牵引网最大电压损失值将小于允许值，线路末端供电分区正常运行时允许采用单边供电方式。

5.2.1.2　满足牵引网电压损失允许值要求

国际电工委员会（IEC）标准及国家相关规范规定了牵引电压的波动允许范围，见表 5.1。

表 5.1　牵引电压波动允许范围

序号	标称电压（V）	最高电压（V）	最低电压（V）
1	直流 750	900	500
2	直流 1 500	1 800	1 000

牵引网电压损失包括牵引网平均电压损失、最大电压损失。其中，牵引网最大电压损失值是影响牵引变电所数量的关键因素，平均电压损失值对牵引网能耗影响较大。

就牵引变电所数量而言，在牵引网回路阻抗一定的条件下，牵引变电所之间距离的大小主要由牵引网电压允许波动范围及允许载流量确定。直流 750 V 电压级的波动范围比直流 1 500 V 电压级的波动范围小。直流 750 V 系统为了保证供电臂末端电压满足要求，必须减小牵引变电所的间距，所以全线牵引变电所数量相对较多。

无论正常双边供电、还是故障大双边供电，牵引网最大电压损失都不能超过允许值。至于单边供电情况，应该区别对待。线路末端单边供电时，牵引网最大电压损失不能超过允许值；或者线路末端牵引网上下行并联时，牵引网最大电压损失也不能超过允许值。线路中间牵引变电所单边供电时，牵引网最大电压损失尽量不要超过允许值，当超过允许值时，应该采用故障大双边供电，或减少列车运行对数。

依据牵引网最大电压损失不能超过允许值，以确定牵引变电所供电分区的长度。供电分区距离越短，牵引网电压质量就越好。相反地，供电分区距离越长，牵引网电压质量就越差。

牵引变电所布点一般采用以下方法：

（1）以线路中间车站设牵引变电所为布点基点

首先考虑牵引变电所与车站相结合。

研究线路中站间距最大的两个相邻车站。当站间距足够长，可将此两个车站暂时设置牵引变电所，计算牵引网双边供电最大电压损失，如果计算值控制在允许范围内，则确定在此两个车站设置牵引变电所。

以此为牵引变电所布置的基本点，向线路两端扩展，尽可能地结合车站设置，如图 5.5 所示。

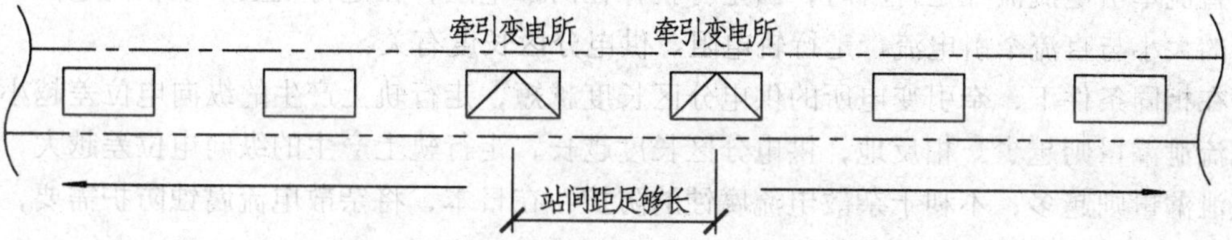

图 5.5 以线路中间车站设牵引变电所为基点

此方法适用于各车站的站间距相差较大的线路。

（2）以线路末端车站设牵引变电所为布点基点

当线路末端牵引变电所退出时，由相邻的牵引变电所实施单边供电，此时牵引网电压损失会比较大；或将线路末端牵引网上下行并联运行，以减少牵引网回路电阻，改善牵引网电压质量。

首先考虑线路末端牵引变电所与车站相结合。

根据牵引网最大电压损失允许值确定线路末端牵引变电所及相邻牵引变电所的位置，以此向线路中央靠拢，完成全部牵引变电所的布点，如图 5.6 所示。

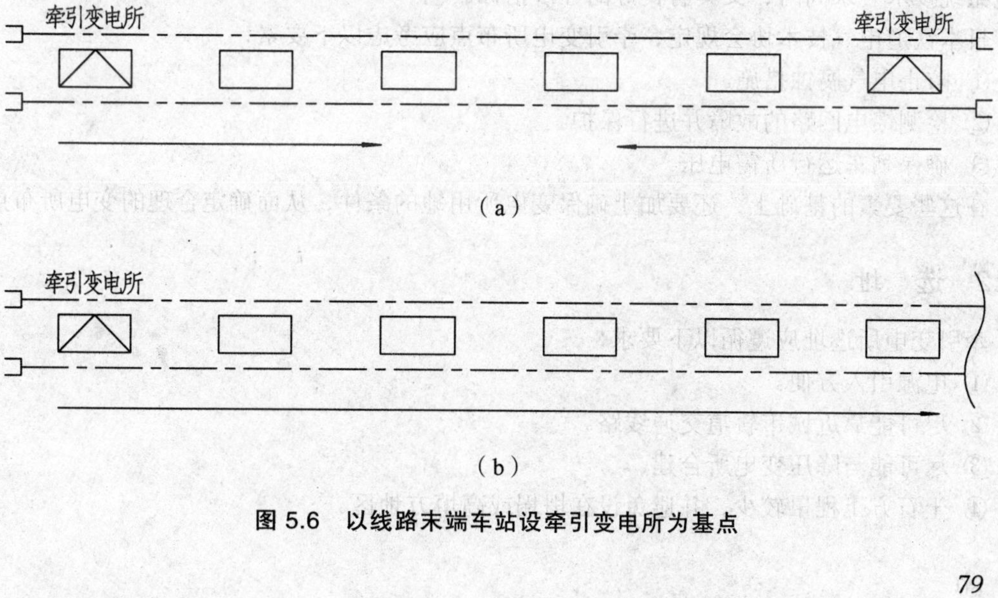

图 5.6 以线路末端车站设牵引变电所为基点

此方法适用于各车站的站间距相差较小的线路。

（3）合理设置区间牵引变电所

对于地面线路，当因牵引变电所与车站结合、将使本牵引变电所退出时牵引网电压损失超标，可以适当考虑设置区间牵引变电所。

对于地下线路，牵引变电所应与车站合建，不宜考虑设置地下区间牵引变电所，因为地下牵引变电所土建造价高，且运营不方便。当地面具备条件时，如征地、拆迁、规划及电缆通道都可行，可以考虑设置地面区间牵引变电所。

5.2.1.3 兼顾杂散电流腐蚀防护需要

在城轨直流牵引供电系统中，电动列车所需电能由牵引变电所提供，通过接触网向列车授电，并利用走行轨兼做回流网，返回到牵引变电所。

直流牵引电流流经走行轨时，因走行轨存在内部电阻，在走行轨上产生纵向电位。纵向电位的大小与直流牵引电流、走行轨电阻、供电分区长度有关。

在相同条件下，牵引变电所的供电分区长度越短，走行轨上产生的纵向电位差越小，杂散电流泄漏量则越少。相反地，供电分区长度越长，走行轨上产生的纵向电位差越大，杂散电流泄漏量则越多，不利于杂散电流腐蚀的防护。在日本，将杂散电流腐蚀防护需要，列为牵引供电分区长度确定的首要条件。

5.2.1.4 兼顾线路能耗需要

刚性接触网的单位阻抗一般为 0.013 Ω/km，低碳钢接触轨的单位阻抗一般为 0.02 Ω/km，钢铝复合接触轨的单位阻抗一般不超过 0.01 Ω/km。柔性接触网因受结构、材质的影响，其单位阻抗一般为 0.02～0.03 Ω/km。用作回流的走行轨上下并联后单位阻抗一般为 0.01 Ω/km。

所以，牵引网的单位电阻比较大，一般为 0.02～0.04 Ω/km。在相同条件下，当牵引变电所间距较大时，牵引网能耗加大。

另外，车站的站间距实施时可能优化调整，线路网络化运营也存在线路贯通需求，所以牵引变电所布点时，单一方法可能不会解决问题，需要几种方法配合使用，以便在满足牵引供电系统技术要求同时，又具有良好的经济指标。

日本铁道电气技术协会规定，牵引变电所布点应考虑以下要素：

① 防止电气腐蚀措施。

② 检测馈电回路的故障并进行保护。

③ 确保列车运行所需电压。

在这些要素的基础上，还要加上确保变电所用地的条件，从而确定合理的变电所布点。

5.2.2 选 址

牵引变电所选址应遵循以下要求：

① 电源引入方便。

② 尽可能靠近城市轨道交通线路。

③ 尽可能与降压变电所合建。

④ 土石方工程量较少，并避免设在坍塌或高填方地区。

⑤ 维护管理和生活条件方便，尽量避免设在空气污秽及土壤电阻率过高和有剧烈振动的地区。

⑥ 设备运输方便。

⑦ 应和城市规划相协调。

在地上车站、地下车站以及区间等处均可以设置牵引变电所。城市轨道交通属于复杂的市政工程，包含众多设备系统，受到车站建筑规模和地面规划的制约。牵引变电所的选址应结合具体的工程条件和牵引供电系统需求，选择合理位置。

1）地下牵引变电所

牵引变电所设置在地下时应与地下车站结合，有多种设置形式，如可将牵引变电所设置在站台端部、端头井、线路外侧或傍建于车站风道。

考虑到潮湿环境对电气设备有影响、不利于杂散电流腐蚀防护等因素，牵引变电所应尽量和车站主排水站分别设于车站两端。

牵引变电所应考虑左右供电分区的长度，将牵引变电所设置在临近供电分区较长的车站一端，尽量缩短左右供电分区长度的差异，改善牵引网的电压质量。

（1）设置于车站站台端部

牵引变电所设置在车站站台端部，房间可以根据车站功能布局以及车站规模设计为一层或两层。设置两层时，牵引整流机组应该设置在站台层，便于设备运输。开关柜室与控制室可以设置在任何一层。

牵引变电所设置在车站站台端部时，虽然可能增加车站规模，但不存在外部规划协调等不定因素，容易实现。如果将牵引变电所设置在车站端头井，效果更好。

牵引变电所不宜和厕所、污水泵或废水泵等给排水设备房间贴邻，这样有利于杂散电流腐蚀防护。

设置在车站站台端部方案具有以下优点：直流馈出电缆相对较短，有利于牵引网电压质量改善，节省直流电缆投资；便于笨重设备从站台层运输；紧邻站务房间，有利于运营管理。但占用车站空间较大。

（2）傍建于车站通风道

在条件允许的情况下，可以在车站通风道边傍建牵引变电所。但要重点解决设备运输通道和电缆通道问题。

傍建于车站通风道方案，避免了结构柱梁后面土建面积无法利用的情形，提高了牵引变电所的空间利用率。但是，牵引变电所远离线路，直流电缆长度有所增加，投资增加；如单独考虑地面设备运输通道，涉及地面规划落实问题，而通过风道运输设备带来诸多不方便；另外远离站务房间，不利运营管理。

（3）设置于车站线路外侧

在条件允许的情况下，在线路外侧单独设置牵引变电所，并通过牵引变电所内部楼梯将牵引变电所和车站站厅层联系起来。

设置于车站线路外侧方案具有以下优点：直流馈出电缆相对较短，利于牵引网电压质量改善，节省直流电缆投资；便于笨重设备从站台层运输；牵引变电所的空间利用率相应提高；避免了牵引变电所设在站台层时和通风管线、结构柱梁以及外围房间、设施发生矛盾的情况。但是，涉及规划落实问题，存在不定因素；另外，站厅层需要设计牵引变电所对外安全紧急出口通道，会对站厅平面布局造成一定影响。

2）地上牵引变电所

因各种客观原因，若有下列三种情况之一，则可以考虑设置地上牵引变电所：

① 城市规划条件许可时，其经济性能非常明显。

② 因地下车站没有空间安排牵引变电所，而不得不移至地面。

③ 地面或高架线路需要设置牵引变电所。

技术上，牵引变电所的间距容易做到较为均匀，牵引网的电压质量将大大改善；通风空调系统将简单化，可以通过风机和分体式空调实现设备机房通风、降温要求，或者采用自然通风；不再需要设置气体自动灭火系统；利于设备抢修。

经济上，地面工程造价要小于地下工程造价；节省了气体自动灭火系统的投资；降低或节省了通风系统的投资。虽然中压电缆、直流电缆以及控制电缆数量有所增加，但与土建节省的投资相比，仍具有明显的经济效益。

牵引变电所设置在地上，具有许多便利条件，形式多种多样，现归纳介绍下面三种：

（1）与车站结合

高架线路车站设计为两层。地面线路车站有时也设计为两层，其站厅层除换乘作用外，兼顾过街天桥功能。牵引变电所设置在车站端部，房间一般根据车站功能布局设计为两层，牵引变电所内部上、下贯通楼梯。

牵引变电所与车站结合方案紧邻站务房间，有利于运营管理。但是，供电分区长度将受制于车站的站间距。

（2）独立于车站

根据直流牵引供电仿真计算，按合理的供电分区长度，将牵引变电所设置在合适的沿线位置。条件是：为值班人员上下班、维修和抢修人员方便到达牵引变电所，牵引变电所应靠近城市轨道交通线路，并尽量靠近市政道路。考虑到运营初期有人值守，设置厕所、休息室等生活用房。牵引变电所应与雨水泵等设备机房相距 5 m 以上，不得贴邻设置，且不宜设在地势低洼和可能积水的场所。当必须设置在地势低洼和可能积水的场所时，应考虑结构防水和防雨水回灌的措施。

牵引变电所可采用新建筑物，也可以利用既有建筑物，或采用箱式牵引变电所。

独立于车站方案具有供电分区长度合理，牵引网的电压质量较好，利于杂散电流腐蚀防护；直流馈出电缆最短等优点。但是，远离车站站务房间，不利于运营管理；并涉及用地规划落实问题，存在不定因素。

（3）车辆段（停车场）

由于车辆段内列车空载运行、行驶速度低，牵引用电负荷并不大，因而车辆段（停车场）一般设置一座牵引变电所即可满足列车牵引用电需要。

车辆段牵引变电所的馈出电缆较多，牵引变电所一般靠近咽喉区设置。

3）地下区间牵引变电所

地下牵引变电所可以傍建在区间风道外侧，有条件时可以利用盾构竖井。上述条件都不具备时，应优先考虑将牵引变电所移至地面，但又涉及用地规划落实问题。专修地下牵引变电所的做法不可取，除非别无他法。

4）箱式牵引变电所

箱式牵引变电所是一项成熟技术，在国外有不少应用。国内个别线路也已经采用了箱式牵引变电所。

箱式牵引变电所结构主要由箱体、温度调节装置、微增压装置及其内部供电设备等构成。

内部供电设备主要包括牵引变压器、整流器、中压交流开关柜、直流开关柜、负极柜、排流柜、交流屏、直流屏、综控屏及所用变等。

箱式变电所体积小，占地面积小，可以节省土建投资，选址灵活、对环境适应性强。同容量箱式牵引变电所的占地面积仅为传统牵引变电所占地面积的 1/5～1/10，可以大大减少工程设计量和施工量。

箱式牵引变电所虽然具有诸多优点，但也有其不足之处。箱式变电所内部空间有限，多个设备处于同一个狭窄的密闭空间内，不利于散热。由于箱变安装在地面土建基础上，其土建基础应充分考虑排水问题。

线路试运营期间，以至运营初期，直流牵引供电系统需要一个稳定周期，需要配置值班人员就地监视、维护甚至抢修。但箱式变电所不具备值班人员的工作生活条件，不利于运营管理[3]。

5.3　牵引变电所主接线

牵引变电所主接线由交流中压开关设备、牵引整流机组、直流开关设备等几部分组成。主接线应满足可靠性、灵活性和经济性的基本要求。

主接线的可靠性包括一次部分和相应二次部分综合的可靠性，其很大程度取决于设备的可靠性，采用可靠性高的电气设备可以简化接线。具体要求为：开关故障或检修时，不影响或减少对牵引负荷的供电；母线故障或检修时，短时间内恢复送电，对列车正常运行影响降到最小。

主接线应满足调度、检修的灵活性要求。在故障运行方式、检修运行方式以及特殊运行方式下，调度时可以灵活地投入和退出开关或整流机组，检修时可以方便地停运开关及其继电保护设备而不致影响系统运行。

主接线在满足可靠性、灵活性要求的前提下还应做到经济合理。

5.3.1　中压主接线

本节重点介绍中压母线形式及牵引整流机组设置形式。

上海地铁 1 号线最早采用牵引动力照明独立网络，牵引网络为 33 kV 单母线接线形式，母线不分段。德黑兰地铁 1 号线采用牵引动力照明独立网络，牵引网络为 20 kV 三段母线接线形式，设置两组母线分段开关。国内大部分城市轨道交通采用牵引动力照明混合网络，分段单母线接线形式，设置母线分段开关。

对于牵引变电所，两套牵引整流机组设置有两种形式：一是分别接至两段母线（目前，已不再采用）；二是同接一段母线。

对于中压网络，考虑牵引负荷均衡性，相邻牵引变电所的牵引整流机组应交叉挂在不同母线上。当供电分区内某一回中压电源电缆失电导致所有牵引变电所同段母线短时退出时，仍能保证部分牵引变电所继续运行，为避免牵引整流机组超出允许的过载能力，调度中心应及时调整中压网络运行方式。

5.3.1.1 中压主接线形式

（1）两套牵引整流机组分别接至两段母线

在牵引变电所两段母线电压平衡或差别甚微情况下，两套牵引整流机组分别接至两段母线，单套牵引整流机组为 12 脉波整流。如图 5.7 所示。当牵引变电所两段母线电压不平衡时，容易引起两套牵引整流机组输出负荷不均衡，有时差别比较大，造成一套重载另一套轻载。在两套牵引整流机组输出侧设置平衡电抗器，实现两套牵引整流机组的输出负荷一致性。

经实践证明，这种接线形式效果不理想，电源电压误差将导致牵引整流机组选择困难。

（2）两套牵引整流机组同接一段母线

为了平衡两套牵引整流机组的输出负荷，将两套牵引整流机组接在同一段中压母线上，构成等效 24 脉波整流，利于谐波治理。当一套牵引整流机组故障退出后，另一套牵引整流机组在过负荷允许的情况下，可以继续维持运行。

（3）单母线接线

牵引变电所中压侧单母线不分段。母线引入两个电源，并根据工程实际条件和需要组建中压网络结构方案，如图 5.8 所示。

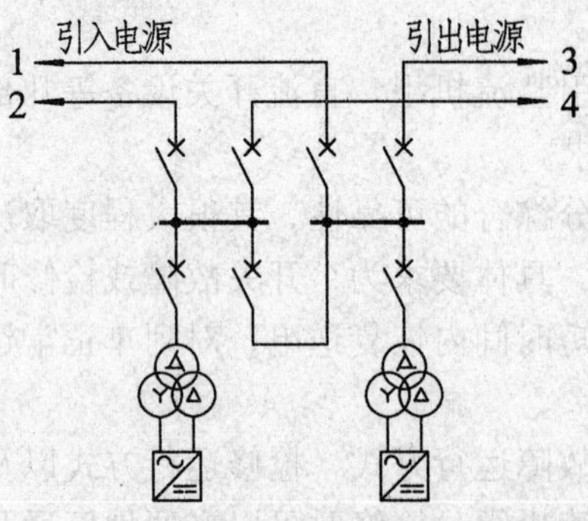

图 5.7 两套牵引整流机组分接两段母线示意图

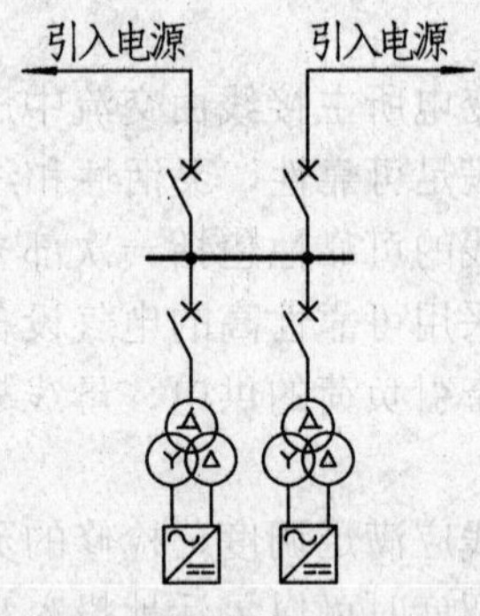

图 5.8 单母线接线示意图

正常运行时，一个进线电源供电，并向相邻牵引变电所供电。

中压部分包括中压开关、电压互感器、电流互感器、微机综合测控保护装置等主要设备。设备配置如下：

① 中压开关：进线、联络以及馈线开关可采用真空断路器，利于继电保护设置和运行灵活性。进线、联络开关也可以采用负荷开关，应注意负荷开关的短时耐流能力不得小于开关下口的短路容量，由于该方式无法设置继电保护，对系统恢复送电的及时性有一定影响。

② 电压互感器：主要为测量（计量）提供电压信号，为联锁提供电压信号。

③ 微机综合测控保护装置：集保护、控制、联锁、测量为一体的综合装置，配有与变电所综合自动化系统连接的通信接口，是变电所综合自动化系统的基础设备。

单母线不分段接线简单，造价低，但可靠性较低。

（4）分段单母线接线

牵引变电所中压侧采用分段单母线接线方式，设分段开关。每段母线各引入一个进线电源，并根据中压网络结构方案在牵引变电所中压母线上设置联络开关或应急联络开关，如图 5.9 所示。

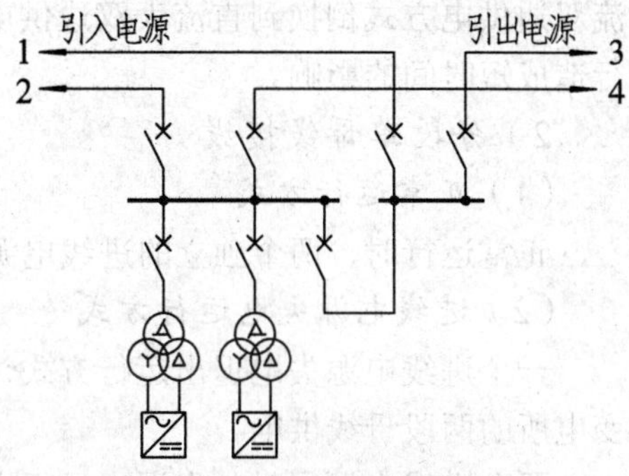

图 5.9　分段单母线接线示意图

正常运行时，两个独立的进线电源同时供电，两段母线分列运行。

中压部分包括中压开关、隔离手车、电压互感器、电流互感器、微机综合测控保护装置等主要设备。

设备基本配置参见单母线接线。

分段单母线接线较为复杂，造价较高，但可靠性大为提高。

（5）三段母线接线

设两段进线电源母线和一段牵引整流机组工作母线。两段进线电源母线分别接至Ⅰ段和Ⅲ段母线，两套牵引整流机组接于牵引整流机组工作母线。两段进线电源母线和一段牵引整流机组工作母线分别用断路器分段，通过分段断路器进行两路进线电源的自动切换，如图 5.10 所示。

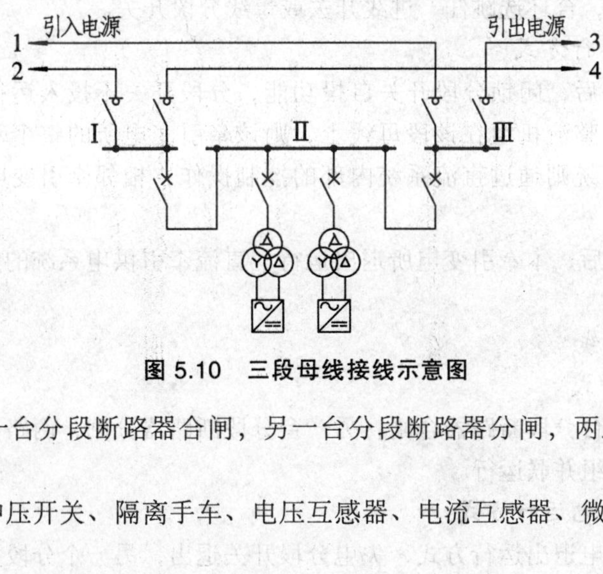

图 5.10　三段母线接线示意图

正常运行时，一台分段断路器合闸，另一台分段断路器分闸，两路中压进线电源分列运行。

中压部分包括中压开关、隔离手车、电压互感器、电流互感器、微机综合测控保护装置等主要设备。

设备基本配置参见单母线接线。

三段母线接线形式造价较高，但可靠性很高[101]。

5.3.1.2　中压主接线运行方式

1）单母线接线

（1）正常运行方式

正常运行时，一个进线电源供电，并向相邻牵引变电所供电。

（2）进线电源失电运行方式

当该进线电源失电退出后，经过解除相关联锁，出线电源可以自动转变成进线电源，由相邻变电所反向提供中压电源。

（3）母线故障运行方式

当母线故障后，该牵引变电所退出运行，由相邻牵引变电所实施大双边供电方式。从直流双边供电方式倒换到直流大双边供电方式，需要一定的切换操作时间，这将对列车正常运行造成短时间的影响。

2）分段单母线接线

（1）正常运行方式

正常运行时，两个独立的进线电源同时供电，两段母线并列运行。

（2）进线电源失电运行方式

一个进线电源失电退出运行方式：分段开关自动投入运行，由另一个进线电源向本牵引变电所的两段母线供电。

两个进线电源同时失电退出运行方式：通过调度令进行倒闸操作，由相邻变电所反向提供中压电源。采用这种方式时，倒闸操作需要一定时间。在倒闸期间，进线电源失电的本段母线上的牵引整流机组暂时退出，但对线路运营影响很小。

当牵引整流机组所在母线上的进线开关检修而不能影响两段母线运行时，可以采用短时间的合环运行方式。正常运行时，合环转换开关置于退出位。在合环工作状态时，合环转换开关置于合环选跳位，合环选跳任一进线开关或母线分段开关。

（3）母线故障运行方式

当一段母线退出后，闭锁分段开关自投功能，分段开关不投入运行，另一段母线继续运行。此时，若牵引整流机组在该段母线上，则该牵引变电所的整个牵引直流系统退出运行，直流牵引供电系统则通过直流系统内部的控制操作，相邻牵引变电所实施大双边供电方式。

当两段母线退出后，本牵引变电所退出运行。直流牵引供电系统的运行方式与一段母线退出的情况相同。

3）三段母线接线

（1）正常运行方式

正常运行时，一台分段断路器合闸，另一台分段断路器分闸，两路中压进线电源分列运行，两套牵引整流机组并联运行。

（2）进线电源失电运行方式

一个进线电源失电退出运行方式：失电分段开关退出，另一个分段开关自动投入运行，维持两套牵引整流机组的并联运行。

两个进线电源同时失电退出后运行方式，与分段单母线接线形式相同。

（3）母线故障运行方式

正常运行时不带牵引整流机组供电的母线故障，对直流牵引供电系统没有影响。

正常运行时带牵引整流机组供电的母线故障时，牵引整流机组中压母线与故障母线分段开关跳闸，则该牵引变电所的整个牵引直流系统退出运行，运行方式与分段单母线接线相同。

两个进线电源母线故障时，该牵引变电所退出运行。直流牵引供电系统则通过直流系统内部的控制操作，相邻牵引变电所实施大双边供电方式[101]。

5.3.2 直流主接线

直流侧主接线按照母线形式有单母线系统、双母线系统两种主要形式，因设备配置及运行方式的差异，可以演变出多种形式。

A 型单母线系统，进线为直流断路器，设置纵向电动隔离开关；

B 型单母线系统，进线为电动隔离开关，设置纵向电动隔离开关；

C 型双母线系统，进线为直流断路器，不设置纵向电动隔离开关；

D 型双母线系统，进线为直流断路器，设置纵向电动隔离开关。

A、B、C、D 四种类型属于常用接线形式，还有一些其他形式，如双母线系统，进线为电动隔离开关，设置纵向电动隔离开关；双母线系统，进线为电动隔离开关，不设置纵向电动隔离开关；单母线系统，进线为直流断路器，不设置纵向电动隔离开关；单母线系统，进线为电动隔离开关，不设置纵向电动隔离开关。由于这些类型是从 A、B、C、D 型接线形式中演变出来，且应用很少，因而下面仅描述 A、B、C、D 型接线形式。

5.3.2.1　主接线形式

（1）A 型单母线系统

A 型主接线为单母线系统，两路进线采用直流断路器，设置四路直流馈出线。牵引整流机组的负极采用电动隔离开关，为实现自动化、远动调度操作提供条件。同一馈电区电分段处上行和下行之间设有纵向电动隔离开关，如图 5.11 所示。

除北京地铁外，国内其他线路多采用 A 型主接线系统。接线形式简单实用，可靠性高。

在上行、下行同一馈电区电分段处设置一台纵向电动隔离开关，当牵引变电所退出运行时，可以通过它实现大双边供电。

A 型单母线系统无论是在牵引整流机组、直流进线、直流母线、直流馈线开关故障或检修退出时，均能实现不影响直流牵引供电系统运行的要求，系统运行的可靠性很高，造价较低。

由于没有直流馈线备用开关，可采用较为简单的运行方式：任一台馈线开关退出时需要相邻牵引变电所进行大双边供电。

由于隔离开关的电气特性，使纵向电动隔离开关的操作限制条件较多，操作判断时间较长，正常双边供电转为大双边供电时间也较长。

（2）B 型单母线系统

在 A 型单母线系统基础上，将进线直流快速断路器改为电动隔离开关，如图 5.12 所示。

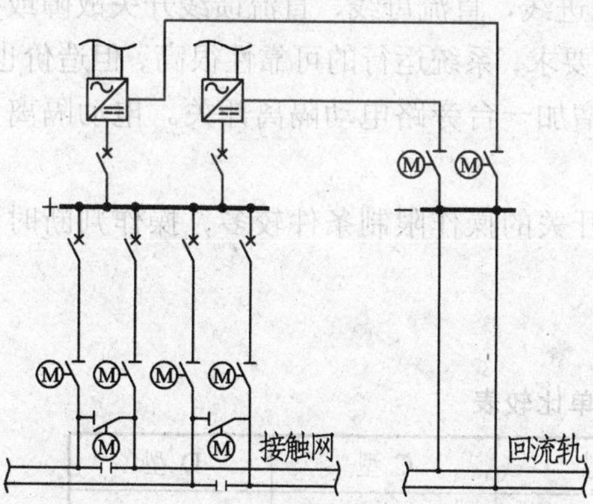

图 5.11　A 型单母线系统示意图

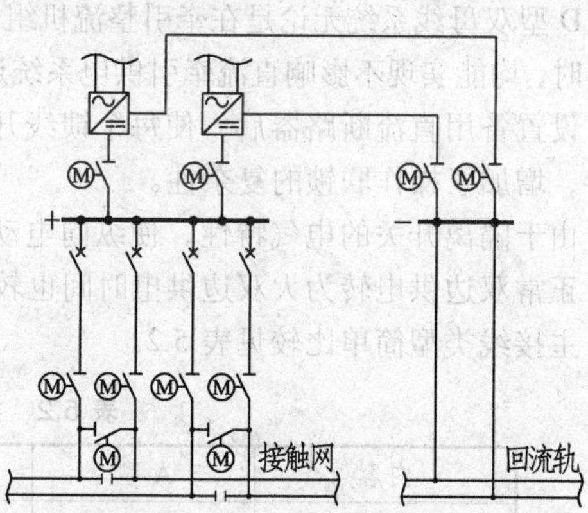

图 5.12　B 型单母线系统示意图

进线开关采用电动隔离开关，设备造价较低。由于其进线开关采用了电动隔离开关，联锁关系复杂，另外母线发生故障时，中压开关跳闸时间较长，一般为 65 ms，不利于母线故障的迅速切除。

（3）C 型双母线系统

C 型主接线为双母线系统，设有工作母线、备用母线和旁路开关。两路进线采用直流断路器，设置四路直流馈线，工作母线和备用母线之间设有备用直流断路器。牵引整流机组的负极采用电动隔离开关，为实现自动化、远动调度操作提供条件，如图 5.13 所示。

备用直流断路器可以代替四路馈线开关中的任何一个，具备馈线开关的所有功能，包括合闸线路测试功能、与相邻牵引变电所相同供电分区馈出线的双边联跳以及所内故障联跳功能等，属于热备用的直流馈线开关。

如牵引变电所两套牵引整流机组退出，可利用主母线构成大双边供电。如其中馈线开关（断路器）同时退出，而备用母线完好，仍可利用备用母线构成大双边供电。

（4）D 型双母线系统

在 C 型双母线系统基础上，同一馈电区电分段处上行和下行增加了纵向电动隔离开关，当牵引变电所整体退出运行时，可以通过它构成大双边供电。D 型双母线系统联络关系比较复杂，如图 5.14 所示。

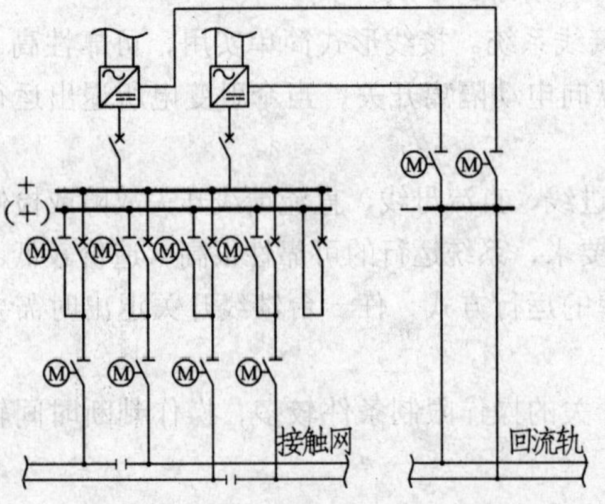

图 5.13　C 型双母线系统示意图

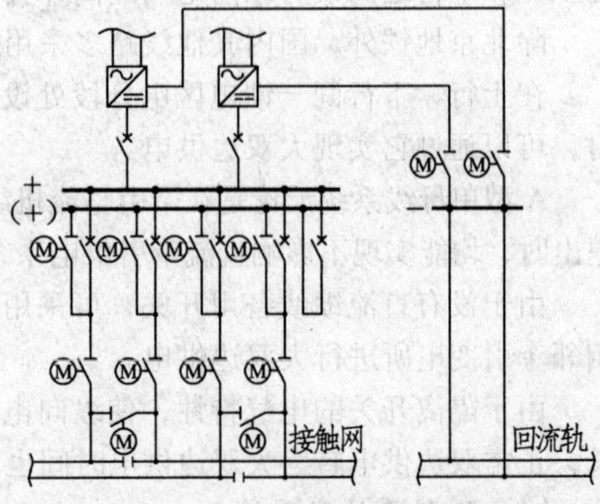

图 5.14　D 型双母线系统示意图

D 型双母线系统无论是在牵引整流机组、直流进线、直流母线、直流馈线开关故障或检修退出时，均能实现不影响直流牵引供电系统运行的要求，系统运行的可靠性很高，但造价也高。

设置备用直流断路器后，使每个馈线开关柜增加一台旁路电动隔离开关。电动隔离开关较多，增加了操作联锁的复杂性。

由于隔离开关的电气特性，使纵向电动隔离开关的操作限制条件较多，操作判断时间较长，正常双边供电转为大双边供电时间也较长。

主接线类型简单比较见表 5.2。

表 5.2　类型简单比较表

内容	A 型	B 型	C 型	D 型
可靠性	较高	较高	很高	很高
灵活性	较高	较高	很高	很高
经济性	较好	好	较差	差
联锁	简单	较简单	较复杂	复杂

（5）直流断路器选型

当前，直流断路器仍需进口。选择时，首先计算最大预期短路电流稳态值、最小临界分断电流，开关的极限分断能力和临界分断电流应满足要求。

直流牵引供电系统的故障危害比交流系统严重。当直流断路器触头不能有效断开故障时，电弧不易熄灭，容易引起燃烧和爆炸。

5.3.2.2 直流主接线运行方式

直流主接线运行方式主要体现在备用母线、上下行纵向电动隔离开关的设置上，与直流进线开关的类型无关，包括以下内容：

① 正常运行方式。

② 单套牵引整流机组退出运行方式。

③ 两套牵引整流机组退出运行方式。

④ 直流母线退出运行方式。

⑤ 馈线开关退出运行方式。

⑥ 馈线开关与备用开关同时退出运行方式。

⑦ 自动重合闸运行方式。

车辆段牵引网正常运行方式下为单边供电，当车辆段牵引变电所退出运行时，由正线牵引变电所通过出入段线联络开关（电动隔离开关）向车辆段提供直流牵引电源，仍为单边供电。

关于保护、控制及联锁内容，详见第7章。

下面详细论述正线牵引变电所直流主接线运行方式，车辆段牵引变电所直流主接线运行方式可以参照。

1）单母线系统运行方式

（1）正常运行方式

牵引变电所采用双机组等效24脉波整流方式，双机组并列运行方式。

直流进线开关、馈线开关及上网电动隔离开关均闭合，纵向电动隔离开关处于断开状态。该牵引变电所与相邻牵引变电所对同一供电分区实施正常的双边供电。

（2）单套牵引整流机组退出运行方式（见图5.15）

牵引整流机组交流进线开关QF1（QF2）因牵引整流机组U1（U2）故障而跳闸时，进线直流断路器QF3（QF4）则被联动跳闸；如直流进线为电动隔离开关，则逆流保护联跳所有馈出开关，然后控制中心遥控断开进线开关。此时所有馈线开关均被联跳开，并不进行自动重合闸，而且不进行邻站馈线开关联跳。另一套牵引整流机组U2（U1）在其过负荷能力允许的情况下承担全部牵引负荷，该牵引变电所与相邻牵引变电所对同一供电分区维持正常的双边供电。

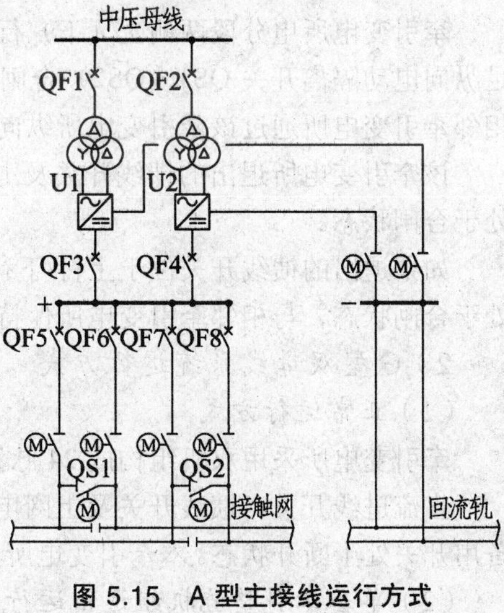

图5.15 A型主接线运行方式

故障牵引整流机组对应的直流进线开关断开，馈线开关及上网电动隔离开关均闭合，纵向电动隔离开关处于断开状态。该牵引变电所与相邻牵引变电所对同一供电分区实施正常双边供电。

（3）两套牵引整流机组退出运行方式

两套牵引整流机组 U1、U2 退出时运行方式与单套牵引整流机组退出时运行方式相同。

控制中心对上传的保护信号等信息进行判别，若非直流母线短路或框架保护动作时，该牵引变电所直流进线开关 QF3、QF4 及纵向电动隔离开关 QS1、QS2 处于断开状态，馈线开关 QF5、QF6、QF7 及 QF8 处于合闸状态。

（4）直流母线退出运行方式

为切除开关柜直流母线碰壳故障，设有框架泄漏电流保护（简称“框架保护”）。

开关柜直流母线发生故障时，框架保护联跳全部馈线开关和两套牵引整流机组交流进线开关。

由于框架保护不能辨别故障点是发生在开关柜内还是其他部位，框架保护将同时联跳上下行相邻牵引变电所相关馈出开关，允许被联跳的上下行相邻牵引变电所相关馈出开关人工合闸。如果人工合闸成功，表明故障点未发生在该牵引变电所馈出端及以下电缆。

控制中心遥分上网电动隔离开关。在满足纵向电动隔离开关合闸条件的情况下，如纵向电动隔离开关连接两端的牵引网电压为无压等，可遥合纵向电动隔离开关 QS1、QS2，相邻牵引变电所通过本牵引变电所纵向电动隔离开关构成大双边供电。

（5）单台馈线开关退出运行方式

牵引变电所单台馈线开关 QF5（QF6、QF7、QF8）退出时，控制中心遥分对应的上网电动隔离开关及同一方向的馈线开关及上网电动隔离开关。在满足纵向电动隔离开关的合闸条件的情况下，如纵向电动隔离开关连接两端的牵引网电压为无压等，可遥合纵向电动隔离开关 QS1（QS2），相邻牵引变电所通过该牵引变电所纵向电动隔离开关构成双边供电。

该牵引变电所退出的馈线开关和对应的上网电动隔离开关均处于断开状态，相关联的纵向电动隔离开关处于合闸状态。

（6）电分段两侧上（下）行两台馈线开关退出运行方式

牵引变电所电分段两侧上（下）行的两台馈线开关 QF5、QF6（QF7、QF8）退出，在满足纵向电动隔离开关 QS1（QS2）合闸条件的情况下，遥合纵向电动隔离开关 QS1（QS2），相邻牵引变电所通过该牵引变电所纵向电动隔离开关 QS1（QS2）构成大双边供电。

该牵引变电所退出的馈线开关及上网电动隔离开关均处于断开状态，纵向电动隔离开关处于合闸状态。

如果退出的馈线开关位于上行/下行供电分区，则下行/上行馈电分区的另两台馈线开关仍处于合闸状态，与相邻牵引变电所保持正常的双边供电。

2）C 型双母线系统运行方式

（1）正常运行方式

牵引变电所采用双机组构成 24 脉波整流方式，双机组并列运行方式。

直流进线开关、馈线开关及上网电动隔离开关均闭合，馈线开关柜旁路电动隔离开关及备用开关处于断开状态。本牵引变电所与相邻牵引变电所对同一供电分区实施正常双边供电。

（2）单套牵引整流机组退出运行方式（见图 5.16）

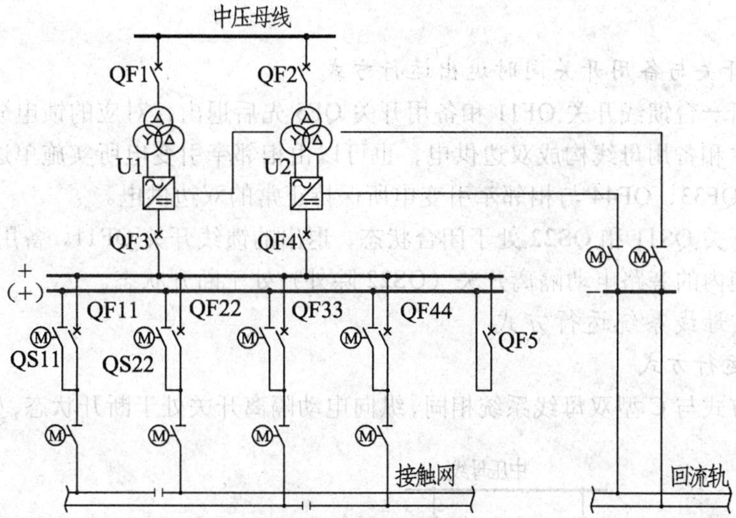

图 5.16　C 型主接线运行方式

单套牵引整流机组退出时运行方式与 A 型单母线系统相同。

退出的牵引整流机组对应的直流进线开关断开，馈线开关及上网电动隔离开关均闭合。馈线开关柜旁路电动隔离开关及备用开关处于断开状态。该牵引变电所与相邻牵引变电所对同一供电分区实施正常双边供电。

（3）两套牵引整流机组退出运行方式

两套牵引整流机组退出运行方式与 A 型单母线系统相同。

该牵引变电所直流进线开关、馈线开关柜旁路电动隔离开关及备用开关处于断开状态，馈线开关处于合闸状态。

（4）直流母线退出运行方式

直流母线退出时的联跳、分闸方式和时序与 A 型单母线系统相同。

在保证所有馈线开关 QF11、QF22、QF33、QF44 分闸情况下，控制中心遥分上下行相邻牵引变电所同一馈电分区的馈线开关。然后，按顺序依次遥合该牵引变电所旁路电动隔离开关、上下行相邻牵引变电所同一馈电分区的馈线开关，通过旁路电动隔离开关和备用母线构成大双边供电。

该牵引变电所直流进线开关（QF3、QF4）、馈线开关（QF11、QF22、QF33、QF44）及备用开关 QF5 处于断开状态，馈线开关柜旁路电动隔离开关及上网电动隔离开关处于合闸状态。

（5）单台馈线开关退出运行方式

牵引变电所单台馈线开关 QF11 退出，由备用开关 QF5 通过与该馈线开关并联的旁路电动隔离开关 QS11 代替该馈线开关继续运行，与相邻牵引变电所对同一供电分区仍实施正常双边供电。

该牵引变电所退出的馈线开关柜内旁路电动隔离开关 QS11 及备用开关 QF5 均处于闭合状态，退出的馈线开关 QF11 及非故障馈线开关柜内的旁路电动隔离开关处于断开状态。

（6）电分段两侧上（下）行两台馈线开关退出运行方式

牵引变电所电分段两侧上（下）行的两台馈线开关 QF11、QF22（QF33、QF44）先后退出，可以通过相对应的旁路电动隔离开关和备用母线构成双边供电，与单台馈线开关退出时运行方式相同。

（7）馈线开关与备用开关同时退出运行方式

牵引变电所一台馈线开关 QF11 和备用开关 QF5 先后退出，对应的馈电分区可以通过旁路电动隔离开关和备用母线构成双边供电，也可以由相邻牵引变电所实施单边供电。其余馈线开关 QF22、QF33、QF44 与相邻牵引变电所保持正常的双边供电。

电动隔离开关 QS11 和 QS22 处于闭合状态，退出的馈线开关 QF11、备用开关 QF5 及非故障馈线开关柜内的旁路电动隔离开关（QS22 除外）处于断开状态。

3）D 型双母线系统运行方式

（1）正常运行方式

正常运行方式与 C 型双母线系统相同，纵向电动隔离开关处于断开状态，如图 5.17 所示。

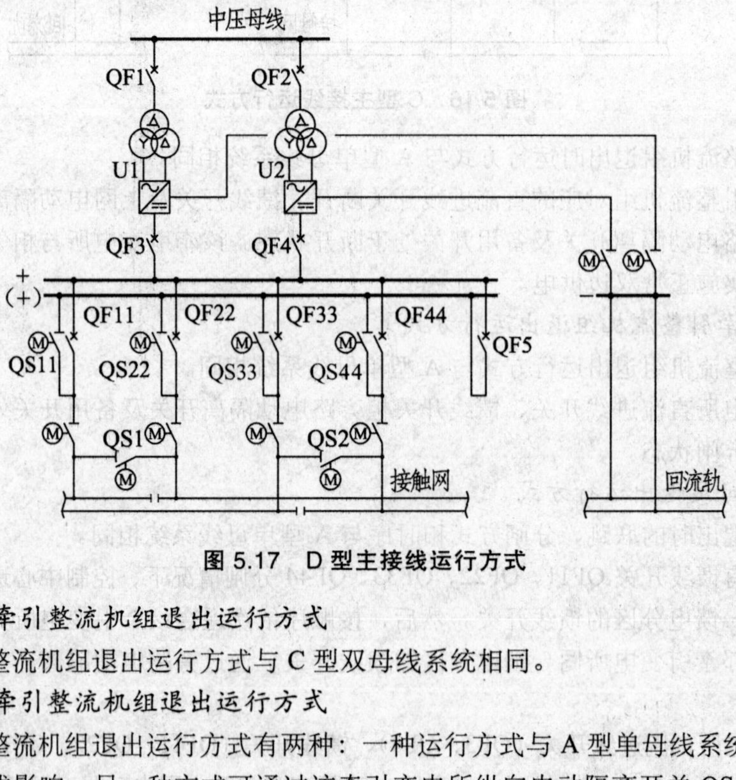

图 5.17　D 型主接线运行方式

（2）单套牵引整流机组退出运行方式

单套牵引整流机组退出运行方式与 C 型双母线系统相同。

（3）双套牵引整流机组退出运行方式

双套牵引整流机组退出运行方式有两种：一种运行方式与 A 型单母线系统相同，对列车正常运行不构成影响；另一种方式可通过该牵引变电所纵向电动隔离开关 QS1、QS2 构成大双边供电，倒闸期间，对列车正常运行有短时间的影响。

（4）直流母线退出运行方式

直流母线退出运行方式有两种：一种运行方式与 C 型单母线系统相同，对列车正常运行不构成影响；另一种方式可通过该牵引变电所纵向电动隔离开关 QS1、QS2 构成大双边供电，倒闸期间，对列车正常运行有短时间的影响。

（5）单台馈线开关退出运行方式

单台馈线开关退出运行方式与 C 型双母线系统相同。

（6）电分段两侧上（下）行两台馈线开关退出时运行方式

电分段两侧上（下）行两台馈线开关退出时运行方式与 C 型双母线系统相同。

（7）馈线开关与备用开关退出运行方式

馈线开关与备用开关退出运行方式与C型双母线系统相同。

5.3.2.3 电分段纵向电动隔离开关的应用

电分段两侧上（下）行的上网电动隔离开关下口通过纵向电动隔离开关进行电气连接，为相邻牵引变电所提供大双边供电的条件。

1）作 用

（1）作为牵引变电所4个馈线开关的备用开关

当牵引变电所电分段两侧上（下）行任何一个或两个直流馈线开关退出时，控制中心遥控合闸纵向电动隔离开关，此时上（下）行供电分区为大双边供电；而下（上）行供电分区仍为正常双边供电。牵引变电所直流侧不需要设置备用开关。

（2）构成正常双边供电

当牵引变电所只有一个馈线开关退出时，将对应的上网电动隔离开关分闸、纵向电动隔离开关合闸，构成正常的双边供电。

（3）作为牵引变电所的备用开关

当牵引变电所退出运行时，由纵向电动隔离开关构成大双边供电，保障列车正常运行。

2）大双边联跳的自动转换

纵向电动隔离开关构成大双边供电的同时，应能自动完成大双边联跳的转换。

与纵向电动隔离开关对应地设置一个转换中间继电器，纵向电动隔离开关的合闸状态作为转换中间继电器的唯一启动条件。当纵向电动隔离开关合闸后，该合闸信号传给转换中间继电器，转换中间继电器的常开接点闭合，将电分段两侧上（下）行相邻牵引变电所的馈线开关联跳保护装置电气连接，自动实现大双边联跳的转换功能。

也可以采用PLC替代转换中间继电器[3]。

6 降压变电所

降压变电所将中压电能转换为低压电能，向车站、区间、车辆段（停车场）、控制中心所有低压用电负荷提供电源。

本章分为降压变电所设置和降压变电所主接线两个部分。针对不同形式车站、区间和车辆段的特点，从降压变电所布点到选址，对降压变电所的设置分别进行分析，介绍降压变电所的中压主接线和低压主接线的形式和运行方式。

6.1 概 述

降压变电所是城市轨道交通运营安全、行车安全、防灾安全以及应急处理等动力照明供电的保障。降压变电所和牵引变电所同等重要。

降压变电所的位置应靠近负荷中心，考虑电缆进出方便、设备运输方便。应综合考虑低压用电负荷的分布与大小、车站规模等，合理确定车站降压变电所的数量及位置。区间是否设置跟随式降压变电所，取决于直供低压电源电缆和跟随式降压变电所的经济技术比较。

降压变电所有独立式、跟随式、混合式三种类型。按构筑物形式不同，有与车站合建式、单建式、箱式三种类型。在满足各种用电负荷供电要求的情况下，同一个车站内，降压变电所与牵引变电所应合建。车辆段降压变电所应尽量与牵引变电所合建。

对于独立式和混合式降压变电所，采用分段单母线中压接线形式。两台配电变压器分别接在不同母线上，分列运行。降压变电所电源应有两个独立的引入电源。主接线的确定和动力照明配电系统、降压变电所本身运行的可靠性、灵活性和经济性密切相关，并且对动力照明配电系统设备选择、设备布置、继电保护配置和控制方式设置有较大影响。

低压主接线直接服务于低压用户，低压用户中存在大量的一、二级负荷，其中包含应急照明等特别重要负荷，所以低压主接线采用分段单母线（设母线分段断路器）形式。单台配电变压器容量应满足本降压变电所供电范围内一、二级负荷的用电要求。因近、远期低压用电负荷容量变化可能较大，应充分考虑系统的增容与扩展性。

6.2 降压变电所设置

需要设置降压变电所的场所有车站、区间、车辆段（停车场）、控制中心大楼等，其数量取决于低压用电负荷的分布与大小、车站规模、综合经济指标等。

降压变电所的位置应综合考虑以下因素：

① 接近负荷中心。

② 进出线方便。

③ 设备吊装、运输方便。

④ 不应设在有剧烈振动的场所。

⑤ 不宜设在多尘、水雾（如大型冷却塔）或有腐蚀性气体的场所，如无法远离时，不应设在污染源的下风侧。

⑥ 不应设在厕所、浴室或其他经常积水场所的正下方或贴邻。

⑦ 不应设在爆炸危险场所内和不宜设在有火灾危险场所的正上方或正下方。

⑧ 降压变电所为独立建筑物时，不宜设在地势低洼和可能积水的场所。

⑨ 车站存在牵引变电所时，降压变电所应与牵引变电所合建。

6.2.1 布 点

（1）车 站

地面或高架车站由于建筑规模较小，通风空调系统用电量大幅减少，用电负荷比地下车站小了许多，设置一座降压变电所即可满足低压用电负荷的需要。

地下车站的土建造价较高，设置降压变电所时，应充分注意到这一点。当地下车站长度不超过 200 m 时，可设置一座降压变电所。由于车站两端均设有配电室，照明末端配线距离相对较短，设两座降压变电所的优势得不到发挥。对于动力负荷,其中 70% 以上是环控设备，每个地下车站在环控用房区均设有专为环控设备供电的环控电控室，这也替代了设两座变电所深入配电负荷中心的优势。

当地下车站建筑规模较大时，如车站长度为 230 m 或建筑面积达 10 000 m^2 以上，且低压用电负荷分布较均匀，基于节省低压配电线路投资及能耗，可以考虑设置一座降压变电所和一座跟随式变电所，但应从以下四个方面论证其经济性能：

① 工程直接费：土建、设备（含电缆）采购及安装调试等费用。

② 工程间接费。

③ 设备及电缆运营维护费。

④ 节能收益。

（2）车辆段（停车场）

车辆段（停车场）占地规模大，设置了综合维修基地以及综合办公楼等，总的低压用电量比车站大，且用电负荷分散。

一般设置两座降压变电所，其中一座与车辆段牵引变电所合建，主要为办公区、信号楼等提供低压电源。另一座为跟随式降压变电所，为维修车间、停车库及邻近场所提供低压电源。如确实需要，也可以设置更多降压变电所，但应充分论证。

（3）控制中心大楼

在实际工程中，控制中心大楼除具有调度指挥功能外，一般具有办公功能，其中办公建筑面积还会占大部分。控制中心大厅及其设备区服务于线路、车站、车辆段、停车场等全部场所的运营与管理，在运营中具有非常重要的地位，它对电源安全性和可靠性要求很高。控制中心大厅及设备区的低压用电量并不大，但如考虑办公等其他功能需求，低压用电量将增大许多。

控制中心大楼设置一个降压变电所，可以满足低压用电负荷的需要。考虑到办公等功能的用电需要，配电变压器容量要适当增容。控制中心降压变电所不宜与正线降压变电所合建，目的在于充分保障控制中心供电的独立性、安全性和可靠性。

（4）区 间

一般情况下，区间不设置降压变电所。隧道区间低压用电负荷主要为检修电源、照明、风机、排水泵。地面区间低压用电负荷只有检修电源和照明。这些低压用电负荷可以由邻近车站降压变电所直接供电。

个别地下区间安装了大容量风机，或长大区间安装了排水泵等，这种情况下经综合比选，可考虑设置区间跟随式降压变电所。

6.2.2 选 址

地上车站、地下车站以及区间均可以设置降压变电所，但往往受车站建筑规模和用地规划的制约。降压变电所的选址应结合具体条件和低压配电系统自身需求，选择合理的位置。在有牵引变电所的车站，降压变电所应与牵引变电所合建。

6.2.2.1 正 线

（1）地面（高架）车站降压变电所

降压变电所应与车站合建。地面/高架车站低压用电负荷分布均匀，可以设置在车站的任一端头。对于地面车站，设备机房一般设置在站台层，便于设备运输。对于高架车站，根据车站建筑功能布局，设备机房可设置在站台层或站厅层，应注意便于设备运输和电缆敷设。

（2）地下车站降压变电所

降压变电所应与车站合建。地下车站低压用电负荷分布均匀时，可以设置在车站的任一端头。设备机房一般设置在站台层，便于设备运输。

地下车站低压用电负荷分布非常不均匀时，降压变电所应设置在低压用电负荷较重的一端。

（3）地下区间降压变电所

安装了机械通风、排水泵等设备的长大区间，当由邻近车站降压变电所提供低压电源不经济时，可以设置跟随式降压变电所。

降压变电所可以傍建在区间风道外侧，有条件时也可以利用盾构竖井。

6.2.2.2 车辆段（停车场）

车辆段（停车场）有停车列检库、月修库、运用库、架修库等维修车间及办公设施。牵引变电所一般靠近场区，离办公区较近，降压变电所可以和牵引变电所合建，为办公区、信号楼等提供低压电源。

其他降压变电所应靠近生产维修用电的负荷中心，并与车间附属用房合建。

6.2.2.3 控制中心

降压变电所可设置在控制中心大楼地下一层或地上某一层，具体位置要有利于电缆敷设、设备运输。

6.3 降压变电所主接线

降压变电所中压主接线形式与降压变电所的位置、中压网络构成形式及运行方式、服务对象有关。

降压变电所主接线由交流中压开关设备、配电变压器、交流低压开关设备等几部分组成。主接线应满足可靠性、灵活性和经济性的基本要求。

主接线的可靠性包括一次部分和相应二次部分的综合可靠性，其很大程度取决于设备的可靠性，采用可靠性高的电气设备可以简化接线。当开关故障或检修、单段母线故障或检修时，不应影响一级负荷的供电连续性。

主接线在满足可靠性、先进性、灵活性要求的前提下，做到经济合理。

6.3.1 中压主接线

中压主接线一般为分段单母线，根据系统运行需要，可设或不设母线分段开关。跟随式降压变电所一般采用线路-变压器组接线。单台配电变压器正常负载率宜在70%左右，并应满足本降压变电所一、二级低压负荷的用电要求。

6.3.1.1 中压主接线形式

（1）分段单母线接线（设母线分段开关）

降压变电所中压电源侧为分段单母线，设母线分段开关，母线分段开关可手动和自动操作。降压变电所在两段母线上各设一台配电变压器，其接线组别采用D, Yn11，如图6.1所示。

中压部分包括中压开关、中压隔离手车、电压互感器、电流互感器、微机综合测控保护装置等主要设备。

① 中压开关：进线、联络、馈出以及分段开关可采用真空断路器，利于继电保护设置和运行方式的灵活性。进线、联络以及分段开关也可以采用负荷开关，应注意负荷开关的短时耐流能力不得小于开关下口的短路容量，弊端是由于无法设置继电保护，对系统恢复送电的及时性有一定影响。馈出开关也可以采用负荷开关加配熔断器组合电器。

② 中压隔离手车：母线分段开关连接两段母线时，由于制造工艺的需要，隔离手车起母线转换作用。

③ 电压互感器：主要为测量（计量）提供电压信号，为联锁提供电压信号。

④ 微机综合测控保护装置：集保护、控制、联锁、测量为一体的综合装置，配有与变电所综合自动化系统连接的通信接口，是变电所综合自动化系统的基础设备。

（2）分段单母线接线（不设母线分段开关）

降压变电所中压电源侧为分段单母线，不设母线分段开关。降压变电所在两段母线上各设一台配电变压器，变压器接线组别采用D, Yn11，如图6.2所示。

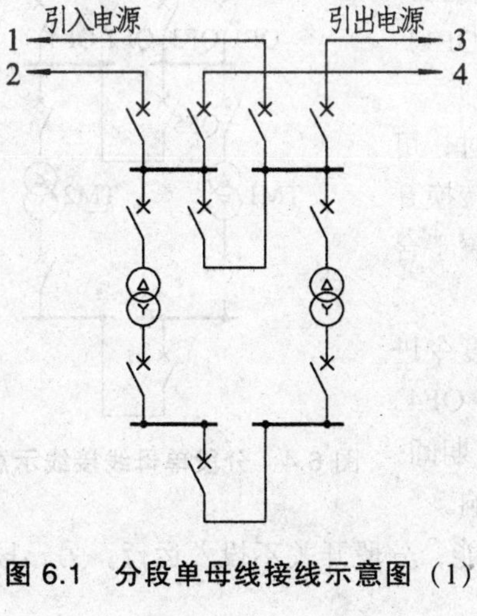

图6.1 分段单母线接线示意图（1）

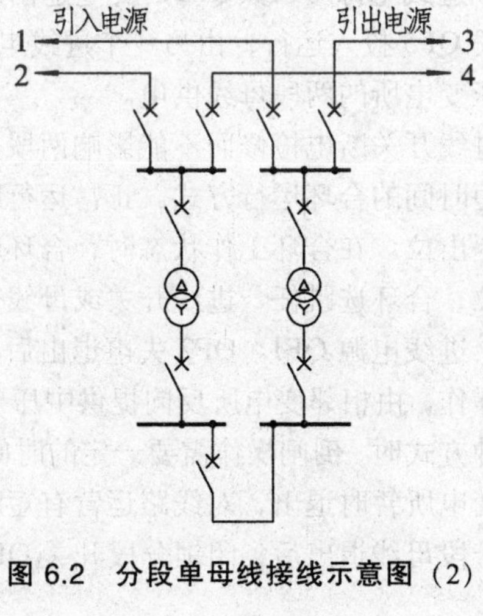

图6.2 分段单母线接线示意图（2）

中压部分包括中压开关、电压互感器、电流互感器、微机综合测控保护装置等主要设备。除无母线分段开关外，其余设备配置参见设置母线分段开关接线。

城轨供电系统的中压网络一般为单环网、双环网结构形式，也有采用放射式结构形式的，以保证降压变电所两个独立电源进线的要求。单台配电变压器容量应满足降压变电所全部一、二级用电负荷的用电要求，当只有单台配电变压器运行时，对车站、区间、控制中心以及车辆段、停车场的正常运营不应构成影响。母线分段开关技术上没有设置的必要性，取消母线分段开关，可以节省供电系统投资，但中压网络运行方式略欠灵活。

此类主接线形式应用较为广泛。

（3）线路-变压器组接线

线路-变压器组接线是由带熔断器的负荷开关（或断路器）和配电变压器组成。此接线形式一般用在跟随式降压变电所，如图 6.3 所示。

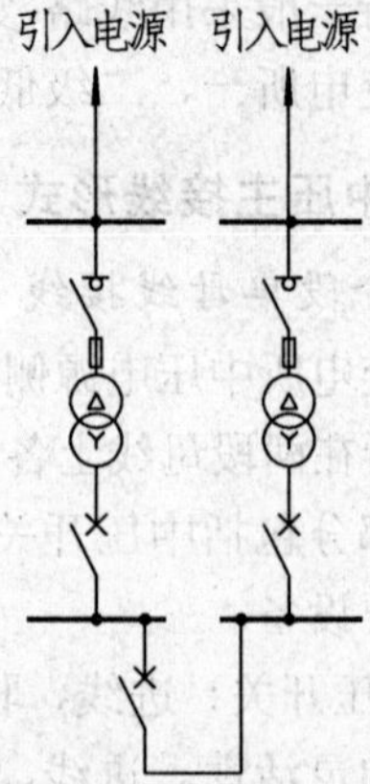

图 6.3　线路-变压器组接线示意图

中压部分包括中压负荷开关、熔断器等主要设备。

① 中压负荷开关：可以带负荷操作，但不能切除故障，应注意负荷开关的短时耐流能力不得小于开关下口的短路容量。

② 熔断器：与负荷开关配合，切除故障。

6.3.1.2　中压主接线运行方式

正常运行时，两个独立的进线电源同时供电，两台变压器分列运行，负载率应尽量接近。下面仅分析中压主接线在各种非正常情况下的运行方式。

（1）分段单母线接线（设母线分段开关）

分段单母线接线（设母线分段开关）如图 6.4 所示。

一个进线电源 QF1（QF2）失电退出后运行方式一：根据低压负荷情况，自动或手动切除三级负荷，另一台配电变压器 TM2（TM1）承担本降压变电所全部一、二级负荷的正常用电。

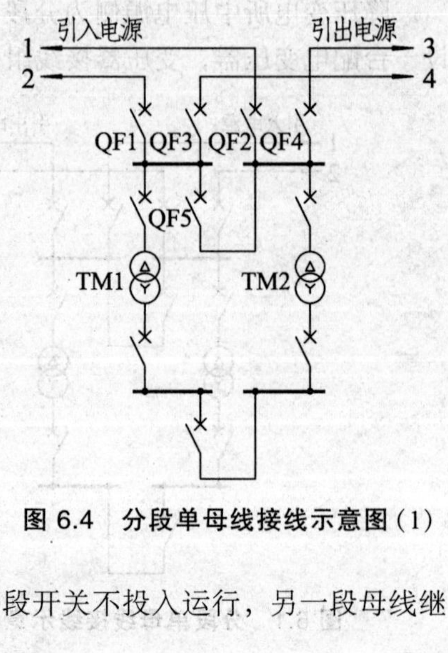

图 6.4　分段单母线接线示意图（1）

一个进线电源 QF1（QF2）失电退出后运行方式二：分段开关 QF5 投入运行，由另一个进线电源 QF2（QF1）向本降压变电所的两段母线供电。

当进线开关断电检修而不能影响两段母线运行时，可以采用短时间的合环运行方式。正常运行时，合环转换开关置于退出位。在合环工作状态时，合环转换开关置于合环选跳位，合环选跳任一进线开关或母线分段开关。

两个进线电源 QF1、QF2 失电退出后，通过调度令进行倒闸操作，由相邻变电所反向提供中压电源 QF3、QF4。采用这种方式时，倒闸操作需要一定的时间。在倒闸期间，本降压变电所暂时退出，对线路运营有短时间的影响。

当一段母线退出后，闭锁分段开关 QF5 投入功能，分段开关不投入运行，另一段母线继续运行。根据低压负荷的使用情况，自动或手动切除三级负荷，另一段母线上的配电变压器承担本降压变电所全部一、二级负荷的正常用电。

当一台配电变压器 TM1（TM2）退出后，根据低压负荷情况，自动或手动切除三级负荷，另一台配电变压器 TM2（TM1）承担本降压变电所全部一、二级负荷的正常用电。

当两段母线或两台配电变压器同时退出后，本降压变电所退出运行。

（2）分段单母线接线（不设母线分段开关）

分段单母线接线（不设母线分段开关）如图 6.5 所示。

一个进线电源 QF1（QF2）失电退出后运行方式一：根据低压负荷情况，自动或手动切除三级负荷，另一台配电变压器 TM2（TM1）承担本降压变电所全部一、二级负荷的正常用电。

一个进线电源 QF1（QF2）失电退出后运行方式二：通过调度令进行倒闸操作，由相邻变电所反向提供中压电源 QF3（QF4）。采用这种方式时，倒闸操作需要一定的时间。在倒闸期间，本降压变电所的全部一、二级负荷由另一段母线上的配电变压器承担。

当一段母线或配电变压器 TM1（TM2）退出后，运行方式和设置母线分段开关的分段单母线接线相同。

两个进线电源 QF1、QF2 失电退出后，通过调度令进行倒闸操作，由相邻变电所反向提供中压电源 QF3、QF4。采用这种方式时，倒闸操作需要一定的时间。在倒闸期间，本降压变电所暂时退出，对线路运营有短时间的影响。

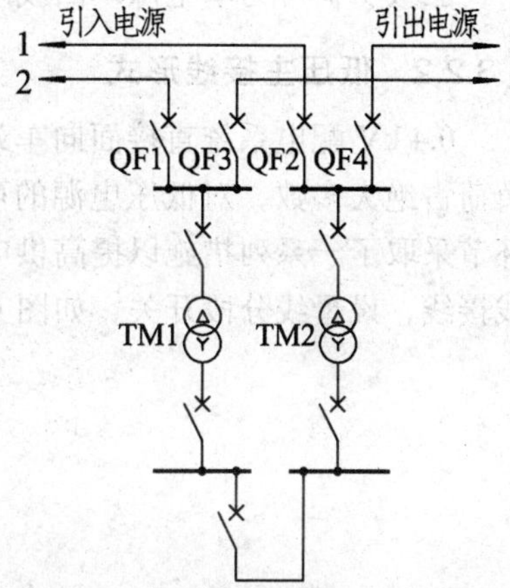

图 6.5 分段单母线接线示意图（2）

当两段母线或两台配电变压器同时退出后，本降压变电所退出运行。

（3）线路-变压器组接线

当一个进线电源失电或一台配电变压器退出后，根据低压负荷的使用情况，自动或手动切除三级负荷，本段的配电变压器容量满足本降压变电所全部一、二级负荷的正常用电需要。

当两进线电源或两台配电变压器同时退出后，本降压变电所退出运行。

6.3.2 低压主接线

6.3.2.1 负荷分类及配电原则

（1）一级负荷

变电所操作电源，通信系统设备，信号系统设备，自动售检票系统设备，屏蔽门/安全门设备，火灾自动报警系统设备，消防系统设备，设备监控系统设备，气体灭火系统设备，防护门，防淹门，区间射流风机及其他与防灾有关的风机、电动阀门，消防泵、车站废水泵及区间主排水泵、雨水泵，地下车站站厅、站台公共区的一般照明，应急照明，地下区间照明，兼做疏散用的自动扶梯，锅炉设备（东北地区）属一级负荷。

站厅及站台照明由降压变电所两段低压母线分别供电，各带约 50% 的照明负荷。其他一级负荷应由双电源双回线路供电，当一个电源发生故障时，另一个电源不应同时受到破坏。

一级负荷中的特别重要负荷如变电所操作电源、火灾自动报警系统、通信系统、信号系统及应急照明系统，还应设置不间断电源装置。

（2）二级负荷

与防灾无关的风机，污水泵，设备管理用房照明，不用于疏散的自动扶梯、电梯属二级负荷。

二级负荷宜由双回线路供电。对电梯及其他距变电所不超过半个站台有效长度的负荷，可采用双电源单回线路专线供电。

（3）三级负荷

空调制冷及水系统设备，广告照明，清扫电源，电热设备，锅炉设备（长江以南地区）属三级负荷。

三级负荷可为单电源单回线路供电，当系统中只有一个电源工作时允许切除该类负荷。

6.3.2.2　低压主接线形式

0.4 kV 配电系统直接面向车站、区间的低压用户，从用电设备负荷分类来讲，一、二级负荷占绝大多数，对低压电源的可靠性要求高。主变电所、电源开闭所、中压网络等输变电环节采取了一系列措施以提高供电系统的可靠性，在 0.4 kV 配电系统这一环节采用分段单母线接线，设母线分段开关，如图 6.6 所示。

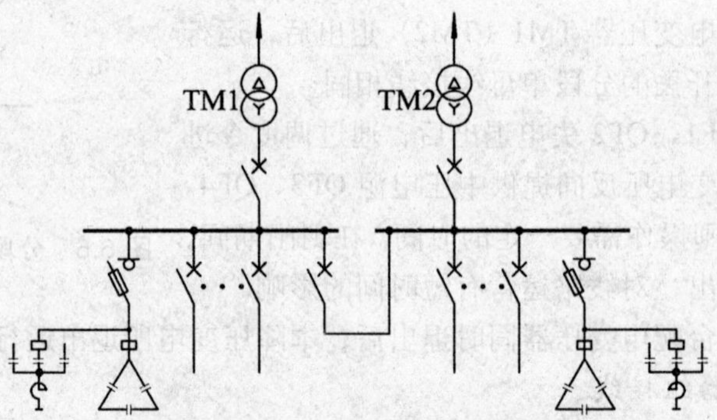

图 6.6　低压主接线示意图

两段低压母线上的负荷应尽量均衡分配，与配电变压器安装容量相匹配。

采用低压集中补偿，0.4 kV 低压母线设电力电容器组，电容器通过无功功率补偿控制器进行分组循环投切。

1）低压断路器类型

低压断路器一般分类方法是以结构形式分类，即开启式和装置式两种。开启式又称为框架式或万能式，装置式又称为塑壳式。

（1）框架式断路器

框架式断路器主要由触点系统、操作机构、过电流脱扣器、分励脱扣器及欠压脱扣器、附件及框架等部分组成。框架式断路器一般容量较大，具有较高的短路分断能力和较高的动稳定性。适用于交流 50 Hz，额定 380 V 的配电中作为配电干线的主保护。

（2）装置式断路器

装置式断路器有绝缘塑料外壳，内装触点系统、灭弧室及脱扣器等，可手动或电动（对大容量断路器而言）合闸。有较高的分断能力和动稳定性，有较完善的选择性保护功能，广泛用于配电线路。

（3）智能型断路器

智能型断路器的特征是采用了以微处理器或单片机为核心的智能控制器（智能脱扣器），它不仅具备普通断路器的各种保护功能，同时还具备实时显示电路中的各种电气参数（电流、电压、功率、功率因数等），对电路进行在线监视、自行调节、测量、试验、自诊断、可通信等功能。

2）低压断路器选用原则

选用低压断路器时，应首先考虑低压断路器的额定电压、额定电流与被保护线路相匹配，其次应满足线路保护的要求。具体选用原则如下：

① 断路器的额定电压应等于或大于被保护线路的额定电压。

② 断路器的额定电流及过流脱扣器的额定电流应大于或等于被保护线路的计算电流。

③ 断路器的长延时脱扣电流应小于导线允许的持续电流。

④ 断路器的极限分断能力应大于线路的最大短路电流的有效值。

⑤ 满足线路对保护的要求。

⑥ 断路器欠压脱扣器额定电压应等于被保护线路的额定电压。

3）设备配置一般方案

低压系统包括进线开关、分段开关、馈出开关、电容自动补偿装置、PLC 装置、电流互感器、仪表等主要设备。

① 进线开关：对于 500 kV · A 及以上容量的配电变压器，一般选用框架式断路器，分断能力高。对于低容量的配电变压器，为节省投资，可以选用塑壳断路器。大多数情况下进线开关采用框架断路器，切除故障电流后更换断路器要慎重，因为配电变压器停电对车站、区间或车辆段、控制中心大楼等用电有一定影响，要求进线开关能在切除故障后能完好地再合闸，因此，框架式断路器偏重于它的额定极限短路分断能力（I_{cu}）；而用于馈出回路的塑壳式断路器，经过极限短路电流的分断和再次的合、分后，已完成其使命，它不再承载额定电流，可以更换新的（停电的影响较小），因而一般只注重其额定运行短路分断能力（I_{cs}）。无论是框架式断路器或塑壳式断路器，都必须具备 I_{cu} 和 I_{cs} 这两个重要的技术指标。只有 I_{cs} 值在两类断路器上表现略有不同，塑壳式断路器的最小允许 I_{cs} 是 $25\%I_{cu}$，框架式断路器最小允许 I_{cs} 是 $50\%I_{cu}$。不论采用什么形式的断路器，都应具备保护、控制、自身故障报警功能。

② 分段开关：与进线开关相同。

③ 馈出开关：一般选用塑壳式断路器。当个别低压负荷较大时，可以选用框架式断路器。应具备保护、控制、本体故障报警功能。

④ 电容自动补偿装置：动态地自动投切电容器组，满足补偿后功率因数的同时，防止出现过补偿。

⑤ PLC 装置：PLC 装置具有强大的逻辑控制功能。进线与分段开关之间复杂的控制逻辑关系如由传统电磁继电器实现，继电器数量多，连线多，调试工作繁重，维修工作量大。通过 PLC 装置很容易实现各种控制与联锁功能，并容易和变电所综合自动化系统实现通信。

6.3.2.3 低压主接线运行方式

正常运行时，两个独立的低压进线电源同时供电，两段母线分列运行。

当一个低压进线电源失压时，进线开关与母线分段开关可以采用“自投自复、自投手复、手投手复”等投入方式。

（1）自投自复运行方式

当一个低压进线电源失压延时跳闸时，母线分段开关自动投入，另一个低压进线电源向两段母线供电。该低压进线电源来电时，母线分段开关自动分闸，该低压进线开关自动合闸，恢复正常运行方式。该方式属于常用的一种运行方式。

（2）自投手复运行方式

当一个低压进线电源失压延时跳闸时，母线分段开关自动投入，另一个低压进线电源向两段母线供电。该低压进线电源来电时，母线分段开关手动分闸，该低压进线开关手动合闸，恢复正常运行方式。

（3）手投手复运行方式

当一个低压进线电源失压延时跳闸时，母线分段开关手动投入，另一个低压进线电源向两段母线供电。该低压进线电源来电时，母线分段开关手动分闸，该低压进线开关手动合闸，恢复正常运行方式。

“自投自复、自投手复、手投手复”与之相对应的控制与联锁原理见第 7 章。

6.3.2.4 馈出回路与开关柜数量

（1）三级负荷

供电系统故障运行方式中，存在切除三级负荷的需要，应尽量将低压 0.4 kV 两段母线上的三级负荷馈出回路集中设置，缩短控制线长度，同时还应兼顾两台配电变压器的负载率。

确定配电变压器容量时，考虑到其运行的经济负载率，所以两段母线上的负荷应尽量均衡，以达到节能目的。

（2）计量与分支母线

当需要进行分项计量时，宜设置分支母线，将分项计量的馈出回路集中在分支母线上，减少计量表。如广告照明、公共照明等馈出回路。

（3）开关柜数量

为满足今后新增用电负荷的需要，尽量避免 0.4 kV 低压开关柜改造，因而变电所 0.4 kV 低压开关柜馈出回路的数量应有一定的预留，预留回路数量一般为使用数量的 20%～30%。

0.4 kV 低压开关柜馈出回路的数量与动力照明配电系统的形式有关。某一 20 000 m^2 建筑规模的车站，出现 50 面低压开关柜，设计方案明显不合理，其问题在于放射式配电系统使用过度。对此应通过优化动力照明配电系统，整合馈出回路，以减少 0.4 kV 低压开关柜的数量。

6.3.2.5 上下级开关保护的选择性

降压变电所 0.4 kV 低压开关柜的馈出开关和下一级开关是否考虑保护的选择性，取决于低压配电形式和低压负荷重要性。

1）低压配电形式

低压配电常用形式：树干式配电、放射式配电与链式配电[2]。

（1）树干式配电形式

在正常环境的场所内，当大部分用电设备为中小容量且无特殊要求时，可以采用树干式配电形式，如图 6.7 所示。

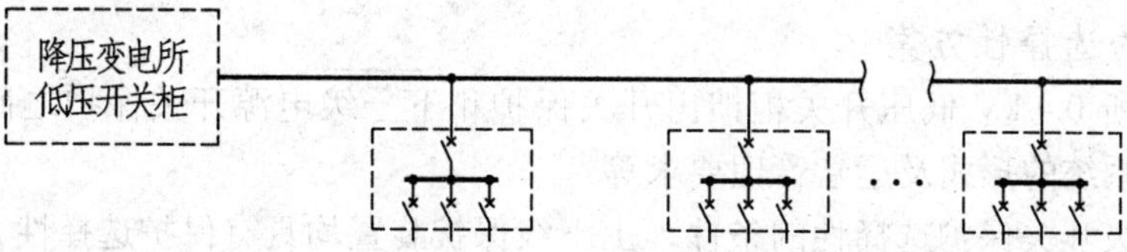

图 6.7 树干式配电示意图

树干式配电形式的配电级数较多，某级发生故障时，可能会引起降压变电所 0.4 kV 低压开关柜馈出开关越级跳闸，从而影响了其他设备的正常用电，降低了配电系统的可靠性和安全性。

降压变电所 0.4 kV 低压开关柜馈出开关故障退出、导致低压负荷断电时，如果对运行安全构成一定危害或严重影响服务水平，则降压变电所 0.4 kV 低压开关柜馈出开关与下一级电源开关之间应具有保护选择性，上下级开关应采用断路器或负荷开关加熔断器等具有保护选择性的电气元件。上下级开关保护具有选择性，同时满足了迅速查找故障点、及时维修和恢复送电的管理要求。

否则，基于经济上的考虑，可不考虑上下级开关保护的选择性，以减少配电干线的截面，节省铜材，降低开关与配电线路的整体造价。

（2）放射式配电形式

当用电设备为大容量，或负荷性质重要，或在有特殊要求的场所内，可采用放射式配电形式，如图 6.8 所示。

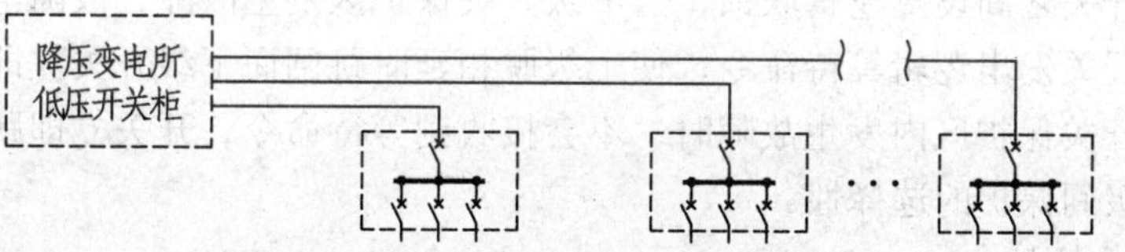

图 6.8 放射式配电示意图

放射式配电形式属于降压变电所 0.4 kV 低压开关柜馈出开关与下级电源开关之间一对一的电源关系，可以不考虑彼此之间的保护选择性。当发生越级跳闸时，发生的后果与避免越级跳闸是相同的，都面临用电设备退出、断电维修等问题。

当降压变电所 0.4 kV 低压开关柜馈出开关跳闸时，断开下一级电源开关后，合闸 0.4 kV 低压开关柜馈出开关，如果 0.4 kV 低压开关柜馈出开关再次出现跳闸，一般可以判断为故障点发生在 0.4 kV 低压开关柜馈出电缆上。如果 0.4 kV 低压开关柜馈出开关没有出现跳闸，故障点一定发生在下一级配电系统中。利用电力监控系统或低压电能管理系统，很容易实现远方判断故障功能。

（3）链式配电形式

对距降压变电所较远，而彼此相距很近、容量很小的次要用电设备，可采用链式配电形式，如图 6.9 所示。

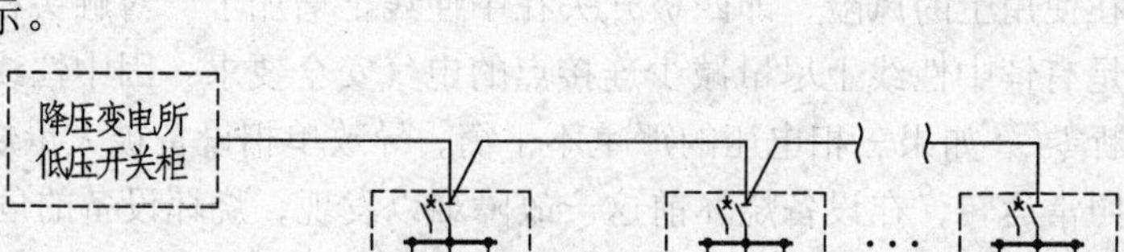

图 6.9 链式配电示意图

链式配电形式的配电级数较多，某级发生故障时（末级除外），将影响其后面链接设备的正常用电。基于链式配电形式的应用范围，可不考虑上下级开关保护的选择性。

2）传统的选择性方案

降压变电所 0.4 kV 低压开关柜馈出开关保护和下一级电源开关保护之间的选择性涉及动力照明配电系统的形式及运营管理要求等。

实现上下级开关保护选择性的条件：上下级保护装置均具有保护选择性，且保护曲线基本吻合。上级开关保护定值一般为下级开关保护定值的 1～3 倍，准确的保护定值应根据具体选用的产品而定。

降压变电所 0.4 kV 低压开关柜馈出开关长延时脱扣电流应小于馈出电缆允许的持续电流，避免馈出电缆过负荷运行。电缆长期过负荷运行容易导致电缆加速老化，缩短使用寿命，严重时会因电缆外皮过热而造成电气火灾。此时，降压变电所 0.4 kV 低压开关柜馈出开关的额定电流已经不受下级低压负荷电流大小的制约，因与下级电源开关的级联关系，其额定电流已经提高，相应地必须加大馈出电缆的截面。所以，由于保护选择性的设置，将出现小负荷、大容量开关、大截面电缆的现象，造成资金严重浪费。

3）新型的选择性方案

随着现代电器制造技术的发展，断路器的不断更新，保护选择性技术的不断改进，推出了各种保护选择性技术。

（1）逻辑选择性

上、下级开关之间设置逻辑联锁，当下级开关保护区发生故障，故障电流大于脱扣整定值时，给上级开关发出逻辑等待命令，使上级脱扣延时跳闸而下级开关立即脱扣跳闸，切除故障。当上级开关保护区内发生故障时，不会接收到等待命令，开关立即跳闸，迅速切除故障，保证了各级间保护的选择性。

（2）能量选择性

当故障电流均超过上、下级脱扣器的整定电流时，开关同时动作，但开关设了能反映短路电流能量的脱扣器，而且下级开关的额定电流小于上级断路器，启动下级开关脱扣器所需能量也小于上级开关。下级开关下口故障时，上、下级开关同时检测到故障电流，上级开关产生的能量使脱扣器动作所需时间大于下级开关，上级开关保持短时的闭合，下级开关先行跳闸，上、下级开关的保护选择性得到了配合。

6.3.2.6 进线开关的极数

（1）设置四极开关的潜在危害

0.4 kV 配电系统采用 TN 系统接地型式时，为某种目的，在断开所有相线时，还需断开中性线，即断开全部带电导体，被称为电器装置的隔离。

四极开关存在使用上的风险，即四极开关在中性线上增加了一对触头和两个接线端子共三个连接点，这是有悖中性线上尽量减少连接点的电气安全要求。因中性线上的连接点因故不导电将成为“断零”，如果三相电压的严重不平衡，导致单相设备被大量烧坏，而发生“断零”故障后设备照常运转，在设备烧坏前这一故障难以发现，烧坏设备的危险是很大的。

虽然产品在结构上采取了措施，即四极开关分闸时先断开相线，然后再断开中性线；合闸时，先接通中性线，再接通相线。但是，并没有杜绝“断零”现象。

触头表面的化学腐蚀物、氧化物以及尘埃脏物等构成的一层覆盖膜形成电阻，阻碍电流的导通。在实测中，中性线触头的接触电阻往往大于相线触头的接触电阻，容易因接触电阻过大而不“导电”或因发热烧毁触头，造成“断零”。

（2）中性线的保护问题

对于单电源单回线路，不论中性线粗细，只需断开有关相线，不必断开中性线，断开三相后中性线电流自然消失。

由于三相负荷会出现不对称运行，中性线上流过较高的电流，如考虑谐波的存在，其电流将更高。进线电缆中的中性线的截面可以选取相线的一半或等截面，结论取决于配电变压器所带低压负荷呈现不对称性的程度。当单相（220 V）负荷较多时，即使设计中考虑了三相平衡问题，但是设备使用的随机性仍可能导致三相负荷严重的不对称性，此时进线电缆中的中性线的截面应至少和相线等截面。

（3）进线开关接地故障保护问题

如图 6.10 所示。某段母线接地故障时，因 QF3 分段开关处于断开状态，相线故障电流将全部流过故障母线上的 QF1 进线开关，并经 QF1、QF2 进线开关的中性线流回接地母排，最终流回配电变压器低压侧。

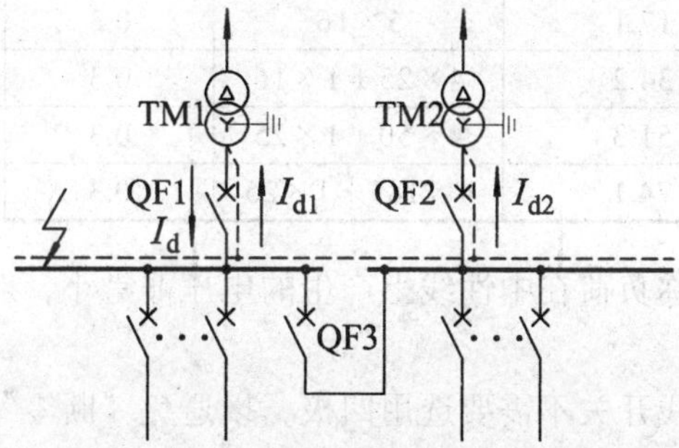

图 6.10 母线故障电流回流示意图

下面以 D, Yn11 组别的 SC9 配电变压器（10/0.4 kV）为例进行说明。其输出的接地故障电流与进线开关脱扣电流定值见表 6.1。配电变压器高压侧系统短路容量为 200 MV · A。

表 6.1 D, Yn11 配电变压器输出的接地故障电流

容量（kV · A）	200	315	630	800	1 250	1 600
配电变压器阻抗电压（%）	4	4	6	6	6	6
母线接地故障电流 I_d（A）	6 380	9 410	12 320	15 080	21 890	26 630
进线开关脱扣电流 I_1（A）	300	450	900	1 150	1 800	2 300
I_d/I_1 比值	21.2	20.9	13.6	13.1	12.1	11.5
$I_d/I_1/2$ 比值	10.6	10.4	6.8	6.5	6	5.7

QF1 进线开关相线设置了过流保护，从表 6.1 中看出，流经 QF1 进线开关相线的接地故障电流远大于过流保护整定值，过流保护可以迅速切除故障，QF2 中性线分流 QF1 开关母线故障电流对 QF1 开关相线过流保护没有影响。

所以，进线开关接地故障保护不会因接地故障电流分流而影响动作灵敏性，进线开关不需选用四极。在接地故障被切除前，为保障人员的安全，可采取等电位联结。

（4）安全检修问题

当变电所中压侧发生接地故障时，由于接地装置电位的升高以及低压设备 PE（PEN）线与接地装置连接，设备金属外壳和电源中性线带故障电压，将危及电气检修人员的安全。解决该问题，并不需要设置四极开关，具体技术措施见第 13 章“接地与过电压保护”章节。

低压配电线路上的电压降一般不大于回路标称电压的 5%，即相线、PE 保护线和 N 中性线（或 PEN 线）的电压降总共不超过 220 V×5%＝11 V，设备外壳上不可能出现大于 50 V 的对地电压。所以，为防人身电击而断开中性线也是不必要的。

配电变压器三相负荷经常处于不对称运行状态，此时中性线上将产生电压。下面以实例说明。

[例 6-3-1] 设备 A 用电负荷为 220/380 V，30 kW；设备 B 用电负荷为 220/380 V，60 kW；设备 C 用电负荷为 220/380 V，90 kW；设备 D 用电负荷为 220/380 V，130 kW。不对称负荷电流按相线电流的 30% 考虑，采用阻燃铜芯电缆，长度均为 300 m。

解 计算结果见表 6.2。

表 6.2 计 算 结 果

项目 设备	计算电流（A）	流过 PEN 线电流（A）	电缆规格	电缆长度（km）	电缆阻抗（Ω）	PEN 线产生的压降（V）
设备 A	57	17.1	5×16	0.3	0.137 1	6.9
设备 B	114	34.2	4×25＋1×16	0.3	0.089 5	9.3
设备 C	171	51.3	4×50＋1×25	0.3	0.044 7	6.9
设备 D	247	74.1	4×185＋1×25	0.3	0.012 3	2.7

计算表明，三相不对称负荷在中性线上产生的电压非常小，对电气检修人员不会产生安全问题。

从几个方面分析，进线开关不需要选用四极，以避免“断零”而带来单相设备烧毁的现象。值得注意的是，当某段母线发生接地故障时，因进线电源中性线分流作用而导致两个进线开关（若设置单独的接地故障保护时）同时跳闸，降低了低压配电系统的可靠性。

6.3.2.7 开关柜排列顺序

虽然变电所 0.4 kV 低压开关柜预留了一定数量的馈出回路，但因新用电负荷日后增加的需要，仍存在以后增加开关柜的可能。0.4 kV 开关柜涉及进线柜、母联柜、馈出柜和电容补偿柜，其排列顺序合理与否将直接影响到以后的使用效果和扩屏问题。合理的排列顺序如图 6.11 所示。

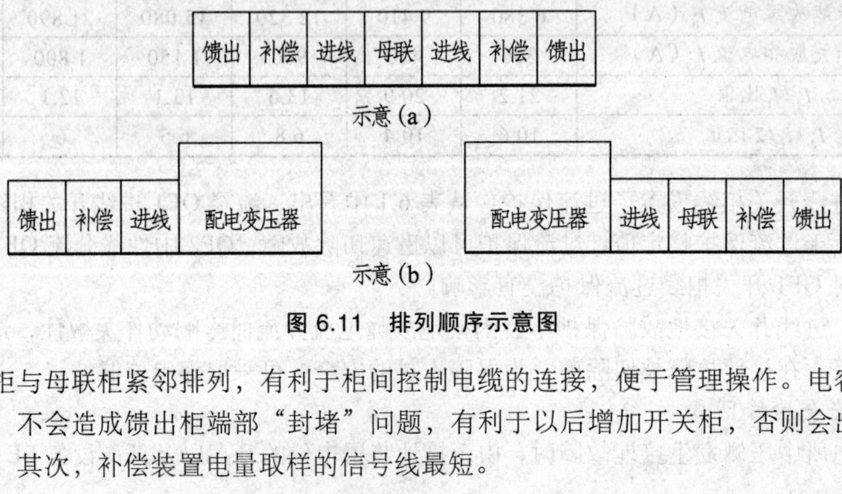

图 6.11 排列顺序示意图

进线柜与母联柜紧邻排列，有利于柜间控制电缆的连接，便于管理操作。电容补偿柜紧邻进线柜，不会造成馈出柜端部“封堵”问题，有利于以后增加开关柜，否则会出现拆装补偿柜现象；其次，补偿装置电量取样的信号线最短。

7 控制、保护、信号、测量

控制、保护、信号、测量是城轨供电系统二次接线中的重要组成内容。

本章结合城轨供电系统不同的外部电源方式、中压网络接线形式、变电所主接线形式等，对供电系统的控制、保护、信号、测量以及变电所综合自动化系统的设置进行介绍。

7.1 概 述

控制与联锁服务于供电系统的运行方式，利用机械、电气自动控制和远程控制的技术和设备，使供电系统电气设备相互具有制约关系，保障供电系统的可靠性，保护供电系统、电气设备及人员的安全。

保护设置的主要目的：当发生短路故障或设备运行异常时，保护装置能够可靠、快速启动，切除故障区段电源或异常设备的电源。

信号设置的主要目的：用来反映设备正常运行状况、故障状况和设备异常状况。

为了保障变电所运行的可靠性和经济性，准确、有效地监视各种电气设备的运行状况，在变电所二次设备回路中，设有各种测量性表计和计量性表计。

测量设置的主要目的：用于反映电气设备的运行情况，监视设备的绝缘状况，以及在发生事故时，应能使运行人员迅速对事故作出判断，并及时处理。

计量设置的主要目的：用来电度计量和内部技术经济考核。

变电所综合自动化系统设置的主要目的：用来采集变电所的三遥信息，实现对全线供电系统的远程监控功能。

对于供电系统的控制与联锁，从供电系统的控制方式、电气设备控制联锁、电气设备之间的控制联锁和系统运行控制联锁四个方面展开分析介绍。

对于保护设置，它与供电系统的设置方案、运行方式有关。当保护方案不能满足全选择性要求时，可以通过电力调度方式实现系统快速恢复供电，此时电力调度操作与控制及联锁设置方案紧密相关。对此从高压系统、中压系统、低压系统和直流系统四个方面展开分析介绍。

对于信号设置，从电气设备上的信号设置、变电所控制室综控屏上的信号设置以及控制中心信号设置等三个方面进行介绍。

对于测量与计量，分成测量与计量两部分分别进行介绍。

对于变电所综合自动化系统。从系统功能、系统方案、系统硬件、系统电源与接地、系统接口等五个方面进行介绍。

供电系统的控制、保护、信号与测量的设置，既和供电系统方案有着紧密的联系，同时，又体现了用户运营管理的需求。

7.2 控制与联锁

在介绍、分析一般性电气控制与联锁的同时，下面着重介绍城市轨道交通关于控制与联锁的特殊性要求，比如牵引整流机组中压侧馈线开关与直流进线开关之间的联锁、直流牵引供电系统的双边联跳功能等。

7.2.1 控制方式

变电所内电气设备的控制方式，按执行地点的不同，一般可分为就地控制与远方控制。远方控制又分为变电所自动化级遥控和控制中心级遥控。除了就地控制、变电所自动化级遥控和控制中心级遥控外，从城市轨道交通的特殊性以及运营管理的需求，提出另外两种特殊的控制方式：火灾报警系统切除低压非消防负荷回路控制方式和车站综合后备盘（IBP 盘）紧急分闸控制方式。

7.2.1.1 就地控制

就地控制是指在变电所内电气设备安装地点进行直接控制。

对于高压、中压、低压、直流开关设备，一般在开关设备上设控制操作开关或合闸、分闸按钮，实现开关的合、分闸就地操作。

针对多种控制方式的要求，一般在开关设备上设就地/远方转换开关，电气工作人员可以通过操作就地/远方转换开关，实现不同控制方式之间的转换。对于无人值守运营管理方式，将就地/远方转换开关拨到远方位，控制中心电力调度人员可以进行远方操作。电气工作人员进行现场巡视或对设备进行检修时，则根据调度令，将就地/远方转换开关打到就地位，电气工作人员进行就地操作。

对于一些自动装置，如备用电源自动切换装置和双路电源自动切换装置，根据系统运行要求和用户运营管理要求，可以设自动/手动转换开关，一般情况下，将自动/手动转换开关打到自动位，备用电源自动切换装置和双路电源自动切换装置根据逻辑判断，自动实现备用电源切换和双路电源切换，无需人为干预。当需要手动操作时，电气工作人员可以根据调度令，将自动/手动转换开关打到手动位，然后可以进行相应的手动操作。

另外，根据城轨供电系统运行方式，以及运营管理的需要，可以在低压母线分段开关柜上设自动/手动转换开关，实现自动/手动切除三级负荷的功能。一般情况下，将自动/手动转换开关打到自动位，当低压一路进线电源失电时，备用电源自动切换装置启动，作用本路进线开关失压跳闸，作用所有三级负荷回路开关跳闸，并作用母线分段开关合闸，由另一路进线电源给所有一级、二级负荷供电。若将自动/手动转换开关打到手动位时，当低压一路进线电源失电时，备用电源自动切换装置不发出指令切除三级负荷指令，直接作用母线分段开关合闸，此时，电力调度人员可以遥控切除三级负荷（若配电变压器的负载率没有突破限值，也可不切除三级负荷）。

7.2.1.2 变电所自动化级遥控

变电所自动化级遥控是指通过变电所内综控屏对电气设备进行集中控制。

在设置变电所综合自动化系统后，一般在变电所控制室内设置综合控制屏（综控屏），在综控屏内设有主机和显示屏，集中显示各类电量参数和设备运行状态，并对开关设备实现遥控功能。

利用供电系统各开关设备上的微机综合测控保护装置或 PLC 模块，通过通信数据线传送，由电气工作人员通过综控屏下发指令，实现开关的分、合闸操作。

当通过综控屏实现遥控时，各开关设备上的就地/远方转换开关应打到远方位。

当各开关设备上的就地/远方转换开关打到就地位时，应闭锁综控屏的遥控操作。

中压系统断路器和隔离开关、直流系统断路器和电动隔离开关、低压系统进线和母线分段断路器，均可以通过变电所控制室内的综控屏实现遥控分、合闸。

直流系统隔离开关是否可以实现遥控分、合闸操作，应视是否设有电动操作功能而定，负极隔离开关、上网隔离开关和纵向隔离开关可以设电动功能，也可不设。目前，供电系统变电所大都按远期无人值守方式考虑，因此，为了方便今后的运营调度，一般直流系统隔离开关均设电动操作功能，但是具体工程应用时，需根据系统运行要求和用户运营要求而定。

低压系统馈线断路器可以设电动操作功能，也可不设，主要取决于控制方式上的需要，如三级负荷馈线断路器设电动操作功能等。若全部馈线断路器均设电动操作功能，可以方便运营管理，也和远期无人值守方式相对应，当然投资相对较高些。对于只有三级负荷馈线断路器设电动操作功能的方式，主要考虑到当Ⅰ（Ⅱ）低压进线电源失电时，一般先要切除三级负荷，然后合母线分段开关，由Ⅱ（Ⅰ）进线电源给一级、二级负荷供电，当Ⅰ（Ⅱ）低压进线恢复供电时，此时，可以通过变电所自动化级遥控方式或控制中心级遥控方式，将三级负荷馈线断路器遥控合闸，恢复三级负荷的供电，这种方式能够使三级负荷快速恢复供电。

供电系统的主要开关设备一般均上传事故跳闸信号，对于开关设备事故跳闸信号的复归方式有两种：就地复归和远方复归。具体哪些开关设备设就地复归或远方复归，需根据系统运行要求和用户运营要求确定。至于远方复归，既可以通过变电所自动化级遥控方式实现，也可以通过控制中心级遥控方式实现。

7.2.1.3 控制中心级遥控

控制中心级遥控是指在远离变电所的控制中心（调度端），对变电所内的电气设备进行控制。

一般在控制中心，设电力监控系统电力调度操作员工作站，集中显示各类电量参数和设备运行状态，并对开关设备实现遥控功能。

利用供电系统各开关设备上的微机综合测控保护装置或 PLC 模块，通过通信数据线接收由电力调度人员通过操作员工作站下发的指令，实现开关的分、合闸操作。

当采用控制中心级遥控方式时，各开关设备上的就地/远方转换开关应打到远方位。

对于就地控制、变电所自动化级遥控和控制中心级遥控，没有操作优先级之分，采用互斥原理，保证安全。

当采用控制中心级遥控方式时，其控制对象和内容与变电所自动化级遥控方式相同。

7.2.1.4 火灾报警系统切除低压非消防负荷

火灾报警系统切除低压非消防负荷控制方式，是指当车站发生火灾情况下，火灾报警系统下发指令，分断低压非消防负荷馈线断路器。

当车站发生火灾时，为了车站内旅客和工作人员能够安全疏散，应保证消防负荷回路的正常可靠供电，如应急照明回路、事故风机回路、车站控制室电源回路等。同时，为了防止火灾的蔓延、事故的扩大以及消防人员的安全，应将非消防负荷回路的电源切除。

低压系统馈线回路分为消防负荷回路和非消防负荷回路，对于非消防负荷回路，在车站发生火灾情况下，应能够接受火灾报警系统指令，切除全部非消防负荷回路的电源，并保证消防负荷回路的正常可靠供电。

火灾报警系统切除非消防负荷的实现方式，主要有以下两种：

（1）在非消防负荷回路设接触器来实现

在低压非消防负荷回路中设接触器，当车站发生火灾时，火灾报警系统发出切除非消防负荷电源的指令，低压系统控制回路接收到指令后，作用于所有非消防负荷回路的接触器分闸，完成非消防负荷的切除。

（2）在非消防负荷回路设分励脱扣器来实现

在低压非消防负荷回路中设分励脱扣器，当车站发生火灾时，火灾报警系统发出切除非消防负荷电源的指令，低压系统控制回路接收到指令后，启动所有非消防负荷回路的分励线圈回路，通过分励脱扣器作用馈线断路器分闸，完成非消防负荷的切除。

7.2.1.5 车站综合后备盘（IBP 盘）紧急分闸

对于城市轨道交通线路，若发生有人跌落站台、接触轨系统人员安全疏散、接触线掉线、区间线路或列车发生火灾需要消防疏散等紧急状况时，需要首先将紧急状况发生的供电分区断电，然后进行紧急救援或人员疏导。为此，城市轨道交通线路一般在设有牵引变电所的车站，设综合后备盘（以下简称 IBP 盘），实现供电分区紧急分闸断电。

1）IBP 盘设置方式

车站 IBP 盘的设置，一般有以下两种方式：

（1）在车站综控室设 IBP 盘

在车站综控室内设 IBP 盘，当车站发生紧急情况时，值班人员可以通过综控室内 IBP 盘上的紧急分闸按钮，将紧急状况发生供电分区对应的所有直流馈线开关紧急分闸，确保完全切除紧急状况区域对应供电分区的电源。

在车站综控室内设 IBP 盘的主要考虑：一方面车站综控室内都有运营工作人员值班，方便快速将紧急状态区域对应的供电分区直流馈线开关分闸；另一方面车站综控室内设有视频监视系统、通信对话系统，因此，值班人员可以通过多种途径快速发现紧急状态，从而可以快速反应实现紧急分闸操作。

目前，国内各城市轨道交通线路，均采用在车站综控室内设 IBP 盘的方式，实现紧急分闸功能。

（2）在站台墙柱上设 IBP 按钮盒

在车站站台层的墙柱上设 IBP 按钮盒，当站台层发生紧急情况时，站台上的值班人员或巡视人员或乘客皆可以快速打开 IBP 按钮盒，按下紧急分闸按钮，将紧急状况发生供电分区对应的所有直流馈线开关紧急分闸，实现切除对应供电分区的电源。

据了解，我国香港及新加坡、泰国、欧洲一些国家的城市轨道交通线路，大都采用在站台层墙柱上设 IBP 按钮盒的方式，实现直流馈线开关紧急分闸功能。

2）IBP 盘上紧急分闸按钮设置

车站 IBP 盘上紧急停电按钮的设置数量，有以下三种情况：

（1）设置 4 个紧急分闸按钮

对于一个标准的正线牵引变电所所在的车站，供电分区按上行、下行分别设置，上行和下行分别设两个供电分区，每个供电分区对应设一个直流馈线开关。

当发生紧急情况时，紧急分闸的主要目的就是为了将对应供电分区的电源切断。因此，一个标准的正线牵引变电所所在的车站一般有 4 个供电分区，所以，IBP 盘上一般设 4 个紧急停电按钮，分别对应上行的 2 个供电分区和下行的 2 个供电分区。

在 IBP 盘上设有指示灯，用来显示各供电分区是否带电。当设置 4 个紧急分闸按钮时，对应上下行的 4 个供电分区，设 4 个带电指示灯。

（2）设置 2 个紧急分闸按钮

线路端头牵引变电所所在的车站，既有设 4 个供电分区的情形，又有设 2 个供电分区的情形。当设 2 个供电分区时，上行线路共设 1 个供电分区，下行线路共设 1 个供电分区。

对于线路端头牵引变电所所在车站设 2 个供电分区的情况，紧急分闸按钮只能设 2 个，分别对应上行线路供电分区和下行线路供电分区。当紧急分闸停电时，将整个上行或下行线路供电分区断电。

对于设 4 个供电分区的牵引变电所所在车站，也可以设 2 个紧急分闸按钮，1 个紧急分闸按钮对应上行或下行的 2 个供电分区，当紧急分闸停电时，将整个上行或下行线路的 2 个供电分区同时断电。

当设置 2 个紧急分闸按钮时，对应上行的 2 个供电分区，设 1 个带电指示灯，当上行 2 个供电分区中有一个有压时，该指示灯亮（或不亮，具体视设置情况而定）。同样，对应下行的 2 个供电分区，设 1 个带电指示灯，当下行 2 个供电分区中有一个有压时，该指示灯亮（或不亮，具体视设置情况而定）。

（3）设置多个紧急分闸按钮

当某车站有联络线时，联络线既可以单独设供电分区，也可以和正线形成一个供电分区。

当联络线单独设供电分区时，若有 1 条联络线，则设 1 个联络线供电分区；若有 2 条联络线，则设 2 个联络线供电分区。

一座牵引变电所紧急分闸按钮的设置数量，一般和供电分区设置的数量对应一致。当紧急分闸停电时，将对应的供电分区断电。

IBP 盘上带电指示灯设置方式同上。

7.2.2 电气设备的控制与联锁

电气设备的控制与联锁是为了保证电气设备的安全操作、安全自动投切所设的机械联锁和电气联锁。

城轨供电系统中，电气设备的控制与联锁主要是指成套开关设备“五防”要求、断路器防跳功能、双路电源自动切换功能等几个方面。

7.2.2.1 成套开关设备“五防”要求

成套开关设备的“联锁”是保证供电系统安全运行、确保设备和人身安全、防止误操作的重要措施。

《3.6 kV～40.5 kV 交流金属封闭开关设备和控制设备》(GB3906—2006) 对此作了明确规定，一般把“联锁”描述为：

① 防止带负荷分、合隔离开关或抽插隔离插头。

② 防止接地开关处于闭合位置时关合断路器、负荷开关。

③ 防止带电误合接地开关。

④ 防止误入带电隔室。

⑤ 防止误分、误合断路器、负荷开关。

上述五项防止电气误操作的内容，简称“五防”。

在固定开关柜中，断路器与隔离开关的联锁关系明确，即只有在断路器分断的情况下才能操作隔离开关。

在手车式开关柜中，手车进出实际上相当于固定柜中隔离开关的合分操作，因而对隔离开关的联锁要求同样适用于手车的进出要求。当手车在试验位置与工作位置之间移动时，必须保证断路器处于分闸状态，不得合闸，即应具有所谓的“合闸闭锁”。在投运的各型手车柜中，“合闸闭锁”一般通过将反映手车位置的行程开关接点串入断路器的合闸回路中来实现。通过闭锁回路确保只有当手车处于工作位置时，才允许对断路器进行合闸操作。

对环网开关及母线分段开关来说，本身较难区分母线及线路侧。对手车柜而言，断路器两侧的触头是同时进出的。所以只有确实保证断路器与隔离开关之间的联锁可靠性，才能从根本上解决上述误操作隔离开关的问题。

历年来，大量电气事故的统计表明，人身触电伤亡和电气设备事故，往往与电气工作人员的技术操作水平有着直接关系。严格按电气安全工作规程操作，并借助必要的“五防”功能，能有效减少并避免误操作事故的发生。

国家标准中对于“五防”的要求，除了防止误分、误合断路器这一条允许提示性的方法外，其余联锁关系必须在开关柜结构中完备实现。从开关柜的操作来看，每一项联锁要求，都在一定的操作程序中体现出来，因此不管是合闸程序还是分闸程序都要达到联锁要求。防止带负荷分、合隔离开关；防止带电挂（合）接地线（开关）和带接地线（开关）合闸。但是，上述二项要求有时并非要在同一柜中，而是要求在柜间实现，这时机械联锁往往不能满足要求。

成套开关设备的机械联锁装置不管平常使用频率如何，都应做到在使用寿命期内灵活可靠，并能有效防潮、防霉、防锈、不卡涩，其结构应简单明了，操作维护方便。成套开关设备在使用过程中，还会遇到由于操作者的疏忽或非正常操作力而造成“非正规操作”的情况。在这种情况下，高可靠的联锁应做到对操作者可能出现的“非正规操作”有充分的预防或阻止能力。即使在某些情况下进行了错误操作，也应该做到错误操作可纠正并且可方便地恢复正常操作，不至于引起重大的设备或人身事故。

7.2.2.2 断路器防跳功能

断路器防跳功能，即防止断路器多次合、分闸。断路器手动控制或自动合闸时，如遇到永久性故障，保护装置立即使其跳闸，此时，若断路器的合闸回路一直通电，将引起断路器再次合闸继而又跳闸，如此反复即出现“跳跃”现象，导致断路器损坏。

为防止此种情况，在控制回路设电气防跳措施。

（1）断路器操作机构内部防跳回路

有些断路器的操作机构内部本身自带防跳功能，因此，在开关柜控制回路设计时，只需将操作机构内的防跳回路接通，即可实现电气防跳功能。

（2）单独设置防跳控制回路（选用带防跳功能的微机保护装置）

防跳控制回路一般采用电流启动防跳继电器，利用防跳继电器的常开接点，对跳闸脉冲予以保持，并切断合闸回路。当保护跳闸回路串有继电器时，该防跳继电器接点应串接其电流自保持线圈。当选用的防跳继电器无电流自保持线圈时，也可接适当的电阻代替，电阻值应保证信号继电器能够可靠动作。

电流启动防跳继电器的动作时间，不应大于跳闸脉冲发出至断路器辅助接点切断断路器跳闸回路的时间。

7.2.2.3 双路电源自动切换功能

这里所述双路电源自动切换功能，主要是指变电所自用电源屏进线端的双路电源自动切换装置。

变电所自用电源屏一般从低压系统的两段母线分别引入一路电源，在进线端设双路电源自动切换装置。

双电源自动投切装置有两种控制方式：自动或手动，一般通过一个转换开关来实现。

正常情况下，转换开关置于自动位，由一路进线电源供电，另一路进线电源处于后备状态。当一路进线电源失电时，双路电源自动切换装置启动，实现电源切换，由另一路进线电源继续供电。

双路电源自动切换装置具有“来电自复”功能，当一路进线电源恢复后，双路电源自动切换装置启动，将供电电源切换到本进线电源，此时，另一路进线电源恢复到后备状态。

只有在进行传动调试时，才将自动/手动转换开关置于手动位，进行相关的功能调试作业。正常运营期间，转换开关均应置于自动位。

7.2.3 电气设备间的控制与联锁

城轨供电系统中电气设备之间的控制与联锁，主要包括直流断路器与隔离开关、变压器/整流器与中压侧馈线开关之间、电源开闭所的进线开关柜与进线隔离柜/进线提升柜之间、母线分段开关柜与母线分段隔离柜之间、牵引整流机组中压侧馈线开关与直流进线开关、纵向隔离开关和上网隔离开关的控制与联锁设置。

隔离开关联锁设置的基本原则，就是不允许隔离开关带电操作，包括合闸和分闸。

7.2.3.1 直流断路器与隔离开关

直流断路器与隔离开关之间的联锁，主要是指顺序操作与闭锁。

同一回路中的断路器与隔离开关存在状态闭锁，即断路器处于分闸状态时，才允许隔离开关进行合、分闸操作，若断路器处于合闸状态时，闭锁隔离开关合、分闸操作。

同一回路中的断路器与隔离开关的操作程序：合闸操作时，应先操作隔离开关合闸，然后再操作断路器合闸；而分闸操作时，应先操作断路器分闸，然后再操作隔离开关分闸。

1）直流进线断路器与负极隔离开关

直流进线开关接整流器直流正极，负极隔离开关接整流器直流负极。结合直流进线开关的三种配置方案，分别对直流进线开关与负极隔离开关之间的联锁进行分析。

（1）直流进线采用断路器方案

如图 7.1 所示。当直流进线断路器在合闸位置时，负极隔离开关不允许进行分、合闸操作；当直流进线断路器在分闸位置时，负极隔离开关才允许进行分、合闸操作；当负极隔离开关在分闸位置时，直流进线断路器不允许进行合闸操作。

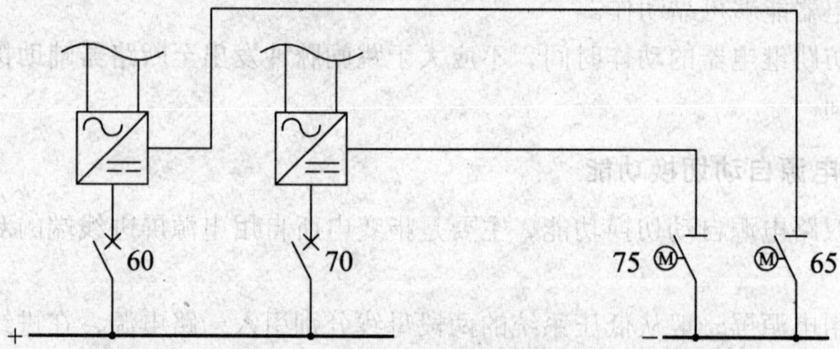

图 7.1　直流进线断路器与负极隔离开关接线示意图

直流进线开关与负极隔离开关之间的操作顺序：

① 合闸操作顺序：65→60；75→70。

② 分闸操作顺序：60→65；70→75。

操作顺序通过操作回路实现闭锁。

（2）直流进线采用断路器加隔离开关方案

如图 7.2 所示，当直流进线断路器在合闸位置时，直流进线隔离开关不允许进行分、合闸操作，负极隔离开关不允许进行分、合闸操作；当直流进线断路器在分闸位置时，直流进线隔离开关才允许进行分、合闸操作，负极隔离开关才允许进行分、合闸操作；当负极隔离开关在分闸位置时，直流进线断路器不允许进行合闸操作；当直流进线隔离开关在分闸位置时，直流进线断路器不允许进行合闸操作。

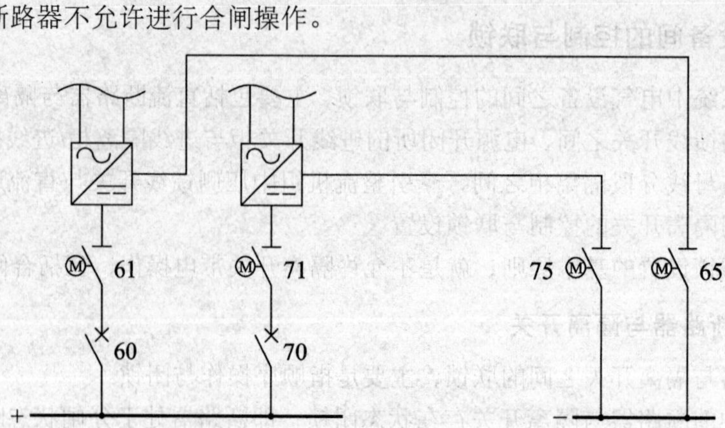

图 7.2　直流进线断路器加隔离开关与负极隔离开关接线示意图

直流进线开关与负极隔离开关之间的操作顺序：

① 合闸操作顺序：65→61→60；75→71→70。

② 分闸操作顺序：60→61→65；70→71→75。

操作顺序通过操作回路实现闭锁。

（3）直流进线采用隔离开关方案

如图 7.3 所示，直流进线隔离开关、负极隔离开关和牵引整流机组中压侧馈线开关之间设联锁。

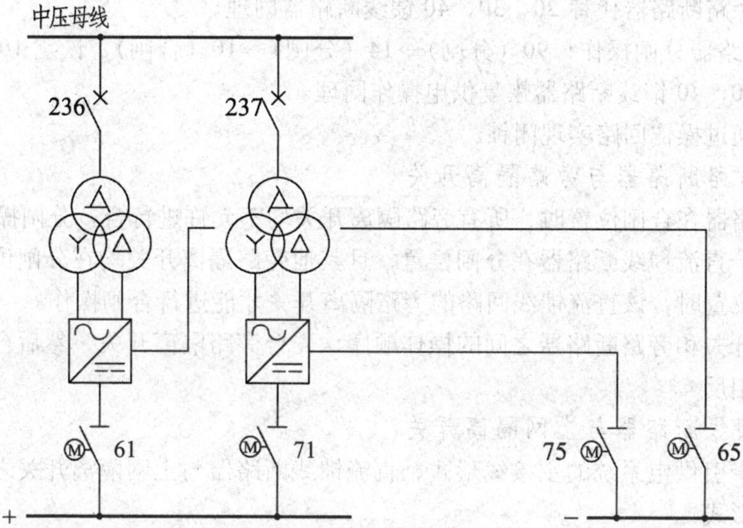

图 7.3 直流进线隔离开关与负极隔离开关接线示意图

当牵引整流机组中压侧馈线开关在合闸位置时，直流进线隔离开关、负极隔离开关均不允许进行分、合闸操作；当牵引整流机组中压侧馈线开关在分闸位置时，直流进线隔离开关、负极隔离开关才允许进行分、合闸操作。

直流进线隔离开关与负极隔离开关之间没有操作联锁。直流进线隔离开关、负极隔离开关和牵引整流机组中压侧馈线开关之间设操作顺序：

① 合闸操作顺序：65→61→236；75→71→237。

② 分闸操作顺序：236→61→65；237→71→75。

操作顺序通过操作回路实现闭锁。

2）直流馈线断路器与旁路隔离开关

直流牵引供电系统主接线有多种形式，当采用双母线接线形式时，设直流工作母线和旁路母线，在每个馈线回路设旁路隔离开关，在直流工作母线和旁路母线之间设旁路断路器。旁路断路器的功能是可以代替任意一路馈线断路器。

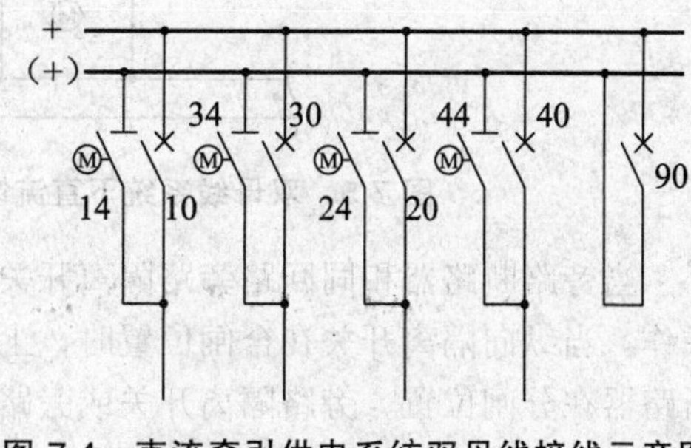

图 7.4 直流牵引供电系统双母线接线示意图

如图 7.4 所示，当直流馈线断路器在合闸位置时，旁路隔离开关不允许进行合闸操作。当旁路隔离开关在合闸位置时，其直流馈线断路器不允许进行合闸操作。

所有旁路隔离开关当中，只允许一个在合闸

位置，其他均应在分闸位置且不允许合闸操作。

当某一直流馈线断路器在分闸位置，且其他旁路隔离开关均在分闸位置，以及旁路断路器在分闸位置时，该直流馈线回路的旁路隔离开关才能进行合闸操作。

直流馈线断路器、旁路隔离开关和旁路断路器之间的顺序操作流程：

① 旁路断路器合闸操作：10（分闸）→14（合闸）→90（合闸），由旁路断路器 90 代替 10 馈线断路器。旁路断路器代替 20、30、40 馈线断路器同理。

② 旁路断路器分闸操作：90（分闸）→14（分闸）→10（合闸），恢复 10 馈线断路器继续供电。20、30、40 馈线断路器恢复供电操作同理。

操作顺序通过操作回路实现闭锁。

3）直流旁路断路器与旁路隔离开关

当旁路断路器在合闸位置时，所有旁路隔离开关均不允许进行合、分闸操作。

只有当某一直流馈线断路器在分闸位置，且其他旁路隔离开关均在分闸位置，以及旁路断路器在分闸位置时，该直流馈线回路的旁路隔离开关才能进行合闸操作。

旁路隔离开关和旁路断路器之间的操作顺序：先合旁路隔离开关，然后合旁路断路器；分闸顺序正好相反。

4）直流馈线断路器与上网隔离开关

结合直流牵引供电系统的主接线形式，直流馈线断路器与上网隔离开关之间的联锁关系设置，有两种形式。

（1）双母线系统下的直流馈线断路器与上网隔离开关之间的联锁

如图 7.5 所示，当直流馈线断路器在合闸位置时，上网隔离开关不允许进行分、合闸操作。

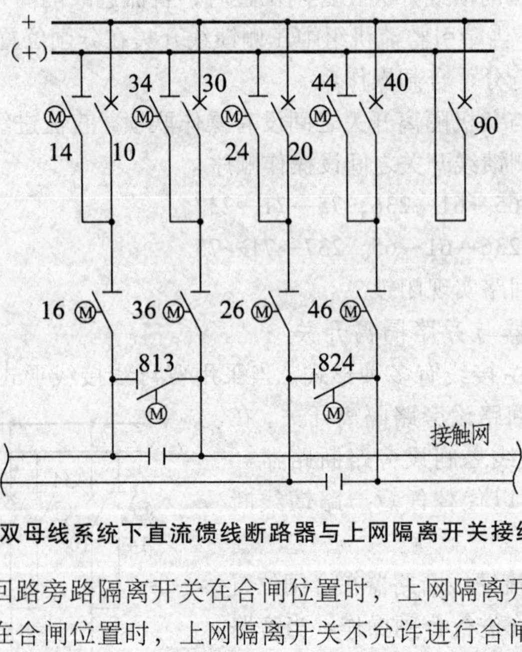

图 7.5　双母线系统下直流馈线断路器与上网隔离开关接线示意图

当旁路断路器和同回路旁路隔离开关在合闸位置时，上网隔离开关不允许进行分、合闸操作。当纵向隔离开关在合闸位置时，上网隔离开关不允许进行合闸操作。只有当直流馈线断路器在分闸位置，旁路隔离开关或旁路断路器在分闸位置、纵向隔离开关在分闸位置时，上网隔离开关才允许进行分、合闸操作。

上网隔离开关、旁路隔离开关及直流馈线断路器之间的操作顺序是：先合上网隔离开关，再合直流馈线断路器或旁路隔离开关，分闸顺序正好相反。

（2）单母线系统下的直流馈线断路器与上网隔离开关之间的联锁

如图 7.6 所示，当直流馈线断路器在合闸位置时，上网隔离开关不允许进行分、合闸操作。

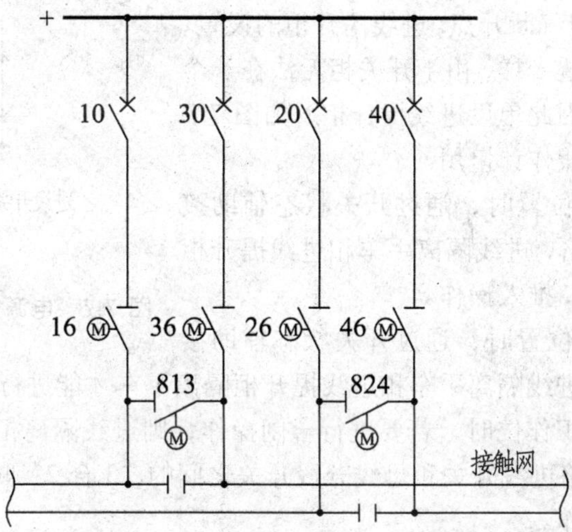

图 7.6 单母线系统下直流馈线断路器与上网隔离开关接线示意图

当纵向隔离开关在合闸位置时，上网隔离开关不允许进行合闸操作。只有当直流馈线断路器在分闸位置，纵向隔离开关在分闸位置时，上网隔离开关才允许进行分、合闸操作。

上网隔离开关、直流馈线断路器之间的操作顺序：先合上网隔离开关，再合直流馈线断路器；分闸顺序正好相反。

5）上网隔离开关与纵向隔离开关

当与纵向隔离开关所对应的两个上网隔离开关均在分闸位置，且两侧牵引网供电分区无压时，纵向隔离开关才允许合闸。

7.2.3.2 变压器、整流器与中压侧馈线开关

变压器、整流器与中压侧馈线开关之间联锁设置的主要目的是：若误操作或强行开门操作时，中压侧馈线开关跳闸，防止人员触及带电体，保证人身安全。

变压器根据电压等级、容量大小的不同，一般选用带外壳或不带外壳两种形式，若采用不带外壳形式的变压器时，一般在变压器外围应设防护网或防护栏。当采用带外壳的变压器时，外壳开门处一般设有电磁锁，在变压器带电运行情况下，不允许开门操作，只有当变压器中压侧馈线开关在分闸位置时，才允许进行变压器开门操作。若变压器在带电运行时强行开门，则联跳变压器中压侧馈线开关分闸，并报警，以确保人员安全。

城市轨道交通选用的整流器，一般采用柜式设备。整流器的柜门和中压侧馈线断路器之间设联锁：当对应的中压馈线断路器在分闸状态时，才允许进行整流器开门操作；当对应的中压馈线断路器在合闸状态时，不允许进行整流器开门操作，若整流器在带电运行时强行开门，则联跳对应的中压馈线断路器，并报警，以确保人员安全。

当变压器和整流柜柜门都关好时，中压侧馈线断路器才可合闸操作。

7.2.3.3 电源开闭所的进线开关柜与进线隔离柜、进线提升柜

当采用分散式供电方案设电源开闭所时，电源开闭所电源进线端的接线形式有特殊要求，应符合当地电力部门的要求。在进线端设隔离柜，作为电源开闭所与城市电网之间的一个明显断开点，当电源开闭所进线电源退出时，城市电力部门要求将电源开闭所进线隔离柜手车拉到退出位，形成一个电气断开点。进线提升柜的设置，和母线分段隔离柜的设置一样，由于开关柜无法在一个柜体内做到母线提升，因此单设进线提升柜，如图 7.7 所示。进线提升柜也可兼作计量用。

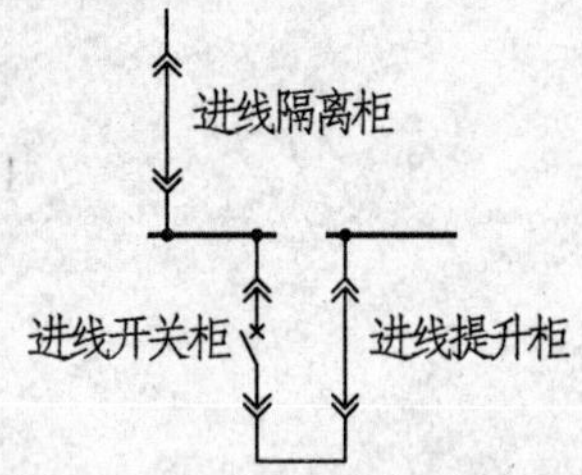

图 7.7 电源开闭所进线端接线示意图

当进线开关在合闸位置时，通过开关状态辅助接点，启动闭锁电磁铁回路，进线隔离手车和进线提升柜隔离手车不能进行拉出、推入操作。

当进线开关在分闸位置时，通过开关状态辅助接点，解除闭锁电磁铁，进线隔离手车和进线提升柜隔离手车才能进行拉出、推入操作。

当进线开关手车在工作位时，若要进行合闸操作，则进线隔离柜手车、进线提升柜手车必须在工作位置，且两路进线开关和母线分段开关之间的“3 合 2”联锁满足要求时，才能对该进线开关进行合闸操作。

7.2.3.4 母线分段开关柜与母线分段隔离柜

隔离手车的操作和隔离开关的操作一样，不能带负荷操作，需要在母线分段开关和母线分段隔离柜的隔离手车之间设联锁。

当母线分段开关在合闸位置时，通过开关状态辅助接点，启动闭锁电磁铁回路，母线分段隔离柜的隔离手车不能进行拉出、推入操作。

当母线分段开关在分闸位置时，通过开关状态辅助接点，解除闭锁电磁铁，母线分段隔离柜内的隔离手车才能进行拉出、推入操作。

7.2.3.5 牵引整流机组中压侧馈线开关与直流进线开关

结合直流牵引供电系统的主接线形式，直流进线开关有两种配置方式：一种是进线配置直流隔离开关，另一种是配置直流断路器。进线开关采用隔离开关时，牵引整流机组中压侧与直流进线隔离开关之间设置联锁关系。直流进线采用直流断路器时，牵引整流机组中压侧与直流进线断路器之间设置联跳关系。

牵引整流机组中压侧与直流进线断路器之间联跳关系：牵引整流机组中压侧馈线开关跳闸后，联跳直流进线断路器。另外，根据调度令，将负极隔离开关手动分闸，实现整个牵引整流机组完全断电，退出运行。

直流进线采用隔离开关时，若牵引整流机组中压侧馈线开关跳闸，不联跳直流进线隔离开关，此时，需根据调度令，手动将直流进线隔离开关分闸，手动将负极隔离开关分闸，实现整个牵引整流机组完全断电，退出运行。

7.2.3.6 纵向隔离开关和上网隔离开关

直流牵引供电系统正常情况下，由相邻两座牵引变电所的直流馈线构成双边供电方式，给列车提供直流牵引电源。当一座牵引变电所退出运行时，由两侧相邻牵引变电所的直流馈

线构成大双边供电方式，继续给列车提供直流牵引电源。

关于大双边供电方式的实现方式有两种：一种是通过退出运行牵引变电所的直流母线，将两侧相邻牵引变电所的直流馈线构成大双边供电，这种方式的前提条件是退出运行牵引变电所的直流母线保持良好；另一种是通过将退出运行牵引变电所的纵向隔离开关合闸，直接将牵引网系统转换成大双边供电方式。

纵向隔离开关由于不能带负荷操作，其合、分闸操作设有一定的限制条件，也就是设有控制联锁。纵向隔离开关的联锁设置，有两种实现方式。

（1）本站内联锁

纵向隔离开关的联锁设置，只从本站范围内采集信号。如图 7.8 所示，B 站纵向隔离开关 813 要合闸操作时，B 站的上网隔离开关 16、上网隔离开关 36 应在分闸位置，同时，纵向隔离开关 813 两侧连接的牵引网的两个供电分区均无压，以上 3 个条件均满足时，才能进行纵向隔离开关 813 的合闸操作。B 站纵向隔离开关 824 与 813 同理。

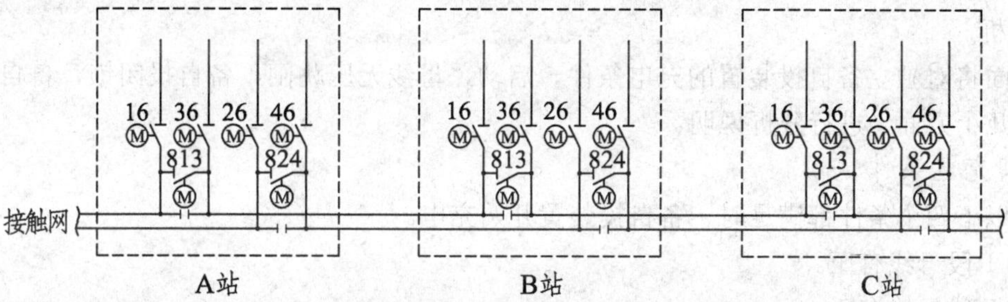

图 7.8　上网开关及纵向隔离开关接线示意图

B 站纵向隔离开关 813 合闸后，将相邻 A 站的上网隔离开关 36、相邻 C 站的上网隔离开关 16 合闸，由两侧相邻的 A 站上网隔离开关 36 馈线回路和 C 站上网隔离开关 16 馈线回路构成大双边供电回路。B 站纵向隔离开关 824 合闸后的情况同 813。

（2）站间联锁

纵向隔离开关的联锁设置，从本站与相邻牵引变电所同时采集信号。如图 7.8 所示，B 站纵向隔离开关 813 要合闸操作时，B 站的上网隔离开关 16、上网隔离开关 36 必须在分闸位置，同时，同一供电分区上的 A 站上网隔离开关 36 必须在分闸位置、C 站上网隔离开关 16 必须在分闸位置，以上 4 个条件均满足时，才能进行纵向隔离开关 813 的合闸操作。B 站纵向隔离开关 824 与 813 同理。

当 B 站纵向隔离开关 813 合闸后，再将相邻 A 站的上网隔离开关 36 合闸，以及将相邻 C 站的上网隔离开关 16 合闸，由两侧相邻的 A 站上网隔离开关 36 馈线回路和 C 站上网隔离开关 16 馈线回路构成大双边供电回路。B 站纵向隔离开关 824 合闸后的情况同 813。

7.2.4　系统运行控制与联锁

系统运行控制与联锁是指两个电源之间，以及两座变电所之间用于故障转换负荷所设的控制与联锁，包括备用电源自投功能、主变电所中压应急联络开关的联锁、中压网络应急联络开关的联锁、直流双边联跳功能、低压进线与母线分段开关控制方式等五个方面。

7.2.4.1 备用电源自投功能

备用电源自投装置工作原理：正常情况下，两路进线电源分列单独给两段母线提供电源，母线分段开关在分闸状态。当一路进线电源失电时，备用电源自投装置启动，经一段时间延时后，作用该进线开关失压跳闸，作用母线分段开关合闸，此时，由另一路进线电源继续供电。

备用电源自投以下简称“备自投”。

备自投功能的实现方式，概括起来主要有两种：单独设置备自投装置和通过开关柜的微机综合保护装置来实现。目前，单独设置备自投装置为普遍采用的实施方式。

关于通过开关柜的微机综合保护装置来实现备自投功能的方式，目前，个别城市轨道交通线路已经有实例，但通过微机综合保护装置来实现备自投功能，主要还是要依赖微机综合保护装置强大的逻辑编程和扩展功能，不同的产品，微机综合保护装置的性能也不尽相同，因此，这里对通过微机综合保护装置来实现备自投功能的方式，不再进行详细分析。

下面将对独立备自投装置的充电条件、启动、母线无压跳闸、备自投闭锁、备自投投退方式等几个方面，进行分析说明。

1）充电条件

当以下四个条件都满足时，备自投装置开始充电。

① Ⅰ段母线有压。

② Ⅱ段母线有压。

③ 母线分段开关在分闸位置。

④ 备自投装置在投入状态。

2）启动原理

当以下两个方面的信息同时满足时，备自投装置经确认后开始启动，跳开失电母线的进线开关，并启动母线分段开关合闸，恢复对失电母线的供电。

（1）采集电压信号，一路进线无压，另一路进线有压

当电源进线的线路侧和母线侧均设有 PT 时，同时采集线路侧和母线侧不同相电压信号。当采集到一路进线线路侧 PT 和母线侧 PT 均无压时，才认为该段电源进线失压。对于进线的有压判断，当线路 PT 或母线 PT 中任意一个采集到有压时，则认为该段母线有压。

当电源进线的线路侧没有设 PT，只在母线上设 PT 时，同时采集母线 PT 和同段母线变压器低压侧不同线电压信号。

（2）采集两路进线开关在合闸位置信号和母线分段开关在分闸位置信号

当两路进线开关在合闸位置，母线分段开关在分闸位置时，备自投装置才具备启动的条件之一，若 3 个开关的位置状态有一个与上述情况不符，则备自投装置无法启动。

3）母线无压跳闸原理

当变电所的一路电源进线失压，备自投自投成功后，若另一路进线电源再失压，可跳开母线分段断路器，其他断路器维持原状态。

变电所母线无压跳闸逻辑需以下三个条件同时满足：

① Ⅰ段母线无压。

② Ⅱ段母线无压。

③ 母线分段开关在合闸位置。

关于母线无压跳闸原理的具体设置，需结合具体工程的系统运行要求以及用户运营要求，统筹考虑。

4）备自投闭锁原理

闭锁备自投功能，主要为了防止母线分段开关误合：即防止误合在故障点上、防止不该合闸的情况下产生错误合闸。

当以下闭锁备自投判据任意一个出现或发生时，应闭锁备自投功能：

① 当两路进线开关中，有任意一个保护动作跳闸。

② 当两路进线开关中，有任意一个为就地或远方手动操作分闸时。

③ 当两路进线开关均在分闸位置时。

④ 当两段母线均无压时。

对于上述情形①，闭锁备自投功能的目的是防止母线分段开关误合在故障点上；对于上述情形②、③、④，在备自投功能闭锁后，母线分段开关不应自动合闸，而应由电力调度通过判断进行相应的控制操作。

5）备自投投退方式

为了方便远方控制中心对备自投的投入/退出进行控制，在设置备自投装置时，考虑增加权限操作，即增加上位机自投准许信号，该信号由电力调度控制。

正常情况下，备自投装置投入运行。在以下两种情况下，备自投装置退出运行：

① 当变电所的两路进线电源均失压时，应调整中压网络的运行方式，重新划分供电分区，该变电所由相邻供电分区提供电源。城市轨道交通中压网络的可靠性一般都比较高，在考虑故障发生的概率时，一般只考虑两重故障发生的情况，发生三重故障的情况就不再作为中压网络设计条件了。当变电所的两路进线电源均失压，由相邻供电分区提供应急电源时，不应再考虑应急电源失电的情况，因此，为了防止母线分段开关的误合，应将所有备自投装置退出运行。

② 当变电所进行断电检修时，应将本站和相邻站的备自投功能解除，防止本站母线分段开关误合，或相邻站母线分段开关误合形成反送电。

备自投装置的投入/退出控制，有以下两种实施方案：

① 通过操作母线分段开关柜上的硬压板投退备自投功能。

② 在控制中心设权限操作，在上位机上设置备自投准许信号，由电力调度发出信号，远方投入/退出备自投功能。

6）备自投使用场合

结合城市轨道交通外部电源供电方式、中压网络接线形式、变电所中压母线接线形式、变电所低压母线接线形式等来设置备自投装置。这里给出城市轨道交通线路供电系统中需设置备自投装置的几个场合。

（1）主变电所高压进线与桥开关

对于采用内桥接线形式的主变电所，在桥开关处应设置备自投装置。

（2）主变压器中压侧开关与中压母线分段开关

主变电所的两套主变压器的中压侧，一般采用单母线分段，设母线分段开关的接线形式，此处应设置备自投装置。

（3）电源开闭所中压进线与母线分段开关

为了提高供电可靠性，电源开闭所一般采用单母线分段，设母线分段开关的接线形式，此处应设置备自投装置。

（4）变电所中压进线与母线分段开关

变电所若采用单母线分段，设母线分段开关的接线形式，则可以设置备自投装置。此处备自投装置的设置情况，还需结合中压网络接线方式，以及中压网络运行方式，统筹考虑。

（5）变电所低压进线与母线分段开关

变电所低压系统一般采用单母线分段，设母线分段开关的接线形式。母线分段开关处应设置备自投装置。

在设置变电所低压系统备自投装置时，应先校核所带负荷情况。当一路进线失压跳闸后，应先校核另一路低压进线电源是否能担负全部负荷，若无过负荷情况，则可以启动备自投装置合母线分段开关，由另一路低压进线电源继续供电。否则，首先应减负荷，然后启动备自投装置合母线分段开关。

目前，城轨供电系统的简单做法是：一路进线失压，备自投启动延时跳开该进线开关，将全部三级负荷切除，之后再合母线分段开关，由另一路低压进线电源给全部一级、二级负荷供电。

7.2.4.2 中压网络应急联络开关的联锁

中压网络的接线形式有多种，即放射式中压网络接线、单环网中压网络接线、双环网中压网络接线等。不管采用哪种中压网络接线形式，其联锁安全设置主要体现在各供电分区分界点处，即两相邻供电分区分界处的应急联络开关需设联锁。解锁过程要求调度人员介入，根据中压网络运行方式，决定是否需要解除联锁。

以下将以双环中压网络应急联络开关设置为例，对应急联络开关的联锁设置进行分析说明。

如图 7.9 所示，A 变电所为单母线分段接线形式，设母线分段开关。QF1、QF2 为应急联络开关，A 变电所和 B 变电所分别由 1# 供电分区和 2# 供电分区供电。

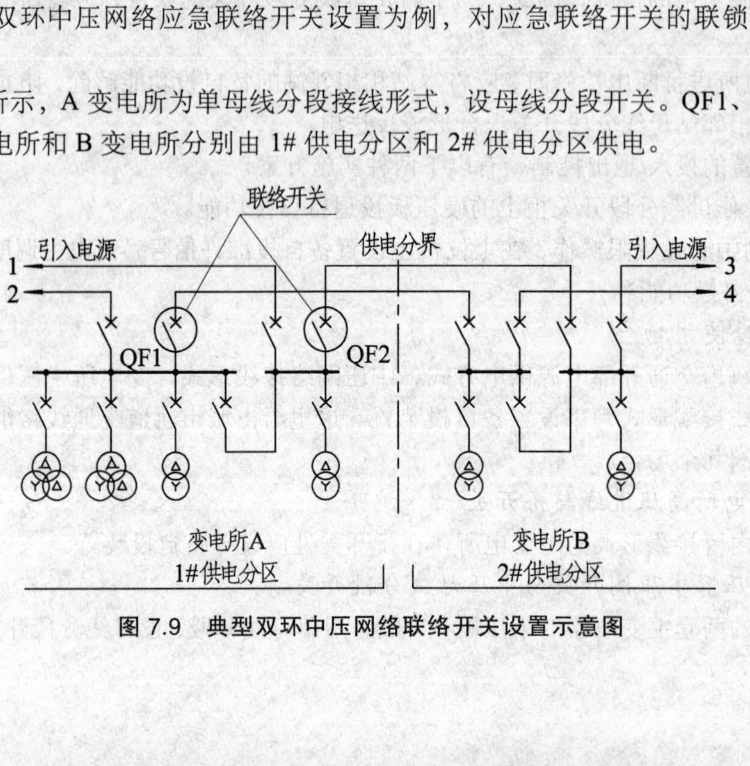

图 7.9 典型双环中压网络联络开关设置示意图

正常情况下，应急联络开关 QF1、QF2 为常开状态，且不允许合闸操作。该闭锁设置主要的判据就是 QF1/QF2 应急联络开关母线侧和线路侧是否有压，当母线侧和线路侧两个均有压或两个均无压时，闭锁 QF1/QF2 的合闸操作；当母线侧和线路侧一个有压，另一个无压时，QF1/QF2 的闭锁关系自动解除。

对于两段母线只有一段母线有压的情况，若设有备用电源自动切换装置，当具备备用电源自动切换装置启动条件时，母线分段开关自动合闸，由另一路进线电源继续供电。

当 A 变电所的 I 段母线和 II 段母线均无压时，此时 B 变电所正常运行，则应急联络开关 QF1、QF2 的闭锁关系自动解除，根据调度令，可以对应急联络开关 QF1、QF2 进行合闸操作，此时，A 变电所由 2# 供电分区的 B 变电所提供电源。

7.2.4.3　直流双边联跳功能

直流双边联跳功能能够实现迅速切除牵引网故障、切除牵引变电所内部直流故障和区间牵引网紧急断电。构成直流双边供电的两个直流馈线开关之间，设有直流双边联跳功能。

通常在以下三种情况下将启动直流双边联跳：

1）直流馈线开关保护动作启动直流双边联跳

当直流馈线开关以下线路或牵引网发生故障时，靠近故障点侧的直流馈线开关保护启动而快速跳闸后，随即发出联跳信号，通过联跳控制电缆送至相邻牵引变电所，使相邻牵引变电所直流馈线开关立即跳闸。

直流馈线开关保护动作启动双边联跳有两种实现方式：

① 相邻两牵引变电所对应直流馈线开关的双边联跳功能，设主从关系，当直流馈线开关以下线路或牵引网发生故障时，保护先动作的一方为主跳方，保护后动作的一方为被跳方。当主跳方保护动作后，发出联跳信号至被跳方，被跳方馈线开关被联跳分闸，并闭锁被跳方馈线开关的线路测试及自动重合闸。此时，主跳方进行线路测试及自动重合闸控制流程，若重合闸成功，则解除联跳信号，被跳方应直接合闸；若主跳方重合闸不成功，则闭锁被跳方馈线开关合闸。

② 相邻两牵引变电所对应直流馈线开关的双边联跳功能，不设主从关系，各自保护动作后，分别发出联跳信号，并各自开始线路测试及自动重合闸，若重合闸成功，则自动恢复供电；若重合闸不成功，则闭锁馈线开关的合闸操作。

2）车站 IBP 盘紧急分直流馈线开关启动直流双边联跳

在紧急情况下，可以通过 IBP 盘上的紧急分闸按钮，将本站各直流馈线开关紧急分闸，但是，为了完全切除紧急状况区域对应牵引网供电区段的电源，还应将对侧牵引变电所的对应直流馈线开关也联跳分闸。

紧急停电按钮跳本站馈线开关并联跳相邻牵引变电所馈线开关时，应闭锁本站馈线开关和相邻牵引变电所馈线开关合闸，防止误合给故障区段供电。

3）框架泄漏电流保护动作启动双边联跳

先联跳本站所有直流馈线开关，并联跳相邻牵引变电所的对应直流馈线开关。

在牵引变电所内，各牵引直流设备共同设一套直流设备框架泄漏保护装置，该装置一般设在负极柜内。

框架泄漏保护一般分以下两种保护：

（1）框架泄漏电流元件保护

若框架泄漏电流元件动作，则联跳本站所有的直流进线断路器（若直流进线为隔离开关，则不联跳）、直流馈线断路器和牵引整流机组中压侧馈线开关，并闭锁本所直流馈线开关的线路测试及自动重合闸，同时发出联跳信号，联跳相邻牵引变电所对应馈线开关。框架泄漏保护联跳相邻牵引变电所对应馈线开关时，既可以闭锁相邻牵引变电所对应馈线开关的线路测试及自动重合闸功能，也可以不闭锁该功能。一般情况下，考虑到能够快速恢复供电，一般不闭锁相邻牵引变电所对应馈线开关的线路测试及自动重合闸功能，当相邻牵引变电所对应馈线开关被联跳后，可以进行线路测试及自动重合闸。若重合闸成功，则自动恢复供电；若重合闸不成功，则闭锁相邻牵引变电所对应馈线开关进线合闸操作。

（2）框架泄漏电压元件保护

框架电压元件设两级电压定值，当框架泄漏电压达到第一级电压定值时，框架泄漏电压报警功能启动，发出报警信号，但不跳闸。当框架泄漏电压达到第二级电压定值时，框架泄漏电压动作功能启动，发出联跳信号，联跳本站所有的直流进线断路器（若进线为隔离开关，则不联跳）、直流馈线断路器和牵引整流机组中压侧馈线开关，但不联跳相邻牵引变电所对应馈线开关。

由于列车在启动、惰行、制动区段运行时，牵引网电压在不断发生变化，在某一瞬间，某段牵引网电压有可能偏高，即在正常运行情况下，由于列车取流和运行的特殊性，回流轨可能存在瞬时较高电位。为了防止列车正常运行时，可能造成框架泄漏电压元件误动作，造成整个牵引变电所停电。因此，一般情况下，框架泄漏电压元件只报警不跳闸。

7.2.4.4 低压进线与母线分段开关控制方式

城市轨道交通低压系统的两路进线开关和母线分段开关，有多种控制方式。设计规范要求为三种基本控制方式：自投自复、自投手复和手投手复。三种控制方式可通过一个三位置转换开关实现控制方式的转换。

所谓“手投”是指通过手动按钮操作母线分段断路器合闸；所谓“自投”是指由 PLC 程序自动操作母线分段断路器合闸；所谓“手复”是指通过手动按钮操作母线分段断路器分闸和 1# 进线断路器或 2# 进线断路器合闸；所谓“自复”是指由 PLC 程序自动操作母线分段断路器分闸和进线断路器合闸。

（1）自投自复操作模式

控制方式转换开关在“自投自复”位，自动操作分进线开关、合母线分段开关；自动操作分母线分段开关、合进线开关。

正常情况下，两进线开关在合闸位置，母线分段开关在分闸位置，由两路进线电源分别供电。

当Ⅰ（Ⅱ）进线电源失电时，该进线开关失压延时分闸，母线分段开关自动合闸，此时由Ⅱ（Ⅰ）进线电源继续供电。

当Ⅰ（Ⅱ）进线电源恢复后，母线分段开关自动分闸，Ⅰ（Ⅱ）进线开关自动合闸。

（2）自投手复操作模式

控制方式转换开关在“自投手复”位，自动操作分进线开关、合母线分段开关；手动操作分母线分段开关、合进线开关。

正常情况下，两进线开关在合闸位置，母线分段开关在分闸位置，由两路进线电源分别供电。

当Ⅰ（Ⅱ）进线电源失电时，该进线开关失压延时分闸，母线分段开关自动合闸，此时由Ⅱ（Ⅰ）进线电源继续供电。

当Ⅰ（Ⅱ）进线电源恢复后，手动操作母线分段开关分闸，手动操作Ⅰ（Ⅱ）进线开关合闸。

（3）手投手复操作模式

控制方式转换开关在“手投手复”位，可以就地手动操作分、合母线分段开关，就地手动操作分、合进线开关。

正常情况下，两进线开关在合闸位置，母线分段开关在分闸位置，由两路进线电源分别供电。

当Ⅰ（Ⅱ）进线电源失电时，该进线开关失压延时分闸，手动操作母线分段开关合闸，此时由Ⅱ（Ⅰ）进线电源继续供电。

当Ⅰ（Ⅱ）进线电源恢复后，手动操作分母线分段开关，手动操作合Ⅰ（Ⅱ）进线开关。

以上三种控制方式，均满足两个进线开关与母线分段开关之间的“3合2”联锁，即在任何情况下，两个进线开关和母线分段开关中，只允许有两个开关在合闸状态，另一个开关在分闸状态。

当Ⅰ（Ⅱ）段进线开关在分闸位，Ⅱ（Ⅰ）进线开关和母线分段开关在合闸位时；或是Ⅰ（Ⅱ）段进线开关在分闸位，Ⅱ（Ⅰ）进线开关在合闸位，母线分段开关在分闸位时，这时，若Ⅱ（Ⅰ）进线电源失压，则Ⅱ（Ⅰ）进线开关和母线分段开关不动（维持原状态）。

若Ⅰ（Ⅱ）段进线开关保护跳闸，则闭锁母线分段开关合闸。

在实际工程设计中，可根据低压配电系统运行方式及用户实际需求，低压进线与母线分段开关控制方式可作适当调整。

7.3 保护设置

继电保护和自动装置的设计，应以合理的运行方式和可能的故障类型为依据，满足可靠性、选择性、灵敏性和速动性的要求。

可靠性：指保护应该动作的时候动作，不应该动作的时候不动作。

选择性：首先应由故障设备或线路本身的保护切除故障，当故障设备或线路本身的保护或断路器拒动时，才允许由相邻设备、线路的保护或断路器失灵保护切除故障。

灵敏性：在设备或线路的被保护范围内发生金属性短路时，保护装置应具有必要的灵敏系数。

速动性：保护装置应能尽快地切除短路故障，主要目的是为了提高系统稳定性，减轻故障设备和线路的损坏程度，缩小故障波及范围，提高自动重合闸和备用电源或备用设备自动投入的效果。

电气设备和线路的短路故障保护，应设有主保护、后备保护和设备异常运行保护。后备保护又分为近后备保护和远后备保护。主保护是指满足系统稳定和设备安全要求、能以最快速度有选择地切除被保护设备和线路故障的保护。近后备保护是指当主保护拒动时，由本电气设备或线路的另一套保护发挥作用，实现后备保护。远后备保护是指当主保护或断路器拒动时，由相邻电气设备或线路的保护来实现的后备保护。

电气设备和线路应装设短路故障、设备运行异常的继电保护和自动装置。

保护装置应避免因短路电流衰减、系统振荡等引起的拒动和误动现象。

当电源开闭所进线处或主变电所进线处设速断保护、过电流保护和零序电流保护时，由于电源开闭所进线处和主变电所进线处为城轨供电系统与城市电网的分界点，进线处的保护设置、保护定值以及保护用的电流互感器的型号规格等，均需要和城市电力部门协商确定。

7.3.1 主要保护形式介绍

保护功能的实现方式有两种：一种是通过继电器二次回路构成保护，另一种是采用微机综合保护装置。目前，城市轨道交通线路均采用微机综合保护装置。

微机综合保护装置通过软件来实现保护功能，其软件可以考虑到供电系统中的各种复杂故障，具有很强的综合分析能力和判断能力。

微机综合保护装置能在任何时刻，不间断地、迅速地采样计算，反复准确地校核。在供电系统发生故障的暂态时期内，能正确判断故障，当故障发生变化时，也能及时做出判断和自纠。因此微机综合保护装置动作的正确率高。

微机综合保护装置的软件可以很方便地改写，因此，保护的性能可以通过研究新的保护方式来得到改善，而用硬件难于实现。

微机综合保护装置可以做到硬件和软件资源的共享，在不增加任何硬件的情况下，通过软件完善、升级，即可获得各种附加功能。

微机综合保护装置的人机界面使用灵活、方便，可以通过人机界面查询一些系统运行参数、保护配置参数，还可以对保护定值进行修改等。

微机综合保护装置除了输入量的采集外，所有计算、逻辑判断都是由软件来完成。

微机综合保护装置对硬件和软件都有自检功能，硬件、软件发生故障时立即报警。

微机综合保护装置具有通信功能，通过通信口与变电所自动化系统进行连接，可以实现遥信、遥测、遥控和遥调功能。

7.3.1.1 线路纵联差动保护

线路纵联差动保护是利用辅助导线传送信息，比较线路两侧流过电流的幅值和相位的保护。

线路纵联差动保护的原理是环流法，即在线路两侧装有相同变比的电流互感器，两侧电流互感器的同极性端子相连接，保护装置接在差流回路内。它的保护范围，就是两侧电流互感器所包围的范围，在保护范围以外短路时，差动保护不会动作。因此不需要与相邻开关的保护在整定值和动作时间上配合，构成无延时的速动保护。

线路纵联差动保护有以下几个特点：

① 能快速保护线路全长。

② 不受单侧电源运行方式的限制和影响。

③ 不受电力系统振荡的影响。

④ 能正确反映被保护线路上发生的任何类型短路故障。

⑤ 装置构成简单，运行可靠，维护工作量小。

在线路由短路容量相同的双侧电源供电时，不同短路故障情况下线路纵联差动保护装置的动作电流及保护整定值见表 7.1[2]。

表 7.1 线路纵联差动保护装置的动作电流及保护整定值

电流整定值（%）	故障形式的动作电流（为额定电流的百分比，%）		
	UVW 三相短路	UV VW 两相短路	WU 两相短路
0.4	40	69	34.5
0.8	80	138	69
1.3	130	225	112.5

线路纵联差动保护装置具有抵抗不平衡电流的性能，因此当不考虑辅助导线断线的情况时，可以采用 $0.4I_r$ 的整定值；当考虑辅助导线断线的情况时，采用 $0.8I_r$ 和 $1.3I_r$ 的整定值；如果 $0.8I_r$ 和 $1.3I_r$ 的整定值不能满足灵敏性要求时，可以采用电压闭锁装置，采用较小的整定值 $0.4I_r$，使动作电流值降低。

线路由单侧电源供电时，保护装置的动作电流为线路由双侧电源供电时保护装置的动作电流的 3 倍。

在不同电源情况下，线路纵联差动保护装置的相对灵敏系数见表 7.2[2]。

表 7.2 线路纵联差动保护装置的相对灵敏系数

电源情况	故障类型		
	UVW 三相短路	UV VW 两相短路	WU 两相短路
双侧电源	1	1/2	1
单侧电源	1/3	1/6	1/3

线路纵联差动保护的灵敏系数，可由下式[2]求得

$$K_{sen}=\frac{K_{sen\cdot xd}}{n_{TA}}\cdot\frac{I_{k3\cdot min}}{KI_r} \tag{7.3-1}$$

式中 $I_{k3\cdot min}$——线路保护区内最小三相短路电流（A）；

$K_{sen\cdot xd}$——相对灵敏系数，见表 7.2；

n_{TA}——电流互感器变比；

K——保护装置的整定值，一般取 0.4、0.8、1.3；

I_r——保护装置的额定电流（A）。

对于中压网络，短距离线路的一般电流保护，若不能满足动作的速动性和灵敏性要求时，可以采用线路纵联差动保护。

7.3.1.2 电流选跳保护

电流选跳保护是一种新型的保护方式，它利用微机综合保护装置上的光纤模块，通过光纤接线，在保护装置之间传递信息，实现信息共享，通过微机综合保护装置内的逻辑程序判断，来实现电流选跳保护。

电流选跳保护依靠装置的光纤模块在装置之间传递故障信息，运用逻辑编程在极短时间内自动判断故障所在区间，从而实现故障切除的选择性和速动性。

图 7.10 为双环网络系统典型的两个供电分区接线图。

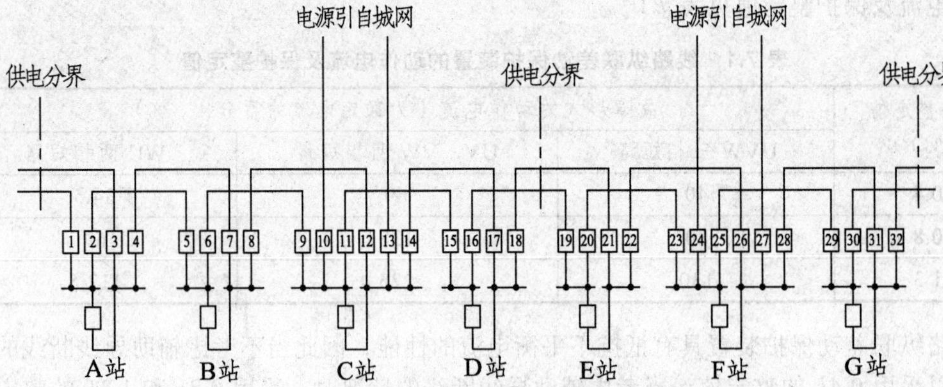

图 7.10　典型的两个供电分区系统接线示意图

下面将在两个典型的供电分区系统的基础上，搭建电流选跳保护光纤通信网络。

在通信网络正常情况下，可以按照预先设定的一个最短路径实现装置之间的信息互联，保证通信时间最短。当其中一路断线，装置沿备用路径实现通信。

电流选跳保护网络的接线，共有以下三种接口形式。

① direct I/O：变电所之间的光纤通信接口，连接 8 个装置组成单独的光纤网络。

② remote I/O：变电所内部的光纤通信接口，用来连通由 direct I/O 接口连接组成的两组独立光纤网络，它是两个网络之间的通信接口。

③ pick up 接口：变电所内部保护设备之间的硬接线接口，用来相互连接变压器馈线开关、母线分段开关和进线开关等保护装置。

如图 7.11 所示，2、5、6、9、10、11、15 等开关的光纤模块构成一组独立的光纤网络，各光纤模块之间通过 direct I/O 接口实现网络连接。16、19、20、23、24、25、29 等开关的光纤模块构成一组独立的光纤网络，各光纤模块之间也是通过 direct I/O 接口实现网络连接。两组独立光纤网络之间（即 15 和 16 之间）通过 remote I/O 接口实现网络联通。每组独立光纤网络基本由 7 个光纤模块组成，并且为了接线方便合理，remote I/O 接口相接的两个光纤模块均设在同一座变电所内。

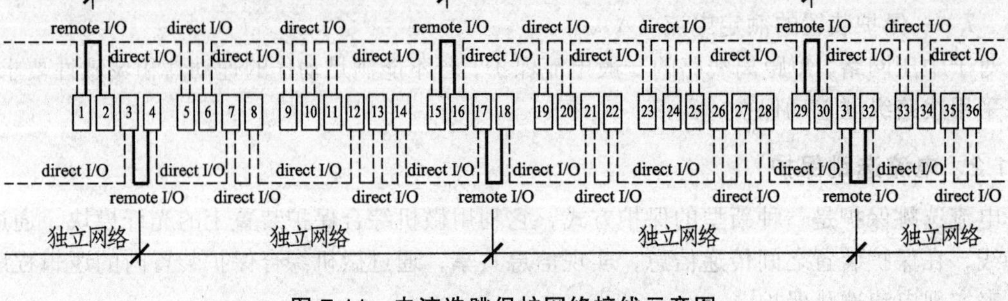

图 7.11　电流选跳保护网络接线示意图

对于选跳方案来说，光纤接线对方案的影响重大。为了提高电流选跳保护的可靠性，该保护装置采用冗余光纤模块构成光纤双通道网络，两通道互为备用。

当光纤网络内，出现某个光纤模块的损坏而导致整个光纤网络出现断点时，在这种情况下，由于光纤网络采用的是双环网冗余接法，微机综合保护装置上的另一光纤模块仍在正常运行，从而可以保证不影响网络内各个微机综合保护装置之间的相互通讯。

正常情况下，只投入电流选跳主保护，同时闭锁后备保护。当保护装置在线检测出电流选跳主保护故障时，解除闭锁，并启动后备保护。

电流选跳主保护的时间延时由以下几部分时间组成：故障两侧微机综合保护装置的电流互感器响应时间，装置的 CPU 运行时间以及到出口的动作时间，信息在光纤环网上的传输时间等。电流选跳主保护的时间延时可以做到 100 m/s。

电流选跳保护符合可靠性、速动性、选择性和灵敏性的配置基本原则，并考虑了运行方式的改变，逻辑判断简单，主后保护配合简单。

电流选跳保护的不足：

① 完全依赖通信网络，且通信网络接线比较复杂。

② 相关设备之间的接线比较复杂。

③ 国内没有成熟的应用经验。

7.3.1.3 速断保护

过电流保护一般是按避开最大负荷电流这一原则整定的。为了使上、下级的过电流保护具有选择性，在时限上也应有一个级差。这就使靠近电源端的保护动作时限将很长，这在许多情况下是不允许的。为克服这一缺点，通常采用提高整定值以限制动作范围的办法，定时限或无时限动作，这种保护叫做电流速断保护。

电流速断保护不能保护线路全长，它只能保护线路的一部分。

电流速断保护的动作电流及灵敏系数计算内容，参见第 17 章“供电计算与分析”。

采用速断保护时，电流互感器的配置有两种方式：设两相电流互感器和三相电流互感器。一般情况下，采用两相电流互感器的方式，当灵敏度不能满足要求时，采用三相电流互感器。

7.3.1.4 过电流保护

过电流保护包括定时限过电流保护和反时限过电流保护两种形式。

（1）定时限过电流保护

为了实现过电流保护的动作选择性，各保护的动作时间一般按阶梯原则进行整定。即相邻保护的动作时间，自负荷向电源方向逐级增大，且每套保护的动作时间是恒定不变的，与短路电流的大小无关。具有这种动作时限特性的过电流保护称为定时限过电流保护。

（2）反时限过电流保护

动作时间随短路电流的增大而自动减小的保护称为反时限过电流保护。使用在输电线路上的反时限过电流保护，能更快地切除被保护线路首端的故障。

反时限过电流保护动作时间与过电流大小成反比，即过电流越大，保护越快，过电流越小，保护越慢。

过电流保护的动作电流及灵敏系数计算内容，参见第 17 章“供电计算与分析”。

采用过电流保护时，电流互感器的配置与前面速断保护相同。

7.3.1.5 零序电流保护

零序电流保护用于系统中性点经小电阻接地的电力系统。实现零序电流保护功能有以下两种形式:

① 零序电流保护装置由零序电流互感器和继电器两大部分组成。将零序电流互感器直接套入中压电缆出线上，当中压输出线路发生单相故障时，可以做到定时限控制开关跳闸并发出信号，迅速可靠地切断故障。

② 采用微机综合保护装置。零序电流保护、速断保护、过电流保护可以统一由微机综合保护装置来实现。此时，也可不设单独的零序电流互感器，通过过电流保护、速断保护用的电流互感器采集电流信号接入微机综合保护装置，由微机综合保护装置经过程序运算得出零序电流。

零序电流保护的动作电流及灵敏系数计算内容，参见第 17 章“供电计算与分析”。

7.3.1.6 合环选跳功能

合环选跳是指在特殊情况下（如检修进线开关设备等)，进线开关和母线分段开关在倒闸切换过程中，为了不影响供电的连续性，当两个进线电源投入工作时，允许母线分段开关短时合闸，此时，两个进线开关和母线分段开关处于选跳状态。

一般在电源开闭所设合环选跳功能，在母线分段开关柜上设合环选跳转换开关，该转换开关设 4 个位置：选跳 1 号进线、选跳 2 号进线、选跳母线分段、退出。

正常运行时，合环选跳转换开关置于退出位。

当采用合环选跳方式时，可以合环选跳 1# 进线开关或 2# 进线开关或母线分段开关。

合环选跳功能可以通过微机综合保护装置或专用 PLC 模块来实现。

7.3.1.7 配电变压器保护

1）断路器保护

和采用熔断器保护相比较，采用断路器保护虽然成本相对高于熔断器保护，但它具有整定简单灵活、动作安全可靠性高、运行维护方便等优点，所以，在城轨供电系统中被广泛使用，在很多场合容量低于 400 kV · A 的变压器仍然采用断路器作为中压侧保护设备。

（1）电流速断保护

在常见的变压器接线中，一般采用瞬时电流速断保护作为电流保护的第一段，其保护的范围按躲过配电变压器低压侧可能产生的三相最大短路电流来整定。

（2）过电流保护

过电流保护的整定原则，是按照躲过变压器可能出现的最大负荷电流来考虑的。也就是只有在被保护变压器故障时才启动，而在最大负荷电流出现时不应动作。为此必须满足以下两个条件。

① 在正常情况下，出现最大负荷电流时不应动作。

② 保护装置在外部故障切除后应能可靠地返回。因为短路电流消失后，保护装置有可能出现最大负荷电流，为保证选择性，已动作的电流继电器在这时应当返回。

（3）过负荷保护

用来保护变压器的过负荷，保护装置的动作电流，应躲过变压器额定电流。

过负荷保护的动作电流及灵敏系数计算内容，参见第 17 章“供电计算与分析”。

2）熔断器保护

熔断器组合电器要求，能承受变压器的过负荷电流，过负荷按 150% 额定容量计算，且分接头位于－5% 处，能承受变压器空载合闸时的励磁涌流。

当变压器的低压侧发生三相短路时，组合电器中熔断器的某一相断开，使三相短路变为两相短路。率先开断相熔断器的撞击器会触发负荷开关的分闸机构，以使负荷开关的三相全部断开，在触发分闸的过程中，另两相熔断器继续受到两相短路电流的加热。如果短路电流不够大或触发及开断的时间比较短，则两相短路的开断由负荷开关来承担，否则，则由熔断器来承担。使开断电流由熔断器转移到负荷开关的三相短路电流即称为负荷开关熔断器组合电器的转移电流，负荷开关实际开断的是该电流的 $\sqrt{3}/2$ 倍。

切除变压器低压侧出口短路时，它的回路条件要比标准中转移电流试验回路条件严酷得多。与之相应的暂态恢复电压也使负荷开关难以完成开断任务，而须由熔断器来开断。否则会由拉弧造成中压侧短路。运行中实际开断的电流与熔断器的安秒特性及触发负荷开关分闸的时间有关。通过选用不同的熔断器或调整触发分闸时间可改变负荷开关熔断器组合电器实际的转移电流，一般负荷开关的能力有限，只能往小电流值的方向调整。

计算低压侧出口短路时对应的中压侧电流须取最小的电流条件，即：

① 系统电压处于运行电压下限 $0.95U_\mathrm{n}$。

② 变压器分接头位于高位 1.05。

③ 变压器的阻抗电位具有最大的正误差 10%，再加上分接头位于 1.05 时的允许偏差增量 2.5%。

由此可知，对于变压器用的负荷开关——熔断器组合电器，必须使熔断器与撞击分闸时间配合良好，以期得到的转移电流 $<I_\mathrm{k}$，I_k 可用下式求取：

$$I_\mathrm{k}=\frac{S}{\sqrt{3}U_\mathrm{av}}\cdot\frac{100}{1.125U_\mathrm{k}\%}\times 0.95 \tag{7.3-2}$$

式中 S——变压器容量（kV · A）；

U_av——变压器电源侧的平均电压（线电压），即 $U_\mathrm{av}=1.05U_\mathrm{n}$（$U_\mathrm{n}$ 为系统标称电压）（kV）；

$U_\mathrm{k}\%$——短路阻抗（%）。

3）温度保护

干式变压器的安全运行和使用寿命，很大程度上取决于变压器绕组绝缘的安全可靠。绕组温度超过绝缘耐受温度使绝缘破坏，是导致变压器不能正常工作的主要原因之一。因此，对变压器的运行温度的监测及其报警控制是十分重要的。

超温报警、跳闸：通过预埋在低压绕组中的非线性热敏测温电阻采集绕组或铁心温度信号，可直接显示各相绕组温度包括三相巡检及最大值显示，并可记录历史最高温度，可将相应的温度以模拟量或数字量的形式输出至变电所自动化系统。当变压器绕组温度升高，一般达到温度报警限值时，输出超温报警信号；若温度继续上升达温度跳闸限值时，变压器已不能继续运行，须向二次保护回路输送超温跳闸信号，使变压器迅速退出运行。

4）零序电流保护

目前，城市轨道交通采用 D, Yn11 接线的配电变压器，其零序电抗等于正序电抗，对于低压侧单相接地短路，中压侧装三相式过电流保护，灵敏度一般能满足要求。若中压侧的三相过电流保护灵敏度不能满足要求，还应单独设零序电流保护。

7.3.1.8 直流速断保护

直流速断保护，又叫大电流脱扣保护。大的短路电流对线路会造成巨大的损坏，应在其达到电流峰值之前立即切断。

假设被保护线路短路电流的最小值为 $I_{d.min}$，动作电流整定为 $I_{dz}<kI_{d.min}$（其中 k 为可靠系数），一旦检测到瞬时电流超过动作电流时，立即跳闸，其固有动作时间仅几毫秒，所以大电流脱扣保护非常灵敏，尤其电流上升非常快的近端短路，往往先于电流变化率及电流增量保护动作。

直流速断保护由直流快速断路器本身自带的电流脱扣装置实现，其整定值应躲开高峰运行时馈线可能出现的最大电流，即一列车的最大启动电流和区间运行车辆的平均电流。

直流母线短路由直流进线断路器本体的大电流脱扣保护实现，当短路电流达到保护整定值时瞬时动作。

7.3.1.9 直流短路电流变化率 di/dt 及增量 ΔI 保护

直流电流变化率 di/dt 及增量 ΔI 保护作为直流馈线保护的后备保护，既能切除近端短路电流，也能切除大电流脱扣保护不能切除的故障电流较小的远端故障。

该保护克服了单独 di/dt 保护受干扰而误动，以及 ΔI 保护存在拒动现象的缺点。保护动作特性分为两部分，瞬时跳闸和延时跳闸，其中谁较早激活就由谁决定跳开直流断路器。延时跳闸元件主要起识别远端短路电流并跳闸的作用。

对于远端故障电流由于其上升的速率比近端的慢，峰值也小很多，通常与列车启动或通过牵引网分段时的电流瞬时峰值相近，甚至小于该电流，所以远端故障电流与列车启动电流的区分是牵引变电所直流保护的难点。

利用馈线电流的变化（电流变化率、电流增量及时间的变化），区分短路电流和列车启动电流，使馈线开关在线路发生最小短路电流时跳闸，而列车启动时保护不动作。

在实际运用中，di/dt 和 ΔI 是通过相互配合来实现保护功能的，而且这两种保护的启动条件通常都是同一个预定的电流上升率。在启动后，两种保护进入各自的延时阶段，互不影响，哪个保护先达到动作条件就由它来动作。一般情况下，di/dt 保护主要针对中远距离的非金属性短路故障，ΔI 主要针对中近距离的非金属性故障（金属性直接短路故障由断路器自身的电磁脱扣装置来跳闸）。

7.3.1.10 直流双边联跳保护

直流双边联跳保护是为了更加安全的向牵引网供电，在故障情况下确保相邻牵引变电所可靠跳闸而增设的辅助保护。

同一馈电区两侧牵引变电所的馈线开关实现双边联跳。

如图 7.12 所示，在无故障的情况下，牵引变电所 A 和牵引变电所 B 同时向牵引网同一供电分区进行双边供电，如果有短路情况发生，则距离短路点 d 较近的牵引变电所 A 的馈线开关 30 的 di/dt 保护或速断保护先动作，同时向本站联跳装置发一个跳闸信号，并通过站间联跳电缆向牵引变电所 B 的联跳装置发送跳闸信号，并作用较远牵引变电所 B 的对应馈线开关 10 跳闸。

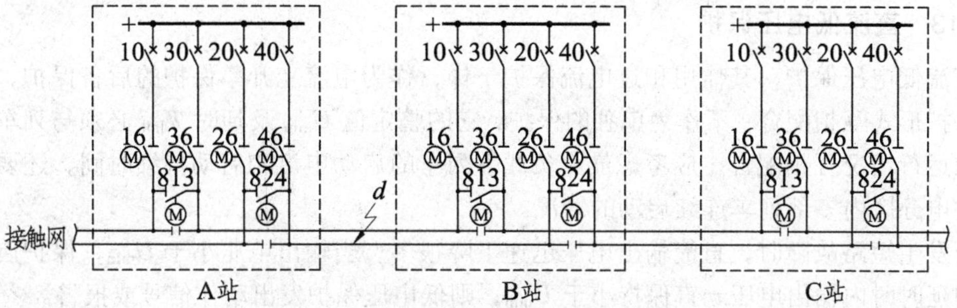

图 7.12　直流双边联跳保护接线示意图

大双边联跳条件的自动转换：当实现大双边供电时，利用纵向电动隔离开关的开合位置接点，实现大双边联跳条件自动转换至相邻牵引变电所。如果通过直流馈线和直流母线与相邻牵引变电所构成大双边供电时，则不需要进行转换。

在故障情况下，牵引变电所 B 退出运行并通过纵向电动隔离开关构成相邻牵引变电所 A 和牵引变电所 C 大双边供电时，同样还是上述情况，如果有短路情况发生，则距离短路点 d 较近的牵引变电所 A 的馈线开关 30 的 di/dt 保护或速断保护先动作，同时向本站联跳装置发一个跳闸信号，并通过站间联跳电缆及牵引变电所 B 的联跳装置转换，向牵引变电所 C 的联跳装置发送跳闸信号，使牵引变电所 C 的对应馈线开关 10 跳闸。由于短路点 d 距牵引变电所 C 较远，牵引变电所 C 的对应馈线开关 10 的保护可能不动作（视短路情况），而联跳装置则比较可靠，此时双边联跳保护就比较重要。

7.3.1.11　直流设备线路检测及自动重合闸功能

在馈线开关合闸以前，检测馈电线路是否有短路故障，如检测结果有短路故障，则馈线开关不能合闸。只有检测线路无短路故障时才允许馈线开关合闸。

使用自动重合闸的目的是为了在瞬时性故障消除后使线路重新投入运行，从而在最短的时间内恢复整个系统的正常运行状态。

对于直流牵引系统，经常会发生短路而使过流脱扣器动作，但大部分短路故障是短暂的，所以使用自动重合闸功能，可提高系统的可靠性。

当发生故障断路器保护跳闸后，断路器每隔一段时间（时间长短可调节，一般设定为 10 s）重合闸一次。如果重合闸的次数超过预定（1～3 次）的次数，合闸仍不成功，则认为是永久性故障，闭锁重合闸回路。

自动重合闸功能用来校正馈线开关的误动作或消除线路的瞬间短路，保证可靠地供电。

7.3.1.12　直流过电流保护

直流系统过电流保护，可作为直流速断保护和电流变化率 di/dt 及增量 ΔI 保护的后备保护。在保护控制单元预先整定电流 $I_{\max}$ 值和时间 T 值。当通过直流馈线短路的电流值在预先设定的时间 T 内超过 $I_{\max}$ 值时，过流保护装置动作使直流馈线断路器跳闸来切除故障。

$I_{\max}$ 值应小于大电流脱扣保护装置动作值 I_{dz}。对于 $I_{\max}$ 值的设定，可分别设定正反方向的 $I_{\max+}$ 值和 $I_{\max-}$ 值。当列车处于再生制动状态或当地牵引变电所牵引整流机组退出运行，所内直流馈线被用于直流越区供电回路时，如果线路发生故障，会有较大反向电流通过直流馈线断路器，反向过流保护用于检测并切除该故障。

7.3.1.13 直流低电压保护

直流低电压保护，其作用和过电流保护一样，作为电流上升率保护的后备保护，一般与其他保护形式互相配合，不作为单独的保护。它的整定值 $U_{\min}$ 及延时 T_{dmt} 必须与列车正常运行时的运行情况互相配合，应考虑最大负载下列车的启动电流和启动持续时间，还要考虑在一个供电分区内多部列车连续启动的情况。

当发生短路故障时，直流输出电压迅速下降很多，当输出电压小于 $U_{\min}$，保护启动，在一定的延时时内输出电压一直保持小于 $U_{\min}$，则低电压保护发出动作信号或报警。

7.3.1.14 热过负荷保护

热过负荷保护作为电流上升率保护的辅助保护，当直流线路处于过负荷状态时，即使没有任何短路故障发生，牵引网或进线电缆的温度也会上升，当热过负荷电流流过时，该电流虽不至引起巨大的破坏，但此电流持续时间长了，其产生的热量会超过某些薄弱环节所允许的发热量，引起这些设备不同程度的损坏。

牵引网热过负荷保护主要是根据牵引网的电阻率、电阻率修正系数、长度、横截面积、电流，计算出牵引网的发热量，再根据牵引网和空气的比热等热负荷特性及通风量等环境条件，由经验公式给出牵引网的温度。当测量的温度超出规定值便发出报警或跳闸命令，从而达到保护牵引网的目的。

热过负荷保护的对象是牵引网。牵引网有其自身固有的热特性，是一条以电流为变量的反时限曲线。这就要求保护装置整定的曲线与牵引网的固有曲线进行配合。同时，保护装置的整定曲线还应与馈线的电流保护进行配合。

7.3.1.15 直流设备框架泄漏保护

用来保护直流设备正极碰壳或对地绝缘损坏，设有电压动作元件和电流动作元件。电压动作元件既用于报警，也用于跳闸，电流动作元件用于跳闸。

直流设备框架泄漏保护装置能够进行如下检测：

① 绝缘安装的直流开关设备框架与保护地（接地网）之间的漏电流。

② 直流开关设备框架与牵引供电系统地（走行轨）之间的电位差。

直流设备框架泄漏保护装置由以下元件组成：

① 电源。

② 智能控制元件。

③ 用于电流测量的隔离放大器。

④ 用于电流测量的分流器。

⑤ 用于电压测量的隔离放大器。

直流设备框架泄漏保护具有以下功能：

① 漏电流的监视。分流器的一端接地（保护地），另一端接设备框架，通过隔离放大器测量漏电流在其两端产生的电压。当超出保护整定值，将使牵引整流机组中压侧开关及变电所内所有直流断路器跳闸，同时，发出联跳信号，联跳相邻牵引变电所对应馈线开关。

② 漏电压的监视。通过隔离放大器测量牵引供电系统地（走行轨）与直流开关设备框架之间的电位差，并设置不同电压整定值触发动作或报警。框架泄漏电压元件保护分两种情况：

框架泄漏电压报警；框架泄漏电压动作。参见“7.2.4.3　直流双边联跳功能”。

7.3.1.16　低压配电系统保护

低压配电系统主要设以下几种保护类型：

（1）长延时保护

长延时保护主要用于配电回路的过负荷保护。

（2）短延时保护

短延时保护主要用于配电线路下级配电开关瞬动保护的后备保护。

（3）瞬动保护

瞬动保护主要用于配电线路的短路故障保护。

长延时保护、短延时保护、瞬动保护的整定值计算内容参见第 17 章“供电计算与分析”。

7.3.2　高压系统保护设置

高压系统保护包括主变电所进线、桥开关和主变压器保护。各级保护和安全自动装置的配置，应综合考虑以下几个方面：

① 供电系统的结构形式和运行方式。

② 故障出现的概率和可能造成的后果。

③ 经济上的合理性。

④ 保护装置的成熟性与先进性。

⑤ 结合实际工程的情况，继电保护装置采用微机综合保护装置。

（1）主变电所高压进线保护

对于主变电所高压进线，主要应考虑单相接地短路和相间短路，对应这两种故障形式，设相应的保护装置。

对于单相接地短路，应装设零序电流保护。对于相间短路，可装设线路纵联差动保护装置和过电流保护装置。

（2）主变电所高压桥开关保护

如果主变电所高压侧采用桥型接线，那么高压桥开关的保护形式，应和高压进线的保护形式一致，主要应考虑单相接地短路和相间短路。

（3）主变压器保护

对于主变压器在出现下列故障及异常运行状态下，应装设相应的保护装置：

① 绕组及其引出线的相间短路和在中性点直接接地侧的单相接地短路。

② 绕组的匝间短路。

③ 外部相间短路引起的过电流。

④ 中性点直接接地电力网中外部接地短路引起的过电流及中性点过电压。

⑤ 过负荷。

⑥ 油面降低。

⑦ 变压器温度升高或油箱压力升高或冷却系统故障。

当主变压器采用油浸式变压器时，应装设瓦斯保护。当壳内故障产生轻微瓦斯或油面下降时，应瞬时动作于信号；当产生大量瓦斯时，应动作于断开主变压器各侧断路器。

对主变压器内部的短路故障，主变压器装设纵联差动保护，也可装设电流速断保护和过电流保护，该项保护装置，应动作于断开主变压器的各侧断路器。

对于主变压器外部相间短路引起的主变压器过电流，应装设过电流保护。

对于中性点直接接地的高压电力网中，当主变压器中性点直接接地运行时，对外部单相接地引起的过电流，应装设零序电流保护。

对变压器温度升高和冷却系统故障，应装设可作用于信号或动作于跳闸的温度保护装置。

7.3.3 中压系统保护设置

中压系统的保护包括主变电所中压进线保护、主变电所中压馈线保护、主变电所中压母线分段开关保护、电源开闭所进线保护、电源开闭所中压联络馈线保护、电源开闭所母线分段开关保护、变电所进线保护、变电所联络馈线保护、变电所母线分段开关保护、变电所母线 PT（线路 PT）保护、牵引整流机组保护和配电变压器保护。

7.3.3.1 主变电所中压进线保护

对于主变电所中压进线保护，应结合下列故障或异常运行，设置相应的保护装置：

① 相间短路。

② 单相接地短路。

③ 过负荷。

对于相间短路，应装设电流速断保护和过电流保护。

对于单相接地短路，当主变压器中性点直接接地时，应装设零序电流保护；当主变压器中性点非直接接地时，在中压母线上装设零序电压报警装置。

对可能时常出现过负荷的电缆线路，应装设过负荷保护。保护装置宜带时限动作于信号，当危及设备安全时，可动作于跳闸。

7.3.3.2 主变电所中压馈线保护

对于主变电所中压馈线保护，应结合中压线路的下列故障或异常运行，装设相应的保护装置：

① 相间短路。

② 单相接地短路。

对于相间短路，应装设电流速断保护和过电流保护。当采用电流速断保护和过电流保护不能满足选择性、灵敏性或速动性的要求时，可采用线路纵联差动保护作主保护，电流速断保护和过电流保护作后备保护。

对于单相接地短路，保护装置的处理方式与 7.3.3.1 节相同。

7.3.3.3 主变电所中压母线分段开关保护

主变电所中压母线分段开关应装设过电流保护和速断保护，其中，速断保护仅在分段开关合闸瞬间投入，合闸完成后自动解除。

7.3.3.4 电源开闭所进线保护

对于电源开闭所进线保护，应结合下列故障或异常运行，装设相应的保护装置：

① 相间短路。

② 单相接地短路。

对于相间短路，应装设电流速断保护和过电流保护。电流速断保护分为无时限速断保护和带时限速断保护。当不允许带时限切除短路故障时，应设无时限速断保护；当无时限速断保护不能满足选择性动作时，可设带时限速断保护。

对于单相接地短路，保护装置的处理方式与 7.3.3.1 节相同。

电源开闭所进线保护内容、保护动作整定值由当地电力部门负责，考虑到城市轨道交通中压网络可靠运行的需要，建设单位应与当地电力部门协商。

7.3.3.5 电源开闭所中压联络馈线保护

对于电源开闭所中压联络馈线保护，应结合中压线路的下列故障或异常运行，装设相应的保护装置：

① 相间短路。

② 单相接地短路。

对于相间短路，应装设电流速断保护和过电流保护。电流速断保护分为无时限速断保护和带时限速断保护。当不允许带时限切除短路故障时，应设无时限速断保护；当无时限速断保护不能满足选择性动作时，可设带时限速断保护。当采用电流速断保护和过电流保护不能满足选择性、灵敏性或速动性的要求时，可采用线路纵联差动保护或电流选跳保护作主保护，过电流保护作后备保护。若采用电流选跳保护做主保护时，当本站中压网络馈线设电流选跳保护时，相邻变电所对应的中压网络进线也应设电流选跳保护，两开关的电流选跳保护结合在一起，保护该段中压线路。

对于单相接地短路，保护装置的处理方式与 7.3.3.1 节相同。

7.3.3.6 电源开闭所母线分段开关保护

电源开闭所母线分段开关应装设过电流保护和速断保护，其中，速断保护仅在分段开关合闸瞬间投入，合闸完成后自动解除。

另外，可以选择设合环选跳保护，在设备检修等特殊情况下，允许短时合环运行，保证系统的连续供电。此保护方式应征得当地电力部门的同意。

7.3.3.7 变电所进线保护

对于变电所进线保护，应结合中压线路的下列故障或异常运行，装设相应的保护装置：

① 相间短路。

② 单相接地短路。

对于相间短路，保护装置的处理方式与 7.3.3.5 节相同。

对于单相接地短路，保护装置的处理方式与 7.3.3.1 节相同。

7.3.3.8 变电所联络馈线保护

对于变电所联络馈线保护，应结合中压线路的下列故障或异常运行，装设相应的保护装置：

① 相间短路。

② 单相接地短路。

对于相间短路，保护装置的处理方式与 7.3.3.5 节相同。

对于单相接地短路，保护装置的处理方式与 7.3.3.1 节相同。

7.3.3.9 变电所母线分段开关保护

变电所母线分段开关应装设过电流保护和速断保护，其中，速断保护仅在分段开关合闸瞬间投入，合闸完成后自动解除。

7.3.3.10 变电所母线 PT（线路 PT）

变电所母线 PT 和线路 PT 保护，包括 PT 断线报警和零序电压报警。

PT 断线报警：母线 PT 或线路 PT 一次回路熔断器熔断信号、二次回路微断开关的分闸信号，若母线 PT 或线路 PT 装在隔离手车上，还应包含 PT 手车的非工作位置信号。

零序电压报警：适用于中压消弧线圈接地系统，采用三相五柱式 PT，通过开口三角形绕组测零序电压。

7.3.3.11 牵引整流机组保护

牵引整流机组主要设下列一些保护：

（1）速断保护

属基本配置功能。用于保护牵引变压器一次侧短路。

速断保护定值应躲过牵引变压器励磁涌流，对牵引变压器一次侧最小短路具有速动性。

（2）过流保护

属基本配置功能。保护牵引变压器的过负荷、二次侧短路和直流母线短路。

（3）过负荷保护

属选配功能。牵引变电所设两套牵引整流机组，构成等效 24 脉波整流。牵引整流机组过负荷能力参照 GB50157—2003 标准：

100% I_e——连续运行；

150% I_e——运行 2 小时；

300% I_e——运行 1 分钟。

由于牵引整流机组有较高的过负荷能力，因此可不设过负荷保护，若要设过负荷保护，则应为过负荷报警。

（4）温度保护

属基本配置功能。分牵引变压器过温报警、牵引变压器超温跳闸、整流器过温报警和整流器超温跳闸。

（5）零序保护

属选配功能。适用于小电阻接地系统。若过流保护满足灵敏度要求时，可不设。若过流保护无法满足灵敏度要求时，还需单独设零序保护。

（6）整流器硅元件保护

属基本配置功能。整流器硅元件的设置有两种形式：一个臂上设一个硅元件；一个臂上设两个硅元件。

① 一个臂上设一个硅元件的整流器，其硅元件保护应为一个硅元件故障启动保护跳闸。

② 一个臂上设两个硅元件的整流器，其硅元件保护分两种：当同臂上一个硅元件故障时，只报警；当同臂上两个硅元件均故障时，应启动保护跳闸。

整流器硅元件保护的具体设置，需结合所选用的整流器的形式而定。

（7）被直流设备框架泄漏保护联跳

属基本配置功能。当直流设备框架泄漏保护启动后，联跳牵引整流机组中压侧馈线开关以及本站内所有直流断路器及相邻牵引变电所直流馈线断路器，将本站内直流牵引供电系统完全断电隔离。

（8）联跳直流进线开关

适用于直流进线开关为断路器的情况。当直流进线采用隔离开关时，无此功能。

当牵引整流机组中压侧馈线开关跳闸后，联跳直流进线断路器分闸，可以将牵引整流机组断电隔离。

7.3.3.12 配电变压器保护

一般情况下，当配电变压器容量较小时，配电变压器中压侧可以采用熔断器保护，也可以采用断路器配置的微机综合保护装置。当配电变压器容量较大时，配电变压器中压侧应采用断路器配置的微机综合保护装置，设过负荷保护、过电流保护，而当过电流保护时限大于 0.5 s 时，还应装设电流速断保护。

另外根据实际情况装设温度保护，温度保护分过温报警和超温跳闸两级。250 kV · A 及以下容量的配电变压器可以不设温度保护。

7.3.4 直流系统保护设置

直流系统保护是城市轨道交通直流牵引供电系统安全可靠供电的重要一环，从直流主接线形式的构成角度考虑，直流系统的保护可分为直流进线保护、直流馈线保护和框架泄漏保护。

牵引变电所内的直流保护系统必须在系统发生故障时快速、准确地切除故障，同时又要避免列车在正常运行时一些电气参数的变化引起保护装置误跳闸。后备保护的存在增加了故障切除的可靠性，同时也增加了与主保护配合的难度，所以保护的配置也不宜过多。不同的牵引变电所其电气特性不同，运行要求不同，所以保护装置的整定值不同，甚至保护的配置也不相同。

7.3.4.1 直流进线保护

（1）电流速断保护

该保护为直流断路器本身自带的一种大电流脱扣保护。当直流进线采用直流断路器时，本身自带该保护。当直流进线采用隔离开关时，则无此保护。

（2）逆流保护

属选配功能，当直流进线采用隔离开关时才需设逆流保护。

当整流器出口发生短路故障时，逆流保护启动，联跳所有牵引整流机组中压侧开关和所有直流馈线开关。

（3）被牵引整流机组中压侧开关联跳

属选配功能。当直流进线采用断路器时才设此功能。

当牵引整流机组中压侧开关动作跳闸后，应联跳对应的直流进线断路器，将牵引整流机组断电隔离。

（4）被框架泄漏保护联跳

适用于直流断路器，若直流进线采用隔离开关，则无此功能。

当框架泄漏保护启动时，应联跳本站所有直流断路器、牵引整流机组中压侧开关、相邻牵引变电所对应的直流馈线断路器，将本站的直流牵引供电系统断电隔离。

7.3.4.2 直流馈线保护

（1）电流速断保护

属基本配置功能。该保护为直流断路器本身自带的一种大电流脱扣保护。

（2）电流变化率 di/dt 及增量 ΔI 保护

属基本配置功能，用于对牵引网中远距离短路进行保护。

（3）线路故障测试及自动重合闸

属基本配置功能。直流馈线设带有线路故障性质判断的自动重合闸装置。

（4）热过负荷保护

属选配功能，当牵引网采用接触网供电方式时可以设此保护功能。

（5）车站 IBP 盘紧急分闸

属选配功能。当车站内设有 IBP 盘时需配备该功能。

通过操作车站 IBP 盘上的紧急分闸按钮，将本站对应馈线开关跳闸，并联跳相邻牵引变电所对应馈线开关。

（6）被框架泄漏保护联跳

属基本配置功能。当框架泄漏保护动作后，联跳本站所有馈线开关，并联跳相邻牵引变电所对应馈线开关。

（7）被进线开关联跳

属选配功能，当进线采用断路器时需设此保护功能。

当一路进线故障跳闸后，另一路进线再分闸；或者当一路进线分闸后，另一路进线再故障跳闸，则联跳所有馈线开关，实现变电所联跳保护功能。

（8）被相邻牵引变电所直流馈线断路器联跳

属基本配置功能。当相邻牵引变电所的一台直流馈出断路器因故障跳闸后，将联跳本站直流馈线断路器，实现变电所联跳保护功能。

（9）牵引变电所联跳保护

属基本配置功能。应当指出，虽然直流馈线断路器设置了多重保护，但都属于近后备保护，无远后备保护。当开关失灵时，将无法切除故障电流。

考虑到直流断路器的失灵情况，在牵引变电所直流系统各开关处设联跳保护。当直流进线开关或直流馈线开关中，有任意一台开关拒动时，发出联跳信号，将本牵引变电所范围内的所有直流进线断路器和直流馈线断路器联跳分闸，实现短路电流的完全切除。

（10）大双边联跳自动转换保护

属基本配置功能。当正线中间线路上的任意一座牵引变电所退出运行时，通过大双边联跳自动转换功能，将两侧相间牵引变电所直流馈线的联跳信号连接起来，自动形成大双边联跳方式的转换。

7.3.4.3 直流设备框架泄漏保护

属基本配置功能。在牵引变电所内，各牵引直流设备共同设一套直流设备框架泄漏保护装置，该装置一般设在负极柜内。

7.3.5 低压系统保护设置

在电气故障情况下，为防止因间接接触带电体而导致人身电击，因线路故障导致过热造成损坏，甚至导致电气火灾，低压配电线路应按装设短路保护、过负荷保护和接地故障保护的方式，用以分断故障电流或发出故障报警信号。

低压配电线路上下级保护电器的动作应在一定条件下具有选择性，各级之间应能协调配合，要求在故障时，靠近故障点的保护电器动作，断开故障电路，使停电范围最小。

7.3.5.1 低压进线保护

低压配电系统的第一级、第二级保护开关，应具有动作选择性。

低压进线断路器的过负荷特性应与配电变压器允许的正常过负荷相配合，使配电变压器容量得到充分利用而又不影响配电变压器的运行寿命。同时，低压进线断路器的保护与配电变压器中压侧保护、低压馈线回路保护之间应有良好的动作选择性。

为方便上下级协调配合，一般情况下，低压进线开关设以下保护：

（1）长延时保护

低压进线的长延时保护整定电流应等于或接近于配电变压器低压侧额定电流。

（2）短延时保护

短延时保护的整定电流应大于或等于馈线回路中断路器最大瞬动保护整定值的 1.3 倍，时限可取 0.4 s。

（3）瞬动保护

为了便于与低压馈线回路的选择性配合，一般情况下，低压进线断路器不设瞬动保护。

7.3.5.2 低压母线分段开关保护

低压母线分段断路器的保护装置应和低压进线断路器的保护装置一致，一般采用两级保护：长延时保护、短延时保护。

低压进线断路器与母线分段断路器的短延时保护应至少保持一个时间级差，当进线断路器的时限取 0.4 s 时，母线分段断路器的时限应取 0.2 s。

7.3.5.3 低压馈线开关保护

低压馈线断路器一般设以下三种保护：

（1）长延时保护

低压馈线断路器长延时保护的动作整定值应结合低压配电系统的接线形式及下一级开关

的整定值统筹考虑。

（2）瞬动保护

低压馈线断路器的瞬动保护，应和下一级开关的瞬动保护之间，考虑动作选择性配合。

（3）接地故障保护

当低压配电系统采用 TN 接地型式时，若瞬动保护等满足灵敏度及切断时间要求时，可用瞬动保护兼做接地故障保护用，而不用单独设接地故障保护元件。当配电线路较长，接地故障电流较小，一般短路保护难以满足接地故障保护灵敏度的要求，这时，可以采用零序电流保护或漏电保护，实现接地故障保护功能。

选择型开关的上下级保护动作的选择性，应考虑保护整定值和时限的配合。不同系列的产品，上下级对应保护整定值的倍数不同。可参考相关产品样本。

当上一级开关采用选择型，而下一级开关采用非选择型开关时，上一级开关的短延时保护的整定值，应大于或等于下一级开关瞬动保护整定值的 1.3 倍；上一级开关瞬动保护的整定值，应大于或等于下一级开关出线端单相短路电流的 1.2 倍。

当上下级开关均采用非选择型开关时，应加大上下级开关保护整定值的级差。上一级开关长延时保护的整定值，应大于或等于下一级开关长延时保护整定值的 2 倍；上一级开关瞬动保护的整定值，应大于或等于下一级开关瞬动保护整定值的 1.4 倍。

7.3.6 保护用电流互感器的选择

交流系统微机综合保护装置的动作电流，是由电流互感器二次电流提供的，因此，选用电流互感器时，除按额定电流、额定电压、短时热电流和动稳定电流选择外，还应考虑电流互感器的变比、综合误差、限值系数值和额定容量。

直流电流检测主要采用分流器和霍尔电流传感器。

分流器工作原理：将分流器串在电路中，电流流过产生压降，通过测量电流压降的方法来反映出被测电流的大小。标准分流器有多种规格，通常主要采用 75 mV 和 60 mV 两种规格。分流器主要用于直流牵引系统回路大电流的测量。

用霍尔电流传感器测量电流，其响应时间比较快，且能够再现电流波形，既可以测量电流的真正瞬时值，又不致引入损耗。在城轨供电系统中，霍尔电流传感器主要用于直流屏和 UPS 屏中，用于测量直流电流。

下面将主要对电流保护用电流互感器以及线路纵联差动保护用电流互感器的选择进行介绍。

7.3.6.1 电流保护用电流互感器的选择

电流互感器标准准确级为 5 P 级和 10 P 级两种：对于微机电流保护装置，可选用 10P 级的电流互感器；对于微机差动保护装置，应选用 5 P 级的电流互感器。

电流互感器的误差限值，是指在额定频率和额定二次负荷下，电流互感器的电流误差、相位差和复合误差，见表 7.3[2]。

表 7.3 在额定一次电流情况下，保护用电流互感器的误差限值

准确级	电流误差 ±（%）	相位差		复合误差（%）
		±（′）	±（rad）	
5 P	1	60	1.8	5
10 P	3	—	—	10

微机综合保护装置的动作较快，约 20 m/s，电流互感器在暂态过程中的误差比稳态时的误差大，因此，在选择电流互感器时应留有一定的裕量，或选用暂态保护用电流互感器。

电流互感器的容量和电流互感器允许的二次阻抗有以下关系式[2]：

$$Z=\frac{S}{I_{2r}^{2}}\quad(\Omega) \tag{7.3-3}$$

式中 S——电流互感器容量（V · A）；

I_{2r}——电流互感器的二次额定电流（A）。

当二次额定电流值确定后，其容量大小将确定电流互感器的允许二次阻抗值。电流互感器的二次额定电流一般分 5 A 和 1 A 两种，在相同容量下，5 A 与 1 A 的允许二次阻抗值差 25 倍。因此，提高电流互感器的允许二次阻抗值的最好办法，就是选用二次电流为 1 A 的电流互感器。

在同一准确级下，电流互感器的允许二次负荷，在电流互感器两个二次绕组串联时比单个绕组时加大一倍，并联时减小一半。

7.3.6.2 线路纵联差动保护用电流互感器的选择

微机差动保护装置用电流互感器的技术特性，由伏安特性曲线的拐点电压和二次绕组阻抗所确定。拐点电压是电流互感器二次电压值，在此二次电压增加 10%，将导致励磁电流增加 50%。

电流互感器的拐点电压，可由下式[2]求得：

$$U_{g}\geqslant\frac{4I_{d.max}\left(Z_{2}+Z_{L}\right)}{n_{TA}} \tag{7.3-4}$$

式中 $I_{d.max}$——差动速断电流段 I_d/I_r 设定值乘以保护装置的额定电流 I_r（A）；

Z_2——电流互感器二次绕组内阻抗（Ω）；

Z_L——电缆和继电器的阻抗（Ω）；

n_{TA}——电流互感器变比。

拐点电压可由电流互感器的伏安特性曲线查取（一般 U_g 应在 100 V 以上）。因此，对于微机差动保护用电流互感器，一般选用 5P20、30 V · A。在实际工程中应计算确定。

微机差动保护的差动不平衡电流，取决于两侧电流互感器的相对误差，而不是单个电流互感器的误差。因此，两侧电流互感器的负荷特性匹配，就可降低差动不平衡电流。两侧电流互感器进行负荷特性匹配时，应按其伏安特性曲线和拐点电压进行。

为了减小差动保护装置的不平衡电流，可采用以下方法尽量降低电流互感器的二次负荷阻抗：

方法一：电流互感器二次回路内应尽量不接其他继电器和仪表。

方法二：连接导线应尽量缩短。

方法三：两组电流互感器的型号应尽可能相同（或伏安特性相似），并且负荷应对称。

7.3.6.3 电流互感器允许误差计算

定时限过电流保护和速断保护用的电流互感器一次电流倍数 m 的计算公式[2]如下：

$$m=\frac{K_{\mathrm{rel}}I_{\mathrm{op}}}{I_{1\mathrm{r}}}=\frac{1.1I_{\mathrm{op.k}}}{I_{2r}K_{\mathrm{fp.k}}} \tag{7.3-5}$$

式中 I_{op}——保护装置一次动作电流（A）；

$I_{1\mathrm{r}}$——电流互感器的一次额定电流（A）；

K_{rel}——可靠系数，考虑到电流互感器 10% 误差，一般取 1.1；

$I_{\mathrm{op.k}}$——继电器动作电流（A）；

$I_{2\mathrm{r}}$——电流互感器的二次额定电流（A）；

$K_{\mathrm{fp.k}}$——继电器分配系数。

反时限过电流保护用的电流互感器一次电流倍数 m 的计算公式[2]如下：

$$m=\frac{K_{\mathrm{rel}}I_{2\mathrm{k.max}}}{I_{1\mathrm{r}}}=\frac{1.1I_{\mathrm{op.k}}}{I_{2\mathrm{r}}K_{\mathrm{fp.k}}} \tag{7.3-6}$$

式中 $I_{2\mathrm{k.max}}$——按选择性配合整定的计算点故障时（通常为下一段出口处），流经电流互感器的最大短路电流（A）。

差动保护用的电流互感器一次电流倍数 m 的计算公式[2]如下：

$$m=\frac{K_{\mathrm{rel}}I_{3\mathrm{k.max}}}{I_{1\mathrm{r}}} \tag{7.3-7}$$

式中 $I_{3\mathrm{k.max}}$——外部短路时，流经电流互感器的最大短路电流（A）；

$I_{1\mathrm{r}}$——电流互感器的一次额定电流（A）；

K_{rel}——可靠系数，对于采用带速饱和变流器的继电器，取 1.3；对于采用不带速饱和变流器的继电器，取 2.0。

连接导线的最小允许截面的计算，可按下式[2]计算：

$$S_{\min}=\rho\frac{l}{R_{\mathrm{dx}}}\quad(\mathrm{mm}^2) \tag{7.3-8}$$

连接导线的最大允许长度的计算，可按下式[2]计算：

$$l_{\max}=S\frac{R_{\mathrm{dx}}}{\rho}\quad(\mathrm{m}) \tag{7.3-9}$$

式中 S——连接导线的截面（mm^2）；

l——连接导线的长度（m）；

R_{dx}——连接导线的电阻（Ω）；

ρ——电阻系数，铜为 $0.0184\times10^{-6}\ \Omega\cdot\mathrm{m}$，铝为 $0.0310\times10^{-6}\ \Omega\cdot\mathrm{m}$。

7.4 信号设置

信号分工作状态信号、事故信号和预告信号。

① 工作状态信号功能：体现变电所内开关设备的分、合闸状态，在开关设备上一般设有状态信号指示灯。

② 事故信号功能：变电所内任何断路器事故跳闸后，应能立即发出事故信号，并应使该断路器的位置状态信号灯发出闪光。

③ 预告信号功能：当电气设备、装置发生故障或各种不正常的运行状况时，应能发出区别于上述事故的另一种信号，并使相应具体设备监视异常状态的有关显示灯亮。

事故信号和预告信号装置应能进行装置功能状态良好与否的试验，以便经常检查。

事故信号和预告信号都应能手动或自动复归。反映故障或不正常运行状态性质的显示灯亮，应保留至故障消除、恢复正常运行以后，才允许自动或手动复归。

当变电所内电气设备出现不正常运行情况时，应由预告信号装置发出警铃音响信号，表明有异常情况发生，并告知运行人员进行处理。

在保护装置内，应设置由信号继电器或其他元件等构成的指示信号，分别显示各保护装置的动作情况和装置异常情况信号。

结合电气设备的控制方式，电气设备的信号也分三级设置及显示。

7.4.1 电气设备的信号设置

电气设备上的信号设置，主要用于显示电气设备的正常运行状态和故障运行状态。值班人员、巡视人员和检修人员可以通过电气设备上的信号装置，了解电气设备的运行情况，便于快速地发现问题并解决问题。

电气设备上的信号设置，应和电气设备的二次控制回路、保护回路、信号回路的设置结合在一起，统筹考虑。

开关设备上，应能显示断路器和隔离开关的合、分闸状态信号，以及断路器事故分闸信号和自动合闸信号，方便巡视人员和检修人员进行巡视、检修时，了解开关设备的工作状态。

开关设备上的信号设置有：

① 断路器、隔离开关、接地开关的分、合闸信号。

② 带电显示信号：显示一次回路电源的工作状态。

③ 二次回路电源工作信号：显示二次回路电源的工作状态。

④ 保护跳闸信号：微机综合保护装置上显示保护跳闸信号。

⑤ 闭锁信号：微机综合保护装置上显示闭锁信号。

⑥ 手车位置信号：在开关柜上显示各种手车位置信号，如工作位和试验位等。

⑦ 其他系统运行和运营管理需要的信号。

变压器、整流器设备上的信号设置有：

① 温度信号。

② 辅助电源工作信号。

③ 各种报警信号。

备用电源自投装置、双电源自投装置上设动作信号显示。

当电气设备的控制回路故障时，应有故障信号显示。

当开关设备的保护回路断线或断路器跳闸、合闸回路断线时，应有信号显示。

7.4.2 变电所综控屏的信号显示

一般情况下，在变电所控制室内设综控屏（或信号屏），集中监视变电所中电气设备的运行状况，便于值守人员及时了解和处理故障及各种异常情况。

变电所综合自动化系统结合电气设备运行要求，以及用户运营要求，提出在综控屏（或信号屏）上需要显示的信号内容，由各电气设备采集处理后，经通信通道上传到变电所综合自动化系统，并在综控屏上显示。

7.4.3 控制中心的信号显示

控制中心的信号显示设置，主要用来集中监视变电所中电气设备的运行状况，便于电力调度人员及时了解和处理故障及各种异常情况。

变电所综合自动化系统结合电气设备运行要求，以及用户运营要求，提出在控制中心需要显示的信号内容，由各电气设备采集处理后，经通信通道上传到变电所综合自动化系统，继而上传到电力监控系统，在控制中心操作员工作站集中显示。

7.5 测量与计量

根据供电系统运行要求和用户运营要求，在变电所相应的供电设备上设测量性表计和计量性表计。

测量性表计实现对各种电气设备的运行状况或供电质量进行监视性的测量。

计量性表计实现对变电所供电运行要求的各种经济性指标进行计量性的测量。

变电所的屏、柜上表计的安装，应满足表计正常工作、运行监视、抄表和现场调试的要求。

对于某一电气回路，若需要测量多个参数，可设一块多功能测量表计，集中显示多个参数。

为了降低造价和节能，应尽可能减少测量表计的数量。

下面分别介绍测量性表计和计量性表计的设置。

7.5.1 测量性表计

常用测量仪表的配置，应能正确反映电力装置的电气运行参数和绝缘情况。

常用测量仪表指装设在屏、台、柜上的测量仪表，包括指针式仪表、数字式仪表、记录型仪表及相关配件。

指针式测量仪表的测量范围，宜使电气设备额定值指示在仪表标度尺的 2/3 左右。

对于双向电流的直流回路，应采用具有双向标度尺的电流表。

直流电流表配用的分流器，准确度等级不低于 0.5 级。

三相电流基本平衡的回路，可以只测量一相电流。

电气设备测量参数主要包括：电流、电压、有功功率、无功功率、功率因数等。

7.5.1.1 电流测量

电流测量表计的设置，用于监视设备运行情况和三相负荷大小及平衡情况。

（1）设置位置

① 主变电所的进线、馈线、母线分段。

② 主变压器的高压侧馈线、中压侧馈线。

③ 电源开闭所进线。

④ 中压网络各变电所的进线、馈线。

⑤ 牵引整流机组和配电变压器中压侧馈线。

⑥ 牵引直流系统进线、馈线。

⑦ 牵引直流系统负极。

⑧ 低压 400 V 系统进线、馈线、母线分段。

⑨ 低压 400 V 电容补偿柜。

⑩ 自用电源屏进线。

⑪ 蓄电池组和整流装置的直流输出回路。

⑫ 需监测电流的其他回路。

（2）测量方式

高压系统、中压系统、低压系统均采用电流互感器进行电流测量。高压系统一般测量三相电流，中压系统一般测量两相电流，低压系统根据负荷情况分别设置。对于三相平衡回路可以测量单相电流，对于三相不平衡回路，应测量三相电流。

直流牵引系统采用分流器进行电流测量。

蓄电池组直流回路采用霍尔电流元件进行电流测量。

7.5.1.2 电压测量

电压测量用来显示设备的带电情况和电压参数。

（1）设置位置

① 各段高压母线、中压母线、直流母线和低压母线。

② 牵引直流系统馈线。

③ 蓄电池组和整流装置的直流输出回路。

④ 钢轨电位限制装置（设走行轨对地电压测量）。

⑤ 需监测电压的其他回路。

（2）测量方式

高压系统和中压系统采用电压互感器进行电压测量。当高压系统或中压系统为中性点不直接接地系统时，采用三相五柱式电压互感器；当高压系统或中压系统采用小电阻接地系统时，采用 Y-Y 接线形式的电压互感器。

直流牵引系统采用测试电阻回路、测量放大器及电压继电器，实现电压测量。

低压系统直接通过电压继电器实现电压测量。

蓄电池组直流回路通过电压继电器实现电压测量。

7.5.1.3 有功功率测量

有功功率测量用来显示电气设备或电气回路所带的有功功率容量大小情况。

(1) 设置位置

① 主变压器的高压侧或中压侧。

② 牵引整流机组的中压侧。

③ 配电变压器的中压侧或低压侧。

④ 根据设备运行要求，需监测有功功率的其他回路。

具体设置位置根据设备运行要求和用户运营要求确定。

(2) 测量方式

采用有功功率测量表计，也可采用多功能表计。

7.5.1.4 无功功率测量

无功功率测量用来显示电气设备或电气回路所带的无功功率容量大小情况，并指示功率因数的超前、滞后情况。

(1) 设置位置

① 主变压器的高压侧或中压侧。

② 牵引整流机组的中压侧。

③ 配电变压器的中压侧或低压侧。

④ 低压 400 V 电容补偿柜。

⑤ 需监测无功功率的其他回路。

具体设置位置根据设备运行要求和用户运营要求确定。

(2) 测量方式

采用无功功率测量表计，也可采用多功能表计。

7.5.1.5 功率因数测量

(1) 设置位置

① 主变压器的高压侧。

② 牵引变压器中压侧。

③ 低压 400 V 电容补偿柜（设功率因数测量，通过功率因数的测量，结合无功功率的测量情况，核算无功补偿容量的大小）。

(2) 测量方式

采用功率因数表计，也可采用多功能表计。

7.5.2 计量性表计

电能计量仪表的设置，应分外部电度计量和内部技术经济考核计量两种情况，并结合用户运行要求，统筹考虑。

计量表计应满足计量准确度的要求。

电能计量表计应采用感应式或电子式电能表。

为方便表计试验和检修，电能表的电流、电压回路可装设电流、电压专用试验接线盒。

对于中性点接地系统，采用三相四线的有功、无功电度表，对于中性点不接地系统，采用三相三线的有功、无功电度表。

当具有远方遥测功能时，电能表共用一套，且电能表具有数据输出通信口。

计量参数主要包括：有功电度、无功电度。

7.5.2.1 外部电源计量

外部电源计量是指城市电网引至城轨供电系统的外部电源引入端的计量。该计量用于电度计费。

城轨供电系统的外部电源供电方案一般有三种：集中式、分散式和混合式。集中式和混合式外部电源供电方案，均需要设主变电所。分散式外部电源供电方案，可根据需要设电源开闭所。因此，无论外部电源采用哪种供电方案，城市电网外部电源主要有两种：城市电网高压电源引入城轨主变电所；城市电网中压电源引入城轨电源开闭所。

以下分主变电所和电源开闭所两种情况，对外部电源计量设置进行说明。

（1）主变电所进线

当城轨供电系统的外部电源采用集中式或混合式供电方案时，外部电源的计量表计应设在主变电所的进线处。

外部电源计量表计的设置位置、表计配置、表计管理等，由城市电力部门提出相关要求，由城轨供电系统建设方负责落实。一般在主变电所的进线开关柜内设计量用电流互感器和电压互感器，并设专用计量屏，计量屏由城市电力部门管理。

（2）电源开闭所进线

当城轨供电系统的外部电源采用分散式供电方案时，外部电源的计量表计可以设在电源开闭所的进线端，也可以设在城市电网的中压馈线端。

当外部电源计量表计设在城市电网所的中压馈线端时，该表计设置的各项工作均由城市电力部门负责考虑，电源开闭所进线端设置同等标准的表计，用于电度核算。

当外部电源计量表计设在电源开闭所的进线端时，由城市电力部门提出计量表计设置要求，由城轨供电系统建设方负责落实。一般在电源开闭所的进线提升柜内设计量用电流互感器和电压互感器，并在进线提升柜上设有功电度表和无功电度表。

7.5.2.2 中压系统计量

城市轨道交通线路中压系统的计量设置主要用于城轨内部技术经济考核。以下分中压进线、中压联络馈线、牵引整流机组中压侧馈线、配电变压器中压侧馈线等几个方面分别进行说明。

（1）中压进线

中压进线处设置计量，即变电所进线端设置有功电度表计和无功电度表计。

计量目的是，主要用来统计本变电所范围内及下级变电所（针对环网接线形式而言，若是中压网络末端变电所，则无下级变电所）的所有负荷的用电情况。对于城轨供电系统电度管理而言，可以按车站进行划分，分别统计各站变电所供电范围内的全部负荷的有功电度和无功电度。

（2）中压联络馈线

中压联络馈线处设置计量，即在变电所中压联络馈线处设有功电度表计和无功电度表计。

计量目的是，既将下一级变电所供电范围内全部负荷的有功电度和无功电度进行了统计，又将联络馈线电缆的损耗也进行了统计，包含了联络馈线电缆和变电所范围内的全部负荷用电。在中压联络馈线处设置计量，解决了在变电所进线处设置计量的不足，将联络馈线电缆的损耗用电计量在内，对于城轨供电系统电度管理而言，保证了电度计量的统一性和完整性。

（3）牵引整流机组中压侧馈线

在牵引整流机组中压侧设置计量，即在牵引整流机组中压侧设有功电度表计。

计量的目的是了解本站牵引整流机组的有功电度，结合全线各牵引变电所牵引整流机组的电度计量，了解全线直流牵引供电系统的用电情况，方便运营方对直流牵引系统的用电进行技术经济考核，以及了解两套牵引整流机组的出力均衡情况。

（4）配电变压器中压侧馈线

在配电变压器中压侧设置计量，即在配电变压器中压侧设有功电度表计。

计量的目的是了解本站配电变压器的有功电度，进而了解本站动力照明负荷的用电情况，方便运营方对动力照明供电系统的用电进行技术经济考核，也便于运营方对动力照明负荷回路进行调度管理以及倒闸操作。

当城市轨道交通不同线路之间，其中压网络系统之间设有联络线，实现资源共享时，该联络线应设置计量表计，用来计量联络线所提供电源的有功电度和无功电度。当两条城市轨道交通线路属于同一家运营公司运营管理时，该联络线电源的计量主要用于内部技术经济考核；当两条城市轨道交通线路属于不同的两家运营公司分别运营管理时，该联络线电源的计量应作为电费计量考虑。

7.5.2.3 低压系统计量

低压系统的计量，主要用来对一些特殊动力照明负荷进行计量，该计量既含有电度计费的作用，也含有技术经济考核的作用。

低压系统主要馈出回路的计量，按系统方案及运行方式、按配电性质分别进行计量，如动力回路和照明回路分别进行计量，以便于内部的考核。

针对具体工程，具体哪些动力照明负荷需设计量，需结合用户要求设置。

一般情况下，城市轨道交通线路的广告照明负荷需进行单独计量。

（1）三级负荷总开关计量

在低压开关柜排列中，可将所有三级负荷集中设在一面或两面柜内，且设三级负荷总开关。在这种情况下，在三级负荷总开关处设有功电度表计，进行三级负荷总计量。另外，在广告照明分支回路设有功电度表计，进行广告照明计量，其他分支回路不再设计量表计。

（2）分散计量

在低压开关柜排列中，三级负荷分散设在各低压开关柜中，设广告照明总开关。在这种情况下，在广告照明总开关处设有功电度表计，进行广告照明计量，其他需要进行电度计量的动力照明回路单独设置计量表计。

7.5.3 电流互感器和电压互感器的选择

测量与计量用的电流互感器的选择，应满足一次回路额定电压、最大负荷电流及短路时的动、热稳定电流要求，还应满足二次回路测量表计与计量表计的要求。

电流互感器、电压互感器的准确度等级的确定，应结合测量表计和电度计量表计的准确度等级统筹考虑。

当一个电流互感器的回路内有几个不同形式的仪表时，电流互感器的准确度等级应按准确度要求高的仪表选择。

电流互感器一次侧额定电流宜按正常运行的实际负荷电流达到其额定值的 2/3 左右选择，至少不小于 30%。

电流互感器的额定二次电流，可选用 5 A 或 1 A 的规格。

测量表计和保护不宜共用电流互感器的同一个二次绕组，如受条件限制和保护共用一个二次绕组，则保护装置接在表计之前，中间加装电流试验部件，以避免表计校验影响保护装置正常工作。

电流互感器二次绕组中所接入的负荷（包括测量表计、计量表计和连接导线等），应保证实际二次负荷在 25%～100% 额定二次负荷范围内。

电流互感器的二次绕组的中性点应有一个接地点。测量用的二次绕组应在配电装置处接地。

测量用电流互感器的误差限值见表 7.4[2]。

表 7.4　测量用电流互感器的误差限值

准确度等级	一次电流为额定电流的百分比（%）	误差限值		二次负荷变化范围
		电流误差（%）	相位差	
0.1	5 20 100～120	±0.4 ±0.2 ±0.1	±15 ±8 ±5	（0.25～1）S_r
0.2	5 20 100～120	±0.75 ±0.35 ±0.2	±30 ±15 ±10	（0.25～1）S_r
0.5	5 20 100～120	±1.5 ±0.75 ±0.5	±90 ±45 ±30	（0.25～1）S_r
1	5 20 100～120	±3.0 ±1.5 ±1.0	±180 ±90 ±60	（0.25～1）S_r
3	50 120	±3.0	不规定	（0.5～1）S_r
5	50 120	±3.0	不规定	（0.5～1）S_r

电压互感器应满足一次回路额定电压的要求。

用于计量的电压互感器，应按计量点设置专用电压互感器和二次绕组。

中性点非直接接地系统，若需要检查和监视一次回路单相接地时，应选用三相五柱式或三个单相式电压互感器，其二次绕组额定电压应为 100 V/ $\sqrt{3}$ 。中性点直接接地系统，可以采用一个单相电压互感器或两个单相电压互感器，其二次绕组额定电压应为 100 V。

为了减少连接导线电阻对表计的准确度造成的误差，表计的设置应尽量靠近有关互感器。

所有屏、柜上电流回路端子排，应采用电流试验端子，连接导线宜采用铜芯绝缘软电缆。

测量用电压互感器的误差限值见表 7.5。

表 7.5　测量用电压互感器的误差限值

<table>
<tr><th rowspan="2">准确度等级</th><th colspan="2">误差限值</th><th rowspan="2">一次电压变化范围</th><th rowspan="2">二次负荷变化范围</th></tr>
<tr><th>电流限值（%）</th><th>相位差</th></tr>
<tr><td>0.1</td><td>±0.1</td><td>±5</td><td rowspan="5">（0.8～1.2）U_{1r}</td><td rowspan="5">（0.25～1）S_{2r}</td></tr>
<tr><td>0.2</td><td>±0.2</td><td>±10</td></tr>
<tr><td>0.5</td><td>±0.5</td><td>±20</td></tr>
<tr><td>1.0</td><td>±1.0</td><td>±40</td></tr>
<tr><td>3.0</td><td>±3.0</td><td>不规定</td></tr>
</table>

7.6　变电所综合自动化系统

变电所综合自动化系统是建立在现代计算机技术、数据通讯技术、数字信号处理（DSP）等技术基础上发展起来的，它综合了变电所内全部二次设备功能。它以微机保护和计算机监控系统为主体，加上变电所其他智能设备构成功能综合的变电所自动化系统。

变电所综合自动化介于调度自动化和配电自动化之间。上行信息为送至上一级调度控制中心的信息；下行信息为变电所供电设备的信息和状态。因此，变电所综合自动化的特定功能在设计应用中，必须贯穿于上、下系统的整体总目标，保证系统整体效益的优化组合，信息数据综合处理要高度统一和规范；提高信息满足对供电系统的全面性科学管理，要有良好的可变性和移植性，既要先进，又要实用。

根据系统设计思想以及安装的物理位置不同，综合自动化系统的组态模式可以分成很多种类，且每一种类又因变电所实际情况的不同而有所差异。从系统设计思想上划分有集中式、分布式和分层分布式；从安装物理位置上划分有集中组屏、分层组屏和分散在一次设备间隔安装等形式。

集中式：集中式的综合自动化系统是按功能划分的模式。系统各功能模块与硬件无关。各功能模块用模块化软件连接来实现，并且集中采集信息，集中处理运算。但是对计算机的性能要求高，存在着系统可扩性及可维护性较差，难以应用 DSP 技术等缺点。因此，这种模式除了在早期综合自动化系统中应用外，目前已基本被新的模式所替代。

分布式：分布式组态模式一般按功能设计，采用主从 CPU 协同工作方式，各功能模块（通常是多个从 CPU）之间采用网络技术或串行方式实现数据通信，多 CPU 系统提高了处理并行多发事件的能力，解决了 CPU 运算处理的瓶颈问题。另外，可以选用具有优先级的网络系统解决数据传输瓶颈问题，提高系统实时性。分布式结构方便系统扩展和维护，局部故障不影响其他模块（部件）正常运行。

分层分布式：分层分布式系统从逻辑上将变电所自动化系统划分为两层，即变电所层（所级测控主单元）和间隔层（间隔单元）。它是采用“面向对象”即面向电气一次回路或电气间隔的方法进行设计的。间隔层中各数据采集、控制单元和保护单元就地分散安装在开关柜上或其他一次设备附近，各个单元的设备互相独立，仅通过通信网互联，并同所级测控主单元通信。通常，能在间隔层完成的功能一般不依赖通信网络，如保护功能本身不依赖于通信网。

通信网的通信可以是光缆或双绞线等，该组态模式集中了分布式的全部优点。此外，还最大限度地压缩了二次设备及其繁杂的二次电缆，节省了土建投资。系统本身配置灵活，从安装配置上除了能分散安装在间隔层开关柜上以外，还可以实现在控制室内集中组屏或分层组屏，即可以一部分集中在控制室内，另一部分集中在低压开关室内分别组屏等。系统具有很好的可扩展性和维护性。

关于变电所综合自动化系统与电力监控系统的关系，以及电力监控系统的详细情况介绍，参见第 12 章“电力监控系统”内容。

目前，供电系统主变电所的间隔层高压设备一般采用集中式安装（也可以采用分散式安装），中压、低压设备采用分散式安装，牵引降压混合变电所、降压变电所等为分散式安装。因此，主变电所综合自动化系统采用集中式与分布式相结合的变电所综合自动化系统，其余变电所采用分层分布式变电所综合自动化系统。

下面对分层分布式变电所综合自动化系统的设置情况，从系统功能、系统方案、系统硬件、系统接口等四个方面进行介绍。变电所综合自动化系统的部分内容，如人机界面要求、图形种类、接口点表等参照第 12 章的相关内容，本节不进行描述。变电所综合自动化系统和电力监控系统，两者功能的原则性要求是一致的，区别在于变电所综合自动化系统的监控范围为本变电所，而电力监控系统的监控范围为全线所有变电所。

7.6.1 变电所综合自动化系统的功能

变电所综合自动化系统的功能，主要包括控制及操作功能、数据采集与处理功能、显示功能、报警功能、系统权限管理功能、中文显示及处理功能、系统容错能力及自诊断功能、冗余设备自动切换功能、系统自检、时钟同步、便携式维护计算机通信功能以及智能设备接口功能。下面分别对以上功能进行介绍。其中控制及操作功能、数据采集与处理功能、显示功能、系统权限管理功能的具体描述参见第 12.6.1 节。

下述功能为各类变电所综合自动化系统功能的一般综述，不特指某一类型的变电所综合自动化系统。

1）控制及操作功能

（1）遥控功能

系统遥控功能，即可以对本变电所的任何一个可遥控的对象进行合、分遥控。

变电所的遥控功能主要在调试、系统运行初期使用。当系统运行稳定后，变电所控制室也可根据用户要求取消遥控功能。

（2）保护定值组管理功能

（3）保护投退功能

（4）供电系统控制闭锁功能

（5）断路器故障跳闸远方复归功能

（6）遥调功能

2）数据采集与处理功能

（1）遥信功能

（2）遥测功能

（3）SOE 事件记录功能

3）显示功能

（1）人机界面显示功能

（2）趋势显示功能

（3）系统运行状况显示功能

4）报警功能

变电所综合自动化系统的报警功能，主要包括人机界面报警显示功能和综控屏音响报警功能。系统设备发生故障或异常时，自动发出各类预告/事故报警信号。

（1）人机界面报警显示功能

此功能的具体内容参见第 12.6.1.4 节。

（2）综控屏音响报警功能

一般在变电所控制室内综控屏上，配置电笛、电铃等音响报警装置。当报警发生时，综控屏内的工作站驱动音响报警装置发出报警信号，报警声音分为事故、预告两种类型，两种类型的声音应该有明显区别。

报警音响可以通过变电所综控屏的手动复归和自动复归（延时一定时间后自动停止报警，时间可调），手动复归又分为人机界面复归和综控屏按钮复归。用户可以选择其中一种或者多种复归方式。

综控屏设置报警设备投入/退出/测试转换开关。

5）系统权限管理功能

此功能的具体内容参见第 12.6.1.5 节。

6）中文显示及处理功能

系统人机操作界面进行全中文处理。系统软件应配置中华人民共和国一级汉字库。

7）系统容错能力及自诊断功能

应能对整个系统的运行状况实施监视，若发现系统设备发生故障能报警提示维护人员，对运行设备的故障发生时间、恢复时间能自动记录。

8）冗余设备自动切换功能

双冗余设备及通信通道采用热备工作方式，主用设备发生故障时可自动切换到备用设备。两个设备或通信通道之间的切换也可以通过人机界面上手动操作来实现。

9）系统自检

系统能对变电所综合自动化系统自身设备实时监视，若检测到故障，均应通过人机界面和音响等设备发出报警提示，只有管理人员手动确认才可解除报警。

通过自检可以确定故障发生的部位，并能自动记录故障发生时间、恢复时间。

10）时钟同步

变电所综合自动化系统应具有时钟同步的功能，使变电所综合自动化系统与控制中心的时钟保持同步。系统对时方式根据变电所类型及系统建设方式而有所不同。

供电系统中的主变电所一般需要设置独立的 GPS 对时装置，以保证主变电所内高压、中压保护装置高度精确的 SOE 要求。其余类型的变电所综合自动化系统可以通过软件对时的方式实现对时，并可对其监控的智能设备进行软件同步对时，同步对时间隔时间可调。

当电力监控系统独立建设时，变电所综合自动化系统通过通信通道与电力监控系统进行软件对时；当电力监控系统以集成于综合监控系统的方式建设时，与综合监控系统进行软件或硬件对时。

11）便携式维护计算机通信功能

变电所综合自动化系统应配置与便携式维护计算机进行通信的接口，由便携式维护计算机实现监控及维护功能。

12）智能设备接口功能

变电所综合自动化系统应该能够完成与各类智能设备的通信连接。

7.6.2 变电所综合自动化系统的配置方案

变电所综合自动化系统的配置方案主要从以下三个方面来考虑：

① 从系统整体可靠性要求出发，选择配置所内双网或者单网、监控单元是否冗余配置。

② 从运营值班的需求出发，选择变电所内是否配置人机界面设备。

③ 若变电所为车站外独立变电所或者箱式变电所，该变电所的综合自动化系统需要综合考虑接入变电所内的门禁信号和火灾报警信号。

以下介绍的三个配置方案仅供参考，具体的配置方案需结合工程情况进行设计：

方案一：配置双冗余监控单元、单台以太网交换机、单套工作站如图 7.13 所示。

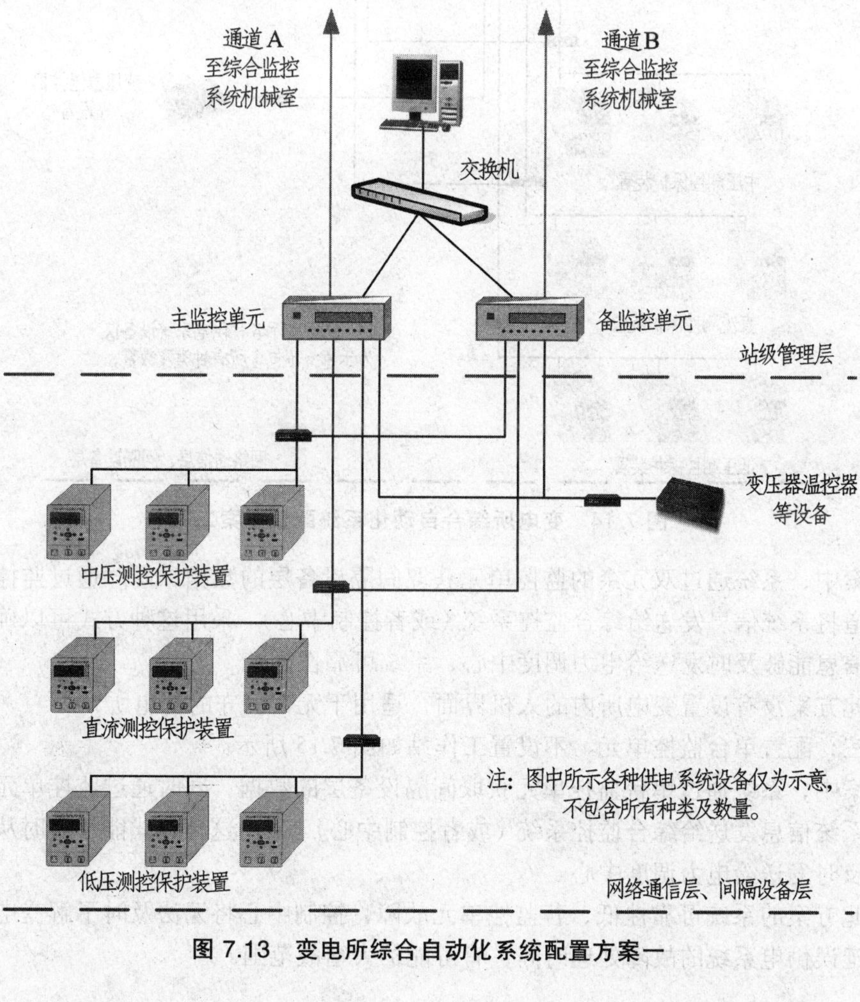

图 7.13 变电所综合自动化系统配置方案一

此方案中，系统通过双冗余的监控单元获取间隔设备层的数据，通过以太网交换机实现双冗余监控单元之间的通信，并经由交换机来实现单个监控单元故障时的切换功能，同时将采集到的信息送到现场后台工作站，工作人员通过工作站实现对变电所设备的监控功能。

变电所综合自动化系统通过监控单元配置的上传通道将系统信息发送给综合监控系统（或者控制中心），这种上传方式能保证变电所信息安全可靠地上传至电力调度中心，可以很好地保证电力调度的整体可靠性。

此方案适用于重要程度高、有人值守的变电所，如主变电所。

方案二：配置双冗余监控单元、不设置工作站如图 7.14 所示。

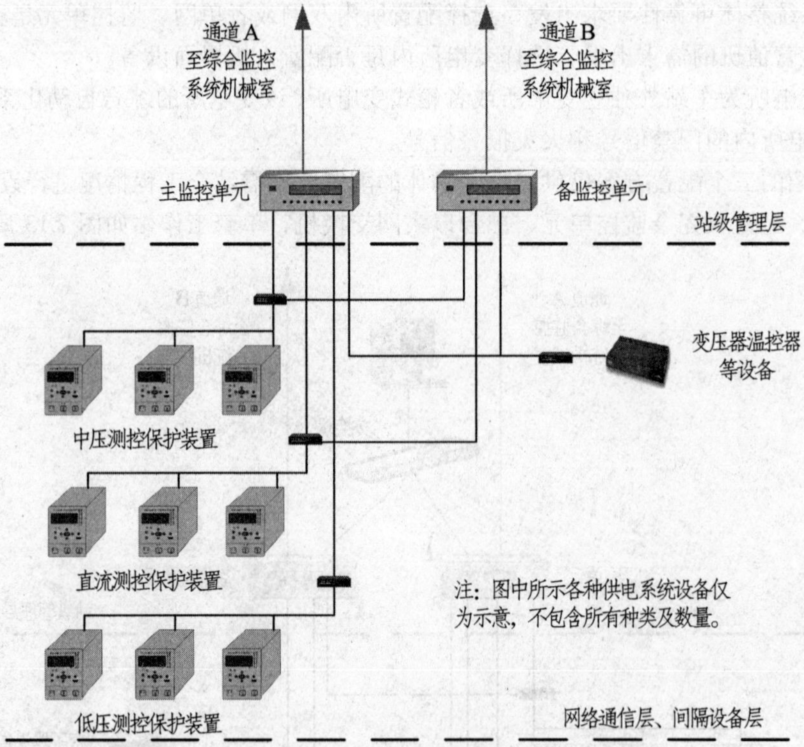

图 7.14　变电所综合自动化系统配置方案二

此方案中，系统通过双冗余的监控单元获取间隔设备层的数据，同时通过监控单元配置的上传通道将系统信息发送给综合监控系统（或者控制中心）。采用这种方式可以确保从变电所采集的信息能够及时发送给电力调度中心，系统可靠性高。

但是此方案没有设置变电所内的人机界面，适用于无人值守的变电所。

方案三：配置单台监控单元、不设置工作站如图 7.15 所示。

此方案中，系统通过单台监控单元获取间隔设备层的数据，同时通过监控单元配置的上传通道将系统信息发送给综合监控系统（或者控制中心）。采用这种方式能够实时从变电所采集的信息及时发送给电力调度中心。

但是此方案的系统可靠性低，若监控单元故障，控制中心将无法及时了解变电所的设备状态，会延误供电系统的故障处理时间，有可能扩大事故范围。

此方案没有设置变电所内的人机界面，适用于无人值守的变电所。

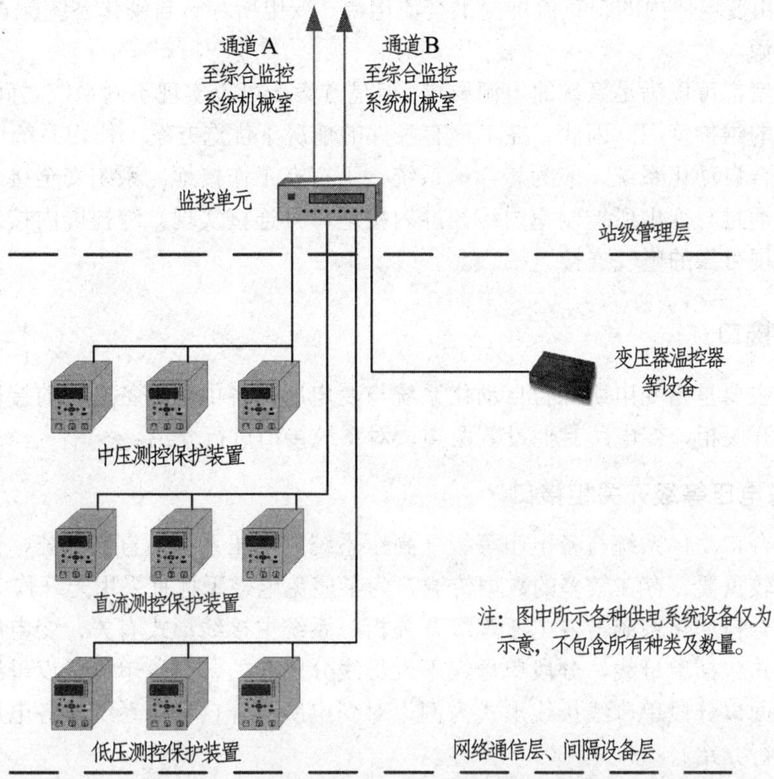

图 7.15 变电所综合自动化系统配置方案三

7.6.3 系统硬件配置

变电所综合自动化系统设备采用组屏安装，综控屏的数量根据系统配置方案确定。屏内安装监控单元、局域网设备等；屏上设有音响报警装置，具有事故、预告两种音响。

（1）局域网络设备

所内通信网采用适合于城市轨道交通使用环境的抗干扰性强、阻燃、铠装通信介质，优先选用屏蔽 5 类线。网络连接设备宜选用工业级产品。

（2）操作员站

操作员站设置于有人值守的变电所，可以采用组屏安装方式，也可以根据工程需要单独放置在专用值班室内。操作员站应采用工业级 PC。

（3）监控单元

监控单元用于实现各种类型子监控单元规约的转换，应支持与 canbus、Lonworks、Profibus 等多种现场总线的接口，支持 RS-232、RS-422 或 RS-485 等标准接口。

（4）便携式计算机

变电所综合自动化系统应该配置便携式计算机，计算机内安装调试软件，用于现场调试。

（5）系统电源及接地

变电所综合自动化系统的电源有以下两种方案：

方案一：由变电所内的交直流屏提供不间断交流、直流电源。

方案二：由变电所内的交直流屏提供交流电源，变电所综合自动化系统配置 UPS 为系统提供不间断电源。

这两种方案都可以满足系统的电源要求，但是方案一可以实现不同系统之间的资源共享，也简化了设备的维护管理。因此，在工程有条件的情况下优选方案一作为系统电源方案。

变电所综合自动化系统一般为悬浮地系统，不存在工作接地。系统安全接地及通信电缆屏蔽层接地均通过与变电所控制室内综控屏内接地母排连接实现。综控屏内接地母排与外引综合接地网实现可靠的电气连接。

7.6.4 系统接口

系统接口主要是指变电所综合自动化系统与变电所内各供电设备之间的接口，下面分成与各电压等级开关柜、变电所其他设备两类，对系统接口进行介绍。

7.6.4.1 与各电压等级开关柜接口

变电所综合自动化系统与各电压等级（高压系统、中压系统、直流系统、低压系统）开关柜的通信比较重要，存在较多的数据传输，为了避免电磁干扰宜采用光纤作为通信介质。

变电所综合自动化系统与各电压等级开关柜、系统主接线形式有关，变电所各级电压系统的主接线形式包括单母线、分段单母线不设母线分段开关、分段单母线设母线分段开关等接线形式。下面以分段单母线接线形式为例，对变电所综合自动化系统与各电压等级开关柜之间的接口进行介绍。

（1）接口分界

变电所综合自动化系统与各电压等级开关柜之间的接口在开关柜内综合测控保护装置或智能监控装置的外引通信端子排处，接口方式采用数字通信接口。同类开关柜综合测控保护装置之间的通信可以根据工程情况由变电所或者变电所综合自动化系统实现连接。

（2）接口类型及协议

变电所综合自动化系统与各电压等级开关柜之间的接口，主要有以下几种接口类型，见表 7.6。

表 7.6 变电所综合自动化系统与各电压等级开关柜之间的接口

序号	设备种类	主接线形式	接口类型	接口数量	接口协议
1	高压系统综合测控保护装置	线路一变压器组接线	保护装置之间为 RS422/485 或者其他类型串口，出柜处采用光纤 SC/FC/ST 接口	2 个	Modbus canbus lonworks devicenet IEC60870-5-103 sparbus profibus 等现场总线规约
2	中压系统综合测控保护装置	分段单母线（设母线分段开关或不设母线分段开关）	柜间为 RS422/485 或者其他类型串口，出柜处采用光纤 SC/FC/ST 接口	2 个	Modbus canbus lonworks devicenet IEC60870-5-103 sparbus profibus 等现场总线规约

续表 7.6

序号	设备种类	主接线形式	接口类型	接口数量	接口协议
3	直流牵引系统综合测控保护装置	单母线接线形式	柜间为RS422/485或者其他类型串口，出柜处采用以太网电接口	1个	Modbus canbus profibus等现场总线规约
4	低压系统智能监控装置	分段单母线设母线分段开关	柜间为RS422/485或者其他类型串口，出柜处采用光纤SC/FC/ST接口	2个	Modbus RS422/485 profibus等现场总线规约

7.6.4.2 与变电所其他设备之间的接口

城轨变电所内的供电设备，除了各电压等级的开关柜外，还包括排流柜（含杂散电流监测装置）、交直流电源屏、牵引变压器、整流器、配电变压器、钢轨电位限制装置、上网开关柜等设备，这些设备与变电所综合自动化系统的连接，可以采用电缆作为通信介质，若工程经济条件允许，也可以选用光纤作为通信介质。

（1）接口分界

变电所综合自动化系统与以上各设备的接口，在各设备的端子排上。

（2）接口类型及协议

变电所综合自动化系统与以上各设备之间的接口，主要有以下几种接口类型，见表7.7。

表 7.7 变电所综合自动化系统与变电所内其他设备之间的接口

序号	设备种类	接口类型	接口数量	接口协议
1	主变压器温控器	RS422/485或者其他类型串口	1个	Modbus canbus lonworks RS422/485 IEC60870-5-103 profibus等现场总线规约
2	牵引变压器温控器		1个	
3	配电变压器温控器		1个	
4	整流器智能采集装置		1个	
5	钢轨电位限制装置智能采集装置		1个	
6	排流柜（含杂散电流监测装置）		1个	
7	交直流电源屏智能采集装置		1个	
8	各类计量装置		1个	
9	上网开关柜		2个	

8 变电所自用电及应急照明电源

变电所自用电直接影响变电所设备的安全可靠运行；应急照明电源与变电所在特殊条件下的运行紧密相关。

本章分为变电所自用电、应急照明电源及其两者电源整合三个部分。针对变电所的不同形式，重点对主变电所、牵引变电所、降压变电所的自用电设备及其供电方式进行介绍。同时对应急照明电源的形式和种类进行对比分析，并论述各种变电所应急照明电源方案。最后简单介绍两种不同功能电源的整合，以及目前电源整合的发展趋势。

8.1 概 述

变电所设备及附属设备的正常运行需要低压电源，这些设备的用电称为变电所自用电。变电所自用电的可靠性直接影响变电所的可靠运行。

变电所自用电设备分为交流用电设备和直流用电设备，供电电压等级为 220V 及以下。变电所照明、通风设备、开关设备电加热、开关设备内部照明等需要交流电源；变电所内开关设备操作机构、继电保护设备、变电所自动化设备等一般需要直流电源。

变电所自用电系统由交直流电源屏等设备构成。交流电源屏提供交流电源，直流电源屏提供直流电源。

对于主变电所和独立牵引变电所，所内没有配电变压器及其低压配电设备，自用电系统需要设置所用变压器，以得到低压交流电源；牵引降压混合变电所或降压变电所的所用低压交流电源可由所内低压配电设备提供。低压电源均引至交流电源屏。

交流电源屏的主接线一般为单母线接线，通过电源自动转换装置引入低压电源。直流电源屏由整流设备和蓄电池组成，整流设备以往采用三相桥式整流设备，目前一般采用整流模块，并采用 N+1 冗余配置。直流电源屏的交流输入电源一般引自交流电源屏。

应急照明是在正常照明因故熄灭的情况下，供暂时继续工作、保障安全或人员疏散用的照明，包括疏散照明、备用照明等。疏散照明用于正常电源失电时，为乘客安全撤离出车站提供条件，另外当发生火灾时，保障乘客及管理人员安全撤离。变电所、通信和信号机房内的应急照明属于备用照明，用于在正常电源故障时，进行故障检修或灾害情况下维持机房设备继续运行。

应急照明是一级负荷中特别重要负荷，除要求正常双路电源外，还需要有独立于正常电源的备用电源。备用电源根据不同的负荷性质、负荷容量和电源切换时间的要求，可采用独立于正常电源的其他交流电源、蓄电池或发电机组等。

应急照明的正常电源引自车站低压配电系统，备用电源可引自相邻车站的低压配电系统或采用蓄电池供电。采用蓄电池供电时，蓄电池的安装形式可分为分散式安装和集中式安装。

分散式安装即应急照明灯具自带蓄电池；集中式安装即将蓄电池集中设置，构成应急照明电源系统，分别为各应急照明回路提供电源。

变电所自用电系统中开关设备的控制、信号、保护等电源采用直流供电，负荷等级为一级负荷中的特别重要负荷，备用电源多采用蓄电池组。因直流操作电源和集中式应急照明电源的备用电源均可采用蓄电池组，从设备资源共享的角度出发，变电所自用电直流电源屏和集中式应急照明电源存在整合的条件，可将整流和蓄电池部分进行共享设置，馈出部分各自独立。若实现交流供电应急照明回路需要设置逆变器。

8.2 变电所自用电

城轨交通工程中有主变电所、牵引变电所和降压变电所。变电所位置的不同使自用电内容和供电要求略有差别。变电所自用电的配置要满足各级负荷的供电要求，满足负荷所需电流制式、电压等级要求，满足负荷对电源切换时间的要求，满足负荷容量的要求，满足负荷所需供电时间的要求。

8.2.1 主变电所

地面或地下城轨主变电所，这两种情况下其自用电设备内容有所不同，主要差异在于地下变电所设置有气体灭火系统。

主变电所电气设备主要有：高压交流开关设备、中压交流开关设备、有载调压主变压器、接地变压器等。

自用电的服务对象为主变电所操作电源、检修电源、照明、通风系统、主变电所综合自动化系统等。

（1）自用电设备

主变电所自用电设备包括：变电所的照明，变电所的通风设备，变电所的空调，变电所的检修设备，开关设备柜内的照明及电加热器，主变压器温控器，开关设备的操作与继电保护，综合自动化设备，火灾报警设备，气体灭火及排气设备（仅地下主变电所设置）。

（2）自用电设备负荷分级和供电制式

照明包括正常照明和应急照明（备用照明），采用交流供电，其中地面主变电所正常照明为二级负荷，地下主变电所正常照明为一级负荷。应急照明为一级负荷中特别重要负荷。应急照明在正常照明失效时应能保证主变电所正常运行和设备检修所需要的照度要求。

通风设备为二级负荷，采用交流供电，正常的通风条件可保证主变电所电气设备正常运行的温度、湿度环境要求。

空调为二级负荷，采用交流供电。空调一般设于值班控制室和蓄电池室，用于保障运行人员的工作环境条件，保持蓄电池室适宜的环境温度，维持蓄电池的正常使用寿命。

检修设备为二级负荷，采用交流供电，当电气设备出现故障时，为维护、检修提供电源，及时解决电气设备的故障，保证电气设备运行的冗余度。

开关柜内部照明及电加热器为二级负荷，采用交流供电，为设备维护检查、查找故障隐患提供视觉条件，电加热器用于开关设备除湿，保障设备正常运行。

温控器为一级负荷，属于继电保护的基础设备，采用交流供电，为变压器的温度保护提供报警和跳闸信号。

开关设备的操作和继电保护的电源，属于一级负荷中特别重要的负荷，采用直流供电。具体设备有高压和中压开关设备的电动操作机构，微机综合保护装置，各种信号指示等。

综合自动化设备为一级负荷，采用交流供电，为远方电力调度中心的控制、监视以及故障的判断处理提供条件。

火灾报警设备为一级负荷中特别重要负荷，属于消防设备，正常采用交流供电，报警主机设有直流备用电源。发生火灾时及时报警和控制火情，为避免或减少生命与财产损失创造条件。

气体灭火及排气设备为一级负荷，属于消防设备，采用交流供电。用于电气设备发生火灾时的灭火和火灾后灭火气体的排出。

（3）自用电设备的供电

自用电设备均为低压供电，交流供电设备的负荷等级为一级负荷，因此需要两路低压电源。

由于主变电所没有低压开关设备，自用电所需要的交流低压电源需要设置所用变压器。因自用电中有一级用电负荷，这对电源可靠性的要求很高，因而主变电所设置两台所用变压器。两台所用变压器分接在中压配电系统的不同母线上，变压器中性点直接接地。所用变压器低压侧接至交流电源屏，作为两路交流进线电源。

根据主变电所自用电设备中存在消防负荷的情况，低压交流接线一般采用单母线分段设分段开关方式。每段母线为消防负荷提供一路电源，消防末级配电设备实施双电源切换。

自用电各设备的馈出回路独立设置，为三相四线制放射式配电。进线开关与各馈出开关具备馈出回路过负荷和短路情况下的全选择性。低压配电接地型式采用 TN-S。

为消防设备配电的馈出开关，过负荷保护动作于报警而不跳闸。

一级负荷中的特别重要负荷，增设蓄电池作为备用电源，如开关设备所需的直流操作电源、继电保护装置电源，由设置的直流电源屏提供。

交流电源屏为直流电源屏提供交流电源，直流电源屏采用高频开关电源模块将交流电源整流为所需直流电源，增设的蓄电池组正常处于在线浮充状态，待交流电源全部失电时，蓄电池放电实现不间断供电。

交流电源全部失电，蓄电池容量应满足规定时间内全所直流设备运行的容量要求，且应满足在蓄电池放电末期最大冲击负荷容量的要求。按照《35～110 kV 变电所设计规范》（GB50059—92）的要求，蓄电池容量满足全所事故停电的时间为 1 小时。

主变电所自用电接线如图 8.1 所示。

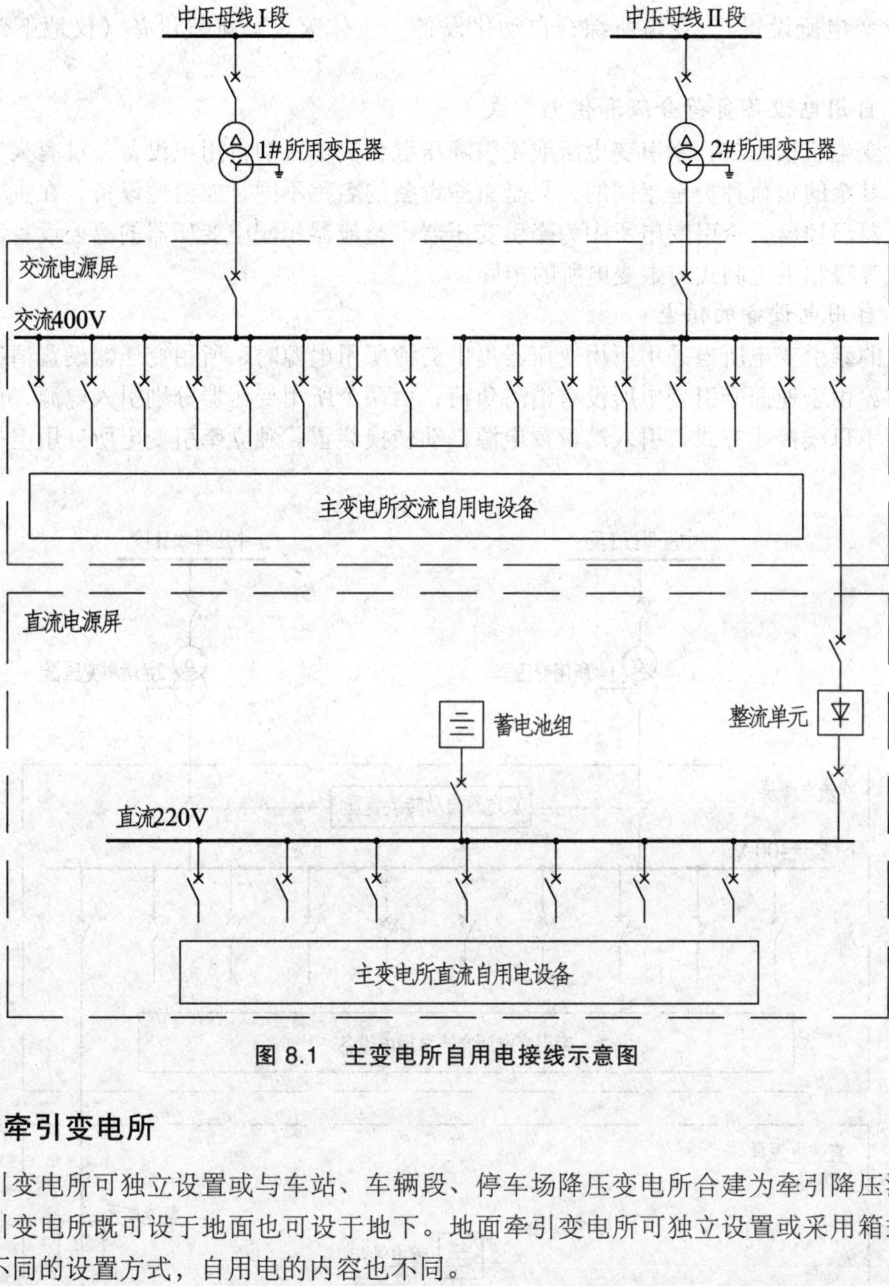

图 8.1 主变电所自用电接线示意图

8.2.2 牵引变电所

牵引变电所可独立设置或与车站、车辆段、停车场降压变电所合建为牵引降压混合变电所，牵引变电所既可设于地面也可设于地下。地面牵引变电所可独立设置或采用箱式牵引变电所。不同的设置方式，自用电的内容也不同。

牵引变电所主要电气设备有：中压交流开关设备、牵引变压器、整流器、直流开关设备。若合建为牵引降压混合变电所，电气设备还有配电变压器和低压开关设备。

自用电的服务对象为牵引变电所操作电源、检修电源、牵引变电所综合自动化系统等。

（1）自用电设备

牵引变电所自用电设备包括：变电所的照明，变电所的通风设备（仅独立牵引变电所设置），变电所的空调（仅独立牵引变电所设置），变电所的检修设备，开关设备柜内的照明及电加热器，牵引变压器温控器，整流器温控设备，配电变压器温控器（仅牵引降压混合变电所设置），中压、直流开关设备的操作与继电保护，低压开关设备的操作（仅牵引降压混合变电所设置)，变电所综合自动化设备，气体灭火及排气设备（仅地下牵引变电所设置）。

（2）自用电设备负荷分级和供电制式

与主变电所相比较，牵引变电所或牵引降压混合变电所的自用电设备，没有火灾自动报警设备，其余的负荷种类是相同的，只是有些设备的名称不同，如温控设备，在主变电所中为主变压器温控器，牵引变电所中为牵引变压器、整流器和配电变压器的温控设备。同类负荷的负荷等级和供电制式与主变电所的相同。

（3）自用电设备的供电

独立的牵引变电所当采用所用变压器提供交流所用电源时，所用变压器设置情况与主变电所相同。由于地面牵引变电所没有消防负荷，由两个所用变压器分别引入电源，低压接线一般采用单母线接线方式，引入端设置电源自动转换装置。独立牵引变电所自用电接线如图8.2所示。

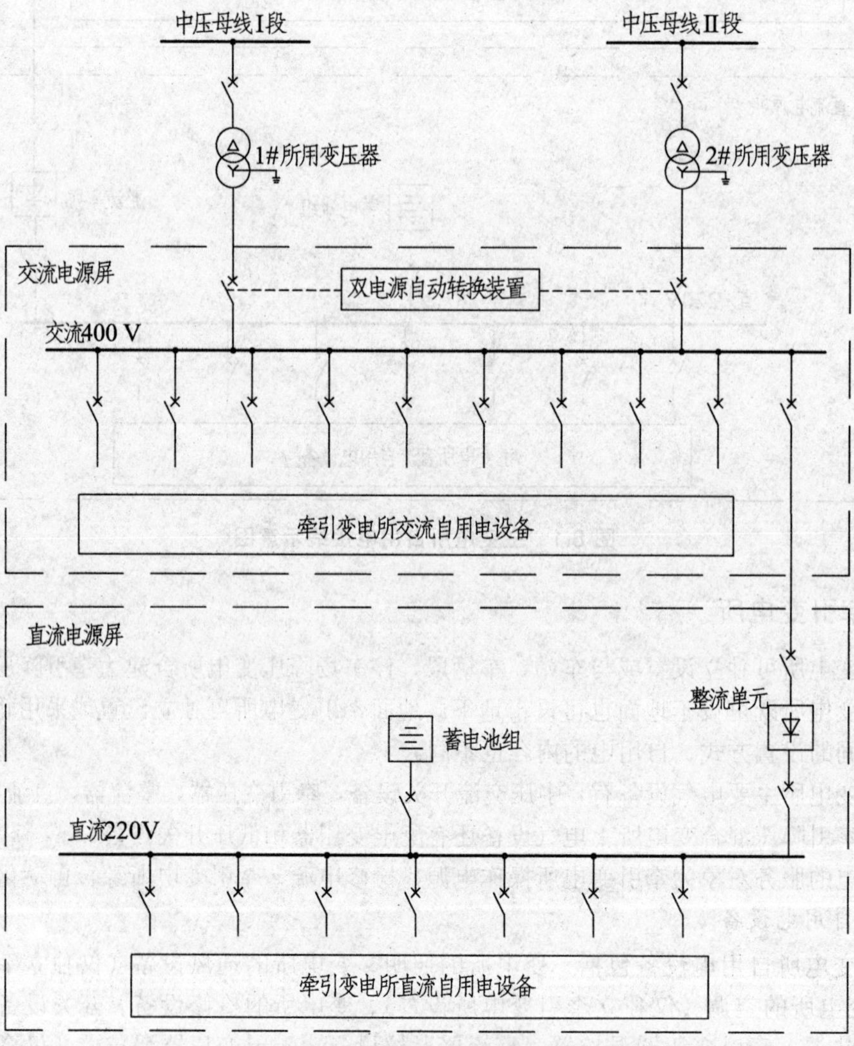

图 8.2 独立牵引变电所自用电接线示意图

牵引降压混合变电所自用电的交流电源引自所内低压开关设备的不同母线，一般采用单母线接线方式，引入端设置电源自动转换装置。牵引降压混合变电所自用电接线如图 8.3 所示。

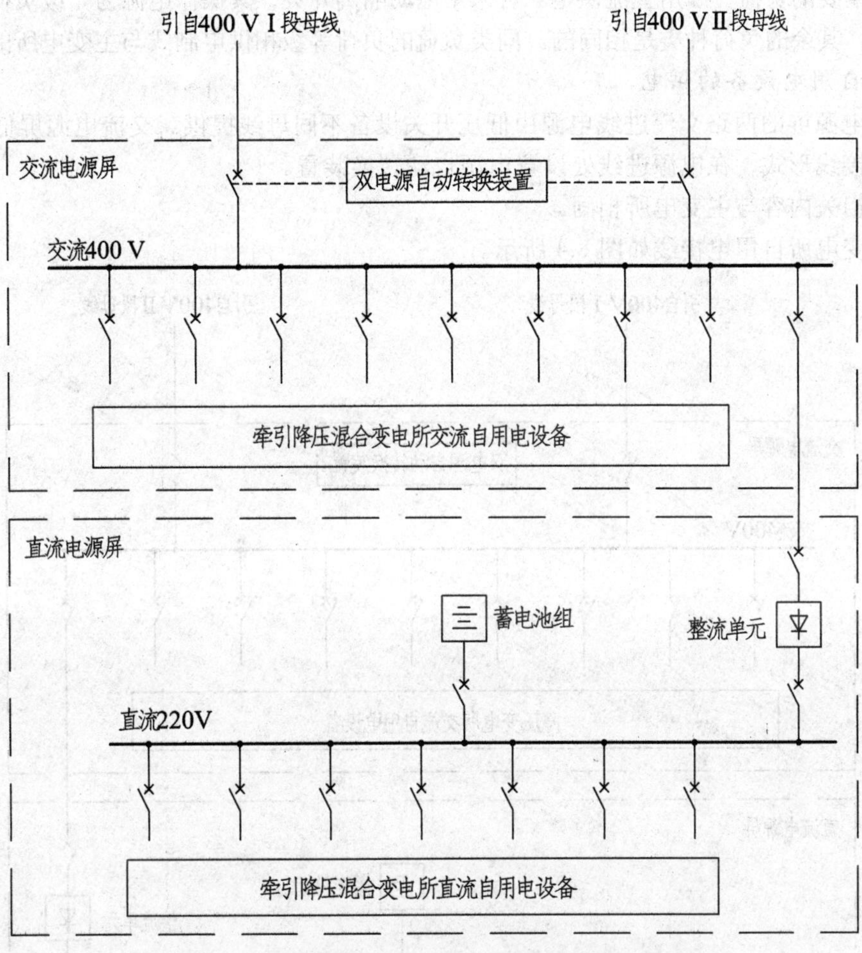

图 8.3 牵引降压混合变电所自用电接线示意图

其余内容同主变电所。

8.2.3 降压变电所

城市轨道交通工程降压变电所的土建工程一般不独立建设，而设于车站内和车辆段、停车场的某个建筑物内。

降压变电所电气设备主要有：中压、低压交流开关设备，配电变压器等。

自用电的服务对象为变电所操作电源、变电所综合自动化系统等。

（1）自用电设备

降压变电所自用电设备包括：变电所的检修设备，开关设备柜内的照明及电加热器，配电变压器温控器，中压开关设备的操作与继电保护（采用断路器），变电所综合自动化设备，气体灭火及排气设备（仅地下变电所设置）。

（2）自用电设备负荷分级和供电制式

与主变电所相比较，降压变电所的自用电设备减少了火灾报警系统、变电所照明、通风和空调设备等。中压开关设备采用断路器作为分断设备时，其操作和继电保护的电源属于一级负荷中特别重要的负荷，采用直流供电。若采用电动隔离开关，其操作电源为一级负荷，可采用交流供电。其余的负荷种类是相同的。同类负荷的负荷等级和供电制式与主变电所的相同。

（3）自用电设备的供电

交流电源屏的两路交流进线电源由低压开关设备不同母线提供。交流电源屏低压接线采用单母线接线形式，在电源进线处设置电源自动转换装置。

其余相关内容与主变电所相同。

降压变电所自用电接线如图 8.4 所示。

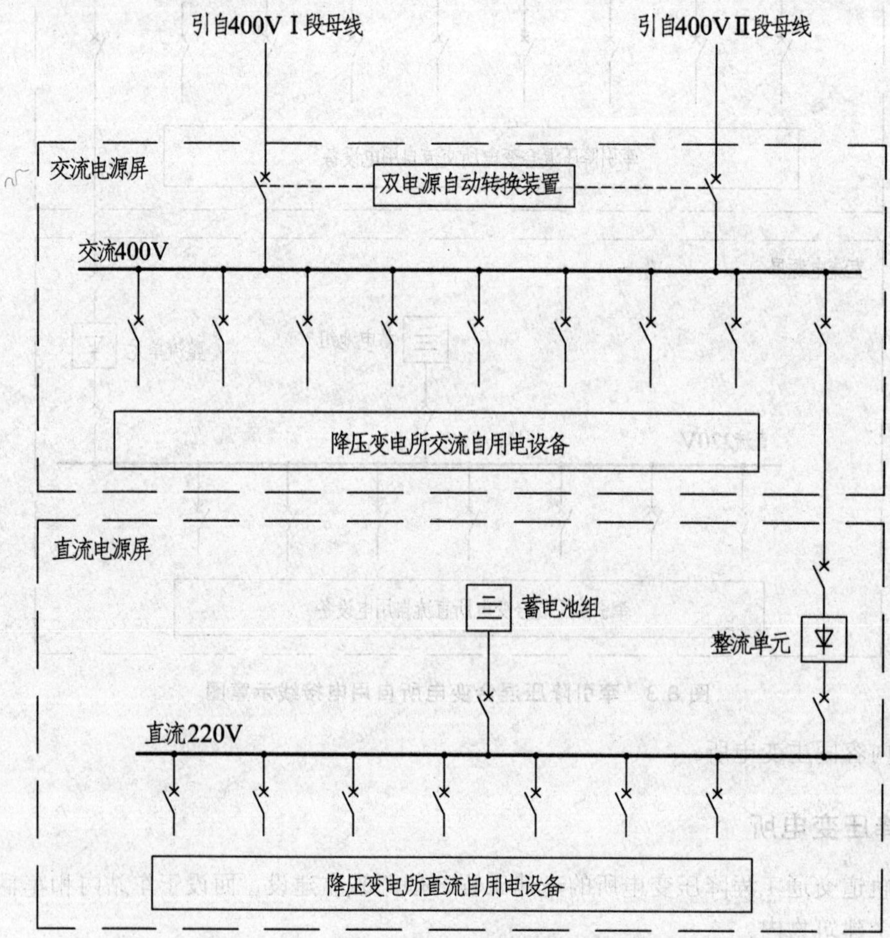

图 8.4　降压变电所自用电接线示意图

8.2.4　交、直流电源屏

交、直流电源屏是变电所自用电的配电设备，交流电源屏就是一个双电源配电设备，两路电源的转换可采用 PC 级或 CB 级电源转换装置。直流电源屏交流电源引自交流电源屏，采用高频开关模块将交流电源整流为所需直流电源，并采用蓄电池作为备用电源。

直流电源屏整流装置的发展历经了二极管整流、可控硅整流和高频开关整流等不同阶段，高频开关模块的使用是由通信电源开始，目前已在小容量的整流系统中普遍采用。

最初采用的蓄电池为铅酸蓄电池，体积大，维护量高，需要良好的通风条件。在镉镍蓄电池产生后，以体积小、放电倍率高得到了广泛的使用，但仍然需要经常性地维护。由于变电所开关设备合闸操作机构由电磁操作发展为弹簧操作机构和永磁机构后，断路器所需合闸能量已大大减少，而且变电所无人值守的运营管理方式也使得镉镍蓄电池不适应城轨工程，目前多采用密闭型铅酸免维护蓄电池。

交、直流电源屏主要技术参数如下：

输入电压	380×（1±20%）V
电网频率	50×（1±10%）Hz
功率因数	≥92%
输入过电压报警	(450±10) V
输出电压	浮充 176～280 V
	均充 250～320 V
稳压精度	≤±3%
稳流精度	≤±3%
纹波系数	≤±0.12%
均流不平衡度	±5%
输出过电压保护	(330±5) V
输出欠电压保护	(170±5) V
效率	≥90%
绝缘电阻	≥10 MΩ
绝缘耐压	工频耐压≥2.5 kV 1 min
漏电流	≤30 mA
无飞弧	
环境温度	10°C～30°C
噪声	≤50 dB
外壳防护等级	不低于 IP20

8.3　应急照明电源

顾名思义，应急照明电源是为应急照明服务的设备，一般特指在正常电源失去后，为应急照明提供的备用电源。应急照明电源是应急电源的一种具体功能体现，应急电源可有多种形式。

（1）独立于正常电源的发电机组

提供交流应急电源，包括应急燃气轮机发电机组、应急柴油发电机组。快速自启动的发电机组适用于允许中断供电时间为 30 s 以内的负荷。

发电机组由于其动力来源都是可燃性物质，并为了满足规定时间内的供电需要应储存一定的数量，而城轨车站规模相对于大型民用建筑工程要小得多，人员密集程度高，对城轨工程尤其是地下消防安全不利。快速自启动的发电机需要 30 s 以内的时间，如果应用于应急照明电源，还需要和其他电源系统配合使用。虽然国外城轨工程中有采用，但目前国内城轨工程尚没有采用发电机组用作应急电源的实例，也没有单独用作应急照明电源。

（2）UPS（Uninterruptable Power Supply）

即不间断电源，保护意外断电数据丢失的一种备用电源设备，可以在交流电断开的情况下，保证短时间的工作。适用于允许中断供电时间为毫秒级的负荷，以蓄电池和逆变器作为备用电源。

UPS 一般用于精密仪器负载（如电脑、服务器等负载）等要求供电质量较高的场合，强调逆变切换时间短、输出电压及频率稳定性、输出波形的纯正、无各种干扰等。城轨工程控制调度相关系统和自动清分结算系统等采用计算机设备的重要系统，一般采用 UPS 不间断电源。而应急照明电源一般不采用 UPS 装置。

（3）EPS（Emergency Power Supply）

即应急电源装置，提供交流应急电源，以蓄电池和逆变器作为备用电源，多用于允许中断供电时间为 0.25 s 以上的负荷。

EPS 装置多用于应急照明电源，也可用于消防用电设备，如应急照明灯、标志灯、消防电梯、消防水泵、防火卷帘、防火门、排烟风机等或其他供电质量相对要求不高的用电设备，强调能持续供电这一功能。但不可用于计算机、交换机、服务器等精密仪器负载，以免出现数据丢失的情况。

（4）带有自动投入装置而有效独立于正常电源的专用馈电回路

适用于允许供电中断时间 1.5 s 或 0.2 s 以上的负荷。可用于应急照明电源，目前北京地铁某些既有线路使用这种方式。

（5）蓄电池

适用于容量不大的特别重要负荷，并要求采用直流电源，如变电所直流操作电源。由于蓄电池直接接在直流母线上，交流电源正常时为浮充状态，因此由交流电源经高频开关装置供电转为蓄电池直接供电，没有转换时间。也可采用正常由高频开关供电，在有冲击负荷时由蓄电池放电。在直流操作电源屏的输出回路增设逆变器可用于提供应急照明电源。在应急照明灯具内也可直接设置蓄电池，作为备用电源。

按照现行国家标准《地下铁道照明标准》（GB/T 16275—1996）的要求，城市轨道交通工程应急照明由正常电源切换到应急电源的允许时间为不大于 5 s。

8.3.1 典型应急照明电源装置

8.3.1.1 EPS 应急电源

（1）EPS 的工作原理

EPS 应急电源由充电器、逆变器、蓄电池、隔离变压器、切换开关、监控器、保护装置等和机箱组成。相对于 UPS 来讲，EPS 均为离线式。由于采用不同形式的切换开关，EPS 的切换时间是不同的，切换开关可采用接触器、静态旁路开关等。

当交流电源正常时，由电源经过 EPS 装置的交流旁路给重要负载供电，同时进行电源检测及蓄电池充电管理，然后再由电池组向逆变器提供直流能源。在此，充电器是一个仅需向蓄电池组提供相当于 10% 蓄电池组容量（Ah）的充电电流的小功率直流电源，它并不具备直接向逆变器提供直流电源的能力。此时，交流电源经由 EPS 的交流旁路和转换开关所组成的应急电源系统向用户的各种应急负载供电。同时，在 EPS 的逻辑控制板的调控下，逆变器停止工作处于自动关机状态。用户负载实际使用的电源是来自电网的交流电，EPS 应急电源也是通常说的一直工作在睡眠状态，可以有效地达到节能的效果。

当交流电源供电中断或电压超限（如±15% 或±20% 额定输入电压）时，切换开关将投切至逆变器供电，在蓄电池所提供的直流能源的支持下，用户负载所使用的电源是通过 EPS 的逆变器转换的交流电源。

当交流电源电压恢复正常工作时，EPS 的监控装置发出信号对逆变器执行自动关机操作，同时还通过它的转换开关执行从逆变器供电向交流旁路供电的切换操作。EPS 在经交流旁路供电通路向负载提供交流电源的同时，还通过充电器向电池组充电。

EPS 工作原理如图 8.5 所示。

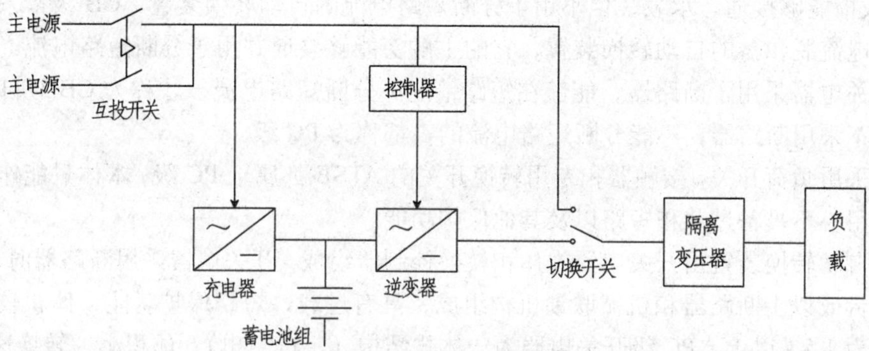

图 8.5　EPS 工作原理框图

EPS 装置较多用于应急照明电源，它也可作为消防动力的电源。不同的供电对象，对 EPS 装置的要求也有不同。下面对 EPS 作为应急照明电源的一般要求进行说明。

① 向应急照明灯供电的 EPS，供电中断时间小于 5 s。

② 为尽可能地利用正常交流电源，减少 EPS 的能耗，当交流电源电压在 187～242 V（220 V，－15%，＋10%）的范围内，EPS 允许仍为交流旁路供电，而不采用逆变器供电。

③ EPS 配置蓄电池的容量，应满足在交流电源供电中断时，保证应急照明的供电时间要求。对于地下车站和控制中心不小于 60 min，对于地面车站等建筑物，不小于 30 min。

（2）EPS 的容量及选择

在交流供电正常时，EPS 是通过交流旁路向负载供电。原则上，它可以带具有各种不同功率因数的负载，但在交流供电中断或电压或频率超限时，则是由 EPS 中的逆变器来供电的。因此 EPS 的承载能力不仅要考虑逆变器在不同功率因数值负载时的降额度输出特性，而且还要根据所使用的应急照明灯具的不同来选配 EPS 的输出功率和机型。

① 应急照明灯具光源为白炽灯：由于应急照明的功耗是用有功功率 P（kW）来标注的，而 EPS 逆变器的输出功率是用功率因数 $\cos\varphi=0.8$（滞后）时的视在功率 S（kV · A）来标注的，实际选用 EPS 的满载输出功率应为 $S=P/0.8$。

② 应急照明灯具光源为荧光灯：由于荧光灯启动时存在较大的“启动浪涌”电流。EPS 满载输出功率应为 $S=(1.3\sim1.5)P/0.8$

③ 应急照明灯具的光源也可采用为高压气体灯，但城轨工程目前尚未使用。此时宜选用切换时间小于 20 ms 的 EPS 设备。因为，如果对高压气体灯的供电中断时间超过 20 ms 时，就

有可能致使气体灯中的放电电弧“熄灭或中断”。一旦发生放电电弧中断现象，即使马上恢复供电也可能导致长达数分钟的黑灯现象，因为需要足够长时间来重新预热高压气体灯中的灯丝。

8.3.1.2 电源自动转换装置

所谓电源自动转换装置（ATSE），是由两个或几个转换开关电器和其他必需的联锁、控制设备组成，用于监视电源，并在特定条件下，将负载设备从一个电源自动转换到另一个电源的电器设备。它主要由开关转换电器、联锁设备和转换控制电器组成。

根据 IEC-60947-6 国际标准规定，自动转换装置可分为 PC 级或 CB 级两个级别。根据采用转换开关电器的不同可分为四种，接触器式、断路器式、负荷开关式、专用转换开关式。按照转换控制电器的不同分为电磁继电器和数字控制器。

PC 级指能够接通、承载，但不用于分断短路电流的自动转换装置。CB 级指采用断路器并配备过电流脱扣器的自动转换装置，它的主触头能够接通并用于分断短路电流。因此，只有转换开关电器采用了断路器，能够在短路情况下分断短路电流，才称为 CB 级自动转换装置，其余不采用断路器，不能分断短路电流的，都称为 PC 级。

因此采用负荷开关、接触器和专用转换开关的 ATSE 都属于 PC 级，本体只能作为自动转换开关使用，不具备过载和短路以及其他保护功能。

电源自动转换装置由开关电器本体和转换控制器组成。开关电器采用断路器时，即为 CB 级，由两台或以上断路器和机械联锁机构组成，具有过载、短路保护功能，体积较大，切换时间一般为 1.5 s 以上。PC 级开关电器为一体式结构（二进一出），体积小，转换速度较快，一般在 0.2～1.3 s 之间。

由传统的电磁式继电器构成的转换控制器，优点是成本低，但存在性能单一、体积大的缺点。数字电子式转换控制器，可根据用户要求设定产品参数，具有精度高、体积小、使用方便的特点。

8.3.2 应急照明电源方案

在城轨工程中，应急照明电源方案可能是一种形式，也可能是几种形式的组合。如地下车站的应急照明电源采用 EPS 应急电源系统，而在地面独立设置的变电所，其应急照明电源也可采用分散式安装的蓄电池。

8.3.2.1 独立设置的变电所

对于主变电所及独立设置牵引变电所，其应急照明电源是独立考虑的，与城轨车站的应急照明电源没有联系。它有三种方案可供选择。

方案一：考虑到应急照明灯具数量不多，容量不大，可以采用分散设置于应急照明灯具的蓄电池作为应急电源。应急照明灯具采用三线制，当正常电源失电时，由灯具自带的蓄电池继续供电，供电时间不小于 60 min。应急照明灯具的交流电源引自变电所交流电源屏，馈出回路与正常照明分开，避免正常照明回路故障对应急照明供电造成影响。为保证应急照明灯具可靠工作，需对蓄电池进行维护。由于蓄电池分散布置，其维护工作量比蓄电池集中设置或采用 EPS 应急电源略大。

方案二：在变电所中设置较小容量的 EPS 应急电源，应急电源的交流电源引自变电所交流电源屏，为单独馈出回路。EPS 的馈出回路接至应急照明灯具。EPS 应急电源的供电时间不小于 60 min。此方案造价较高。

方案三：在变电所直流操作电源屏的馈出回路中加装逆变器，为应急照明提供交流电源。正常交流电源失电，由蓄电池放电后继续供电，供电时间不小于 60 min。这需要加大操作电源屏的高频开关电源及蓄电池的容量。

8.3.2.2 车站内牵引变电所、降压变电所

由于变电所处于车站内，变电所与车站的应急照明电源应统一考虑。主要有以下三个方案。

方案一：在车站配电室设置 EPS 应急电源。应急电源的交流输入电源引自车站消防配电系统。EPS 引出若干回路为变电所应急照明提供电源，应急照明的供电时间不小于 60 min。

方案二：采用独立于正常电源的第三路电源作为应急电源。在变电所内设置应急照明电源柜，由变电所交流电源屏提供正常双路电源，应急的第三路电源由相邻车站引入，并向另一相邻车站提供备用电源。应急照明电源柜提供若干馈出回路分别引至变电所、车站应急照明设备。当本车站变电所双路低压电源失电，自动切换至应急电源后继续供电。本方案的优点在于应急电源的供电时间不受限制。

方案三：在变电所直流操作电源屏的馈出回路中加装逆变器，为应急照明提供交流电源。其他同 8.3.2.1 节中的方案三。

8.3.2.3 车辆段、停车场内的牵引变电所、降压变电所

当降压变电所独立设置或与之合建的建筑物没有应急照明时，应急照明电源方案同独立设置的变电所。合建建筑物设置应急照明时，可有以下两个方案：

方案一：在建筑物内配电室设置 EPS 应急电源。应急电源的交流输入电源引自建筑物消防配电系统或照明配电系统独立馈出回路。EPS 引出若干回路为变电所应急照明提供电源。应急照明的供电时间不小于 60 min。

方案二：在变电所直流操作电源屏的馈出回路中加装逆变器，为应急照明提供交流电源。正常交流电源失电，由蓄电池放电后继续供电，供电时间不小于 60 min。

8.4 变电所自用电与应急照明电源的整合

变电所自用电由交、直流电源屏提供电源，应急照明电源多采用 EPS。虽然交流电源屏能够为应急照明提供出两路交流电源，但不具有备用电源，不能满足变电所应急照明作为一级负荷中特别重要负荷的供电要求。

直流电源屏有蓄电池作为备用电源，但它服务对象是变电所内的开关设备，提供开关设备的控制、合分、信号等所需要的直流电源。只需在直流馈出回路中加装逆变器，就可以输出交流电源，为应急照明进行供电。

8.4.1 整合特点

变电所自用电和应急照明电源的整合是电源设备的整合，在上海、北京和伊朗德黑兰地铁都有过工程应用。即利用变电所直流操作电源屏的蓄电池及馈出回路为应急照明提供备用电源，不再设应急照明备用电源设备。设备整合有利于减少设备投资，方便电源设备的统一

管理、维护，有利于延长设备的使用寿命。

整合后电源系统供电的负荷为变电所开关设备直流操作设备和应急照明，均为一级负荷中特别重要负荷，所需要的电源既有交流也有直流。

整合电源系统共用整流装置、蓄电池和控制装置，整流装置可采用高频开关电源，并采用 N+1 冗余配置，正常均投入运行，通过控制装置实现均流。当某一个高频开关电源发生故障，控制装置自动将其切除，不影响整合装置的正常使用。

整流装置将交流输入电源整流为需要的直流电源，为蓄电池充电。整流直流电源经稳压后，提供开关设备直流操作电源，经逆变器提供应急照明所需交流电源。

当交流输入电源出现故障，则蓄电池放电，继续提供直流操作电源和应急照明电源。蓄电池容量的选择需满足直流操作电源、应急照明容量和时间的要求。

8.4.2 接线方案

整合电源屏的接线如图 8.6 所示。

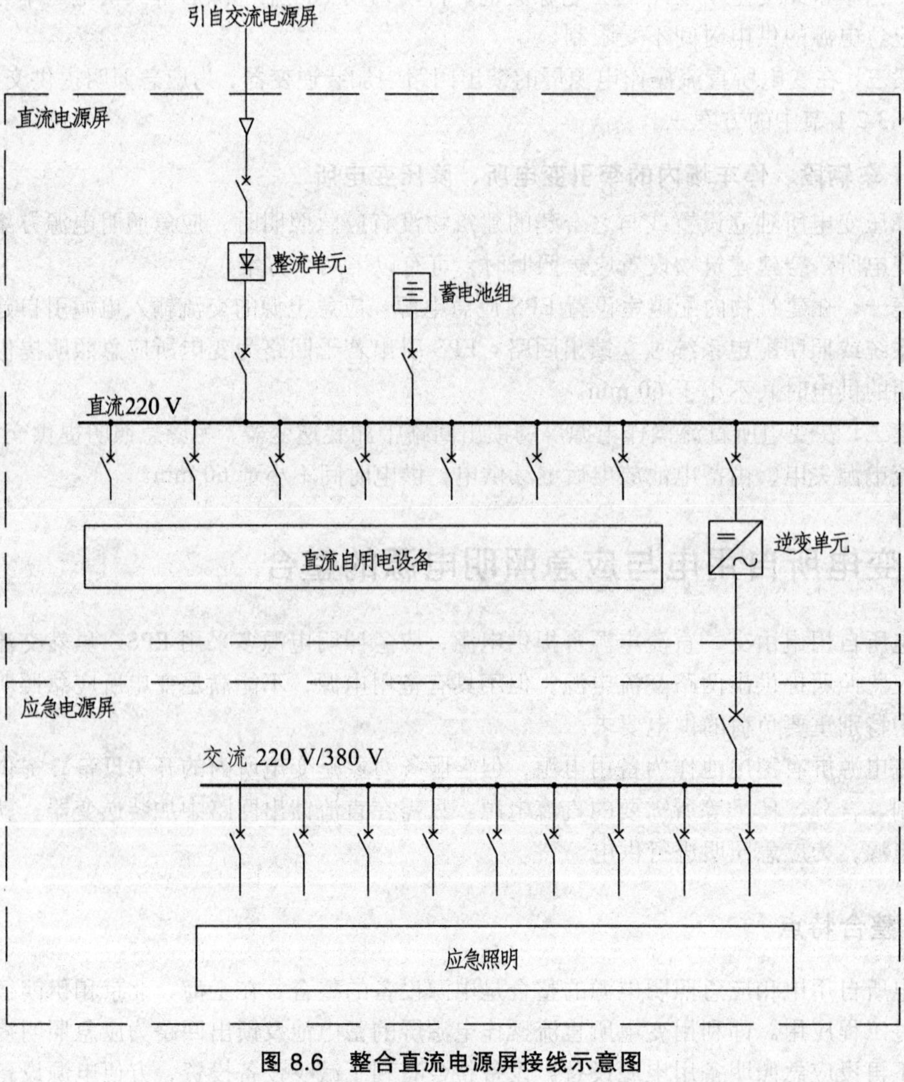

图 8.6 整合直流电源屏接线示意图

8.4.3　车站蓄电池电源整合

城市轨道交通工程通信、信号、AFC 等系统设备都需要蓄电池作为交流失电后的应急电源，常用的做法是各专业、各设备系统单独设置并单独采购。产生的结果是电源设备的品牌不一致、设备投资高、蓄电池总容量大，各个专业都要考虑蓄电池的活化和日常维护问题，维护维修的工作量大、运营成本高。

目前城轨工程正在实施综合设置蓄电池，即在满足各设备系统对电流制式、电压等级要求的基础上，统一考虑备用电源系统，实现 UPS 电源的整合设置、统一管理和综合监控，这有利于资源共享，降低建设投资和运营费用。

车站蓄电池电源整合应结合车站平面布局和设备用房位置进行，整合后蓄电池电源室应位于其服务对象的负荷中心。根据设备用房的分布，可设置一个整合蓄电池电源室或在站台两端设备机房区各设一个蓄电池电源室。

9 接 触 轨

接触轨系统是牵引供电系统的重要组成部分，本章分六个部分介绍接触轨系统，分别为授流方式、电压等级、接触轨材料、零部件设计、接触轨布置及供电分区以及与相关专业的配合等内容。

9.1 概 述

接触轨，又称第三轨或简称三轨。接触轨系统是沿线路敷设专为电动车辆授给电能的系统。接触轨系统由两部分组成：正极供电网，负极回流网。供电网由接触轨、弯头、连接板、膨胀接头、绝缘支架或绝缘子、绝缘防护罩、锚结、隔离开关、电缆等组成；回流网由回流轨、有关电气设备及电缆等组成。

接触轨系统设计包括：接触轨平面布置和电气系统设计、接触轨安装及其防护结构设计等。系统应在满足技术要求的前提下，尽可能采用国产设备。

正线接触轨一般布置在行车方向的左侧，在道岔区等个别地段布置在行车方向的右侧。接触轨系统应在以下地段设置电分段：正线有牵引变电所的车站，车辆段或停车场的出入段线处，车辆段或停车场内的不同供电分区间，折返线、联络线、区间存车线和检查坑，车辆段内的停车列检库。

接触轨系统与各专业都有密切联系，如线路的道岔布置、轨道的道床形式、车辆的编组方式、信号轨道电路的制式等都是接触轨系统设计的影响因素。

9.2 授流方式

接触轨系统根据授流方式不同分为上部授流、下部授流和侧部授流三种形式。在国内北京、天津采用上部授流接触轨形式，武汉采用下部授流接触轨形式。侧部授流形式在国内应用很少，在国外加拿大多伦多士嘉堡捷运线、马来西亚吉隆坡的 PUTRA LRT 线中有所使用。

9.2.1 上部授流

上部授流方式为接触轨正放，如图 9.1 所示，车辆受流器通过与接触轨的上顶面接触获取电能。北京地铁 1 号、2 号、4 号、5 号、10 号、13 号线和八通线采用上部授流方式。北京地铁 1 号、2 号线采用绝缘子支撑、金属支架木防护罩结构形式安装固定。北京地铁 13 号线和八通线均采用绝缘子支撑、接触轨上装玻璃钢绝缘支架及防护罩结构形式安装固定。北京地铁 5 号、10 号线地下线路采用绝缘支座支撑、接触轨上装玻璃钢绝缘支架及防护罩结构形式安装固定，地面线路采用绝缘子支撑、接触轨上装玻璃钢绝缘支架及防护罩结构形式安装固定。防护罩可以采用直接固定的方式，也可以采用固定在接触轨上的方式。

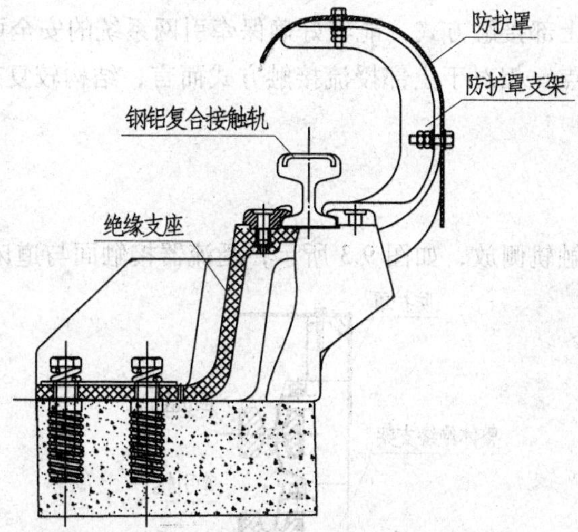

图 9.1　上部接触授流（北京地铁 10 号线）

上部授流方式的优点：结构简单，设备费、维护和更新费用较低。

上部授流方式的缺点：因结构的局限性，带电接触轨的安全防护性能较差。接触面上积累尘屑，加速接触轨和受流器的磨损，潮湿环境会增加短路故障发生概率。接触轨的安装高度（垂直方向）不易调节，需要设计多种高度的零部件以满足实际需要。

9.2.2　下部授流

下部授流方式为接触轨倒放，如图 9.2 所示，车辆受流器通过与接触轨的下底面接触获取电能。武汉轨道交通 1 号线采用了下部授流方式，接触轨由支架支撑、固定，防护罩由固定在接触轨上的防护罩支撑块支撑、固定。

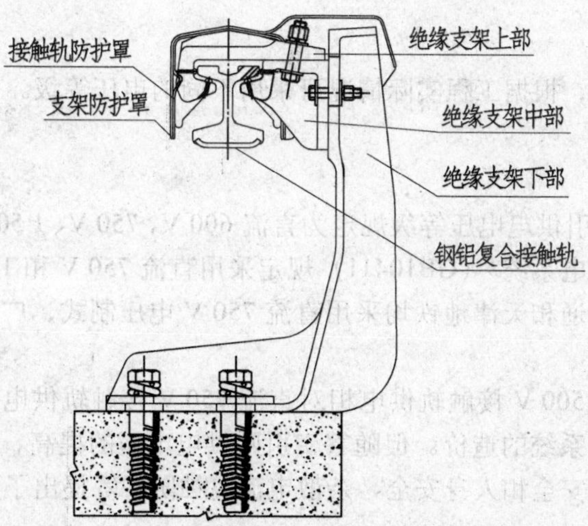

图 9.2　下部接触授流（武汉轨道交通 1 号线）

下部授流方式的优点：接触轨的安装高度及水平方向均可作适度调整，不需要设计多种高度的零部件就可以满足实际需要。下部授流接触轨系统的防护罩对带电接触轨的防护性能更好，带电接触轨不容易被无意识地碰触到，利于人身安全防护。下部接触方式遮挡雨雪、避免尘屑的条件也优于上部接触方式，能较好确保牵引网系统的安全可靠运行。

下部授流方式的缺点：相对于上部授流接触方式而言，结构较复杂，设备费、维护和更新费用较高。

9.2.3 侧部授流

侧部授流方式为接触轨侧放，如图 9.3 所示，受流器接触面与道床面垂直。

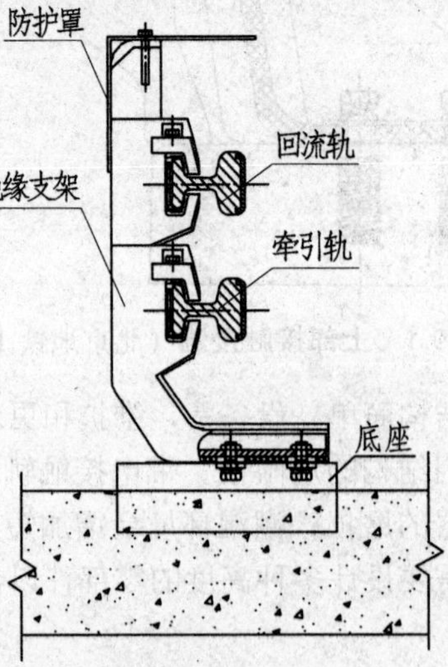

图 9.3 侧部接触授流

侧部授流方式的特点是适用于“牵引轨＋回流轨”（即“三轨＋四轨”）的布置形式。

9.3 电压等级

不同的国家和城市，根据工程实际情况可采用不同的电压等级。

9.3.1 电压等级

IEC 标准对直流牵引供电电压等级规定为直流 600 V、750 V、1 500 V。我国国家标准《城市轨道交通直流牵引供电系统》（GB10411）规定采用直流 750 V 和 1 500 V 两种电压制式。北京地铁、武汉轨道交通和天津地铁均采用直流 750 V 电压制式，广州地铁 4 号线等采用直流 1 500 V 电压制式。

同等条件下直流 1 500 V 接触轨供电相对直流 750 V 接触轨供电，可以减少牵引变电所的数量，从而降低供电系统的造价。但随着牵引网供电电压的提高，也抬高了回流轨的对地电位，这对接触轨绝缘安全和人身安全、杂散电流腐蚀防护等提出了更高要求。

9.3.2 不同电压等级接触轨技术参数

国家与行业标准对接触轨系统的各种技术参数还没有标准化的要求，以下技术参数仅是工程经验数据，可供接触轨系统设计时参考。

不同电压等级接触轨主要技术参数[47][48]见表 9.1。

表 9.1　主要技术性能参数

项　目	参数名称		单　位	技术指标	
				直流 1 500 V	直流 750 V
接触轨	载流量		A	3 000	4 000
	轨　高		mm	105	105
	接触面宽		mm	65	65
	轨头总宽		mm	92	92
	接触轨标称截面	铝	mm^2	>3 850	>4 730
		不锈钢	mm^2	550	550
	重　量		kg/m	14.5	17.1
	接触轨表面硬度		HB	140 ~ 155	130 ~ 170
	钢带厚度		mm	>4.8	>4.8
	20°C 直流电阻	铝	Ω/km	0.008 14	0.006 7
		不锈钢	Ω/km	1.31	1.31
		整　体	Ω/km	0.008 1	0.006 7
	电阻温度系数		$°C^{-1}$	<0.004	<0.004
	热膨胀系数		k^{-1}	19.73×10^{-6}	20.24×10^{-6}
	弹性模量		N/mm^2	86 387.5	83 706.3
支架	体积电阻率		Ωm	10^{11}	10^{11}
	工频干闪		kV	≥60	≥40
	工频湿闪		kV	≥30	≥30
防护罩	弯曲强度		MPa	300	160
	冲击韧性		kJ/m^2	150	60
	吸水率		≤%	0.2	0.2
	介电强度		MV/m	8	8
	耐泄痕性		PTI	600	600
	耐燃性			V-0	V-0

9.3.3 不同电压等级接触轨防护措施

（1）防护要求

根据《地铁设计规范》（GB50157—2003）第 14.3.21 条要求，接触网带电部分和结构体、车体之间的最小净距规定见表 9.2。

表 9.2　接触网带电部分和结构体、车体之间的最小净距

状态 / 最小净距 / 标称电压	静　态	动　态	绝对最小动态
直流 750 V	25 mm	25 mm	25 mm
直流 1 500 V	150 mm	100 mm	60 mm

（2）人身安全

为保护人身安全，接触轨系统可采取以下措施：

① 全线设置防护罩，防护罩上应有防触电标记。

② 接触轨必须停电检修。在检修时必须安装便携式接地器，确保人身安全。接触轨检修完工后，必须拆除便携式接地器，确保可靠供电。

③ 在轨道电位可能超标的区段设置轨电位限制装置。

④ 在人员过往道口与接触轨交叉处设置机械分段。

⑤ 检修线的开关均设置带电显示。

⑥ 适当划分接触轨供电分区。

⑦ 健全安全操作规程。

直流 1 500 V 接触轨系统的防护措施基本上与直流 750 V 的相同，但根据《地铁设计规范》（GB50157—2003）中第 14.3.2 条的要求，防护罩距接触轨的距离比直流 750 V 有所增加，而且对于车辆段采用直流 1 500 V 接触轨系统的安全防护目前还没有成熟经验。如广州地铁 4 号线正线采用直流 1 500 V 接触轨系统，而在车辆段仍采用架空接触网方式；深圳地铁 3 号线车辆段设计采用直流 1 500 V 接触轨方式，虽然增加了防护措施，强化了操作规程，但尚未投入运营。

需要注意的是，防护罩距接触轨的距离增加后，还必须考虑接触轨与车辆的配合，以及接触轨系统与限界的关系。

（3）防腐蚀

接触轨支架（绝缘子）安装所用金属支架、底座采用热浸镀锌防腐；防护罩、绝缘支架（绝缘子）连接所用金属零件如螺栓、滑轨等零部件可采用不锈钢，也可采用 Q235A 热浸镀锌防腐。

9.4 接触轨材料

接触轨材料分为两种：一种为低碳钢材质，另一种为钢铝复合材质。低碳钢接触轨的历史悠久，北京地铁 1 号、2 号、八通线及 13 号线都采用这种接触轨。低碳钢接触轨重量大，电阻高，与 1 500 V 架空接触网相比，牵引变电所数量较多。钢铝复合接触轨的主要材料为铝材，因此它与低碳钢接触轨相比，具有重量轻，电阻小的特点；同时为了增加接触轨的耐磨性能，将不锈钢带作为接触面，这使钢铝复合接触轨的寿命可以达到 50 年以上。目前，采用接触轨的新建线路已经逐步采用钢铝复合接触轨代替低碳钢接触轨。

9.4.1 JU-52 型低碳钢接触轨

目前世界上所采用的低碳钢接触轨的型号很多，JU-52 型低碳钢接触轨为北京地铁采用，已运行多年。它的主要技术要求如下：

① 接触轨断面的总截面积为 6 543 mm^2。

② 接触轨的比重为 7.8 g/cm^3。

③ 每米接触轨的理论重量为 51.36 kg，每根轨理论重量为 642 kg，每根轨长 12.5 m。

④ 对中性轴接触轨的惯性矩 $J_x = 1\ 026.8\ cm^4$，断面系数 $W_x = 176.2\ cm^3$。

⑤ 接触轨的型号为 JU-52，钢号为 05 铝（05Al）。

⑥ 在温度为 15°C 的情况下，接触轨的单位电阻不超过 0.125 Ω · mm^2/m。

⑦ 接触轨的断面应铣平，断面歪斜在任何方向测量均不得超过 1.0 mm。

⑧ 接触轨采用转炉冶炼的优质镇静钢轧制。

9.4.2 钢铝复合接触轨

钢铝复合接触轨，顾名思义就是钢材和铝材通过某种机械或物理方式结合而成的接触轨。它充分利用了铝材电阻低、重量轻和钢材耐磨性好的优点。

9.4.2.1 加工工艺

1）不锈钢带通过机械方法与铝合金型材结合在一起

（1）国外产品 [见图 9.4（a）]

① 特殊的型材断面，不锈钢带卡在铝材上不会脱落和移动。

② 在两种材料结合处理工艺中，不锈钢带与铝材之间要涂抹一层特殊的导电油脂。这种导电油脂含有金属粒子，它们在结合过程中被碾压，这样一来便提高了导电率。导电油脂还可以防止氧化。

③ 目前第三代产品，钢带被弯曲 180°，并包在铝合金内，确保钢带不会脱落。

（2）国内产品 [见图 9.4（c）]

① 钢带厚 6 mm，钢带两侧均匀分布着圆孔而不是齿状。铝型材已经加工好，在嵌入钢带的地方为凹槽。

② 钢带放入铝型材后，在环境温度下，把铝型材压入分布在钢带两侧的圆孔内，完全为机械锁死。

③ 圆孔的位置低于钢带厚度，不用担心磨损后钢带会脱落。

④ 钢铝接触电阻约为 70 μΩ。

北京地铁 10 号线一期采用此种轨。

2）通过高温高压共挤技术将不锈钢带与铝合金型材结合在一起

（1）共挤技术将不锈钢带与铝合金型材结合在一起 [见图 9.4（b）]

① 在高温高压条件下，通过共挤，将钢带与铝型材结合，形成金属性结合。钢带厚 6 mm，呈齿状，在共挤模具中被铝完全填充。

② 在钢与铝之间由于金属扩散，一种金属成分 Al_5Fe_2 在铝和铁之间产生。

③ 两种材料之间的金属结合减小了钢铝之间的接触电阻，并能保持多年，因为不会发生电化学腐蚀。

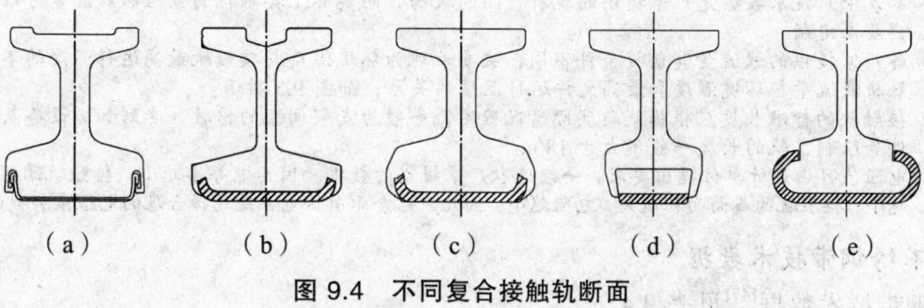

图 9.4 不同复合接触轨断面

④ 测试表明，金属结合在 15 kN 折断，在 25 kN 分离。

⑤ 钢铝接触电阻为 0.9 μΩ。

武汉轨道交通 1 号线采用此种轨。

（2）日本技术 [见图 9.4（d）所示]

① 在高温条件下先将不锈钢与铝条在高温下结合成一体，在与铝轨接触的表面涂导电油脂后，将已经完成的钢铝复合体压入铝轨。

② 钢铝之间为金属性连接。

③ 因受设备限制，轨头最宽为 60 mm，不锈钢带最宽为 42 mm。

3）两“J”形不锈钢带与铝合金型材扣压并焊接 [见图 9.4（e）]

① 钢带厚 5 mm，两“J”形不锈钢带间焊接后，将铝合金型材锁死。

② 钢铝接触电阻不超过 30 μΩ。

北京地铁 5 号线和奥运支线采用此种轨。

目前，这几种产品虽然结构各有不同、加工工艺也不同，但结构上都是不锈钢带与铝型材结合紧密，不会在使用中脱落，也不会造成钢铝两种材料之间的电化学腐蚀，可以说是完全满足接触轨运行要求。

9.4.2.2 钢铝复合接触轨的技术数据及物理特性

（1）钢铝复合接触轨技术数据

钢铝复合接触轨技术数据[47]见表 9.3。

表 9.3 钢铝复合接触轨技术数据

产品种类		产品 A	产品 B	产品 C	产品 D
轨高（mm）		105	105	105	120
接触面宽（mm）		65	65	65	42
轨头总宽（mm）		92	92	90	60
截面积	铝（mm^2）	3 600	4 885	4 775	4 990
	不锈钢（mm^2）	510	550	650	254
重量（kg/m）		13.8	17.1	17.5	15.5
电阻（Ω/m 40°C）		9.29×10^{-6}	6.85×10^{-6}	7.0×10^{-6}	6.73×10^{-6}
载流量（A）		3 500	4 000	3 800	4 160
抗拉强度（MPa）		200	225	245	145
热膨胀系数（k^{-1}）		21	20.4	20	22

注：① 本表中的技术数据是厂家提供的现有产品的数据，而实际上接触轨的电阻和载流量可以根据用户要求定制。

② 各厂家提供的载流量其前提条件不同，主要表现为环境温度与接触轨最高运行温度的不同。接触轨载流量与环境温度和最高允许运行温度的关系，如图 9.5 所示。

③ 接触轨的标准长度应根据线路实际情况确定，一般为支架间距的倍数。受到加工设备及运输条件等限制，轨的长度一般不大于 18 m。

④ 电阻值可由设计单位提出要求，一般选取厂家提供的数据。因为电导率越小，接触轨的抗张应力越小；接触轨的截面面积越大，电阻越小，因此应结合牵引供电系统选择合理的电阻值和截面面积。

（2）不锈钢带技术数据

不锈钢带技术数据[47]见表 9.4。

表 9.4 不锈钢带技术数据

产品种类	产品 A	产品 B	产品 C	产品 D	产品 E
材料	X6Cr17	304-2B	X6Cr17/No. 1.4016	12%Cr+Mg+Si	SUS430
硬度	130 ~ 170HB(1)	28 ~ 30HRC	130 ~ 170HB	220HV	
导电性	2.395%IACS(2)	2.395%IACS	1.67 sm/mm^2		2.9%
电阻温度系数	0.005		0.005		
厚度(mm)	6	2	6	5	6
截面面积(mm^2)	510	220	433	684	254
重量(kg/m)	3.925	1.75	3.925		

注：（1）220HB = 221HV = 19HRC，28HRC = 269HB = 274HV。

（2）IACS 指美国对铜的一种标准。

空格表示资料尚未收集到。

不锈钢带的厚度分为两种：一种厚 2 mm，另一种厚 5～6 mm。由于不同供货商所采用的不锈钢带型号不同、成分不同（见表 9.4），因此实际磨耗量也不同。供货商都承诺可以使用 30 年以上。

例如供货商介绍其产品不锈钢带磨耗数据如下：

① 国外某产品在旧金山市做的耐磨试验中，受流器通过 60 万次损耗了 0.025 mm；在温哥华市 90 万次的试验中，损耗了 0.039 mm。

② 国外某产品在汉堡，受流器（铜）通过 70 万次，磨耗为 0.06 mm；柏林地铁受流器（铸铁）通过 87 万次，磨耗为 0.03 mm；柏林快速轨道交通受流器（铸铁）通过 17.5 万次，磨耗为 0.02 mm；在布拉格受流器（铸铁）通过 65 万次，磨耗为 0.04 mm。

当然，不锈钢带的磨耗还与接触压力、车速、受流器的材质、线路条件等有关，以上数据并不能直接进行比较，也不能说明产品的优劣。

（3）铝型材技术数据

铝型材技术数据[47]见表 9.5。

表 9.5 铝型材技术数据

产品种类	产品 A	产品 B	产品 C	产品 D	产品 E
材 料	铝合金 6106 T6 (ASTM B317)	铝合金 6106 T6 (ASTM B317)	Anticorodal-45	6063 T6	
导电性	55%IACS	55%IACS	32.5 s/mm^2		51%
电阻温度系数	0.003 6	0.003 6	0.003 8	0.004	0.003 6
截面面积(mm^2)	3 600	3 485	4 885	3 613	4 990
重量（kg/m）	9.877	9.41	13.325		

注：空格表示资料尚未收集到。

（4）载流量计算

根据牵引供电计算的馈线电流大小，选择接触轨的载流量。但大多数厂家由于模具等原因，并不会根据线路实际条件进行设计，而是采用企业已有的标准截面。因此还需要验算是否满足要求。

根据“Chapoulie and Rols”公式[47]，计算如下：

$$I=5KS^{0.5}L^{0.39}$$

式中 I——标称连续直流额定电流（A）；

S——铝质导体的横截面（mm^2）；

L——导轨周长（mm）；

K——$k_1k_2k_3k_4$，

其中 k_1——电阻率；

k_2——环境温度因子，

环境温度	20°C	25°C	30°C	35°C	40°C	45°C
因子 k_2	1.05	1.04	1.03	1.02	1.01	1.00

；

k_3——允许温升因子（运行环境温度），

温升	30°C	35°C	40°C	45°C	50°C	55°C
因子 k_3	0.86	0.93	1.00	1.07	1.14	1.21

；

k_4——空气循环因子（环境），取 1.15。

计算按 $S=4\,730\ mm^2$、$L=447.6\ mm$，结果如图 9.5 所示。

从图中可以看出，接触轨的载流量是一个变量，当其他条件不变时，它与温度成反比，即当温度升高时，载流量会降低。在选择接触轨的载流量时，根据曲线验算，在系统允许最高温度条件下是否满足牵引馈线电流大小。

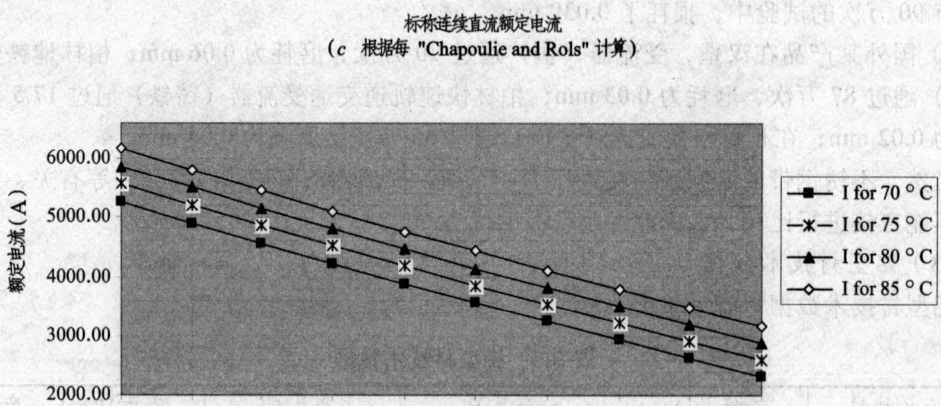

图 9.5 截面面积为 4 730 mm² 的接触轨在不同最高允许温度下的载流量

一般情况下，直流 750 V 牵引馈线有效电流比直流 1 500 V 牵引馈线有效电流大，前者多采用载流量为 4 000 A 的接触轨，而后者则多采用载流量为 3 000 A 的接触轨。

9.4.3 钢铝复合接触轨与低碳钢接触轨的比较

① 钢铝复合接触轨的电阻低，如 4 000 A 的接触轨 20°C 时电阻只有 6.7 μΩ/m，而低碳钢接触轨电阻为 21 μΩ/m，前者电阻是后者的 32%。

② 使用钢铝复合接触轨会减小牵引网电压降及电能损耗，因此可相应减少牵引变电所的数量，并降低牵引网大量能耗。

③ 由于钢铝复合接触轨的重量较轻，安装省力方便，例如，1 m 长钢铝复合接触轨重 14～

17 kg，而低碳钢接触轨则重 47.49 kg，重量前者是后者的 29%～36%。同时有利于绝缘子或绝缘支架的受力，并减少了对安装在轨枕端部的接触轨支架的惯性效应。这些特性都使安装变得简便、经济。

④ 钢铝复合接触轨之间为螺栓连接，通过专用工具固定螺栓保证了接触轨平整度和连接强度，而低碳钢接触轨为焊接，施工难度大、周期长。

9.5 零部件设计

接触轨系统由以下主要零部件构成：接触轨、接触轨支架或绝缘子、绝缘防护罩、弯头、连接板、膨胀接头、锚结、隔离开关、电缆，其中接触轨、弯头、连接板、膨胀接头、锚结一般由接触轨厂家配套设计。

接触轨通过绝缘子固定。弯头可使受流器完好地导入、导出接触轨。膨胀接头用来满足由于环境温度改变和电流通过接触轨导致轨温升高而使接触轨产生的热胀冷缩的需要。锚结固定于接触轨锚段的中间，从而使接触轨的热胀冷缩能够均匀向接触轨两端或膨胀接头的工作行程方向伸缩。连接板分为供电点连接板和接触轨连接板，供电点连接板用于馈出电缆与接触轨的过渡连接；接触轨连接板用来连接接触轨。

9.5.1 接触轨支架、支座

接触轨支架、支座的作用是将接触轨固定于走行轨一侧的特定位置，对接触轨进行支撑和定位，能够承载系统中所有可能出现的静载和动载，其中静载包括接触轨的自重、摩擦力、曲线应力、150 kg 的临时集中负荷等；动载包括由于车辆的运行造成轨道道床或土建结构的振动、运动车辆受流器的冲击、短路故障造成的电动力冲击以及风力等。

（1）接触轨支架

接触轨支架的材质主要有玻璃钢和金属两种，一般用于下部授流方式。玻璃钢绝缘支架如图 9.2 所示。金属支架如图 9.6 所示。

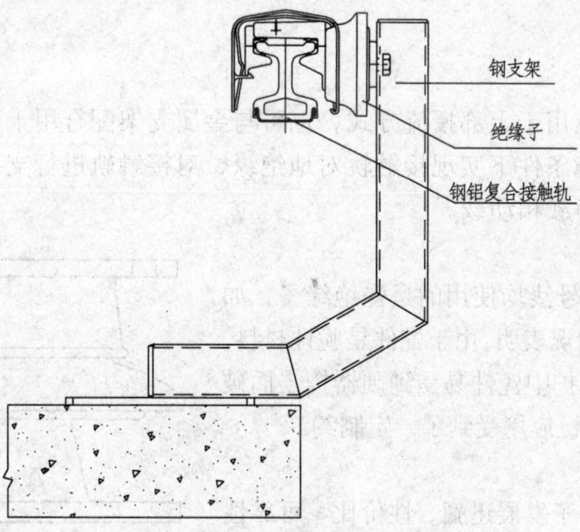

图 9.6 金属支架

接触轨支架允许接触轨热胀冷缩时的自由滑动。接触轨支架在安装过程中水平方向和垂直方向能够调节，以适应土建施工中支架基础的施工安装误差。

玻璃钢绝缘支架，采用模压工艺制造而成。其中玻璃纤维的含量最少应为25%，成形后的支架应边缘整齐，表面光滑，没有气孔或裂痕。

根据美国ASTM标准，支架应满足的条件[48]见表9.6。

表9.6　玻璃钢绝缘支架技术数据

冲击韧性（ASTMD256-84）	≥240 kJ/m^2
弯曲强度（ASTMD790-84a）	≥190 MPa
吸水率（ASTMD570-81）	≤0.5 %
耐燃性（ASTMD229-96）	0 级
玻璃纤维体积含量（ASTMD3171）	30×（1±5%）
密度（ASTMD792）	≥1.73×10^3 kg/m^3

（2）绝缘支座

绝缘支座采用复合材料制造而成，一般用于上部授流方式，如图9.7所示。

绝缘支座对接触轨进行支撑和定位，承受系统中所有动态、静态负荷。

由于接触轨轨面高度调整较困难，因此在浇铸道床时，绝缘支座安装面必须达到轨道施工精度要求。

绝缘支座可以承受轨的自重和放在轨上150 kg的负荷所产生的机械力，也可以承受系统短路故障情况下的冲击力。

用于制造绝缘支座的绝缘材料为自熄、不燃材料，并且在火焰中或高温条件下不会产生有毒气体。

考虑到紫外线的影响，绝缘支座一般用在隧道内。

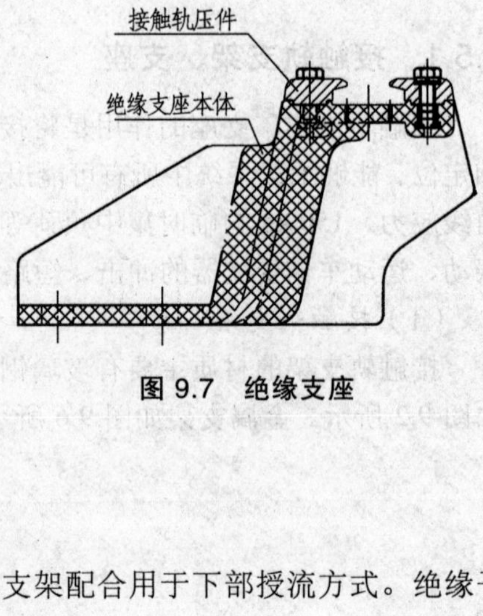

图9.7　绝缘支座

9.5.2　绝缘子

接触轨绝缘子多应用于上部授流方式，也可与金属支架配合用于下部授流方式。绝缘子作用是在所有运行环境条件下实现接触轨对地绝缘，对接触轨进行支撑和定位，能够承载系统中所有可能出现的静载和动载。

（1）瓷绝缘子

北京地铁1号、2号线均使用的是瓷绝缘子，如图9.8所示。多年应用情况表明，由于瓷件是脆性材料，因而在运输、安装、维护中瓷件易受到硬器撞击而破碎，这使瓷绝缘子的广泛应用受到了一定制约。

（2）复合绝缘子

近些年，复合绝缘子发展迅猛，性价比、可靠性不断提高。但复合绝缘子品种规格繁多，产品非标准

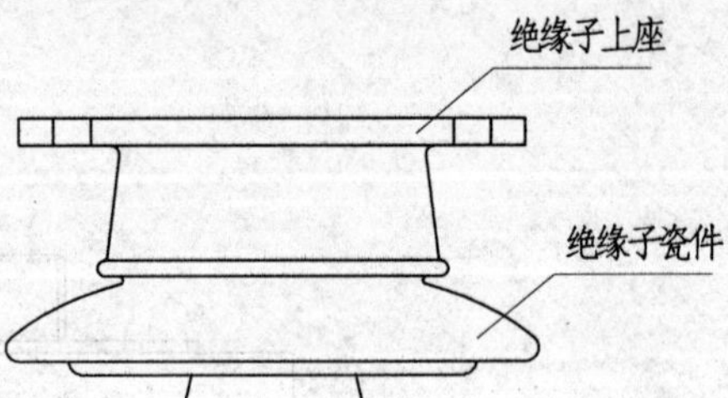

图9.8　瓷绝缘子

化，这给制造、设计、施工、运营带来许多不便。目前绝缘子绝缘体部分的复合材料有环氧树脂、硅橡胶，以及阻燃型片状模塑料（SMC）。这些产品已在北京地铁 13 号线、八通线、5 号线、10 号线中使用，如图 9.9 所示。

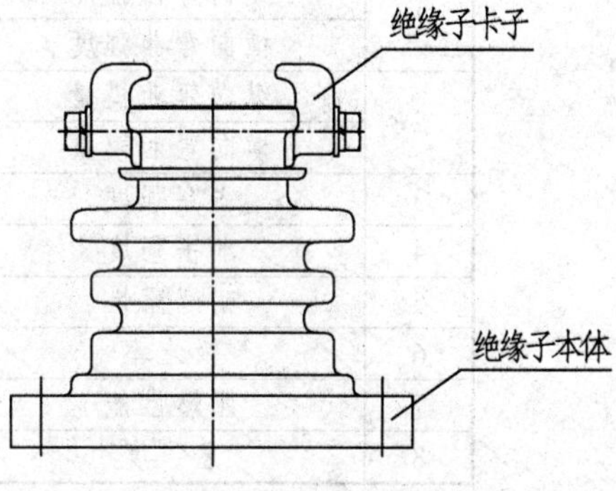

图 9.9 复合绝缘子

复合绝缘子的电气性能如下：

① 额定电压：3 000 V。

② 干弧电压：27 000 V。

③ 湿弧电压：20 000 V。

上部授流方式绝缘子可以用在露天。在隧道内，由于接触轨弯头处与非弯头处的安装高度不同，同时考虑到方便调整弯头处支架位置，因此在弯头第一个支撑点均采用绝缘子。

9.5.3 防护罩

防护罩固定在防护罩支架上，以减少人员触及接触轨而发生电击危险。为确保人身安全，将在所有接触轨上安装防护罩。

防护罩的材料为 GRP（玻璃钢）。

防护罩具有一定弹性，可以很方便地安装、拆卸、更换。

防护罩可以承载 100 kg 重物而不会变形、损坏。在 5 m 跨距的条件下，对于防护罩承载 100 kg 重物的要求，应进行综合考虑，否则防护罩造价太高，通常情况下可以采取增加一处防护罩支撑点或减小跨距的方法来解决此问题。

北京地铁 1 号、2 号线上部授流接触轨的防护结构形式是 20 世纪 60 年代确立的。早期防护罩受材料技术及工程造价的限制，材质多数为木质。木料全部是在天然干性油中浸透的松木，并作烘干处理。木防护罩内表面涂防火漆，外表面涂防腐油漆。目前，国外既有线路仍存在采用木质防护罩形式。

木防护板不利于防火。另外，从绿色环保、保护森林的角度，工程上不宜大量采用珍贵木材。基于上述因素，北京地铁 13 号线采用了玻璃钢防护罩。虽然此前在北京地铁复八线地下局部地段采用了玻璃钢防护罩，但该上部接触轨防护结构仍存在一些不足之处。目前已普遍采用的新型上部接触轨防护结构，实现了安全可靠、美观耐用、经济合理。

绝缘防护罩包括以下几种：

① 接触轨防护罩。

② 膨胀接头防护罩。

③ 支架防护罩（用于下部授流方式）。

④ 接线板防护罩（用于下部授流方式）。

防护罩的颜色一般为黄色或灰色。黄色较醒目，对防触电可以起到良好的警示作用，但防紫外线能力稍弱；灰色虽不醒目，但与环境协调，防紫外线能力稍强。对于地下线路，不考虑防紫外线问题，而对于地上线路，在防护罩抗紫外线能力已有很大提高的情况下，可选择较醒目的颜色，以利于人身防护。

防护罩采用拉挤工艺制造，其典型材料性能[48]见表 9.7。

表 9.7　防护罩典型材料性能

1	纵向弯曲强度	ASTMD790	300 MPa（L）
	横向弯曲强度		130 MPa（W）
2	纵向弯曲模量	ASTMD796	17 GPa（L）
	横向弯曲模量		5 GPa（W）
3	击穿强度	ASTMD256	5 kV/mm
4	冲击强度	IEC	2.3 kJ/m
5	耐泄露性	IEC112	PTI600
6	吸水率	ASTMD570	0.3%
7	阻燃性能	ASTMD229	V-0 级
8	密　度	ASTMD792	1.9×10^3 kg/m^3

9.5.4　防护罩支架

防护罩支架的材质为玻璃钢，采用高温模压工艺成型。

防护罩支架应满足在当地气候条件下隧道内外安全使用不少于 15 年的要求。隧道外防护罩支架应具有抗紫外线功能，同时应考虑耐候措施及允许使用各种清洗剂对其清洗。

防护罩支架应表面光滑平整，无毛刺、裂纹、疥疤及凹凸不平现象，内部无气孔、缩孔等缺陷。

防护罩支架应能承受质量为 100 kg、高度为 500 mm 的自由落体冲击，且不发生断裂和破坏，并能恢复到原始状态和位置。

防护罩支架其典型材料性能[48]见表 9.8。

表 9.8　防护罩支架其典型材料性能

序号	参数名称	单位	技术指标	备　注
1	体积电阻率	Ωm	≥10^{14}	符合 IEC 93
2	工频干耐受电压	kV	≥40	
3	工频湿耐受电压	kV	≥20	
4	污耐受电压	kV	≥5	按重污区考虑
5	弯曲强度	MPa	≥200	符合 GB1449
6	冲击强度	J/m	≥700	符合 ASTM D256
7	玻璃纤维体积含量	%	≥25	符合 ASTM D3171
8	电击穿强度	kV/mm	≥6	符合 GB1408
9	固化度	%	≥95	符合 GB2576—89
10	耐泄痕性		PTI600	符合 IEC112
11	吸水率	%	≤0.2	符合 GB1462
12	耐燃性能		V-0 级	符合 JISK6911
13	热变形温度	°C	≥150	符合 ASTM D648

9.5.5　防护罩支撑卡

防护罩支撑卡用于下部授流方式下支撑防护罩。在安装好防护罩后，防护罩支撑卡应不能再移动或转动。防护罩支撑卡安装好后，应允许接触轨自由伸缩。

防护罩支撑卡的材质一般为 PE 或 GRP，具有自熄和阻燃的特征，并在高温情况下不会产生有毒气体。支撑卡有一定的强度，一般 PE 材质按 330 mm 一个估算，即接触轨支架间距 5 m 时为 14 个，在 150 kg 集中负荷的作用下，支撑卡不会碎裂或损坏。

防护罩支撑卡应方便安装、拆卸。目前国内产品质量可靠，使用寿命长，便于安装和事故抢修，维修工作量少，能够保证安全运营。

9.6 接触轨布置及供电分区

下面主要对接触轨系统设计中的几个问题，如接触轨的布置（包括正线和车辆段）、接触轨支架（绝缘子）间距的确定、锚段长度以及接触轨制造长度的确定、电分段的类型等进行阐述。

9.6.1 正线接触轨布置

正线接触轨一般布置在车辆行车方向的左侧，在道岔区等个别地段布置在车辆行车方向的右侧。在有牵引变电所的车站设置电分段，在线路道岔区及区间防护门处设置接触轨机械分段（电不分段）。牵引回流电缆接至信号轨道电路盲区。如果信号采用移动闭塞方式，则不受信号系统影响。

具有检查坑的折返线，在检查坑区段前设置电分段，并通过检修开关柜接通（或断开）接触轨电源。

9.6.2 车辆段接触轨布置及供电分区

场区接触轨按少断轨的原则布置，且应满足车辆作业的要求。在曲线半径小于 110 m 的区段，接触轨布置在线路的外侧。

（1）车辆段与正线接口

在车辆段或停车场与正线接口处接触轨采用分段式电分段方式，分段长度大于 12.6 m，走行轨设置绝缘。在电分段和绝缘节处设置联络开关柜，柜内设两套隔离开关，分别接至电分段和绝缘节两端，两隔离开关之间联动，同时开合。在正常运行条件下，开关为开断状态，当车辆段或停车场内的牵引变电所退出运行时，开关闭合，由相邻的牵引变电所为车辆段牵引供电。

由于车辆段的信号电路与正线不同，存在一个分界点，走行轨设置绝缘节的位置应与信号专业的分界点相匹配，因此在设置绝缘结时一定要与信号专业协商确定。

但目前也有不设置绝缘节的做法，虽然不存在与信号电路分界点的关系，但还需要注意如果此分界点在车辆段内，则应请信号专业将分界点处牵引回流轨条连接，以保证车辆的正常取流。

（2）车辆段内供电分区

在车辆段或停车场内不同供电分区之间设置分段式电分段，分段长度根据线路道岔布置情况具体确定。

在线路道岔区和平交车道处设置接触轨电不分段（机械分段）。

车辆段或停车场的接触轨电源一般考虑运用库及月修库一路，出段线一路，入段线一路，试车线一路，场区根据容量的大小设置几个回路。

为方便检修，场区应设置几个供电分区，由不同供电回路供电，供电回路间设置联络开关。此处的设置与运营单位的使用密切相关，因此供电分区在初步设置完成后，需与用户沟通确认，以免返工。

运用库内设双电源开关柜，主回路由牵引变电所直接供电，备用回路由场区外线接触轨引入，保证供电可靠性。库内的接触轨按车辆检修工艺布置，每股道每列车前设置一面直流手动隔离开关柜。一般开关柜及接触轨的位置应与回流轨在同一侧，以便接地刀闸与走行轨的连接。当不能满足在同一侧布置时，可将接地刀闸与相邻开关柜接地刀闸下口连接。

（3）滑触线

国内运用库的接触轨根据车辆检修工艺要求断轨设置，月修库内一般只设置检修开关，不敷设接触轨。但在国外，采用接触轨系统的线路在运用库和月修库内通常设置滑触线。

滑触线，顾名思义，就是可以滑动的接触导线。通常由集电器、接触线、绝缘外壳、软电缆和插头组成，车辆上配套设置插座。滑触线一般固定在库内结构梁上，位于车辆的斜上方。集电器可以在滑触线内自由滑动，允许 5 km/h 的速度。当车辆进入库内时，由检修人员将滑触线的插头插到车辆的插座上，车辆缓慢开入库内，集电器跟随车辆一同移动；车辆出库时，则相反。车辆离库，当车辆的第一个受流器可以完好受流时，将滑触线的插头全部取下。一条检修线为运行方便，根据车辆动车配置情况，可以设置 2～3 个集电器，根据车辆行进情况，依次将小车的插头插上（或取下）。

采用滑触线具有不占用检修空间、车辆取流效果较好、不存在无法取流地段、不影响运营等优点，国内在深圳地铁 3 号线已有应用实例。

9.6.3 接触轨安装位置

接触轨的安装位置应根据接触轨授流方式和各种限界条件等确定，并应与车辆进行配合。如武汉轨道交通 1 号线下部授流方式的安装位置为（见图 9.10）：

接触轨中心线距相邻走行轨内缘的水平距离：（683.5±6）mm

接触轨轨顶面距走行轨轨顶面的垂直距离：　（160±6）mm

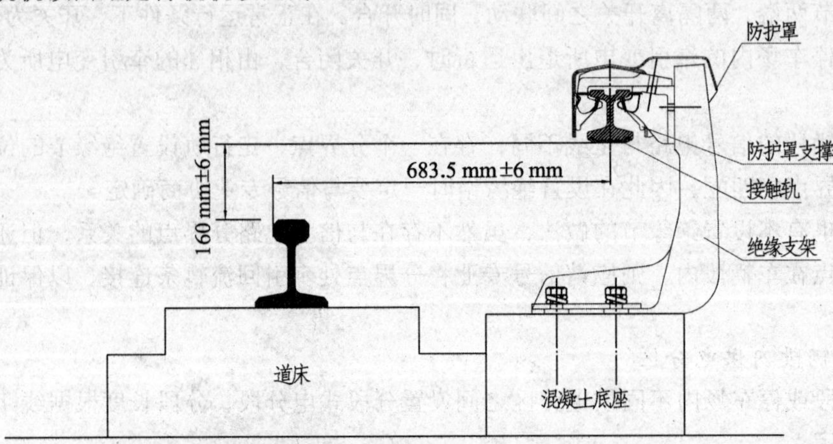

图 9.10　下部授流接触轨安装示意图（武汉轨道交通 1 号线）

北京地铁 10 号线上部授流接触轨系统安装位置为（见图 9.11）：

接触轨中心线距相邻走行轨内缘的水平距离：(700±5) mm

接触轨轨顶面距走行轨轨顶面的垂直距离：(140±5) mm

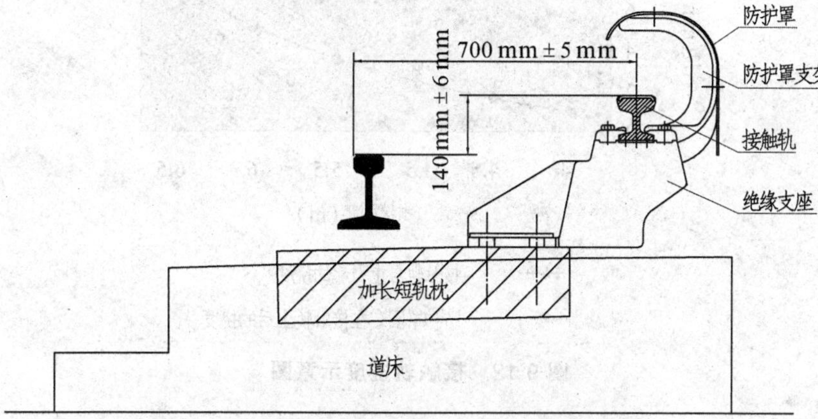

图 9.11　上部授流接触轨安装示意图（北京地铁 10 号线）

对于初建线路，接触轨的安装位置可以采用合适的安装位置；对于再建线路，考虑到车辆转线调车等问题，接触轨安装位置一般应与既有线路一致。

值得注意的是：应该关注道床施工精度。尤其是对于上部授流接触轨的安装，由于目前所采用的绝缘支架（绝缘子）没有垂直方向的调节能力，当出现正误差时，需对接触轨支架（绝缘子）安装面进行处理，费工费时。

9.6.4　接触轨支架（绝缘子）间距

接触轨支架（绝缘子）的间距直接影响着接触轨的挠度，挠度与接触轨的重量以及支撑点间距的关系如下式：

$$f_x(l)=\frac{5ql^4}{384E_{al}I_{yal}} \tag{9.6-1}$$

其中　l——支撑点间距（m）；

q——接触轨单位重量（N/m）；

E_{al}——接触轨弹性模量（Pa）；

I_{yal}——转动惯量（m^4）。

图 9.12 中所画出的两条曲线是对应上部授流接触轨系统，它只考虑了接触轨自重和防护罩、防护罩支架的重量，未考虑线路条件以及列车运行时对接触轨所造成的影响。

从图中可以看出，当接触轨的抗弯强度一定时，接触轨的挠度与接触轨的重量成正比，轨的重量越重，则轨的挠度越大。而将接触轨支架和防护罩固定在接触轨上，将增加接触轨的重量，引起挠度的增加。

接触轨的挠度越大，对受流器的取流越不利，但缩小接触轨支架（绝缘子）的间距，又将增加设备投资，考虑以上因素，将绝缘支座的间距定为 4～4.5 m，具体间距需根据线路实际情况以及接触轨支架（绝缘子）的固定方式而定。

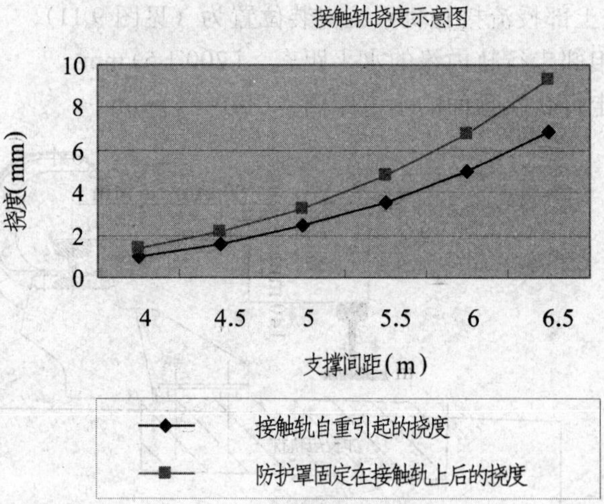

图 9.12　接触轨挠度示意图

而对于下部授流接触轨系统，由于防护系统结构不同，与上部授流接触轨系统相比，防护系统的重量要轻，因此将绝缘支架的间距定为 4.5～5 m。

9.6.5　锚段长度的确定

锚段长度的确定[44]与接触轨的热膨胀系数、接触轨的安装环境温度、接触轨导电所产生的温升、膨胀接头的伸缩长度有关。

标准锚段长度为 L（m）；

标准锚段长度间温度膨胀接头空气间隙为 ΔL（mm）；

温度引起标准锚段长度为 L 的变化长度为 ΔL_θ（mm）；

产品加工及施工误差为 ΔL_W（mm）；

则
$$\Delta L=\Delta L_\theta+\Delta L_W=\Delta L_\theta H+\Delta L_\theta I+\Delta L_\theta K+\Delta L_W$$

ΔL_W 可根据经验及实际情况确定安装误差系数；ΔL_θ 应根据接触轨的实际温度变化进行分析和计算，具体包括以下三个方面的影响：

① 环境温度对接触轨标准锚段长度的影响 $\Delta L_\theta H$。

② 牵引负荷电流对接触轨标准锚段长度的影响 $\Delta L_\theta I$。

③ 故障短路电流对接触轨标准锚段长度的影响 $\Delta L_\theta K$。

通过以上公式，可以推算出锚段长度。

9.6.6　接触轨制造长度的确定

对于低碳钢接触轨，由于每个锚段内接触轨制造长度间采用焊接工艺连接接触轨，对支架位置等没有要求，一般标准制造长度为 12.5 m。

钢铝复合接触轨的制造长度约为 15 m，最长可以达到 18 m。但接触轨长度太长，如 18 m，会增加运输成本；接触轨太短，如 10 m，又会增加鱼尾板的数量，增加投资。

钢铝复合接触轨的连接为鱼尾板连接方式，接触轨的连接点距支撑件（包括接触轨支架、绝缘子和防护罩支架）相邻边缘的距离应不小于 225 mm，为避免连接板与支撑点相冲突，且减少锯轨工程量，因此接触轨的定长应是支撑点间距的整数倍。如果接触轨支架固定在轨枕上，还应考虑轨枕间距的影响。如北京地铁 10 号线，在一般整体道床地段，接触轨的支撑点距离定为 4.375 m，为便于安装，将接触轨的长度定为 14 m 和 15 m 两种。

9.6.7 电分段的确定

接触轨分段分为电不分段（即机械分段）和电分段。机械分段在电气上直接连通，而电分段则在电气上隔离。

电分段将整个供电系统分成多个供电分区，在牵引供电系统运行中起着重要的作用。一方面，在事故状态下不会扩大事故范围；另一方面有利于变电所保护的设置。

9.6.7.1 电分段的位置

接触轨系统在以下地段设置电分段：

① 有牵引变电所的车站。

② 车辆段或停车场与正线的接口处。

③ 车辆段或停车场内的不同供电分区之间。

④ 折返线、联络线和区间存车线。

⑤ 车辆段或停车场内的停车列检库入口处。

9.6.7.2 电分段的形式

按列车通过接触轨分段时取流情况，通常将电分段分为两种：

① 分段式电分段，如图 9.13（a）所示。

② 短轨式电分段，如图 9.13（b）、（c）所示。

在有牵引变电所的车站设置电分段，其位置因电分段类型的不同而不同。分段式电分段设置在进站端；短轨式电分段可设置在车站的任一端，由牵引变电所的位置或电缆等因素决定，一般为靠近牵引变电所的一侧。

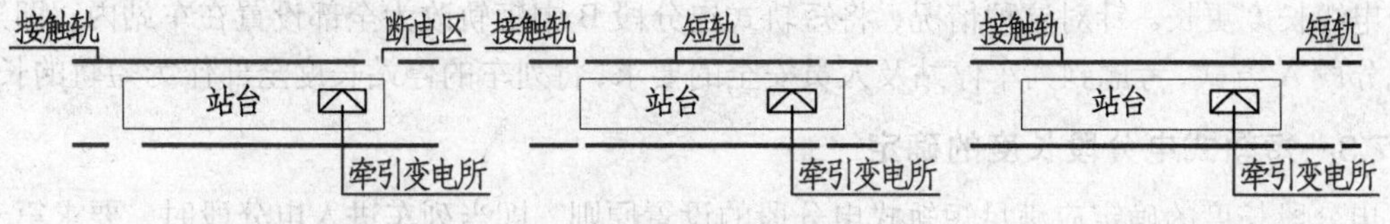

（a）分段式电分段　（b）短轨式电分段 A　（c）短轨式电分段 B

图 9.13 电分段形式

（1）分段式电分段

分段式电分段，是指列车运行从一个供电分区到另一个供电分区时有一节动车断电不取流，不会使两个供电分区通过列车进行电连接。

设置在车站处的分段式电分段，其断电长度一般为 14 m。这一长度是根据动车之间电气不联通时大于一节动车两受流器之间的距离（含受流器宽度）确定的，如图 9.13（a）所示。

优点：弯头及隧道柜等设备数量少，设置简单。因为断电距离大于一节动车的取流长度，当列车通过时不会将两个不同的供电分区沟通，在出现故障的情况下不会扩大事故范围，牵引网的故障电流不通过车辆主回路。

缺点：列车在通过电分段时取流会造成拉弧，因此电分段应设置在列车惰行区即进站端，这样会造成部分电缆长度较长（大于一个车站的长度）。当列车再生制动时通过电分段，电能不能返送到变电所；当列车通过电分段时，列车将失去接触轨提供的电能，并造成列车上的电器设备动作，降低寿命。

（2）短轨式电分段

所谓短轨式电分段，是指列车运行从一个供电分区到另一个供电分区时列车可以不间断连续取流，同时当相邻的两个供电分区的任一个故障时，不会因列车偶然通过，而扩大事故范围，如图 9.13（b）、（c）所示。

设置短轨式电分段，应按下列原则进行：

① 列车运行通过电分段，不应将相邻供电分区通过车辆电气回路进行电连接。

② 列车运行通过电分段，列车可继续取流及反馈电能。

要满足上面两条标准的要求，短接触轨必须和正线一样通过断路器单独回路供电，这样牵引变电所就得增加两个馈出回路。为了使运行列车通过电分段时不断电、不产生拉弧现象、不使有电区和无电区通过列车电连接、不使相邻两个供电分区在列车通过时沟通，而必须在牵引变电所增加两个馈出回路，显然并不十分经济。作为变通办法，给短轨送电不设专用断路器回路，而是通过一路馈出线的断路器和直流接触器，接触器的开、合与电分段的两路馈出断路器相联锁。这样只在列车运行通过时使两段接触轨瞬间沟通，基本解决了上述问题。在故障情况下，任一路馈线开关跳闸，都应引起接触器跳闸，使短轨式电分段变成分段式电分段，不会将两个不同的供电分区沟通。

短轨式电分段优点：没有断电区，所以列车在通过电分段时不会断电，无论车辆主回路是否沟通，受流器离开三轨时都不会产生拉弧现象，因此短轨式电分段可以设置在车站的任一端，这样还可以有效地减少电缆的长度。同时列车上的电器不会因频繁断电而缩短寿命。

短轨式电分段缺点：由于设置了短轨，因此相应地增加了弯头、接触器和电缆。变电所内的联锁关系也变得相对较复杂。

通常 VVVF 动车之间电气沟通，使列车的取流长度长达几十米，采用短轨式电分段 B 方式，将使电缆长度更长。针对这种情况，将短轨式电分段 B 中短轨改为全部设置在车站内，即短轨式电分段 A 方式，考虑到列车停站及人员安全的要求，将列车的停站长度全部作为短轨的长度。

9.6.7.3 短轨式电分段长度的确定

电分段长度的确定应满足短轨式电分段的设置原则，即当列车进入电分段时，要求第一节动车前进方向的后受流器离开 A 区前，其前受流器应与 B 区完好接触。在列车前进方向的第一受流器与 C 区段接触前，列车的最后受流器应离开 A 区段，这样不会因第一动车的前受流器与最后动车的后受流器将 A、C 区段连通，从而确保牵引供电系统电分段运行的可靠性。

下面以北京地铁 10 号线为例，进行详述，如图 9.14 所示。

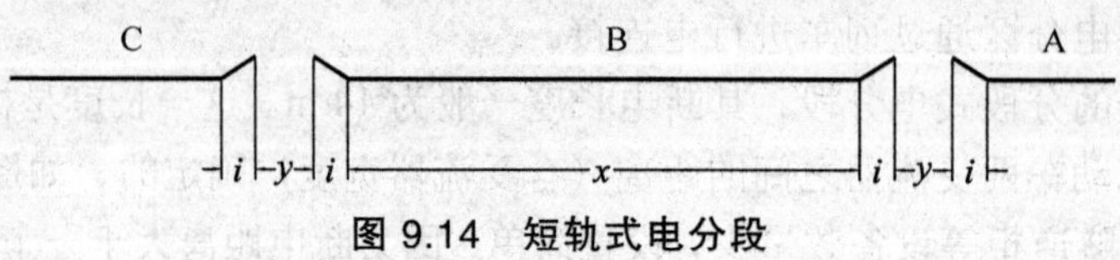

图 9.14 短轨式电分段

（1）已知条件

列车为 6 节编组，三动三拖，动车之间主回路沟通，两端拖车靠近动车一端设置受流器，取流长度为 85 m。其中：

i——接触轨弯头不能完好授流的长度为 4.2 m，弯头全长 5.2 m，弯头抬高 140 mm；

l——12.6 m，一节动车前后两受流器中心线间距离；

L——85 m，一列车取流长度；

a——0.2 m，受流器宽度；

x——短轨完好授流长度；

y——短轨与长轨间断轨距离。

（2）必要条件

当列车进入电分段时，要求第一节动车前进方向的后受流器离开 A 区前，其前受流器应与 B 区完好接触，则

$$y+2i<l-a \tag{9.6-2}$$

在列车第一受流器与 C 区段接触前，列车的最后受流器应离开 A 区段，则：

$$2y+2i+x>L+a \tag{9.6-3}$$

（3）结　果

从计算中可以看出，$y<4$ m，$x+2y>76.8$ m

当 y 等于 3 m 时，短轨的长度（$x+2i$）大于 79.2 m，就可以满足要求了。

9.6.8　道岔区接触轨的布置

在道岔区，为避免车辆通过时受流器与接触轨相撞，接触轨需断轨。断轨的长度可在图纸上通过做图的方式求出，即受流器考虑最大波动量的曲线与接触轨边缘的曲线的交点，即是受流器与接触轨相撞的临界点，再考虑接触轨热胀冷缩的伸长量以及误差，并躲开信号设备一定距离（此距离由信号专业提资料），再根据绝缘子布置原则最后确定。

下面以北京地铁 10 号线 9 号道岔为例，进行计算，如图 9.15 所示。

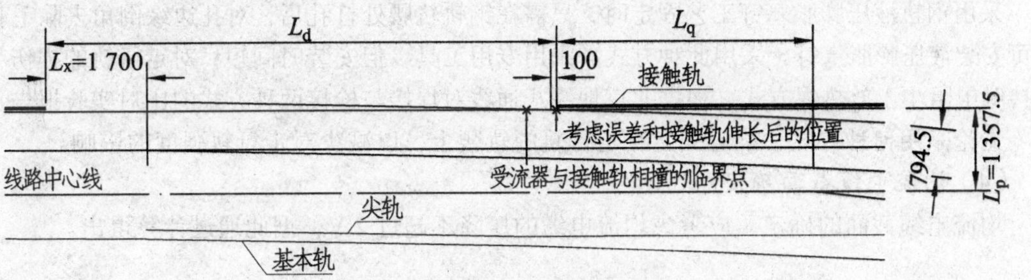

图 9.15　道岔区接触轨断轨

已知：

L_q——接触轨断轨尖端至岔心距离；

L_d——接触轨断轨距离；

L_p——1 357.5 mm，接触轨系统轮廓线距线路中心线最小距离（采用绝缘子）；

O——1 512 mm，车辆动态限界受流器 X 轴坐标；

T——1 435 mm，走行轨内缘间距；

F——10 mm，误差；

θ——100 mm，接触轨伸长量；

L_x——1 700 mm，信号转折机距接触轨最小距离。

根据图纸求得接触轨断轨尖端至岔心距离 L_q＝4 284 mm，考虑绝缘子布置原则最后确定 L_q＝3 752 mm，断轨长度为 9 107 mm。

9.6.9 回流、均流电缆

（1）正线回流、均流

当信号专业采用固定闭塞或半移动闭塞方式时（需使用轨道电路），回流、均流线的位置需设置在信号轨道电路的死区，为方便工作，均流线的位置通常由信号专业确定。当信号专业采用移动闭塞方式时（不使用轨道电路），则回流、均流线的位置可根据牵引供电系统的需要设置。

当线路为单洞双线时，均流线一般为 400 m 左右设置一处；当线路为单洞单线时，均流线一般设置在区间有联络通道的位置。

（2）车辆段内回流

车辆段内信号采用无绝缘轨道电路，牵引回流为单轨条回流，因此回流点的位置与信号专业密切相关，设计时应与信号协商确定。

（3）连接方式

回流、均流线的安装方式有两种：

① 电缆通过回流母线（铜排）与走行轨连接，回流母线可采用放热焊接工艺或液压膨胀塞钉固定；

② 电缆通过放热焊接工艺或液压膨胀塞钉直接与走行轨连接。

采用放热焊接工艺固定时，应按设计位置的要求将专用放热焊接模具、回流母线及钢轨的相互位置固定好，再按工艺要求焊接、冷却。但放热焊的高温可能会对走行轨的强度有所损坏，且产生的烟雾会影响隧道内空气。

采用钢轨液压膨胀塞钉工艺固定时，只需在钢轨轨腰处打孔后，对孔边缘倒角去除毛刺后即可安装液压膨胀塞钉。采用此种方式需采用专用工具，但安装时间短，对走行轨的损伤小，且接触电阻小于放热焊方式（根据北京地铁八通线对焊接与栓接两种方式的比对实验报告）。

无论采用何种方式，都应固定在走行轨的轨腰上，以减少对走行轨强度的影响。

（4）均流电缆截面确定

均流电缆截面的确定，应考虑均流电缆的压降不超过 2 V，据此通过计算得出。

9.7 相关专业配合

接触轨系统与以下各专业有接口关系：限界、线路、轨道、车辆、信号、土建等。正确处理与相关专业的关系，对接触轨系统设计尤为重要。

9.7.1 限　界

限界直接影响着接触轨设备结构系统的尺寸大小及安装位置。由限界专业提供限界图应包括车辆静、动态限界及设备限界，据此确定接触轨系统安装位置及最大轮廓，包括接触轨及其附件的安装位置；正线隧道柜、车辆段检修柜的安装位置；区间电缆敷设的位置等。

9.7.2 线 路

由线路专业提供全线线路资料，包括站间距、站中心坐标、曲线的起始坐标，以及半径、坡道和道岔的坐标，据此确定接触轨系统安装位置。在某些地段，例如道岔区，可根据接触轨布置需要，要求线路专业调整岔心的间距。

9.7.3 轨 道

由轨道专业提供走行轨规格、轨道布置资料，包括钢轨类型、道岔布置、轨枕间距、钢轨顶面至枕木顶面的高度，据此确定接触轨系统安装位置、支架安装预埋件位置，以及直流电缆所需预埋管规格及里程。

走行轨分为 50 kg、60 kg 两种，以此确定接触轨系统支撑方式及安装形式。根据不同的道岔，确定岔区机械分段的长度及绝缘支架（或绝缘子）的安装位置。轨枕间距通常影响的是绝缘支架（或绝缘子）的安装间距。钢轨顶面至枕木顶面的高度用来确定绝缘支架（或绝缘子）的高度和安装方式。

9.7.4 车 辆

由车辆专业提供车辆受流器尺寸、材质、位置等资料，并根据车辆在小曲线区段运行时，对接触轨系统的要求，确定接触轨安装位置。同时车辆专业提供列车在运行时主回路状态，以确定接触轨电分段的长度。

接触轨专业根据接触轨弯头最大抬高量，待车辆招标定型后，与车辆厂配合，协助车辆厂最终确定车辆受流器的安装位置。

9.7.5 信 号

在正线接触轨系统确定回流点、股道连接线位置时，要根据信号专业的系统设置情况来定。当信号专业采用非移动闭塞方式时，由信号专业提供接触轨回流点、股道连接线位置。如果信号专业采用移动闭塞方式，回流点、股道连接线的位置则由接触轨专业确定。

在车辆段或停车场，线路走行轨为单轨条有绝缘轨道电路，回流电缆直接接在信号轨道电路的牵引轨条上。当信号轨道电路的绝缘里程发生变动时，应相应调整电缆管线的设定位置及与此相关的电缆井、接线板位置。由信号专业提供信号回流轨条位置，接触轨专业提供接触轨的平面布置图，由确定信号专业保证回流轨条全部沟通，达到可靠回流的目的。

9.7.6 土 建

在正线单独设置隧道柜室的车站，要求土建提供相应面积的房间，同时提供隧道柜安装所需孔洞、基础，及预留预埋电缆敷设所需孔洞、管。

在车辆段或停车场若设置直流配电室，要求土建提供相应面积的房间，同时提供隧道柜安装所需孔洞、基础，及预留预埋电缆敷设所需孔洞、管。在运用库如果电缆数量多，接触轨专业应提出电缆隧道（沟）的位置、尺寸，并要求土建预留、预埋。

10 架空接触网

架空接触网按悬挂形式的不同，可分为柔性架空接触网和刚性架空接触网，可简称柔性悬挂和刚性悬挂。

本章分为柔性架空接触网、刚性架空接触网以及架空接触网相关计算三个部分。并重点介绍两种架空接触网悬挂方式的特点、装配、技术参数确定以及零部件选型等。

10.1 概 述

架空接触网是将接触导线架设于车体上方的一种接触网形式，电力机车通过受电弓从架空接触网取得电流，架空接触网可用于铁路干线、城市轨道交通以及工矿电力机车牵引线路。架空接触网属于无备用的供电设施，所以其可靠性至关重要。

根据《城市轨道交通直流牵引供电系统》（GB10411）规定，我国城市轨道交通的架空接触网有以下两种制式：直流 1 500 V 和直流 750 V。

架空接触网的发展是以满足城市轨道交通行车需要为前提，同时各种悬挂方式体现了其在不同运行区段、不同运行线路上的优劣。

1）城市轨道交通架空接触网的类型

（1）柔性架空接触网

柔性架空接触网由带张力的柔性金属导线组成，在运行过程中，受电弓与接触线保持可靠的弓网压力，并进行取流。

按承力索的设置情况，柔性架空接触网又分为简单悬挂和链形悬挂两种类型。

① 简单悬挂只有接触线和一根架空地线，支柱安装负荷较轻，但是弛度大，弹性不均匀，接触网取流效果差，车辆速度受到限制，一般用于城市有轨电车以及城市轨道交通线路的车辆段等对行车速度要求不高的地段。

② 链形悬挂是指接触线通过吊弦悬挂到承力索上的悬挂。链形悬挂通过吊弦使接触线增加了悬挂点，调整吊弦可以使接触线对轨面的高度保持一致，接触网弹性均匀。链形悬挂比简单悬挂性能要好，但结构复杂，投资也较大，施工维修较为困难。

链形悬挂根据载流总截面的要求，架空接触网还需设置 1～4 根辅助馈线。另外架空接触网还需设置架空地线，作为绝缘子事故闪络时的接地回路。

柔性架空接触网以其良好的弓网配合等特点，在电气化铁路和城市轨道交通中被广泛应用。

（2）刚性架空接触网

刚性架空接触网是将传统的接触线夹装在汇流排中，用汇流排取代了承力索，并靠它自身的刚性保持接触线的固定位置，使接触线不因重力而产生较大弛度。

刚性架空接触网节省隧道净空，可靠性高，耐磨性好，接触网零件简单，维修成本大大降低。

刚性架空接触网从 20 世纪 90 年代起得到较快发展。我国广州、南京等地的城市轨道交通采用刚性架空接触网形式。

2）城市轨道交通架空接触网的一般要求

架空接触网系统是给电动车辆提供持续电能的特殊供电设备，需要从可靠性、可维护性、安全性、功能扩展性以及工作稳定性等多方面加以考虑。一般对架空接触网系统有以下要求：

① 架空接触网系统应安全、可靠，满足列车最高行车速度的要求，保证受电弓良好地取流。

② 地下段架空接触网一般采用刚性或柔性悬挂方式；地面及高架线路一般采用柔性悬挂方式；车场线采用柔性悬挂方式。

③ 架空接触网采用直流供电方式，额定电压为 1 500 V 或 750 V，架空接触网导线的总截面满足远期高峰小时列车取流的要求。

④ 悬挂方式应结构简单，便于安装、维修和运行。架空接触网的设备和器材应耐腐蚀、寿命长、少维修。

⑤ 架空接触网绝缘距离应符合国家标准的要求，即带电体对接地体的距离为：对于直流 750 V 系统，静态为 25 mm，动态为 25 mm；对于直流 1 500 V 系统，静态为 150 mm，动态为 100 mm。

⑥ 架空接触网设备除与车辆有相互作用的设备外，任何情况下不得侵入设备限界。

⑦ 架空接触网系统应架设全线贯通的架空地线，所有与架空接触网带电部分通过绝缘隔离的金属部分皆连接至架空地线。

3）架空接触网相关计算

架空接触网的计算是保证接触网系统安全、可靠运行的关键。

架空接触网计算包括支柱容量计算、线索安装曲线计算、接触网跨距计算、接触网锚段长度计算、腕臂安装曲线计算、接触网坠陀安装曲线计算等。通过计算结果确定出不同线路、不同区段架空接触网的悬挂方案、支柱类型、基础类型及施工安装曲线，并包括对有关专业提出架空接触网安装的要求。

10.2 柔性架空接触网

柔性悬挂已在我国电气化铁路应用了上万公里，是十分成熟可靠的。在上海地铁、广州地铁、深圳地铁、大连快轨、长春轻轨等线路中也已成功应用。

关于架空接触网的设备和零件，目前国内采用了通用性产品或改进性产品，并积累了丰富的制造经验和施工经验。

10.2.1 装配形式

柔性架空接触网装配形式多种多样，根据安装地点的不同可分为隧道内、高架线路、地面线路以及车辆段等几种形式。

1）隧道内柔性架空接触网的类型

目前国内城市轨道交通柔性架空接触网在隧道内的安装主要有以下几种方式。

（1）弓形腕臂形式

弓形腕臂形式悬挂属链形悬挂方式，由 1 根或 2 根承力索、2 根接触线及辅助馈线组成，承力索、接触线均有张力补偿装置。跨距在隧道内为 20 m 左右。

其隧道支撑很方便地通过角形支架装配形式或专用吊柱形式用锚栓固定在隧道上，在不同的隧道断面均达到规定要求的相应净空尺寸，其结构高度一般在 220～310 mm 之间。

图 10.1 所示的悬挂形式是弓形腕臂在隧道内悬挂示意图。由于采取链形悬挂，结构稳定，弹性较好，速度可以达到 120 km/h。

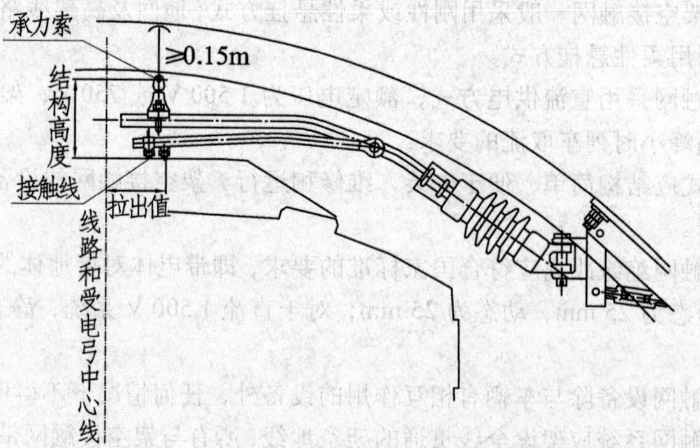

图 10.1　弓形腕臂在隧道内安装示意图

（2）"弹性支架" 形式

"弹性支架" 悬挂形式属简单悬挂方式，如图 10.2 所示。悬挂形式一般采用 2 根接触线及辅助馈线组成，没有承力索。2 根接触线有张力补偿装置。"弹性支架" 承载能力较低，支架之间距离限制在 12 m 以内。

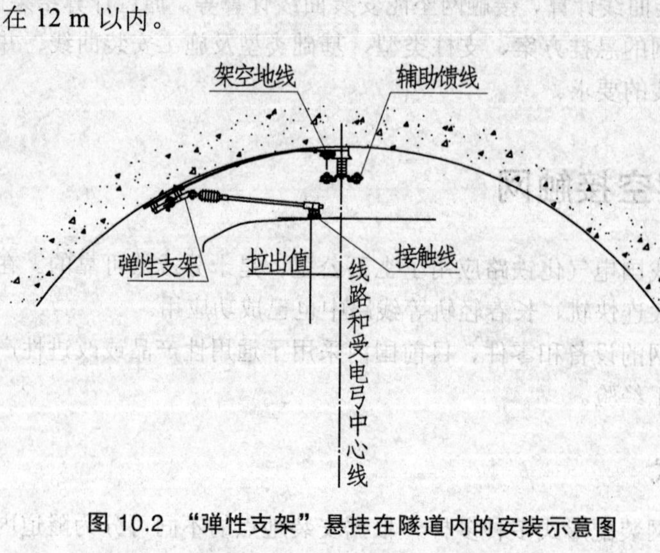

图 10.2　"弹性支架" 悬挂在隧道内的安装示意图

"弹性支架" 的弹性是通过轴环中设置的橡皮扭转部件获得的。橡皮扭转部件的弹性能克服运行过程中产生的低频震荡，使弓网之间始终处于良好的接触状态，避免受电弓突然跳开造成电流中断。采用此种悬挂方式的有上海地铁 1 号线、2 号线。该产品从德国西门子引进。由于没有承力索，其对隧道净空要求可以进一步降低，允许的行车速度较低。

（3）一般悬挂形式

一般悬挂形式采用链形悬挂，一般由 2 根承力索，2 根接触线及辅助馈线组成，承力索、接触线均有补偿装置。由于采用链形悬挂，隧道内跨距一般为 20 m 左右。

该悬挂方式与铁路悬挂方式类似，由于没有弓形腕臂，在圆形和马蹄形隧道内，接触网悬挂所占用的隧道净空较大，土建投资将增加。该悬挂方式有较成熟的施工经验，零部件也可以全部实现国产化，行车速度也较快。长春轻轨及大连快轨均采用此种悬挂方式，如图 10.3 所示。

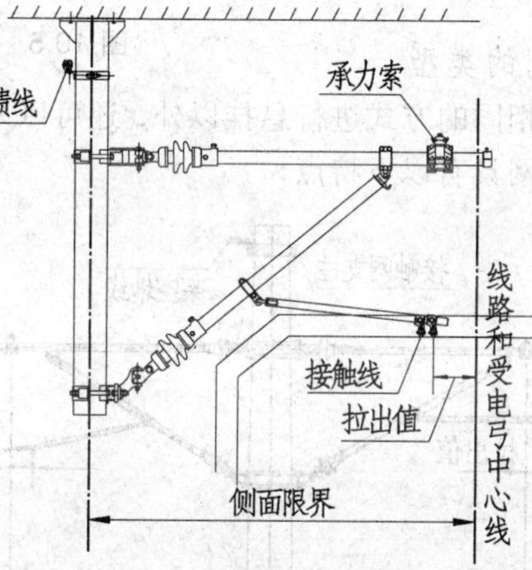

图 10.3　一般悬挂在隧道内的安装示意图

2）高架桥柔性架空接触网的类型

目前，国内城市轨道交通柔性架空接触网在高架桥上的安装主要有以下几种方式：

（1）单支柱形式（见图 10.4）

支柱一般设立在双形梁外侧，上下行分别由一根支柱悬挂及定位，称之为单腕臂柱结构形式。其特点如下：

① 上下行接触网不论在电气上还是机械上均相互独立，当一侧股道发生事故时，不影响另一侧股道，因而事故范围小。

② 结构简单，零部件少，便于事故抢修。

③ 维修工作量小。

④ 由于上下行接触网分别悬挂，故支柱容量较小，施工相对简单。

⑤ 对桥梁预留要求的精度较门型架低。

⑥ 支柱设立处需进行局部加宽

⑦ 景观较为简洁。

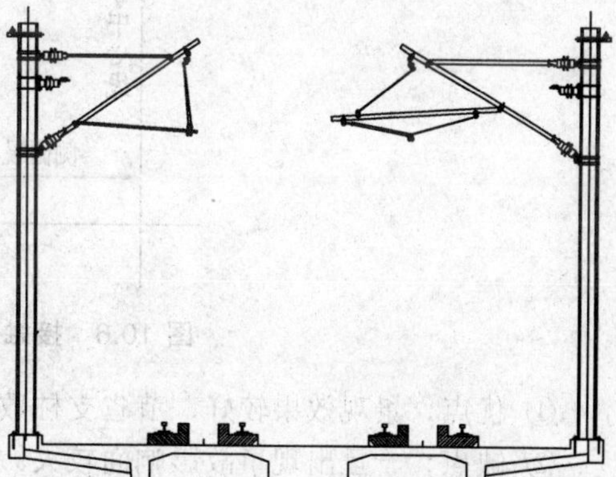

图 10.4　高架桥接触网单支柱形式

（2）门形架形式（见图 10.5）

在桥梁两侧设立门型支架悬挂接触网，称之为门形架结构形式，其特点如下：

① 上下行接触网在电气上相互独立，但因挂在同一门形架上，当其发生故障时，同时影响两股道，事故范围大。

② 施工难度增大。门形架偏重，且两支柱中心线连线应与线路中心线垂直，对桥梁上预留的基础螺栓的精确度要求高。

③ 支柱受力均匀。

④ 整体景观较好。

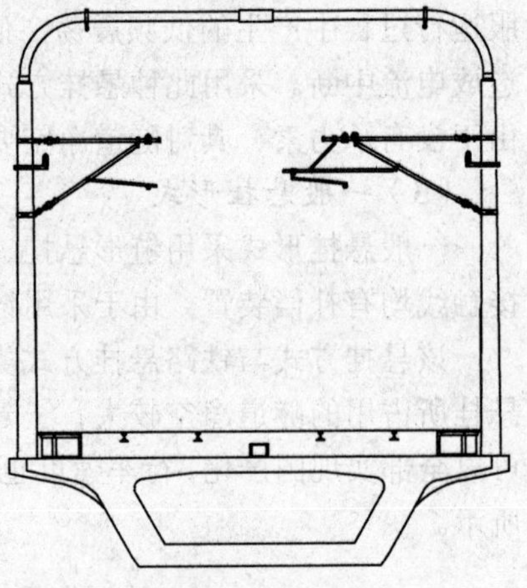

图 10.5　高架桥接触网门形架形式

3）地面段柔性架空接触网的类型

地面段除可以采取与高架桥相同的方式进行悬挂以外，还可以采取如图 10.6 所示的中间立柱形式。这种形式的架空接触网具有以下特点：

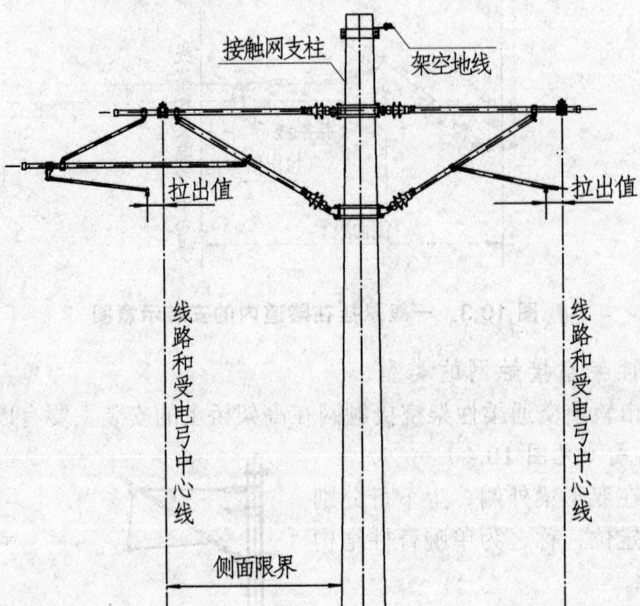

图 10.6　接触网中间立柱安装示意图

① 优点：景观效果较好，节省支柱数量。

② 缺点：一旦出现事故影响面较大。支柱容量比单侧立柱要大，荷载加大。

③ 条件：由于支柱设立在两条线路中间，因此支柱装配以及下锚需要安装空间，而间距加大又会增加投资。

4）车辆段柔性架空接触网的类型

车辆段柔性架空接触网采用简单悬挂，单股道采用单腕臂柱形式，对于股道较多的地方，采用软横跨或硬横跨形式。软横跨形式如图 10.7 所示。

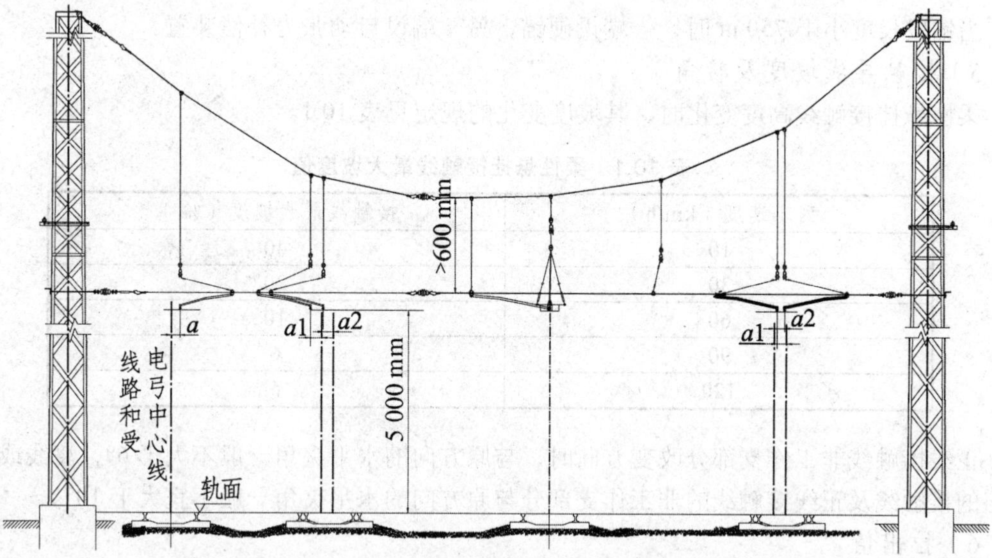

图 10.7 接触网软横跨安装示意图

软横跨或硬横跨的特点是可以利用两个支柱跨越较多的股道，节省支柱数量，节约投资。

10.2.2 主要技术数据

1）接触线高度

（1）隧道内接触线高度

隧道内接触线工作支悬挂点距轨面连线的高度根据车辆形式以及受电弓工作高度而定。对于地铁 A、B 型车一般为 4 040 mm，最低不得低于 4 000 mm。

（2）地面、高架以及出入场线接触线高度

接触线工作支悬挂点距轨面连线的高度一般为 4 600 mm，最低不得低于 4 400 mm。

（3）停车场接触线高度

停车场库区、场区以及试车线等处接触线工作支悬挂点距轨面连线的高度一般最低不得低于 5 000 mm。

2）结构高度

简单链形悬挂的结构高度一般为 1 100 mm，净空较低的地段，结构高度可适当降低，但最小结构高度应满足最短吊弦长度不小于 500 mm 的要求。

3）跨距长度

（1）地下段

地下段弓形腕臂形式跨距一般为 20 m 左右；弹性支架形式跨距一般为 12 m 左右。

（2）地面及高架段

地面段柔性悬挂的跨距应根据其悬挂类型、线路曲线半径、受电弓工作宽度、接触线风偏值等因素确定，最大跨距不宜大于 50 m，最大偏移值不宜大于 300 mm。

4）锚段长度

柔性架空接触网锚段长度一般为 1 500 m，特殊地段应根据线路条件确定。

接触网在锚段终端处设置自动张力补偿装置，并在锚段中部设立中心锚结。

当锚段长度小于 750 m 时，一端设硬锚，另一端设自动张力补偿装置。

5）接触导线坡度及转角

柔性悬挂接触线高度变化时，其坡度变化的规定见表 10.1。

表 10.1　柔性悬挂接触线最大坡度值

列车速度（km/h）	接触线最大坡度（‰）
10	40
30	20
60	10
90	6
120	5

正线接触线非工作支部分改变方向时，与原方向的水平夹角一般不大于 6°，渡线或其他线路的接触线及正线接触线的非工作支部分与原方向的水平夹角一般不宜大于 10°。

6）拉出值

柔性接触线定位点的拉出值，直线上一般为 200 mm；曲线上则根据曲线半径及外轨超高值确定，最大不得超过 250 mm。

7）侧面限界

柔性架空接触网支柱的侧面限界是指支柱内缘与邻近铁路轨顶连线的线路中心线的水平距离。支柱的侧面限界的设计取值要大于建筑接近限界的规定值，一般为 2.6 m 左右。

侧面限界的具体数值需与限界专业协商并根据车辆动态包络线确定。

8）绝缘距离

柔性架空接触网设备和车辆应满足的最小净空尺寸见表 10.2。

表 10.2　柔性架空接触网带电绝缘距离表

<table>
<tr><td colspan="2" rowspan="2">电压等级（V）
绝缘距离（mm）</td><td colspan="2">750</td><td colspan="2">1 500</td></tr>
<tr><td>正常</td><td>困难</td><td>正常</td><td>困难</td></tr>
<tr><td colspan="2">带电金属体到车辆动态包络线</td><td>25</td><td>25</td><td>115</td><td>100</td></tr>
<tr><td rowspan="2">带电金属体到“地”的静态值</td><td>混凝土</td><td>25</td><td>25</td><td>150</td><td>150</td></tr>
<tr><td>金　属</td><td>25</td><td>25</td><td>150</td><td>150</td></tr>
<tr><td rowspan="2">带电金属体到“地”的动态值</td><td>混凝土</td><td>25</td><td>25</td><td>100</td><td>80</td></tr>
<tr><td>金　属</td><td>25</td><td>25</td><td>100</td><td>80</td></tr>
<tr><td>受电弓动态包络线到土建结构</td><td>接地体及其连接件</td><td>25</td><td>25</td><td>150</td><td>100</td></tr>
<tr><td rowspan="2">受电弓动态包络线到公共带电金属体（包括定位器的固定端）</td><td>轨道横截面的垂直方向</td><td>25</td><td>25</td><td>50</td><td>50</td></tr>
<tr><td>轨道横截面的水平方向</td><td>25</td><td>25</td><td>150</td><td>100</td></tr>
<tr><td rowspan="2">受电弓动态包络线到定位器和任何直接与接触线相连的连接件</td><td>轨道横截面的垂直方向</td><td>15</td><td>15</td><td>15</td><td>15</td></tr>
<tr><td>轨道横截面的水平方向</td><td>25</td><td>25</td><td>150</td><td>100</td></tr>
</table>

注：① 表中“静态值”是指柔性架空接触网不受受电弓抬升力作用，或者长期承受受电弓抬升力作用情况下的净空尺寸；“动态值”是指柔性架空接触网承受行驶列车的受电弓抬升力作用时的净空尺寸。

② 以上数值为最小值，当空间富裕时，在考虑增加系统结构之前，优先考虑增大电气距离。

9）线材、绝缘子及主要零部件安全系数

柔性架空接触网设计的强度安全系数规定见表 10.3。

表 10.3 安 全 系 数 表

项目		安全系数
新接触线		≥3.0
接触线 25% 磨损		≥2.2
承力索		≥3.0
架空地线		≥2.5
软横跨横承力索中的钢绞线		≥4.0
其他线材		≥3.0
零 件	抗 拉	≥3.0
	抗 弯	≥3.0
	抗 滑	≥1.5
绝缘子	抗 拉	≥2.0
	抗 弯	≥2.5
分段绝缘器	整体抗拉	≥2.5

10.2.3 平面设计

柔性架空接触网平面设计是工程施工的依据，平面图中不仅应明确地标示出线路走向、锚段长度、跨距长度、拉出值大小方向等，还应附有说明及表格栏。

平面设计包括以下内容：确定接触悬挂类型，支柱的位置、类型及数量，锚段的划分及走向，拉出值的大小及方向，支柱的侧面限界，支持装置类型及安装图号，地质条件、基础设置情况，接触线高度，电分段等。

平面设计是一项细致、复杂的工作，需考虑以下设计原则：

① 应结合近、远期发展目标，综合考虑。

② 应考虑各个专业之间的配合。

③ 应实现良好的经济、技术性能。

④ 应以保证安全运营为原则。

柔性架空接触网平面设计步骤如下：

1）放 图

包括下列主要内容：

① 全部电气化股道以及与接触网有关的非电气化股道。

② 道岔型号、理论岔心坐标。

③ 曲线起止点、曲线半径及缓和曲线长度。

④ 桥梁长度及结构类型。

⑤ 隧道长度及起止里程。

⑥ 涵管、平交道、地道、跨线桥的中心坐标及宽度。

⑦ 车站名称、中心里程、站台范围及架设接触网有关的建筑物。

2）支柱布置

先从咽喉区开始布置道岔柱，道岔柱定位原则上尽量采用标准定位。对于单开道岔定位时，道岔柱一般位于道岔两线间距 150～250 mm 范围内，此时接触线交叉点应位于线间距 300～320 mm 的横向中间位置处，误差不得大于 20 mm。

道岔柱定位后，即可进行接触网支柱布置，其跨距大小应根据悬挂类型、曲线半径、接触线最大风偏移值和经验综合考虑。

支柱布置时尽量采用标准跨距。常用标准跨距为 5 的整数倍。

① 地面及高架线的跨距及拉出值的参考值见表 10.4、表 10.5、表 10.6。

表 10.4　拉出值选用表

曲线半径 R（m）	50 ~ 1 100	1 200 ~ 4 000	∞
拉出值（mm）	250	150	±200

表 10.5　一般跨距选用表

曲线半径 R（m）	50	60	100 ~ 150	200 ~ 250	300 ~ 350	400 ~ 500	550 ~ 650	700 ~ ∞
简单悬挂跨距 L（m）	12 ~ 14	15	20	25	30	35	45	50
链形悬挂跨距 L（m）	12 ~ 14	15	20	25	30	35	40	45

表 10.6　锚段关节转换跨距，安装中心锚结，分段绝缘器所在跨距选用表

曲线半径 R（m）	60 ~ 100	150	200 ~ 250	300 ~ 350	400 ~ 500	550 ~ 650	700 ~ ∞
简单悬挂跨距 L（m）	10	15	20	25	30	35	40
链形悬挂跨距 L（m）	10	15	20	25	30	35	40

② 隧道内直线段跨距如下：对于弓形腕臂方式一般为 20 m 左右；对于弹性支架方式一般为 12 m 左右。

③ 直线区段或曲线区段连续选取标准跨距 5 次，其中任选一跨，将跨距缩小一级（5 m），相邻两跨距值之比，不应大于 1.5 : 1。桥梁、隧道、站场咽喉区等困难地段，可采用 2.0 : 1。

④ 跨直圆点、直缓点、缓和曲线的跨距尽量按相应的圆曲线选取。

⑤ 隧道口第一跨跨距应与隧道内及隧道外相邻跨距相配合，并验算是否需要降低接触线高度和结构高度。

⑥ 对于支柱附近的建筑物〔如桥台、涵、隧（明洞）、挡土墙、机械化养路平台、跨线建筑物、平交道、立交道、信号机等〕应注明其间距。

⑦ 接触线对受电弓中心线行迹的最大偏移值原则上按 350 mm 考虑，特殊情况（如结合桥跨等）可适当加大，但不可以超过 400 mm。

⑧ 桥上支柱位置应严格按照预留位置布置，并注意桥梁伸缩缝影响。

⑨ 线路终端锚柱距离车挡不宜小于 10 m，若地形困难则允许设于线路一侧，并尽量少缩短线路有效长，一般跨距取 30 m。

3）锚段设置

① 一般情况按《铁路电力牵引供电设计规范》（TB1009—2005）执行，如车站按承力索的张力差不得大于额定值的±10%，接触线的张力差不得大于额定值的±15%。

② 锚段长度：一般情况为1 500 m，困难情况（含隧道）直线段不超过1 800 m。单边补偿的锚段长度应不大于上述值之半。

③ 辅助馈线、架空地线锚段长度一般不超过1 700 m。

④ 隧道内非绝缘锚段关节及站线下锚位置，严格按设计预留的位置实施，具体要求如下：

- 棘轮下锚处至轨面高度范围内不得安装其他设备。
- 下锚处隧道内消防水管要求安装在轨面以下，困难地段消防水管上部外缘至轨面高度不得超过200 mm。
- 车站端头井范围内应尽量考虑电动隔离开关安装位置。
- 车站内棘轮下锚及馈线、地线下锚的范围沿端头井壁顺线路方向预留5 m净空范围。

⑤ 一般尽量避免在洞门上下锚，可与结构专业商量采用独立锚柱方式予以解决。

⑥ 当锚柱位于曲线上时，其下锚柱拉线按平行线路方向考虑。

⑦ 中心锚结的位置一般设在锚段中部附近，应通过计算，满足以上张力差，原则上要求从中心锚结到两端补偿器的张力差应大致相等。

4）绝缘锚段关节、电分段、隔离开关、避雷器的设置

绝缘锚段关节、电分段、隔离开关、避雷器的设置，除按《铁路电力牵引供电设计规范》（TB1009—2005）有关条款执行外，尚应按以下规定执行：

（1）绝缘锚段关节设置

尽量考虑设置四跨绝缘锚段关节。若受地形限制，无法设置四跨绝缘锚段关节时，可设置三跨绝缘锚段关节。

（2）电分段设置

① 有牵引变电所的车站正线。

② 正线间的渡线、折返线、区间存车线。

③ 车辆段出入段线与正线的连接处。

④ 车辆段停车列检库、静调库、月修库入口及洗车库两端。

⑤ 车辆段内不同供电分区间。

⑥ 正线牵引变电所出口处（电分段采用绝缘锚段关节）。

（3）隔离开关设置

① 隔离开关设置地点应尽量方便维修人员操作。

② 隔离开关是否带接地刀闸，应根据运营要求而定。

（4）避雷器设置

① 空旷的地面区段及高架区段每隔500 m处。

② 隧道两端。

③ 为地面及高架接触网供电的电源隔离开关处。

5）表格及相应说明

（1）支柱类型

支柱类型栏中要标明每一个支柱的材质、型号、容量、高度及数量。

接触网支柱下行线编单号，上行线编双号；车站接触网支柱应按线路里程递增方向连续编号。

（2）侧面限界的调整

支柱限界一般要求为 2.6 m 左右，根据不同情况需要进行调整，具体如下：

① 若曲线半径 $R \leqslant 900$ m 时，接触网要求用软定位，并且曲内侧面限界要求 2.5 m，曲外侧面限界 2.4 m。

② 软（硬）横跨侧面限界一般取 3.0 m。

③ 直圆相接，位于直线部分 10 m 以内的支柱，侧面限界按相邻的圆曲线来选；直缓相连，位于直线部分距直缓点 10 m 以内的支柱，侧面限界取 2.4 m；缓和曲线上支柱侧面限界按相应圆曲线来选。

④ 锚柱侧面限界按计算值加限界架本体宽 60 mm、余量 50 mm 选取。

⑤ 当支柱位于两线路中间时，填写该支柱对某股道的侧面限界，并在括号内标明对那一股道的编号。

（3）地质情况及支柱基础

地面段架空接触网平面设计要标明沿线路的地质情况。支柱埋设地点的基础稳固程度与地质情况有关。

钢支柱是立于混凝土浇注而成的基础之上。基础的作用是稳定支柱，使其不倾覆、不歪斜及不下沉。

对应于每一个支柱，在表格中应标明地质及基础类型。

（4）安装图号

根据接触网支柱的不同状态要求，绘制各类支柱装配定型图，并配以不同的安装图号。

10.2.4 相关专业配合

柔性架空接触网与线路、桥梁、隧道等专业间关系密切，相互接口与配合十分重要。其中柔性架空接触网在建筑物上的固定安装是一个尤为重要的问题。

1）桥　梁

高架桥上需预留柔性架空接触网支柱的基础底座螺栓。

接触网专业需向桥梁专业提供支柱位置、基础底座尺寸、螺栓要求、支柱荷载等准确资料和技术要求。

高架桥上柔性架空接触网的架空地线及接触网带电体需要每隔一定距离通过放电间隙和避雷器与桥梁钢筋相连，桥梁专业需要在桥墩上预留出引线钢板。在预留配合时接触网专业需提供引线钢板的位置、尺寸及技术要求。

2）隧　道

柔性架空接触网在隧道进出口处接触悬挂和馈电线需要下锚再转换至隧道内，因此隧道口处需预留接触网下锚横梁，横梁上需预留各个导线的下锚零件和电连接线的安装零件。

接触网专业需向土建专业提供荷载要求、下锚零件和电连接零件的位置和尺寸及技术要求等图纸和资料。

隧道内柔性架空接触网需要利用隧道顶壁或侧壁安装接触网的设备，接触网专业需要提供柔性架空接触网在土建结构中的安装方法。

3）车　库

车库内柔性架空接触网需在库内结构上进行悬挂和下锚。因此，库内结构需为柔性架空接触网预留安装底座和下锚底座。接触网专业应提供悬挂安装位置、荷载、预留底座尺寸及技术要求。

10.2.5 零部件及材料选型

1）柔性架空接触网零部件及材料的技术发展

近年来，我国在学习借鉴国外先进技术的基础上，开发研制了部分结构科学、性能优良的柔性架空接触网零件，其技术水平基本达到了国外同行业的先进水平，同时选用了高强度、防腐性能好的材料，采用了先进的表面防腐制造工艺，建立健全了质量控制体系和完善了检测设备及手段，使接触网整体水平上了一个新台阶。

高强度铜合金如铜镍硅材料、高强度铝合金如铝镁硅材料、铜铝过渡材料及不锈钢材料的推广应用，减轻了柔性架空接触网的悬挂重量，使零件与线索实现同类材质的匹配，提高了强度、防腐性，避免了不同材质零件配合引起的电腐蚀问题，实现了与国外先进技术的接轨。

铝合金补偿滑轮、棘轮装置及不锈钢补偿绳的应用，减轻了整个下锚装置的重量，提高了张力补偿的传动效率，有效避免了滑轮与钢丝绳间的偏磨、跳槽现象，提高了整体的防腐性能，棘轮断线制动功能有效地防止了导线一旦断线而引发的整个柔性架空接触网锚段事故范围的扩大。

铝合金限位定位器及整体可调吊弦的应用，减轻了零件的重量，消除了接触线定位处的硬点，增加了防抬高功能，整体可调吊弦的应用则提高了接触线导高精度，使得接触线和受电弓接触平稳，取流良好，消除了火花现象，尤其在高速运行时效果更为显著。

锚固类零件采用锥套螺纹楔型结构，有自动补偿夹紧力的作用，能使零件和线索在张力下越拉越紧，同时可有效避免楔型线夹对线索的损伤，使零件的性能指标稳定，保证锚固的可靠性。

腕臂连接类零件由模锻件代替可锻铸铁件，消除了砂型铸造工艺给零件带来的不可避免的缺陷，提高了零件的可靠性，并使安装尺寸更精确，互换性更好，零件强度、延展性更高，防腐性能更好，零件安装后可达到少维修、无维修的效果。

其他新型零件如新型电连接线夹、铜铝过渡电连接线夹的应用提高了零件的导电性能，克服了由于不同种材质配合引起的零件间、零件与线索间的电腐蚀问题。采用承力索座支持零件取代钩头鞍子，使承力索固定形式由下拉改为下托，增加了系统的稳定性。新型接触线中心锚结、承力索中心锚结线夹的应用，增加了零件与线索之间固定连接的滑动指标，提高了锚结线夹防断、防窜的效果。

我国接触网行业现在已具备对柔性架空接触网零件全部项目及生产全过程进行检测试验的能力，其技术水平与国内同类行业及检测机构相比属领先水平，完全能满足柔性架空接触网零件的检测试验要求。

1993 年以后，由于推行 ISO 9000 标准管理体系，促使柔性架空接触网零件检测项目和设备日臻完善，水平不断提高，从人工使用机械检测设备逐步向自动化、智能化检测设备发展，检测能力和水平达到了新的高度，从简单的综合试验发展到了全面的综合试验，从零件的外部检测发展到内部缺陷检测，从简单的破坏试验发展到无损检测。如采用 X 射线探伤仪对铸铜、铸铝、铸钢等产品的内部缺陷进行全面检查；采用直读光谱仪可以对各种原材料、紧固件、产品、铸造金属液的化学成分进行快速准确的分析；利用大型框架试验机、振动实验机和疲劳试验机实现了对柔性架空接触网零件根据速度和工况进行性能模拟试验和振动模拟试验；零件电性能检测不仅可以检测零件的接触电阻，还可以进行温升、过电流等模拟试验。

2）柔性架空接触网零部件及设备材料的选型

（1）接触线

接触线采用耐磨、耐腐蚀、导电性能良好的铜银合金电车线。

（2）承力索

承力索采用导电性、耐腐蚀性能好的硬铜绞线。

（3）架空地线

采用导电性、耐腐蚀性能好的硬铜绞线。

（4）自动补偿装置

地面柔性架空接触网自动补偿装置采用带棘轮制动装置的下锚装置，补偿传动比为 1∶3。

（5）坠　砣

坠砣一般采用铁坠砣，铁坠砣表面应进行刷漆处理。

（6）吊　弦

链形悬挂结构中的接触线通过吊弦悬挂在两根承力索上。

单根吊弦通过双承力索线夹悬吊接触线，双承力索线夹采用铜合金制造，并配有铜或不锈钢衬垫。线夹夹住后两根导线之间的距离为 40 mm。由于接触线到承力索的距离（结构高度）不同，应用了三种类型的吊弦。标准吊弦采用 16 mm^2 的软青铜绞线。

（7）中心锚结

地下区段：在锚段的中部设中心锚结，中心锚结设在悬挂点处，采用“V”形绝缘棒拉线方式。

地面及高架区段：采用柔性悬挂中心锚结，即采用两跨式中心锚结。

（8）分段绝缘器

柔性悬挂采用柔性悬挂分段绝缘器，分为重型及轻型两种类型。

（9）隔离开关

正线和出入段线处、牵引变电所直流馈线上网处安装电动隔离开关。

停车场不同供电分区之间设置联络隔离开关。

正线折返线、区间存车线及车库线设置隔离开关。

月检库的股道两侧双层作业平台的出入口处应设置与接触网隔离开关的联锁装置。

（10）避雷装置

避雷器采用直流氧化锌避雷器。

（11）电连接

电连接的作用是将必要的接触悬挂或各供电分段连接在一起，使电路畅通。承力索与接触线间的电连接，使承力索和接触线并联供电，起到了增大载流截面，降低电阻和能耗的作用。

电连接的设置原则如下：

① 电分段的两端通过隔离开关设置电连接，上网处设双电连接。

② 接触线与承力索每隔 60 m 左右设一处横向电连接。

③ 非绝缘锚段关节处设电连接。

④ 电连接线载流量不应低于被连接的柔性架空接触网允许的载流量；电连接的设置不得影响受电弓的正常取流。

（12）线　岔

接触线相交时，在相交处设置的限制管或限制器叫线岔。

在道岔的上方，当两组接触悬挂相交时，为了实现受电弓能由一组接触悬挂顺利地过渡到另一组接触悬挂，需使用线岔装置。

安装限制管应保证平均温度时，上部接触线位于线岔中央。

（13）绝缘子

腕臂绝缘子采用瓷质的棒式绝缘子。

下锚绝缘子采用棒式下锚绝缘子。

绝缘子根据需要做成单裙或多裙形状。绝缘子的整体设计应便于人工清扫和雨水作用下的自然清洁。

所有绝缘子的端帽和连接件采用镀锌的可锻铸铁制造。端锚和连接件应与绝缘体统一考虑，以避免因膨胀和收缩应力产生破坏。

粘接材料采用水泥或合金，但应严格避免金属部件间的化学反应。粘接材料在粘接过程中应避免出现空隙和密度不均匀，如采用水泥作粘接材料，在粘接过程中需要振捣。在组装绝缘子的各个阶段，都应保证对准中心线，避免绝缘子与坚硬的金属相碰，绝缘子最小爬电距离为 250 mm。

（14）接触网支柱

接触网支柱是柔性架空接触网系统的重要组成部分，支柱承受柔性悬挂的各种荷载并将其传入大地。

① 支柱的作用。

柔性架空接触网通过接触网线索实现向电动列车的电能输送，而对于地面线及高架桥线路，柔性架空接触网所有线索均安装于接触网支柱上。

对于支柱而言不仅要承受线索的重力以及由于线索改变方向而产生的垂直于线路的横向力，还要承受垂直于线路的风对线索及支柱产生的横向力作用。即主要承受一个弯矩的作用，其弯矩的方向垂直于线路。对于接触网下锚支柱而言，还要加上顺线路方向的下锚弯矩作用。

因此，柔性架空接触网所有线索及上部设备，最后均要将负荷传给接触网支柱，接触网支柱的选择关系到城市轨道交通的安全运营。

② 支柱的分类。

根据支柱的不同用途，支柱可分为以下几种类型：

• 中间柱。是柔性架空接触网悬挂中普遍使用的支柱。

根据柔性架空接触网悬挂类型的不同又分为链形悬挂中间柱和简单悬挂中间柱。

链形悬挂中间柱主要用于线路正线的柔性架空接触网悬挂，线索包括承力索、接触线、辅助馈线及架空地线等。由于线索较多，该支柱容量相对较大。

简单悬挂中间柱主要用于车辆段内列车取流不太大的地方，线索包括接触线和架空地线。该支柱负荷较小，容量不大。

- 转换支柱。转换支柱用在绝缘和非绝缘锚段关节处，分为绝缘转换支柱和非绝缘转换支柱两种类型。

柔性架空接触网为了机械及电气方面的需要，需要设计锚段关节将不同锚段的接触网线索通过锚段关节连接起来。

转换支柱位于锚段关节中部，因此需要悬挂两组接触网线索，支柱的容量较大，安装较为复杂，如图 10.8 所示。

- 下锚支柱。出于机械及电气方面的考虑，柔性架空接触网的线索在经过一段距离以后必须终止，此时就需要下锚支柱。

下锚支柱用于承受线索的下锚力。包括承力索、接触线、辅助馈线以及架空地线的下锚。该支柱的特点为不仅要承受垂直线路方向力的作用，还要承受顺线路方向下锚力的作用。因此下锚支柱一般要沿受力方向打拉线，如图 10.9 所示。

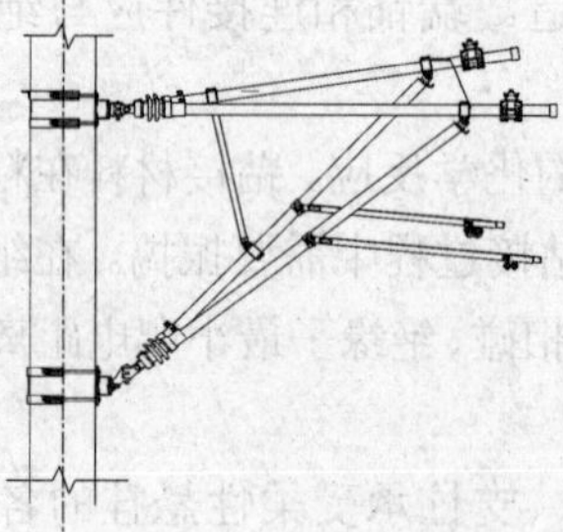

图 10.8 转换支柱

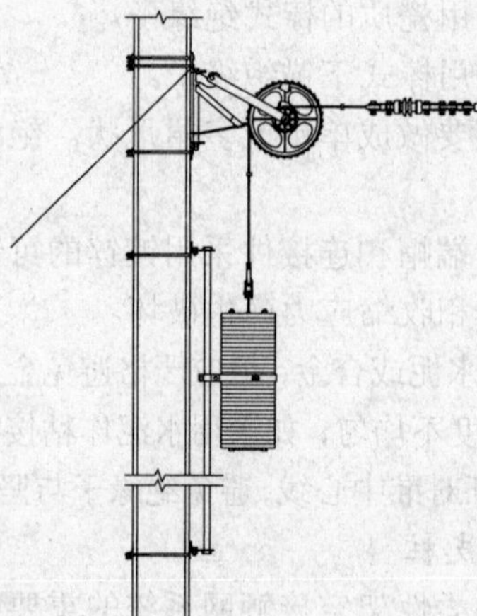

图 10.9 下锚柱

- 道岔支柱。道岔柱位于道岔处，两股道的接触悬挂在此相交，两只接触悬挂均为工作支，如图 10.10 所示。

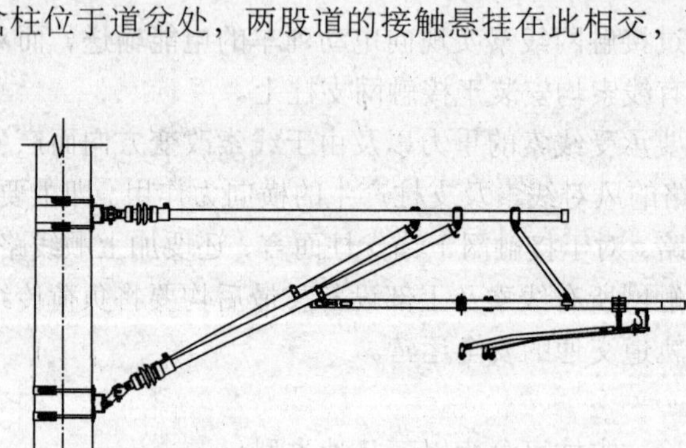

图 10.10 道岔柱

根据两只接触线改变方向时的受力情况分为以下三种类型。

L 型：两只接触线拉力方向均离开支柱；

Y 型：两只接触线拉力方向均指向支柱；

LY 型：一只接触线拉力方向离开支柱，另一只接触线拉力方向指向支柱。

• 软横跨支柱。软横跨支柱主要应用于跨越股道较多的接触网线路。如车辆段或股道较多的车站等处。

软横跨支柱通过其下部定位索可以悬挂多组柔性架空接触网，这样既可以节省支柱数量，又可以避免股道间距过大造成投资增加。

该支柱悬挂线索较多，容量较大，如图 10.7 所示。

• 硬横跨支柱。硬横跨支柱与软横跨支柱应用情况基本类似，只是上部结构不同，同样可以悬挂多组柔性架空接触网。其景观效果好于软横跨支柱，如图 10.11 所示。

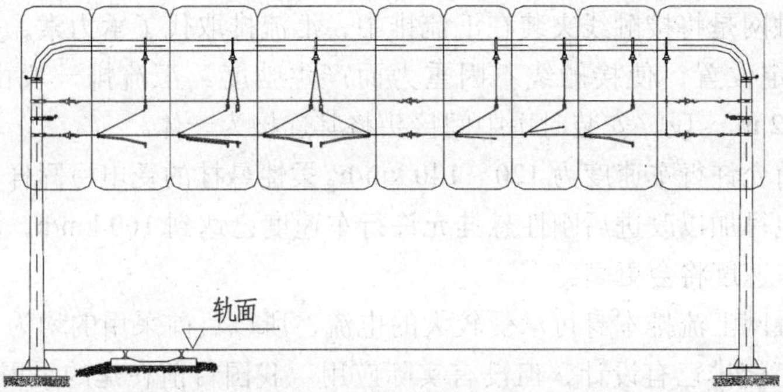

图 10.11　硬横跨支柱

（15）支柱基础

接触网支柱基础应承受住作用在支柱支撑结构上的静态或动态荷载。基础应将来自支撑结构的负荷安全传送至大地，并且不产生影响支撑结构功能的位移和下沉。

对于地面线路和车辆段线路，柔性架空接触网采用支柱基础的形式承载接触网支柱荷载，下锚形式采用拉线基础，增加抗倾覆能力。

对于高架桥上采用预留接触网支柱墩台的形式，其下锚形式采用在桥梁侧面或中部预留下锚基础。下锚拉线应该与桥梁结构伸缩缝配合，避免接触网支柱和拉线布置在不同的箱梁上。

车辆段由于下锚拉力较小，可采用灵活的锚板形式，解决下锚问题。

支柱基础分为以下两种类型。

① 侧向受力基础。

这种类型的基础依靠其周围土的被动阻力来稳定，不考虑基底阻力，这种基础主要用于开阔的平坦地区，也可用于条件好的填方地段。

侧面受力基础可以做成圆形或矩形，经预制和吊装形成。任何挖掘用支撑在浇注混凝土开始凝固之前必须全部撤走。支柱通过浇注在混凝土中的锚固螺栓固定，也可采用将支柱插入混凝土基础预制孔中的方式固定。

② 重力基础。

这种类型的基础通过其自重、基底的承压力、被动阻力和摩擦力的综合作用来抵抗外部荷载，相关安全系数要求如下：

抗倾覆：抵抗任意方向力的最小安全系数为 2.0。

承载力：作用在地基上的最大压力（通常在基础边缘），不能超过相应允许承载力，允许承载力应考虑剪切破坏和下沉因素，允许承载力根据惯用的安全系数 3.0 得出，考虑下沉因素是为了将承载力转换成承压力。

抵抗向前移动：所需最小安全系数为 2.0。

10.3 刚性架空接触网

刚性架空接触网一般适用于地下段，而不应用于地面及高架桥。地面及高架桥若要采用刚性架空接触网则必须安装专用支架来悬挂支撑，投资较大。

刚性架空接触网是将接触线夹装在汇流排中，汇流排取代了承力索，并靠它自身的刚性保持接触线的固定位置，使接触线不因重力而产生弛度。汇流排一般由铝材制成，重约 5.9 kg/m，一般 12 m 一段，安装时用中间接头将其连接为一体。

刚性悬挂目前允许行车速度为 120～140 km/h。柔性悬挂的受电弓同样可以在刚性悬挂中使用。国外将受电弓加以改进后刚性悬挂允许行车速度已达到 160 km/h，随着刚性悬挂的深入研究，允许行车速度将会更高。

刚性架空接触网汇流排本身可承受较大的电流，所以目前采用的均为单根接触线的汇流排。双接触线的汇流排已有设计，但没有实际应用。我国目前在建的采用直流 1 500 V 供电制式的接触网线路，隧道内采用刚性架空接触网的线路有广州、南京、上海、西安等城市轨道交通。

10.3.1 装配形式

刚性架空接触网汇流排的形状有“T”和“Π ”形两种。“T”形刚性架空接触网 1961 年在日本投入运营，“Π ”形刚性接触网 1983 年在法国投入运营。二者相比“T”形汇流排自重略大，跨距较“Π ”形小，因而“T”形在造价上高于“Π ”形。

“Π ”形和“T”形汇流排示意如图 10.12 所示。

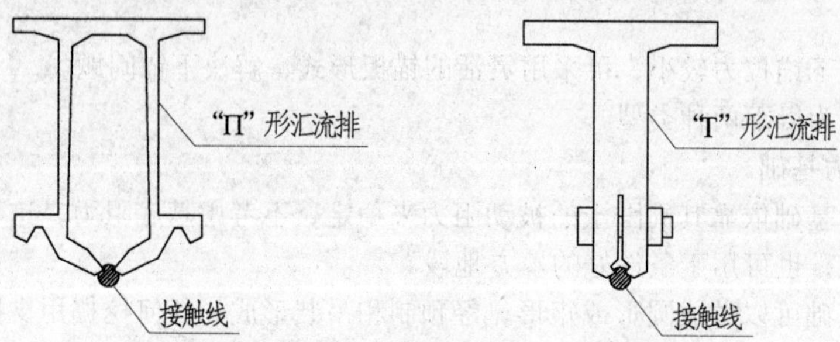

图 10.12 “Π” 形和 “T” 形汇流排示意图

我国目前采用的刚性架空接触网均为“Π ”形，如广州地铁 2 号线、南京地铁 2 号线等。“Π ”形刚性悬挂如图 10.13 所示。

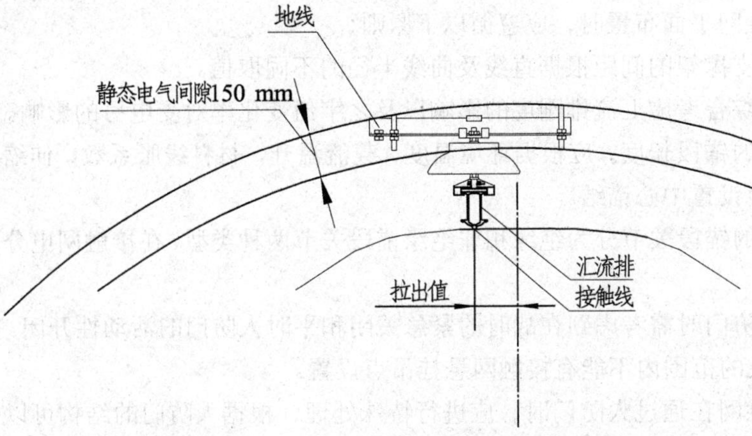

图 10.13 "Π"形刚性悬挂示意图

10.3.2　技术参数

（1）接触线高度

隧道内刚性悬挂接触线工作支悬挂点距轨面连线的高度一般为 4 040 mm，最低不得低于 4 000 mm。

（2）跨距长度

刚性架空接触网悬挂点的正线最大跨距：曲线为 6～8 m，直线为 8～10 m。相邻两跨距之比不宜大于 1.25：1。

（3）锚段长度

锚段长度一般为 200～250 m，最大锚段长度不超过 300 m。

（4）接触导线坡度

刚性架空接触线高度变化时，其坡度不宜大于 2‰。

（5）拉出值

刚性架空接触网 500 m 长度内的拉出值一般为 ±200 mm～±250 mm。

（6）锚段关节

刚性架空接触网的锚段关节由平行布置的两汇流排组成，汇流排的重叠区域的长度为 6.6 m。其中非绝缘锚段关节两平行汇流排间距为 200 mm，绝缘锚段关节两平行汇流排间距为 300 mm。

（7）绝缘距离

刚性架空接触网设备和车辆在任何情况下都应满足的最小净空尺寸与柔性架空接触网相同，参见表 10.2。

10.3.3　平面布置

刚性架空接触网平面布置与柔性架空接触网平面布置原则及设计步骤基本相同。详见 10.2.3 节。

由于刚性架空接触网在隧道内悬挂安装，故没有支柱和基础的平面布置，但增加了刚性支撑架的布置。

在进行刚性架空接触网平面布置时，应遵循以下原则：

① 刚性架空接触网支撑架的间距根据直线及曲线半径的不同取值。

② 拉出值的布置需综合考虑汇流排刚度的影响以及之字值变化率对受电弓的影响。

③ 刚性架空接触网的锚段长度，应根据环境温度、载流温升、材料线胀系数、伸缩要求确定。在锚段的中部需要设置中心锚结。

④ 刚性架空接触网的锚段关节分为绝缘和非绝缘锚段关节两种类型，在接触网电分段处设置绝缘锚段关节。

⑤ 接触网在通过人防门时需考虑到在战时的紧急关闭和平时人防门的活动性开闭。在门开闭过程中，门所能触及的范围内不能有接触网悬挂吊点设置。

另外，刚性架空接触网在通过人防门时，应进行特殊处理，根据人防门的结构可以采取两种方式通过。

方式一：人防门采用刚性架空接触网隔断门密封装置，这样当人防门试验或启动时，刚性架空接触网不需要拆卸，人防门处接触网采用正常锚段布置，不需要特殊处理。

方式二：在战时人防门紧急关闭人为将接触网切断，这要求接触网布置能方便、迅速恢复。为此刚性架空接触网需在人防门处设置长约 20 m 的独立小锚段。人防门关闭时，可将该小锚段的接触线和汇流排从刚性悬挂的定位线夹上方便地拆下来，开启后再安装恢复。

10.3.4 安装配合

刚性架空接触网适用于地下区段，隧道包括以下几种断面：圆形隧道（见图 10.13）、马蹄形隧道（见图 10.14）、矩形隧道（见图 10.15），针对不同的断面形式，刚性架空接触网采用不同的安装方式。另外在站内的典型安装方式如图 10.16 所示。

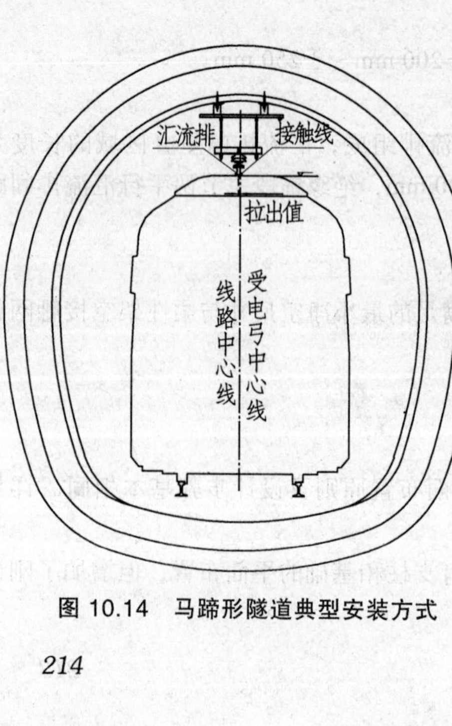

图 10.14 马蹄形隧道典型安装方式

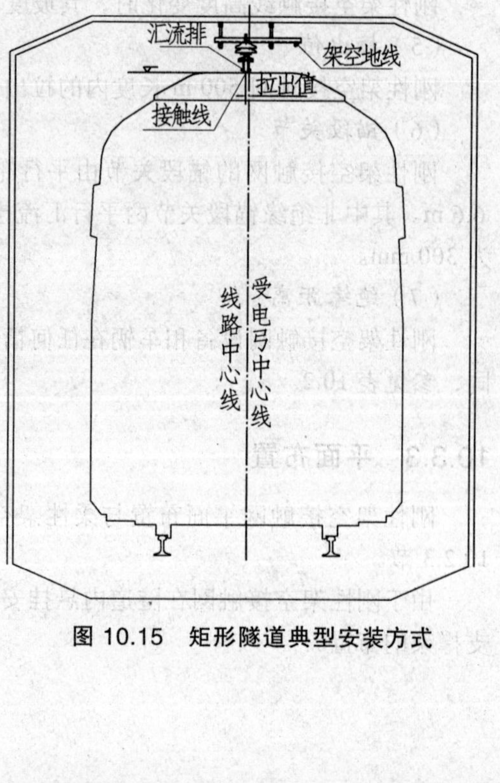

图 10.15 矩形隧道典型安装方式

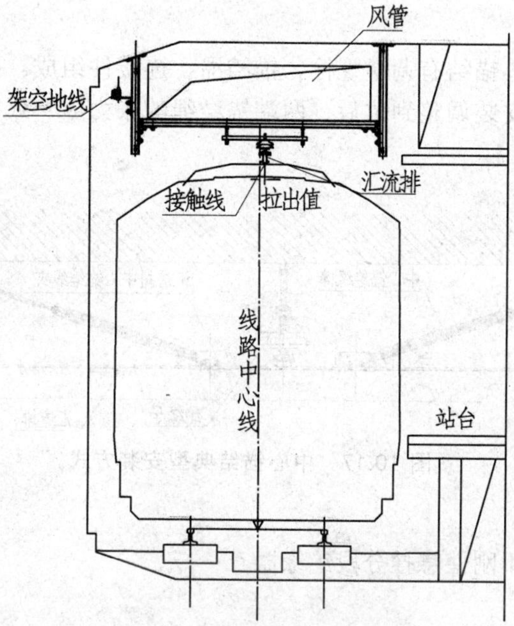

图 10.16 车站内典型安装方式

10.3.5 零部件及设备材料选型

刚性架空接触网许多零件及设备与柔性架空接触网相同，如接触线、架空地线、隔离开关、避雷装置、电连接线材等，参见 10.2 节内容。

由于我国目前已建与在建城市轨道交通线路均采用“Π”形铝合金汇流排，因而这里重点介绍与“Π”形相关的汇流排及相应零件。

（1）汇流排

“Π”形铝合金汇流排（PAC110）的电气和机械性能见表 10.7。

表 10.7 汇流排电气和机械性能表

序 号	项 目	技术数据
1	标称横截面（PAC110）	2 213 mm^2
2	计算重量	5.91 kg/m
3	20°C 时电阻	3.29×10^{-5} Ω · mm^2/m
4	线性膨胀系数	2.4×10^{-5}/°C
5	弹性模量	69 000 N/mm
6	汇流排燕尾槽处单边张开 2.2 mm 最多次数	10 次
7	汇流排燕尾槽夹口处表面光洁度	6.3
8	汇流排型材水平方向人工弯曲最小半径	80 m
9	汇流排型材水平方向机械预弯最小半径	45 m
10	汇流排型材水平方向弯曲最多次数	8 次
11	单位制造长度	$L=12$ m
12	相当于铜当量截面	1 233 mm^2

（2）中心锚结

刚性架空接触网中心锚结有调整螺栓、锚结绳、连接件组成。两端底座距中心锚固点的距离应相等。中心锚结安装调整到位后，两端锚结绳的张力应一致，且不能使锚固点出现负弛度，如图 10.17 所示。

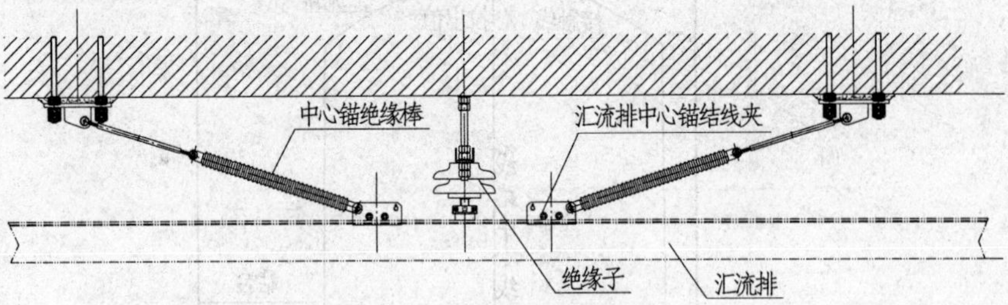

图 10.17　中心锚结典型安装方式

（3）分段绝缘器

刚性架空接触网采用刚性悬挂分段绝缘器。

（4）电连接线材

隔离开关引线、锚段关节电连接、线岔电连接，采用低烟、无卤、阻燃的 150 mm^2 软电缆。

（5）刚性绝缘子

刚性架空接触网绝缘子采用针式绝缘子。绝缘子最小爬电距离为 250 mm。

（6）刚性悬挂接地线夹

在刚性架空接触网电分段两端、每个车站两端、隧道口等分别安装汇流排接地线夹一套，作为接触网维修接地之用。

（7）刚性悬挂中间接头

适用于刚性架空接触网汇流排中间的接头安装。中间接头机电性能应与汇流排一致，其导电率不得低于汇流排。

10.3.6　关于刚性悬挂与柔性悬挂的过渡

刚性架空接触网适用于地下隧道，柔性悬挂适用于地面及高架。当刚性悬挂出隧道时需要与隧道外的柔性悬挂进行衔接，两种悬挂必然存在刚柔过渡问题。从国内外资料看，刚柔过渡的方式有多种。

广州地铁 1 号线试验段设计安装关节式刚柔过渡，如图 10.18 所示。这种刚柔过渡措施适用于较低速度（80 km/h），锚段关节采用刚性悬挂。

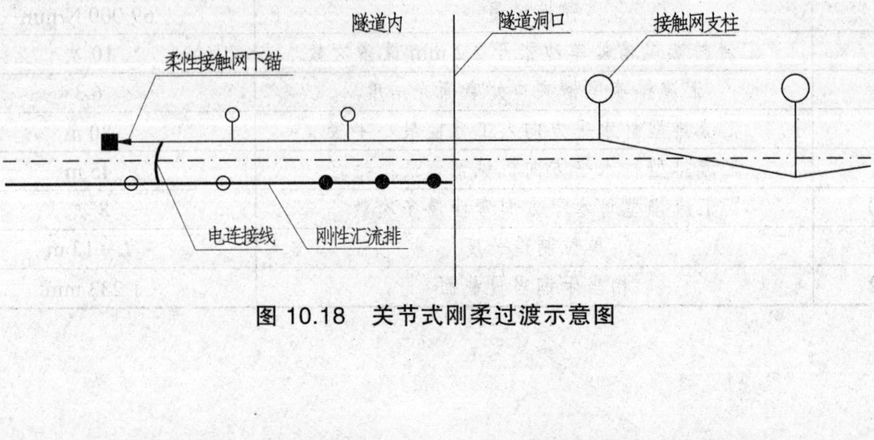

图 10.18　关节式刚柔过渡示意图

当速度高于 100 km/h，宜采用贯通式刚柔过渡措施，如图 10.19 所示。

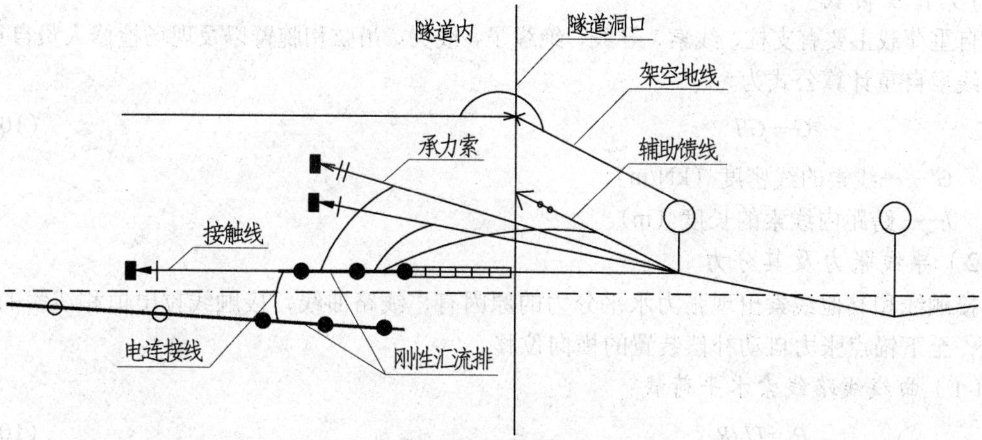

图 10.19　贯通式刚柔过渡示意图

贯通式刚柔过渡，柔性架空接触网的承力索在隧道洞门拱圈上下锚，接触线嵌入 12 m 切槽式刚性渐变汇流排和 12 m 加强夹紧力汇流排，在加强夹紧力汇流排上安装了下锚装置，使刚性架空接触网不受接触线张力的影响。

两者相比，贯通式过渡的弓网受流质量更好。一般采用贯通式刚柔过渡。

10.4　架空接触网相关计算

与刚性架空接触网相比，柔性架空接触网相关计算较多，也比较复杂，因而这里主要介绍柔性架空接触网的相关计算，这包括荷载计算、跨距计算、锚段长度计算、安装曲线计算、支柱容量及基础计算等。

10.4.1　计算条件

柔性架空接触网各类计算应以不同线路情况及所在城市的气象条件作为依据。计算前，首先应收集以下计算资料：

（1）气象条件

包括气温、风速、冰雪、雪暴等。

（2）线路资料

包括线路曲线及坡度。

（3）轨道类型

轨道类型及道岔类型。

（4）地质条件

包括土壤种类，地形特点等。

（5）车辆限界及受电弓资料

车辆各相关部分尺寸及受电弓实际宽度、工作宽度、工作高度范围等。

10.4.2 荷载计算

1）自重荷载

自重荷载主要有支柱、线索、导线、绝缘子、线夹、吊弦和腕臂以及现场检修人员自重等。

线索自重计算公式为：

$$G = G'l \tag{10.4-1}$$

式中 G'——线索的线密度（kN/m）；

l——跨距内线索的长度（m）。

2）导线张力及其分力

接触线和其他线索出现张力水平分力的原因有：线路曲线，接触线拉出值和线索的横向位移，至下锚点张力自动补偿装置的横向位移。

（1）曲线线路线索水平荷载

$$P_R = TL/R \tag{10.4-2}$$

式中 P_R——曲线径向荷载（kN）；

T——线索张力（kN）；

L——支柱跨距（m）；

R——线路曲线半径（m）。

（2）直线线路线索水平荷载

$$P_z = 4aT/L \tag{10.4-3}$$

式中 P_z——因拉出值产生的荷载（kN）；

a——接触线拉出值（m）；

T——接触线张力（kN）；

L——支柱跨距（m）。

（3）下锚或张力自动补偿造成的线索水平荷载

$$P_m = T\sin\alpha \tag{10.4-4}$$

式中 P_m——因下锚产生的荷载（kN）；

T——接触线张力（kN）；

α——导线偏移线路的角度。

3）冰负载

（1）承力索冰负载[50]

$$G_{bc} = 0.9\pi b(d_c + b)\times 10^{-9} \tag{10.4-5}$$

式中 d_c——承力索直径（mm）；

b——覆冰厚度（mm）。

（2）接触线冰负载[50]

$$G_{bj} = 0.9\pi b(2d_j + b)\times 10^{-9} \tag{10.4-6}$$

式中 d_j——接触线计算直径（mm），

$d_j = 1/2\ (A+B)$（A 为接触线高度，B 为接触线宽度）

b——覆冰厚度（mm）。

4）风荷载

（1）支柱风荷载[50]

$$P_0 = 0.615KFV^2 \times 10^{-3} \tag{10.4-7}$$

式中 P_0——支柱风荷载（kN）；

K——风荷载体形系数；

F——支柱迎风面的构件投影面积（mm^2）；

V——设计计算风速（m/s）。

（2）线　索

根据线材参数和环境参数得出单位长度上的风荷载[50]：

$$F'_w = 0.615\alpha KV^2 d \times 10^{-6} \tag{10.4-8}$$

式中 F'_w——线索单位长度风荷载（kN）；

α——风速不均匀系数；

V——计算风速（m/s）；

K——风荷载体形系数；

d——线索直径（mm）。

（3）覆冰时线索风荷载[50]

$$F'_{bw} = 0.615\alpha KV_b^2(d+2b) \times 10^{-6} \tag{10.4-9}$$

式中 F'_{bw}——覆冰时线索单位长度风荷载（kN）；

α——风速不均匀系数；

v_b——覆冰时风速（m/s）；

K——风荷载体形系数；

d——线索直径（mm）；

b——覆冰厚度（mm）。

5）支柱容量计算

所谓支柱容量是指由于支柱受到各种作用力导致支柱底部产生的垂直或顺线路方向的最大弯矩。各种荷载计算完成后，即可进行支柱容量计算。

通常选择一个同类型的支柱，根据该选定支柱的结构尺寸进行计算，求出各力对支柱地面处的力矩和，即为实际工作弯矩。

支柱所受作用力分为垂直荷载和水平荷载。

单支柱底部产生的弯矩为：

$$M = (F_1H_1 + F_2H_2 + F_3H_3 + \cdots) + (F'_1H'_1 + F'_2H'_2 + F'_3H'_3 + \cdots) \tag{10.4-10}$$

式中 *F*——固定作用力，包含垂直力及水平力（曲线力、之字力、下锚力等）；

F'——变化作用力，包含风负载造成的顺线路或垂直线路造成的水平力；

H，*H'*——作用力矩，所有力矩均以支柱底面中心为起点。

将计算的力矩值 *M* 和选定支柱容量 M_0 相比较，若 *M* 略小于 M_0 为合理，若 *M* 大于 M_0

或远小于 M_0 则应重复上述步骤进行计算。

10.4.3 架空接触网跨距计算

跨距是指相临两支柱中心之间的距离。通过计算确定跨距，指导架空接触网支柱的平面布置。

跨距计算公式[50]为：

直线区段

$$l_{\max} = 2\sqrt{\frac{T_{\mathrm{J}}}{mp_{\mathrm{j}}}\left[b_{\mathrm{x}} - \gamma + \sqrt{(b_{\mathrm{x}} - \gamma)^2 - a^2}\right]} \tag{10.4-11}$$

曲线区段

$$l_{\max} = 2\sqrt{\frac{2T_{\mathrm{J}}}{mp_{\mathrm{j}} + \frac{T_{\mathrm{J}}}{R}}(b_{\mathrm{x}} - \gamma + a)} \tag{10.4-12}$$

式中 $l_{\max}$——计算最大跨距（m）；

b_{x}——接触线最大水平偏移（mm）；

γ——支柱在接触线水平处挠度，一般取 20 mm；

T_{J}——接触线张力（kg）；

p_{j}——接触线单位风负载（kg/m）；

a——接触线拉出值（m）；

R——曲线半径（m）；

m——当量系数，一般取 0.85。

10.4.4 架空接触网锚段长度计算

锚段长度是架空接触网平面布置的重要依据，根据不同曲线半径的数值架空接触网划分出不同长度的锚段，不同的锚段通过锚段关节进行衔接，形成连续的架空接触网系统。

锚段长度确定的原则是在极限温度条件下，中心锚节与补偿器之间的张力差，对于接触线不应大于其额定张力的 ±15%，对于承力索不应大于其额定张力的 ±10%。

（1）半补偿链形悬挂锚段长度计算

半补偿链形悬挂的特点是承力索没有加补偿器，因而认为它在温度变化时，在纵向上不产生位移，也没有张力增量。

在直线区段上的张力增量值，可由下述方程[50]确定：

$$\Delta T_{\mathrm{J}} = \frac{L(L+l)g_{\mathrm{j}}(\varepsilon - \partial\Delta t)}{2c + 2/3 \times \frac{L(L+l)g_{\mathrm{j}}}{ES}} \tag{10.4-13}$$

式中 ΔT_{J}——中心锚节和补偿器之间接触线之间的张力差（kg）；

L——半个锚段长度（m）；

l——计算锚段的跨距值（m）；

g_{j}——接触线单位长度自重负载（kg）；

E——接触线弹性模数（kg/mm^2）；

S——接触线的截面（mm^2）；

∂——接触线线胀系数（1/°C）；

c——平均吊弦长度（m）；

Δt——平均温度至计算极限温度之差（°C）；

ε——表示一个跨距内产生消耗于弛度方面的纵向伸长。

在曲线区段上，张力增量值由下式确定[50]：

$$\Delta T_{\mathrm{J}}=\frac{\Delta T_{\mathrm{Jd}}+\Delta T_{\mathrm{Jw}}}{1-2/3\times\dfrac{\Delta T_{\mathrm{Jd}}+\Delta T_{\mathrm{Jw}}}{ES(\partial\Delta t-\varepsilon)}} \tag{10.4-14}$$

式中 ΔT_{Jd}——仅考虑温度变化时吊弦作用所引起的张力差（kg）；

ΔT_{Jw}——仅考虑温度变化时定位器作用所引起的张力差（kg）；

Δt——极限温度与吊弦定位器正常位置时的温度差（°C）。

其余符号含义见式（10.4-13）有关部分。

（2）全补偿链形悬挂锚段长度计算

全补偿链形悬挂锚段长度仍然由张力增量来确定，计算公式[50]为：

$$\Delta T_{\mathrm{c}}=\frac{\Delta T_{\mathrm{c1}}}{1-2/3\times\dfrac{\Delta T_{\mathrm{c1}}}{ES\partial\Delta t}} \tag{10.4-15}$$

式中 ΔT_{c}——中心锚节和补偿器之间承力索之间的张力差（kg）；

ΔT_{c1}——仅考虑温度变化时承力索的张力差（kg）；

E——承力索弹性模数（kg/mm^2）；

S——承力索的截面（mm^2）；

∂——承力索线胀系数（1/°C）；

Δt——极限温度与吊弦定位器正常位置时的温度差（°C）。

通过以上公式可以分别计算出 ΔT_{j}、ΔT_{c} 与半个锚段长度 L 的关系曲线，根据此关系曲线可以确定锚段长度的最大数值，以此为依据进行架空接触网锚段划分。

10.4.5 架空接触网安装曲线计算

架空接触网安装曲线主要用于指导架空接触网施工。

（1）架空接触网线索张力曲线和弛度曲线

施工方根据安装曲线进行线索张力与弛度的调整，使架空接触网系统处于最佳工作状态。

目前架空接触网补偿形式均为全补偿形式，接触线及承力索均安装张力补偿装置，张力为恒定值。

架空接触网辅助馈线和架空地线均不加张力补偿器，其张力随着温度的变化而变化，安装曲线的计算就是要得出各种温度下导线张力和弛度的数值，以便施工中架线调整。

计算方法是先根据状态方程算出一个锚段内导线张力随温度变化的曲线，然后按导线张力与弛度关系式，算出跨距中弛度随温度变化的曲线。

状态方程式[50]：

$$q_{\mathrm{x}}^2l^2/24T_{\mathrm{x}}{}^2-q_1{}^2l^2/24T_1{}^2=T_{\mathrm{x}}-T_1/ES+\alpha(t_{\mathrm{x}}-t_1) \tag{10.4-16}$$

式中　t_1，t_x——起始和待求状态下的温度（°C）；

q_1，q_x——起始和待求状态时导线的合成负载（kg/m）；

T_1，T_x——起始和待求状态时导线的张力（kg）；

∂——导线的线胀系数（1/°C）；

E——导线的弹性模数（kg/mm^2）；

S——导线的截面（mm^2）；

l——跨距（m）。

弛度与张力的关系式：

$$F = QL^2/8T \tag{10.4-17}$$

式中　F——导线的弛度（m）；

Q——导线的单位荷载（kg/m）；

L——跨距（m）；

T——导线的张力（kg）。

图 10.20 和图 10.21 分别为架空接触网辅助馈线张力及弛度安装曲线，根据以下曲线，架空接触网在不同温度情况下施工时，可以查出各种导线的数据并进行施工处理及调整。

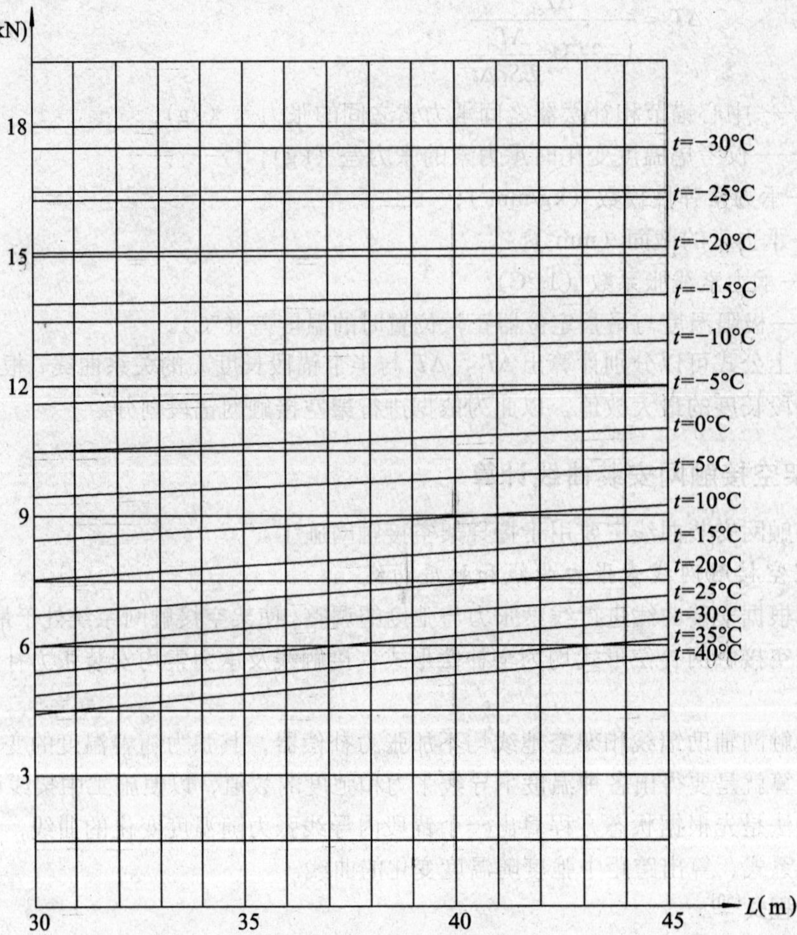

图 10.20　辅助馈线张力曲线

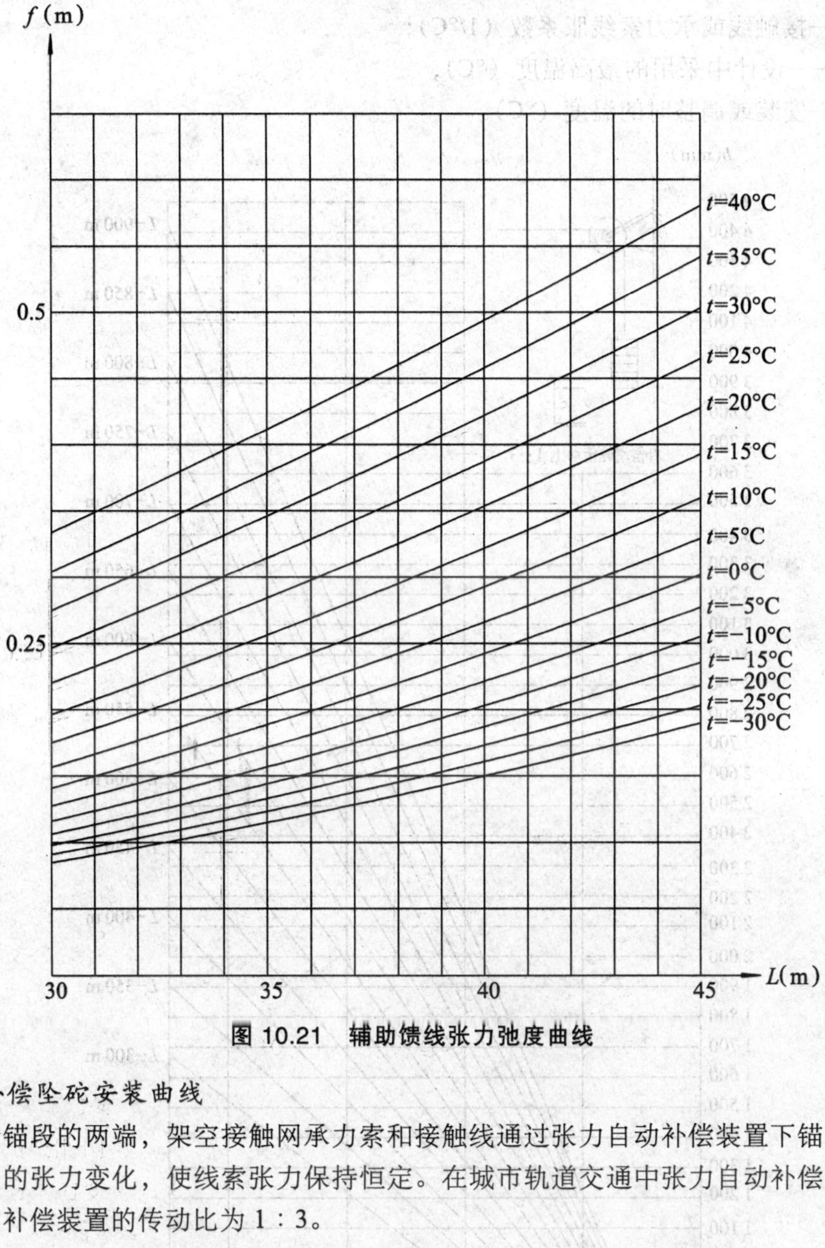

图 10.21 辅助馈线张力弛度曲线

（2）补偿坠砣安装曲线

在一个锚段的两端，架空接触网承力索和接触线通过张力自动补偿装置下锚，其作用为补偿线索内的张力变化，使线索张力保持恒定。在城市轨道交通中张力自动补偿装置一般采用棘轮式，补偿装置的传动比为 1∶3。

当温度变化时，架空接触网承力索和接触线会带动坠砣作上下移动。

补偿坠砣安装曲线体现的是不同温度下补偿坠砣的最底端距离地面的高度（b），该数值在最高温度时不得小于 300 mm。

b 值的计算公式如下：

$$b_x = b_{min} + nL\alpha(t_{max} - t_x) \tag{10.4-18}$$

式中 b_x——任意温度下的 b 值（mm）；

b_{min}——设计中规定的最小 b 值为 300 mm；

n——棘轮传动系数；

L——中心锚结至补偿器的距离（mm）；

α——接触线或承力索线胀系数（1/°C）；

t_{max}——设计中采用的最高温度（°C）；

t_x——安装或调整时的温度（°C）。

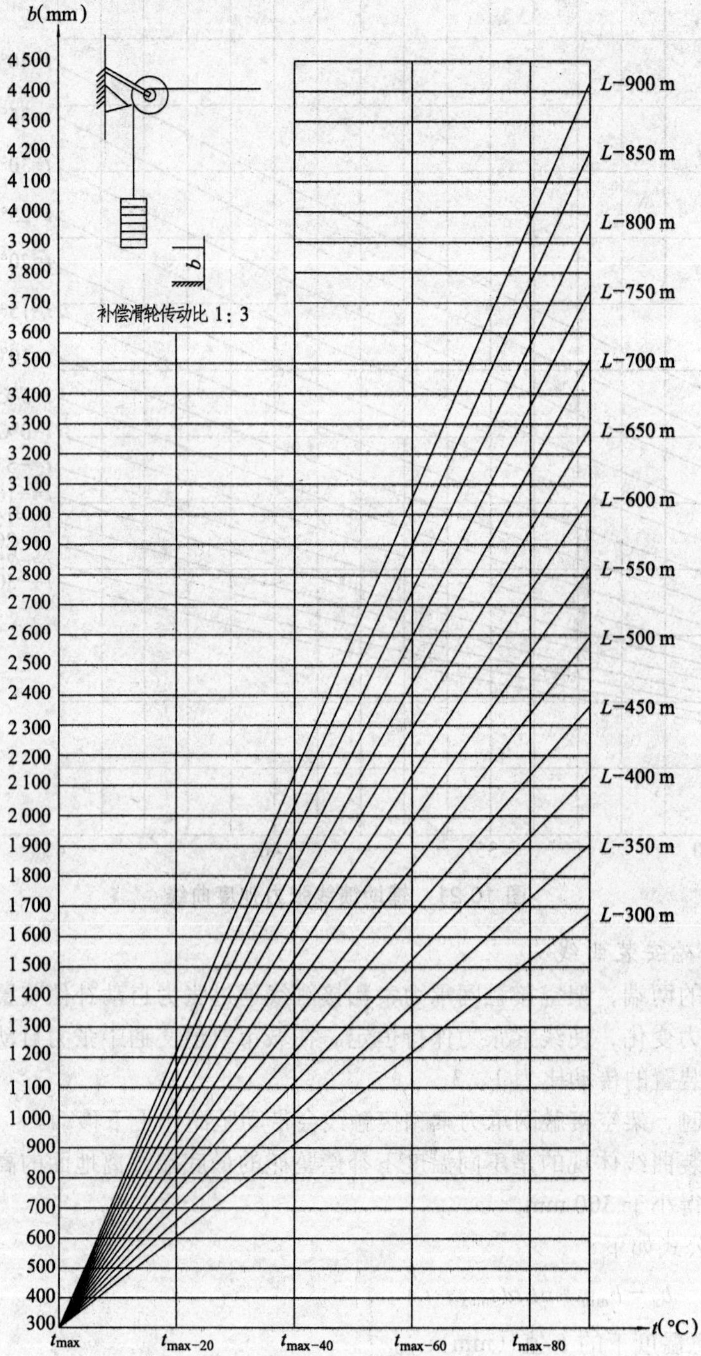

图 10.22　接触网下锚坠砣安装曲线

图 10.22 为坠砣安装曲线，根据以上曲线，在进行施工安装时，可根据当时的气温，利用安装曲线查出 b_x 值进行坠砣安装。

11　杂散电流腐蚀防护

利用走行轨回流的直流牵引供电系统存在杂散电流腐蚀防护问题。本章分四个部分介绍城市轨道交通工程中杂散电流腐蚀及其防护，分别是杂散电流的产生原理、治理方法、对其他相关专业的要求以及收集网截面计算方法。产生原理一节介绍杂散电流的产生、腐蚀机理、危害及其一般分布规律；治理方法一节阐述杂散电流腐蚀的防护措施和监测手段；对相关专业的要求一节，则提出对牵引供电、轨道、结构、电缆和管线等相关专业的要求；最后一节简单介绍杂散电流收集网截面的计算方法。

11.1　概　述

杂散电流也被称为迷流，是在城市轨道交通直流牵引供电回流中产生的。它会对城市轨道交通系统内外的设备和管线造成一定的危害和影响，尤其会使走行轨、各种金属管线和金属部件等产生腐蚀，如沿线煤气管道会因腐蚀穿孔而造成煤气泄漏，隧道内水管会因腐蚀穿孔而造成漏水等。因此需要对杂散电流腐蚀进行防护和监测。

对杂散电流腐蚀一般采取“以防为主、以排为辅、防排结合、加强监测”的综合防护措施。

杂散电流腐蚀防护首先应从源头入手，即尽量减少杂散电流的泄漏，这要求设置合理的牵引供电系统并加强走行轨对地绝缘，同时要加强结构钢筋及各专业金属管线的腐蚀防护，以减少杂散电流对其造成腐蚀。杂散电流腐蚀防护的实际效果必须通过监测才能得知，建立一套完善的杂散电流监测系统，可以随时监测杂散电流腐蚀防护系统的状况，以便及时采取相应措施，保障城市轨道交通安全可靠运行。

杂散电流监测系统通过传感器或测试盒将设置在沿线监测点的结构钢筋及道床钢筋网的极化电位传送到测试装置，由测试装置进行转换后上传到计算机进行综合分析，实时监测城市轨道交通沿线杂散电流的泄漏及腐蚀情况。

杂散电流腐蚀防护与直流牵引供电、土建、轨道、给排水、通信、信号等多个专业关系密切，需要这些专业采取相应措施进行杂散电流腐蚀防护。

减少杂散电流腐蚀危害的方法除了“防”以外，还需要“排”，在城市轨道交通工程中一般设置杂散电流收集网，必要时对杂散电流进行排流处理。

目前，国际上通常依据国际标准《铁路设施一般工程和安全要求》(DIN VDE0115-1-2002)、德国标准《Reduction of the Corrosion Danger due to Current Stray Currents in Tunnels of DC Traction Systems with Return Current via Running Rails——Provisions and Bases for calculation》(VDV RECOMMENDATION 501/1 4/93)以及英国标准《Railway applications-Fixed installations-Part 2: Protective provisions against the effects of stray currents caused by d.c. traction systems》(BS EN-50122-:1999）等，进行直流电力牵引和走行轨回流

方式的城市轨道交通系统设计、施工和运行维护等。我国在 1992 年颁布了《地铁杂散电流腐蚀防护技术规程》（CJJ 49—92），成为我国城市轨道交通工程杂散电流腐蚀防护的第一个行业标准。

11.2 杂散电流的产生、腐蚀机理及危害

下面主要介绍杂散电流的产生原因、杂散电流的腐蚀机理，以及杂散电流腐蚀对城市轨道交通内部和外部金属管线、金属物体所造成的危害。另外对杂散电流的一般分布规律也进行简要阐述。

11.2.1 杂散电流的产生

目前城市轨道交通一般采用直流牵引供电。列车所需牵引电流由牵引变电所提供，通过牵引网（架空接触网或接触轨）送向列车，并通过走行轨作为牵引电流回路，返回到牵引变电所。尽管走行轨对地绝缘，但因存在对地过渡电阻，所以在直流牵引供电系统中，牵引电流并非全部沿走行轨流回牵引变电所，而是有一部分由走行轨杂散流入道床，并由道床流向结构钢筋、电缆外皮、水管，甚至隧道外的水管、煤气管道等金属管线，而后又经这些金属管线流回道床，再由道床流回走行轨并返回牵引变电所，从而形成了杂散电流。

11.2.2 杂散电流的腐蚀机理

腐蚀是物质损坏的重要原因之一。腐蚀可以分为自然腐蚀和电腐蚀。对于地下金属而言，两种金属通过电解质或在潮气中相互接触，通过电解和电化（电势）过程，就会出现电腐蚀。

电解腐蚀是由外部的直流电流在金属和电解质间的流动而产生的，这种腐蚀是城市轨道交通中金属腐蚀的主要形式。电势腐蚀是在不同金属之间构成伏打电池时产生的，例如，当结构钢筋与铜接地极相连就会发生电势腐蚀。

下面从电化学的角度来分析电解腐蚀的过程。电化学把进行电子传导的金属导体与进行离子传导的电解质相接触的界面称为电极系，将这种电子导体和离子导体的接合称为 e-i 接合。如果电流由界面的电极相流向电解质相，则在界面上发生失电子现象；反之，电流由界面的电解质相流向电极相，则在界面上发生得电子过程。失掉电子的过程为氧化反应，得到电子的过程为还原反应。作为 e-i-e 体系的两个 e-i 接合中，高电位的称为正极，低电位的称为负极。显然，正极产生氧化反应，负极产生还原反应。

城市轨道交通直流牵引供电方式所形成的杂散电流及其腐蚀部位如图 11.1 所示。走行轨和金属管线均为电子导体，地面为离子导体，电子在 A 和 D 点流出，金属导体与地面组成的 e-i 界面为阳极。电流在 B 点和 F 点流入，则地面与金属导体组成的 i-e 界面为阴极。概括起来，A、B、C 和 D、E、F 分别为 2 个串联的电解电池。

电池Ⅰ：A 钢轨（阳极区）→B 道床、土壤→C 金属管线（阴极区）

电池Ⅱ：D 金属管线（阳极区）→E 土壤、道床→F 钢轨（阴极区）

当杂散电流由图 11.1 中的两个阳极区——走行轨（A）和金属管线（D）流出时，都会发生失掉电子的氧化反应，该部位的金属（Fe）就会遭到腐蚀。

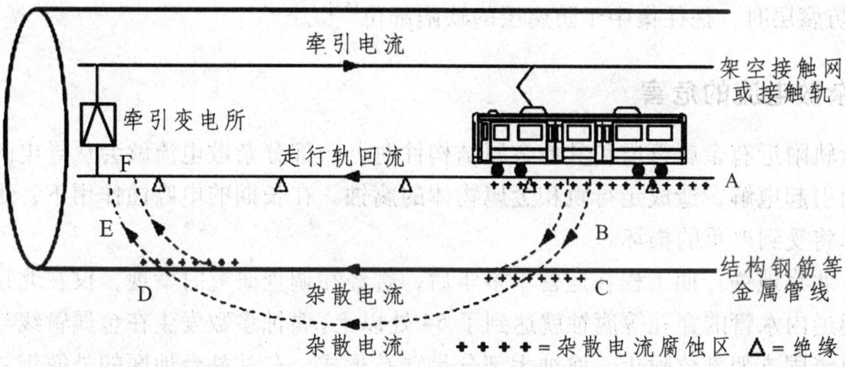

图 11.1 城市轨道交通杂散电流腐蚀原理图

金属损失的重量根据法拉第定律，计算公式如下：

$$P = KIt \tag{11.2-1}$$

式中 P——金属由于电腐蚀而损失的重量（kg）；

K——电化当量（kg/C）；

I——流出该金属的电流值（A）；

t——电流通过的时间（s）。

例如，铁的 $K=2.89\times10^{-17}$ kg/C，1 A 的直流电流通过 1 年，由于电解而引起的金属损失[63]为：

$$P = 2.89\times10^{-17}\times1\times60\times60\times24\times365 = 9.1 \quad (\text{kg})$$

另外，钢筋在混凝土的高碱性环境中呈现钝化状态，不会受到腐蚀。钝化是一种界面现象，它是在一定条件下，在金属与介质相互接触的界面上发生变化的。电化学钝化发生在阳极极化时，杂散电流从钢筋等金属物体流出，引起金属的电位发生变化而在其表面形成金属氧化物或盐类。这些氧化物或盐类属于高电阻物质，它们紧密地覆盖在金属表面上成为钝化膜而使得金属钝化，从而金属物不会继续受到腐蚀。若通过金属物的杂散电流太大，则引起金属物对地电压升高，仍然会有杂散电流从金属物中流出，因此需要限制杂散电流泄漏的数量。

当环境中含有高浓度氯化物时，由于氯离子的渗透性很强，会破坏金属物的钝化，从而造成混凝土钢筋的腐蚀。混凝土的电阻率在电解电池中起着重要的作用，在干燥状态下，混凝土的电阻率很高，没有腐蚀性离子渗入时，混凝土中的腐蚀也不会发生。实际结果表明，即使钢筋的钝化状态受到破坏，只要混凝土的电阻率超过 $5\times10^4\sim7\times10^4\ \Omega\cdot\text{cm}$，混凝土中的钢筋就不会发生腐蚀。当主体结构或区间隧道的混凝土防水、抗渗性能降低时，水便渗入到混凝土内部的钢筋表面或其孔隙、裂缝中，降低混凝土的电阻率。这时由于水中电解离子的存在，增大了混凝土的导电性，因而杂散电流易流入混凝土，引起金属物钝化膜电阻的下降，并流入结构钢筋，使钢筋发生电化学腐蚀。

杂散电流腐蚀一般具有以下特点：

① 腐蚀激烈。

② 腐蚀集中于局部位置。

③ 有防腐层时，往往集中于防腐层的缺陷部位[55]。

11.2.3 杂散电流的危害

当走行轨附近有金属管道和其他金属结构件时，一部分杂散电流就会从导电的金属件上流过，从而引起电解，造成走行轨和金属物体的腐蚀。在长期的电腐蚀作用下，走行轨和地下金属物体将受到严重的损坏。

例如，北京地铁一期工程在运营十多年后，曾经在调查研究时发现，仅在北京站至长椿街区段的隧道内水管的穿孔等腐蚀就达到了 54 处以上，腐蚀多数发生在金属管线与钢轨的跨越交叉处及卡固支架部位附近。腐蚀大部分是穿孔形式。车站站台地面的外露钢筋头发现了成块腐蚀、严重脱落的现象。由此可见，杂散电流对结构钢筋和金属管线造成的腐蚀之严重。

总的来说，杂散电流的腐蚀危害主要体现在以下几个方面[55]：

（1）走行轨及其附件的腐蚀

在列车下部，走行轨处于阳极区容易发生电蚀。有资料表明，走行轨的杂散电流腐蚀在隧道内及道岔等部位尤其明显，道钉也有被杂散电流腐蚀现象，且多发生在钉入部位，从表面很难发现。

（2）钢筋混凝土金属结构物的腐蚀

杂散电流通过混凝土时对混凝土本身并不产生影响。但如果有钢筋存在，则结构钢筋起汇集杂散电流的作用。在电流离开钢筋返回混凝土的部位，钢筋呈阳性并发生腐蚀，腐蚀产生物在阳极的堆积会以机械作用排挤混凝土而使之开裂。如果结构中的钢筋与钢轨有电接触，就更容易受到杂散电流腐蚀。

（3）周围埋地管线的腐蚀

杂散电流对周围埋地金属管线会产生腐蚀，城市轨道交通建设时不考虑此问题会产生极其严重的后果。城轨系统内的管线主要有自来水管线等，在系统外可能有煤气管线、石油管线、自来水管线及公共事业管线等。工程实践表明，平行于城市轨道交通线路的长距离管线和与城市轨道交通交叉的管线都会产生不同程度的杂散电流腐蚀。钢管纵向电导通良好，容易汇集电流，受到杂散电流腐蚀，如果钢管管壁较薄，在阳极区容易被腐蚀穿孔。

11.2.4 杂散电流分布的一般规律

杂散电流的大小与取流列车的位置、牵引电流、走行轨纵向电阻以及走行轨对地过渡电阻等多种因素有关，并且道床混凝土和土壤电阻率对杂散电流也有较大影响。特别是牵引电流对杂散电流的影响很大，因为列车是移动负荷，列车处在起动、惰行、制动等运行状态下，牵引电流都在变化。

为了分析的需要，暂时只考虑供电回路的理想情况，所谓理想情况是指：

① 双边供电时，两侧供电的牵引变电所相应的电源电压、牵引整流机组参数及外特性曲线均相同。

② 从接触网泄漏的电流极微，可忽略不计。

③ 走行轨的纵向电阻和对地过渡电阻处处相同。

④ 地下金属管线与大地电位相同。

下面分别分析单边供电方式和双边供电方式两种情况下杂散电流的分布。

(1) 单边供电方式下杂散电流的分布

杂散电流的分布也有一定的规律，单边供电时，杂散电流纵向分布示意如图 11.2 所示，牵引电流 I 一部分经轨道流入地，另一部分沿轨道流回牵引变电所。沿轨道回流的电流沿途又相继泄入地，之后又相继由地流回轨道。所以沿轨道的电流先是多，中间少，最后是多；地中的电流则是先是少，中间多，最后是少。可见，杂散电流是沿轨道逐渐入地，又逐渐流回轨道，而不是在列车所在位置集中泄漏入地，又集中流回变电所。需要说明的是，这里的地除大地土壤外，还包括道床、结构钢筋、沿线金属管线等。

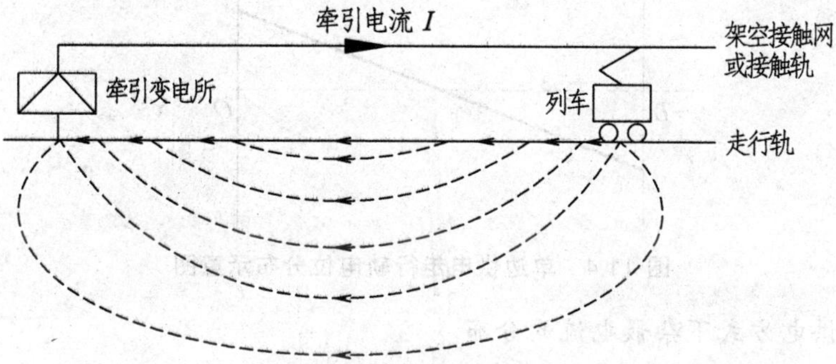

图 11.2　单边供电时杂散电流纵向分布示意图

城轨牵引供电系统采用单边供电方式时，其典型供电回路如图 11.3 所示。

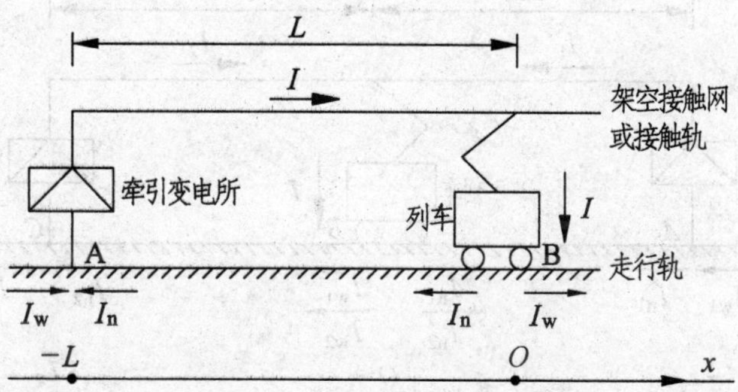

图 11.3　单边供电回路示意图

图中　I——列车牵引电流；

I_n，I_w——I 在负荷点两个方向的电流。

单边供电条件下的走行轨电位及杂散电流计算公式[62]如下：

$$u(x)=\frac{R_{s1}\gamma I}{sh\gamma L}[ch\gamma(L+x)-ch\gamma x] \tag{11.2-2}$$

$$i_g(x)=I\left[1-\frac{sh\gamma(L+x)-sh\gamma x}{sh\gamma L}\right] \tag{11.2-3}$$

式中　γ——走行轨传播常数（1/km）；

$$\gamma=\sqrt{\frac{R_{s1}}{R_{g1}}}$$

其中 R_{s1} 为走行轨纵向电阻（Ω/km）；R_{g1} 为走行轨对地过渡电阻（Ω · km）；

$i_g(x)$——杂散电流泄漏总量（A）；

$u(x)$——走行轨对地电位（V）；

L——牵引变电所和列车之间的距离（km）；

x——该点到列车的距离（km）。

由上面分析可得出单边供电方式下走行轨电位分布如图 11.4 所示。

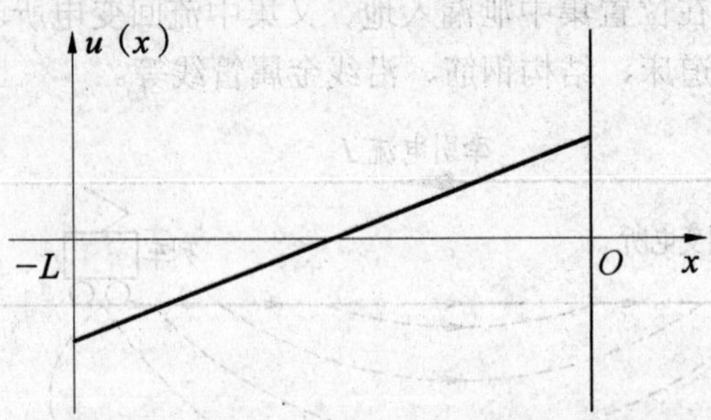

图 11.4　单边供电走行轨电位分布示意图

（2）双边供电方式下杂散电流的分布

城轨牵引供电系统采用双边供电方式，其典型供电回路如图 11.5 所示。

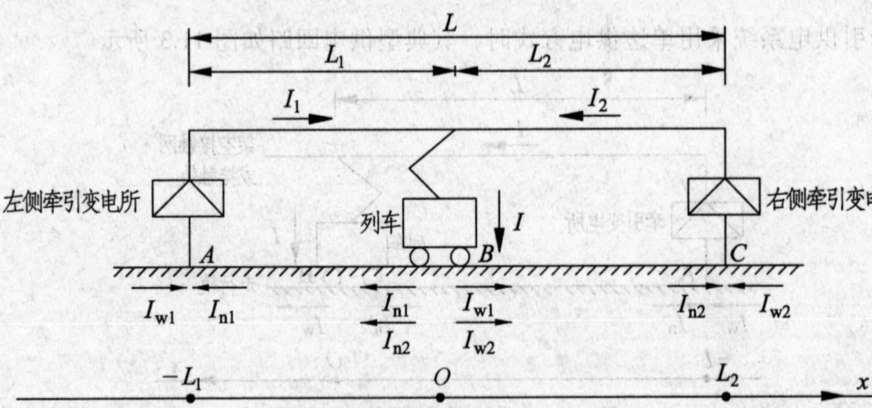

图 11.5　双边供电回路示意图

图中　I——列车牵引电流；

I_1——左侧牵引变电所提供的牵引电流；

I_2——右侧牵引变电所提供的牵引电流；

I_{n1}，I_{w1}——I_1 在负荷点两个方向的电流；

I_{n2}，I_{w2}——I_2 在负荷点两个方向的电流。

双边供电方式下的走行轨电位及杂散电流计算公式[62]如下：

在 L_1 区段

$$u(x) = R_{s1}\gamma I_{w2} e^{\gamma x} + \frac{R_{s1}\gamma I_{n1}}{sh\gamma L_1}[ch\gamma(L_1 + x) - ch\gamma x] \tag{11.2-4}$$

$$i_g(x)=I_{w2}(1-e^{\gamma x})+I_{n1}\left[1-\frac{sh\gamma(L_1+x)-sh\gamma x}{sh\gamma L_1}\right] \tag{11.2-5}$$

在 L_2 区段

$$u(x)=R_{s1}\gamma I_{w1}e^{-\gamma x}+\frac{R_{s1}\gamma I_{n2}}{sh\gamma L_1}[ch\gamma(L_2-x)-ch\gamma x] \tag{11.2-6}$$

$$i_g(x)=I_{w1}(1-e^{-\gamma x})+I_{n2}\left[1-\frac{sh\gamma(L_2-x)+ch\gamma x}{sh\gamma L_2}\right] \tag{11.2-7}$$

式中　γ——走行轨传播常数（1/km）；

$$\gamma=\sqrt{\frac{R_{s1}}{R_{g1}}}$$

其中，R_{s1} 为走行轨纵向电阻（Ω/km）；R_{g1} 为走行轨对地过渡电阻（Ω · km）；

$i_g(x)$——杂散电流泄漏总量（A）；

$u(x)$——走行轨对地电位（V）；

L_1——左侧牵引变电所至列车的距离（km）；

L_2——右侧牵引变电所至列车的距离（km）；

x——该点到列车的距离（km）。

对于 L_1 左边和 L_2 右边的供电区段外的杂散电流分布则主要是 I_{w1} 和 I_{w2} 的叠加。由上述公式得出双边供电方式的走行轨电位分布，如图 11.6 所示。

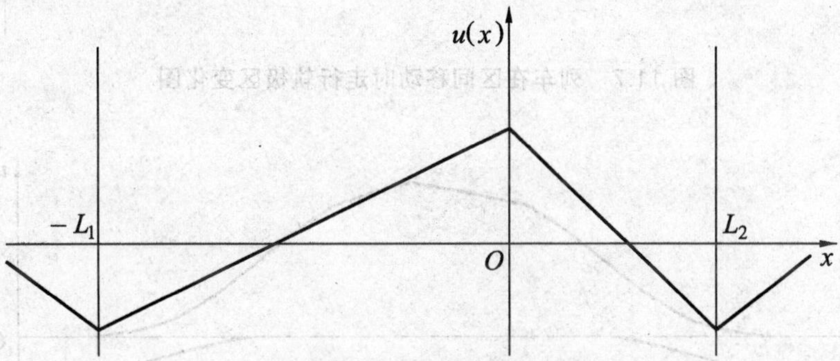

图 11.6　双边供电走行轨电位分布曲线示意图

根据以上分析可以得出下面关于杂散电流分布的一般规律：

① 双边供电方式下，轨道回路的中性点向牵引变电所方向偏移，阳极区范围增大，走行轨阴极区范围明显减小。

② 牵引变电所负极附近的轨道电位为负的最大值，此处杂散电流从埋地金属结构流出，埋地金属结构为阳极，受杂散电流腐蚀最严重。列车下部的走行轨电位为正的最大值，该处杂散电流从走行轨流出，走行轨为阳极，埋地金属为阴极，此处走行轨受杂散电流腐蚀最严重。

③ 牵引电流的大小对走行轨电位有影响，牵引电流越大，走行轨对地电位越高，杂散电流也越大。

④ 牵引变电所之间的距离增加，在牵引电流不变的情况下，走行轨对地电位和杂散电流也随之增加。

⑤ 轨地过渡电阻对杂散电流的分布影响最大，过渡电阻越小，杂散电流强度越大，过渡电阻越大，杂散电流强度越小。

⑥ 走行轨纵向电阻对走行轨电位影响较大，走行轨纵向电阻增加，走行轨纵向电位成比例增加，走行轨对地电位增加，杂散电流也增加。

⑦ 埋地金属结构的纵向电阻对走行轨电位和杂散电流的影响较小。

当然，杂散电流的分布实际上并不如上所述那样理想。这是因为大地并不是均匀介质，其电导率随土质而异，特别是地下埋有金属管线时，杂散电流很大程度上沿金属管线流通。同时必须指出的是，图 11.6 所示的只是列车在区间某一点的走行轨电位分布情况。实际运行中列车在整个区间不断移动，走行轨的极区也在不断变化。其变化情况大致如图 11.7 所示，相应的走行轨极区变化曲线包络线如图 11.8 所示。图中 A、C 为构成双边供电的两相邻牵引变电所的位置[62]。

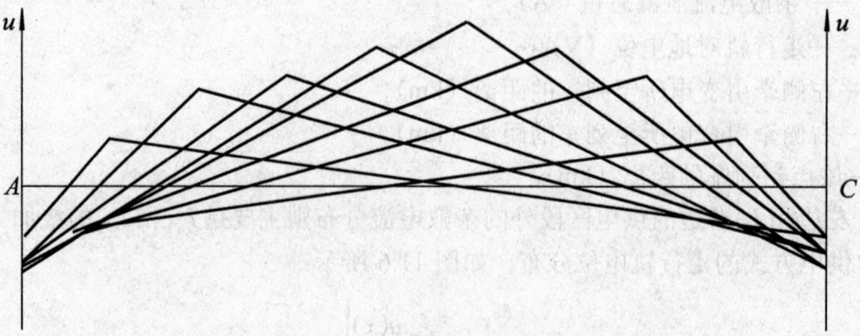

图 11.7　列车在区间移动时走行轨极区变化图

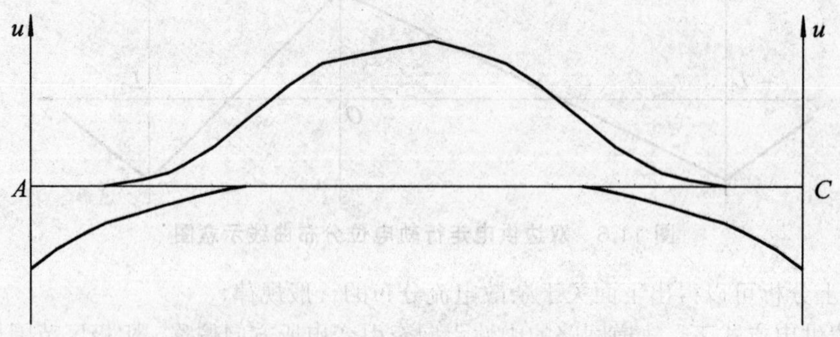

图 11.8　走行轨极区变化曲线包络线

从图 11.7 和图 11.8 可以看出，双边供电时区间中部走行轨基本维持阳极区，牵引变电所处基本维持阴极区。

下面给出设置杂散电流收集网时杂散电流的通路。如图 11.9 所示，对于地下线路，走行轨—道床收集网—埋地金属（如结构钢筋）—大地电阻构成了杂散电流的通路。

在列车和牵引变电所区间的中间处，埋地金属电位为零。在该点，无杂散电流流入流出，但是在埋地金属中与收集网中流动的杂散电流总量为最大值。

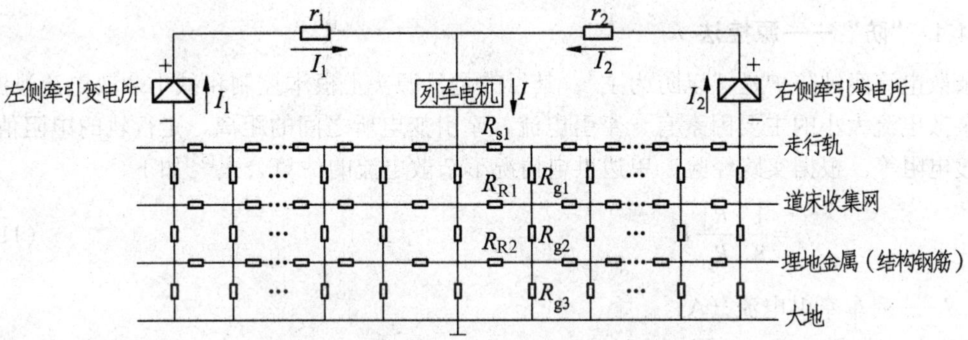

图 11.9 杂散电流通路网络示意图

图中 I——列车牵引电流；

I_1——左侧牵引变电所馈线电流；

I_2——右侧牵引变电所馈线电流；

r_1——左侧牵引变电所内阻及牵引网电阻；

r_2——右侧牵引变电所内阻及牵引网电阻；

R_{s1}——走行轨纵向电阻；

R_{g1}——走行轨对收集网的过渡电阻；

R_{R1}——收集网纵向电阻；

R_{g2}——收集网对埋地金属的过渡电阻；

R_{R2}——埋地金属纵向电阻；

R_{g3}——埋地金属对地电阻。

11.3 杂散电流腐蚀防护措施和监测手段

杂散电流腐蚀防护措施主要包括源控法和排流法。杂散电流监测系统又有分散式监测系统和集中式监测系统两种。

11.3.1 杂散电流腐蚀防护措施

杂散电流是一种环境污染，如果防护措施不力，就会对走行轨及其扣件、结构钢筋和沿线金属管线等造成严重腐蚀。治理办法应从源头开始。

通过对杂散电流产生原因及腐蚀过程的分析，可以知道，提高走行轨对地绝缘以及保持牵引回流畅通是治理杂散电流泄漏的两种直接方法。这两种措施能否在工程中高质量实施，以及线路运营维护水平如何，关系到杂散电流腐蚀防护成功与否。

提高走行轨对地绝缘电阻值，目的就是让牵引电流尽可能多地沿走行轨流回牵引变电所的负极，而尽量少地向外泄漏。回流轨与地之间的绝缘电阻要足够大，以控制和减小杂散电流产生的根源，隔离所有可能的杂散电流泄漏途径，这就是“防”。“防”属于源控法。

另外，还需要保持畅通的杂散电流排流通路，即设置合理的杂散电流收集网，以便需要时能为杂散电流提供一条畅通的低电阻通路，这就是“排”。“排”就是排流法。

下面对“防”、“排”两种方法进行具体介绍。

11.3.1.1 “防”——源控法

杂散电流腐蚀防护是“以防为主”，其目的是从源头上根本控制和减小杂散电流泄漏量。影响杂散电流大小的主要因素有：牵引电流、牵引变电所之间的距离、走行轨的电阻值及对地过渡电阻等。根据实践经验，单边供电情况下杂散电流的估算公式[55]如下：

$$i_g = \frac{1}{8} I \frac{R_{s1}}{R_{g1}} L^2 \tag{11.3-1}$$

式中 I——列车牵引电流（A）；

R_{s1}——走行轨纵向电阻（Ω/km）；

R_{g1}——走行轨对地过渡电阻（Ω · km）；

L——牵引变电所和列车之间的距离（km）。

杂散电流值与列车到牵引变电所距离的平方成正比；与回流走行轨的纵向电阻成正比；与牵引电流成正比；与走行轨对地的过渡电阻成反比。目前已建或在建的城市轨道交通工程中采用了很多有效的杂散电流腐蚀防护方法。

1）合理设置牵引变电所

杂散电流值与列车到牵引变电所距离的平方成正比，牵引变电所之间的距离越长，杂散电流越大。因此要合理设置牵引变电所，所间距离不宜过长，结构钢筋及道床钢筋的极化电位要控制在《地铁杂散电流腐蚀防护技术规程》规定范围之内。另外，在满足供电负荷、供电质量等前提条件下，可以适当调整牵引变电所的数量和位置，尽量使牵引变电所均匀布置。

2）牵引网采用双边供电

在牵引网制式、牵引变电所间距以及走行轨电阻值等条件相同的情况下，采用双边供电比采用单边供电，其牵引电流值减小近一倍，杂散电流值仅为单边供电的 1/4，故城市轨道交通正线的牵引变电所采取双边供电方式，除端头站牵引变电所外变电所解列不宜采用单边供电方式，这一点非常重要。此外，停车场或车辆段需要单独设置牵引变电所，正常情况下停车场或车辆段和正线牵引变电所之间无电气连接，防止正线的杂散电流流入停车场或车辆段。

3）加强走行轨对地绝缘

杂散电流的大小与走行轨对地绝缘水平成反比，即走行轨对地绝缘水平越好，则杂散电流的值越小。城市轨道交通运营中，轨地过渡电阻值的降低是产生杂散电流的最主要原因。因此，保持走行轨对地过渡电阻值或避免过渡电阻不断下降是防止杂散电流产生的有效方法。《地铁杂散电流腐蚀防护技术规程》中规定：新建线路的走行轨与区间主体结构之间的过渡电阻值不应小于 15 Ω · km，对于运行线路不应小于 3 Ω · km。

加强和保持轨道绝缘是一项系统工程，需要土建、轨道和给排水等多工种、多专业进行紧密配合。目前加强走行轨对地绝缘主要有以下做法：

（1）走行轨下设置绝缘垫

根据《地铁杂散电流腐蚀防护技术规程》（CJJ49—92）的要求，走行轨必须采用绝缘法安装。安装时要采用绝缘水平较高的绝缘材质，并对螺栓道钉、铁垫板、扣件等相关部件作绝缘隔离处理，例如，加设绝缘垫板、绝缘垫圈等。城市轨道交通工程中一般要求走行轨单块绝缘垫的电阻不小于 10^8 Ω。走行轨下绝缘垫的设置如图 11.10 所示。

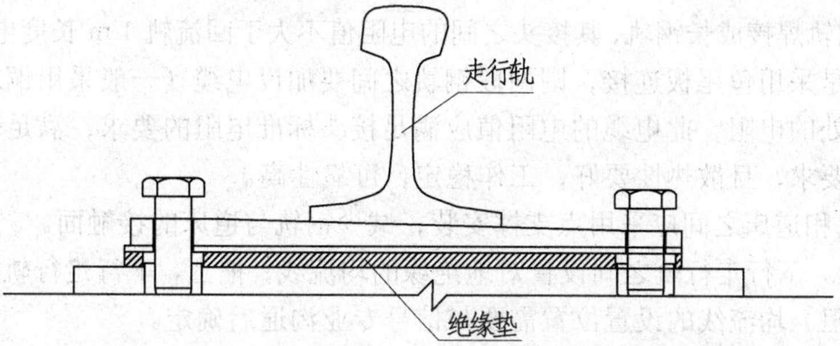

图 11.10 走行轨下绝缘垫设置示意图

（2）走行轨对地保持一定间隙

走行轨对地保持一定的距离，能够有效避免因走行轨下面积累含盐沉积物或其他杂物而造成走行轨与地面间接接触，从而避免形成杂散电流对地泄漏通道，降低轨道对地过渡电阻值。因此，走行轨和地之间要保持一定的间隙。根据《地铁杂散电流腐蚀防护技术规程》（CJJ49—92）中规定，道床面至走行轨底面的间隙应不小于 30 mm。

（3）道床排水沟设置

根据测定，不同含水状态下混凝土电阻率差别很大，具体数据[2]见表 11.1。

表 11.1 电阻率参考表

类 别	名 称	电阻率参考值（Ω·m）
混凝土	在水中	40 ~ 55
	在湿土中	100 ~ 200
	在干土中	500 ~ 1 300
	在干燥的大气中	12 000 ~ 18 000

从电阻率参考表中可以看出混凝土在潮湿和干燥状态下，电阻率相差很大。因此保持混凝土整体道床的干燥，不但是加强走行轨对地绝缘的有效措施，而且也是减少轨道绝缘垫堆积含盐沉积物的有力措施。

因而，宜将道床排水沟设在道床两侧，并保证排水通畅，有利于保持道床混凝土的干燥，可以有效防止走行轨对地绝缘水平的降低。

（4）道床混凝土的设置

为有效地防止杂散电流对主体结构钢筋进行腐蚀，杂散电流道床收集网钢筋与走行轨之间需要进行绝缘处理，道床收集网钢筋与主体结构钢筋之间也应避免金属连通。

为保证收集网与走行轨之间的绝缘性能，位于钢轨下面的道床混凝土层需要具有一定厚度。

4）保持牵引回流通路顺畅

杂散电流的大小与牵引网的回流电阻值成正比。走行轨电阻较大时，回流电流在其上流过时产生的电压降也较大，使钢轨对地的电位差也增大，从而增加了杂散电流泄漏，因此必须设法降低走行轨的电阻值。为此一般采取以下措施：

① 有条件时，走行轨尽量选用重型钢轨，如 60 kg 钢轨。

② 对回流网选用电阻率低的材料。

③ 将短钢轨焊接成长钢轨，其接头之间的电阻值不大于回流轨 1 m 长度电阻值的 3 倍[53]。如果钢轨之间是采用鱼尾板连接，则两段钢轨之间要加设电缆（一般采用铜芯绝缘电缆）以减小钢轨接缝处的电阻，此电缆的电阻值应满足接头标准电阻的要求，满足牵引电流长时间通过时的温升要求，且散热性要好，工作稳定，可靠性高。

④ 走行轨和道床之间应采用点支撑安装，减少钢轨与道床的接触面。

⑤ 正线上、下行走行轨之间设置对地绝缘的均流线，把上、下行走行轨并联起来，降低走行轨回流电阻。均流线的设置位置需要与信号专业沟通后确定。

⑥ 牵引变电所至上、下行走行轨的负回流线采用铜芯电缆，可以降低回流通路的电阻。

⑦ 在车辆段和停车场根据各供电分区的划分，设置多个回流点，使牵引电流就近回流，并设置均流线，减小回流通路的电阻，以降低车辆段或停车场杂散电流的总量。

5）重视日常运营维护

杂散电流腐蚀防护在工程建设时采取合理措施，严格施工，同时加强运营养护和维修，保证杂散电流腐蚀防护获得长期效果。

在城市轨道交通建成并投入运营的初期,走行轨与道床之间的绝缘程度较高,杂散电流较少。随着运营时间的推移，走行轨周围铁屑、灰尘、油污、含盐沉积物的积累，甚至道床排水沟长时间积水，对地过渡电阻值将逐步减小。因此运营维护显得格外重要，应采取相关措施保证轨道绝缘性能保持在一定水平上。其主要措施如下：

① 必须定期清扫线路，清除粉尘、油污、脏物、沙土等，保持走行轨的清洁和绝缘水平良好。

② 及时消除道床积水及积雪，保持道床处于清洁干燥状态。

③ 根据杂散电流监测系统的报警信息，及时处理线路异常现象。

11.3.1.2 “排”——排流法

对于新建城市轨道交通工程，通过加强走行轨对地绝缘及保证牵引回流畅通，可以有效减少杂散电流产生。但随着运行时间的推移，走行轨对地绝缘水平的下降，杂散电流有可能会超标，此时可适当考虑投入排流装置。因此，在工程建设时适当设置合理的杂散电流收集网及排流装置，以便在必要时将杂散电流引回牵引变电所的负极。

1）排流法的概念

只有当杂散电流从走行轨或钢筋等金属管线流出时才会对其产生腐蚀，而杂散电流流出的区域集中在阴极区（即在牵引变电所附近），若在牵引变电所处将结构钢筋或其他可能受到杂散电流腐蚀的金属结构与走行轨或牵引变电所负母排相连，由于杂散电流总是走电阻最小的通路，这样杂散电流就直接流回至牵引变电所，从而大大减小了杂散电流从钢筋再扩散至混凝土的可能，减少了杂散电流流出钢筋导致的电化学反应，该方法称为排流法。

排流法也存在一定缺点。当牵引变电所负母排通过排流柜与道床收集网钢筋电气连通后，原来负母排的负电位因钳制作用而接近零电位，使得两座牵引变电所之间的走行轨对地电位成倍增加，两牵引变电所间几乎全成为阳极区，除牵引变电所附近钢筋腐蚀减少外，其他区域钢筋以及走行轨腐蚀将更严重。因此排流法既有其有利的一面，也有其不利的一面。

2）收集网的设置

杂散电流收集网主要是针对运营期间，当先期防护措施逐渐失效或由于渗水等因素造成杂散电流超标时而采取的应急防护措施。其目的在于收集由走行轨泄漏出的杂散电流，并通过收集网将杂散电流引导至牵引变电所的负极，防止杂散电流过多地流向主体结构钢筋和其他金属导体。

杂散电流收集网就是在整体道床内铺设钢筋网并进行电气连接，以便为杂散电流由道床流回牵引变电所提供一个良好的电气回路，可利用道床本身的钢筋作为杂散电流收集网。

杂散电流收集网断面如图 11.11 所示。在地下隧道内，杂散电流收集网纵向钢筋沿隧道纵向铺设在道床混凝土内，道床内纵向每间隔一定距离选一根以上横向钢筋与道床内所有纵向钢筋焊为一体形成网状，构成道床钢筋收集网。

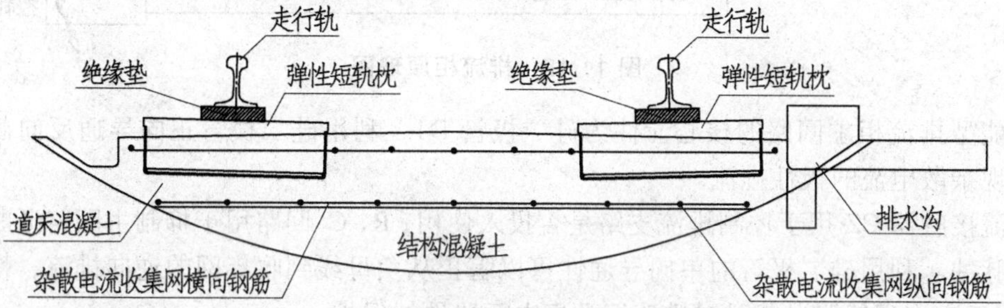

图 11.11　杂散电流收集网断面示意图

道床钢筋收集网在道床结构变形缝或沉降缝断开，并在两侧引出测防端子。纵向钢筋网通过绝缘电缆将所有引出道床表面的测防端子连接成连续的收集网，以建立一条低阻抗的杂散电流收集、排放通路。

收集网钢筋截面的大小应根据高峰小时走行轨有效电流、走行轨纵向电阻及泄漏电阻等参数，通过计算收集网极化电压的正向偏移值来确定，详见第 11.5 节。

隧道内区间及车站每个结构段的内表层钢筋通过焊接形成电气连续的杂散电流监测网。

对于杂散电流收集网的设置，目前国内还有一种做法，就是除了设置道床钢筋收集网之外，再设置一个杂散电流辅助收集网。辅助收集网是将隧道内部的结构钢筋通过焊接形成一个电气连通的钢筋网，杂散电流可通过此隧道结构钢筋收集网（第二层杂散电流收集网）流回牵引变电所。在城市轨道交通新线建设中，目前对是否设置辅助收集网存在争议。从杂散电流腐蚀防护角度考虑，隧道结构钢筋做辅助收集网时，需要与接地装置绝缘；而从安全与接地角度考虑，结构钢筋需要接地，这两者之间存在矛盾，需要进一步研究。

3）排流柜

（1）排流柜的设置

当采取排流法进行杂散电流腐蚀防护时，一般在正线牵引变电所内设置杂散电流排流柜，排流柜的一端通过电缆与牵引变电所负极柜相连接，另一端与收集网的排流端子相连接。排流柜一般设置在牵引变电所内。

（2）排流柜的原理

排流柜是杂散电流腐蚀防护系统中的重要设备，早期排流柜比较简单，主要是由二极管和电阻组成，现在基本不再使用，故不对其介绍。目前城市轨道交通中所采用的智能型排流柜工作原理如图 11.12 所示，主要由硅二极管 D1、可调节电阻 *R*1、固定限流电阻 *R*2、自动排流部分、显示部分和保护部分组成。

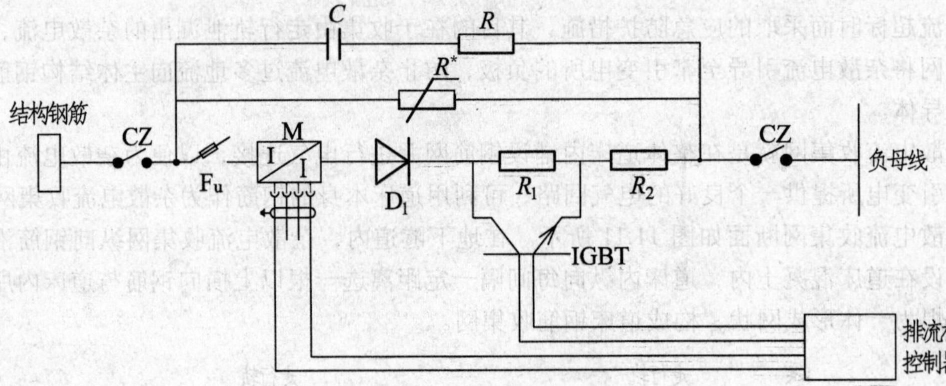

图 11.12　排流柜原理图

智能型排流柜主回路的核心元件为硅二极管 D1，利用硅二极管正向导通反向截止的特性，实现杂散电流的极性排流。

直流接触器 CZ 用于控制排流支路是否投入使用，R、C 回路用于抑制主回路通断时产生的尖峰脉冲。利用硅二极管的单向导通性可以阻止从负母线到收集网的逆向排流，快速熔断器 Fu 用于在出现短路过载时对排流柜及柜内元器件的保护。

电流传感器M用于检测排流回路中的排流电流量的大小，并通过排流柜控制器控制IGBT通断的占空比，以实现对排流电流大小的控制。当 IGBT 关断时，排流回路串联了电阻 $R1$ 和 $R2$，电阻较大，排流电流较小。当 IGBT 导通时，仅串入阻值较小的 $R2$，排流较大。$R2$ 用于限制排流的瞬时电流，以保护 IGBT。电阻 $R1$ 和 IGBT 构成了排流支路的电阻调节电路，保证了设备既处于可靠安全的工作状态，又能够根据设备的排流能力，尽可能地将更多的杂散电流通过负母线回收。

排流柜控制器与杂散电流监测系统之间可通过通信电缆联系，以实现与杂散电流监测系统的信息交换。杂散电流监测系统对结构钢筋进行电位检测，当检测被保护的金属结构的极化电位处于安全状态时，杂散电流监测系统向排流装置发出停止排流的命令。当需要排流时，监测系统确定排流量，并把排流量的数值传送给排流柜控制器。控制器检测排流电流小于给定值时，控制 IGBT 连续导通；当检测排流电流大于给定值时，控制 IGBT 连续关断。正常情况下，IGBT 的导通占空比将排流电流量控制在规定的数值范围内。

（3）排流柜的功能

排流柜应具有如下功能：

① 单向极性排流。

② 自动调节排流电流值，大电流限度排流。

③ 自动监测记录收集网的排流电流值。

④ 具有与电力监控系统的数据通信功能。

（4）排流柜的投运

排流柜在线路开通时应安装到位，但杂散电流值在满足规程要求时排流柜不投入运行。只有当监测到道床收集网钢筋极化电位值超过设定数值时，排流柜才投入运行，道床收集网开始排流。排流只能作为一种应急手段。

一旦监测到结构钢筋极化电位严重超标，则断开排流通路，加强轨道维护，提高走行轨对地过渡电阻，减少道床收集网钢筋及结构钢筋的杂散电流腐蚀。

（5）排流柜的性能

排流柜的性能参数主要包括以下内容：

① 额定工作电压。

② 最高工作电压。

③ 二极管支路工作电流。

④ 总母排允许通过的最小连续电流。

⑤ 短路耐受电流。

⑥ 主回路耐受电压。

⑦ 辅助回路耐受电压。

⑧ 内部保护。

11.3.2　杂散电流腐蚀防护的监测手段

杂散电流监测系统可为运营后杂散电流腐蚀防护提供准确数据，指导轨道的维护与保养工作。因而在做到“以防为主，以排为辅，防排结合”的同时，还要加强杂散电流监测工作，监测主要内容包括泄漏量及极化电位。

11.3.2.1　监测系统的构成

杂散电流监测系统的构成方式目前可分为分散式和集中式两类。下面对这两种类型分别介绍[6]。

1）分散式监测系统

分散式监测系统由测试端子、参比电极、信号电缆、接线盒、排流柜、便携式综合测试装置组成。如图 11.13 所示，图中“1”为测试端子，“2”为参比电极。

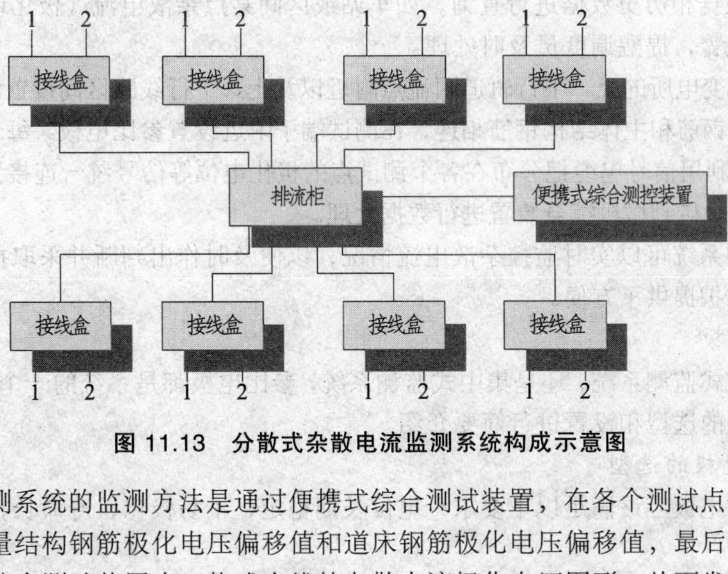

图 11.13　分散式杂散电流监测系统构成示意图

分散式监测系统的监测方法是通过便携式综合测试装置，在各个测试点分别进行人工测量，主要是测量结构钢筋极化电压偏移值和道床钢筋极化电压偏移值，最后将测量值汇总在一起，传送到综合测试装置中，构成全线的杂散电流极化电压图形，从而发现薄弱环节，及时进行维护。

分散式监测系统结构简单，便于施工，但需要工作人员逐个进行测试，不能实现全线杂散电流泄漏及腐蚀状态的实时监测功能。

2）集中式监测系统

集中式监测系统由参比电极、信号电缆、传感器、数据转换器、排流柜和上位计算机组成，如图 11.14 所示，图中“1”为道床钢筋，“2”为主体结构钢筋，“3”为参比电极。

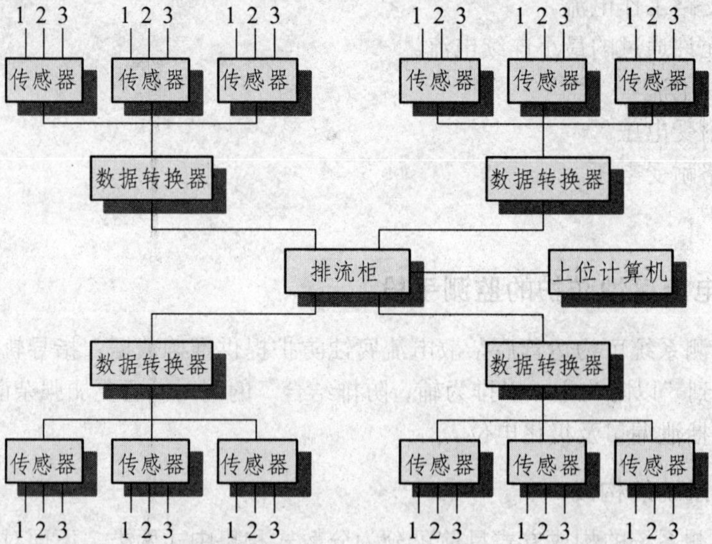

图 11.14　集中式杂散电流监测系统构成示意图

集中式监测系统是将杂散电流监测纳入电力监控系统统一进行管理。由电力监控系统对全线车站及区间的杂散电流进行监视和数据采集，并进行数据统计、整理和存档。控制中心调度员可通过电力监控系统的画面对全线所有车站及区间的结构钢筋极化电压和道床钢筋极化电压的实时数据和历史数据进行查询，如车站或区间某点杂散电流（极化电压）“超标”，系统自动产生报警，提醒调度员及时处理。

一般在牵引变电所的上、下行轨道回流点附近以及上、下行线路区间设置测试端子，测试端子分别与道床钢筋和主体结构钢筋相连，在测试端子附近设置参比电极。每个牵引变电所安装一台排流柜，利用信号电缆把分布在各个测试点的极化电位等信号统一连接到变电所排流柜中的监测装置，上传到微机综合装置进行数据处理。

集中式监测系统可以实时监控杂散电流情况，以便及时作出判断并采取措施，这为城市轨道交通运营维护提供了方便。

3）参比电极

无论是分散式监测系统，还是集中式监测系统，参比电极都是系统的一个重要组成部分。下面对参比电极的选型和设置进行简要介绍。

（1）参比电极的选型

测量用参比电极应该满足以下要求：电位长期稳定，不易极化，寿命长，并有一定的机械强度。

参比电极的种类很多，常用的有甘汞、银/氯化银、铜/硫酸铜电极、氧化钼，等等，工程中固定设置的还有锌参比电极和长效铜/硫酸铜电极。对于城市轨道交通工程来说，参比电极埋设在地下或隧道壁上，长期进行监测，需要选用嵌入型长效参比电极。目前城轨工程中多选用氧化钼型，这是因为氧化钼参比电极具有电位稳定、寿命长、机械强度高的特点。

（2）参比电极的设置位置

参比电极一般设置在以下地点：

① 地下车站两端进出站信号机附近的道床和隧道处。

② 牵引变电所的上、下行轨道负回流点附近。

③ 对于特殊地段，如越江段、长大区间等，需增设参比电极。

④ 有效站台端部至区间一定距离处（一般为 200 m）。

11.3.2.2 监测系统的对象

杂散电流监测系统主要监测对象包括：全线所有车站及区间局部地段的结构钢筋极化电压偏移值和道床钢筋极化电压偏移值。

当采用集中式监测系统时，主要测量以下参数：

(1) 实时监测整体道床钢筋的极化电位。

(2) 实时监测主体结构钢筋的极化电位。

(3) 列车停运时，主体结构钢筋对参比电极的自然本体电位。

11.4 对相关专业的要求

杂散电流腐蚀防护需要牵引供电、轨道、土建、给排水、通信、信号等相关专业密切配合，应对相关专业提出具体要求[6]。

11.4.1 对牵引供电专业的要求

① 合理设置牵引变电所，牵引变电所之间的距离不宜过长。

② 正线牵引网采取双边供电方式。

③ 停车场或车辆段设置独立运行的牵引变电所。

④ 牵引变电所负极回流电缆应具有足够的截面，并与回流轨焊接牢固，焊接接头电阻不应超过 1 m 长的轨道电阻值。

⑤ 所有车站以及区间适当位置的上、下行回流轨之间应设置均流线将上、下行回流轨并联起来。

⑥ 直流开关柜、整流柜、负极柜等直流牵引供电设备均要绝缘安装。

11.4.2 对轨道专业的要求

① 正线走行轨尽量采用 60 kg/m 钢轨，钢轨应纵向焊接。如果钢轨采用鱼尾板连接，则为了减小回流轨的纵向电阻，钢轨之间必须加焊不少于两根绝缘铜芯电缆。

② 正线（回流轨）道岔之间应使用绝缘铜芯电缆。

③ 电气化轨道与非电气化轨道之间设绝缘分段。

④ 轨道尽头线的车挡与电气化轨道之间设绝缘分段。

⑤ 运行线路与正在建设的线路区段之间实现电气隔离。

⑥ 轨道道岔使用绝缘扣件。

⑦ 新建线路钢轨对地绝缘电阻不小于 15 Ω · km。

⑧ 整体道床内设置杂散电流收集网。

⑨ 牵引变电所回流点附近，设道床钢筋收集网排流端子，并需要轨道施工时预先安装好。

11.4.3 对主体结构的要求

① 城市轨道交通主体结构的防水层，必须具有良好的防水性能和电气绝缘性能，防水材料的体积电阻率不小于 $10^8\ \Omega \cdot m$[54]。

② 地下车站、隧道应有畅通的排水设施，不允许积水，严禁采用直排废水入隧洞的设计与运行方式。

③ 隧道结构钢筋纵向焊接成杂散电流监测网。

④ 对于盾构区间，相邻盾构管片钢筋不进行电气连接，盾构管片之间进行绝缘处理，同时必须保证管片之间的防水材料具有良好的电气绝缘性能。

11.4.4 对各种电缆及金属管线的要求

① 除牵引供电电缆及信号轨道电路电缆外，其他所有金属管线不应与钢轨有电气连接。

② 进出车站的金属管线需加装绝缘法兰或绝缘短管后方可引入或引出。

③ 水管在铁轨线路下方穿越时，宜采用非金属绝缘材质，否则水管应具有加强的绝缘层并在穿越部位两侧装设绝缘法兰[54]。

④ 车站及区间内的所有电气设备的金属外壳、各类金属管线等均应采取绝缘安装，与主体结构绝缘。

⑤ 沿线的通信信号设备如道岔控制箱、信号箱、信号机、电话箱等应采取绝缘安装，与走行轨、收集网绝缘。

⑥ 道岔转辙机金属铠装控制电缆应有绝缘外护套。在某些工程中，为了实施等电位联结，存在电气设备或金属管线不绝缘安装的情况。

11.4.5 对运营管理的要求

城市轨道交通投入运营后，除按前面“日常运营维护要求”对轨道等进行定期养护维修外，还应加强杂散电流的监测。如果监测系统监测到排流柜电流出现异常增大，且持续时间较长，则多是由回流系统出现电气导通“断点”或有“集中泄漏点”所引起，应及时检查相应区段回流系统，将“断点”处连接至设计要求标准，或对“集中泄漏点”进行恢复处理。

为保证杂散电流防护设施正常使用，运营中应根据防护监测的情况对杂散电流各项防护指标进行维护性检查测量，检查测量内容包括走行轨对结构钢筋过渡电阻、走行轨对道床钢筋过渡电阻、金属管线接头电阻等。

11.5 收集网截面计算

杂散电流收集网截面大小的确定原则：保证钢筋的极化电位降小于规定的标准值。根据本原则求出杂散电流收集网的纵向电阻，结合收集网的纵向长度反推出收集网总的截面积。

收集网中有杂散电流流出时，钢筋的电位将发生正向偏移（阳极极化）。当腐蚀电流的方向是由收集网流向钢轨时，对应产生正向极化电压，此时收集网发生腐蚀。阳极电流（流出的杂散电流）和阳极电位变化的规律（阳极极化曲线）如图 11.15 所示。

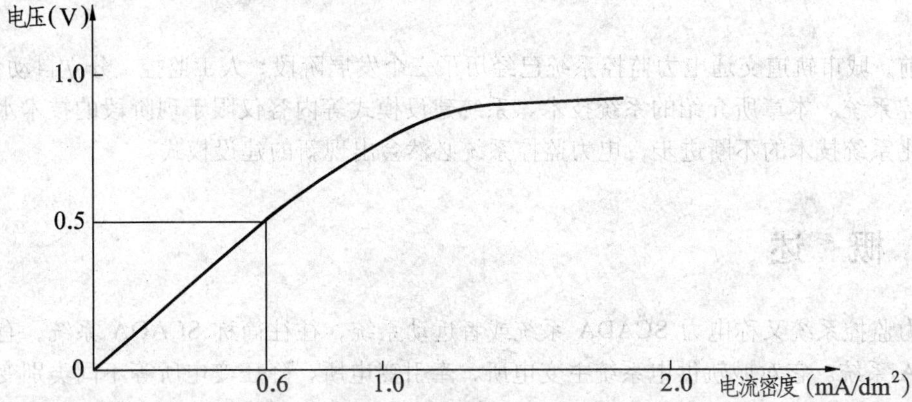

图 11.15 阳极极化曲线

杂散电流收集网的纵向压降计算公式如下：

$$V_{\mathrm{lg}}=\frac{L^3}{\sqrt{2}}\cdot\frac{I_{1\mathrm{h}}R'_{\mathrm{s1}}R'_{\mathrm{SCN}}}{R'_{\mathrm{s1/SCN}}} \tag{11.5-1}$$

式中 V_{lg}——收集网的纵向电压降（V）；

L——收集网长度（km）；

R'_{s1}——每公里走行轨的电阻（Ω/km）；

R'_{SCN}——每公里收集网的电阻（Ω/km）；

$I_{1\mathrm{h}}$——高峰小时最大牵引电流（正常双边供电条件下）（A）；

$R'_{\mathrm{s1/SCN}}$——轨道和收集网之间的绝缘电阻（Ω · km）。

根据公式（11.5-1）可知，掌握收集网的纵向压降、收集网长度、走行轨电阻、高峰小时最大有效牵引电流，以及轨道和收集网之间的绝缘电阻等资料，便可计算得到收集网的电阻 R'_{SCN}。

由

$$R'_{\mathrm{SCN}}=\rho\cdot\frac{L}{S} \tag{11.5-2}$$

式中 ρ——杂散电流收集网钢筋的电阻率（$\Omega\cdot\mathrm{mm}^2/\mathrm{km}$）；

S——杂散电流收集网总横截面面积（mm^2）。

可以得出：

$$S=\rho\cdot\frac{L}{R'_{\mathrm{SCN}}} \tag{11.5-3}$$

若已知构成杂散电流收集网单个钢筋的截面面积为 S_1，则杂散电流收集网所需要的钢筋数为：

$$n=\mathrm{int}\frac{S}{S_1}+1 \tag{11.5-4}$$

12 电力监控系统

目前，城市轨道交通电力监控系统已经历了三个发展阶段：人工监控、分立自动化系统、综合监控系统。本章所介绍的系统技术、系统建设模式等内容仅限于现阶段的技术水平，随着自动化系统技术的不断进步，电力监控系统必然会出现新的建设模式。

12.1 概 述

电力监控系统又称电力 SCADA 系统或者远动系统，往往简称 SCADA 系统，有时也称 PSCADA 系统。它对城轨供电系统主变电所、牵引变电所、降压变电所等不同类别变电所内的高压 66～110 kV 设备、中压 10～35 kV 设备、直流 750 V 或直流 1 500 V 设备、低压 400 V 设备、交直流电源屏、排流柜、轨道电位限制装置等对象进行监控，实现对各种设备的控制、信息采集、数据分析处理、远方维护、统计报表、事故报警、画面调阅、历史数据查询等功能。

早期的城轨供电系统由于技术的局限，没有条件设立电力监控系统，其监控管理以人工为主，辅以调度电话方式来实现供电系统的运行管理。这种监控方式要求变电所内设置当地报警设备，当系统发生故障时值班人员能够及时发现并上报调度部门。

从 20 世纪中后期开始，通过应用计算机技术、网络技术，建立了自动化程度较高的电力监控系统。目前，典型的电力监控系统由四部分组成：位于控制中心的电力调度中心主站系统（即中央监控系统）、位于变电所的远程终端（RTU，即变电所综合自动化系统）、通信网络、位于供电维修基地的供电复示系统。电力调度中心主站系统通过设置在变电所的 RTU 采集处理数据，并经过通信网络将信息传送至电力调度中心的电力监控系统服务器，从而实现电力监控系统的遥控、遥信、遥测功能。供电复示系统实现对供电系统的远程监视功能。电力监控系统与其他系统分立，系统的运行不干扰其他自动化系统，也不受其他自动化系统的影响。这种常规的系统构成方式适用于没有设置综合监控系统的工程。

20 世纪末，随着计算机技术和网络技术的快速发展，各个分立的自动化系统逐步走向综合集成，城市轨道交通各专业的自动化系统采用统一的计算机网络平台和统一的软件体系，构成综合监控系统，从而实现不同自动化系统的集成。按目前的技术水平，典型的综合监控系统一般集成电力监控系统、环境与设备监控系统等自动化系统，这种方式有利于不同系统之间的数据信息互通、软硬件资源共享。综合监控系统运行所依赖的底层基础依然是原先各分立系统的远程终端数据采集处理系统或者设备。电力监控系统集成于综合监控系统后，电力监控系统设计范围包括电力调度中心主站系统及供电复示系统的功能设计、变电所综合自动化系统的软硬件设计，而电力调度中心主站系统、供电复示系统的硬件及软件则由综合监控系统统一建设。双方的硬件接口一般位于变电所综合自动化系统与综合监控系统的通信连接装置的通信端子。

12.2 一般要求

① 电力监控系统在控制中心应该设有电力调度中心。如果采用电力监控系统集成于综合监控系统的建设模式，电力调度中心由综合监控系统统一设计。如果电力监控系统是独立建设模式，中心内须设置一套中央监控系统，采集各变电所的“三遥”信息，实现对全线供电系统的远程监控功能。

② 中央监控系统的构成方式应该保证系统运行的可靠性，系统中的关键设备，如系统服务器、前置数据处理机、交换机等进行冗余配置。系统计算机访问模式、网络配置形式等可根据当时技术条件选择适用于工程实际的方案。该要求适用于电力监控系统独立建设模式。

③ 为了满足电力调度中心与变电所值班、维护人员的通信需求，在电力调度中心须设置电力调度电话总机，各变电所内设电力调度电话分机。主变电所根据当地电力部门的要求装设与上级电力管理部门联系的调度电话。

④ 电力监控系统的通信通道必须冗余配置，主、备用通信通道应支持手/自动切换功能。通信接口类型可以选择为串口或者以太网口等，但是其通信速率不得低于相关规范的要求。当电力监控系统独立建设时，此处通信通道指的是电力调度中心与变电所综合自动化系统之间的通道。

⑤ 全线各变电所设置变电所综合自动化系统，各变电所综合自动化系统均可以脱离控制中心独立运行。

⑥ 变电所综合自动化系统为分层、分散式结构。根据设备功能，自动化系统分为三层：间隔设备层、网络通信层、站级管理层。

⑦ 如果变电所为无人值守的管理模式，且经济条件许可，在变电所主要设备房间内可设置闭路电视监控装置。在电力调度中心设置图像监视终端，以实时监视变电所内的情况。

⑧ 电力监控系统软、硬件属于国内成熟产品，应该优先选用技术成熟、功能完善、性能优越、国内领先的产品。

⑨ 电力监控系统设备选型应立足于国产化设备。

⑩ 各级监控网络及系统设备应满足电磁兼容的各项标准和要求。

⑪ 如果所建设的工程有远期延伸规划，系统设计时应适度预留远期扩展裕量。

12.3 系统构成

12.3.1 采用分立系统建设模式时的系统构成

以下内容适用于电力监控系统独立建设模式。

传统的分立电力监控系统由电力调度中心主站系统、通信通道、变电所综合自动化系统、供电复示系统四部分组成。电力调度中心主站系统作为全线电力监控系统的中心，可将全线各变电所自动化的信息汇集到实时数据库中，支持各电力操作站的监管功能，支持全线供电SCADA 功能，并完成历史数据处理和存储功能。

变电所综合自动化系统通过通信通道实现与电力调度中心的通信，接受调度中心的控制命令，向调度中心主机传送变电所操作、事故、预告、测量等信息。但变电所综合自动化系统的运行不依赖于中央监控系统。

供电复示系统通过主站系统采集全线供电系统的各类信息，用于供电系统维护人员监视、统计各类设备的运行数据。

一般情况下，系统通信通道由城市轨道交通通信系统统一组建，电力监控系统向通信系统提出通道要求。基于工程的实际情况，通信系统难以为电力监控系统提供通信通道时，电力监控系统需要建设独立的通信通道。按目前的技术水平，宜采用光纤以太网或者串行点对点通道（如 RS485）构成通信网络。

传统的分立电力监控系统构成如图 12.1 所示。

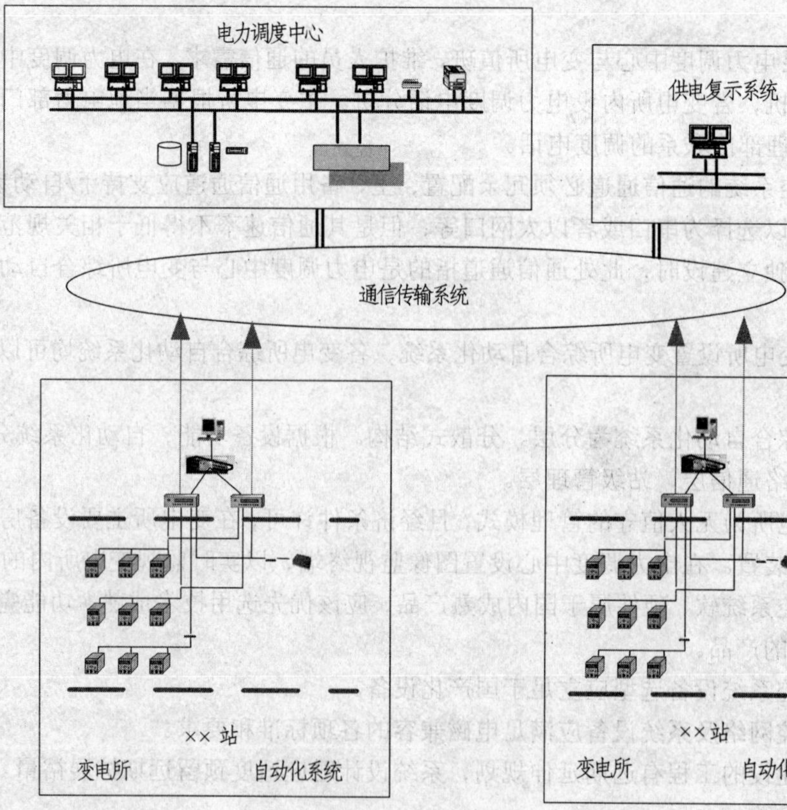

图 12.1 传统电力监控系统构成示意图

12.3.2 采用综合监控系统建设模式时的系统构成

以下内容适用于电力监控系统集成于综合监控系统的建设模式。

目前，正被广泛采用的综合监控系统，在控制中心及车站集成了电力监控系统、环境与设备监控系统等系统，综合监控系统为这些不同的系统提供了一个综合的信息平台，这些系统的主要硬件、软件均由综合监控系统来统一构建，综合监控系统实现各系统在中心级和车站级的系统功能。

综合监控系统集成电力监控系统后，电力监控系统原先包含的电力调度中心主站系统、通信通道、变电所综合自动化系统、供电复示系统四部分中，电力调度中心主站系统、通信通道、供电复示系统均由综合监控系统来完成。

综合监控系统构成如图 12.2 所示。

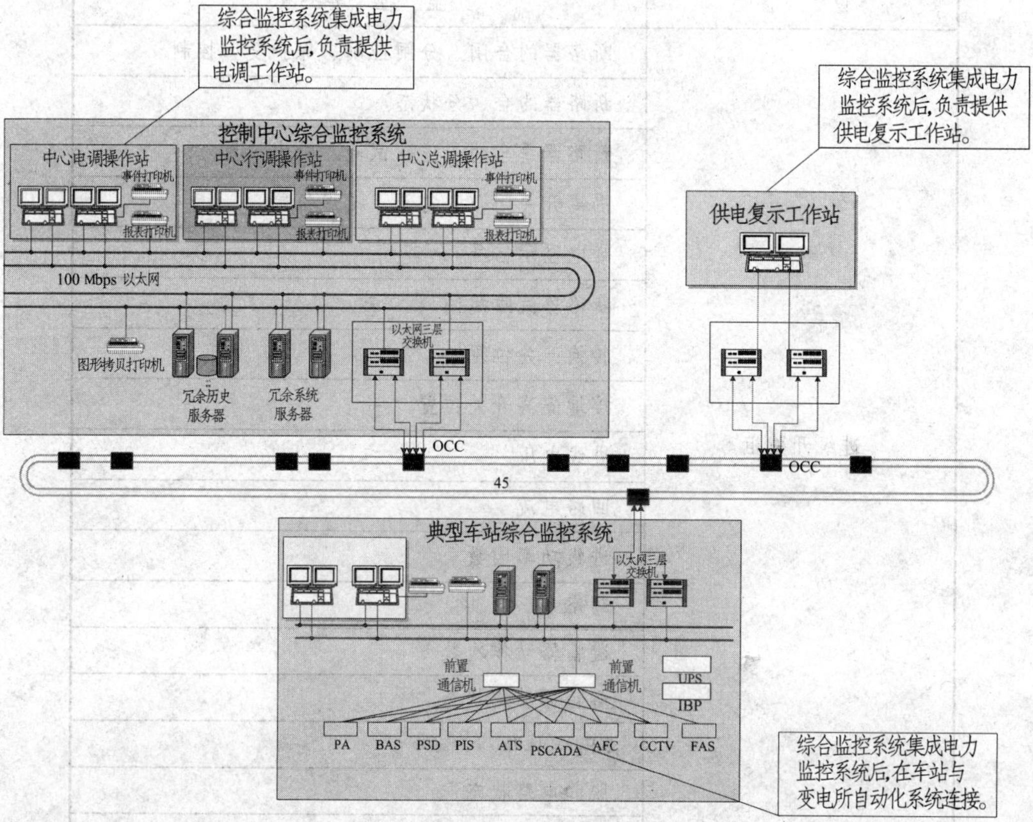

图 12.2 综合监控系统构成示意图

12.4 监控对象

电力监控系统要实现遥控、遥测、遥信等功能，应以监控对象为基础进行系统的构建。在系统设计时，首先应该明确供电系统需要监控的范围和具体对象，然后根据这些对象的具体运行方式、控制模式等情况进行系统功能及软硬件设计。

电力监控系统监控对象随不同地区外电源电网现状、不同类型供电系统建设形式而不同，监控对象需要按照供电系统的具体内容而定。

以下内容为城轨供电系统典型监控对象的主要设备监控点表，包括主变电所、牵引降压混合变电所、降压变电所的主要设备监控点，仅用于参考。具体到某个工程时，应根据该工程的供电系统实际设计情况、当地电力调度部门的具体需求进行修改、补充，以满足电力调度的需要。

12.4.1 66～110 kV 设备

66～110 kV 设备监控点见表 12.1。

表 12.1 66～110 kV 设备监控点

设备	监控要求
进线开关柜	断路器的合闸、分闸控制、保护复归控制
	断路器的合、分状态
	断路器手车的工作、试验、抽出位置
	隔离开关闭合、打开、接地位置
	带电显示信号
	断路器故障跳闸
	转换开关位置
	接地隔离开关位置
	进线电压
	回路电流
	进线功率因数
	频率
	避雷器动作次数
	避雷器动作状态
	SF_6 气体低
	脱扣电路状态
	谐波电流
主变压器馈出柜	断路器的合闸、分闸控制、保护复归控制
	断路器的合、分状态
	断路器手车的工作、试验、抽出位置
	隔离开关闭合、打开、接地位置
	带电显示信号
	断路器故障跳闸
	转换开关位置
	接地隔离开关位置
	回路电流
	SF_6 气体低
	脱扣电路状态
	有功功率
	无功功率
	有功电度
	无功电度

12.4.2 主变压器

主变压器监控点见表 12.2。

表 12.2 主变压器监控点

设　备	监控要求
主变压器	油　温
	有载调压开关分接头位置
	主变压器有载调压开关分接头位置的升、降、停

12.4.3 10～35 kV 设备

10～35 kV 设备监控点见表 12.3。

表 12.3 10～35 kV 设备监控点

设　备	监控要求
进线开关柜	断路器的合闸、分闸控制、保护复归控制
	断路器的合、分状态
	断路器手车的工作、试验、抽出位置
	PT 手车的工作、试验、抽出位置
	PT 断线信号
	隔离开关闭合、打开、接地位置（适用于 35 kV）
	带电显示信号
	断路器故障跳闸
	转换开关位置
	接地隔离开关位置
	进线电压
	回路电流
	回路有功功率
	回路无功功率
	进线功率因数
	回路电度计量
	避雷器动作次数
	避雷器动作状态
	SF_6 气体低（仅限于 SF_6 开关）
	脱扣电路状态
	谐波电流（仅限于电源开闭所）

续表 12.3

设　　备	监　控　要　求
馈线开关柜	断路器的合闸、分闸控制、保护复归控制
	断路器的合、分状态
	断路器手车的工作、试验、抽出位置
	隔离开关闭合、打开、接地位置（适用于 35 kV）
	带电显示信号
	断路器故障跳闸
	转换开关位置
	接地隔离开关位置
	回路电流
	避雷器动作次数
	避雷器动作状态
	SF_6 气体低（仅限于 SF_6 开关）
	脱扣电路状态
牵引变压器馈出柜	断路器的合闸、分闸控制、保护复归控制
	断路器的合、分状态
	断路器手车的工作、试验、抽出位置
	隔离开关闭合、打开、接地位置（适用于 35 kV）
	带电显示信号
	断路器故障跳闸
	转换开关位置
	接地隔离开关位置
	回路电流
	回路有功功率
	回路无功功率
	回路电度计算
	SF_6 气体低（仅限于 SF_6 开关）
	脱扣电路状态
配电变压器馈出柜	断路器的合闸、分闸控制、保护复归控制
	断路器的合、分状态
	断路器手车的工作、试验、抽出位置
	隔离开关闭合、打开、接地位置（适用于 35 kV）
	带电显示信号
	断路器故障跳闸
	转换开关位置
	接地隔离开关位置
	回路电流
	SF_6 气体低（仅限于 SF_6 开关）
	脱扣电路状态

续表 12.3

设　备	监　控　要　求
母线分段开关柜	断路器的合闸、分闸控制、保护复归控制
	断路器的合、分状态
	断路器手车的工作、试验、抽出位置
	隔离开关闭合、打开、接地位置（适用于 35 kV）
	带电显示信号
	断路器故障跳闸
	转换开关位置
	接地隔离开关位置
	回路电流
	SF_6 气体低（仅限于 SF_6 开关）
	脱扣电路状态
母线分段隔离柜	接地隔离开关位置（适用于 10 kV）
	隔离开关闭合、打开、接地位置（适用于 35 kV）
	带电显示信号

注：若 PT 单独成柜，可以在点表中单独列出。分散式供电系统中，电源开闭所若设有进线隔离柜、提升柜，则以柜内具体设备为准配置点表。

12.4.4　直流 750 V 或直流 1 500 V 设备

直流 750 V 或直流 1 500 V 设备监控点见表 12.4。

表 12.4　直流 750 V 或直流 1 500 V 设备监控点

设　备	监　控　要　求
牵引整流机组	牵引变压器过温报警
	牵引变压器超温跳闸
	整流器跳闸故障信号
	整流器温度高
	整流器单向导通装置故障
直流进线柜	直流断路器合闸、分闸控制、保护复归控制
	直流断路器的合、分状态
	直流断路器手车工作、试验、抽出位置
	断路器故障跳闸信号
	直流母线电压
	转换开关位置
	直流总闸电流

续表 12.4

设　备	监　控　要　求
直流进线柜	脱扣电路状态
	正负母线避雷器动作次数
	正负母线避雷器动作状态
	母线避雷器动作次数
	母线避雷器动作状态
直流负极柜	隔离开关合、分状态
	直流设备框架保护动作
直流馈线柜	直流断路器的合闸、分闸控制、保护复归控制
	直流断路器的合、分状态
	直流断路器手车工作、试验、抽出位置
	断路器故障跳闸信号
	直流分闸电流
	转换开关位置
	脱扣电路状态
	车辆段维修库紧急按钮跳闸（仅限于车辆段牵引变电所）
	自动重合闸失败
	断路器闭锁信号
直流隔离开关设备	电动隔离开关的合闸、分闸控制
	电动隔离开关的合、分状态
	转换开关位置
	纵联电动隔离开关的合、分状态
	纵联电动隔离开关的合闸、分闸控制
	转换开关位置
	避雷器动作次数（仅限于地面或者高架工程）
	避雷器动作状态（仅限于地面或者高架工程）
	手动隔离开关状态（根据工程需要选择配置）

12.4.5　400 V 设备

400 V 设备监控点见表 12.5。

表 12.5 400 V 设备监控点

设　备	监　控　要　求
进线柜	进线断路器的合闸、分闸
	断路器的合、分状态
	断路器的工作、试验、断开位
	断路器故障跳闸信号
	转换开关位置
	进线电流
	进线线电压
	进线相电压
	进线有功功率
	进线无功功率
	进线电度计量
	进线功率因数
馈出柜	馈出断路器合闸、分闸控制
	馈出断路器合、分状态
	馈出断路器工作、断开位置
	转换开关位置
	三级负荷总开关合闸、分闸控制
	三级负荷总开关合、分状态
	三级负荷总开关工作、断开位置
	三级负荷总开关转换开关位置
母线分段柜	母线分段断路器的合闸、分闸
	母线分段断路器的合、分状态
	母线分段断路器工作、试验、断开位置
	断路器故障跳闸信号
	转换开关位置
	母线分段断路器电流

12.4.6 配电变压器

配电变压器监控点见表 12.6。

表 12.6 配电变压器监控点

设　　备	监　控　要　求
配电变压器	变压器过温报警
	变压器超温跳闸

12.4.7 交直流电源屏

交直流电源屏监控点见表 12.7。

表 12.7 交直流电源屏监控点

设　　备	监　控　要　求
交直流电源屏	直流输出欠压
	直流输出过压
	直流对地绝缘
	交流进线开关状态
	浮充失败
	直流屏进线断路器合、分状态
	馈出断路器合分状态
	馈线电压
	电源屏故障总信号

12.4.8 排流柜

排流柜监控点见表 12.8。

表 12.8 排流柜监控点

设　　备	监　控　要　求
排流柜	排流动作元件状态
	排流电流
	参比电极电压

12.4.9 轨道电位限制装置

轨道电位限制装置监控点见表 12.9。

表 12.9 轨道电位限制装置监控点

设　　备	监　控　要　求
轨道电位限制装置	接地动作元件状态
	轨道对地电位
	接地动作元件动作次数

12.5 技术指标

系统技术指标是指系统建设完成后的应用性指标，此指标在系统建设时也作为系统招标的限制性指标，系统集成商的软硬件配置需要满足此指标的要求。

以下内容为工程设计时设计文件中应该包含的技术指标，这些指标也应该作为系统验收时的验证性指标，用来检测系统集成商所提供的产品是否为合格产品。

技术指标的具体数值根据各工程系统软硬件的复杂程度、系统规模的大小而有所不同。工程设计时系统技术指标设定主要参考《地铁设计规范》（GB50157—2003）、《城市轨道交通直流牵引供电系统》（GB10411—2005）等规范和标准确定。但是由于计算机与网络技术的不断发展，系统指标也应该结合当前的自动化系统技术水平确定。

12.5.1 控制中心主站系统技术指标

当电力监控系统集成于综合监控系统时，电力监控系统将控制中心的技术指标要求提供给综合监控系统，综合监控系统在设计时必须满足这些指标的要求。

① 模拟量测量总误差≤1.5%。

② 站内事件顺序记录分辨率≤10 ms。

③ 站间事件顺序记录分辨率≤20 ms。

④ 系统平均无故障工作时间（含所有网络连接设备）＞10 000 h。

⑤ 控制中心遥控命令响应时间(此处指控制中心遥控命令下发至智能测控装置的出口响应时间）≤3 s。

⑥ 控制中心遥信变位响应时间(此处指变电所智能测控装置入口至控制中心画面刷新响应时间）≤3 s。

⑦ 画面调用响应时间≤3 s。

⑧ 冗余设备切换时间≤30 s。

⑨ 远动数据传输速率≥9.6 kbps。

⑩ 系统容量：控制中心系统容量应为系统所包含的所有变电所综合自动化系统容量之和。

⑪ 系统预留容量：在系统容量基础上增加一定比例的预留容量，一方面用于今后的扩容，另一方面也有利于提高系统整体运行效率，一般预留容量为30%～50%。

⑫ 系统误码率＜10^{-5}。

12.5.2 变电所综合自动化系统技术指标

① 模拟量测量总误差≤1.5%。

② 站内事件顺序记录分辨率≤10 ms。

③ 系统平均无故障工作时间（含所有网络连接设备）＞10 000 h。

④ 遥控命令响应时间(此处指变电所人机界面遥控命令下发至智能测控装置的出口响应时间）≤3 s。

⑤ 遥信变位响应时间(此处指变电所智能测控装置入口至变电所人机界面刷新响应时间)≤3 s。

⑥ 画面调用响应时间≤3 s。

⑦ 冗余设备切换时间≤30 s。

⑧ 远动数据传输速率≥9.6 kbps。

⑨ 系统容量：变电所综合自动化系统的容量根据变电所内所包含的具体监控对象确定。

⑩ 系统预留容量：变电所综合自动化系统容量的预留原则，与控制中心系统容量的预留原则一致。

12.6 中央监控系统

12.6.1 中央监控系统的功能

中央监控系统，即电力调度中心主站系统，简称电力调度中心，其功能主要有控制、数据采集处理、显示、报警、查询等。

工程设计时，系统功能不限定于以下内容，可以根据工程实际情况及用户要求进行调整。

12.6.1.1 控制及操作功能

1）遥控功能

系统遥控功能，即在电力调度中心对接入系统的任何一个可遥控的对象进行合、分遥控。遥控操作执行严格的权限管理，执行遥控必须是有操作权限或经过授权的工作人员。

为了避免误操作，在同一时刻，对同一控制对象系统只允许有一个遥控操作进行，同时所有的遥控操作都必须保存到系统日志中。

遥控可分为单控、程控，并可根据用户要求自定义被控制设备及其操作顺序，上述控制方式可以根据电力调度员的要求设置手动确认功能。在同一时间，当多个工作站对同一设备进行遥控操作时，根据用户的权限确定遥控的优先级。

（1）单独控制

控制过程分两步进行。

第一步，首先调出被控站的主接线图，选择控制对象。如果选择成功，此时弹出被选中的对象的确认画面，所选对象分别在工作站显示器闪烁。如果选择失败，也在显示器上提示，同时工作站显示器恢复原状态显示。只有当选择成功后，方可进行后续操作。

第二步，在被选中对象的确认画面上，按下执行键，系统自动执行返校。如果返校失败，系统给出提示信息；如果返校成功，系统发出执行命令。如果遥控成功，则工作站显示器上开关状态刷新，停闪；如果执行失败，则工作站显示器上开关恢复原状态显示。

无论执行成功或失败，都有操作记录，内容包括操作员标识、控制对象、命令发出时间、遥控性质、执行结果等，并可在事件打印机上打印，成功操作打印颜色为黑色，失败操作打印颜色为红色。

上述操作过程有选择倒计时和执行倒计时，并有限时失效功能。

（2）程序控制

程序控制是按照一定顺序和条件执行的一系列遥控操作。程控种类分为：标准控制序列、自定义控制序列。

① 标准控制序列。

同一变电所或多个变电所的多个受控对象按照一定的安全联锁关系定义为一个顺序操作

序列，操作员通过顺序控制画面，选择需要的顺序控制序列，对各受控对象进行操作。

顺序操作一旦被启动执行，将自动地按照顺序控制序列一步一步地执行。当执行过程中系统检查出安全联锁关系不满足继续执行的条件时，等待一段时间（时间可调整）重新检查该条件是否满足，如条件满足则继续执行，否则弹出一个是否继续进行的选择对话框，由操作员进行选择是否继续执行计划任务单中的后续控制命令。常用的顺序控制至少包括下列四种序列：

- 直流牵引网送电序列，示例如图 12.3 所示。

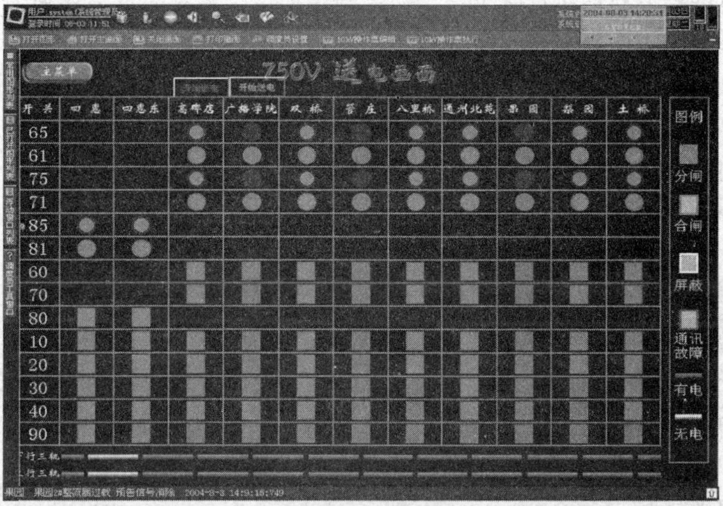

图 12.3　直流牵引网送电序列画面示意图

- 直流牵引网停电序列，示例如图 12.4 所示。

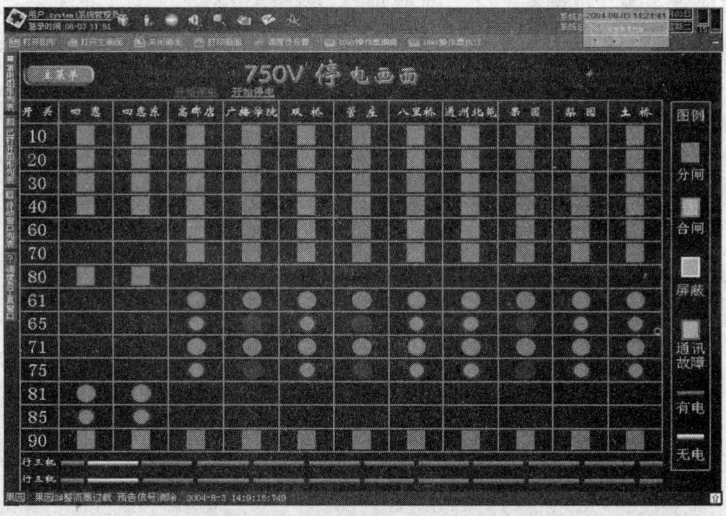

图 12.4　直流牵引网停电序列画面示意图

- 直流牵引网区间停电序列。此序列用于控制某个事故区间直流牵引网停电，便于区间出现事故后的人员疏散、电气隔离。停电序列可以根据事故区间涉及的范围进行单向或者双向停电。
- 选线控制序列。选线控制序列应用于直流牵引网的全线停电、送电序列控制。选线控制的实现方式是调用每个牵引变电所的直流牵引网送电/停电标准控制序列，以便在较短的时间内完成直流牵引网每天的停/送电操作。

② 自定义控制序列。自定义控制序列主要用于日常临时的系统倒闸操作或站内倒闸操作。

自定义控制序列是由具有使用该功能权限的操作员，根据将要完成的工作任务，按一定操作顺序填写控制命令的集合，填写完成后操作员可以保存，并重复使用。

当操作员根据需要启动执行某个自定义控制序列后，系统根据该序列中的控制命令逐项执行，执行过程与标准控制序列的执行过程相同。

已执行的自定义控制序列，被立即保存，且任何人不能修改和删除，只有系统管理员在一定时间（如半年或一年）后可删除。

自定义控制序列任务单中含有工作地点、初始创建人、创建时间、最终修改人、修改时间、工作内容、执行情况、执行时间、执行人等内容。

2）断路器故障跳闸远方复归功能

当变电所开关的保护装置检测到故障电流并发出跳闸指令，开关跳闸，同时保护装置闭锁对该开关的操作。故障排除后，电力调度员需要对被闭锁开关的保护装置进行远方复位操作，解除其对开关操作的闭锁，方可对该开关进行遥控操作，使其能够重新投入运行。

复归对象为车站所有开关保护装置。可进行单开关保护复归操作，也可进行成组复归和整站复归操作，整站复归操作在一次系统图上进行，执行整站复归操作后，该站的保护信号及事故总信号均被复归。

3）保护定值组管理功能

电力调度员可以对开关保护装置的保护定值组进行统一管理，包括保护定值召唤、显示、保存、切换、打印等，可以选择站名、装置种类、装置名称。

保护定值组管理画面示例如图 12.5 所示。

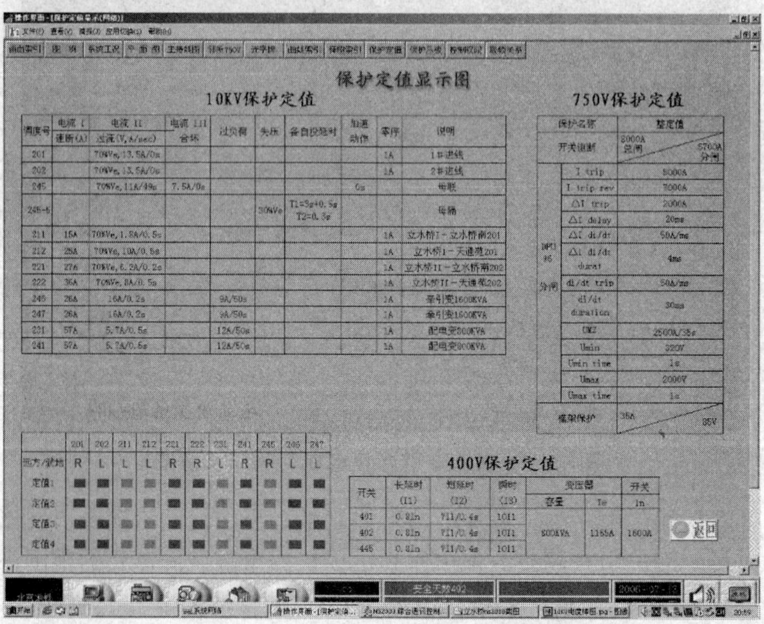

图 12.5　保护定值组管理画面示意图

4）保护投退功能

电力调度员可以根据系统运行方式的需要，对供电设备的保护软压板进行投退操作。软压板的投退操作在专用界面上进行。投退操作都记录在日志中。电力调度员投入软压板时，车站无权解除压板。投退画面示例如图 12.6 所示。

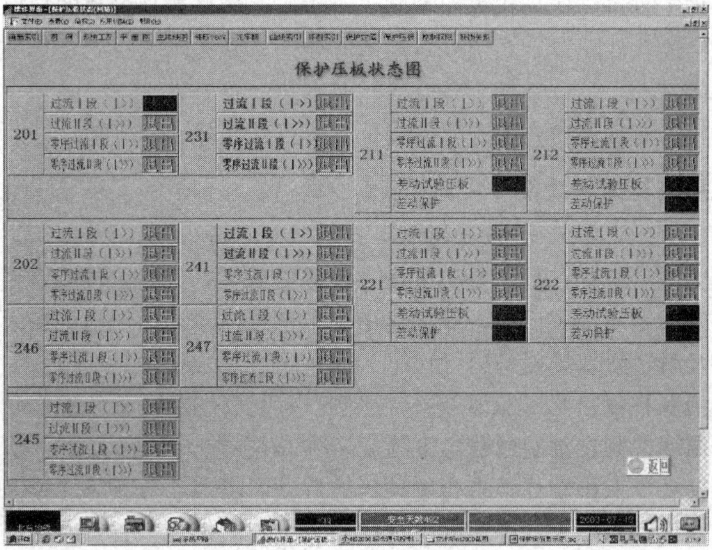

图 12.6 保护投退画面示意图

5）控制闭锁功能

当现场供电设备出现故障时，引起相应开关跳闸，则此开关控制命令的操作被自动闭锁。被控对象在定义时，可编辑输入与之相关的闭锁条件，在满足闭锁条件时，执行命令应被自动屏蔽并给出提示信息。例如，当现场供电开关设备接地刀闸接地时，操作员可在主接线画面上开关符号处设置接地标志，对有接地标志的供电开关设备，系统自动闭锁与之相关控制命令的操作。控制闭锁功能可以人工投退，且可由用户自定义。

6）遥控屏蔽功能

电力调度员可以对任何一个或多个供电系统受控设备进行屏蔽，使其不能被遥控操作，屏蔽解除后才能恢复遥控功能。设备屏蔽后，车站无权对此设备进行控制。

屏蔽操作及解除均须通过手动方式实现。

屏蔽操作分以下三种方式：

① 全站屏蔽。

② 按电压等级全线或全站屏蔽。

③ 单开关屏蔽。

屏蔽后，在供电系统图及主接线图界面上均给出标识。

不同方式的屏蔽操作可重复执行，但不能同时解除。

解除操作由屏蔽设置人或高级别操作权限的人员执行。某一解除屏蔽操作对应某一屏蔽操作方式。

7）人工置数功能

具有操作权限的人员可以手工对系统采集的数据进行置数。人工置数后的数据须有明显标志以示与正常数据的区别。所有人工设置的状态量能自动列表显示。

8）远方维护功能

控制中心可以对变电所综合自动化系统进行远方维护。维护内容包括：对基础设备采集量的修改、人机界面更改、硬件参数配置。

利用远程维护工具可完成人机界面调阅，可进行系统及软件模块的启停、修改维护数据库、图形编辑、修改软件配置、系统故障的远方处理等操作。

9）遥调功能

可以对主变压器有载调压开关的分接头位置进行升、降、停控制。

12.6.1.2 数据采集与处理功能

1）遥信功能

控制中心从变电所综合自动化系统采集各种遥信信息，包括位置遥信和保护遥信。位置遥信分为单位置遥信和双位置遥信，保护遥信为单位置遥信。遥信信息在人机界面上实时刷新，以便操作员及时了解现场设备运行状态。

位置遥信包括各种断路器、隔离开关、接触器等设备的合、分状态，开关手车的工作、试验位置状态，温度检测设备的过限与否等。

保护遥信包括各类保护动作、重合闸动作的启动、出口、失败等。分为事故遥信和预告遥信。事故遥信指使设备停电、停运的事故信号，预告遥信指设备有问题但可以维持运行的故障信号。

系统可定义给出系统计算机节点的工作状态、网络运行状态、通道运行状态等虚拟遥信点。

系统对开关及保护信号等遥信量具有分合次数、检修分合次数、事故分合次数统计功能。

系统遥信状态应反映在系统主接线图等画面上，如图 12.7 所示。

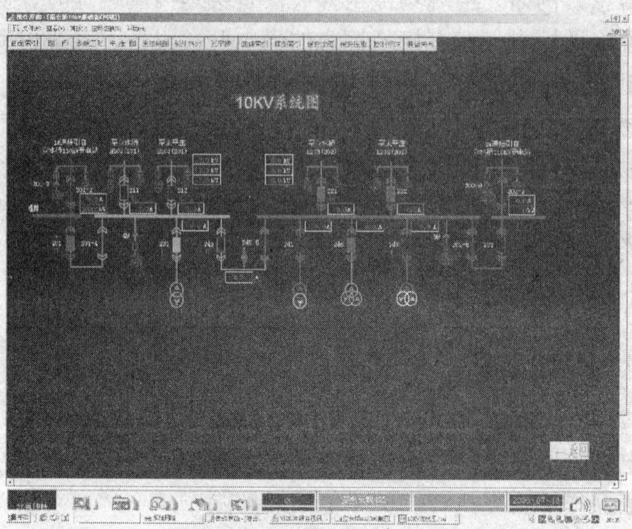

图 12.7 系统主接线画面示意图

2）遥测功能

系统应具有下列遥测量处理功能。

（1）具有变电所各种电气量的采集功能

包括测量对象的三相电压、线电压、电流、零序电压、零序电流、直流电压、直流电流、杂散电流、牵变谐波、有功功率、无功功率、功率因数、变压器温度等。

（2）完成各种数据格式的转换

可将二进制数格式、BCD码格式、浮点数格式等各种格式的模拟量统一转换为实时数据库支持的数据格式。

（3）具有多种计算功能

实时数据库可为每个遥测量配置工程值换算系数和偏移量，从而完成实际工程值的计算。一些无法直接从子站采集的数据，可在实时数据库中编辑公式计算。

（4）具有多种统计功能

每个遥测量都可进行1分钟、15分钟、1小时、4小时、日最大值、日最小值、日平均值、日最小值出现时间、日最大值出现时间的统计。当采集点类型为电压时，还可进行电压合格率统计，并提供各种综合量的计算。

电度量的统计可以分别按照峰、谷、平时段进行统计。电度量包括各车站进线、牵引变压器、配电变压器的电度量。日电量在零点清零。可以进行电度表归零、换表的电度量统计处理。

遥测信号采用周期方式进行采集，最小采集周期为1秒。

（5）超量程检查

系统对每个遥测信号要进行量程检查，超量程报警。

控制中心接收遥测量后，把每一个模拟量跟指定的限值进行比较，判断是否越限，如检查出越限后将对检查对象进行标志。用户可以定义限值死区，以避免在定义的限值边界抖动时产生不必要的告警。限值由用户自行定义。系统应具有零点嵌位功能。

3）数据处理及打印功能

控制中心接收由变电所综合自动化系统传送上来的数据信息，经过各种算术及逻辑处理后，将数据存储到系统的实时数据库和历史数据库中，可以事件日志的形式供查询调阅，可以按时间、地点、设备、报警等级、自定义字符串等进行查询，并可分类打印。

数据处理主要内容如下：

① 各种开关操作信息（包括站名、对象、性质、发生时间等，打印颜色为黑色）记录在事件日志中。

② 各种故障信息（包括站名、对象、性质、发生时间等，打印颜色为红色）记录在报警列表中。

③ 统计报表记录可进行打印（需要时）和存盘，打印颜色为黑色。

④ 电流电压曲线（包括站名、时间）可进行打印（需要时）和存盘，打印颜色为黑色。

⑤ 遥测量超限监视，当电流、电压量超过极限值时，发出超限报警（在显示画面上改变显示颜色并闪烁），可进行打印（需要时）和存盘，打印颜色为红色。

⑥ 过负荷发生时间、持续时间的监视，可进行打印（需要时）和存盘，打印颜色为红色。

⑦ 当日负荷峰谷的最大值与最小值、最高电压与电流、最低电压与电流出现时间的统计，可进行打印（需要时）和存盘，打印颜色为黑色。

⑧ 电流、电压、电度量等曲线的显示，可以根据不同的时间要求进行时间分割显示，以便观察电流、电压、电度量在不同时间的变化情况。

⑨ 开关动作次数统计（区分操作与事故情况），当达到规定次数时以警告方式通知用户。

⑩ 开闭所进线谐波检测，感性无功和容性无功测量。

⑪ 双重越限检验，对每个点均可设置上限、上上限、下限、下下限限值，超过限值时产生越限报警。

4）SOE 事件记录功能

SOE（事件顺序）记录用于分辨事件发生的先后顺序（如故障跳闸的顺序）。系统能以各种方式（按时间、按事故源对象等）查询、分析和打印 SOE 记录。

系统应配置事件顺序记录功能模块，此模块能将各站的开关及继电保护节点动作顺序及时间记录下来，供事故分析使用。事件顺序记录的主要指标是动作时间分辨率，共分为两类，即站内动作时间分辨率和站间动作时间分辨率。前者由远方终端保证，后者则除远方终端外还涉及全部系统的对时。

5）故障录波数据读取功能

当供电系统发生故障，保护装置启动，使故障线路的开关事故跳闸的同时，保护装置自动进行故障录波，并以每次故障为单位将故障录波文件存放在当地保护装置中。

用户可按站号、序号将保护装置内的故障录波数据召唤显示并存储在服务器磁盘文件中，文件名以站号、序号和故障时间命名。文件的保存时间和数量只受硬盘容量限制。系统可以各种方式（按时间、按对象、按类型等）查询、分析和打印故障录波数据。

6）统计报表功能

用户可以利用各种实时数据和报表组态工具对数据进行选择、组合、累积、统计等加工处理，生成各种报表，报表可以由用户自由设定，以定期（日、月或年）、定时（每日指定的时间）或召唤（用户指定的时间范围）方式打印，或以 Microsoft Excel 格式保存。

统计报表内容分为两大类：模拟量统计和数字量统计。模拟量统计的主要对象是各类开关的有功电量和无功电量，以及依此计算功率因数、负荷统计、电流和电压越限值和越限次数和时间统计；数字量统计的主要对象是开关动作和故障跳闸次数统计、开关遥控操作和实际动作次数统计，并计算出遥控操作成功率。

12.6.1.3 显示功能

（1）人机界面显示

人机界面是电力调度员日常监控、操作的主界面，由运行监控程序和其他辅助模块组成。主要功能如下：

① 调度画面显示、电力调度员常用操作等。

② 窗口管理、画面显示以及操作等。

③ 相关程序启动、退出操作。

④ 显示供电系统图、牵引网系统图、各变电所主接线图、停送电程控画面、报警/预告画面及其他画面等。

具体画面包括、但不限于以下内容：

- 工程线路示意图；

- 供电系统示意图；
- 各变电所供电设备分布示意图（见图 12.8）；

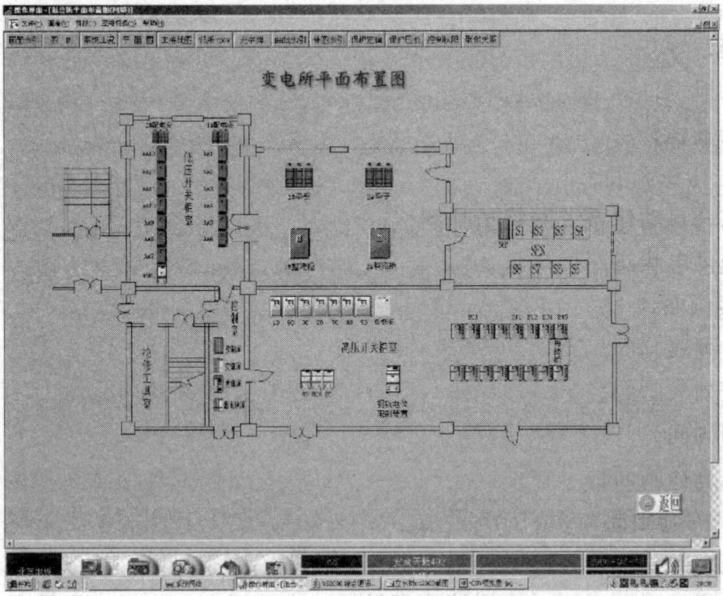

图 12.8　变电所供电设备分布画面示意图

- 变电所综合自动化构成示意图；
- 各变电所主接线和接触网线路图；
- 程控选择画面；
- 遥测曲线画面（见图 12.9）；

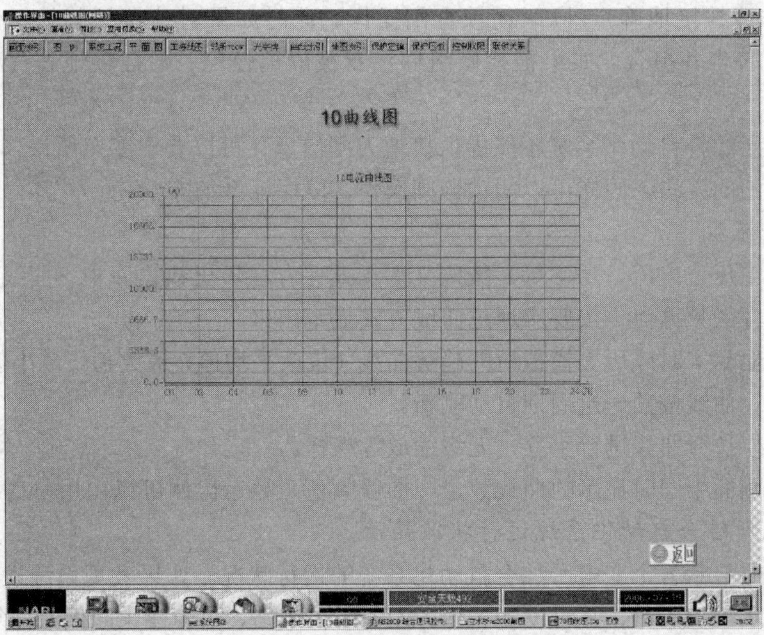

图 12.9　遥测曲线画面示意图

- 电度量直方图；
- 日报报表；
- 月报报表；
- 年报报表；
- 越限统计报表；
- 操作记录报表；
- 报警/预告信息画面；
- 变电所综合自动化系统网络拓扑图；
- 全线直流供电状态图；
- SOE 列表画面；
- 故障录波列表画面；
- 事故报表列表画面；
- 定值查询画面；
- 事故追忆选择画面；
- 禁止/强制列表画面；
- 设备列表画面。

上述画面在需要时可以通过大屏幕画面显示，也可以在工作站人机界面显示。各类画面的显示风格及规则根据工程需要确定。

（2）接地状态显示

当现场供电设备接地刀闸处于接地位置或者现场由人工挂接地线时，操作员可在主接线画面上设置接地挂牌标志，同时自动闭锁与之相关的控制命令操作。

系统接收到来自变电所综合自动化系统的接地刀闸信息后，自动在画面上做出明显标记（接地标志或挂接地牌），同时闭锁合闸操作。此时如果对挂接地牌的组件进行合闸送电时，将发出警告并拒合。如果被检修组件没有被隔离停电，则挂接地牌时将发出警告并拒挂。

如果变电所综合自动化系统不能提供接地刀闸信息，可以要求变电所操作人员在画面上采用手工挂地刀的方法，同样可以闭锁合闸操作，以保证系统安全。

（3）趋势显示

遥测量（电压、电流、功率等）按定义的周期保存在历史数据库中，曲线浏览程序根据每个模拟量保存的数据点，按要求通过曲线方式显示出来。

系统可以显示实时或历史模拟量的趋势曲线（包括平均值、最大值、最小值等）。对实时趋势曲线显示，曲线按照一定周期自动刷新。

操作员可以选择曲线进行平移、无级缩放等操作。

趋势曲线画面中同时显示的曲线数量、曲线颜色、显示比例可以由用户自行定义。

（4）变电所综合自动化系统运行状况显示

系统能实时显示各个变电所综合自动化系统的运行状况。如果发现系统设备发生故障，能自动报警提示维护人员，并对设备名称、设备所在车站、故障发生时间、恢复/更换时间进行自动记录。系统画面如图 12.10 所示。

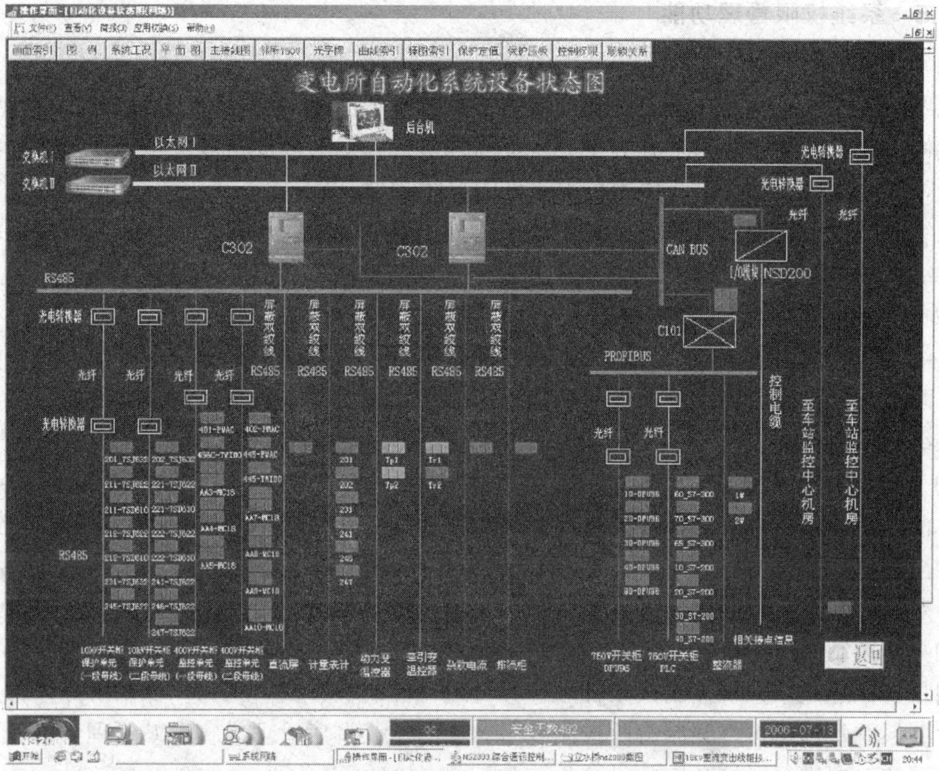

图 12.10　变电所综合自动化系统运行状态示意图

12.6.1.4　报警功能

（1）事故报警功能

供电系统一切非正常状态均可产生报警信息，报警信息包括：模拟量越限、数字量的状态改变、被监控设备非正常运行状态、监控系统自身以及后备电源的故障。

报警方式包含声音报警、文字报警、打印报警、推画面报警、灯光报警等几种方式，可单独使用，也可组合使用。报警方式可在电力调度工作站实现，也可在其他工作站实现，并可根据工作站的职责范围有选择性地报警。

报警等级分若干级（5 级或以上），各级含义、颜色和声音在数据库中定义。

（2）报警事件打印功能

系统可以通过打印机实时打印供电系统发生的报警事件。打印内容如下：

① 事件类别。

② 事件发生站点。

③ 事件发生间隔位置。

④ 事件发生时间。

实时打印的报警类别可由电力调度员自行定义，如Ⅰ级报警自动打印、Ⅱ级报警召唤打印。

（3）报警列表查询和筛选功能

电力调度员可以对系统产生的报警进行查询、筛选并打印，如报警发生的时间、地点、设备类别、设备编号、报警等级、自定义字符串等。

12.6.1.5 系统权限管理功能

（1）使用权限管理

系统的使用权限有多级：处于最顶层的是系统管理员级，运行维护人员分为检修管理员级、检修员级，控制中心人员分为中心调度管理员级、电力调度员级，车站人员分为车站管理员级、车站值班员级，以及使用权限最低的显示级别。

系统中除系统管理员具有所有的使用权限外，其他各个级别的使用权限，可由系统管理员通过组态方式分配。

（2）功能权限管理

系统功能可由系统管理员使用“系统功能权限管理”界面按级别进行分配，且各种功能可以分配给不同级别。如，画面显示功能可以分配给所有级别使用，而数据库修改功能分配给检修级别。

（3）控制权限管理

目前自动化系统一般有多级控制权，即控制中心控制级、车站控制级和设备就地控制级，系统中出现多个位置均能对某个受控对象进行控制操作的现象。

针对这种情况，控制权管理方式可分为：控制中心和备用控制中心的控制权互斥；中心控制和车站控制的控制权互斥；就地控制和远方控制（中心或车站）的控制权互斥。

用户可以通过“系统控制权限管理”界面进行控制权移交、查询、强制解除。为应对突发事件，系统管理员可以强制解除控制权限，此时中心调度管理员和车站管理员都可以对站内任何受控对象进行遥控操作。

权限管理画面如图 12.11 所示。

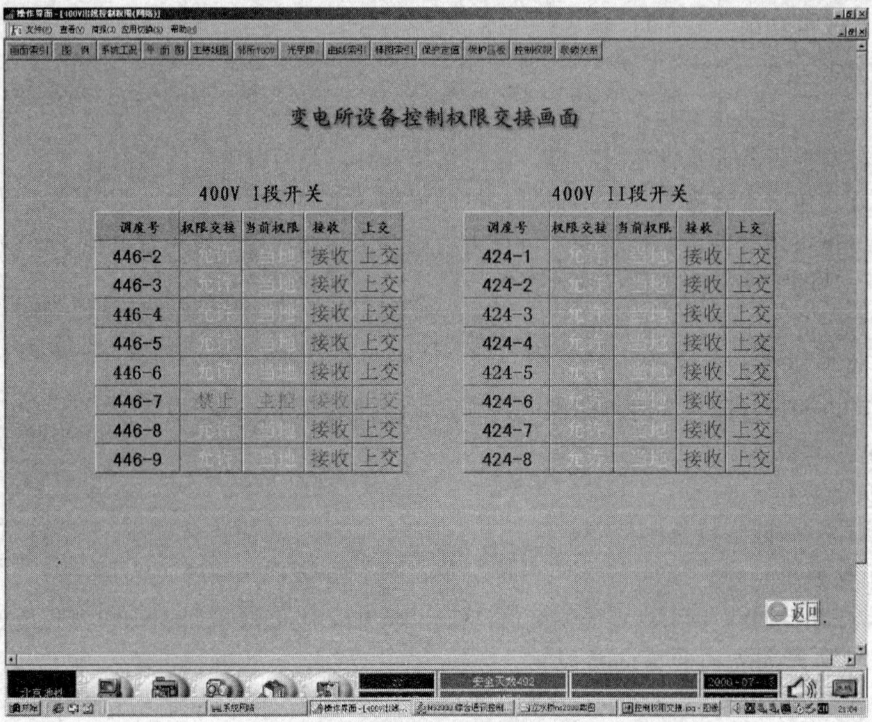

图 12.11 权限管理画面示意图

12.6.1.6 历史数据备份与复原

历史数据自动备份功能是指自动或手动将历史库中数据备份成文件并删除历史库中已备份数据，使历史库始终保持固定时间的数据。

历史数据可以通过光盘或者硬盘进行备份，备份可以按时间自动进行，也可以由操作员手动操作。历史数据的备份应有专门管理程序。备份操作完成后在服务器上要有提示信息框，储存空间不足时要有提示信息框，提示信息框只能在确认操作后才能关闭。

如果系统内历史数据丢失或损坏，可以通过备份数据进行历史数据的复原。

12.6.2 中央监控系统网络配置方案

在系统设计时根据工程需要、技术发展、经济条件等可以选择不同的配置方案。

目前城市轨道交通工程中，系统网络配置的基本方案主要有以下三种类型。

（1）双冗余网络配置

双冗余网络配置方案需要设两套并列运行的以太网交换机，它们可以按照主备方式运行，也可以同时运行。该方案系统运行可靠性高，相应的建设投资也高，适用于建设标准较高的工程。网络配置示意如图 12.12 所示。

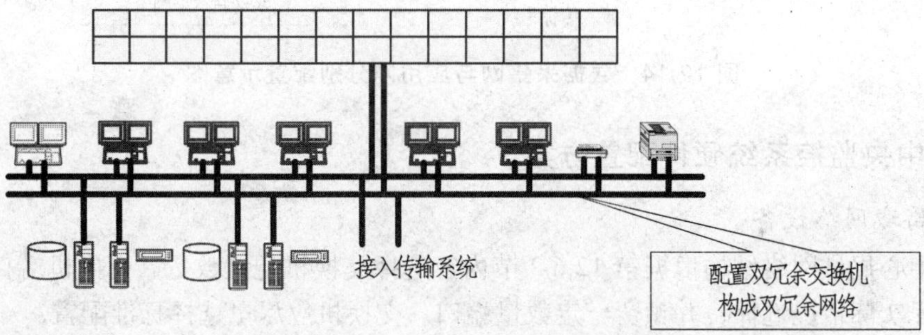

图 12.12 双冗余网络配置示意图

（2）单网配置

单网配置方案设一套以太网交换机，如果交换机出现故障，则整个系统将无法运行。该方案系统运行可靠性低，但相应的建设投资也低，适用于建设标准较低的工程。网络配置示意如图 12.13 所示。

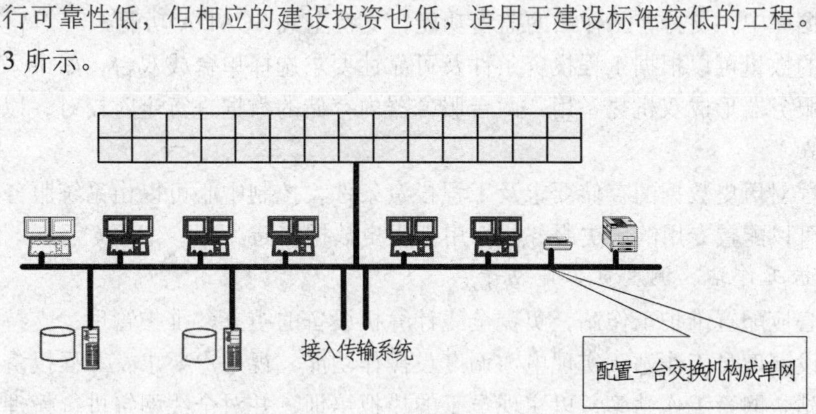

图 12.13 单网配置示意图

（3）数据采集网与应用网分别配置

此方案将数据采集网与应用网分开设置，采集网专用于控制中心与各变电所之间的数据交换，应用网用于控制中心内服务器、工作站之间的通信。该方案可以减少数据采集过程对应用网络的影响，适用于控制中心与变电所采用点对点方式通信的工程，也适用于数据采集量较大，而控制中心服务器等设备配置等级又较低的工程。同时，因该方案系统运行可靠性低，设备硬件配置要求相对较低，相应的建设投资也低，因而适用于建设标准较低的工程。网络配置示意如图 12.14 所示。

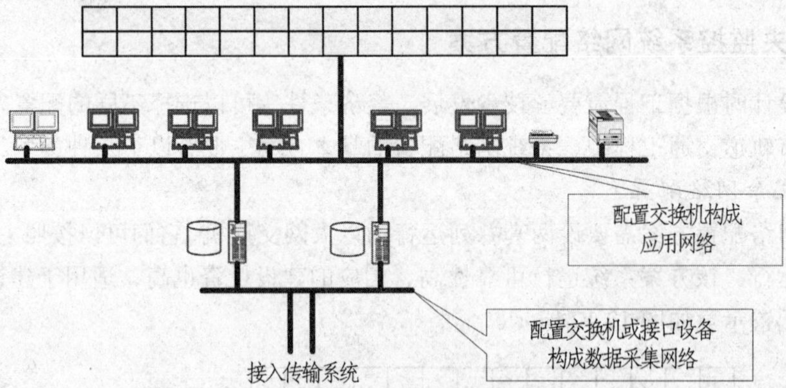

图 12.14　数据采集网与应用网分别配置示意图

12.6.3　中央监控系统硬件配置方案

（1）局域网络设备

控制中心局域网络结构根据第 12.6.2 节内容选择交换机配置数量。交换机端口的数量需要根据工程实际情况选择，并预留一定数量端口。交换机应尽量选择标准配置。

选择端口类型时，需要考虑系统与通信网络的接口距离，如果双方接口距离较大（超过 100 m），应该选择光接口，避免增加单独的光电转换装置。

（2）系统服务器

控制中心设冗余高端服务器作为全线信息中心，可将全线各车站和车辆段的必要信息汇集到实时数据库中，支持各工作站的监管功能，支持全线 SCADA 功能。

服务器的数量可以根据工程投资条件及可靠性要求选择单台或双台，如果采用双台服务器，则双台服务器形成双机热备用。两台服务器内存储的数据进行定时校对，以保证系统数据的一致性。

根据工程对历史数据的存储要求及工程投资条件，控制中心可以由系统服务器兼作历史服务器，也可以配置专用的历史服务器，用于历史数据存储。

（3）维护工作站、调度员工作站等

控制中心应配置维护工作站，负责全线计算机设备的组态、维护管理，支持系统维护工程师功能。设调度员工作站，实现电力调度员操作功能。视用户要求及工程投资条件可设模拟培训工作站、网管工作站等，以实现员工的模拟培训，并对全线网络进行管理，做到性能管理、配置管理和故障管理。

另外，如果与其他系统存在数据接口，宜设接口工作站，并采取软件或硬件网络隔离措施，保证本系统的安全。

（4）打印机

按照电力调度及系统维护的需求，控制中心至少需要配置两台打印机。

打印机可以配置为网络打印机或者普通打印机。网络打印机可以直接与网络内各工作站连接，普通打印机需要通过某台工作站实现打印机共享。

12.6.4 系统软件配置方案

（1）系统应用软件

系统应用软件应是开放性的，用户在遵循操作规则的前提下，应可根据运营的要求，修改、增扩系统监控对象和应用画面。

工作站采用通用性强、简便易用、界面友好的实时多任务操作系统，采用 Windows 或者 Linux 均可。

软件应配置综合测试和诊断软件包，可诊断变电所综合自动化系统内各种设备故障，故障标志到模块级。

变电所综合自动化系统软件可以在控制中心进行远程维护。在控制中心内可以对变电所综合自动化系统的数据及图形界面进行修改、更新。

所有应用软件应该具有友好的中文界面。

系统应用软件至少包括以下模块：

① 人机界面模块。

② 实时数据库模块。

③ 历史数据库模块。

④ 数据统计模块。

⑤ 事件浏览模块。

⑥ 曲线浏览模块。

⑦ 报警管理模块。

⑧ 通信模块。

（2）维护软件

维护软件应具有良好的开放性，支持用户二次开发。

维护软件应包括图形界面维护工具、可视化程控流程工具、灵活的系统配置工具、丰富的组态工具、远程诊断工具等，并提供人机交互式界面。维护软件应运行可靠。

12.6.5 系统机房及调度大厅设备安装及布置原则

（1）系统机房设备安装及布置原则

系统机房的土建、环境要求应该执行计算机房的设计要求，设防静电地板。

系统设备在机房内的安装方式主要有两种，一种为组屏式安装，另一种为桌面摆放安装。对于服务器、磁盘阵列等很少有人操作的设备，宜选用组屏式安装；对于工作站等需要经常操作的设备，宜选用桌面摆放安装。

系统屏柜与工作台应该分区域摆放，有条件时两者之间增设玻璃隔断。

打印机如果为立式设备，可以直接摆放在地板上，如果为台式设备，需要在工作台上留出摆放位置。

（2）调度大厅设备安装及布置原则

系统在调度大厅内需要摆放调度员工作站、打印机、大屏幕等设备。

调度员工作站采用桌面摆放方式安装。

大屏幕设备包括显示装置、电源装置、处理装置等多个部分。显示装置重量较大，应该设有专用的安装基础，电源装置、处理装置均为屏柜式安装，视其重量可以直接摆放在地板上或者设置安装基础。调度大厅内打印机摆放原则同系统机房内摆放原则。

12.6.6 系统电源及接地

系统用电为一级负荷，采用双电源双回路供电。为了保证系统供电的安全性，系统配置UPS装置。UPS的供电时间根据不同工程情况选择。

电力监控系统的接地形式均为悬浮地，不需要进行工作接地。

控制中心内各类设备均需要进行安全接地。在系统机房内设等电位端子箱。

12.7 供电复示系统

供电复示系统设置在供电检修车间，用于供电检修人员对供电系统实时监视，并可以通过此系统获取相关的检修信息，如开关跳闸次数、设备类型、设备生产厂家等。供电复示系统不具有对供电系统设备的控制权限。

12.7.1 系统功能

供电复示工作站的功能与调度员工作站基本相同，但没有被授予控制权限。通过供电复示工作站可以实现以下功能。

（1）设备信息管理功能

所有设备可以图形的方式直观地显示在所属变电所的接线图画面上，该设备的管理信息都能方便的录入、修改、查询、统计和打印。管理信息中包括设备数据库信息、设备制造厂家信息、生产日期、保修期、额定电压、电流等用户需要了解的模版信息，也包括操作记录、缺陷记录、修试记录、巡视记录、事故异常记录、运行记事簿、开关跳闸记录、保护工作记录等设备运行记录。

（2）运行记录功能

供电复示系统能够对设备各种运行情况进行记录，具体如下：

① 操作记录，包括操作日期、操作人、操作内容。不同的用户登录设有不同的权限。普通用户只有添加权限，管理用户具有添加、删除、修改各项权限。

② 缺陷记录，包括日期、缺陷内容、缺陷编号、缺陷类别、发现人、报告时间、接受报

告人、消除时间、工作负责人、验收人。缺陷编号由系统生成。缺陷类别根据管理制度分为Ⅰ、Ⅱ、Ⅲ类；消除时间、工作负责人、验收人的内容可以在登录修试记录时自动生成。缺陷内容的登录尽可能使用运行规程中的专用术语和名称。

③ 事故异常记录，包括日期时间、事件内容、现象与症状、保护及自动装置动作情况、调度员、有关领导、值班员、处理情况。

④ 巡视记录，包括日期、巡视类别、巡视内容、发现问题与结论、巡视人。

⑤ 修试记录，包括日期、工作票号、修试性质、设备名、所属单元、工作负责人、修试内容、存在问题与结论、验收意见、验收人、技术负责人。

⑥ 开关跳闸记录，包括跳闸时间、开关号、跳闸原因、跳闸次数、累计跳闸、重合闸动作情况、记录人。

（3）预防性维修提示功能

系统应允许具有相应权限的用户设置维修提示功能。提示条件可以由用户自行定义，比如运行时间和开关动作次数。当系统发现设备当前的累计运行时间超过了设定的安全运行时间或者开关动作次数超过了设定的开关动作次数，则产生一条设备维修报警，提醒维修人员应该对该设备进行设备维修或更换。

（4）工作票管理功能

系统应该具有开票（维修工程师）、审核与签发（维修调度）、状态跟踪（工作票的实时状态：计划、签发、开工许可、完工、延期、废票）、作废、打印、统计、查询（合格率统计）功能。

工作票一旦完结，仅能进行查询和统计，任何人不能修改。

系统应该提供工作票模板，维修工程师通过编辑修改操作票模板以生成新的工作票，同类工作票通过不同的工作票号加以区分。

工作票应该可以按设备对象进行存储和管理。查询条件可以是设备对象、设备所处车站、设备检修时间等。

12.7.2　系统构成

如果电力监控系统集成于综合监控系统，供电复示系统可以由综合监控系统统一考虑，从综合监控系统维修管理系统内单独引出显示终端，此显示终端专门用于供电维修车间。综合监控系统可以通过权限管理功能，限制供电复示系统工作站的浏览权限。

如果电力监控系统独立建设，供电复示工作站应配置打印机、UPS、工作台及相应的通信接口设备等。系统构成如图 12.15 所示。

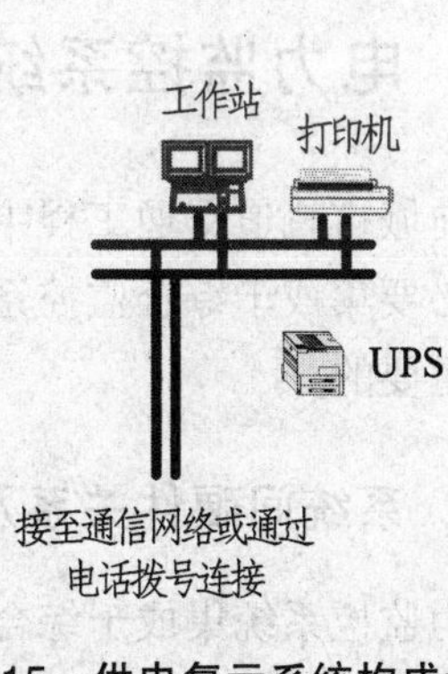

图 12.15　供电复示系统构成示意图

12.7.3　通道方案

对于电力监控系统独立建设模式，根据工程实际情况，供电复示工作站可以采用与通信网络直接连接或者通过电话拨号方式来实现通信功能。

如果供电检修基地所处位置附近有通信专业的传输系统节点，电力监控系统可以将供电复示工作站直接与传输系统连接。

如果供电检修基地所处位置无法与通信专业连接，可以通过电话拨号的方式，在控制中心和供电复示工作站两个位置均设调制解调器。

12.8 通 道

12.8.1 电力监控系统独立设置时的通道要求

电力监控系统作为独立系统建设时，控制中心与变电所之间的通信通道一般由通信系统统一建设，可以采用共享型以太网或者中心与各变电所进行点对点通信的串口通信方式。电力监控系统向通信系统提出通信通道要求。主变电所可以接入就近的正线变电所或者直接接入就近的正线车站通信系统。

通信系统无法提供通信通道时，电力监控系统可以组建独立的通信网络用于连接控制中心主站和变电所综合自动化系统、供电复示系统。

不论采用哪种通信方式，其通信速率必须满足系统技术指标的要求。

12.8.2 电力监控系统集成于综合监控系统时的通道要求

电力监控系统集成于综合监控系统时，电力调度中心与供电复示工作站由综合监控系统统一考虑，电力监控系统只需要将变电所综合自动化系统的数据传送给车站一级的综合监控系统。因此，车站综合监控系统向通信系统提出通道要求或单独组建通信网络。主变电所可以接入就近的正线变电所或者直接接入就近的正线车站综合监控系统。

需要注意，车辆段如果不设有综合监控系统时，车辆段变电所综合自动化系统将通过通信通道直接接入控制中心。

12.9 电力监控系统与综合监控系统的关系及接口

目前城市轨道交通工程中包含多个自动化系统，系统集成便于资源共享，因而电力监控系统有必要集成于综合监控系统中。此时处理好电力监控系统与综合监控系统的关系及接口是十分重要的。

12.9.1 系统间硬件关系及接口分界

电力监控系统集成于综合监控系统后，电力监控系统负责变电所综合自动化系统的硬件设计，综合监控系统负责提供硬件平台来完成电力调度中心及供电复示系统的功能。

两系统间的接口分界位于变电所综合自动化系统的自动化控制屏通信端子处，接口分界如图 12.16 所示。

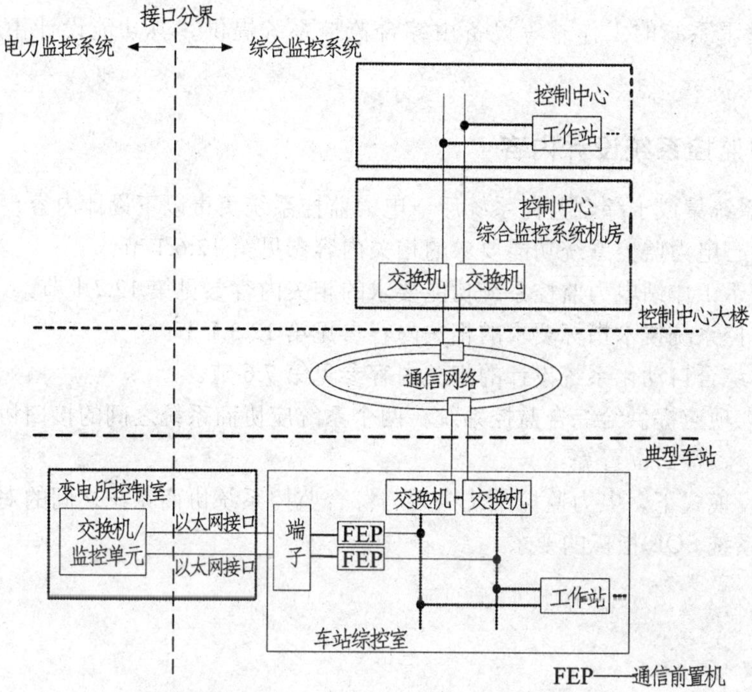

图 12.16　电力监控系统与综合监控系统硬件接口分界示意图

12.9.2　系统间软件关系

电力监控系统负责完成变电所综合自动化系统的软件体系及软件功能设计，综合监控系统负责电力调度中心、通信通道、供电复示系统的软件体系及软件功能设计。两系统共同完成接口软件的设计。

虽然由综合监控系统来进行电力调度中心和供电复示系统的软件功能设计，但是其功能设计的前提是满足电力监控系统的需求，因此，电力调度中心和供电复示系统的功能需求由电力监控系统提出。

12.9.3　电力监控系统与综合监控系统关系综述

电力监控系统集成于综合监控系统后，综合监控系统的设计应该以电力监控系统需求作为其硬件、软件设计的输入资料，两个系统是密不可分、相辅相成的。

电力监控系统作为综合监控系统的集成对象，为综合监控系统提供受监控对象的底层监控数据。综合监控系统为电力监控系统提供电力调度、电力维护人员的人机操作平台，同时，综合监控系统的软件、硬件配置必须满足电力监控系统提出的性能指标及功能要求。

两个系统的设计分工如下：

① 电力监控系统的电力调度中心主站系统、通信通道均由综合监控系统提供，但是其功能设计仍然由电力监控系统完成。综合监控系统需要满足电力监控系统提出的功能要求和系统性能指标要求。

② 变电所综合自动化系统由电力监控系统完成软件、硬件设计，变电所综合自动化系统与综合监控系统的物理接口界面在变电所综合自动化系统的通信端子出口端。

③ 供电复示系统的工作站等设备由综合监控系统提供，其功能设计由电力监控系统完成。

12.9.4 电力监控系统设计内容

电力监控系统集成于综合监控系统后，电力监控系统负责以下设计内容：

① 控制中心电力监控系统功能要求的相关内容参见第 12.6.1 节。

② 供电复示工作站电力监控系统功能要求的相关内容参见第 12.7.1 节。

③ 电力监控系统技术指标要求的相关内容参见第 12.5.1 节。

④ 变电所综合自动化系统设计的相关内容参见第 7.6 节。

上述①～③项应提供给综合监控系统，两个系统应协商系统之间的接口协议、接口物理类型、接口数量、接口位置等。

在这种建设模式下，电力监控系统需要与综合监控系统协商系统之间的对时方案，对时精度必须满足系统 SOE 指标的要求。

13 接地与过电压保护

城轨供电系统的接地问题，有一定的特殊性；城轨供电系统设计中，对于过电压保护也应给予重视。

本章分三个部分介绍城轨供电系统的接地与过电压保护问题，分别是接地、过电压保护以及两者的实施方案。接地一节论述交流、直流系统的接地及交流系统接地装置、接地电阻的选择。过电压保护一节介绍过电压的分类、电气设备的绝缘配合问题以及过电压保护设备的选择。最后介绍接地与过电压保护方案，并重点介绍直流牵引供电系统的接地设备-钢轨电位限制装置。

13.1 概 述

接地是描述供电系统中电气装置或电气设备的某些导电部分与地的电气连接关系。它是维护系统和设备运行可靠性、稳定性，保护设备和人身安全，防止雷电危害，抑制电磁干扰等必不可少的措施。接地处理的正确与否，尤其对供电系统安全运行、保护设备绝缘免受异常过电压破坏、防止人身遭受电击有重要的作用。

接地分为功能性接地和保护性接地，具体分为变压器中性点接地、电磁兼容接地、设备金属外壳接地、防雷及过电压接地等。

等电位联结是安全接地的重要内容，是间接接触防护的主要措施，它不是强调与地的联结，而是要求人身所能同时接触到的、电气系统正常运行不带电而异常时可能带电的设备外露可导电部分（金属外壳）和设备外部可导电部分相互之间的电气连接，从而避免或减小两者或多者之间的电位差，防止人身发生触电危险。

总等电位和局部等电位联结能够避免从接触的可导电物体外部引入的异常电位造成的接触电压危害，如雷击、中压系统接地故障引起的异常高电位的危害。辅助等电位联结能够避免被接触可导电物本身如低压设备外壳所在系统产生漏电带来异常电位的危害。

综合接地系统是指供电系统和需要接地的其他设备系统的各种接地采用共同接地极的方式，目前城市轨道交通工程多采用综合接地系统。

交流接地系统指包括高压、中压和低压配电系统的工作接地、保护接地、防雷及过电压接地等，是城轨供电系统设计的重要内容。

直流接地系统是城市轨道交通工程有别于其他工程的接地设计内容，由直流牵引供电系统的工作接地、保护接地、防雷及过电压接地组成。

在供电系统运行过程中，系统设备会受到大气过电压和内部过电压的影响，设备的绝缘也会受到考验，过电压保护就是通过系统设备参数和过电压保护设备参数的合理配合，实现保护电气设备绝缘的目的，使电气设备正常运行。如果设备绝缘受到损害，不仅供电系统的正常运行将受到影响，而且人员也可能受到电击危害。

过电压保护的设备有避雷器、阻容吸收装置、浪涌保护器，这些设备之所以无一例外都要接地，就是为了给大气或内部过电压提供对地泄放的通路，避免电气设备绝缘被击穿。因此，接地是实现过电压保护的必要手段。

工作接地方式对设备的绝缘水平也有不同的要求，这将直接影响过电压保护设备或元器件技术参数的选择。

13.2 接 地

在供电系统中，接地的范围很广。在此首先要澄清的是“不接地”也是接地的一种形式，所以，凡是电气系统及设备都涉及接地问题。接地问题就是要说明电气系统及设备对地的关系，其中“地”的概念包括大地，或指范围更加广泛、能用来代替大地的等效导体，比如飞机、轮船的金属外壳等。

在城市轨道交通工程中，关于地的概念也很多，有大地（earth）、结构地（tunnel earth）、牵引系统地（traction system earth）等，其中牵引系统地即为直流牵引供电系统回流用的走行轨（the running rail）。

在供电系统接地论述中，接地一般指与变电所接地母排直接连接，或通过设备中的接地排与变电所接地母排连接，而不是指与埋在大地内的接地极直接相连接。

13.2.1 接地的分类

按照供电系统电流制式和频率可划分为交流供电系统的工频接地、直流牵引供电系统的接地和雷电及过电压的冲击接地。按照供电系统电压等级可划分为高压系统的接地、中压系统的接地和低压系统的接地。目前接地的分类多按其作用进行划分。

接地按其作用可分为两类，其一为功能性接地，这是为了系统正常运行的可靠性及异常情况下保障系统的稳定性而设置的，如工作接地、电磁兼容接地等，主变压器、配电变压器的中性点接地就属于工作接地。其二为保护性接地，这是以人身和设备安全为目的的，如保护接地、防雷及过电压接地、防静电接地等。

工作接地是处理系统内电源端带电导体的接地问题，是为了保证供电系统的正常运行，防止系统振荡，保证继电保护的可靠性。如，工作接地采用直接接地方式，可在系统发生接地故障时，产生较大的接地故障电流，使继电保护迅速动作，切除故障回路。

电磁兼容接地是为了保证器件、电路、设备或系统在其电磁环境中能够正常工作，且不对该电磁环境中的任何器件、电路、设备或系统构成不能承受的电磁干扰。

保护接地是为了防止电气设备绝缘损坏，或产生漏电时，使正常运行不带电的电气设备、外露可导电部分或电气装置外露可导电部分带电而导致电击危险。保护接地能够在设备绝缘破坏时，降低电气设备外露可导电部分对地的电压，从而降低人身接触该可导电部分对地的接触电压。保护接地还为接地故障电流提供了返回电源的通路，但只有系统接地为直接接地或小电阻接地时，才会形成较大的故障电流，保护装置快速动作切除故障回路。

防雷接地是为雷电流提供导入大地的通路，防止或减轻建筑物、构筑物、电气设备等遭受雷电流的破坏，防止人身遭受雷击。防雷接地分直击雷接地和雷击感应过电压保护装置的接地。直击雷通过防雷装置进行防护，由接闪器、防雷引下线和接地极组成，直击雷的接地就是将接闪器引导的雷电流经过防雷引下线引至接地极。对雷电感应过电压应设置避雷器保护，避雷器安装在配电装置（如开关柜）内，避雷器一端与相线连接，另一端接地，当雷电感应过电压超过避雷器的放电值，避雷器被击穿，从而保护电气设备绝缘不被损坏。

内部过电压设备的接地也是为系统运行产生的异常电磁能量提供向大地释放的通路，避免设备绝缘破坏。内部过电压保护设备也是避雷器或阻容吸收装置，一端接在相线上，另一端接地，当内部过电压超过避雷器的放电值，避雷器被击穿，从而保护电气设备绝缘不被损坏。

各种接地是彼此关联的，需要共同起作用，完成系统或设备运行的要求，不应将系统性接地、保护性接地中的内容独立对待。

13.2.2　综合接地和等电位联结

（1）综合接地系统

供电系统中，同时存在多个用于不同目的、不同用途的接地系统，这一点在接地分类中已进行了说明。在交流系统中任一电压等级都同时存在工作接地和保护接地的问题，如，110/35 kV 主变电所中存在 110 kV 设备的保护接地、35 kV 系统的工作接地、35 kV 设备的保护接地；车站 35/0.4 kV 降压变电所中存在 35 kV 设备的保护接地、0.4 kV 系统的工作接地、0.4 kV 设备的保护接地。

城市轨道交通工程中的通信等其他设备系统也需要设置用于设备正常工作以及设备和人身安全的工作接地、防雷接地和保护接地，因此，一个车站内要求接地的系统和设备很多。从接地装置的要求上，可以共用接地装置，也可以分设，但分设接地装置时强电和弱电接地装置需要相距 20 m 以上。在分开设置不同的接地装置时，若距离不能满足要求，将导致由于接地装置电位不同所带来的不安全因素，不同接地导体之间的耦合影响也难以避免，会引起相互干扰，因此，目前城市轨道交通工程多采用综合接地系统。

综合接地系统是指供电系统和需要接地的其他设备系统的系统接地、保护接地、电磁兼容接地和防雷接地等采用共同的接地装置，并实施等电位联结措施。各类接地可以采用单独的接地线，但接地极和“等电位面”是共用的，不存在不同接地系统接地导体之间的耦合问题，也避免了采用不同接地导体时产生的电位不同问题。综合接地装置的接地电阻值按照接入设备的要求和人身安全防护的要求等方面综合确定，综合接地装置的接地电阻值必须不大于接入设备所要求的最小接地电阻值[2]。

综合接地系统一般由共用接地极引出两个接地母排，即一个强电接地母排，一个弱电接地母排，分别用于供电系统和通信信号等弱电系统的各类接地，如图 13.1 所示。

（2）等电位联结

在电气装置间或某一空间内，将金属可导电部分包括电气装置外露可导电部分和电气装置外部可导电部分，以恰当的方式互相联结，使其电位相等或相近，此类连接称为等电位联结。

对设备和人身安全造成危害的电气问题，都不是因为电位的高或低引起的，人身遭受电击、电气火灾的发生和电子信息设备的损坏，主要原因是由电位差引起的放电造成的。消除或减少电位差，是消除此类电气灾害的有效措施。采用等电位联结可以有效消除或减小各部分之间的电位差，有效防止人身遭受电击、电气火灾等事故的发生。

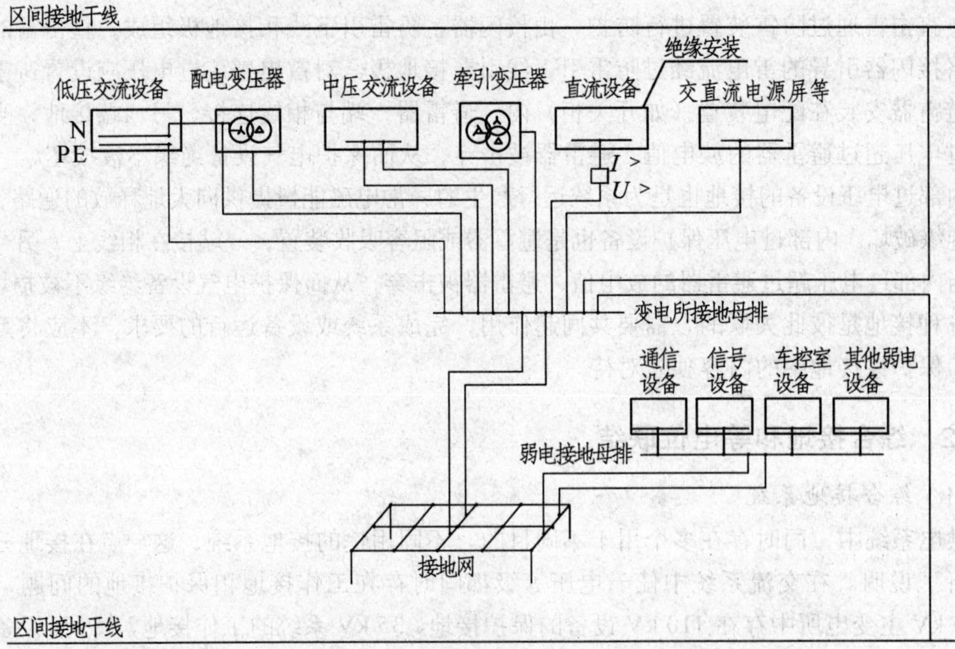

图 13.1 综合接地系统示意图

等电位联结可分为总等电位联结、辅助等电位联结和局部等电位联结。

总等电位联结是将下列可导电部分包括总保护导体、总接地导体或总接地端子，建筑物内的金属管道（通风、空调、水管等）和可利用的建筑物金属部分进行连接，以降低车站、建筑物内间接接触电压和不同金属部件间的电位差，并消除自建筑物外经电气线路和各种金属管道引入危险故障电压的危害。

辅助等电位联结，是将可同时触及的两个或几个可导电部分，进行电气连通，使他们之间的故障接触电压小于接触电压安全限值。

局部等电位联结，是在某一个局部电气装置范围内，通过局部等电位联结板，将该范围内电气设备外露可导电部分和外部可导电部分等进行电气连通，使该局部范围内，故障接触电压小于接触电压安全限值。

当变电所中压设备发生漏电，将使共用接地极的电位升高，而且中压接地电流越大，接地装置的电位越高。当低压配电系统接地型式采用 TN 系统，高电位将随 PE 或 PEN 传导到低压配电设备，若没有等电位联结，可能存在人身安全问题。因此在综合接地系统中，等电位联结是非常重要的。

低压配电系统内部发生接地故障，接地故障保护应在规定的时间内切除故障回路，当不能满足切除时间要求时，就需要采用辅助等电位联结。

对于泵房等潮湿场所，需要增加局部等电位联结，消除不同金属导体之间可能出现的接触电压。

目前，城市轨道交通工程一般采用直流牵引供电并以走行轨作为回流，因此势必存在杂散电流腐蚀影响问题。按照现行行业标准《杂散电流腐蚀防护技术规程》（CJJ49—92），在正常运行杂散电流不超标的情况下，不同结构段之间的结构钢筋是要求绝缘的。在地下车站中均设置有结构变形缝，变形缝两侧即为不同结构段。车站低压配电系统采用三相四线制配电，

PE 或 PEN 线是整个车站贯通的。等电位联结需要将设备金属外壳和外部可导电部分如空调管线、钢筋混凝土结构实施电气联结，从而造成不同结构段形成了电气连通，这与杂散电流规定将不同结构段绝缘的要求不一致，此问题有待于业内进一步研究。

当城市轨道交通工程采用第四轨回流时，基本没有杂散电流和走行轨电位带来的问题，可以不考虑杂散电流腐蚀防护，也不需要设置钢轨电位限制装置。

当城市轨道交通工程采用交流牵引供电时，由于交流电流的交变性，交流杂散电流对金属物体的腐蚀极小，可以不考虑，因此也没有杂散电流腐蚀防护的问题。以上两种情况可以按照交流接地系统和接地安全的要求考虑采用结构钢筋等自然接地体作为接地装置并实施等电位联结。

13.2.3　交流供电系统的接地

城轨交流供电系统的电压等级一般有 110 kV、35 kV、10 kV、0.4 kV 等，其接地内容包括工作接地、电磁兼容接地等功能性接地和电气装置的接地、防雷接地、过电压设备接地等保护性接地。

系统的工作接地包括电源中性点、中性线、保护中性线、电流互感器、电压互感器、三工位负荷开关、接地开关等接地。电源中性点、中性线、保护中性线的接地是指主变压器、配电变压器中性点的接地方式，是与变电所接地母排直接连接关系。电流互感器、电压互感器、三工位负荷开关、接地开关等设备或电气元件均设在成套开关设备中，这些接地不直接与变电所接地母排单独连接，而先与开关设备中的接地排相连，通过设备的保护接地线与变电所接地母排相连。

电气装置的保护接地为各种电气装置外露可导电部分与变电所接地母排的电气连接；防雷接地指接闪器通过防雷引下线与大地的连接；过电压设备的接地就是为防止过电压击穿设备绝缘而设置的避雷器的接地，避雷器也设在开关设备内，因此避雷器的接地端与开关设备接地排相连接，通过开关设备的保护接地线与变电所接地母排连接，实现接地。

电磁兼容接地就是屏蔽层的接地，它具有两面性。所谓两面性就是针对不同的设备，它体现出的用途不唯一，有功能性接地的成分，也有保护接地的成分。如对于继电保护装置金属外壳作为屏蔽层的接地就属于为设备正常运行而设置；但对于中压开关柜金属外壳的接地，有减小对外电磁干扰的作用，但主要还是保护性的接地。对于电缆屏蔽层的接地主要是减小对外电磁干扰的作用，保证设备正常运行，属于功能性接地。

对于不同电压等级的交流供电系统，其工作接地具有其特殊性，而保护性接地的要求和做法是基本相同的。

13.2.3.1　工作接地

10 kV 及以上电压等级的工作接地方式是指系统电源中性点的接地方式，其选择是一个综合性问题，它与电压等级、单相接地短路电流、过电压水平、继电保护配置等有关，直接影响系统的绝缘水平、系统供电的可靠性和连续性。因此，应根据供电可靠性要求、电网和线路的结构、过电压与绝缘配合、继电保护技术要求、人身及设备安全、对通信及电子设备的电磁干扰等进行技术及经济分析，综合考虑各种因素后确定工作接地方式。

工作接地方式分为两类：其一，电源中性点非直接接地方式，包括中性点不接地、中性点经消弧线圈接地和中性点经高电阻接地，由于发生单相对地短路时，接地电流较小，也称为小电流接地方式；其二，电源中性点直接接地或小电阻接地方式，也称为大电流接地方式。

1）电源中性点不接地

中性点不接地方式单相接地时允许带故障运行 2 小时，供电连续性好，接地相故障电流为线路及设备的电容电流，但同时非接地相的相电压升高为原来的 $\sqrt{3}$ 倍，过电压水平要求高，线路及设备要求有较高的工频绝缘水平。系统标称电压越高，此中接地方式对电气设备投资的影响越大，不宜用于 110 kV 以上电压等级。

在 10 kV～66 kV 电压等级可以采用中性点不接地方式，但电容电流不能超过允许值，否则接地电弧不易自熄，易产生较高弧光间歇接地过电压。

当 35 kV、66 kV 系统的接地电容电流不超过 10 A 时，可以采用中性点不接地方式。10 kV 电缆线路构成的系统接地电容电流不超过 30 A 时，可以采用不接地系统，当 10 kV 为架空线路时，电容电流分别为 10 A 或 20 A，前者使用钢筋混凝土、金属杆塔，后者采用非钢筋混凝土、非金属杆塔。

2）中性点经消弧线圈或高电阻接地

当接地电容电流超过不接地方式允许值，可采用消弧线圈补偿电容电流，使接地电弧瞬间熄灭，以消除弧光间歇接地过电压。也可采用中性点经高电阻接地，此方式与经消弧线圈的接地方式相比，加速泄放回路中的残余电荷，促使接地电弧自熄，从而降低弧光间歇过电压，同时可提供一定的电流和零序电压，使接地保护动作。高电阻接地一般多用于大型发电机中性点。

采用不接地还是消弧线圈等接地方式，与接地电容电流有关，而接地电容电流的大小与供电线路采用架空还是电缆线路相关。

3）中性点直接接地或小电阻接地

中性点直接接地或小电阻接地方式的单相接地短路电流很大，故障设备或线路须立即切除，降低了供电连续性。但由于过电压较低，设备和线路的绝缘水平可以选择低一些，减少了设备造价，特别是在交流高压系统，经济效益会比较明显。110 kV 及以上电压等级多采用直接接地或小电阻接地。

交流高压系统的接地方式由当地城市电力部门确定。由于城轨交流中压系统均采用电缆，若仍采用消弧线圈接地，消弧线圈的需要容量较大。目前，交流中压系统的接地方式既有消弧线圈接地，也有小电阻接地方式。

低压系统的工作接地，分为中性点直接接地和不接地两种方式。在具体型式上，我国等效采用国际电工委员会（IEC））标准，将工作接地和低压电气设备接地进行组合，形成了 TN、TT、IT 三种接地型式。

TN、TT、IT 中的第一个字母表示电源端与地的关系：

T——电源端有一点直接接地，即中性点直接接地；

I——电源端所有带电部分不接地或有一点通过阻抗接地，即中性点不接地。

TN、TT、IT 中的第二个字母表示电气装置的外露可导电部分与地的关系：

T——电气装置的外露可导电部分直接接地，此接地点在电气上独立于电源端的接地点。

N——电气装置的外露可导电部分与电源接地点有直接电气连接。

下面对由 TN、TT、IT 三种接地型式构成的低压配电系统分别进行介绍。

（1）TN 系统

电源端有一点直接接地，电气装置的外露可导电部分通过中性导体或保护导体连接到此接地点。

根据中性导体和保护导体的组合情况，TN 系统有以下三种型式。

TN-S 系统：整个系统的中性导体和保护导体是分开的，如图 13.2 所示。

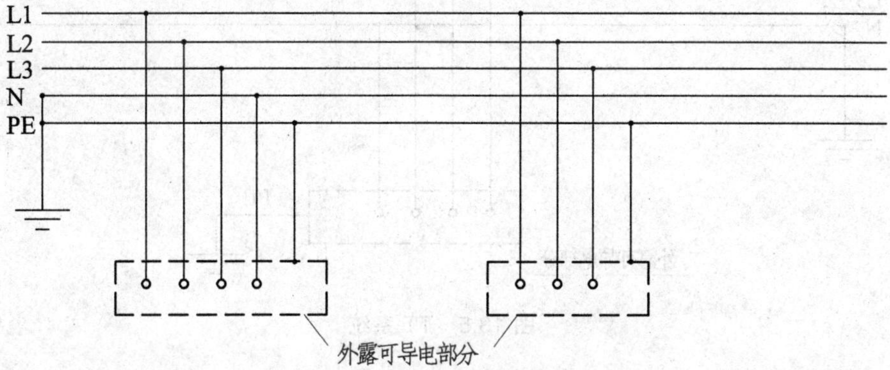

图 13.2 TN-S 系统

TN-C 系统：整个系统的中性导体和保护导体是合一的，如图 13.3 所示。

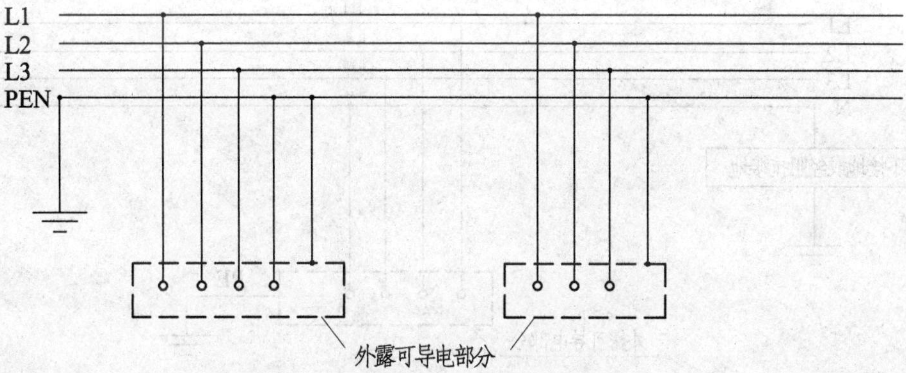

图 13.3 TN-C 系统

TN-C-S 系统：系统中一部分线路的中性导体和保护导体是合一的，如图 13.4 所示。

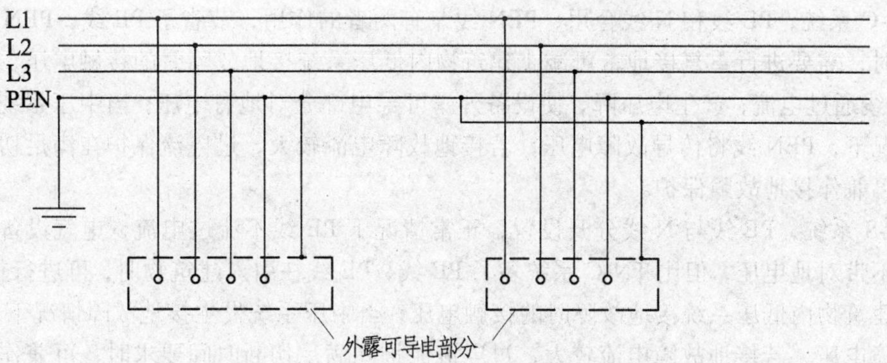

图 13.4 TN-C-S 系统

（2）TT 系统

电源端有一点直接接地，电气装置的外露可导电部分直接接地，此接地点在电气上独立于电源端的接地点，如图 13.5 所示。

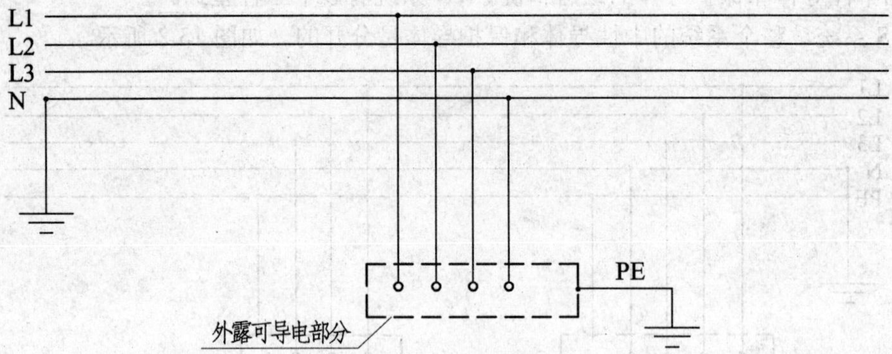

图 13.5　TT 系统

（3）IT 系统

电源端的带电部分不接地或有一点通过高阻抗接地，电气装置的外露可导电部分直接接地，如图 13.6 所示。

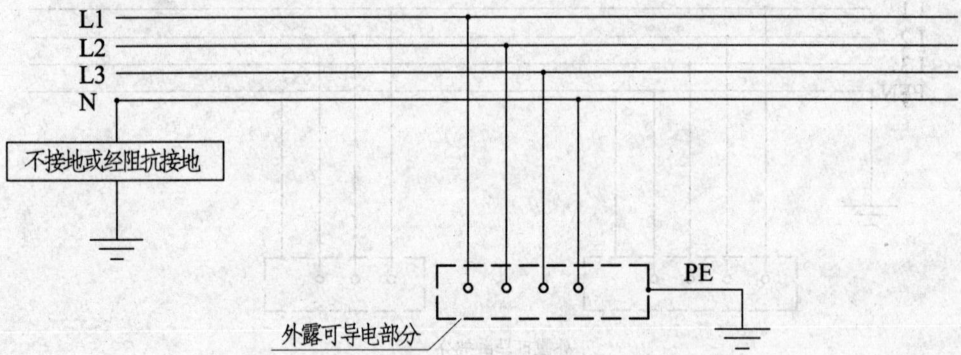

图 13.6　IT 系统

（4）各接地型式的特点

TN-C 系统，PE 线和 N 线合用，PEN 线兼有两者的作用，节省了 PE 线；PEN 线在引入建筑物时，需要进行重复接地，可减小建筑物内低压系统接地故障时的接触电压；正常情况下 PEN 线通过电流，产生电压降，使设备外露可导电部分对地有电压；当中压系统发生接地故障情况下，PEN 线将传导故障电压；若接地故障电流较大，过电流保护在满足切断时间要求时，可兼作接地故障保护。

TN-S 系统，PE 线与 N 线分开设置，正常情况下 PE 线不流过电流，电气设备外露可导电部分不带对地电压，但比 TN-C 系统多了 PE 线；PE 线在引入建筑物时，可进行重复接地，可减小建筑物内低压系统接地故障时的接触电压；当中压系统发生接地故障情况下，PE 线将传导故障电压；若接地故障电流较大，过电流保护在满足切断时间要求时，可兼作接地故障保护。

TT 系统电源接地点与设备接地点没有电气联系，电气设备外露可导电部分有独立的接地，不会传导系统故障电压；由于配电系统有两个独立接地体，发生接地故障时接地故障电流较小，不能采用过电流保护兼作接地故障保护，而需要采用剩余电流保护器；因采用剩余电流保护器保护线路，双电源转换时需要采用四极开关。

IT 系统（不引出中性线）电源中性点不接地，当电气设备发生第一次接地故障时，接地故障电流仅为非故障相对地的电容电流，其值很小，电气设备外露可导电部分对地电压不超过 50 V，不需要立即切断故障回路，保证供电的连续性；但此时，非故障相的对地电压升高 $\sqrt{3}$ 倍；由于 IT 系统没有引出中性线，为单相 380 V 配电。220 V 负荷需配降压变压器，或由系统外部电源专供。需要安装绝缘监察设备，当发生接地故障时，进行警示。

城市轨道交通工程车站低压配电系统的接地型式一般采用 TN-S 系统，在车辆段、停车场可采用 TN-C-S 或 TN-S 系统，也可根据工程实际情况，同时采用局部 TT 系统。

13.2.3.2 保护接地

交流设备的保护接地就是处理电气装置或电气设备的外露可导电部分，即金属外壳与地的关系。无论系统接地采用什么型式，交流系统电气装置的外露可导电部分均要接地。实施保护接地可以降低预期接触电压，提供接地故障电流回路，为过电压保护装置接地提供条件，实施等电位联结。

对于变电所内的电气设备，接地做法为外露可导电部分直接通过接地线与接地母排进行电气连接。

交流电气设备的接地范围：

① 主变压器、牵引变压器、配电变压器的底座和外壳。

② 交流高压封闭式组合电器（GIS）和箱式变电所的金属箱体。

③ 中压、低压开关设备的金属外壳。

④ 交直流电源屏的金属外壳。

⑤ 电气用各类金属构架、支架。

⑥ 电缆桥架和金属线槽。

⑦ 电力电缆、控制电缆穿线金属管。

⑧ 电力电缆、控制电缆的金属护套和外铠装等。

13.2.4 直流牵引供电系统的接地

城市轨道交通工程的牵引供电制式多采用直流 750 V 或直流 1 500 V，直流牵引供电系统的主要设备有牵引整流器、直流开关设备、上网开关设备、钢轨电位限制装置、接触网、回流轨等。

（1）系统接地方式

城轨直流牵引供电系统的负极相当于交流系统的中性点，直流牵引供电的工作接地就是负极对地关系问题。为减小直流杂散电流对金属结构的腐蚀，直流牵引供电的工作接地采用不接地系统，即正常情况下系统设备的所有正极和负极均与地绝缘。这里的“地”包括大地也包括结构地。

采用走行轨回流，在直流大双边越区供电情况下，走行轨对地电位将高于正常双边供电，有时会超过允许值。另外在运行过程中，走行轨也可能出现不明原因的电位升高。此时为保护乘客及运行人员的安全，可通过钢轨电位限制装置将走行轨与地进行短时电气连接，以钳制走行轨对地电位。

走行轨对地电位超过允许限值时，为避免乘客上下车受到跨步电压的影响，钢轨电位限制装置本应将走行轨与结构地短时连接，但考虑到杂散电流问题，目前做法是将走行轨与电位同结构地基本相当的外引接地装置短时连接。

（2）牵引变电所内直流牵引供电设备的接地

牵引整流器、直流开关设备，包括直流进线柜、直流馈线柜、负母线柜、钢轨电位限制装置，都安装于牵引变电所内，其外露可导电部分即金属外壳不与地直接电气连接，而是通过直流框架泄漏保护装置与地形成单点电气连接。

金属外壳与基础槽钢之间设有硬质绝缘板，设备固定采用绝缘安装方法。当系统标称电压为 750 V 时，绝缘电阻一般不小于 50 kΩ；当标称电压为 1 500 V 时，绝缘电阻一般不小于 100 kΩ。各设备金属外壳之间采用电缆实现电气连接，一般在负母线柜接地端子单点通过电缆与直流框架泄漏保护装置连接后，接至变电所接地母排，实现变电所内直流牵引供电设备单点接地。

（3）区间直流上网开关设备的接地

区间直流上网开关包括区间检修线隔离开关设备的接地可以有以下四种方式：

① 当上网开关设备设在站台的独立设备房间或牵引变电所内时，纳入直流开关柜的框架泄漏保护中，在发生设备外壳漏电时框架保护联跳直流馈出断路器。上网开关设备安装要求与牵引变电所内直流牵引供电设备相同，金属外壳与基础槽钢之间设置硬质绝缘板。这种方式需增加接地电缆。

② 采用非金属绝缘外壳，当柜内发生直流漏电时，设备外壳不会带直流异常电位，也没有杂散电流泄漏问题。这种方式设备投资较高。

③ 设备外壳与基础槽钢之间设置硬质绝缘板，设备外壳与附近走行轨电气连接，发生直流漏电时会产生系统正负短路，直流馈线保护动作并切除故障，这种方式要求设备操作维护只能在直流停电后进行，应用受限。

④ 设备金属外壳直接与附近结构钢筋电气连接，相当于交流低压 IT 系统的接地方式，这种方式需要保证并保持正极对外壳的绝缘，使正常泄漏的直流电流不能对结构钢筋产生腐蚀，并需要在正极碰壳发生时能迅速切除故障或进行报警。

（4）车辆段、停车场直流上网开关等设备的接地

车辆段、停车场范围大，直流上网开关设备与检修设备的数量多、分布广，内部金属管线较多。直流上网开关等设备的接地问题可通过柜内设置绝缘护板、绝缘电缆支架或采用非金属绝缘外壳等措施解决。

13.2.5 接地装置及接地电阻要求

接地装置是完成系统、设备接地功能的材料和设备的总称，包括接地母排、接地线和接地极等，表征接地装置的重要参数之一是接地电阻。接地装置的接地电阻值应始终满足各接地系统接地电阻最小值的要求，接地装置的各个组成部分应有足够的截面，满足在接地故障的条件下的动热稳定，接地装置的材质和规格在其所处环境内应具备抗机械损伤、腐蚀和其

他有害影响的能力。

接地母排为汇集各系统、设备接地线并与接地极电气连接的金属导体，接地母排多采用铜材，以减少接触电阻。接地极即为埋设在大地中的金属导体，当水平埋设时称为水平接地极，垂直埋设时称为垂直接地极，若接地极为一组水平埋设、相互连接的导体网格称为水平接地网，若接地极为水平接地网和垂直接地极构成称为复合接地网。可以利用车站结构钢筋等作为自然接地极，若接地电阻不能满足要求，还应敷设人工接地极，并能分别测量其接地电阻值。为减少土壤对接地极的腐蚀，延长接地极的使用寿命，接地极多采用铜材，由接地极或接地网引至接地母排的接地线与接地极材质相同。变电所内设备接地线多采用镀锌扁钢。当接地系统中相互连接的接地线等采用不同材质时，需要考虑不同金属间的腐蚀问题。

接地电阻分为工频接地电阻和冲击接地电阻，冲击接地电阻应用于防雷和过电压接地。接地电阻的大小与接地极埋设方式（水平、垂直等）、埋设位置的土壤电阻率，接地极的几何形状等因素相关，而与材质无关。关于接地电阻计算可参见《交流电气装置的接地》（DT/L621—1997）。

在系统正常情况下，没有电流通过接地极向地中流散，接地极的电位是其在土壤中的极化电位。当系统发生故障或受到雷击时，故障电流或雷电流经过接地极向地中流散，由于接地电阻的存在，将使接地极电位升高，此电位引入到系统内部即产生人身接触电压问题，同时在地表也会产生电位梯度，由此带来人身跨步电压的问题。为此，在接地设计中需要对接触电压、跨步电压进行计算，并采取必要措施，避免对人身产生伤害。

13.2.5.1 变电所的接地装置

变电所的接地极设置要综合考虑防雷接地、系统接地和保护接地的需要。为了均衡变电所地面的电位分布，降低对人身可能造成伤害的接触电压和跨步电压，变电所应采用以水平接地极为主，外缘闭合的复合接地网，垂直接地体设置在防雷引下线附近，并根据需要可在接地网中敷设若干水平导体作为均压带。

复合接地网的工频接地电阻与接地网的面积的平方根成反比。在土壤电阻率相同的情况下，接地网的尺寸一经确定，其接地电阻就基本确定，在接地网内增加导体对减小接地电阻的作用不大，这是由于内部导体被四周的导体所屏蔽，电流绝大部分都是由地网边缘导体流出的缘故。在接地网内增加水平导体是为了减小跨步电压作用的均压带。当接地网敷设于钢筋混凝土结构底板下方，由于结构钢筋的均衡电位作用，可不再设置水平均压带。

在工频时，接地电阻之所以和接地网的面积的平方根成反比，是因为在工频电流作用下，接地网的电位分布均匀，全部地网导体都起到散流作用。

雷电冲击电流的等值频率很高，接地体自身的电感阻碍电流向远处流动，结果使得接地体得不到充分利用。在冲击电流的作用下，由于接地体本身的电感作用，地网导体上的电位分布很不均匀，离冲击电流注入点愈远的地方，接地体上的电位就愈低，甚至电位为零，其变化规律按指数衰减。因此，接地极在冲击电流作用下，只有电流注入附近一小块范围内的导体起散流作用。不论水平接地网有多大，在冲击电流作用下其散流的有效面积却是一定的，有效面积之外部导体上的冲击电压几乎接近于零。

不同电阻率情况下的有效面积见表 13.1[75]。

表 13.1　不同电阻率情况下的有效面积

ρ（Ωm）	50	100	500	1 000	2 000
有效面积（m^2）	400	625	1 600	2 500	3 600

接地装置包括接地线的各个组成部分将通过接地故障电流，故应有足够的截面，能够满足接地故障电流的热稳定性要求。

① 在直接接地或小电阻接地系统中，接地线的截面应按照流过接地故障电流进行热稳定校验。钢接地线的短时温度不应超过 400°C，铜接地线不应超过 450°C。

② 校验不接地、消弧线圈接地和高电阻接地系统中接地线的热稳定性时，明敷接地线的长时间温度不应大于 150°C，暗敷接地线不应大于 100°C。

③ 接地线的热稳定校验。根据热稳定条件，接地线的最小截面计算公式如下：

$$S \geqslant \frac{I\sqrt{t}}{C} \tag{13.2-1}$$

式中　S——接地线的最小截面（mm^2）；

I——流过接地线的接地故障电流（A）；

t——故障的等效持续时间；

C——接地线材料的热稳定系数。

④ 根据热稳定条件，未考虑腐蚀时，接地装置接地极的截面不宜小于该接地装置接地线截面的 75%。

⑤ 自然接地体的热稳定。当采用钢筋混凝土中的钢筋作为自然接地体时，钢筋因流过电流而发热，将降低与混凝土的附着力和钢筋预应力，以致降低其强度和刚度。当温度上升到 350°C～400°C 时，其附着力被完全破坏，因此也需要校验热稳定。

• 钢筋混凝土中能通过雷电流的钢筋最小截面。

对要求温度值不大于 60°C，需要验算疲劳的构件为 90 mm^2；对要求温度值不大于 80°C 的构件为 64 mm^2；对无温度要求的构件为 54 mm^2。

• 对需要短时通过交流接地故障电流的钢筋混凝土中的钢筋。

对要求温度值不大于 60°C，需要验算疲劳的构件钢筋截面面积计算公式[2]如下：

$$S = 0.0495I\sqrt{t} \tag{13.2-2}$$

对要求温度值不大于 80°C 的构件钢筋截面面积计算公式[2]如下：

$$S = 0.035I\sqrt{t} \tag{13.2-3}$$

对无温度要求的构件钢筋截面面积计算公式[2]如下：

$$S = 0.0294I\sqrt{t} \tag{13.2-4}$$

式中　S——流过故障工频电流的钢筋最小截面面积（mm^2）；

I——通过钢筋的故障工频电流（A）；

t——故障工频电流通过的时间（s）。

13.2.5.2　接地电阻

接地电阻允许值与系统接地方式以及高、中压和低压是否共用接地装置有关。无论主变电所还是其他变电所涉及低压设备的接地问题，各电压等级的接地都是同一个接地装置。

（1）电源系统中性点非直接接地

接地装置的接地电阻计算公式如下：

$$R \leqslant \frac{120}{I} \tag{13.2-5}$$

式中　R——考虑到季节变化的最大接地电阻（Ω）；

I——计算用的接地故障电流（A）；

接地电阻不应大于 4 Ω。

（2）电源中性点直接接地或小电阻接地

接地装置的接地电阻计算公式如下：

$$R \leqslant \frac{2\,000}{I} \tag{13.2-6}$$

式中　R——考虑到季节变化的最大接地电阻（Ω）；

I——计算用的接地故障电流（A）。

由于在电源中性点接地情况下，接地故障电流较大，对地电位有较大的抬升；若低压配电系统采用 TN 接地型式，低压配电设备外壳将有较高的异常电位，应采取总等电位联结措施，消除对人身的伤害。

13.2.5.3　接触电压和跨步电压

供电设备发生接地故障时，接地故障电流流过接地装置，在大地表面形成分布电位，地面上距设备水平距离 0.8 m 处与沿设备外壳垂直距离 1.8 m 处两点间的电位差，称为接触电位差；人体接触该两点时所承受的电压，称为接触电压。地面上水平距离 0.8 m 的两点间的电位差，称为跨步电位差；人体两脚接触该两点时承受的电压，称为跨步电压。

确定变电所接地装置的型式和布置时，考虑保护接地的要求，应降低接触电位差和跨步电位差。

在 110 kV 及以上有效接地系统和 6 kV～35 kV 低电阻接地系统发生单相接地或同点两相接地时，变电所接地装置的接触电位差和跨步电位差不应超过计算值，计算公式如下：

$$U_{\mathrm{t}} = \frac{174 + 0.17\rho_{\mathrm{f}}}{\sqrt{t}} \tag{13.2-7}$$

$$U_{\mathrm{s}} = \frac{174 + 0.7\rho_{\mathrm{f}}}{\sqrt{t}} \tag{13.2-8}$$

式中　U_{t}——接触电位差（V）；

U_{s}——跨步电位差（V）；

ρ_{f}——人脚站立处地表面的土壤电阻率（Ω · m）；

t——接地短路（故障）电流的持续时间（s）。

10 kV～66 kV 不接地、经消弧线圈接地和高电阻接地系统，发生单相接地故障后，如不迅速切除故障，此时变电所接地装置的接触电位差和跨步电位差不应超过计算值，计算公式如下：

$$U_t = 50 + 0.05\rho_f \tag{13.2-9}$$

$$U_s = 50 + 0.2\rho_f \tag{13.2-10}$$

① 接地故障时接地装置的电压计算。

接地故障时接地装置的电压计算公式如下：

$$U_g = IR \tag{13.2-11}$$

式中 U_g——接地装置的电压（V）；

I——计算用入地短路电流（A）；

R——接地装置（包括人工接地网及与其连接的所有其他自然接地极）的接地电阻，Ω。

② 均压带等间距布置时接地网（见图 13.7）地表面的最大接触电位差、跨步电位差的计算[2]。

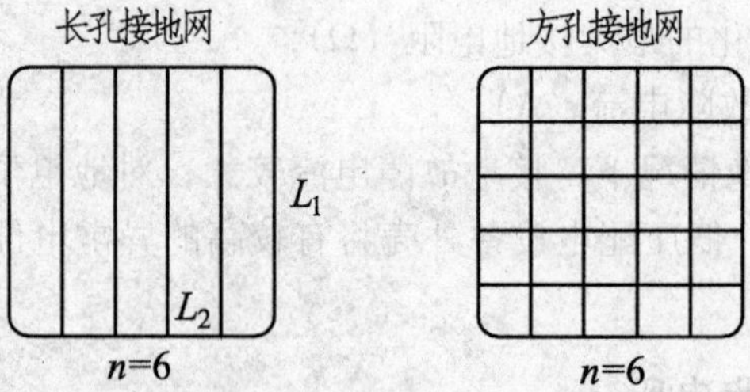

图 13.7 接地网形状

注：n—均压带计算根数；L_1、L_2—接地网的长度、宽度。

接地网地表面的最大接触电位差，即网孔中心对接地网接地极的最大电位差，计算公式如下：

$$U_{t\max} = K_{t\max} U_g \tag{13.2-12}$$

式中 $U_{t\max}$——最大接触电位差（V）；

$K_{t\max}$——最大接触电位差系数。

当接地极的埋设深度 h＝0.6～0.8 m 时，$K_{t\max}$ 的计算公式如下：

$$K_{t\max} = K_d K_L K_n K_s \tag{13.2-13}$$

式中，K_d、K_L、K_n、K_s 为系数，对 $30\times30\ \text{m}^2 \leqslant S \leqslant 500\times500\ \text{m}^2$ 的接地网，其系数计算公式如下：

$$K_d = 0.841 - 0.225\lg d \tag{13.2-14}$$

$$K_L = 1.0 \quad \text{方孔接地网}$$

$$K_L = 1.1\sqrt[4]{\frac{L2}{L1}} \quad \text{长孔接地网}$$

$$K_n = 0.076 + 0.776/n \tag{13.2-15}$$

$$K_s = 0.234 + 0.414\lg\sqrt{S} \tag{13.2-16}$$

式中 n——均压带计算根数；

d——均压带等效直径（m）；

L_1、L_2——接地网的长度和宽度（m）；

S——接地网总面积（m^2）；

接地网外的地表面最大跨步电位差计算公式如下：

$$U_{s\max} = K_{s\max}U_g \tag{13.2-17}$$

式中 $U_{s\max}$——最大跨步电位差（V）；

$K_{s\max}$——最大跨电位差系数。

正方形接地网最大跨步电位差系数的计算公式如下：

$$K_{s\max} = (1.5-\alpha_2)\ln\frac{h^2+(h+T/2)^2}{h^2+(h-T/2)^2} \bigg/ \ln\frac{20.4S}{dh} \tag{13.2-18}$$

$$\alpha_2 = 0.35\left(\frac{n-2}{n}\right)^{1.14}\left(\frac{\sqrt{S}}{30}\right)^{\beta}$$

$$\beta = 0.1\sqrt{n}$$

而 T＝0.8 m，即跨步距离。

对于矩形接地网，n 值的计算公式如下：

$$n = 2\left(\frac{L}{L_0}\right)\left(\frac{L_0}{4\sqrt{S}}\right)^{1/2} \tag{13.2-19}$$

式中 L_0——接地网的外缘边线总长度（m）；

L——水平接地极的总长度（m）；

其余符号含义见式（13.2-16）有关部分。

13.3 过电压保护

13.3.1 过电压的分类

由于雷击或电力系统中的操作、事故等原因，使某些电气设备和线路上承受的电压大大超过正常运行电压，使设备或线路的绝缘遭受破坏。电力系统中这种危及绝缘的电压升高称为过电压。

过电压按引起的原因不同分为大气过电压和内部过电压。由雷电引起的过电压叫做大气过电压；电力系统中内部操作或故障引起的过电压叫内部过电压。

过电压分类如图 13.8 所示。大气过电压分为直击雷过电压和感应雷过电压；内部过电压分为工频过电压、操作过电压和谐振过电压。

- 过电压
  - 雷电过电压
    - 直击雷过电压
    - 感应雷过电压
  - 内部过电压
    - 工频过电压
      - 工频暂态过电压
      - 工频稳态过电压
    - 操作过电压
      - 切、合空载长线路过电压
      - 切、合空载变压器过电压
      - 弧光接地过电压
    - 谐振过电压
      - 线性谐振过电压
      - 铁磁谐振过电压
      - 参数谐振过电压

图 13.8 过电压分类

13.3.1.1 雷电过电压

雷电引起的过电压叫做雷电过电压。雷电过电压分为直击雷过电压和感应雷过电压。

直击雷过电压是指雷电直接对电气设备或线路放电，将电气设备或线路击毁的过电压事故。感应雷过电压是指雷电虽然没有直接击中电气设备或线路，但是由于大气中的雷云电荷作用，在电力系统的架空线路上感应出异种电荷。当雷云对地面或其他物体放电时，雷云电荷迅速流入地中，架空电力线路上的感应电荷由于失去雷云电荷对它的束缚，而向两侧迅速流动。迅速流动的感应电荷形成雷电进行波，对电气设备的绝缘构成威胁，称为雷电侵入波，也就是所谓感应雷过电压。架空电力线路和输变电设备附近发生打雷时，强大的雷电流通过电磁感应在电力线路和电气设备上也感应产生一个很高的电压，形成过电压，使电力线路和电气设备击穿损坏。这种过电压也称为雷电感应过电压，或简称感应雷。

防止直击雷的措施是采用独立避雷针或避雷线；防止感应雷的措施是安装避雷器或保护间隙。

为了防止感应雷过电压，也就是雷电侵入波对变电所电气设备绝缘造成击穿损坏，应采取措施减少近区雷击闪络，以避免出现过分强烈的感应雷过电压；并且要合理配置避雷器，使雷电侵入波通过阀型避雷器对地放电，将能量泄漏掉，这样就不致对电气设备的绝缘造成威胁。因此，对雷电侵入波的过电压保护主要措施有：变电所进线段保护、变电所母线装设阀型避雷器、主变压器中性点装设阀型避雷器、与架空线路直接连接的电力电缆终端头处装设阀型避雷器等。

13.3.1.2 内部过电压

电气设备和电力线路在运行中有时要改变运行方式，也就是要进行停送电操作，如切、合变压器，切、合电力线路，切、合电容器，切、合电动机等。此外，运行中的电气设备和电力线路也可能发生事故，例如短路跳闸、断线、接地等。无论是由于停送电操作，或者电气事故，都会引起电力系统运行状态的局部变化，也即从一种状态变为另一种状态，也就是出现过渡过程。在电路的过渡过程中会引起电场能量和磁场能量的转换，这时可能出现很高的电压，形成过电压，这种过电压称为内部过电压。

产生内部过电压的原因很多，所引起的过电压大小也不同，有时几种因素交叉重叠在一起，引起的过电压数值很高。一般认为，对地内部过电压可达相电压的 3～4 倍，相间内部过电压则为对地内部过电压的 1.3～1.4 倍。根据现场运行经验，有时内部过电压高达相间电压的 5～6 倍。一般来说，对于中性点直接接地的低压系统内部过电压数值不会很高，很少由于内部过电压引起事故。而对于中性点不接地的中、高压系统，内部过电压就较为危险，由于内部过电压引起的设备事故较为常见。

为了防止内部过电压造成事故，也可以采用阀型避雷器，但有时效果并不令人满意。有的内部过电压，例如铁磁谐振分频过电压，会使阀型避雷器接二连三爆炸；也有的内部过电压造成电气设备绝缘击穿，而与电气设备并联接线的避雷器一点也不起作用。因此，为了防止内部过电压造成事故，应该分析引起内部过电压的原因，从根本上采取措施防止内部过电压的出现，或者限制内部过电压的幅值和陡度，以保证电力系统的安全运行。

1）工频过电压

工频过电压包括工频稳态过电压和工频暂态过电压。

（1）工频稳态过电压

工频稳态过电压主要是指空载长线路末端的电压升高，在三相中性点不接地系统中发生单相接地时，其他两相对地电压的升高。

工频稳态过电压对系统中电气设备的正常绝缘一般无多大危害，因此不需要采取特殊措施来加以限制。但是工频稳态过电压对避雷器的工作状态有重要影响，而且又常常是其他过电压的基值，因此对它也不能忽视。

（2）工频暂态过电压

工频暂态过电压是指当系统内突然跳闸，甩掉大量负荷后，在发电机组的调速器及调压器来不及起作用的短暂瞬间内，发电机的转速上升而引起的电压升高。暂态过电压时间很短，数值也不大，一般不需要采取特殊限制措施。

2）操作过电压

操作过电压包括切、合空载长线路引起的过电压，切、合空载变压器引起的过电压以及中性点不接地系统中单相弧光接地过电压。

（1）切、合空载长线路引起过电压

切空载长线路产生过电压是由于开关灭弧能力不强、触头具有重燃现象的结果。切空载长线路如同切电容器一样，在开关触头电流经过零值时，电弧瞬间熄火。但由于这时电压不为零，因此线路上有残留电荷，在电荷没有泄漏前，仍保持着原有电压，这时电源电压波形仍按正弦规律变化。当断路器断口间的电位差越来越大时，断口间绝缘被击穿，电弧重燃，电源电压又向线路充电，引起线路上的电压振荡，造成过电压。根据分析，断路器断口间的电弧重燃次数越多，过电压数值也越高。

当合空载长线路时，线路电压从零值变化到电源侧电压值，也经过一个振荡过程，出现过电压。如果线路上有残留电荷时合闸，例如断路器跳闸后又重合闸，这时的过电压与切空载线路时电弧重燃引起的过电压相似。

（2）切、合空载变压器引起过电压

在切空载变压器时，由于励磁电流很小，断路器的灭弧能力又很强，因此在电流自然过零之前就可能被强行切断，在此截流的瞬间，变压器线圈上的磁场能量可能以振荡形式转换给线圈匝间或对地的小电容，引起线圈匝间或对地过电压。

合空载变压器时也可能引起过电压，特别是如果三相非同期合闸时，变压器对地电容和匝间纵向电容与变压器电感产生振荡，过电压倍数可能很高。

（3）单相弧光接地过电压

对于中性点不接地系统，如果线路较多，对地电容电流较大，则当发生单相接地时，接地电流较大，接地电弧不容易熄灭，常常是电弧熄灭后又重燃，形成间隙性电弧，引起故障相和其余健全相的电感电容回路上产生高频振荡过电压。其过电压数值一般可达相电压的3～3.5倍，在最不利情况下，甚至可高达相电压的7.5倍。

3）谐振过电压

由电感和电容元件串联，当感抗与容抗接近相等时，即构成串联谐振电路。当电路发生串联谐振时，电感或电容上的电压将远大于电源电压，形成过电压。根据谐振时的不同特点，谐振过电压可分为线性谐振过电压、铁磁谐振过电压和参数谐振过电压。

（1）线性谐振过电压

线性谐振过电压的特点是谐振串联电路的电容、电感都为恒定常数。在串联谐振回路内，如果电源中某次谐波的频率正好与电路的振荡频率相同，则发生串联谐振。如果电路中的电阻为零，则串联谐振时电流为无穷大，电感、电容上的电压也为无穷大。实际上电路中总是存在有电阻，因此，线性谐振过电压对额定电压的倍数 K 的计算公式如下：

$$K=\frac{\omega L}{R}=\frac{1}{R\omega C} \tag{13.3-1}$$

式中 K——谐振过电压倍数；

ω——角频率（Hz）；

L——线路电感（H）；

R——线路电阻（Ω）；

C——线路电容（F）。

（2）铁磁谐振过电压

铁磁谐振过电压的特点是电路中的电感带有铁心，由于铁心电感的感抗随电源电压的变化而变化，不是一个常数。在正常运行条件下，电感、电容串联回路中感抗大于容抗，由于出现某种因素导致电感两端电压有所升高，使铁心饱和，感抗减小，当感抗变得小于容抗时，电路相位从感性变为容性，形成相位翻转。这时回路中的电流突然升高，电容、电感上的压降也突然升高，形成过电压，这种过电压称为铁磁谐振过电压。

4）参数谐振过电压

参数谐振过电压是指水轮发电机的同步电抗在直轴电抗与交轴电抗之间周期性地变动，或者水轮发电机、汽轮发电机的定子磁通发生变动引起电抗周期性变动，这时如果外电路的容抗与发电机的同步电抗正好相等，就会出现电流、电压谐振现象，使发电机端子电压和电流急剧上升，不仅影响设备绝缘，而且影响发电机并网。这种现象称为参数谐振过电压。

13.3.2 电气设备的绝缘配合

绝缘配合就是根据系统中可能出现的各种电压和保护装置的特性，来确定设备的绝缘水平；或者根据已有的设备绝缘水平，选择适当的保护装置，以便把作用在设备上的各种电压所引起的设备损坏和影响连续运行的概率降低到经济上和技术上能接受的水平。也就是说，绝缘配合要正确处理各种电压、各种限压装置和设备绝缘耐受能力三者之间的配合关系，全面考虑设备造价、维修费用以及故障损失三个方面，力求较高的经济效益。

① 110 kV 及以下电气装置一般由雷电过电压决定绝缘水平。变电所电气设备的雷电冲击强度与避雷器雷电保护水平进行配合。根据国内情况，对雷电过电压的配合系数取不小于 1.4，以电气设备的额定雷电冲击耐受电压来表征。

② 110 kV 及以下电气装置一般能承受暂时过电压及操作过电压的作用，以电气设备的短时（1 min）工频耐受电压来表征。当需用避雷器来限制某些操作过电压的场合，则以避雷器的相应保护水平为基础进行绝缘配合。对操作冲击的配合系数一般取不小于 1.15。

③ 电气设备的耐受电压。

10 kV～110 kV 电气设备过电压耐受水平见表 13.2。

表 13.2　10 kV～110 kV 电气设备过电压耐受水平

系统标称电压(kV)	设备最高电压(kV)	设备类别	雷电冲击耐受电压（峰值）(kV)				1 min 工频耐受电压(有效值)(kV)			
			相对地	相间	断口		相对地	相间	断口	
					断路器	隔离开关			断路器	隔离开关
10	12	变压器	75(60)	75(60)	—	—	35(28)	35(28)	—	—
		开关	75(60)	75(60)	75(60)	85(70)	42(28)	42(28)	42(28)	49(35)
20	24	变压器	125(95)	125(95)	—	—	55(50)	55(50)	—	—
		开关	125	125	125	145	65	65	65	79
35	40.5	变压器	185/200	185/200	—	—	80/85	80/85	—	—
		开关	185	185	185	215	95	95	95	118
66	72.5	变压器	350	350	—	—	150	150	—	—
		开关	325	325	325	375	155	155	155	197
110	126	变压器	450/480	450/480	—	—	185/200	185/200	—	—
		开关	450、550	450、550	450、550	520、630	200、230	200、230	200、230	225、265

注：① 分子、分母数据分别对应外绝缘和内绝缘；

② 括号内、外数据分别对应小电阻接地和非小电阻接地系统。

13.3.3　过电压的保护

1）雷电过电压保护

① 变电所的直击雷保护可采用避雷针或避雷线，户外安装的变压器设置独立的避雷针。避雷针的保护范围及防雷要求按照《建筑物防雷设计规范》(GB 50057) 确定。

② 具有 35 kV 及以上电缆进线段的变电所，在电缆与架空线的连接处应装设阀型避雷器，其接地端应与电缆金属外皮连接，以防止雷电波侵入。对三芯电缆，其末端的金属外皮应直接接地；对单芯电缆，可经金属氧化物电缆护层保护器或保护间隙接地。

连接电缆段的 1 km 架空线应架设避雷线。

③ 有效接地系统中的中性点不接地变压器，如中性点采用分级绝缘且未装保护间隙，应在中性点装设雷电过电压保护装置，且宜选变压器中性点设金属氧化物避雷器。如中性点采用全绝缘，但变电所为单进线且为单台变压器运行，也应在变压器中性点装设过电压保护装置。

不接地、消弧线圈接地和高电阻接地系统中的变压器中性点，一般不装设保护装置。

④ 35 kV～110 kV 变电所，应根据其重要性和进线路数等条件，在母线上或进线上装设阀式避雷器。

⑤ 35 kV 配电变压器，其高压及低压侧均应装设阀式避雷器保护。

⑥ 10 kV 配电装置，应在每组母线和架空进线上装设阀式避雷器。若无所用变压器时，可仅在每路进线上装设阀式避雷器。

⑦ 10 kV 配电系统的配电变压器应装设阀式避雷器，避雷器应靠近变压器装设，其接地线应与变压器低压侧中性点以及金属外壳等连在一起接地。

配电变压器宜在低压侧装设一组阀式避雷器或击穿保险器，以防止反变换波和低压侧雷电侵入击穿高压侧绝缘。

2）内部过电压保护

（1）工频过电压

一般由线路空载、接地故障和甩负荷引起的工频过电压，对 3 kV～10 kV 系统一般不超过 1.1$\sqrt{3}$ p.u.（工频过电压标么值 1.0 p.u.=$U_m/\sqrt{3}$，U_m 为系统最高电压），对 35 kV 系统一般不超过 $\sqrt{3}$ p.u.，对 110 kV 以下系统一般不需要采取专门措施限制工频过电压。

（2）谐振过电压

① 限制谐振首先要适当调整电网的参数，首先应避免谐振发生，出现谐振时要缩短谐振存在的时间，降低谐振的振幅，消弱谐振的影响，一般是采用电阻阻尼进行抑制。

② 限制消弧线圈与导线对地电容的串联线性谐振的方法是采用欠补偿或过补偿运行方式。

③ 避免变压器高压侧发生不对称接地故障，断路器非全相或不同期动作而产生的零序过电压，要求断路器三相同期动作、减少在高压侧使用熔断器。这也有利于限制断相引起的铁磁谐振过电压。

④ 限制电压互感器饱和引起的铁磁谐振过电压，可采用励磁特性较好的电磁式电压互感器或电容式电压互感器。若采用带开口三角形绕组的电压互感器，也可在零序回路中加阻尼电阻。

⑤ 开断空载变压器操作过电压的能量不大，其对绝缘的作用不超过雷电冲击波的作用，可采用阀式避雷器保护。

⑥ 对 10 kV 容量较小的变压器，当采用真空断路器时，操作过电压的保护也可采用阻容吸收装置。

3）过电压限制装置

① 小电阻接地系统应选用金属氧化物避雷器。

② 不接地、经消弧线圈接地和高电阻接地系统，根据系统中谐振过电压和间隙性电弧接地过电压等发生的可能性及其严重程度，可选用有串联间隙金属氧化物避雷器、碳化硅阀式避雷器，或无间隙金属氧化物避雷器。

③ 110 kV 采用的避雷器标称放电电流 10 kA，8/20 μs 波形，35 kV 及以下为 5 kA，8/20 μs 波形。

④ 有串联间隙金属氧化物避雷器和碳化硅阀式避雷器的额定电压应以系统暂时过电压

为基础进行选择，一般情况下应符合下列要求：

• 3 kV～10 kV 非有效接地系统，不得低于 $1.1U_m$（U_m 为系统最高工作电压）。

• 35 kV 非有效接地系统不低于 U_m。

• 变压器中性点避雷器的额定电压，对 3 kV～20 kV 系统不低于 $0.64U_m$，对 35 kV 不低于 $0.58U_m$。

• 碳化硅阀型避雷器及有串联间隙的金属氧化物避雷器，应校验工频放电电压，其下限值应不低于允许的内部过电压计算值。对 35 kV 及以下非有效接地系统应不低于运行相电压的 4.0 倍，其上限值考虑工频放电电压的分散性，约为其下限值的 1.2 倍。

• 无间隙金属氧化物避雷器应能承受所在系统暂时过电压和操作过电压能量的作用。其持续运行电压和额定电压不低于表 13.3 中的要求。

表 13.3　无间隙金属氧化物避雷器持续运行电压和额定电压

系统接地方式		持续运行电压（kV）		额定电压（kV）	
		相地	中性点	相地	中性点
不接地	3 kV～20 kV	$1.1U_m$	$0.64U_m$	$1.38U_m$	$0.8U_m$
	35 kV	U_m	$0.58U_m$	$1.25U_m$	$0.72U_m$
消弧线圈		U_m	$0.58U_m$	$1.25U_m$	$0.72U_m$
低电阻		$0.8U_m$	—	U_m	—
高电阻		$1.1U_m$	$0.64U_m$	$1.38U_m$	$0.8U_m$

• 对 3 kV～35 kV 系统用避雷器的承受操作过电压能量是校核其长时间持续放电能力，根据避雷器等级及使用类型进行幅值为 50～400 A 的 2 000 μs 方波冲击电流试验。

• 阀式避雷器标称放电电流下的残压，不应大于被保护电气设备（旋转电机除外）标准雷电冲击全波耐受电压的 71%。

• 避雷器陡波标称放电电流（1/5 μs）下的残压与标称放电电流下的残压值之比不得大于 1.15。

• 根据避雷器安装地区的污秽情况，避雷器外绝缘的最小公称爬电比距应符合以下要求：

Ⅰ级轻污秽地区 17 mm/kV；

Ⅱ级中等污秽地区 20 mm/kV；

Ⅲ级重污秽地区 25 mm/kV；

Ⅳ级特重污秽地区 31 mm/kV。

13.3.4　接地与过电压保护方案

雷电过电压保护与变电所设于地面、地下以及电源线路的引入和引出采用架空还是电缆线路密切相关。由于城市轨道交通工程建设所在地均为大中型城市，城市用电负荷密度较大，110 kV 变电所已深入城区，因此，主变电所高压电源和城轨电源开闭所中压电源的引入、引出多采用电缆方式。

电缆线路使单相接地故障电流较大，因此，城轨供电系统接地方式也有采用小电阻接地方式，即主变压器中压侧和配电变压器的中性点为直接接地或小电阻接地，并且与其他需要接地的系统或设备共用接地装置。

当主变电所设于地面，建筑物和设于室外的变压器需要设置避雷针或避雷带，作为直击雷防护。当主变电所高压引入线采用架空线引入时，并按第 13.3.3 1）节中的要求采取相应措施进行感应雷防护。

（1）地下线变电所

地下线所设置的牵引变电所和降压变电所一般位于地下，相应的引入线和馈出线也敷设于地下区间或地下车站内，因此不考虑雷电过电压问题，只考虑内部过电压保护措施。

① 在变压器及其保护断路器之间设置避雷器或阻容吸收装置。避雷器以最短路径与综合接地装置相连接。

② 变压器低压侧宜采用浪涌保护器保护。

③ 若中压母线设置带有开口三角形零序回路的电压互感器，应采用阻尼电阻保护。

④ 为防止走行轨电位超过允许值，应设置钢轨电位限制装置。

（2）地面及高架线变电所

地面和高架线路所设置的变电所一般位于车站内，但因电力线路明敷于地面区间或直埋敷设，故应考虑雷击过电压的保护措施。

① 变电所由车站建筑统一考虑直击雷的防护。

② 变电所每段中压母线设置避雷器保护。

③ 在变压器及其保护断路器之间设置避雷器或阻容吸收装置。避雷器以最短路径与综合接地装置相连接。

④ 若中压母线设置带有开口三角形零序回路的电压互感器，应采用阻尼电阻保护。

⑤ 变电所低压母线设 I 级 SPD 浪涌保护器实施保护。

⑥ 直流开关柜正极和负极母线均设避雷器保护。

⑦ 为防止走行轨电位超过允许值，设置钢轨电位限制装置。

⑧ 对于地上区间变电所，需单独采取防直击雷。

（3）车辆段、停车场

车辆段、停车场的变电所一般是牵引变电所（混合变电所）独立设置，降压变电所与其他建筑物合建。因此，过电压保护方案分别与地面及高架线路变电所基本一致。

13.3.5 钢轨电位限制装置方案

对于走行轨回流的直流牵引供电系统，正常运行状态下，供电分区内列车运行时，走行轨中流过牵引负荷电流，走行轨产生对地电位。钢轨对地电位的大小，主要与牵引供电电压等级、列车参数、牵引负荷电流、牵引所间距、走行轨对地过渡电阻的均衡程度等因素相关。

直流 1 500 V 牵引网电压损失允许值是直流 750 V 牵引网的 2 倍，相应走行轨上对地电位较高。在采用大双边供电时，牵引供电距离增大，此问题会变得更加突出。

当发生某些故障时，可能会引起走行轨对地电位的陡升，如接触网与走行轨发生金属接触短路，接触网对架空地线（地）发生金属接触故障，直流设备发生框架泄漏故障等。

当列车停靠站台，乘客进出车厢时会触摸金属车体，且当人多拥挤时乘客身体接触车体的时间还会较长。此时，如果走行轨上出现过高电位，乘客有受到电击的危险。

直流牵引供电系统一般设有如下继电保护：直流开关速断保护、大电流脱扣保护、电流变化率及其增量（$di/dt+\Delta I$）保护、过电流保护、线路电压保护、牵引变电所双边联跳保护、直流设备框架泄漏保护以及紧急分闸等。直流牵引供电系统发生故障时，会在短时间内切除故障，以保障人身安全、直流牵引供电系统及其设备安全。直流接触电压与允许时间的关系，见表 13.4[105]。

表 13.4　直流接触电压与允许持续时间的关系

允许接触时间（s）	直流接触电压（V）
0.02	940
0.05	770
0.1	660
0.2	535
0.3	480
0.4	435
0.5	396
0.6	310
0.7	270
0.8	240
0.9	200
1.0	170
≤300	150

由于故障情况下可能存在设备拒动问题，仅仅依靠直流牵引供电系统的继电保护措施对于人身安全而言是不够的。因此，在设置继电保护的前提下，还应考虑等电位联结措施。通过等电位联结，降低人身接触电压，使人员处于等电位状态。

为了降低车体与地之间的接触电压和跨步电压，一般在设有牵引变电所的车站和车场设置钢轨电位限制装置，在走行轨对地电位超标时，可将走行轨和变电所接地母排连接起来，这是国际上通用的一种保护人身安全的防护措施。

（1）钢轨电位限制装置工作原理

杂散电流腐蚀防护要求走行轨对地绝缘，以减少杂散电流对地的泄漏，所以，钢轨电位限制装置的投入条件很重要，只有当走行轨对地电位超过限值，才能将走行轨通过钢轨电位限制装置与牵引变电所接地母排连通。

钢轨电位限制装置监视走行轨与地之间的电压，如果该电压超过预定的值，钢轨电位限制装置动作，将走行轨短时接地，同时钢轨电位限制装置监视走行轨与地之间的电流，当该电流低于预定值时，钢轨电位限制装置将自动复位，断开走行轨对地的连接。我国现行标准《城市轨道交通直流牵引供电系统》（GB/T10411—2005）规定利用走行轨回流且在最大负载时，走行轨上任意一点对地电位不大于 90 V。

当正线区间出现正极接地故障时，走行轨电位可能超过限定值而使钢轨电位限制装置导通，钢轨电位限制装置将流过接地故障电流，为避免接触器触头被烧损，钢轨电位限制装置的设计采用了晶闸管加接触器的技术[31]，如图 13.9 所示。

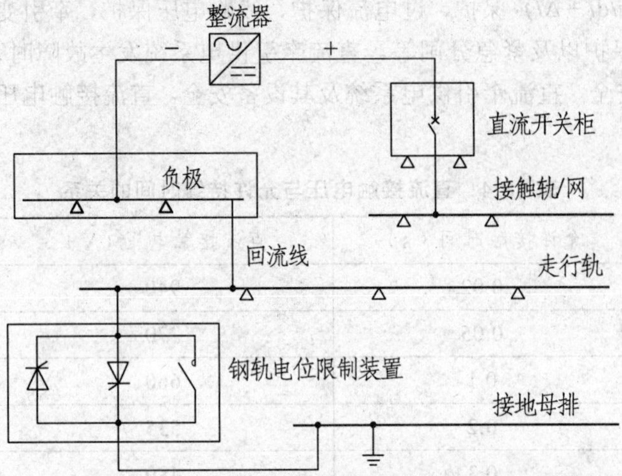

图 13.9　钢轨电位限制示意图

在走行轨对地方向和地对走行轨方向设置两组晶闸管，利用电压检测电路和触发脉冲电路来产生触发脉冲和控制信号去触发两组晶闸管的导通以及控制接触器的闭合。通过控制电路来调节预定的电压值和相应的延时时间。通过电流检测电路，当电流低于预定值时使钢轨电位限制装置自动复位，电流值也可以在一定范围内进行设置。

当接触网对地短路时，会有很大的初始故障电流流过钢轨电位限制装置，而此时晶闸管首先被触发导通来承受该电流。采用了晶闸管技术，确保了当走行轨上出现高电位时，晶闸管可在极短的时间内被触发导通并能承受很大的初始故障电流，使得整个系统更加安全、可靠。

晶闸管导通后承受通过钢轨电位限制装置中的故障电流，近、远端的直流断路器将在几十毫秒内分断故障电流，而接触器的接点机械动作时间远远大于晶闸管的导通时间和断路器的动作时间，故接触器的接点容量设计不需要考虑承受故障电流，但要考虑能承受长时间的电流而不发生过热。当接触器接点闭合后，走行轨与地之间的电流将主要通过接触器，直到该电流降至预设电流值以下时钢轨电位限制装置复位，接触器接点才打开。

（2）钢轨电位限制装置与直流框架泄漏保护的关系

直流框架泄漏保护用来保护直流设备正极碰壳或对地绝缘损坏，设有电压和电流动作元件，可用于报警或跳闸。钢轨电位限制装置两端分别为走行轨、保护地，用于限制走行轨对地电位，保护人身安全。

当发生直流设备正极碰壳或对地绝缘损坏时，直流框架泄漏保护装置内的电压元件将检测设备外壳与走行轨之间的电位差，发出报警信号；其中的电流元件将检测设备外壳与保护地之间的漏电流，此漏电流的大小取决于直流框架泄漏保护分流器和走行轨对道床过渡电阻的大小，直流框架泄漏保护将会动作于直流开关跳闸。

钢轨电位限制装置检测的是走行轨对保护地的电位差，这是杂散电流在走行轨与道床之间过渡电阻上产生的电压，该电位差较大时，轨道电位限制装置将会动作。

14 电缆选择及敷设

电缆选择及敷设是城轨供电系统的重要设计内容，直接关系着供电系统的可靠性和经济性。本章分三部分介绍城市轨道交通电缆选择及敷设。电力电缆选择一节介绍电力电缆类型、截面和电缆附件的选择；控制电缆选择一节介绍控制电缆的要求、金属屏蔽、接地、根数和截面的选择；电缆敷设一节介绍在高架线路、地面线路、地下线路、特殊地段、车站、车辆段等不同场所的电缆敷设方式。

14.1 概 述

城市轨道交通供电系统中，有电力电缆和控制电缆。电力电缆可分为交流电力电缆和直流电缆；交流电力电缆有高压电力电缆、中压电力电缆、低压电力电缆；直流电缆主要指直流牵引电缆。

电力电缆的选择主要包括电缆类型、电缆截面、电缆附件的选择及配置。其中电缆类型的选择应考虑导体材料、电缆芯数、绝缘水平、绝缘材料及护套等；电缆截面的选择应考虑电缆载流量、电缆经济电流特性、电压损失、热稳定等因素；电缆附件的选择及配置包括电缆终端头及中间头的设置、类型、绝缘特性、机械强度、金属护层、接地方式等。

控制电缆的选择包括芯数、截面及金属屏蔽要求等。

根据城轨供电系统的特点，高压电力电缆、中压电力电缆应按照远期高峰小时用电负荷进行选择；低压电力电缆根据动力照明相关计算进行选择；直流牵引电缆按照Ⅵ类重牵引负荷特性进行选择。

城市轨道交通工程中，区间电力电缆一般敷设在行车方向的左侧。针对不同的线路形式，电缆敷设的方式各不相同。对于双洞双线，电力电缆一般采用支架方式敷设在中墙上；对于单洞双线，电力电缆一般采用沟槽方式敷设在道床两侧；对于地下道岔区，电力电缆一般敷设在隧道顶部；对于U形槽地段，电力电缆采用支架方式敷设在左侧壁中部；对于高架桥，电力电缆采用电缆槽或支架方式敷设；对于地面线，采用电缆沟、支架或管井方式敷设；对于车站，电缆敷设在车站站台板下；对于跨越轨道的电缆，采用隧道顶部卡固或轨道底部穿管的敷设方式；车辆段的干线电缆采用电缆沟或电缆隧道敷设方式，对于支线电缆采用管井或直埋敷设方式。

14.2 电力电缆选择

电力电缆的选择一般包括：电缆类型的选择、电缆截面的选择、电缆载流量的选择、电缆经济电流密度计算和电压损失计算等。根据城市轨道交通特点，电力电缆选择分为高压电力电缆、中压电力电缆、直流电缆、低压电力电缆选择。

高压电力电缆选择，应满足当地电力部门要求。

中压电力电缆选择，应按照城市轨道交通高峰小时负荷电流有效值进行选择，每回进线电源电缆选择应满足供电分区的一、二级负荷的供电要求。

直流电缆选择，应满足供电分区的远期高峰小时牵引负荷要求。

低压电力电缆选择，按照负荷特点进行选择。

14.2.1　电力电缆类型选择

14.2.1.1　导体材料选择

用作电缆的导电材料通常有铜和铝两种。铜的导电率高，20°C 时的电阻率 ρ 为 $1.72\times10^{-6}\ \Omega\cdot\mathrm{cm}$，铝线芯 20°C 时的电阻率为 $2.86\times10^{-6}\ \Omega\cdot\mathrm{cm}$，约为铜线芯的 1.66 倍；载流量相同时，铝线芯截面约为铜线芯的 1.5 倍，铜线芯损耗比较低。铜的机械性能优于铝，抗疲劳，延伸性好，便于加工和安装。但铝比重小，在电阻值相同时，铝线芯的质量仅为铜线芯的一半。

目前城市轨道交通中均采用铜作为电缆的导电材料。

14.2.1.2　电缆芯数选择

在城轨供电系统中，35 kV 及以上电力电缆通常采用单芯电缆；10 kV 电力电缆通常采用三芯电力电缆；低压电力电缆在 150 mm^2 及以下截面采用五芯电力电缆，185 mm^2 及以上电力电缆大部分采用单芯电缆；直流电缆采用单芯电缆。电缆芯数选择见表 14.1。

表 14.1　电缆芯数选择

电　压	系统制式	电缆芯数		说　明
		3 根单芯	多芯	
35 kV 交流	三相	3 根单芯		
10 kV 交流	三相		3 芯	
<1 kV 交流	三相四线制		4 或 5 芯	TN-C 系统的 PEN 线应和相线在同一电缆内，即用 4 芯
	三相三线制		3 或 4 芯	
	单相两线制		3 芯	
750 V 或 1 500 V	直流	单芯		

14.2.1.3　电力电缆绝缘水平选择

正确地选择电缆的额定电压值是确保长期安全运行的关键之一。电缆绝缘水平的选择见表 14.2[2]。

电缆缆芯对地（与绝缘屏蔽层或金属护套之间）的额定电压 U_0 应满足所在电力系统中性点接地方式及其运行要求的水平。中性点非有效接地（包括中性点不接地和经消弧线圈接地）系统中的单相接地故障持续时间在 2 h 之内，应选用第Ⅱ类的 U_0。当系统中的单相接地故障能很快切除，在任何情况下故障持续时间不超过 1 min 时，选用第Ⅰ类的 U_0。一般情况下，220/380 V 系统只选用第Ⅰ类的 U_0，10 kV～35 kV 系统可选用第Ⅱ类的 U_0。电缆缆芯之间的额定电压 U 应大于或等于系统标称电压 U_n。电缆设计用缆芯之间的工频最高电压 U_{max} 应按大于或等于系统的最高工作电压选择[2]。

表 14.2　电缆绝缘水平选择

系统标称电压 U_n（kV）		0.22/0.38	3		6		10		35	
电缆的额定电压 U_0/U	U_0（kV）第Ⅰ类	0.6/1（0.3/0.5）（0.45/0.75）	1.8/3		3/6		6/10		21/35	
	U_0（kV）第Ⅱ类			3/3		6/6		8.7/10		26/35
缆芯之间的工频最高电压 U_{max}（kV）			3.6		7.2		12		42	
缆芯对地的雷电冲击耐受电压的峰值 U_{p1}（kV）					60	75	75	95	200	250

14.2.1.4　绝缘材料及护套选择

1）普通电缆选择

普通电缆分为聚氯乙烯（PVC）绝缘电缆、交联聚乙烯绝缘（XLPE）电缆。在城市轨道交通中，聚氯乙烯绝缘电缆用于高架或地面线路，交联聚乙烯绝缘电缆用于地下线路。

（1）聚氯乙烯（PVC）绝缘电缆

线芯长期允许工作温度 70°C，短路热稳定允许温度 300 mm^2 及以下截面电缆为 160°C，300 mm^2 以上电缆为 140°C。

聚氯乙烯绝缘及护套电力电缆有 1 kV 及 6 kV 两级。聚氯乙烯的缺点是对气候的适应性差，低温时变硬发脆。随着经济发展和技术进步，聚氯乙烯绝缘电缆还有不少新品种，如引进美国技术生产的 BVN、BVN-90 型及 BVNVB 型聚氯乙烯绝缘尼龙护套电缆等。这种电缆表面耐磨，比普通 BV 型导线外径小、质量轻，特别适合穿管敷设[2]。普通聚氯乙烯虽然有一定的阻燃性能，但在燃烧时散放有毒烟气，对于城市轨道交通地下工程不应采用。

（2）交联聚乙烯绝缘（XLPE）电缆

线芯长期允许工作温度 90°C，短路热稳定允许温度 250°C。

交联聚乙烯绝缘电力电缆，介质损耗低，性能优良，结构简单，制造方便，外径小，质量轻，载流量大，敷设方便，不受高差限制，耐腐蚀，故聚乙烯绝缘电缆有较好的市场前景。

普通的交联聚乙烯材料不含卤素，不具备阻燃性能，但燃烧时不会产生大量毒气及烟雾，用它制造的电缆称为“清洁电缆”。若要兼备阻燃性能，须在绝缘材料中添加阻燃剂，但这样会使机械及电气性能下降。采用辐照工艺可提高机械及电气性能，又可使绝缘耐温提高至 125°C～135°C。通常在人可触及处，电缆或管线的表面温度不允许超过 70°C，而线芯与绝缘表面的温差仅 5°C～10°C。因此，90°C～135°C 的导线主要用于高温环境或人不能触及的部位[2]。

城市轨道交通地下线路的中压电力电缆、直流电缆、阻燃电力电缆通常采用交联聚乙烯绝缘（XLPE）聚乙烯护套电力电缆，在地面或者高架工程中采用交联聚乙烯绝缘聚氯乙烯护套电力电缆，但应具备防紫外线功能。

2）橡皮绝缘电力电缆

线芯长期允许工作温度 60°C，短路热稳定允许温度 200°C。

橡皮绝缘电缆弯曲性能较好，能够在严寒气候下敷设，特别适用于水平高差大和垂直敷设的场合。它不仅适用于固定敷设的线路，也可用于定期移动的固定敷设线路。在城市轨道交通施工中，临时用电通常采用橡皮绝缘电缆。

3）乙丙橡胶（EPR）电力电缆

线芯长期允许工作温度可达 90°C，短路热稳定允许温度 250°C。

乙丙橡胶（EPR）的全称是交联乙烯-丙烯橡胶，具有耐氧、耐臭氧的稳定性和局部放电的稳定性，也具有良好的耐寒特性，即使在－50°C 时，仍保持良好的柔韧性[2]。此外，它还有良好的抗风化和光照的稳定性，特别是它不含卤素，又有阻燃特性，采用磺化聚乙烯护套的乙丙橡胶绝缘电缆，适用于要求阻燃的场所。乙丙橡胶绝缘电缆在城市轨道交通中已经广泛应用，通常用于直流牵引电缆的选型。乙丙橡胶电缆有良好的电气、机械特性，即使在潮湿环境下也具有良好的耐高温性能。

4）阻燃电缆选择

阻燃电缆是指在规定试验条件下被燃烧，具有使火焰蔓延仅在限定范围内，撤去火源后，残焰和残灼能在限定时间内自行熄灭的电缆。阻燃电缆燃烧时烟气特性可分为三大类：

① 一般阻燃电缆：成品电缆燃烧试验性能，燃烧时对产生的酸气腐蚀性及发烟量不作要求时采用。

② 低烟低卤阻燃电缆：电缆燃烧时要求气体酸度较低，测定酸气逸出量在 5%～10% 的范围，酸气 pH<4.3，电导率≤20 μs/mm，烟气透光率>30%，称为低卤电缆[2]。

③ 无卤阻燃电缆：电缆在燃烧时不发生卤素气体，酸气含量在 0%～5% 的范围，酸气 pH≥4.3，电导率≤10 μs/mm，烟气透光率>60%，称为无卤电缆[2]。

城市轨道交通中的地下线路采用低烟无卤阻燃电缆，地面或高架线路可采用低烟阻燃电缆。

5）耐火电缆选择

耐火电缆是指在规定试验条件下，在火焰中被燃烧一定时间仍保持正常运行特性的电缆。

耐火电缆按耐火特性分为 A 类和 B 类两种，见表 14.3[2]。

表 14.3　耐火电缆分类

类　别	耐火特性		
	受火温度（°C）	供火时间（min）	技术指标
A	900～1 000	90	3A 熔丝不熔断
B	750～800		

耐火电缆按绝缘材质可分为有机型和无机型两种。

① 有机型主要是采用耐高温 800°C 的云母带以 50% 重叠搭盖率包覆两层作为耐火层。

② 无机型是矿物绝缘电缆，它是采用氧化镁作为绝缘材料，铜作为护套材料的电缆，国际上称为 MI 电缆。

在城轨供电系统中，为应急照明、消防设施供电的电缆，明敷时应采用低烟无卤耐火铜芯电缆或矿物绝缘耐火电缆。

6）铠装外护套选择

铠装外护套选择与敷设方式密切相关。

直埋敷设。在土壤可能发生位移的地段，如回填土及大型建筑物、构筑物附近应选用能承受机械张力的钢丝铠装电缆，或采取预留长度、用板桩或排桩加固土壤等措施，以减少或消除因土壤位移而作用在电缆上的应力。

电缆金属套或铠装外面应具有聚氯乙烯防腐蚀外套，当位于含有腐蚀性的矿渣填土时，应具有增强防护性的外护套。

导管或排管中敷设。宜选用聚氯乙烯外护套。

空气中敷设。可能承受机械损伤或防鼠害、蚁害要求较高的场所，应采用铠装电缆，并敷设于托盘、梯架、槽盒内。防白蚁型聚乙烯护套电缆，它的规格、电气性能、机械物理性能与普通型同类产品相同，无防鼠、蚁害要求时，可不需铠装。

除架空绝缘电缆外，普通电缆用于户外时，宜有遮阳措施，如加罩、盖或穿管等[2]。

14.2.1.5 母线的选择

传输大电流的场合（如 630 A 及以上电流）可采用母线。母线分为裸母线和母线槽两大类。前者敷设在绝缘子上，可以达到任何电压等级。母线截面形状有矩形、圆形、管形等。矩形裸母线还常常用于低电压、大电流的场合。

母线导电材料有铜、铝、铝和铜复合导体，如铜包铝或钢铝复合材料，常常用于滑接式母线槽（即安全滑触线）。

母线槽传输电流大，安全性能好，结构紧凑，占空间小，适合于城市轨道交通，尤其在大电流负荷回路（如冷水机组回路、环控电控回路等）可以采用。

母线槽选择可从以下几方面进行[2]:

（1）按绝缘方式选择

有密集绝缘、空气绝缘和空气附加绝缘三种。

① 密集绝缘母线槽是将裸母线用绝缘材料覆盖后放置的母线槽。密集绝缘母线槽，相间紧贴，中间没有气隙，有较好的热传导和动稳定性。大电流母线槽推荐首选密集绝缘方式。缺点是加工较复杂，在接头和插接引出口处需将母排弯曲扩张，同时，外壳零件也较多，生产成本较高。

② 空气绝缘母线槽是将裸母线用绝缘垫块支撑在壳体内，靠空气介质绝缘的母线槽。它制作较为简便，接头和插接引出口处，母排仍保持直线状，外壳零件少，外形较美观。绝缘不存在老化问题，但由于壳体内封存有空气，散热性能不如密集绝缘，因此，在大电流规格时，导体截面利用不够经济，使导体断面尺寸偏大。空气绝缘母线槽的另一个缺点是由于受温度升高的影响，电阻较同截面密集母线要稍大。

③ 空气附加绝缘母线槽是将裸母线用绝缘材料覆盖后，再用绝缘垫块支撑在体内的母线槽，也称混合绝缘型。这种绝缘方式类同于但优于空气绝缘母线槽。

（2）按功能分类选择

有馈电式、插接式和滑接式三种。

① 馈电式母线槽是由各种不带分接装置（无插接孔）的母线干线单元组成，它是用来将电能直接从供电电源处传输到配电中心的母线槽。常用于变压器与配电盘的连接线路，或者配电盘之间的连接线路。

② 插接式母线槽是由带分接装置的母线干线单元和插接式分线箱组成，用来传输电能并

可引出电源支路的母线槽。

③ 滑接式母线槽是用滚轮或者滑触型分接单元的母线干线单元，常用于移动设备的供电，如行车、电动葫芦。它的最大优点是取点位置可以任意选择而不需要变更母线槽结构，使用十分方便。

（3）按外壳形式及防护等级选择

母线槽外壳有表面喷涂的钢板、塑料及铝合金三种材料。最多见的是表面喷涂钢板式，它加工容易，成本较低。单组母线载流量最大为 2 500 A，需要更大电流时，采用两组并联。主要适用于室内干燥环境，外壳防护等级可达 IP54～IP63。

塑料外壳母线槽，采用注塑成形，内部构造属于空气绝缘式，导体嵌入塑料槽内。它的突出优点是耐腐蚀性，可适用于相对湿度 98% 的环境，外壳防护等级可达到 IP56。

另有一类树脂浇注式母线槽，最高外壳防护等级可达到 IP68，树脂既作绝缘又作骨架，这类母线槽也适用于腐蚀环境及高温度环境。

铝合金外壳内部结构属于密集绝缘式。铝合金外壳上还设计了散热板，增大了散热面积，使结构更紧凑，外形尺寸小，质量轻，外壳用成形铝材，装配精度高。单组母线的载流量可以达到 5 000 A，当需要更大的载流量时，可以采取并联方式使用，外壳防护等级可达 IP66，外壳可作为 PE 线使用。

（4）按防火要求选择

有普通型和耐火型两种。在火灾情况下，一定时间内仍然保持正常运行特性的母线槽应采用耐火型，其规定的试验条件同耐火电缆。

耐火型母线槽就结构上分类有两种。

① 外涂敷型耐火母线槽。在壳体外部，涂敷一层防火材料（这种耐火母线壳体上还设有通风百页，正常运行时作为散热通道），一旦着火，防火材料受热膨胀，将火焰隔离，同时将通风百页封堵，以维持母线槽的正常运行。

② 内衬垫型耐火母线槽，它采用耐火材料制作绝缘垫块，达到耐火目的。这种母线槽平时运行时散热条件与普通空气绝缘母线槽相同，优于外涂敷型耐火母线槽，而且成本较低，目前已有生产。

（5）按额定电压选择

共分为低压母线槽 380 V、660 V 及高压母线槽 3.6 kV～35 kV。高压母线槽国内尚无统一标准，目前有空气绝缘及环氧树脂绝缘（又称为 GFC 离相型高压封闭母线槽和 C 密集型高压封闭母线槽）两种类型，外壳用钢板防护，结构尺寸较小。3.6 kV～35 kV 高压母线槽主要用于室内变电所。

在城轨供电系统中，通常采用空气绝缘、馈电式、喷涂钢板式、耐火型母线，主要用于变压器与低压柜的连接和低压开关柜分列布置的连接。

14.2.2 电力电缆截面选择

14.2.2.1 按照载流量选择

电力电缆的选择应满足系统载流量的要求以及在系统潮流分布下的最大运行方式计算容量的载流要求，并按远期高峰小时牵引负荷有效值进行电缆截面选择。电缆载流量易受材质、敷设处环境温度、敷设方式、土壤热阻系数、敷设回路的影响。

1）电缆载流量的决定因素

（1）电缆的材质

材质不同，线芯导电材料的损耗大小、绝缘材料的允许长期工作温度和允许短路温度也不同。

（2）环境温度

环境温度系指电缆无负荷时周围介质温度。一般的手册中载流量空气中敷设是以环境温度 30°C 为基准，埋地敷设是以环境温度 20°C 为基准。在不同的环境温度下，电缆允许的载流量应乘以相应的校正系数，当敷设处环境温度不同时，载流量应乘以校正系数 K_t，计算公式[2]如下：

$$K_t = \sqrt{\frac{\theta_n - \theta_a}{\theta_n - \theta_c}} \tag{14.2-1}$$

式中　θ_a——敷设处的环境温度（°C）；

θ_c——已知载流量数据的对应温度（°C）；

θ_n——电缆线芯允许长期工作温度（°C）。

（3）敷设方式

在城市轨道交通工程中，电缆敷设方式主要有电缆户外敷设、穿管敷设、电缆沟内敷设三种。

① 电缆户外敷设。电缆户外敷设且无遮阳时，根据电缆截面和电压等级的不同应乘以相应的载流量校正系数。

② 穿管敷设。穿管敷设是指电缆穿管明敷在空气中或暗敷在墙内、楼板内、地坪下。环境温度采用敷设地点的最热月的日平均最高温度。管材种类在载流量国家标准（GB/T16895.15—2002）中，不再区分塑料管和钢管。在管线多根并列敷设时，其载流量应乘以校正系数。

电缆穿管敷设时，对不载流或正常情况下载流很小的中性线，可不计入电缆根数。

③ 电缆沟内敷设。电缆在不通风且有盖的电缆沟内，电缆产生的热量主要靠四壁传导散出，因此会造成热量积聚，使电缆沟内空气温度上升，电缆的长期允许载流量相对空气可以自由流动的地方小。电缆沟空气的温升与电缆沟断面尺寸及电缆总损耗有关。

对于室内电缆沟或者室外电缆沟盖板上覆土厚度超过 30 cm 以上者，可不计阳光直射的影响。选择电缆截面时，电缆沟内空气温度可按最热月的日最高温度平均值加 5°C 来选择。对于室外电缆沟盖板上无覆土的情况，应计入阳光直射盖板发热而导致沟内气温上升的因素，通常，日照可使沟内平均气温升高 2°C～5°C。

当电缆数量较多并采用电缆隧道敷设时，须详细计算因电缆发热而引起的隧道内空气的温升。一般电缆隧道宜采用自然通风。在自然通风情况良好的电缆隧道内，选择电缆截面时，环境温度仍可采用最热月的日最高温度平均值。

当电缆数量较多而且有一定数量的交联聚乙烯绝缘电缆时，由于线芯工作温度达 80°C～90°C，电缆外表温度也接近 60°C～70°C。会导致环境温度显著升高。当隧道内气温达到 50°C 时，须采取机械通风。此时，选择电缆截面应根据隧道内的计算温度来确定载流量[2]。

（4）土壤热阻系数

土壤热阻是指土壤与电缆表面界面的热阻，它和界面大小、土壤性质、土壤密度、含水量及电缆表面温度等因素有关。当电缆直埋或穿管埋地时，除土壤温度外，土壤热阻系数是另一影响电缆载流量的主要因素。

（5）多回路敷设时的载流量修正

一般的手册中给出的均为单回路或单根电缆的载流量数据，当多回路敷设时应乘以相应的修正系数。

2）按远期高峰小时负荷有效值选择电缆截面

（1）中压电力电缆选择

系统电缆载流量应满足远期高峰小时负荷的要求，即在正常运行方式下，满足所在供电分区内的牵引负荷及全部动力照明负荷的供电要求。

城轨供电系统中的各种变电所均应有两路独立电源，每路电源的容量应满足变电所全部一、二级负荷的要求。这两路电源可以来自不同变电所，也可来自同一变电所的不同母线。

城轨供电系统的中压网络应按列车运行的远期通过能力设计，对互为备用的中压电缆，一路退出运行，另一路应承担其一、二级负荷的供电，线路末端电压损失不宜超过5%。

电缆载流量应满足系统在最大运行方式下的负荷需要，并留有一定裕量。电缆应能承受系统在各种运行方式下的短路电流。电缆类型的选择应考虑工程实施的方便性。电缆选型应满足城市轨道交通安全性要求和不同敷设环境的要求。

（2）直流电缆选择

① 直流电缆的一般要求。城轨供电系统直流上网电缆、回流电缆的根数及截面应根据大双边供电方式下的远期高峰小时牵引负荷计算确定，每个回路的电缆根数不得少于两根。

变电所内的直流电缆不宜采用铠装形式，对于变电所外的直流电缆为避免敷设损伤可采用铠装形式，应处理好外铠与接地的关系。直流电缆截面和载流量的要求，应满足Ⅵ类重牵引负荷的要求。

② 直流电缆与交流电缆的特点。交联聚乙烯绝缘电缆在交、直流电压下的电场分布不同。

交联聚乙烯绝缘层是采用聚乙烯交联而成，属整体型绝缘结构，其介电常数为2.1～2.3，受温度变化的影响较小。在交流电压下，交联聚乙烯电缆绝缘层内的电场分布是由介电常数决定的，即电场强度是按介电常数反比例分配，这种分布比较稳定。在直流电压作用下，其绝缘层中的电场强度是按绝缘电阻系数正比例分配，其绝缘电阻系数分布是不均匀的。这是因为交联聚乙烯电缆在交联过程中不可避免地溶入一定量的副产品，它们具有相对小的绝缘电阻系数，在绝缘层径向分布是不均匀的，所以在直流电压下交联聚乙烯电缆绝缘层中的电场分布不同于理想的圆柱体绝缘结构，与材料的不均匀性有关。

直流单极性电荷对电缆寿命影响较大。

交联聚乙烯绝缘电缆在直流电压下会积累单极性电荷，释放由直流电压引起的单极性空间电荷需要很长时间。电缆如果在直流残余电荷未完全释放之前投入运行，直流电压便会叠加在电压峰值上，电缆上的电压值将超过其额定电压，这会导致电缆绝缘老化加速，使用寿命缩短，严重的会发生绝缘击穿。

交流电力电缆可以应用于直流牵引系统。

根据电力电缆及其应用手册，在具有最大运行电压 $U_{\text{b max}}=1.8$ kV 的直流系统中，VDE

标准允许使用额定电压 $U_n=3$ kV 交流电力电缆。另外，从 IEC502 有关电压试验的规定来看，当使用直流电压试验时，所加的电压应为工频试验电压的 2.4 倍。据此，标称电压为 750 V 及 1 500 V 的直流系统中的电缆，均可采用 3 kV 的交流电力电缆。目前，国内很多运营线路采用的大多是低压交流电缆以替代直流电缆。所以，如果采用低压交流电缆替代直流电缆，应在技术参数、运行管理方式上加以注意，避免电缆出现老化加速、寿命缩短的情况。针对直流电源特性的电缆生产企业很少，交联聚乙烯绝缘电缆性能优良、制造工艺简单、安装方便，已成为直流绝缘电缆的替代品。

14.2.2.2 按经济电流选择截面

电缆截面选择除技术条件外，另一个方面是经济条件，即按经济电流选择。所谓经济电流是寿命期内，投资和导体损耗费用之和最小的适用截面（区间）所对应的工作电流（范围）。

按载流量选择线芯截面时，除计算初始投资外，还要考虑经济寿命期内导体损耗费用，二者之和应最小，但线路损耗费用增大；反之增大线芯截面时，线路损耗减少，两者之和（总费用 TOC）最小，即为经济截面。

电气设计领域逐步同国际接轨是电气设计的进步。国际电工委员会（IEC）按经济电流选择电缆截面，制定了“电力电缆的线芯截面最佳化”标准（即 IEC287—3—2/1995）。全面推行按经济电流选择电缆截面的方法，将减少 35%～42% 的线路损耗，经济意义重大。在电力和建筑电气工程中推行按经济电流选择电缆截面是优化设计的内容之一。一般情况下，按温升选择的截面与按经济电流确定的导体截面二者取较大者。

（1）总费用最小法则（TOC）

总费用计算公式[2]如下：

$$CT = CI + CJ \tag{14.2-2}$$

式中 CT——总费用（元）；

CI——电缆主材、附件费用及施工费用之和（元）；

CJ——损耗费用（元）。

总费用与负载（电流）大小、年最大负荷利用小时、电价、电缆电阻（截面）、使用寿命等因素有关，计算公式[2]如下：

$$CJ = I_{\max}^2 R_L F \tag{14.2-3}$$

$$F = N_p N_C \left(\tau P + D\right)\frac{\psi}{1+i/100} \tag{14.2-4}$$

$$\psi = \sum_{n=1}^{N}\left(r^{N-1}\right) = \frac{1-r^N}{1-r} \tag{14.2-5}$$

$$r = \frac{\left(1+a/100\right)^2\left(1+b/100\right)}{1+i/100} \tag{14.2-6}$$

式中 $I_{\max}$——第一年的最大负载电流（A）；

R_L——计算各种因素（如集肤效应、邻近效应、护层电流、温度、长度等）后的实际交流电阻值（Ω）；

F——综合系数；

N_C、N_p——分别为回路数和导体的数量；

τ——年最大负荷损耗小时（h）；

P——电价（元/kW · h）；

D——附加发电成本（元/kW · h）；

ψ——经济寿命内增长系数；

r——年增长系数；

a——负荷增长率（%）；

b——能源增长率（%）；

i——贴现率（%）；

N——经济寿命，根据国家电力公司动力经济研究中心建议，$N=30$ 年。

（2）经济电流范围

在一定的敷设条件下，每一线芯截面都有一个经济电流范围，IEC287—3—2/1995 提供了这一范围上、下限值的计算公式[2]如下：

$$I_{ec1}=\left\{CI-CI_1/\left[FL\left(R_1-R\right)\right]\right\}^{0.5} \tag{14.2-7}$$

$$I_{ec2}=\left\{CI_2-CI/\left[FL\left(R-R_2\right)\right]\right\}^{0.5} \tag{14.2-8}$$

式中 I_{ec1}——经济电流范围的上限值（A）；

I_{ec2}——经济电流范围的下限值（A）；

CI——某一截面电缆的总投资（元）；

CI_1——比 CI 小一级截面电缆的总投资（元）；

CI_2——比 CI 大一级截面电缆的总投资（元）；

F——综合系数；

L——电缆长度（km）；

R——CI 对应截面电缆单位长度的交流电阻（Ω/km）；

R_1——CI_1 对应截面电缆单位长度的交流电阻（Ω/km）；

R_2——CI_2 对应截面电缆单位长度的交流电阻（Ω/km）。

以上公式适用于中、低压电力电缆。

14.2.2.3 按电压损失校验截面

用电设备端子电压实际值偏离额定值时，其性能将受到影响，影响程度由电压偏差的大小和持续时间而定。配电设计中，按电压损失校验电缆截面时，应使各种用电设备端电压符合电压偏差允许值。当然还应考虑到设备运行状况。

选择耐火电缆应注意，因着火时线芯温度急剧升高导致电压损失增大，应按着火条件核算电压损失，以保证重要设备连续运行。只要将按正常情况（即电压偏差允许值按＋5%～－5%）选择的电缆截面放大一至两级就可以，原来选择 50 mm^2 及以下时，放大一级截面；70 mm^2 及以上时放大两级截面，通常就可以满足着火条件下的电压偏差不低于－10% 的条件。

电压损失计算公式[2]如下：

① 三相平衡负荷计算公式如下：

$$\Delta u\% = \frac{1}{10U_{n}^{2}}\sum[(R'_{o} + X'_{o}\tan\varphi)Pl] \tag{14.2-9}$$

② 线电压单相负荷计算公式如下：

$$\Delta u\% = \frac{2}{10U_{n}^{2}}\sum[(R'_{o} + X''_{o}\tan\varphi)Pl] \tag{14.2-10}$$

③ N线平衡负荷线路计算公式如下：

$$\Delta u\% = \frac{2.25}{10U_{n}^{2}}(R'_{o} + X''_{o}\tan\varphi)Pl \tag{14.2-11}$$

④ 相电压的单相负荷线路计算公式如下：

$$\Delta u\% = \frac{2}{10U_{nph}^{2}}(R'_{o} + X''_{o}\tan\varphi)Pl \tag{14.2-12}$$

式中 U_n——标称电压（kV）；

R'_o——单位长度电阻（Ω/km）；

X'_o——单位长度感抗（Ω/km）；

X''_o——单相线路单位长度感抗（Ω/km）；

U_{nph}——标称相电压（kV）；

P——负荷功率（kW）；

l——负荷距离（km）；

$\tan\varphi$——功率因素相角正切值。

14.2.2.4 按热稳定校验截面

按照热稳定校验电缆截面，首先应进行短路计算。校核电缆应符合下列规定：

① 计算用系统接线，应采取正常运行方式。

② 短路点应选取在通过电缆回路最大短路电流处，宜按三相短路计算。

③ 短路电流作用时间，应取保护切除时间与断路器全分闸时间之和。对直馈线，应采取主保护时间。其他情况，宜按后备保护计。

缆芯允许最小截面计算公式如下：

$$S \geqslant \frac{\sqrt{I^2 t}}{C} \times 10^2 \tag{14.2-13}$$

$$C = \frac{1}{\eta}\sqrt{\frac{Jq}{\alpha k\rho}\ln\frac{1+\alpha(\theta_m - 20)}{1+\alpha(\theta_P - 20)}} \tag{14.2-14}$$

$$\theta_P = \theta_O + (\theta_H - \theta_O)\left(\frac{I_P}{I_H}\right)^2 \tag{14.2-15}$$

式中 S——缆芯导体截面（mm^2）；

I——系统电源供给短路电流的周期分量起始有效值（A）；

t——短路切除时间（s）；

C——折算系数；

J——热工当量系数，取 1.0；

q——缆芯导体的单位体积热容量（铝芯取 2.48、铜芯取 3.4）（$J/cm^3 \cdot °C$）；

θ_P——短路发生前的缆芯最高工作温度（°C）；

θ_m——短路作用时间内电缆缆芯允许最高温度（°C）；

θ_H——电缆额定负荷的缆芯允许最高工作温度（°C）；

θ_O——电缆所处的环境温度最高值（°C）；

I_H——电缆的额定负荷电流（A）；

I_P——电缆实际最大工作电流（A）；

α——20°C 时缆芯导体的电阻温度系数（铜芯为 0.00393、铝芯为 0.00403）（1/°C）；

ρ——20°C 时缆芯导体的电阻系数（铜芯为 0.0184×10^{-4}、铝芯为 0.031×10^{-4}）（$\Omega \cdot cm$）；

η——计入包含电缆芯线充填物热容影响的校正系数，对 3 kV～10 kV 电动机馈线回路，宜取 $\eta=0.93$，其他情况可按 $\eta=1$；

k——缆芯导体的交流电阻与直流电阻之比值。

14.2.3 电缆附件的选择与配置

电缆附件主要包括电缆终端头、电缆中间头。电缆附件选择时应注意装置类型、绝缘特性、机械强度、金属护层、接地方式等。

（1）电缆终端的装置类型选择

电缆与六氟化硫全封闭电器直接相连时，应采用封闭式终端。

电缆与高压变压器直接相连时，应采用象鼻式终端。

电缆与电器相连具有整体式插接功能时，应采用可分离式（插接式）终端。

除上述情况外，电缆与其他电器或导体相连时，应采用敞开式终端。

（2）电缆终端的绝缘特性选择

终端的额定电压及其绝缘水平不得低于所连接电缆额定电压及其要求的绝缘水平。

终端的外绝缘应符合安置处海拔高程、污秽环境条件所需泄漏比距的要求。

（3）电缆终端的机械强度

电缆终端的机械强度应满足安置处引线拉力、风力和地震力作用的要求。

（4）电缆接头的装置类型选择

单芯高压电缆实行交叉互联接地的隔断金属护层连接部位应采用绝缘接头。

电缆线路中需分支接出时应采用 T 形或 Y 形分支接头。

三芯与单芯电缆相连时应采用转换接头。

除上述情况外的电缆连接应采用直通接头。

电缆接头的构造类型选择应按连接电缆的绝缘类型、安置环境、作业条件，满足工程所需可靠性和经济合理性来选择。

（5）电缆接头的绝缘特性

接头的额定电压及其绝缘水平不得低于所连接电缆额定电压及其要求的绝缘水平。

绝缘接头的绝缘环两侧耐受电压不得低于所连接电缆护层绝缘水平的 2 倍。

（6）电缆终端、接头的布置

电缆终端、接头的布置应满足安装维修所需的间距，以及电缆允许弯曲半径的要求。

① 终端支架构成方式应利于电缆及其组件的安装；大于 1 500 A 工作电流时，支架构造宜有防止横向磁路闭合等附加发热措施。

② 考虑到杂散电流对电缆金属护层有腐蚀影响，接头设置方式宜便于检查维护。

（7）交流单相电力电缆的金属护层

交流单相电力电缆的金属护层必须直接接地，且在金属护层上任一点非接地处的正常感应电压[78]满足下列要求。

① 未采取不能任意接触金属护层的安全措施时，不得大于 50 V。

② 采取不能任意接触金属护层的安全措施时，不得大于 100 V。

（8）交流单相电力电缆金属护层的接地方式选择

① 线路不长，宜采取在线路一端直接接地（单点互联接地）。

② 线路较长，一端直接接地不能满足规范要求时，35 kV 及以上电缆线路或 35 kV 以上高压电缆输送容量较小的情况，可采取在线路两端直接接地（全接地）。

③ 除①、②项外的较长线路，宜划分适当的单元设置绝缘接头，使电缆金属护层分隔在三个区段以交叉互联接地。每单元系统中三个分隔区段的长度宜均等。

（9）35 kV 以上交流单相电缆金属护层的电气通路仅有单点互联接地时，在位于远距的未直接接地端，应经护层绝缘保护器（金属护层电压限制器）接地

（10）护层绝缘保护器的参数选择

① 最大冲击电流作用下的残压不得大于电缆护层的冲击耐压数值。

② 最大工频过电压 5 s 作用下应能耐受。

③ 最大冲击电流累积作用 20 次后，保护器不得损坏。

（11）电缆护层绝缘保护器的配置选择

保护器及其装置应满足使用环境条件下耐久可靠、维护简便。

保护器的三相连接可采取中性点接地的星形接线方式。

保护器与电缆金属护层的连接线选择应符合下列规定：

① 连接线应尽量短，宜在 5 m 内且采用同轴电缆。

② 连接线应与电缆护层的绝缘水平一致。

③ 连接线的截面应满足最大电流通过时的热稳定要求。

（12）交流 110 kV 及以上单芯电缆在下列情况下宜沿电缆邻近配置并行回流线

① 可能出现的工频或冲击感应电压，超过电缆护层绝缘的耐受强度时。

② 需抑制对电缆邻近弱电线路的电气干扰强度时。

（13）回流线的选择与设置

① 电缆回流线的阻抗及其两端接地电阻宜与系统内最大零序电流和回流线上感应电压允许值相匹配。

② 电缆回流线的排列配置方式宜使电缆正常工作时在回流线产生的损耗最小。

（14）对重要回路且可能有过热部位的高压电缆线路宜设有温度检测装置

（15）重要回路交流单相高压电缆金属屏蔽层以一端直接接地或交叉互联接地时，该电缆线路宜设有护层绝缘监察装置

14.3 控制电缆选择

在城轨供电系统设计中应根据变电所形式选择控制电缆的类型。地下变电所内的控制电缆宜采用低烟无卤阻燃铜屏蔽电缆，地面变电所的控制电缆采用低烟阻燃铜屏蔽电缆，变电所外的控制电缆应设置铠装。

14.3.1 控制电缆要求

① 控制电缆的额定电压选择应不低于该回路工作电压，一般宜选用 450/750 V。当外部电气干扰影响很小时，可选用较低的额定电压（如 300/500 V 控制电缆）。

② 控制电缆应采用铜芯。

③ 按机械强度要求，强电控制回路导线截面应不小于 1.5 mm^2，弱电控制回路导线截面应不小于 0.5 mm^2[2]。

14.3.2 控制电缆的金属屏蔽

① 控制电缆金属屏蔽类型的选择应按可能的电气干扰影响，计入综合抑制干扰措施，满足所需干扰或过电压的要求。

② 计算机监测系统信号回路控制电缆的屏蔽选择，应符合下列规定：

- 开关量信号，可用外屏蔽。
- 高电平模拟信号，宜用对绞线芯外屏蔽，必要时也可用对绞线芯内屏蔽。
- 低电平模拟信号或脉冲量信号，宜用对绞线芯内屏蔽，必要时也可用对绞线芯内屏蔽复合外屏蔽。

③ 其他情况应按电磁感应、静电感应和地电位升高等影响因素，采用适宜的屏蔽形式。

④ 敷设方式要求电缆具有钢铠金属护套时，应充分利用其屏蔽功能。

⑤ 需降低电气干扰的控制电缆，可在工作芯数外增加一个接地的备用芯。

⑥ 控制电缆金属屏蔽的接线方式应符合下列规定：

- 计算机监控系统的模拟信号回路控制电缆屏蔽层，不得构成两点或多点接地，宜用集中式一点接地。
- 除需要一点接地情况外的其他控制电缆屏蔽层，当电磁感应的干扰较大时，宜采用两点接地；静电感应的干扰较大时，可采用一点接地。

双重屏蔽或复合式屏蔽，宜对内、外屏蔽分别用一点、两点接地。

- 两点接地的选择，还宜考虑在暂态电流作用下屏蔽层不致被烧熔[2]。

14.3.3 控制电缆的接线要求

① 一般采用整根控制电缆。当控制电缆的敷设长度超过制造长度时，或由于屏台的搬迁而使原有电缆长度不够时，或更换电缆的故障段时，可采用焊接法连接电缆。焊接法连接电缆时在连接处应装设接线盒。有可能时，也可用其他屏上的端子排连接。

② 至屏上的控制电缆应接到端子排、试验盒或试验端钮上；至互感器或单独设备的电缆，

允许直接接到这些设备上。

③ 控制电缆接到端子和设备上的电缆芯应有标记。

14.3.4 控制电缆芯数和根数的选择

① 控制电缆宜采用多芯电缆，应尽可能减少电缆根数。当芯线截面为 1.5 mm² 时，电缆芯数不宜超过 37 芯。当芯线截面为 2.5 mm² 时，电缆芯数不宜超过 24 芯。当芯线截面为 4～6 mm² 时，电缆芯数不宜超过 10 芯。弱电控制电缆不宜超过 50 芯[2]。

② 7 芯及以上芯数的控制电缆，较长的截面小于 4 mm²，应留有必要的备用芯。但同一安装单位的同一起止点的控制电缆不必在每根电缆中都留有备用芯，可在同类性质的一根电缆中预留备用芯。

③ 应尽量避免将一根电缆中的各芯线接至屏上两侧的端子排，若芯数为 6 芯及以上时，应采用单独的电缆。

④ 对较长的控制电缆应尽量减少电缆根数，同时也应避免电缆的多次转接。在同一根电缆中不宜有两个及以上安装单位的电缆芯。

14.3.5 控制电缆截面的选择

（1）测量表计电流回路用控制电缆选择

① 测量表计电流回路用控制电缆的截面不应小于 2.5 mm²，而电流互感器二次电流不超过 5 A，不需要按额定电流校验电缆芯。另外，控制电缆按短路时校验热稳定也是足够的，因此，不需要按短路时热稳定性校验电缆截面。

② 测量仪表装置用电流互感器的准确级次，按照该电流互感器二次绕组所串联的准确度要求最高的仪表选择。电流互感器二次回路电缆截面的选择，按照一次设备额定运行方式下电流互感器的误差不超过相关条件下选定的准确级次计算。计算条件应为电流互感器一次电流的额定值、一次电流的三相对称平衡，并应计入电流互感器二次绕组接线方式、电缆阻抗换算系数、仪表阻抗换算系数和接线端子接触电阻及仪表保安系数诸因素。

因此，电缆芯的截面按照电流互感器上的负荷不超过允许的负荷数值进行选择，其计算公式[2]如下（为了简化计算、电缆的电抗忽略不计）：

$$S=\frac{K_{\mathrm{jx1}}L}{\gamma(Z'_{\mathrm{fhry}}-K_{\mathrm{jx2}}Z_{\mathrm{cj}}-R_{\mathrm{jc}})}\quad (\mathrm{mm}^2) \tag{14.3-1}$$

式中 γ——电导率，铜取 57 S/m×10^6（S 为西门子）；

Z'_{fhry}——电流互感器允许二次负荷（Ω）；

Z_{cj}——测量表计的负荷（Ω）；

R_{jc}——接触电阻（Ω），在一般情况下取 0.05～0.1 Ω；

L——电缆长度（m）；

K_{jx1}、K_{jx2}——导线接线系数、仪表或继电器接线系数。

（2）保护装置电流回路用控制电缆截面的选择

① 继电保护用电流互感器二次回路电缆截面的选择，应保证互感器误差不超过规定值。

计算条件应为系统最大运行方式下最不利的短路形式，并应计入电流互感器二次绕组接线方式、电缆阻抗换算、继电器阻抗换算系数及接线端子接触电阻等因素。对最大运行方式如无可靠根据，可按断路器的断流容量确定最大短路电流。

根据电流互感器的 10% 误差曲线确定允许二次负荷。首先确定保护装置一次电流倍数 m。根据 m 值，再由电流互感器 10% 误差曲线查出其允许二次负荷值 Z_{fhry}。

② 电缆芯的截面选择计算公式如下：

$$S=\frac{K_{\text{jx1}}L}{\gamma(Z_{\text{fhry}}-K_{\text{jx2}}Z_{\text{k}}-R_{\text{jc}})}\quad (\text{mm}^2) \tag{14.3-2}$$

式中 γ——电导率，铜取 57 S/m×10^6（S 为西门子）；

Z_{fhry}——根据保护装置一次电流倍数 m，在电流互感器 10%误差曲线上查出电流互感器允许二次负荷 Z_{fhry}；

Z_{k}——继电器的负荷（Ω）；

R_{jc}——接触电阻（Ω），在一般情况下取 0.05～0.1 Ω；

L——电缆长度（m）；

K_{jx1}、K_{jx2}——导线接线系数、仪表或继电器接线系数。

（3）电压回路用控制电缆选择

电压回路用控制电缆，按允许电压降来选择电缆芯截面。

① 电测量仪表用电压互感器二次回路电缆截面的选择，应符合以下规定：

- 指示性仪表回路电缆的电压降应不大于额定二次电压的 1%～3%；
- 用户计费用 0.5 级电能表电缆的电压降应不大于额定二次电压的 0.25%；
- 系统内部的 0.5 级电能表电缆的电压降可适当放宽，但应不大于额定二次电压的 0.5%；
- 对 0.5 级以下电能表二次回路的电压降应不超过额定二次电压的 0.25%。

当不能满足上述要求时，电能表、指示仪表电压回路可由电压互感器端子箱单独引接电缆，也可将保护和自动装置与仪表回路分别接自电压互感器的不同二次绕组。

② 保护装置用电压互感器二次回路电缆截面的选择。继电保护和自动装置用电压互感器二次回路电缆截面的选择，应保证最大负荷时电缆的电压降不超过额定二次电压的 3%，但对电磁式自动电压校正器的连接电缆芯的截面（铜芯）应不小于 4 mm²。

③ 电压回路用控制电缆，在计算时只考虑有功电压降，电缆芯截面选择计算公式[2]如下：

$$S=\sqrt{3}K_{\text{jx}}\frac{P\cdot L}{U\gamma\Delta U}\quad (\text{mm}^2) \tag{14.3-3}$$

式中 P——电压互感器每一相负荷（V · A）；

U——电压互感器二次线电压（V）；

γ——电导率，铜取 57 S/m×10^6（S 为西门子）；

ΔU——允许电压降（V）；

L——电缆长度（m）；

K_{jx}——接线系数，对于三相星形接线为 1，对于两相星形接线为 $\sqrt{3}$，对于单相接线为 2。

（4）控制、信号回路用控制电缆选择

① 控制、信号回路用电缆芯根据机械强度条件选择。铜芯电缆芯截面不应小于 1.5 mm²。

② 控制回路电缆截面的选择，应保证在最大负荷时，控制电源母线至被控设备间连接电缆的电压降不超过额定二次电压的 10%。

③ 当合闸回路和跳闸回路流过的电流较大时，产生的电压降将增大。为使断路器可靠动作，需根据电缆允许电压降来校验电缆芯截面。

④ 电缆芯截面选择计算公式[2]如下：

$$S=\frac{2I_{\mathrm{Qmax}}L}{\Delta UU_{\mathrm{r}}\gamma}\quad(\mathrm{mm^2})\tag{14.3-4}$$

式中 I_{Qmax}——流过合闸或跳闸线圈的最大电流（A）；

L——电缆长度（m）；

ΔU——合闸或跳闸线圈正常工作时允许的电压降，取额定电压的 10%；

U_{r}——线圈额定电压，取 220 V；

γ——电导率，铜取 57 S/m×10^6（S 为西门子）。

14.4 电缆敷设

在城轨供电系统中电缆主要包括中压电缆、低压电缆、直流电缆、控制电缆和光纤等，其中电缆在支架上的敷设顺序按照电压等级由上至下、先高压再低压的顺序进行布置。一般最上层为中压电力电缆，下面为直流电缆，然后为低压电力电缆，最后为控制电缆、接地电缆和纵差光纤电缆。一般每层电缆之间的距离应满足敷设便利和电磁兼容的原则。

14.4.1 电缆敷设一般要求

① 对于城市轨道交通电缆敷设，各相关尺寸及距离要求见表 14.4。

表 14.4 电缆敷设的相关尺寸及距离（mm）

名称		电缆通道		电缆沟	
		水平	垂直	水平	垂直
两侧设支架的通道净宽		≥1 000	—	≥300	—
一侧设支架的通道净宽		≥900	—	≥300	—
电缆支架层间距离	电力电缆	—	≥150（200）	—	≥200（250）
	控制电缆	—	≥100	—	120
电缆支架之间的距离	电力电缆	1 000	1 500	1 000	—
	控制电缆	800	1 000	800	—
车站站台板下电缆通道净高	人通行部分	—	≥1 900	—	—
	电缆敷设部分	—	≥1 300	—	—
变电所内电缆通道净高		—	≥1 900	—	—
电力电缆之间的净距		≥35	—	≥35	—

注：① 表中括号内数字为 35 kV 电缆标准；
② 电力电缆与控制电缆混敷时，电缆支架之间的距离宜采用控制电缆标准；
③ 当确有困难时，地下车站站台板下电缆通道人通行部分的净高可适当降低，但不得低于 1 300 mm。

② 中压电缆中间接头不宜设在车站站台板下。

③ 电缆在同一通道中位于同侧的多层支架上敷设时，宜按电压等级由高压至低压、由强电至弱电的顺序排列。当条件受限时，1 kV 及以下电力电缆可与控制电缆敷设在同一层支架上。

④ 同一重要回路的工作与备用电缆应适当配置在不同层次的支架上。

⑤ 单洞单线隧道内的电力电缆和控制电缆宜敷设在沿行车方向的左侧；单洞双线隧道内的电力电缆宜布置在隧道两侧。

⑥ 高架桥上的电力电缆与控制电缆应敷设在电缆支架上或电缆槽内。

⑦ 电缆在高架桥上或地面线路采用支架明敷时，宜有罩、盖等遮阳措施。

⑧ 地面线路的电力电缆与控制电缆宜敷设在电缆沟内。

⑨ 电力电缆与通信信号电缆并行明敷时，两者间距应不小于 150 mm；两者垂直交叉时，其间距应不小于 50 mm。

⑩ 电缆穿越轨道时，可采用轨道下穿管敷设，也可采用刚性固定方式沿隧道顶部敷设。

⑪ 干线电缆在房间内敷设时，宜沿吊顶内电缆桥架敷设；支路电缆在房间内敷设时，宜通过埋管暗敷。

⑫ 直埋电缆进入城市轨道交通隧道时，应在隧道外适当位置设置电缆检查井。

⑬ 接地装置至变电所的接地电缆的截面应不小于系统中保护地线截面的最大值。

⑭ 金属电缆支架应有可靠的电气连接并接地。

⑮ 电缆构筑物中电缆引至电气柜、盘或控制屏的开孔部位，电缆贯穿隔墙、楼板的孔洞处，均应实施阻火封堵。

⑯ 中压电缆由于外直径较大，并且配有外铠等原因，弯曲半径较大，一般为 20 倍直径。电力电缆层架之间距离一般为 200 mm，控制电缆与电力电缆层架之间为 150 mm，中压电缆最上层距离顶板等障碍物一般不小于 240 mm。

14.4.2 城市轨道交通电缆敷设

城市轨道交通电缆敷设断面形式较多，存在单洞单线地下线路、单洞双线地下线路、U 形槽、地面线、高架线、岛式车站、侧式车站、车辆段等。

电力电缆在地下区间敷设时，一般敷设在行车方向的左侧边墙上，跨越渡线位置采用过顶敷设方式。在岛式车站位置，直接由区间经由站台板下电缆通道进入变电所。在侧式车站位置，电缆由行车方向左侧跨越车站端部的线路顶部，之后进入侧式站台板下电缆通道进入变电所。在穿越区间和车站人防隔断门地段时应在人防门预留管孔，以便电缆顺利穿越进入站台板下。

电缆在高架桥敷设时，一般设置在高架桥两侧，采用电缆支架或者电缆槽的敷设方式。由于电缆槽占用桥面积较大，因此主要采用电缆支架敷设。电缆支架的布置应满足电力电缆和控制电缆的敷设要求，局部地段需有效与声屏障立柱结合。

电缆在车辆段敷设时，主要采用电缆沟和直埋方式，当采用电缆沟敷设时，应考虑排水要求。

14.4.2.1　高架线路

在高架桥段为节省土建投资，多采用电缆支架沿线路两侧敷设。少量线路由于高架桥有条件，则采用电缆槽的敷设方式。

当高架桥段采用电缆槽敷设方式时，电缆槽顶盖的强度应满足行人疏散要求。

当高架桥段采用电缆支架敷设方式时，若电缆支架设置在疏散平台的下方，则要满足电缆敷设数量的要求，并注意便于电缆施工及电缆检修。

电缆在长时间进行紫外线照射过程中容易老化，影响电缆寿命。因此，明敷设的电缆应考虑在电缆支架上设置防护罩，以防雨雪、防晒、防紫外线等。

双线高架线路电缆敷设断面如图 14.1 所示。一般情况下，电力电缆敷设在高架桥两侧的电缆支架上，通信信号电缆敷设在电缆支架下部的电缆槽内，电缆支架上部设置疏散平台。电力电缆和通信信号电缆在有电缆沟槽隔板的情况下可以间隔 200 mm。

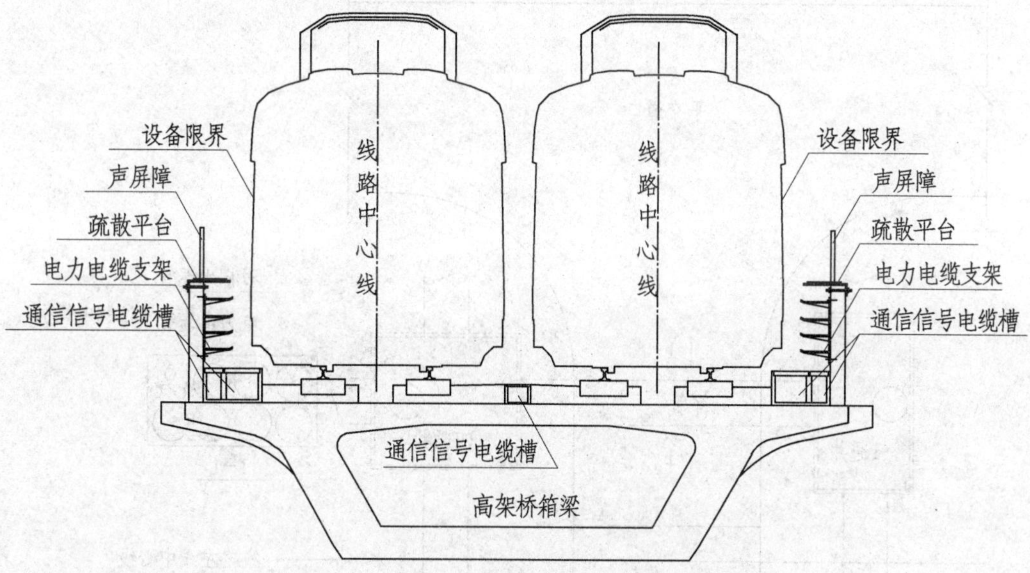

图 14.1　双线高架线路电缆敷设断面示意图

14.4.2.2　地面线路

在城市轨道交通地面线路中通常采用电缆沟敷设方式或直埋敷设方式。对于全封闭地面线路通常采用电缆沟敷设方式，对于局部开放式地面线路则采用直埋方式，以节省工程投资。

（1）采用电缆沟方式

通常在路基下设置电缆沟，电缆沟下设置排水沟，以便排除电缆沟内积水，但应特别注意电缆沟的沟底标高应高于排水沟的沟底标高。从电缆沟过渡到电缆支架的敷设方式时，应设置电缆井。地面线路电缆沟方案电缆敷设断面如图 14.2 所示。

（2）采用直埋方式

对于开放式地面线路和远郊区地面线路，电缆敷设可以采用直埋敷设方式。直埋敷设时，应注意在穿越平交道口地段或者有重大承重地段时需考虑电缆穿管承压防护。穿越平交道口处电缆敷设如图 14.3 所示。

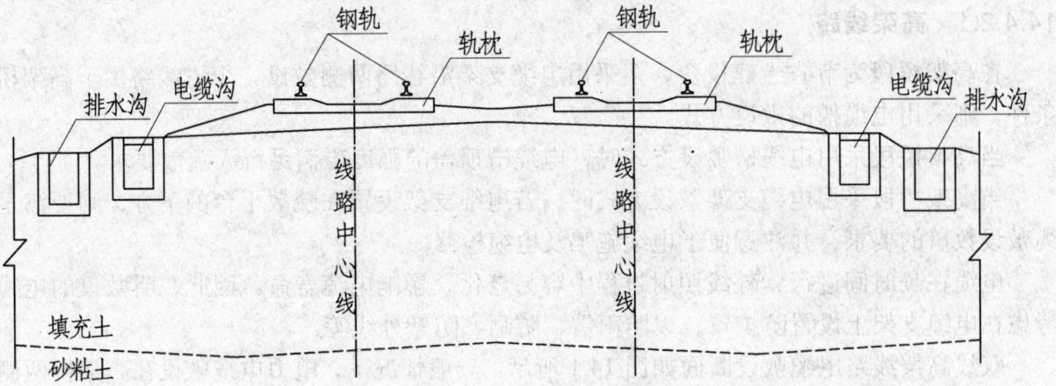

图 14.2 地面线路电缆沟方案电缆敷设断面示意图

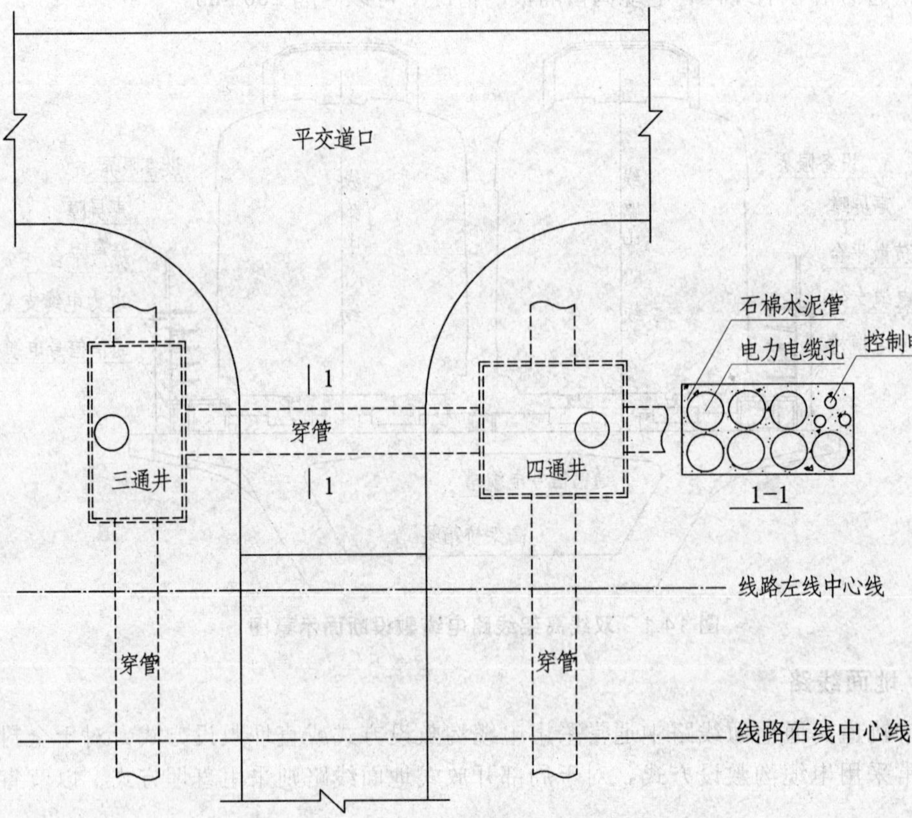

图 14.3 穿越平交道口处电缆敷设示意图

14.4.2.3 地下线路

对于单洞单线隧道，电缆敷设在行车方向左侧的结构墙电缆支架上。对于单洞双线隧道，中压电缆可敷设在隧道底部的电缆沟槽中，低压电缆敷设在侧墙电缆支架上。电缆敷设时应注意避免侵入设备限界。

跨越渡线位置电缆敷设应采用过顶敷设方式，当电缆截面较小、电缆数量较少时，也可采用在走行轨底部过轨的敷设方式，但应征得轨道专业同意。区间单线隧道电缆敷设断面如图 14.4 所示。

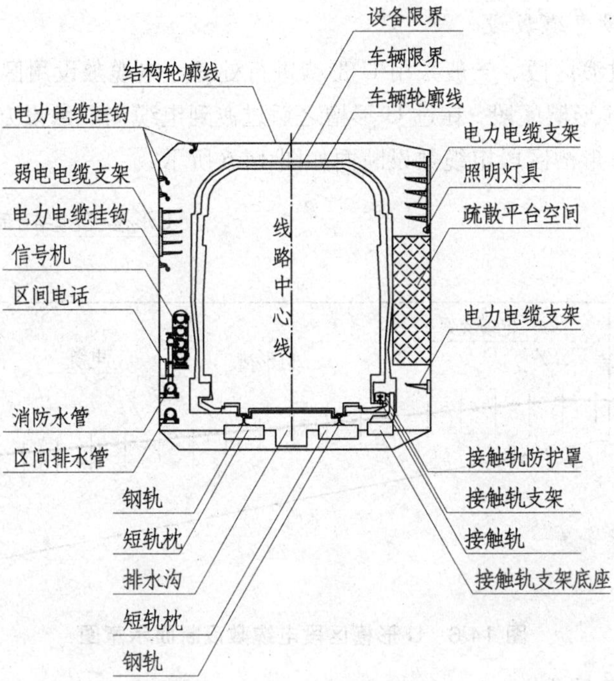

图 14.4　区间单线隧道电缆敷设断面示意图

14.4.2.4　特殊地段电缆敷设

在城市轨道交通工程中，除标准区间地段外，还存在一些特殊地段，如高架区间与车站过渡区段、U 形槽区段、穿越人防门区段。在这些地段，电缆敷设有一定的特殊性。

（1）高架区间与车站过渡区段

当高架车站为侧式站台时，因区间桥面的宽度小于车站站台的宽度，因而电缆支架在此处应为延展式支架，以便电缆敷设通畅。高架区间与车站过渡区段电缆敷设平面如图 14.5 所示。需要注意延展式支架强度除满足电缆敷设要求外，还应满足支架上人员站立的承重要求。

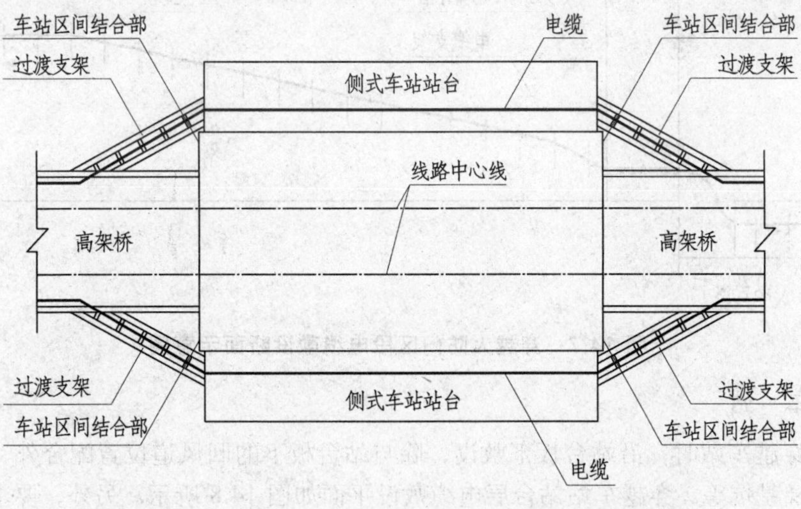

图 14.5　高架区间与车站过渡区段电缆敷设平面示意图

（2）U 形槽区段电缆敷设

在地下和地面过渡区段，一般采用 U 形槽进行处理。电缆敷设用区间隧道内电缆支架方式敷设一直延续到 U 形槽区段，在过 U 形槽之后过渡到电缆沟的敷设方式，应处理好电缆过渡时的高程配合。U 形槽区段电缆敷设断面如图 14.6 所示。

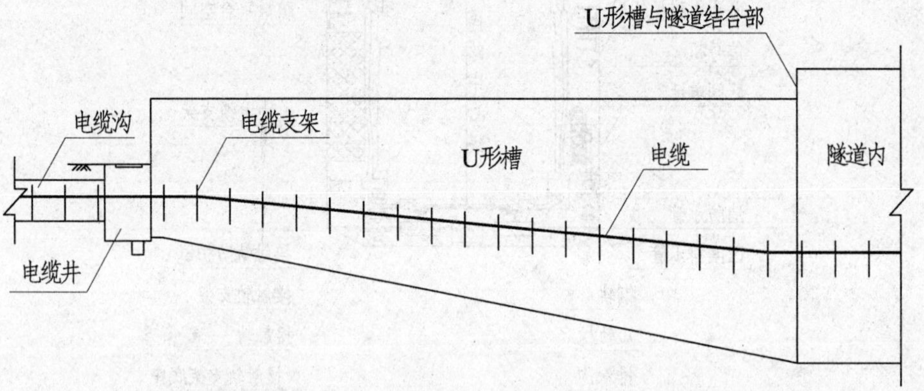

图 14.6 U 形槽区段电缆敷设断面示意图

（3）穿越人防门区段

根据人防要求，通常在车站与区间结合部设置人防门。电缆在穿越人防门处应进行穿管处理。电缆在区间沿中墙敷设，在穿过人防门之后继续进入车站，至站台板下敷设，应处理好电缆敷设高程的配合。因中压电缆弯曲半径较大，为保证中压电缆从区间顺利敷设过渡至站台板下，多选择中压电缆在人防门的底部穿管敷设。穿越人防门区段电缆敷设断面如图 14.7 所示。

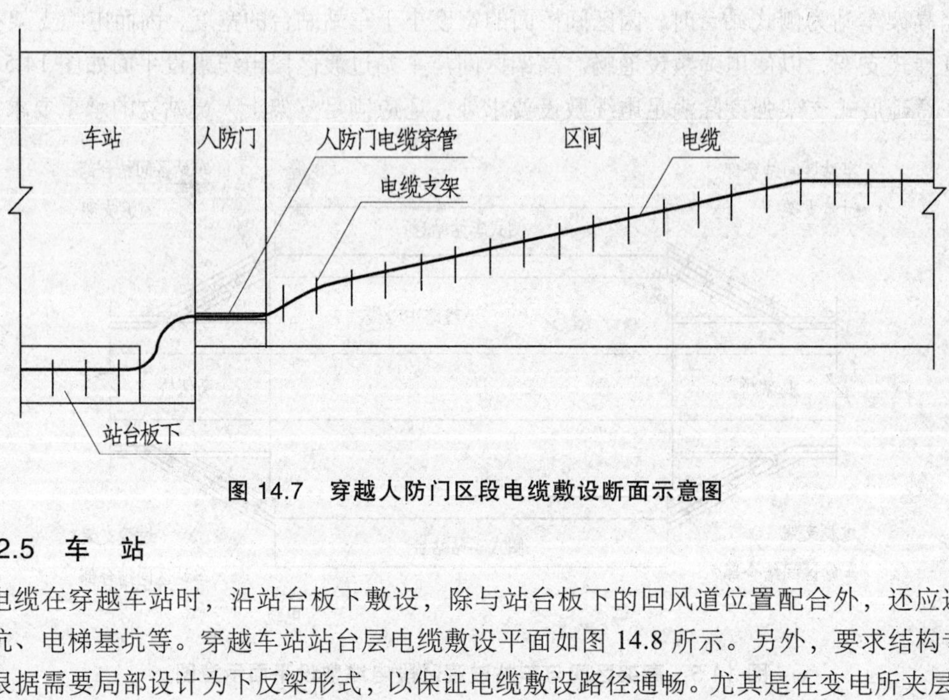

图 14.7 穿越人防门区段电缆敷设断面示意图

14.4.2.5 车 站

电缆在穿越车站时，沿站台板下敷设，除与站台板下的回风道位置配合外，还应避开扶梯基坑、电梯基坑等。穿越车站站台层电缆敷设平面如图 14.8 所示。另外，要求结构专业将中梁根据需要局部设计为下反梁形式，以保证电缆敷设路径通畅。尤其是在变电所夹层部分，结构应全部处理为下反梁形式，以便于变电所人员维护检修方便，进出车站端部电缆孔洞应进行防火封堵。

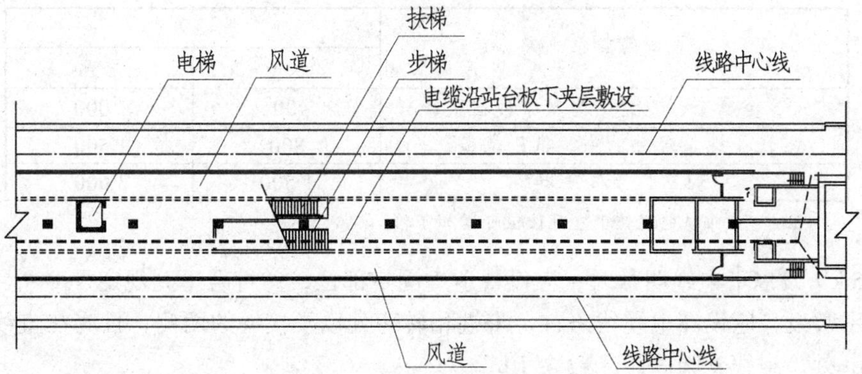

图 14.8 穿越车站站台层电缆敷设平面示意图

14.4.2.6 车辆段

车辆段电缆敷设相对繁杂，主要有：地下出入段线 U 形槽与车辆段过渡段电缆敷设，车场区内直埋和穿管电缆敷设，车库内电缆敷设。下面分别介绍。

（1）地下出入段线 U 形槽与车辆段过渡段电缆敷设

在出入段线过渡段通常采用电缆沟的敷设方式，电缆敷设在支架上，按照高压到低压的顺序排列。从电缆支架明敷过渡到电缆沟内敷设应设置双通电缆井，之后电缆进入电缆沟，然后沿岔区外侧进入变电所。

（2）车场区内直埋和穿管电缆敷设

车场区内电缆沟敷设方式比较困难时，可以采用电缆直埋的方式。通常电缆根数较少时，长距离直埋敷设方式相对比较经济。穿越轨道和平交道口位置应进行穿管防护。

（3）车库内电缆敷设

在车库内电缆敷设通常可采用两种方式：电缆沟敷设和穿管直埋敷设。车库内电缆多为接触网用直流电缆，采用穿管敷设方式是比较经济的。如采用电缆沟敷设方式，电缆沟盖板强度、防排水要求都需要考虑，比较复杂，不经济。因此，车库内接触网用直流电缆一般采用沿轨道侧进行穿管直埋的方式敷设。

14.4.3 电缆的支持与固定

在城市轨道交通中，电缆的支持与固定装置主要为电缆挂钩、电缆支架、吊架、托盘、桥架等，电缆支架方式是最常用的。下面介绍采用电缆支架敷设时需要考虑的因素和电缆支架的技术要求。

14.4.3.1 一般规定

① 电缆明敷时，一般采用电缆支架、挂钩或吊绳等支持装置。最大跨距应符合下列规定：

- 应满足支持件的承载能力和无损电缆的外护层及其缆芯。
- 使电缆相互间能配置整齐。
- 适应工程条件下的布置要求。

② 直接支持电缆用的普通支架（臂式支架）、吊架的允许跨距见表 14.5。

表 14.5　普通支架、吊架的允许跨距（mm）

电缆特征	敷设方式	
	水平	垂直
未含金属套、铠装的全塑小截面电缆	400*	1 000
除上述情况外的中、低压电缆	800	1 500
35 kV 以上高压电缆	1 500	3 000

注：* 能维持电缆较平直时该值可增加 1 倍。

③ 35 kV 及以下电缆明敷时，应设置适当固定部位，并符合下列规定：

• 水平敷设，应设在电缆线路首、末端和转弯处以及接头的两侧，且应在直线段间隔不少于 100 m 处，电缆支架间距一般为 1 m。

• 垂直敷设，应设在上、下端和中间适当数量位置处，垂直固定间距一般为 1.5 m。

• 斜坡敷设，应遵照水平敷设和垂直敷设因地制宜。

• 当电缆间需保持一定间隙时，宜设在每隔约 10 m 处。

• 交流单相电力电缆还应满足按短路电动力确定所需预固定的间距。

④ 35 kV 以上高压电缆明敷时，加设固定的部位除应遵照规范要求外，还应符合下列规定：

• 在终端、接头或转弯处紧邻部位的电缆上，应有不少于 1 处的刚性固定。

• 在垂直或斜坡的高位侧，宜有不少于 2 处的刚性固定。使用钢丝铠装电缆时，还应使铠装丝能夹持住并承受电缆自重引起的拉力。

• 电缆蛇形敷设的每一节距部位，宜预挠性固定。蛇形转换成直线敷设的过渡部位，宜预刚性固定。

⑤ 在 35 kV 以上高压电缆的终端、接头与电缆连接部位，宜有伸缩节，伸缩节应大于电缆容许弯曲半径，并满足金属护层的应变不超出容许值。未设伸缩节的接头两侧，应预刚性固定或在适当长度内电缆实施蛇形敷设。

⑥ 电缆蛇形敷设的参数选择应使电缆因温度变化产生的轴向热应力不致对电缆金属套长期使用产生应变疲劳断裂，且宜按允许拘束力条件确定。

⑦ 固定电缆用的夹具、扎带、捆绳或支托件等部件，应具有表面平滑、便于安装、足够的机械强度和适合使用环境的耐久性。

⑧ 电缆固定用部件的选择应符合下列规定：

• 除交流单相电力电缆情况外，可采用经防腐处理的扁钢制夹具或尼龙扎带、镀塑金属扎带。

• 交流单相电力电缆的刚性固定，宜采用铝合金等不构成磁性闭合回路的夹具；其他固定方式，可用尼龙扎带、绳索。

• 不得用铁丝直接捆扎电缆。

⑨ 交流单相电力电缆固定部件的机械强度应验算短路电动力条件。

14.4.3.2　电缆支架

① 电缆支架应符合下列规定：

• 表面光滑无毛刺。

• 适应使用环境的耐久稳固。

• 满足所需的承载能力。

• 符合工程防火要求。

② 电缆支架除支持单相工作电流大于 1 000 A 的交流系统电缆情况外，宜用钢制。在强腐蚀环境，选用其他材料电缆支架应符合下列规定：

• 电缆沟中普通支架（臂式支架）可选用耐腐蚀的刚性材料制。

• 电缆桥架组成的梯架、托盘，可选用满足工程条件难燃性的玻璃钢制。

• 技术经济综合较优时，可用铝合金制电缆桥架。

③ 金属制的电缆支架应防腐蚀处理，且应符合下列规定：

• 在城市轨道交通中配置钢制电缆桥架，应通过一次性防腐处理且具有耐久性，按工程环境和耐久性要求，选用适合的防腐处理方式，宜采用热浸镀锌等耐久性较高的防腐处理措施。

• 型钢制臂式支架、轻腐蚀环境或非重要性回路的电缆桥架可用涂漆处理。

④ 电缆支架的强度应满足电缆及其附属件荷重和安装维护的受力要求，且应符合下列规定：

• 有可能短暂上人时，按 900 N 的附加集中荷载计。

• 机械化施工时，计入纵向拉力、横向推力和滑轮重量等影响。

• 在户外时，计入可能有覆冰、雪和大风的附加荷载。

⑤ 电缆桥架的组成结构应满足强度、刚度及稳定性要求，且符合下列规定：

• 桥架的承载能力不得超过使桥架最初产生永久变形时的最大荷载除以安全系数为 1.5 的数值。

• 梯架、托盘在允许均布承载作用下的相对挠度值，对钢制不宜大于 1/200，对铝合金制不应大于 1/300。

• 钢制托臂在允许承载下的偏斜与臂长比值不宜大于 1/100。

⑥ 电缆支架种类的选择，应符合下列规定：

• 明敷的全塑电缆数量较多，或在电缆跨越距离较大、高压电缆为蛇形安置方式时，宜用电缆桥架。

• 除此之外，可用普通支架、吊架直接支持电缆。

⑦ 梯架、托盘的直线段超过下列长度时，应留有不少于 20 mm 的伸缩缝：

• 钢制，30 m。

• 铝合金或玻璃钢制，15 m。

⑧ 金属制桥架系统应有可靠的电气连接并接地。

⑨ 位于振动场所的桥架系统，包括接地部位的螺栓连接处，均应装置弹簧垫圈。

15　主要设备选择

城轨供电系统的设备种类很多，本章只涉及开关设备类、变压器类、整流器类、继电保护类的设备选择，其他设备如电力监控系统、接触网、各种电缆等见相关章节。

本章介绍城轨供电系统主要设备的选择，共分三个部分：第一部分描述城轨供电系统使用的主要设备种类、系统中的功能以及不同类型的特点；第二部分阐述设备的技术现状和发展历程，重点介绍等效 24 脉波牵引整流机组、高压环氧树脂变压器和杜邦纸绝缘配电变压器；第三部分介绍设备主要技术参数选择。

15.1　概　述

城轨供电系统按照电流制式，分交流供电系统和直流牵引供电系统两个部分。在交流供电系统中有变压器和配电设备，配电设备有高压配电设备、中压配电设备和低压配电设备。在直流牵引供电系统中，有牵引变压器、整流器和直流配电设备。为实现供电系统的可靠运行，还设有继电保护和自动装置。

设备的技术发展体现在绝缘材料、开关分断能力、设备小型化、机电一体化和节能环保等方面。如变压器的电气绝缘，已由单一油绝缘发展为树脂浇注、杜邦纸绝缘等多种类型，对于同种绝缘产品，正逐步向低损耗节能的方向发展。

设备选择即确定设备类型和技术参数，其原则是安全可靠、经济合理。应考虑三个方面的问题：其一是设备使用的条件，如设备正常使用的温度、湿度、海拔高度等，这需根据城轨工程建设地点的气象条件、海拔高度、地震烈度、设备安装设置位置（是室内、室外、地面还是地下）等综合考虑确定；其二是设备的有关技术参数，如开关设备要满足系统所要求的电压等级、动热稳定性等要求，这需根据系统设计确定；其三是设备类型，这需按照目前设备的技术现状进行合理选择，以满足技术、经济的合理性。

在城轨工程中，设备选择还要考虑工程整体合理性以及方便运营管理问题，因此，选择使用的设备不仅要满足系统对设备功能和电气参数的要求，还要在技术、经济合理的前提下，尽可能设备小型化。尤其对于地下工程，土建费用比较高，通过设备小型化和合理设备布置，可减少变电所的面积，为降低土建投资创造条件。建设是为运营服务的，因此，供电设备的选择也不能脱离为运营服务的根本，设备选择不仅应便于维修、便于管理、减少维护量、节约人工成本，还应采用低损耗设备，构建节约型设备系统。

城轨工程的供电设备选择应立足于国产化设备，应不采用或慎重使用非环保产品，对于不得已使用的高压 SF_6 开关设备，应严格保证产品的密封性，将京都议定书确定的温室气体 SF_6 的泄漏降低到最低限度。

15.2 设备的分类、功能和型式

城市轨道交通工程是城网的重大电力用户，接受城网不同电压等级的电源，而这些电源不能直接为城轨的车辆和机电设备所用，因此，城轨供电系统需要将引入电源进行接受、变换和再分配。而完成这些变换和分配功能需要各类电气设备，如开关设备用于接受和分配电能，变压器、整流器用于电压等级和电流制式的变换。

15.2.1 设备分类

按照设备功能可划分为开关设备、变压器、整流器和继电保护设备四大类。开关设备包括交流开关设备和直流开关设备。变压器包括主变压器、所用变压器、接地变压器、配电变压器、牵引变压器。

按照电压等级可划分为高压设备、中压设备和低压设备。高压设备包括高压开关设备、主变压器；中压设备包括中压开关设备和配电变压器、牵引变压器、1 500 V 直流开关设备；低压设备包括低压开关设备、整流器、750 V 直流开关设备、继电保护类设备。

按照设备所在位置划分可分为主变电所设备、牵引变电所设备和降压变电所设备。主变电所设备主要包括高压开关设备、主变压器、接地变压器、所用变压器、中压开关设备；牵引变电所设备主要包括中压开关设备、直流开关设备、牵引变压器、整流器；降压变电所设备主要包括中压开关设备、低压开关设备、配电变压器等。

按照设备系统划分为交流供电系统设备、直流牵引供电系统设备、动力照明供电系统设备。交流供电系统设备包括高压开关设备、中压开关设备、主变压器；直流牵引供电系统设备包括牵引整流机组（牵引变压器、整流器）、直流开关设备；动力照明供电系统设备包括配电变压器、低压开关设备。

当采用集中式供电或混合式供电时，将采用高压 110 kV、66 kV 电压等级的电气设备，其中 66 kV 一般出现在东北地区城网中。110 kV、66 kV 电气设备应用在主变电所中。

无论采用何种外电源供电方案，在主变电所、牵引变电所，降压变电所都需要使用中压电压等级的电气设备。

0.4 kV 是低压配电电压等级，目前城轨工程均采用此电压等级。

直流牵引供电电压等级为 750 V 和 1 500 V。

15.2.2 设备的功能和型式

15.2.2.1 高压开关设备

高压开关设备应用于城轨工程主变电所，作为高压配电设备，接受城网电源并分配给所内主变压器。高压开关设备为户内式安装，一般采用高压 GIS 全封闭组合电器设备。

高压 SF_6 全封闭组合电器，将 SF_6 断路器、隔离开关、接地开关、互感器、避雷器、母线、连接件和出线终端等组合在一起，这些设备或部件全部封闭在已接地的金属外壳中，在其内部充有一定压力的 SF_6 绝缘气体，该设备简称 GIS（gas isolate system）。由于 GIS 是将多个高压电器元件有机的组合在一起，因此具有结构紧凑、元器件不受污染及大气环境因素的影响、安装方便、有利于缩短安装工期等特点。

高压 SF_6 全封闭组合电器不仅电气绝缘介质采用 SF_6 气体，灭弧介质也是 SF_6 气体。虽然 SF_6 气体本身极稳定，有很高的绝缘强度和灭弧能力，但在 SF_6 气体环境中的断路器和电器设备的稳定性、可靠性完全取决于 SF_6 气体的纯洁度。如果纯洁度受到破坏，例如混入了过量的水分、杂质及加工余屑和金属粉末等，它的稳定性就会受到破坏，同时绝缘强度和灭弧能力也会大大降低。此时受到弧光温度的作用和影响，还将分解出有害的分解物，在严重的情况下甚至会产生对人体有害的物质。

1997 年举行的防止地球转暖的京都会议上确定 SF_6 是温室气体，需要严格限制其排放量，京都议定书已于 2005 年 2 月 6 日正式生效。SF_6 气体是高压 SF_6 全封闭组合电器的关键气体，因此，除了要求开关设备的密封性、防止 SF_6 气体泄漏外，还要积极寻求不使用 SF_6 气体的高压电器设备。

15.2.2.2 中压开关设备

（1）功　能

中压开关设备应用于城轨工程的主变电所、电源开闭所、牵引变电所和降压变电所，用于接受和分配中压电能。

在主变电所，中压开关设备的进线电源引自主变压器，馈出线引至主变电所供电范围内的牵引变电所、降压变电所。

电源开闭所的中压开关设备接受城网或主变电所的中压电源，并为开闭所供电范围内的牵引变电所、降压变电所提供中压电源。

依据中压网络的设计，牵引变电所的中压开关设备由主变电所、电源开闭所、相邻牵引变电所或降压变电所引入中压电源，并供给所内牵引变压器。降压变电所的中压开关设备由主变电所、电源开闭所、相邻牵引变电所或降压变电所引入中压电源，并供给所内配电变压器。

（2）开关柜型式

按照电气绝缘介质可分为空气绝缘开关柜、复合绝缘开关柜和 SF_6 气体绝缘开关柜。按照开关柜内安装的开关设备可分为断路器柜、负荷开关柜、隔离开关柜和熔断器柜。

空气绝缘和复合绝缘开关柜的结构形式为金属铠装封闭式，内部设有不同功能隔室，手车可为落地式或中置式。SF_6 气体绝缘开关柜可分为全密封充气（SF_6）环网开关柜和 C-GIS（Cubicle Type-GIS）开关柜。

不同的电气绝缘介质，对开关柜的外形尺寸影响很大，采用空气绝缘的开关柜体积最大，采用复合绝缘次之，采用 SF_6 气体绝缘时开关柜体积最小。对于 10 kV 开关柜，空气绝缘开关柜的宽度多为 800～1 000 mm，采用复合绝缘可为 650 mm，采用 SF_6 气体绝缘时可为 400～600 mm。对于 35 kV 开关柜，空气绝缘开关柜的宽度多为 1 400 mm，采用 SF_6 气体绝缘时可为 800 mm 左右。采用空气绝缘和复合绝缘开关柜的外壳防护等级在 IP20 及以上。

35 kV 开关柜多采用 C-GIS 开关柜，以减小变电所的土建规模，20 kV 及以下开关柜应采用空气绝缘的金属铠装开关柜，避免温室气体 SF_6 对环境的影响。

金属铠装封闭手车式开关柜、C-GIS 开关柜可用于主变电所、牵引变电所和降压变电所，全密封充气（SF_6）环网开关柜、负荷开关柜一般用于跟随式降压变电所。

（3）断路器类型

按照断开速度不同分为低速断路器和高速断路器，一般以断开时间为 0.02 s 分界。从灭弧介质则可分为油断路器、真空断路器、SF_6 断路器、压缩空气断路器、自产气断路器和磁吹断路器等。目前，油断路器城网仍有少量采用，其他断路器已被真空断路器和 SF_6 断路器取代。

油断路器分为多油式断路器和少油式断路器，主要区别是：少油式断路器的触头及灭弧装置对地的绝缘是由支撑绝缘子、瓷套管和有机绝缘部件实现的，而多油式的触头及灭弧装置对地的绝缘和触头之间的绝缘则是靠油来实现的，因而油量大、体积大、断流容量小。少油式则油量小、体积小、断流容量大，技术比多油式先进。

SF_6 断路器以 SF_6 气体为灭弧介质，它有很好的灭弧性能，灭弧性能是空气的 100 倍，并且灭弧后不变质，可重复使用。SF_6 气体优良的绝缘和灭弧性能，使 SF_6 断路器具有如下优点：开断能力强，断口耐受电压较高，燃弧时间短，不会产生重燃过电压。

在正常情况下，SF_6 是一种不燃、无臭、无毒的惰性气体，密度约为空气的 2 倍。但 SF_6 气体在电弧作用下，小部分会被分解，生成一些有毒的低氟化物，如 SOF_2、SF_4、SOF_4 和 SO_2F_2 等，对身体健康有影响，对金属部件也有腐蚀和劣化作用，因此，SF_6 断路器对加工精度要求高，需要具备非常良好的密封性能。由于 SF_6 气体是温室效应气体，从环保角度出发，也不建议采用 SF_6 断路器。

目前，城轨工程一般采用真空断路器。真空断路器的主要部件是真空灭弧室，灭弧室是一个高度真空的玻璃泡或矾土陶瓷，内置动静触头，利用真空的绝缘性能强迫灭弧，灭弧时没有游离气体产生，电弧容易熄灭，触头不会烧损。由于真空的绝缘性能很好，动静触头的开距较小，适合于频繁操作。

真空断路器的灭弧原理是在断路器跳闸动静触头分开的瞬间，真空灭弧室内触头间形成高温液态的金属桥，金属桥被拉断时，金属桥蒸发，产生金属蒸气，使触头间隙击穿，产生电弧。电弧电流流过触头时，将产生磁场，驱使电弧在电流过零点时熄灭，或在过零点前被强迫熄灭。在这熄灭的瞬间，金属蒸气离子在磁场的作用下被迅速扩散，并被吸附在触头和金属屏蔽罩上，金属离子的密度迅速降低，使触头间恢复真空间隙，不再被较高的恢复电压击穿，使电弧熄灭，实现断路器的开断功能。

15.2.2.3 低压开关设备

（1）功　能

低压开关设备用于降压变电所中，是动力照明供电系统的核心内容。它接受配电变压器提供的低压电能，为车站、区间、车辆段、停车场和控制中心的低压动力照明设备提供电源。低压开关设备一般设置安装于断路器本体的脱扣器作为保护设备。

（2）低压开关柜型式

城轨工程降压变电所低压开关柜多采用金属封闭间隔式开关柜。开关柜的电气绝缘和开关设备的灭弧介质均为空气。开关柜的外壳防护等级在 IP20 及以上。开关柜柜体为模块化框架结构，基本分三个功能隔室：水平母线室、功能单元隔室、电缆室。功能单元某一隔室产生故障电弧时，不影响相邻的其他隔室。开关能前接线或后接线，接线端子规格及固定的牢靠性能满足所连接电缆的需要。

开关柜的类型以低压电器的安装方式可分为固定式、抽出式和混合式。混合式是在同一低压开关柜中，低压电器既有固定式安装，也可为抽出式安装。抽出式的断路器可以是插拔式也可以是固定安装在开关柜的抽屉中。无论低压电气设备为何种安装方式，低压开关柜的各安装单元之间均采用金属或绝缘板分隔，以避免在某安装单元故障时，对其他安装单元产生影响，扩大故障范围。

低压电器安装于低压开关柜内，一般分为配电电器和控制电器。配电电器包括低压断路器、熔断器、低压负荷开关、低压隔离开关等，控制电器包括接触器、启动器、主令电器和各种控制继电器等。低压开关柜的主要电器是低压断路器。

（3）低压断路器类型

低压断路器主要用于配电线路和电气设备的过载、失压和短路保护。在 IEC 国际电工词汇中，对断路器的定义为：断路器是能接通、承载以及分断正常电路条件下的电流，也能在规定的非正常电路条件下（如短路）接通、承载一定时间和分断电流的开关电器。

按照断路器的极数可分为单极、双极、三极和四极断路器；按照是否具有隔离功能，可分为具有隔离功能和不具有隔离功能断路器；按照动作速度可分为一般型和快速型（快速型断路器通常为限流型，其分断时间短到足以使电流在未达到预期值之前即被分断）；按照结构分为框架式（万能式）断路器和塑壳断路器；按照用途分为配电断路器、保护电动机用断路器、剩余电流断路器等，低压断路器分类见表 15.1[76]。

表 15.1　低压断路器分类（按用途分类）

<table>
<tr><th>断路器类型</th><th colspan="3">保护特性</th><th>主要用途</th></tr>
<tr><td rowspan="4">配电断路器</td><td rowspan="2">选择型</td><td>二段保护</td><td>瞬时、短延时</td><td rowspan="2">进线开关、靠近变压器近端支路开关</td></tr>
<tr><td>三段保护</td><td>瞬时、短延时、长延时</td></tr>
<tr><td rowspan="2">非选择型</td><td>限流型</td><td rowspan="2">瞬时、长延时</td><td>靠近变压器近端支路开关</td></tr>
<tr><td>一般型</td><td>支路末端开关</td></tr>
<tr><td rowspan="3">电动机保护用断路器</td><td rowspan="2">直接启动</td><td>一般型</td><td>过电流脱扣器瞬时整定时间为脱扣器额定电流的 8～15 倍</td><td>保护鼠笼型电动机</td></tr>
<tr><td>限流型</td><td>过电流脱扣器瞬时整定时间为脱扣器额定电流的 12 倍</td><td>靠近变压器近端电动机</td></tr>
<tr><td>间接启动</td><td colspan="2">过电流脱扣器瞬时整定时间为脱扣器额定电流的 3～8 倍</td><td>保护鼠笼型、绕线型电动机</td></tr>
<tr><td>照明用微型断路器</td><td colspan="3">瞬时、长延时</td><td>用于照明和信号二次回路</td></tr>
<tr><td rowspan="2">剩余电流断路器</td><td>电磁式</td><td colspan="2" rowspan="2">动作电流为 mA 级</td><td rowspan="2">接地故障保护</td></tr>
<tr><td>电子式</td></tr>
</table>

15.2.2.4　直流开关设备

直流开关设备在直流牵引供电系统中承担接受和分配直流电能的作用。它接受牵引整流机组提供的直流电能，分配给上、下行牵引网，为电动列车提供直流电能。

直流开关设备包括牵引变电所内的直流开关柜和一般设于牵引变电所外的上网开关柜。

直流开关柜包括正极开关柜、负极开关柜和馈出开关柜。正极开关柜内可采用直流快速断路器或电动隔离开关；负极开关柜内设电动隔离开关或手动隔离开关；馈出开关柜采用直流快速断路器；上网开关柜（包括纵向联络开关设备）采用电动隔离开关，为短轨供电采用直流接触器或直流快速断路器。上网开关柜用于牵引网断电检修和形成大双边越区供电。

目前，城轨工程采用的直流开关柜均为金属铠装落地手车式，直流快速断路器安装在手车上，电动或手动隔离开关在开关柜内固定安装。

直流开关柜无论其标称电压为 750 V 还是 1 500 V，其电气绝缘介质和断路器的灭弧介质都是空气。

15.2.2.5 微机保护装置

供电系统在运行过程中不可避免地会出现一些故障，最常见的是各种形式的短路，以及频率下降等，故障的基本特征是导致电流突增、电压下降以及电流与电压间相角的变化。继电保护装置对这些故障和不正常工作状态会自动发出故障报警或跳闸信号，实现对电气设备的保护，满足供电系统可靠运行要求。

继电保护装置采集电流互感器、电压互感器二次侧的实时电流、电压数值，并与继电保护装置中预先设定的门槛值进行比较，当超过限定值，装置可发出报警信号或驱动开关操作机构分闸线圈，使断路器跳闸。

继电保护可通过各种电磁继电器实现，如利用电流继电器判断线路电流是否越限，利用电压继电器判断线路电压是否正常，利用中间继电器驱动指示灯、开关的操作机构合闸、分闸线圈等。

微机保护装置也是实现继电保护的一种设备，它的基本功能包括继电保护、测量计量、装置的自诊断功能和通信功能，其中通信功能可实现微机保护装置内各种信息的上传。

有些微机保护装置除了上述基本功能以外，还有 PLC 的功能，可实现控制联锁等逻辑编程功能。微机保护装置一般不会将所有保护功能集于一身，主要是价格和装置大小将影响产品的适用性。目前，微机保护装置在城轨工程中已得到广泛应用，交流高压、中压系统和直流牵引供电系统的继电保护多采用微机保护装置。

微机保护装置的主要特点在于灵活方便的远方调整功能，故障录波功能和可编程功能等，采用微机保护装置大大减少了二次控制电缆的数量，提高了继电保护的可靠性。

15.2.2.6 牵引整流机组

牵引整流机组由牵引变压器和整流器构成。牵引变压器接受中压开关设备提供的中压电压，经过降压，为整流器提供适合的低压交流电源；整流器则将交流电源整流为电动列车所需要的直流电源。

牵引整流机组是牵引变电所的核心设备，是列车高速、安全、可靠、经济、节电运行的保证。牵引整流机组需要牵引变压器和整流器两种完全不同的设备相互匹配，才能实现牵引整流机组的整体性能。

牵引变压器的绝缘类型分树脂浇注、浸绝缘漆和杜邦纸绝缘，城轨工程多采用树脂浇注绝缘方式。整流器中整流元件可为大功率二极管、可控硅和晶闸管，采用可控硅、晶闸管可以控制整流桥臂的导通或关闭，使直流输出的纹波系数更小，而且可以在不同负载情况下，对直流输出电压进行调节，使直流输出电压恒定输出。城轨工程多采用二极管作为整流元件。

按照中压系统和直流牵引供电系统标称电压的不同，目前国内牵引变压器采用的网侧电压为 35 kV、33 kV、10 kV，阀侧电压对于 750 V 系统为 0.59 kV、0.61 kV，对于 1 500 V 系统为 1.18 kV、1.22 kV。

牵引整流机组为 VI 类重牵引负荷等级，即在额定负荷能够长期运行；在 1.5 倍过载时能够运行 2 h；在 3.0 倍过载时能够运行 1 min。

15.2.2.7 主变压器

主变压器是城轨工程中设在主变电所的配电变压器，用于将城网引入的高压电源转换成中压电源并满足容量要求。主变压器的网侧和阀侧电压等级依据供电系统设计确定。目前使用的主变压器主要有 110/35 kV、110/33 kV 和 110/10 kV 三种。

为了减少城网电压波动和负荷变化对城轨中压系统的电压质量影响，主变压器多采用有载调压型电力变压器。有载调压开关具有就地、远方操作功能。

110 kV 级变压器按照绝缘介质的不同可分为复合油绝缘式、油浸式、SF_6 气体绝缘式（简称 GIT）和树脂浇注干式变压器（Resin-casting Dry-type Transformer，简称 RCDT）。由于油浸式变压器价格低，应用成熟，目前均采用自冷油浸式变压器。

15.2.2.8 配电变压器

配电变压器就是将中压电源降压成适合动力照明负荷的低压电源并满足容量要求。根据中压网络电压等级的不同，配电变压器的电压比主要分为 35（33）/0.4 kV 和 10/0.4 kV 两种。绝缘材质可采用绝缘油、环氧树脂和杜邦纸，相应配电变压器可分为油浸式变压器、环氧树脂浇注干式变压器和杜邦纸绝缘干式变压器。

油浸式变压器、环氧树脂浇注干式变压器和杜邦纸绝缘干式变压器在城网大量采用，但由于防火要求，城轨工程配电变压器已不采用油浸式变压器，而多采用环氧树脂浇注干式变压器。由于杜邦纸绝缘产品承受热冲击的能力强、过负载能力大、难燃、防火性能高、对湿度，灰尘不敏感、可回收等优势，从而具有广泛的适应性，并适用于防火要求高、负荷波动大、污秽潮湿的恶劣环境中。因此，杜邦纸绝缘干式变压器以其良好的性能和环保特点越来越受到关注。

15.3 设备的技术发展

我国从 20 世纪 80 年代开始进行城网和农网的电力设施改造，到了 20 世纪 90 年代，城轨开始进入快速发展期，相应带动了供电设备的技术发展和更新换代。开关设备的绝缘方式多种多样，性能越来越高，而且逐步走向小型化、智能化。变压器由单一的油浸式变压器发展成环氧树脂浇注、杜邦纸等干式变压器，而且朝着更加节能环保的方向发展。目前，国内生产的各电压等级交流开关设备、直流开关设备和变压器等都能够满足城轨工程的需要。

15.3.1 高压 GIS 设备

目前，国内城轨工程涉及到的高压电压等级为 110 kV 和 66 kV，此电压等级的高压开关设备已由敞开式室外设备，发展为室内安装的高压 GIS 设备，并且由三相分箱发展为三相共箱，设备体积大大减小。

高压 GIS 设备自 20 世纪 60 年代实用化以来，到目前为止，世界上已有大量高压 GIS 设备在运行。实践证明，GIS 设备运行安全可靠、配置灵活、环境适应能力强、检修周期长、安装方便。GIS 设备不仅在城网高压、超高压领域被广泛应用，而且在特高压领域的变电站也被使用。在我国的 63 kV～500 kV 电力系统中，GIS 设备已应用相当广泛。

目前，我国已有多家生产厂商能够提供 GIS 产品，产品使用环境和技术参数能够满足城轨工程使用要求。

GIS 设备制造技术仍在不断进步和发展。多年来，各 GIS 设备生产厂家围绕着提高经济性和可靠性这两个主要目标，在元件结构、组合形式、制造工艺、使用维护方面进行了大量研究开发。随着大容量单压式 SF_6 断路器的研制成功和氧化锌避雷器的应用，GIS 设备的技术性能与参数已超过常规开关设备，并且使结构大大简化，可靠性大大提高，为 GIS 设备进一步小型化创造了有利条件。

20 世纪 90 年代后期，世界上出现了一种紧凑型组合式高压开关设备。这种设备综合了敞开式设备 AIS 和封闭式开关设备 GIS 的优势，将高压元件高度集成，使高压开关设备更加紧凑，目前多数人称其为 HGIS，即“半 GIS（Half GIS）”。它与敞开式开关设备相比，把断路器、隔离/接地开关、CT、PT、避雷器等集成为一个模块，大大节省了占地面积，提高了设备可靠性；它与 GIS 设备相比，省略了封闭式母线，大大节省了费用。随着 HGIS 设备的逐步使用，我国高压开关制造厂家也应更多关注这种设备，以满足电力部门要求缩小占地面积又节省投资的要求。当占地位置受到限制不能选用敞开式设备 AIS、投资又比较紧张不能选用封闭式组合电器 GIS 的变电所，使用 HGIS 更适合我国国情，这能给使用维护带来更多方便和实惠。

15.3.2 中压开关设备

随着绝缘材料、断路器机械加工水平的提高，中压开关柜已由防护水平较低、单一空气绝缘的开关设备发展为防护等级在 IP20 及以上、多种绝缘形式的智能化开关柜。开关柜内部短路的安全性、分断能力、热稳定性等技术参数都有了很大提高。

20 世纪 80 年代以前，我国生产的开关柜如 GG-1A 型开关柜，开关柜顶部没有 IP 等级防护，内部没有隔室。采用多油或少油断路器，分断为 25 kA 左右。断路器只能固定安装，并需在断路器进出线两侧设置隔离开关，设备元件多体积大。

20 世纪 70 年代初，世界上掀起了中压开关无油化的浪潮，到 1977 年已确立了中压无油开关的主导地位，多油、少油和磁吹开关趋于淘汰。从 1977 年起到 1988 年的 11 年中，在世界范围内发展无油开关的两大支柱——SF_6 开关与真空开关，引起了旷日持久的论战。论战的结果是双赢，SF_6 断路器和真空断路器均有了较大的发展。从 1988 年以后的近二十年中，真空断路器以明显的优势得到了更大的发展并步入辉煌，特别是应用于 12 kV 电压等级[3]。

20 世纪 80 年代后我国开始引入国外中压断路器生产技术，有真空断路器也有 SF_6 断路器，如真空断路器 3 AH 系列和 SF_6 断路器 BA 系列。在北京地铁的建设中就曾经使用过 SF_6 断路器。

我国中压真空断路器在吸收国外先进技术的基础上，产品的技术性能如额定电流、分断能力、使用寿命已有了很大的提高。我国自行开发的 ZN28 型真空开关额定电流最大为 4 000 A，额定短路开断电流最大为 63 kA。在国内市场上，已有一批较为知名品牌的产品，并已经形成系列产品，能够满足各种容量需求。如 ZN28 型、ZN63 型等中压真空开关的系列产品，这些品牌的产品机械寿命一般都达到 1 万次（连续无故障），有的达到 2 万次，个别达到 6 万次，短路开断次数一般都达 30 次，有的达到 50 次或以上。

从国外市场看，中压真空断路器在 20 世纪 70 年代初仅为百分之几，1980 年约为 20%，1985 年约为 46%，1990 年约为 55%，1995 年约为 62%，2000 年已达 70%。基于真空断路器的显著特点，目前城轨工程使用的中压断路器基本为真空断路器。

真空断路器的特点如下：

① 体积小、结构简单、质量轻、安装方便；

② 无噪声、无污染、无爆炸危险；

③ 适合频繁操作，维修工作量小；

④ 触头使用寿命长；

⑤ 燃弧时间短，全分断时间短；

⑥ 介质绝缘强度恢复快，开断能力强；

⑦ 需定期进行工频耐压试验，检验灭弧罩的真空度；

⑧ 用于感性负荷，会产生操作过电压。

基于断路器技术的发展，其需要的操作功率也显著减小。为开关配套的操作机构也得到了发展，由单一的电磁操作机构发展为弹簧操作机构、永磁操作机构。原来电磁操作机构的合闸电流一般为 120 A 左右，目前的弹簧操作机构合闸电流只需要几个安培，节约了开关操作的能量消耗，也使操作机构的体积大大减少，为开关柜的小型化创造了条件。

采用微机保护装置的智能化中压开关柜发展迅速，集控制、保护、测量于一体的微机保护装置目前几乎取代了传统的电磁式继电保护设备。完备的保护功能、先进的通信手段使远方电调中心人员能够了解中压开关设备的运行状态，具备了实现无人值守的基础条件。

开关柜内部结构普遍按照功能划分，利用金属隔板进行分隔，形成了开关室、母线室、电缆室和二次继保室，防止了开关柜内部故障的扩大，提高了开关柜设备运行的可靠性。开关柜各不同隔室一般设有独立泄压通道，很多开关柜进行了内部短路燃弧试验，以验证开关柜内部故障时对维护人员是否存在伤害的危险，确保设备使用的安全性。

由于断路器是固定安装，对断路器进行检修不太方便，为解决这方面的问题，在柜型方面，手车式开关柜随之产生。手车开关柜中除落地式外还出现了将断路器手车设于开关柜中部的中置式开关柜、断路器手车上下两层布置的双层开关柜等型式。

随着城网中压网络形式的不断丰富和降低供电工程投资的需要，中压负荷开关及负荷开关柜的使用和生产正大幅度增加。为提高城市供电可靠性，采用环网供电方式的越来越多，使负荷开关和环网开关单元的使用也大量增加。据统计，1996 年，全国生产负荷开关 20 873 台，生产环网柜 8 523 面；而 2000 年生产负荷开关 25 865 台，生产环网柜 23 975 面，负荷开关产量增加了 23%，环网柜产量是 1995 年的 3 倍。

负荷开关和环网单元在品种上也在增加，现在不仅有压气式和产气式负荷开关，还有真空负荷开关、SF_6 负荷开关，以及将它们组装而成的环网单元。中压开关柜还有全密封充气

(SF_6)的环网单元和C-GIS开关柜。

综上，中压开关柜以灭弧绝缘介质划分，主要分两类：真空断路器开关柜与SF_6断路器开关柜。以保护功能划分，主要分为断路器柜与负荷开关柜。中压开关柜基本情况见表15.2。

表15.2 中压开关柜概述表

序号	内　容	真空断路器开关柜	SF_6断路器开关柜	负荷开关柜
1	分断能力	高	高	较低
2	外形尺寸	较大	较小	较小
3	环　保	满足	不满足	满足/不满足
4	应用情况	应用广泛		

金属铠装手车式开关柜以结构形式划分，主要分为手车移开式与中置式开关柜。工艺比较见表15.3。

表15.3 工艺比较表

序号	内　容	手车移开式	中置式
1	价　格	较便宜	适　中
2	维　护	手车拉出、推进	丝杠旋转拉出、推进
3	结　构	易变形，不利于拉出与推进	不易变形
4	触　头	撞击接触	无撞击
5	工作位	到位时掉牌指示	到位时声音提示，掉牌指示
6	备　件	无	配置升降手车

15.3.3 低压开关设备

我国低压开关柜在20世纪70年代以前的生产技术基本处于停滞不前的状态，产品品种单一，质量差，技术参数低，工艺设备落后。

进入20世纪80年代后，由于基础设施和电力能源投入的加大，使低压成套开关设备行业开始有了较大的发展空间，市场需求量逐年增大，刺激了行业的发展，表现在生产厂家大量增加，产品的翻新速度加快，品种增多，产品标准也在逐步向国际标准靠拢。产品技术性能参数有了明显的提高，工厂的加工工艺及设备有了明显改进，数百家生产厂引进了国外先进数控钣金加工设备，有些工厂还具备了柔性加工线，其钣金加工工艺已达到国际水平。

进入20世纪90年代，低压开关柜发展的重要特点就是在控制、保护、检测方面的数字集成化，如利用智能开关器件或数字式功能模块构成的低压开关成套设备等。

国外厂商已在国内投资建立了合资、独资企业，大量生产各种类型的低压开关柜。国内一些企业在吸收国外先进技术的基础上，独立开发和研制了使用更加灵活的低压开关柜，并能在最大程度上满足工程的需要，如垂直母排的双排布置、大回路的综合配置、电缆端子的适应性等。

国内自行开发的配电设备品种有十几种，有固定分隔式、抽出式、混合式、智能型等，产品设计水平达到了国际上20世纪90年代中期水平。不同安装方式的简单比较见表15.4。

表 15.4　内置开关不同安装方式的简单比较

序号	内容	固定式	插拔式	抽屉式
1	供电能力	很高	高	较高
2	安全性	差	较高	高
3	可靠性	较差	较高	高
4	馈出回路	较少	多	多
5	维修	不方便	较方便	方便
6	保养量	多	少	少
7	造价	低	较高	高
8	应用情况	少	多	多

低压断路器是低压电器中结构最复杂、影响最大、产值最高的产品，在低压配电系统中的地位尤为重要。

我国 20 世纪 80 年代初期生产的塑壳开关为 DZ10 系列，框架开关为 DW15 系列，而微断开关基本为空白。最初引进的低压断路器如 ME、AH 系列开关以及微断开关 C45N 系列，较大幅度地提升了我国原有产品的技术性能，并填补了微断开关的空白。随后，国外低压开关很多品牌都相继进入了我国，并建立了各自的合资厂，从此，低压开关配置的脱扣器由热磁型脱扣器增加了电子型脱扣器，电流保护由三段式增加为四段式并可带有液晶显示和通信接口，开关整定值的调整也更加方便。

从 20 世纪 90 年代后至 21 世纪初，国外低压电器制造商相继推出新一代低压断路器产品，产品综合技术性能又得到提高。

（1）框架式断路器

对引进或合资的框架断路器进行技术改造和消化吸收后，我国目前生产的框架式断路器较以往相比，在很多方面有了较大进步，额定运行短路分断能力与额定短时耐受能力进一步提高，框架规格系列化且产品的外形尺寸缩小，保护功能齐全。智能控制器在原保护功能的基础上，增加了电压、频率和功率的测量、谐波和基波的计算，可精确分析电网质量并与多种现场总线连接。智能控制器功能与测量精度均有明显提高，电流、电压测量精度从原来的 ±3%，提高到 ±1%；功能测量精度从原来的 ±10% 提高到 ±3%。在通信功能方面能与多种现场总线连接，配置了内部总线、区域联锁模块等。

① 框架等级：框架等级规格化，形成了四个框架等级。

框架额定电流Ⅰ：1 000 A（脱扣器额定电流 200～1 000 A）；

框架额定电流Ⅱ：2 000 A（脱扣器额定电流 800～2 000 A）；

框架额定电流Ⅲ：4 000 A（脱扣器额定电流 1 600～4 000 A）；

框架额定电流Ⅳ：6 300 A（脱扣器额定电流 4 000～6 300 A）。

② 开关结构：向塑壳化、模块化发展，大容量（6 300 A）框架式断路器从拼装式向整体发展，并进一步缩小产品体积。

③ 产品性能：向高分断、高可靠性发展，重点提高额定运行短路分断能力和短时耐受电流，同时提高分断可靠性和动作可靠性。

④ 保护功能：趋于多样化、智能化并向可通信方向发展。

（2）塑壳断路器

目前塑壳断路器较以往相比，结构和性能有显著改善，产品规格齐全且体积缩小，具有热磁式、电子式脱扣器，并且在同一个断路器上不同的脱扣器可互换。开关附件更加齐全且全部为模块化结构。

① 保护功能：齐全、调整方便。产品带有热磁式、电子式脱扣器，除电子式保护特性在面板可调外，热磁式保护整定也实现面板可调。

② 外壳材料：大部分采用可回收的热塑性材料，为低压电器向绿色产品发展创造条件。

③ 分断能力：分断能力进一步提高。部分产品已标明 I_{cw}（额定短时耐受电流）指标。

④ 安装与出线方式多样化：安装方式分为固定式、抽屉式、插入式、轨道安装等，出线方式除板前、板后外，带有多种连接方式附件。

⑤ 通信接口：一般设有外挂式通信接口，并能与多种开放式现场总线连接。

（3）电动机保护塑壳式断路器

产品的分断能力、机械寿命得到提高，可作为手动启动器使用，与新一代交流接触器可组合成为控制与保护开关电器。

目前，低压断路器的电流输入都没有方向性的要求，额定运行分断短路电流 I_{cs} 基本等同于极限分断短路电流 I_{cu}，断路器外无飞弧，断路器规格系列齐全，附件实现模块化。同一产品系列上下级保护选择性表格化，并且具有级联等功能，充分发挥了断路器的能力。

15.3.4 直流开关设备

我国早在 20 世纪 60 年代已经生产直流开关设备，直流快速开关为 DS 系列，并应用于我国第一条地铁线——北京地铁 1 号线一期工程中。

自此直流开关柜的国产化工作一直在努力进行中，其思路是：以 20 世纪 90 年代先进技术水平为目标，以国内现有的成熟机电设备为基础，采用国内机电工业已掌握的先进技术，按照先易后难、重点突破、稳步前进的原则推进。

20 世纪 60 年代，上海整流器厂为地铁开发研制了 DS1 型直流快速开关，随后 20 世纪 70 年代，上海立新电器厂又为地铁开发研制了 DS9、DS10 型直流快速开关，但遗憾的是因种种原因 DS 型开关没有发展完善起来。

1989 年，中船总武汉 712 所在研究分析德国某公司产品 3 WV 直流快速开关的基础上，开始了直流快速开关的研制工作。1992 年 10 月，推出了样机。1993 年 3 月，在北京地铁 1 号线进行了与国外开关的对比试验。1994 年试制了几台直流快速开关，在北京地铁车辆段进行运行考核。1996 年工厂对上述开关改进后，又推出了 8 台开关，替换了 1994 年的样机，继续挂网运行考核。

1991 年，西安电器设备制造厂，曾以北京地铁为依托，进一步研制用于地铁的 DS 系列直流快速开关，但因种种原因研制工作搁浅。

1995 年，上海立新电器厂与瑞士赛雪龙（SECHERON）合资，成立了上海 SECHERON 公司，原计划利用 SECHERON 的技术，发展我国的地铁直流快速开关事业，但因故上海 SECHERON 的产品也未能推向国内地铁市场。

近几年来，城轨工程建设日益加快，设备生产良好的市场前景促进了直流开关柜的国产化进程，国外一些生产直流牵引设备的专业厂商纷纷在国内寻求合作伙伴，组装生产直流开关柜。目前，组装产品已在国内多条线路投入使用，但组装开关柜的主要设备如直流快速开关、微机保护装置仍为国外公司制造。

总之，尽管不少生产厂家及单位做过许多有价值的开发、研制、试制工作，然而国内企业还不能批量生产直流断路器、隔离开关、微机保护装置等关键部件，这也是城轨供电系统目前仍需引进的关键部件。

15.3.5 微机保护装置

交流供电系统和直流牵引供电系统目前均采用微机保护装置。电力系统的飞速发展对继电保护不断提出新的要求，电子技术、计算机技术与通信技术的飞速发展又为继电保护技术的发展不断地注入新的活力，因此，继电保护技术在40余年的时间里完成了四个发展阶段：晶体管继电保护、基于集成运算放大器的集成电路保护、集成电路保护、微机保护。继电保护技术未来趋势是向计算机化，网络化，智能化，保护、控制、测量和数据通信一体化发展，即向微机综合保护装置发展。

从20世纪90年代开始，我国继电保护技术已进入了微机保护时代，国内已经完全能够研发、生产、制造微机保护装置，并且已经赶上了国际同类产品的水平。目前，国内交流供电系统的微机保护装置产品已经能够满足城轨工程的需要，但直流牵引供电系统微机综合保护装置在国内还处于开发阶段。

微机保护装置的一般技术要求如下：

① 应采用现场总线控制结构；

② 应具有保护（含主保护和后备保护）、遥测、遥控、遥信等功能；

③ 保护功能应独立，保护功能的实现不依赖通信网络，网络的故障不能影响保护的正常运行；

④ 应有故障录波功能；

⑤ 通信接口协议开放；

⑥ 应具有GPS对时功能；

⑦ 应有自诊断和自恢复功能；

⑧ 装置机箱应采取必要的防静电及电磁干扰的防护措施；

⑨ 能测量电流、电压，并有计算功能。

15.3.6 牵引整流机组

15.3.6.1 牵引变压器

城市轨道交通工程要求牵引变压器体积小、工作可靠、抗负荷冲击能力强，负荷等级为VI类重牵引。随着绝缘材料的发展，牵引变压器也在不断进步。最早北京地铁使用的牵引变压器为纸绝缘变压器，这种变压器绝缘耐热等级只为B级、防潮性能较差。

在绝缘材料方面，目前一般采用环氧树脂浇注和杜邦纸绝缘方式。环氧树脂浇注的干式变压器机械强度高，耐受短路能力强，防潮及耐腐蚀性能好，且局放小、运行寿命长、损耗低、过负荷能力强。绝缘耐热等级为F级。

杜邦纸即 NOMEX 芳香聚酰胺纤维纸，耐热指数为 220°C，属 C 级绝缘材料。它不仅有卓越的机械和电气性能指标，更为突出的是这些指标对周围的湿度和温度不敏感。它在高温、低温、较大湿度、严重盐雾污秽的情况下仍有优良的性能，这依赖于它有稳定的分子结构和化学性能。它有很好的电气强度，又有很低的介电常数，同时它有很好的机械强度，不脆又易于机械加工。由杜邦纸作为绝缘材料的变压器，绝缘耐热等级可为 H 级。

目前，国内生产的牵引变压器有 10 kV、20 kV、35 kV 三个电压等级；从整流脉波来分有 12 脉波和等效 24 脉波。

1996 年，国内率先开发研制出单机组 12 脉波牵引整流机组，并达到了国际同期同类产品的先进水平。1996 年之前，国内水平为双机组等效 12 脉波牵引整流机组。目前，城轨工程已广泛采用双机组等效 24 脉波牵引整流机组。

牵引变压器结构特点如下：

① 高、低压绕组采有圆筒式，高压侧铜导线绕制低压侧铜箔绕制。

② 铁芯采用高标号、低损耗冷轧优质高导磁冷轧硅钢片。

③ 高、低压侧导线的连接采用电缆连接。

④ 牵引变压器带运输轮子，并能固定安装，顶部备有承受变压器整体总重的起吊用吊环。

⑤ 牵引变压器设置温控显示仪，可显示绕组、铁芯温度，并能输出温度报警及跳闸信号，此信号同时送向变电所综合自动化系统。

⑥ 牵引变压器的铁芯和金属件均有防腐蚀的保护层，并可靠接地（铁轭螺杆除外）。牵引变压器外形如图 15.1 所示。

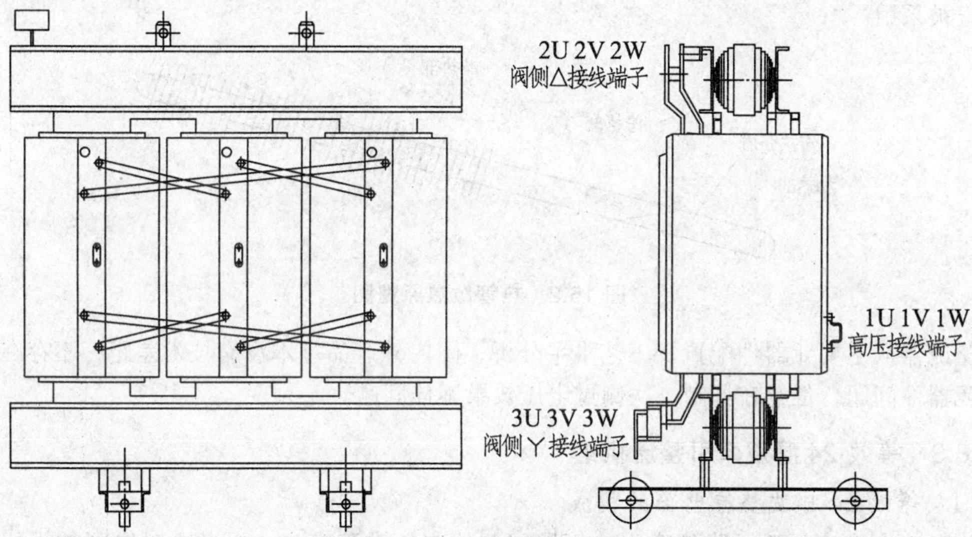

图 15.1 牵引变压器外形图

15.3.6.2 整流器

整流器由大功率二极管及其散热器、保护器件、故障显示器件、通信接口等组成。整流器可靠性要求高，噪声、谐波污染要小，维修要少。

为满足城轨工程直流牵引供电系统要求，整流器主电路由两个三相全波整流桥并联后，与牵引变压器构成单机组 12 脉波或者双机组等效 24 脉波输出。由于整流器的主要部件二极管是由不到 1 mm 厚的硅单晶片制成，其热容量很小，对电流、电压非常敏感，因而整流器的过电流、过电压保护十分重要。整流器应具备牵引变压器同样的牵引负荷特性。

目前市场上国内企业提供的整流器一般采用大容量的平板、烧结式二极管。为抑制直流侧过电压，常用的措施有配装 RC 阻容装置或压敏电阻。整流器每个臂并联二极管的电流均流系数一般都大于 90%，且当一个二极管损坏时，在额定负荷下继续运行，并同时通过智能化数据采集装置进行报警。

智能化数据采集装置能够实现可编程、通过远程通信口上送信号、无源接点输出等功能，并具有滤波、过压保护、抗干扰措施，能承受直流牵引供电系统各种工况的电磁干扰，并保证装置不误动。

整流器柜一般采用无焊接全螺栓结构，以便故障时拆卸更换。屏柜门板及外骨架采用喷塑防护，绝缘材料阻燃。为防止潮湿产生凝露，可设置防凝露控制器。

国内整流器设备的外形尺寸有差异，其中因素与散热器选型有关。采用陶瓷散热器时，整流器柜外形尺寸较大，如 2 500 A 规格的尺寸一般为 2 000 mm×1 250 mm。若采用铝合金散热器，整流器柜外形尺寸较小，同等规格下为 1 200 mm×1 200 mm。目前国内一般采用铝合金散热器或陶瓷散热器。

重力式热管的散热原理如图 15.2 所示，具有液体传热介质的加热部受热后，介质汽化把热量带到散热部。当散热片把热量散发后，介质冷却成液体又返回加热部，如此反复循环。因其是以介质传热为机理，故传热快、热阻小，国外早已应用于工业行业以及地铁与轻轨斩波器上。近年来，国内热管散热器技术日趋成熟，随着电力电子器件功率的增大，热管散热器也已被采用。

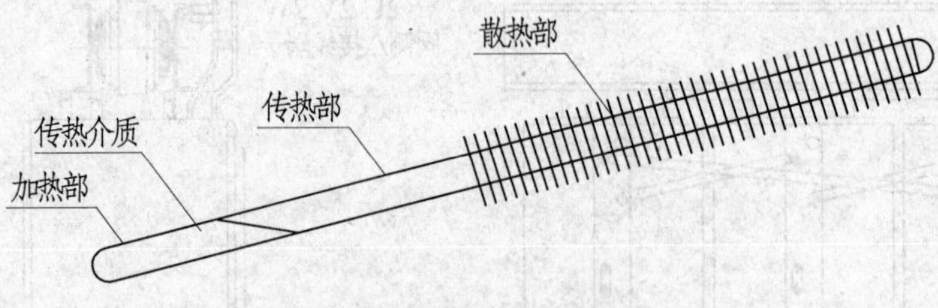

图 15.2　热管散热原理图

整流器从主要元器件配置及工艺水平分析，国内外产品基本没有技术差距，不存在需要进口元器件问题，但存在抑制二次侧过电压效果不佳问题。

15.3.6.3　等效 24 脉波牵引整流机组

（1）等效 24 脉波整流电路的构成

为了提高功率因数、降低牵引变压器网侧线电压波形畸变，以减少对电网的干扰，以及降低输出直流电压的纹波系数，城轨供电系统中的牵引整流机组采用等效 24 脉波整流电路。

单台整流器由两个三相 6 脉冲全波整流桥组成，其中一个整流桥接至牵引变压器阀侧星形绕组，另一个整流桥接至牵引变压器阀侧三角形绕组。因为每台牵引变压器阀侧星形绕组和三角形绕组相对应的线电压相位错开 30°，两个整流桥并联连接构成 12 脉波整流，如图 15.3 所示。

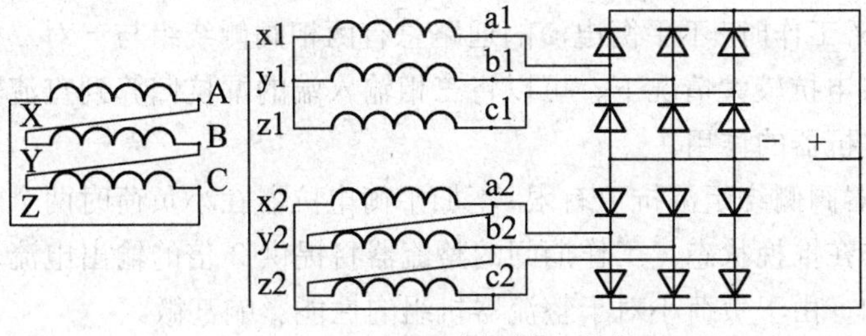

(a)12脉波整流机组电路图

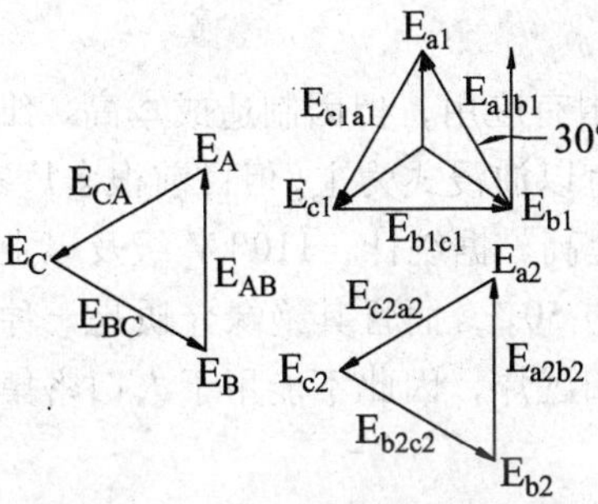

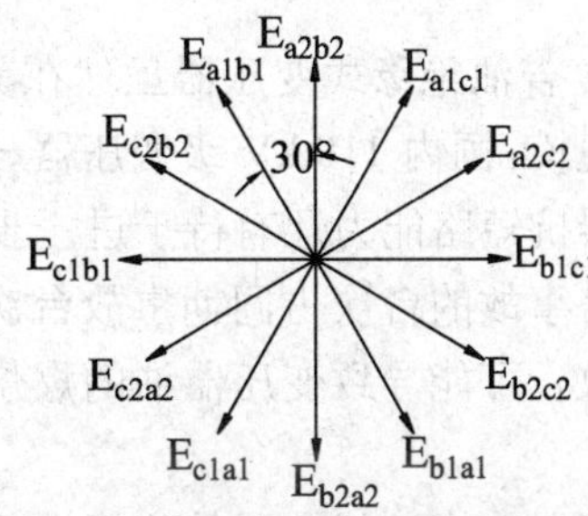

(b)D/dy11整流变压器绕组电压矢量图　　(c)12脉波整流绕组导电顺序图

图 15.3　12 脉波整流机组电路和矢量图

等效 24 脉波整流由两台整流器构成，它们可以并联工作，也可以串联工作。两台牵引变压器的网侧绕组采用延边三角形移相的方法，相对于交流线电压，一台牵引变压器网侧星形绕组移相+7.5°，另一台移相−7.5°，则两台牵引变压器网侧电压相位差为 15°，而合成后其阀侧星形和三角形绕组的线电压相位差为 15°，经整流后输出 24 脉波电压。

（2）等效 24 脉波整流电路的平衡电抗器问题

国内城轨工程普遍采用两套 12 脉波牵引整流机组并联工作，这就需要与它们连接的牵引变压器阀侧星形绕组和阀侧三角形绕组输出电压相等，即要求绕组的匝数比相同。但是星形绕组和三角形绕组的匝数比为 1∶$\sqrt{3}$，而 $\sqrt{3}$ 是一个无穷小数，势必造成它们的匝数比有误差，输出电压有差异。接近 1∶$\sqrt{3}$ 的匝数比组合见表 15.5。

由于输出电压高的那个桥有嵌位作用，可能造成某个时刻只有一个三相整流桥工作，而不是两个三相整流桥同时并联输出直流电流，从而功率减半。

表 15.5　接近 1∶$\sqrt{3}$ 的匝数比组合

Y 绕组匝数	4	7	11	15	16	19
d 绕组匝数	7	12	19	26	28	33
匝数比	1.75	1.716	1.727	1.733	1.75	1.73
与 $\sqrt{3}$ 误差（%）	1.15	0.98	0.29	0	1.15	0.2

为了弥补 12 脉波并联整流桥输出电压的差异，曾使用 6 倍频率的平衡电抗器。但是经过近几年城轨供电系统的研究和实践，目前城轨供电系统牵引整流机组，在并联整流桥之间都不采用平衡电抗器。具体原因[77]如下：

① 由于匝数比有误差，直流负荷分配不均匀会使平衡电抗器产生直流磁化引起铁芯饱和，降低其平衡效果。

② 三相整流桥工作时，不平衡电流的通路总有两相阀侧绕组与一对二极管桥臂和负载串联。在牵引变压器电抗较大情况下，可以将三相输入端的漏抗归算到直流输出端，等效归算电抗可以起平衡电抗器的作用。

③ 牵引变压器阀侧绕组漏抗值有限，不加平衡电抗器在小负荷时两个整流器不是同时并联输出，而是工作在推挽状态。工作期间的整流器将提供 2 倍的输出电流，同时交直流侧谐波含量也稍有增加，由于负荷小对于整流器机组的性能影响甚微。

15.3.7 主变压器

110 kV 级复合油绝缘式变压器虽然在美国有应用，但因制造成本高、维护不便等原因，至今没有形成规模。国内 110 kV 级变压器一直以油浸式为主，但目前很多厂家生产的 110 kV 级油浸式变压器抗短路能力还有待于进一步提高。据统计，110 kV 级及以上电压等级油浸式电力变压器短路事故的台次占同期事故台次的 50%，而且其绝缘介质是一种易燃易爆品，一旦发生短路事故，可能导致变压器油的燃烧和爆炸，因此不能用于人口密集区和防爆要求高的公共场所。

油浸式变压器价格较低，油的绝缘性能好、导热性能好，能够解决变压器大容量散热问题和高电压绝缘问题，但变压器油除了具有可燃性，当遇到火焰时可能会燃烧、爆炸外，还对人体有害、不环保，并且变压器油需定期检查，增加了维护的工作量。

SF_6 气体绝缘变压器在北京、上海、香港的地铁中已有少量被应用，但从其结构和设计特点来看，也存在一些不足，比如，SF_6 气体的绝缘强度和散热能力与气体压力有关，即在大气压力下，SF_6 气体绝缘强度仅相当于绝缘油的 2/3。要想提高 SF_6 气体的绝缘强度，就要提高气体压力，随之其箱体结构也将趋于复杂。由于 SF_6 气体的散热冷却能力比较差，SF_6 气体绝缘变压器的容量越大、结构越复杂，散热冷却就越困难。此外，SF_6 气体绝缘变压器的生产制造和维修对环境要求也比较高，还存在环保问题。

我国在 1999 年成功地研制了 110 kV 级单相容量为 10.5 MV · A 的树脂浇注干式变压器，并经国家变压器质量监督检验中心对样机进行全面测试，其各项技术指标均符合技术文件要求，并于同年 10 月份通过了国家鉴定，其后组成了三相 SCZ-X31.5 MV ·A/110 kV，已于 2000 年 9 月在山东兖州供电局运行。

110 kV 级树脂浇注干式变压器具有很强的生命力，不仅因为其具有优良的防火防灾性能，而且以其抗短路能力强、可靠性高、体积小、重量轻等优点逐渐为广大用户所接受。

15.3.8 配电变压器

从 1998 年开始，全国推行城网、农网改造，用 S9 系列节能配电变压器取代 S7 系列。目前市场上已出现比 S9 更好的新型节能产品，如非晶合金变压器、卷铁芯变压器、全密封变压器等。未来配电变压器发展应趋向于更加环保节能。

1）环氧树脂浇注变压器

环氧树脂浇注干式变压器具有优良的防火性能，其绝缘介质是一种性能卓越的难燃、自熄材料，在变压器运行的自然环境下，其物理化学性质极其稳定，不会产生任何不利于环境的气体或其他中间产物，是一种具有良好环保性能的产品。

变压器采用分段圆筒式绕组，经真空浇注后，绕组的匝间、层间、段间均被固化的树脂和玻璃纤维紧密地结合在一起。正是因为这种固体绝缘将导体牢牢地固定在预定位置，因此短路电动力无法破坏该类变压器的绕组，从而使该类变压器的抗短路能力明显高于相同容量、相同电压的 SF_6 气体绝缘变压器和油浸变压器。

变压器无需体积庞大的冷却装置和复杂的管路系统，因而体积较相同电压、相同容量的 SF_6 气体绝缘变压器小，有助于减少土建投资。

变压器铁芯的整体设计中采用优化方法，适当降低磁通密度，合理选择铁芯尺寸，从而使铁芯磁滞伸缩量减少，固有频率避开了磁滞伸缩频率，降低了树脂浇注干式变压器噪声水平。

变压器从结构上保证其具有良好的散热效果。为提高散热效率，采用轴向多层设置散热气道，使绕组内每根导线均有两个散热面，能够达到产热和散热的均衡，使各部分的温度分配合理。冷却系统可采用国产低噪声风机，充分利用树脂浇注变压器的结构特点，因而运行可靠，维护简单方便，节约运行成本。

2）杜邦纸绝缘变压器

自 20 世纪 60 年代国内生产环氧真空浇注式变压器以来，以其火灾危险性小、外形尺寸小、低噪声、维护简便等特点得到广泛使用。近些年来，杜邦纸绝缘变压器以其绝缘水平高、噪声更低、外形尺寸小、利于环保等特点大有替代环氧真空浇注式变压器的趋势。环氧树脂浇注与杜邦纸绝缘变压器的简单比较见表 15.6[3]。国内已经有多家生产厂商引进了杜邦纸绝缘变压器的生产技术。

表 15.6　环氧树脂与杜邦纸绝缘变压器的简单比较

序　号	内　容	环氧树脂绝缘	杜邦纸绝缘
1	能　耗	较　低	低
2	噪　音	较　低	低
3	绝缘水平	F 级	H 级
4	尺　寸	较　小	小
5	造　价	较　低	适　中
6	应用情况	广　泛	广　泛

杜邦纸绝缘变压器的高压线圈、低压线圈和层间绝缘均采用杜邦纸。鉴于杜邦纸绝缘材料的优良特性，用它制造的干式变压器具有以下特点：

① 耐热绝缘性：绝缘材料为 C 级，变压器耐热绝缘等级为 H 级。

② 安全性：变压器在任何运行工况下不会发生爆炸及释放出有毒气体。变压器具有良好的阻燃特性，防火性能高。

③ 环保性：采用杜邦纸制造的干式变压器能降解回收，不污染环境，环保性好。

④ 耐潮性：由于杜邦纸对潮湿不敏感，杜邦纸绝缘变压器在最潮湿环境中仍能够正常地工作。线圈整体处理时通过多次真空压力浸漆，使导线的密封水平和线圈的机械强度再次加强，同时提高了变压器的防霉菌及防潮性。

⑤ 经济性：由于绝缘系统的耐高温性能，可以减少变压器所需的冷却空间，对比同等容量绝缘等级低的变压器，可以设计的结构更加紧凑，单位容量的体积和重量减少。

⑥ 耐用性：采用杜邦纸为基础的绝缘系统，H级绝缘能承受180°C的工作温度，耐热性较好，过负荷能力强。杜邦纸材料有良好的韧性和弹性，不易受热胀冷缩影响，不龟裂。在变压器的整个使用寿命期间，绝缘系统能保持极佳的电气性能和机械性能。

干式变压器关键的技术之一就是绝缘材料的选择，采用不同的绝缘材料，也就具有不同的产品特点。环氧树脂浇注干式变压器具有电气性能好、抗短路能力强、阻燃性能好、损耗小、噪声低等技术特点。但在环保方面与杜邦纸绝缘变压器相比仍处于劣势，因为在环氧树脂浇注变压器形成过程中，外表已形成固化的玻璃钢体，不可分解，将造成金属材料的不可回收和对环境的污染。

3）平面卷铁芯变压器和立体型卷铁芯变压器

变压器的主要损耗分为空载损耗和负载损耗。目前降低空载损耗主要是通过调整铁芯结构及制造工艺来实现。

原来的卷铁芯结构多为平面的卷铁芯，新发展的卷铁芯结构为立体型卷铁芯。在S11三相平面排列卷铁芯变压器的基础上，将铁芯的排列方式进行立体三角形组合，使三相铁芯磁路完全对称，磁阻大大减小，激磁电流及空载损耗显著降低，运行噪声更低。与同容量S9叠片式铁芯变压器相比，空载损耗下降了48%，与S11系列相比，下降了约27%，性能指标达到S13标准。该系列目前集中于10 kV级，单台容量可做到500 kV · A。

4）非晶合金变压器、超导变压器

（1）非晶合金变压器

非晶合金变压器是目前较为节能的一种变压器，在发达国家的配电网中已被广泛使用。

非晶合金材料又称金属玻璃，是一种无晶体原子结构的合金。该合金是由熔融状态下的合金以百万分之一秒的速度冷却后得到的，目前通常为铁、镍-铁和钴基合金。铁磁体非晶合金比已知的另一些材料更易于磁化和消磁，它的磁性能已被确认在材料内部更易于磁性反转。

由于非晶合金优良的性能，使用其作为铁芯材料的变压器拥有良好的节能效果。据了解，非晶合金变压器的空载损耗仅为S9型变压器的20%。

非晶合金变压器的优点很多，但价格相对较高。因此，非晶合金变压器的推广会遇到一些困难。随着国家对节能的日益重视以及人们观念的逐步转变，非晶合金变压器将越来越被市场所接受。近年来的电力供需矛盾也为非晶合金变压器的发展提供了良好的契机。据不完全统计，目前国内电网中已有15 000台非晶合金变压器在网上运行。

（2）超导变压器

降低变压器绕组的内阻有利于维持变压器输出电压的恒定，改善变压器的性能，同时也会进一步降低变压器的铜损，由此产生了超导变压器、新绕组导线变压器等新型变压器。超导变压器已研发完成，并挂网运行，同时做好了批量生产的准备。高温超导变压器用超导线材取代了现有的电磁线（铜导线或铝导线），不仅能降低变压器的损耗，还可以改善整个电力系统的抗短路性能。

15.4 主要技术参数

主要技术参数包括设备正常使用条件和设备的额定参数。技术参数需要根据工程具体情况进行选择，设备正常使用条件应符合实际环境条件，设备额定参数应按照系统设计确定。

15.4.1　交流开关设备的正常使用条件

交流开关设备分为户内式和户外式，无论是那种形式都有使用条件的要求，以便在正常使用条件下发挥出其正常的产品性能。如果设备使用条件为非正常使用条件，则应对设备进行特殊处理或选用特殊型号的设备。城轨工程交流开关设备一般采用户内式。下面分别介绍户内式和户外式开关设备的正常使用条件。

15.4.1.1　户内开关设备

户内开关设备的正常使用条件：

① 环境温度：最高 40°C；24 h 平均值不超过 35°C；最低 −15°C，允许在 −35°C 时储运。

设计时最高温度的取值为设备中导体或电器所在处通风设计温度；当设有电抗器时则按照该处通风设计最高排风温度。户内式开关设备可以没有最低温度的要求。

② 海拔：1 000 m 或 3 000 m。海拔对设备绝缘有影响，海拔高度越高，空气越稀薄，元器件绝缘强度减弱，影响设备可靠运行。

③ 周围空气中没有明显的尘埃、烟、腐蚀性或可燃性气体、水蒸气或盐的污染。

上述因素对设备外壳防护等级、设备类型和设备绝缘强度有影响。如在有可燃性气体的环境，需要采用专用防爆型电器；尘埃较多的环境，需要加大绝缘距离，避免爬电；空气中含盐量较高时，如应用于沿海城市，要使用耐腐蚀设备。

④ 湿度：日相对湿度平均值不大于 95%；日水蒸气压力平均值不大于 2.2×10^{-3} MPa；月相对湿度平均值不大于 90%；月水蒸气压力平均值不大于 1.8×10^{-3} MPa；日温差不大于 15 K。

湿度对设备的耐腐蚀性和绝缘性有影响。在湿度较高，且温度有较大变化时，会使开关设备内部产生凝露现象，易造成设备绝缘击穿，此时应采取通风、除湿等措施以维持设备的正常运行。

设计时选择设备中导体和电器的相对湿度时，采用当地湿度最高月份的平均相对湿度。

⑤ 地震烈度：8 度或 9 度。

⑥ 公称爬电比距：根据设备所在地点的污秽程度进行选择。公称爬电比距为外绝缘爬电距离与其额定电压之比。实际的爬电比距为最小公称爬电比距乘以应用系数，最小公称爬电比距见表 15.7，应用系数见表 15.8。

表 15.7　户内开关设备外绝缘最小公称爬电比距要求

污秽等级	污秽导电率（Ms）		等值盐密（mg/cm）		最小公称爬电比距（mm/kV）	
	范围	参考值	范围	参考值	瓷质材料	有机材料
Ⅰ	5 ~ 10	7	0.01 ~ 0.02	0.015	14	16
Ⅱ	12 ~ 16	14	0.02 ~ 0.04	0.03	18	20

表 15.8　最小公称爬电比距的应用系数

绝缘的应用		应用系数
相对地		1
相间		$\sqrt{3}$
断路器断口间	3.6 ~ 252 kV	1.0
隔离断口间（包括起联络作用的断路器断口和起隔离作用的负荷开关断口）	3.6 ~ 252 kV	1.15

⑦ 以空气作为绝缘介质的开关柜，柜内各相导体间与对地间净距要求见表 15.9。

表 15.9 开关柜内各相导体间与对地间净距（海拔不超过 1 000 m 时）

额定电压（kV）	7.2	12	24	40.5
1. 导体至接地间净距（mm）	100	125	200	300
2. 不同相的导体之间净距（mm）	100	125	180	300
3. 导体至无孔遮栏间净距（mm）	130	155	210	330
4. 导体至网状遮栏间净距（mm）	200	225	280	400

注：海拔超过 1 000 m 时本表所列 1、2 项值应按每升高 100 m 增加 1% 进行修正；3、4 项之值应分别增加 1 或 2 项值的修正值。

15.4.1.2 户外开关设备

户外开关设备的正常使用条件为：

① 环境温度：最高 45°C；24 h 平均值不超过 35°C；最低－35°C 或－45°C；日温差 25 K 或 32 K。

设计时最高温度的取值为设备中导体所在处最热月平均最高温度，设备中电器则按照年最高温度、最低温度按照年最低温度取值。

② 海拔：同户内开关设备一致。

③ 地震烈度：8 度或 9 度。

④ 公称爬电比距：根据设备所在地点的污秽程度进行选择。Ⅰ级污秽地区的对地爬电比距不得小于 16 mm/kV；Ⅱ级污秽地区的对地爬电比距不得小于 20 mm/kV；Ⅲ级污秽地区的对地爬电比距不得小于 25 mm/kV；Ⅳ级污秽地区的对地爬电比距不得小于 31 mm/kV。

实际的爬电比距为上述公称爬电比距值乘以应用系数，应用系数见表 15.8。

⑤ 覆冰：1 级的覆冰层厚度不超过 1 mm；10 级的覆冰层厚度不超过 10 mm；20 级的覆冰层厚度不超过 20 mm。

⑥ 风压不超过 700 Pa（相对于 34 m/s 的风速）。设计时室外配电装置的最大风速可采用离地 10 m 高、30 年一遇、10 分钟内的平均最大风速。当出现超过设备参数 34 m/s 的风速的情况时，可采取降低电气设备的安装高度、加强设备与基础的固定等措施。

⑦ 应该考虑有凝露或雨、温度突变以及阳光辐射的影响。阳光辐射强度以 0.1 W/cm^2 为依据。

15.4.2 交流开关设备的额定值

（1）额定电压（设备最高电压）

表征设备及断路器等电器设备绝缘强度的参数，是设备及一次元器件长期工作的标准电压。城轨工程常用系统标称电压 0.4 kV、10 kV、20 kV、35 kV、66 kV、110 kV 对应的设备额定电压为 0.69 kV、12 kV、24 kV、40.5 kV、72.5 kV、126 kV。

（2）额定电流

表征设备及断路器等电器设备通过长期电流能力的参数，即设备中主回路电器元件如断路器等允许连续长期通过的最大电流。城轨工程常用交流中高压配电设备的额定电流等级一般为 630 A、1 250 A、3 150 A 等。低压开关设备的额定电流等级很多，不再一一列出。

（3）额定频率

我国交流电流的额定频率均为 50 Hz。

（4）额定开断电流

表征设备中断路器或熔断器开断能力的参数。在额定电压下，断路器或熔断器能保证可靠开断的最大电流，称为额定开断电流。城轨工程常用值为 20 kA、25 kA、31.5 kA、40 kA。低压开关设备需要开断的短路电流值取决于配电变压器容量，目前低压断路器可开断的短路电流为 65 kA，并在运行电压为 400～415 V 范围内 $I_{cs}=100\%I_{cu}$。

（5）额定峰值耐受电流（动稳定电流）

表征断路器等一次元器件通过短时电流能力的参数，反映断路器等承受短路电流电动力效应的能力。当通过动稳定电流时，元器件不能因电动力作用而损坏。与额定开断电流相对应，城轨工程交流中高压系统动稳定电流为 50 kA、63 kA、80 kA、100 kA。

（6）关合电流

表征断路器关合电流能力的参数。因为在断路器接通电路时，电路中可能预伏有短路故障，此时断路器将关合很大的短路电流。这样，一方面由于短路电流的电动力减弱了合闸的操作力，另一方面由于触头尚未接触前发生击穿而产生电弧，可能使触头熔焊，从而使断路器造成损伤。断路器能够可靠关合的电流最大峰值称为额定关合电流。额定关合电流和动稳定电流在数值上是相等的，两者都等于额定开断电流的 2.5 倍。

（7）额定短时耐受电流（热稳定电流）及持续时间

热稳定电流也是表征断路器等一次元器件通过短时电流能力的参数，反映断路器等承受短路电流热效应的能力。热稳定电流是指电气回路接通状态下，在一定的持续时间内，所允许通过电流的最大周期分量有效值，此时电器设备不应因短时发热而损坏。国家标准规定：断路器的额定热稳定电流等于额定开断电流。额定热稳定电流的持续时间对于 110 kV 及以下断路器为 4 s，负荷开关为 2 s 或 4 s。

（8）合闸时间与分闸时间

表征断路器等操作性能的参数。各种不同类型的断路器的分、合闸时间不同，但都要求动作迅速。合闸时间是指从断路器操动机构合闸线圈接通到主触头接触的时间；断路器的分闸时间包括固有分闸时间和熄弧时间两部分；固有分闸时间是指从操动机构分闸线圈接通到触头分离的时间，熄弧时间是指从触头分离到各相电弧熄灭为止这段时间。因此，分闸时间也可称为全分闸时间。

（9）操作循环

表征断路器操作性能的指标。在具体工程中，有些故障可能是暂时性的，尤其是架空线路，当短路电流切断后，故障即迅速消失。因此，为了提高供电的可靠性和系统运行的稳定性，断路器应能承受一次或两次以上的关合、开断、或关合后立即开断的动作能力。此种按一定时间间隔进行多次分、合的操作称为操作循环。我国规定断路器的额定操作循环如下：

自动重合闸操作循环：分—t′—合分—t—合分

非自动重合闸操作循环：分—t—合分—t—合分

其中　分——分闸动作；

　　　合分——合闸后立即分闸的动作；

t'——无电流间隔时间，即断路器断开故障电路，从电弧熄灭起到电路重新自动接通的时间，标准时间为 0.3 s 或 0.5 s，也即重合闸动作时间；

t——运行人员强送电时间，标准时间为 180 s。

城市轨道交通工程交流中高压断路器额定操作循环多采用：分—0.3 s—合分—180 s—合分

（10）额定绝缘水平

表征设备在异常过电压情况下的绝缘能力，包括 1 min 工频耐受电压（有效值）和额定雷电冲击耐受电压（峰值），见表 15.10。

表 15.10　开关设备的额定绝缘水平

额定电压（kV）	额定雷电冲击耐受电压（kV）				1 min 工频耐受电压（kV）			
	相对地	相间	断路器断口	隔离断口	相对地	相间	断路器断口	隔离断口
12	75（60）	75（60）	75（60）	85（70）	42（28）	42（28）	42（28）	49（35）
24	125	125	125	145	65	65	65	79
40.5	185	185	185	215	95	95	95	118
126	450	450	450	520	200	200	200	225
	550	550	550	630	230	230	230	265

注：当 12 kV 系统中性点为有效接地时，绝缘水平采用括号中的数值。

（11）合闸和分闸机构及辅助回路的额定电源电压

合闸和分闸机构及辅助回路的电源电压应理解为电器在操作时在其本身回路端子上测得的电压，如有必要，还包括制造厂提供或要求的与开关串接的辅助电阻或附件，但不包括连接到电源的导线。

城市轨道交通工程多采用直流 110 V、220 V 或交流单相 220 V、380 V，频率为 50 Hz。操动机构在 85%～110% 额定值之间任一电源电压下应能使开关合闸和分闸。

15.4.3　直流开关设备的主要技术参数

我国目前尚没有直流开关设备的相关制造标准，组装的直流开关柜多为与欧洲国家合作制造，执行欧洲标准 EN-50123 系列。

在牵引变电所内安装的直流开关设备为户内式，环境温度条件为：最高温度不超过 40°C，日平均最高温度不超过 35°C，海拔高度不超过 1 000 m。

直流开关柜的主要额定值如下：

① 额定电压：对应系统标称电压为直流 750 V 和直流 1 500 V，设备的额定电压为直流 900 V 和直流 1 800 V。

② 额定电流：母线额定电流为 6 000 A，馈线额定电流为 4 000 A。

③ 额定绝缘电压：对应系统标称电压为直流 750 V 和直流 1 500 V，设备的额定绝缘电压为直流 1 800 V 和直流 3 000 V。

④ 额定绝缘水平：

- 工频耐压　对于直流 750 V 系统，一次回路对框架：4.6 kV，二次回路对框架：2 kV；

对于直流 1 500 V 系统，一次回路对框架：9.2 kV，二次回路对框架：2 kV。

- 雷电冲击耐压　对应系统标称电压为直流 750 V 和直流 1 500 V，雷电冲击耐压一次回路对框架分别为 10 kV 和 20 kV。

⑤ 额定开断短路电流：直流 100 kA，时间常数 $T=10$ ms。

15.4.4 微机综合保护装置的主要技术参数

（1）正常使用条件

① 环境温度：　－5°C～40°C。

② 相对湿度：　5%～95%。

③ 装置的使用地点应无爆炸危险、无腐蚀性气体及导电尘埃、无严重霉菌、无剧烈振动源，不允许有超过发电厂变电站范围内可能遇到的电磁场存在。有防御雨、雪、风、沙、尘埃及防静电措施。

（2）额定参数

① 交流电流：5 A，1 A。

② 交流电压：100 V、100/3 V。

③ 频率：50 Hz。

④ 交流电源电压 220 V，允许偏差－15%～10%，波形畸变率不大于 5%。

⑤ 直流电源电压 110 V 或 220 V，允许偏差－20%～10%，纹波系数不大于 5%。

⑥ 功率消耗：

交流电流回路　当电流为 5 A 时，每相不大于 1 V · A；当电流为 1 A 时，每相不大于 0.5 V · A。

交流电压回路　当额定电压时，每相不大于 1 V · A。

直流电源回路　当正常工作时，不大于 50 W；当保护动作时，不大于 80 W。

⑦ 过载能力：

交流电流回路　2 倍额定电流，连续工作；10 倍额定电流，允许 10 s；40 倍额定电流，允许 1 s。

交流电压回路　1.1 倍额定电压，连续工作。

直流电源回路　80%～110% 额定电压，连续工作。

⑧ 测量元件特性的准确度：

刻度误差　不大于±2%。

温度变差　在工作环境温度范围内，不大于±3%。

综合误差　不大于±5%。

⑨ 绝缘性能。不同额定电压等级的各回路绝缘电阻要求见表 15.11。

表 15.11　各回路绝缘电阻

额定绝缘电压 U（V）	绝缘电阻（MΩ）
$U<60$	≥10（用 250 V 兆欧表）
$U\geq 60$	≥10（用 500 V 兆欧表）

⑩ 介质强度。承受 2 kV 频率为 50 Hz，历时 1 min 的工频耐压试验而无击穿闪络及元器件损坏现象。

⑪ 冲击电压。装置的直流电源输入回路、交流电源输入回路、输出触点回路对地以及回路之间，应能承受 1.2/50 μs 的标准雷电波的短时冲击电压试验，开路试验电压 5 kV，装置应无绝缘损坏。

15.4.5 牵引整流机组的主要技术参数

（1）牵引整流机组主要技术要求

① 整流方式：双机组等效 24 脉波整流。

② 额定负荷下效率不应小于 98%。

③ 在额定负荷时功率因数不应小于 0.95。

④ 固有电压调整率为不大于 6%。

⑤ 谐波电流应满足《半导体电力变流器与电网互相干扰及其防护方法导则》GB10236 标准的规定。

⑥ 牵引整流机组符合Ⅵ类重牵引要求，即 100% 额定负荷，连续运行；150% 额定负荷，运行 2 h；300% 额定负荷，运行 1 min。

（2）牵引变压器主要技术参数

① 牵引变压器类型：干式、户内、自冷、环氧树脂浇注或浸漆型等。

② 网侧额定电压：10 kV、20 kV、35 kV（33 kV）。其中 20 kV 应用于出口项目，国内尚无使用。33 kV 不是我国的标准电压，受早期进口设备的影响，只在广州、上海一些城轨线路上使用。

③ 联结方式：单台牵引变压器与整流器构成 12 脉波整流；两台牵引变压器、整流器可构成双机组 24 脉波整流。

④ 牵引变压器主要技术参数见表 15.12。

表 15.12 牵引变压器主要技术参数

序号	项 目	要 求
1	网侧额定电压分接	±2×2.5%
2	绝缘耐热等级	F 级或 H 级
3	两绕组阀侧空载电压不平衡度	≤0.3%
4	两台变压器短路阻抗不平衡度	3%
5	两绕组短路阻抗不平衡度	3%
6	局部放电量	≤10pc
7	绕组温升	F 级 100 K；H 级 125 K
8	噪 音	≤55 dB（100% 额定负荷）

（3）整流器主要技术参数

整流器主要技术参数见表 15.13。

表 15.13 整流器主要技术参数

序号	项 目	直流 1 500 V 系统	直流 750 V 系统
1	额定功率（kW）	1 500～4 000	1 500～2 250
2	额定频率（Hz）	50	
3	额定阀侧电压（V）	1 180～1 220	590～610
4	额定直流电压（V）	1 500	750
5	最高直流电压（V）	1 800	900
6	负荷特性	反电动势、再生	
7	负荷类型	100% 额定负荷连续；150% 额定负荷 2 h；300% 额定负荷 1 min	
8	主回路工频耐压	5 kV/1 min	3.8 kV/1 min
9	辅助回路工频耐压	2 kV/1 min	
10	冲击电压（1.2/50 μs 冲击波）	12 kV	7 kV
11	二极管反向重复峰值电压（V）	≥4 400	≥3 000
12	冷却方式	自然风冷，户内安装	
13	外壳防护等级	IP20	

15.4.6 配电变压器的主要技术参数

10 kV 级干式配电变压器、35 kV 级干式配电变压器、110 kV 级主变压器的主要技术参数分别见表 15.14、表 15.15、表 15.16。

表 15.14 10 kV 级干式配电变压器主要技术参数

额定容量（kV·A）	电压组合			联结组标号	空载损耗（W）	不同的绝缘耐热等级下的负载损耗（W）			空载电流（%）	短路阻抗（%）
	高压（kV）	高压分接范围（%）	低压（kV）			B（100°C）	F（120°C）	H（145°C）		
30	6；6.3；6.6；10；10.5；11	±5 或 ±2×2.5	0.4	Y,yn0 或 D,yn11	240	780	830	890	3.2	4
50					340	1 100	1 170	1 260	2.8	
80					460	1 520	1 620	1 740	2.6	
100					500	1 740	1 850	1 990	2.4	
125					590	2 040	2 170	2 330	2.2	
160					680	2 350	2 500	2 680	2.2	
200					780	2 790	2 970	3 180	2.0	
250					900	3 050	3 240	3 480	2.0	
315					1 100	3 840	4 080	4 380	1.8	
400					1 220	4 410	4 690	5 030	1.8	
500					1 450	5 400	5 740	6 150	1.8	
630					1 680	6 500	6 910	7 400	1.6	
630					1 620	6 600	7 010	7 520	1.6	6
800					1 900	7 700	8 180	8 770	1.6	
1000					2 210	9 000	9 560	10 300	1.4	
1250					2 610	10 700	11 400	12 200	1.4	
1600					3 060	13 000	13 800	14 800	1.4	
2000					4 150	16 000	17 000	18 300	1.2	
2500					5 000	19 000	20 200	21 700	1.2	

表 15.15　35 kV 级干式配电变压器主要技术参数

额定容量 (kV·A)	电压组合			联结组标号	空载损耗 (W)	不同的绝缘耐热等级下的负载损耗（W）			空载电流（%）	短路阻抗（%）
	高压（kV）	高压分接范围（%）	低压（kV）			B（100°C）	F（120°C）	H（145°C）		
315	35；38.5	±5 或 ±2×2.5	0.4	Y,yn0 或 D,yn11	1 450	4 620	4 900	5 240	2.0	6
400					1 700	5 950	6 300	6 750	2.0	
500					2 000	7 300	7 750	8 320	2.0	
630					2 300	8 500	9 030	9 680	1.8	
800					2 700	10 000	10 700	11 400	1.8	
1 000					3 000	11 500	12 300	13 100	1.8	
1 250					3 500	14 000	14 900	16 000	1.6	
1 600					4 000	17 000	18 100	19 400	1.6	
2 000					4 700	20 000	21 300	22 800	1.4	
2 500					5 500	24 000	25 500	27 400	1.4	

表 15.16　110 kV 级主变压器主要技术参数（1）

额定容量 (kV·A)	电压组合			联结组标号	空载损耗（kW）	负载损耗（kW）	空载电流（%）	短路阻抗（%）
	高压（kV）	高压分接范围（%）	低压（kV）					
6 300	110	±8×1.25	6.3；10.5	YN,d11	12.5	41	1.4	10.5
8 000					15.0	50	1.4	
10 000					17.8	59	1.3	
12 500					21.0	70	1.3	
16 000					25.3	86	1.2	
20 000					30.0	104	1.2	
25 000					35.5	123	1.1	
31 500					42.2	148	1.1	
40 000					50.5	174	1.0	
50 000					59.7	216	1.0	
63 000					71.0	260	0.9	

表 15.16　110 kV 级主变压器主要技术参数（2）

额定容量 (kV·A)	电压组合			联结组标号	空载损耗（kW）	负载损耗（kW）	空载电流（%）	短路阻抗（%）
	高压（kV）	高压分接范围（%）	低压（kV）					
6 300	110 或 121	±8×1.25	38.5	YN,d11	12.5	44	1.5	10.5
8 000					15.0	53	1.5	
10 000					17.5	62	1.4	
12 500					20.5	74	1.4	
16 000					24.5	91	1.3	
20 000					29.0	110	1.3	
25 000					34.2	129	1.2	
31 500					40.5	156	1.2	
40 000					48.3	183	1.1	
50 000					57.8	227	1.1	
63 000					68.3	273	1.0	

15.4.7 设备参数示例

设备厂家对于同一种设备，其技术参数会有不同，下面作为示例给出一些设备参数，目的在于建立感性概念。具体设备参数应结合工程实际情况通过系统设计确定。

15.4.7.1 高压开关设备

（1）GIS

① 额定电压：126 kV。

② 额定电流：1 250/1 600/2 000/3 150 A。

③ 额定频率：50 Hz。

④ 额定短路开断电流：31.5 kA。

⑤ 使用地点：户内。

⑥ 海拔高度：≤2 500 m。

⑦ 环境温度：不低于－25°C；不高于＋40°C。

⑧ 相对湿度：日平均不大于 95%；月平均 90%。

⑨ 地震烈度：≤8 级。

⑩ 年漏气率：≤1%。

⑪ SF_6 气体水分含量（体积比）：断路器气室 150×10^{-6}；其他气室 250×10^{-6}。

（2）SF_6 断路器

① 额定电流：1 250/1 600/2 000/3 150 A。

② 额定短路开断电流：31.5 kA/40 kA。

③ 额定短路关合电流（峰值）：80 kA/100 kA。

④ 额定动稳定电流（峰值）：80 kA/100 kA。

⑤ 额定热稳定电流（4 s）：31.5 kA/40 kA。

⑥ 额定雷电冲击耐受电压（峰值）对地、相间 550 kV；断口间 630 kV。

⑦ 额定短时工频耐受电压（有效值）：对地、相间 230 kV；断口间 265 kV。

⑧ 额定断路开断电流次数：40/20 次。

⑨ 机械寿命：5 000 次。

⑩ 额定操作循环：分—0.3 s—合分—180 s—合分。

⑪ 合闸时间：不大于 0.1 s/不大于 0.08 s。

⑫ 固有分闸时间：不大于 0.04 s/不大于 0.036 s。

⑬ 金属短接时间：0.11 s/0.08 s。

⑭ 自动重合闸无电流间隔时间：0.3 s。

⑮ SF_6 气体额定表压（20°C）：0.6 MPa。

⑯ SF_6 气体监视表压（20°C）：0.6 MPa。

⑰ SF_6 气体闭锁表压（20°C）：0.6 MPa。

（3）母线筒

① 额定电流：1 600/2 000/3 150 A。

② 额定动稳定电流（峰值）：80/100 kA。

③ 额定热稳定电流（4 s）：31.5/40 kA。

④ 额定雷电冲击耐受电压（峰值）：550 kV。

⑤ 额定短时工频耐受电压：230 kV。

⑥ SF_6 气体零表压时工频耐压（5 min）>110 kV。

⑦ SF_6 额定表压（20°C）：0.3 MPa。

⑧ SF_6 补气表压（20°C）：0.2 MPa。

15.4.7.2 中压开关柜

（1）金属铠装移出式开关柜

① 额定电压：12 kV。

② 额定电流：630/1 000/1 250/1 600/2 000/3 150 A。

③ 额定短路开断电流：25/31.5/40 kA。

④ 额定短路关合电流：63/80/100 kA。

⑤ 额定峰值耐受电流：63/80/100 kA。

⑥ 额定短时耐受电流：25/31.5/40 kA。

⑦ 额定短路持续时间：4 s。

⑧ 额定短路开断电流开断次数：30/20 次。

⑨ 额定操作顺序：分—0.3 s—合分—180 s—合分。

⑩ 1 mim 工频耐压（有效值）：42 kV。

⑪ 雷电冲击耐压（峰值）：75 kV。

⑫ 机械寿命：20 000 次。

⑬ 外壳防护等级：不低于 IP20。

（2）气体绝缘开关柜（C-GIS）

气体绝缘开关柜技术参数见表 15.17。

表 15.17 气体绝缘开关柜技术参数示例

额定电压（kV）	12	24	36	40.5
最高运行电压（kV）	12	24	36	40.5
额定工频耐压（kV）	42	50	70	85
额定雷电冲击耐压（kV）	75	125	170	185
额定频率（Hz）	50	50	50	50
额定母线电流（A）	…2 500	…2 500	…2 500	…2 500
额定馈线电流（A）	…2 500	…2 500	…2 500	…2 500
额定峰值耐受电流（kA）	…100	…100	…100	…100
额定短时耐受电流（kA 3 s）	…40	…40	…40	…40
断路器额定短路开断电流（kA）	…40	…40［注（1）］	…40［注（1）］	…40［注（1）］
断路器额定短路关合电流（kA）	80	80	80	80
额定操作顺序	分—0.3 s—合分—180 s—合分			
总开断时间（ms）	≤60	≤60	≤60	≤60
关合时间（ms）	≤80	≤80	≤80	≤80
绝缘气体	SF_6	SF_6	SF_6	SF_6
额定充气压力（20°C 绝对值）kPa	130	130	130	130
最低操作压力（20°C 绝对值）kPa	120	120	120	120

续表 15.17

最低功能压力（20°C 绝对值）kPa	100	100	100	100
额定参数				
储能电机 V·A（W）	150	150	150	150
合闸线圈 V·A（W）	250	250	250	250
分闸线圈 V·A（W）	250	250	250	250
辅助电压 V	110、220DC			
防护等级				
气　室	IP65	IP65	IP65	IP65
低压室	IP4x	IP4x	IP4x	IP4x

注（1）：小于标准柜宽 800 mm 时，短路开断电流将降低。

（3）全密封充气环网开关柜

全密封充气环网开关柜技术参数见表 15.18。

表 15.18　全密封充气环网开关柜技术参数示例

额定电压（kV）	12	24
最高运行电压（kV）	12	24
额定工频耐压（kV）	42	50
额定雷电冲击耐压（kV）	75	125
额定频率（Hz）	50	50
主母线额定电流（A）	630/800/1 250	630/800/1 250
断路器柜分支母线额定电流（A）	630/800/1 250	630/800/1 250
负荷开关柜分支母线额定电流（A）	630	630
额定峰值耐受电流（kA）	…63	…63
额定短时耐受电流（kA 3 s）	…25	…25
断路器额定短路开断电流（kA）	…25	…25
额定短路关合电流（kA）		
断路器	63	63
三工位负荷开关	63	63
额定操作顺序	分—0.3s—合分—180s—合分	
总分闸时间（ms）	约 60	约 60
合闸时间（ms）	约 60	约 60
SF_6 绝缘气体系统		
设计压力（20°C 绝对值）kPa	160	160
额定充气压力（20°C 绝对值）kPa	130	130
最小工作压力（20°C 绝对值）kPa	120	120
绝缘气体压力（20°C 绝对值）kPa	120	120
额定参数		
储能电机 V·A（W）	150	150
合闸线圈 V·A（W）	250	250
分闸线圈 V·A（W）	250	250
辅助电压 V	110、220 DC	
防护等级		
气　室	IP65	IP65
低压室	IP4x	IP4x

（4）断路器

① 额定电压：12/24/36/40.5 kV。

② 额定电流：2 500 A。

③ 额定频率：50 Hz。

④ 雷电冲击耐受电压（相对地）：75/125/170/185 kV。

⑤ 主回路工频耐受电压（相间）：42/50/70/85 kV 1 min。

⑥ 辅助回路工频耐受电压（相间）：2 kV/1 min。

⑦ 额定短路开断电流：40 kA。

⑧ 额定关合电流（峰值）：80 kA。

⑨ 额定动稳定电流（kA）：80 kA。

⑩ 额定热稳定电流（kA）：40 kA/3 s。

⑪ 操作方式：电动储能装置，并应能手动储能，弹簧操动机构。

⑫ 重合闸操动顺序：分—0.3 s—合分—180 s—合分。

⑬ 操作电压：直流 220 V。

⑭ 合闸时间：＜70 ms，合闸弹跳≤2 ms。

⑮ 固有分闸时间：＜45 ms，分闸反跳≤1 ms。

⑯ 燃弧时间：＜15 ms，开断时间 5 周波。

⑰ 机械寿命：不小于 20 000 次

⑱ 电气寿命：不小于 10 000 次（额定电流开断次数），额定短路电流开断次数不小于 50 次。

15.4.7.3 低压开关柜

（1）低压开关柜

① 额定电压：690 V。

② 额定绝缘电压：1 000 V。

③ 额定冲击耐受电压：8 kV。

④ 水平母线最大工作电流：6 300 A。

⑤ 垂直母线最大工作电流：1 600 A。

⑥ 水平母线额定短时耐受电流（1 s）：80 kA。

⑦ 水平母线额定峰值耐受电流：176 kA。

⑧ 垂直母线额定短时耐受电流（1 s）：65 kA。

⑨ 垂直母线短时峰值电流：176 kA。

⑩ 外壳防护等级：不低于 IP40。

（2）断路器

① 额定工作电压：400 V。

② 额定绝缘电压：框架式 1 000 V，塑壳式 690 V。

③ 冲击耐压水平：12 kV。

④ 分断能力：36～65 kA，400～415 V 范围内 $I_{cs}=100\%I_{cu}$。

⑤ 断路器应具备瞬时保护、短延时保护、长延时保护、接地故障保护等功能，可供选择。

15.4.7.4 直流开关设备

（1）直流开关柜

① 额定电压：直流 900 V/直流 1 800 V。

② 额定绝缘电压：直流 1 800 V/直流 3 000 V。

③ 额定工频耐压：

一次回路对框架：4.6 kV/9.2 kV 50 Hz 1 min。

二次回路对框架：2 kV 50 Hz 1 min。

④ 母线额定电流：2 000～9 000 A。

⑤ 馈出回路额定电流：2 500～6 000 A。

⑥ 外壳防护等级：不低于 IP20。

（2）上网开关柜

① 额定电压：直流 900 V/直流 1 800 V。

② 额定绝缘电压：直流 1 800 V/直流 3 000 V。

③ 额定工频耐压：

一次回路对框架：4.6 kV/9.2 kV 50 Hz 1 min。

二次回路对框架：2 kV 50 Hz 1 min。

④ 额定电流：4 000 A。

⑤ 外壳防护等级：IP40。

（3）直流快速开关

① 额定电压：直流 1 000 V/直流 2 000 V。

② 额定绝缘电压：直流 1 800/直流 3 000 V。

③ 额定电流：2 500～6 000 A。

④ 额定开断短路电流：100 kA，$T=10$ ms。

⑤ 机械寿命：不小于 20 000 次。

⑥ 机械特性：

合闸时间：≤300 ms。

固有分闸动作时间：≤4 ms。

全分闸时间：≤20 ms。

⑦ 开关本体过电流整定范围：6 000～12 000 A。

（4）电动/手动隔离开关

① 极数：1/2/3。

② 额定电压：直流 900/直流 1 800 V。

③ 绝缘电压：直流 1 800/直流 3 000 V。

④ 额定电流：2 000～8 000 A。

⑤ 允许短路持续电流：50 kA（≤2 000 A）、75 kA（>2 000 A）。

⑥ 短路持续时间：1 s。

⑦ 机械寿命：10 000 次分合操作。

⑧ 电动分闸合闸时间：≤6 s。

15.4.7.5 主变压器

① 高压侧额定电压：110 kV。

② 低压侧额定电压：35 或 10 kV。

③ 额定容量：20/25/31.5/40/50/63 MV · A。

④ 接线组别：YN, d11。

⑤ 短路阻抗（以变压器高压侧额定容量和额定电压为基数）：

额定分接下的短路阻抗：高压-低压 10.5%。

⑥ 冷却方式：油浸自冷。

⑦ 绝缘水平：

变压器的每一绕组及中性点端子的绝缘水平和试验电压见表 15.19。

表 15.19 变压器试验电压（kV）

绕组电压等级	额定短时工频耐受电压（有效值）	全波额定雷电冲击耐受峰值电压
10	35	75
35	70	170
110	200	480

⑧ 有载调压开关

电气寿命：30 万次以上。

机械寿命：50 万次以上。

不检修周期：7 年以上。

操作电源电压：380/220 V，50 Hz。

15.4.7.6 配电变压器

① 变压器类型：干式、户内、空气自冷、带保护外壳。

② 额定高低压变比：10 或 35/0.4 kV。

③ 额定频率：50 Hz。

④ 相数：三相。

⑤ 变压器采用无励磁分级调压，原边分接抽头的分接范围：±2×2.5%。

⑥ 联结组别：Dyn11。

⑦ 绝缘水平：LI75AC35/LI0AC3（10 kV）LI170AC70/LI0AC3（35 kV）。

⑧ 绝缘耐热等级：F 级或 F 级以上。

⑨ 温升限值（线圈）：不高于 100 K。

⑩ 局部放电：5 pc。

⑪ 噪音水平：55 dB。

⑫ 变压器寿命：设计寿命、免维护使用周期、无故障使用年限在额定的负荷条件和环境条件下均不小于 30 年。

⑬ 外壳防护等级：不低于 IP20。

16 变电所设备平面布置

城市轨道交通工程设有主变电所、牵引变电所（含牵引降压混合变电所）、降压变电所。本章就各种变电所的总体布置、设备布置进行介绍，随后提出变电所设备孔洞预留和基础预埋的要求，并就变电所的设备布置对相关专业提出要求。

16.1 概 述

城市轨道交通线路敷设形式有高架桥、地面线、地下隧道，车站形式有高架、地面、地下。城轨各类变电所的分布也比较广泛，有的分布在车站、车场、车辆段，有的分布在区间。根据布置地点的不同，城轨变电所的总体布置也有所不同。

城轨主变电所一般采用单体建筑布置形式。为减少中压电缆长度、提高供电质量，结合规划用地，主变电所一般设置在轨道交通沿线附近。

正线牵引变电所一般设置在车站，并与车站降压变电所合建成牵引降压混合变电所。对于地上车站、地下车站、岛式车站、侧式车站等不同车站形式，牵引变电所的总体布置有所不同。

根据牵引供电需要，在长大区间可设置牵引变电所。

在一个车辆段或停车场中，一般设置一座牵引变电所，并尽可能与降压变电所合建。

一般车站多设置一座降压变电所。对于规模较大的车站，一般在车站一端设置一座降压变电所，另一端设置一座跟随式降压变电所。

当区间用电负荷较大时，可单独设置降压变电所。

根据负荷分配情况，车辆段或停车场一般可设置 2～3 座降压变电所，其中一座降压变电所宜与牵引变电所合建。

对于地下车站和地面车站，变电所尽量布置在站台层，以便通过轨道车进行设备运输。当变电所布置在地下站厅层或其他层时，需要设置吊装孔和吊装梁。对于高架车站，变电所尽量布置在地面层，以便通过地面进行设备运输。

变电所设备平面布置应考虑设备运输通道、操作通道、维护通道、电缆敷设通道的要求。

变电所设备基本上为下进出线，设备层地面需要设置电缆孔洞，电缆孔洞的大小根据电缆的数量和所占空间确定。

变电所内的设备基础预埋方案应结合设备安装方式确定，槽钢有扣放与立放埋设两种。

变电所与土建、机电设备均有配合要求，如建筑防火、结构荷载、通风等。

16.2 变电所的主要设备

不同的变电所，其设备配置既有相同之处，也有不同之处。下面对不同变电所的设备配置情况进行简要介绍。

（1）主变电所设备

城市轨道交通主变电所主要采用户内式。户内式主变电所的主要设备有：油浸主变压器、主变压器调压开关、接地变压器、所用变压器、高压 SF_6 全封闭组合电器（简称 GIS）、交流中压开关柜、0.4 kV 低压开关柜、继电保护屏、交直流电源屏、微机综合控制屏、接地电阻等。

（2）牵引降压混合变电所设备

牵引降压混合变电所的主要设备有：交流中压开关柜、牵引变压器、整流器、直流开关柜、排流柜、交直流电源屏、微机综合控制屏、钢轨电位限制装置等。对于牵引降压混合变电所，除此之外还包括配电变压器及 0.4 kV 低压开关柜。

国内中压开关柜常用 35 kV 和 10 kV 两个电压等级的设备，不同电压等级的中压开关柜其布置方式不相同。

牵引变压器、整流器、直流开关柜、负极柜、排流柜、钢轨电位限制装置等是城市轨道交通牵引降压混合变电所特有的设备。

（3）降压变电所设备

降压变电所的主要设备有：交流中压开关柜、配电变压器、0.4 kV 低压开关柜、交直流电源屏、微机综合控制屏、钢轨电位限制装置等。

跟随式降压变电所的主要设备有：交流中压隔离开关柜、配电变压器、0.4 kV 低压开关柜等。有的跟随式降压变电所，由于距离车站另一端的牵引降压混合变电所或降压变电所较远，而设置独立的交直流电源屏、微机综合控制屏。

（4）箱式牵引变电所设备

箱式牵引变电所的设备与一般牵引变电所设备基本相同。

（5）箱式降压变电所设备

箱式降压变电所的设备与一般降压变电所设备基本相同。

16.3 变电所总体布置

变电所总体布置主要包括变电所建筑形式、主要设备分区及其位置的确定、大型设备运输路线、变电所疏散通道及消防通道的设置等内容。

16.3.1 主变电所的总体布置

主变电所一般采用户内式。大部分主变电所单独建设，也有与其他建筑合建的方式。由于主变压器一般采用油浸变压器，因此，主变电所通常设置在地面层，尽量不设置在地下。

单独建设的户内主变电所，可设置成两层或三层的小楼。

主变电所地下设置电缆夹层，在地面层设置两个油浸主变压器的单独房间，变压器室设有储油坑，油浸主变压器室内还设有有载调压开关。考虑到运输方便，接地兼所用变压器室设置在地面层。为电缆进出开关柜方便，中压开关柜也设置在地面层。另外，接地电阻室及值班室也设置在地面层。

对于控制室设备，由于进出电缆较小，同时也方便设备运输，因此可以设置在二层或者三层，室内采用防静电地板，将地坪抬高，控制电缆在防静电地板下敷设。110 kV GIS 室也可以设置在二层或者三层，110 kV 进线可以通过主变压器上方接至主变压器。

为了满足电力系统对谐波治理的要求，在主变电所应预留电容滤波装置的安装位置，电容滤波装置可以设置在主变电所的三层或者是二层。

为了满足人员疏散的要求，在主变电所控制室的外侧，应当设置平台及设置步行楼梯通到地面层。

由于主变电所的主变压器为油浸式，因而主变电所与周边建筑物的间距应当符合消防通道的要求，根据建筑设计防火规范要求，一般不小于 20 m。

16.3.2 牵引降压混合变电所的总体布置

因牵引变电所多与降压变电所合建成牵引降压混合变电所，因此，牵引降压混合变电所的总体布置更具有代表性和实用性。下面根据牵引降压混合变电所在正线、区间、车辆段所处位置的不同，就地下岛式车站、地下侧式车站、地面岛式车站、地面侧式车站、高架岛式车站、高架侧式车站、区间、车辆段等牵引降压混合变电所布置的一般总体要求进行介绍。

1）地下岛式车站

岛式车站是上下行轨道分别位于车站站台的两侧，站台位于上下行线路中间的车站。当牵引降压混合变电所布置在地下岛式车站时，为了设备运输方便，牵引降压混合变电所应优先布置在车站的站台层(这是国内大部分城市轨道交通工程的普遍做法)，并位于车站的一端，这样牵引变压器等大型电力设备可以利用轨道车进行运输。为便于设备运输，要求站台设备层离轨顶高度略低于轨道车底板高度(1 100 mm)，以保证轨道车和站台设备层高度基本平齐，方便设备运进运出。当车站长度受到限制时，牵引降压混合变电所可以分成两部分布置，一部分布置在站台层，另一部分布置在站厅层。布置在站台层的设备主要是牵引变压器、配电变压器、中压开关柜、直流开关柜、整流器、控制室设备等，布置在站厅层的设备主要是低压开关柜。

上述做法是基于以下考虑的。

牵引变压器体积大、重量大，布置在站台层，可以通过轨道车方便地运进运出。为便于整流器与牵引变压器的电缆连接，整流器也和牵引变压器一起布置在站台层。由于直流馈线主要是从站台层去往上网开关，因此，直流开关柜宜安装在站台层。考虑到电缆敷设和设备运输方便，中压开关柜也应当布置在站台层。因变电所主要设备布置在站台层，故控制室设备也布置在站台层以减少二次电缆的长度，便于人员巡视。

由于 0.4 kV 开关柜相对其他设备而言运输比较方便，因而可将 0.4 kV 开关柜布置在站厅层。对于布置在站厅层的设备，既可以通过吊装孔从站台层吊装至站厅层，也可以通过风道将设备从站台层吊装至站厅层。安装在站厅层的设备，一般不设置电缆夹层，而采用上进出线的方式。

站台层和站厅层之间应当设置电缆竖井，便于电缆上下敷设。

有的地下岛式车站，根据控制车站长度等总体布置要求，可将牵引降压混合变电所设备布置在车站外侧，即形成外挂式牵引降压混合变电所，设备通过运输竖井运输，电缆通过电缆竖井和通道敷设至车站。

当变电所设备通过轨道车运输时，对于架空接触网线路，可运输设备高度一般限制在 2 800 mm 左右，即设备运输高度控制在 3 900 mm。因架空接触线离轨面高度为 4 040 mm，设备运输高度略低于接触网高度，并有一定裕量，运输比较可靠。对于接触轨线路，则对可运输设备的高度限制不是很严格，常规设备基本可以满足运输要求。

牵引降压混合变电所按照无人值守设计，35 kV 牵引降压混合变电所在车站端头设置两个牵引变压器室，根据车站宽度的不同，牵引变压器室可以是并排布置，也可以背靠背布置。车站宽度允许时，牵引变压器室采用背靠背布置，当车站宽度不允许或者车站端头宽度逐渐缩小时，牵引变压器室采用并排布置。10 kV 牵引降压混合变电所的两台牵引变压器可以布置在一个牵引变压器室内。牵引降压混合变电所还应设置中压及直流开关室、控制室、低压开关柜室，当牵引降压混合变电所都布置在一层时，在中压、直流开关柜室安装中压开关柜、整流器、直流开关柜等，当牵引降压混合变电所采用站台站厅层分开布置时，在中压、直流开关柜室还需要布置配电变压器。当低压开关柜布置在站厅层时，低压开关柜室只有低压开关柜；当低压开关柜布置在站台层时，低压开关柜室布置有配电变压器和低压开关柜。

位于站台层的牵引降压混合变电所的一侧墙壁直接贴临轨道，另一侧需要设置人员巡视和疏散通道。

2）地下侧式车站

侧式车站是上下行轨道位于车站中心、站台位于轨道两侧的车站。

当牵引降压混合变电所布置在地下侧式车站时，可布置在车站某一侧站台的端部，设备可以通过轨道车运输，当站台长度受到限制时，可将牵引降压混合变电所的一部分设备布置在站台层，而将低压柜等设备布置在站厅层。

站台层牵引降压混合变电所靠近轨道的一侧，要设置人员通道，作为巡视和疏散用。与地下岛式车站相似，地下侧式车站牵引降压混合变电所也设置有牵引变压器室、中压及直流开关柜室、低压开关柜室、控制室。控制室应靠近车站中部，从车站可以直接进入控制室，控制室有门通向中压、直流开关柜室或低压开关柜室。牵引变压器室操作比较少，一般布置在车站端头。地下侧式车站站台宽度一般比较窄，牵引降压混合变电所的设备一般只能单排布置。

3）地面岛式车站

地面岛式车站站台层位于地面一层，其站厅层位于地下一层或地面二层。地面牵引降压混合变电所总体布置与地下岛式车站牵引降压混合变电所的总体布置基本相同，也是位于车站一个端头的站台层。由于地面车站长度控制不像地下车站那么严格，地面岛式车站的牵引降压混合变电所的全部设备都布置在站台层，牵引降压混合变电所的房间设置与地下岛式车站相同，牵引变压器室布置在车站的端头，控制室布置在靠近车站中部的方向，其他房间布置在中间。为了便于设备运输，当变电所处线路竖曲线半径较小时，站台设备层牵引变压器室和开关柜室可以存在高差，主要设备房间的地板面离轨面的高度应接近 1 100 mm。为了使设备能够顺利运输，对于架空接触网线路，可运输设备高度应限制在 2 800 mm。

4）地面侧式车站

地面侧式车站站台层位于地面一层，其站厅层位于地下一层或地面二层。牵引降压混合变电所在地面侧式车站的布置与牵引降压混合变电所在地下侧式车站的布置基本相同。牵引降压混合变电所位于某一侧式站台的端部，各设备布置与地下侧式车站的布置基本相同，不同之处是设备可以双排布置。在牵引降压混合变电所靠近轨道一侧，需要设置人员巡视和疏散通道。

牵引降压混合变电所的设备，可以通过轨道车运输，也可以通过车站外侧地面道路运输，当通过车站外侧地面道路运输时，主要设备房间的地板面离轨道面的高度可以不受接近 1 100 mm 的限制，但要与运输卡车车厢至地面道路的高度相匹配。

5）高架车站

根据高架车站的不同结构形式，牵引降压混合变电所可以布置在以下三种位置：一是高架车站的地面站厅层；二是高架车站的站旁地面层；三是高架车站的架空站厅层。

（1）*牵引降压混合变电所布置在高架车站的地面站厅层*

对于地面站厅层与高架站台层上下叠拼布置的两层高架车站，牵引降压混合变电所可以布置在地面站厅层，如图 16.1 所示。

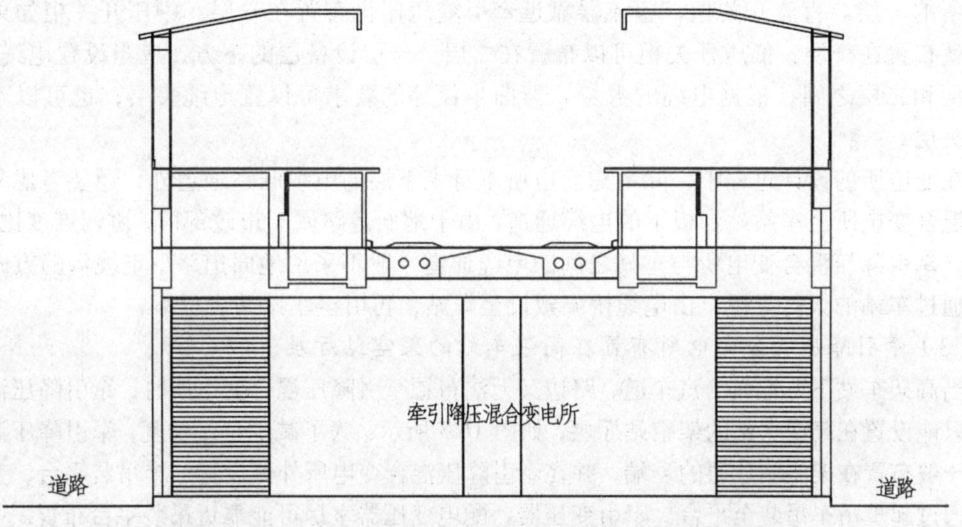

图 16.1 牵引降压混合变电所布置在高架车站地面站厅层[9]

牵引降压混合变电所布置在地面层，变电所的设备可以通过地面直接用卡车运输。变电所设备房间的大门在向外开启时，如果门伸到车行道上，就会影响行车安全，因此，大门开启时要注意此问题。

牵引变压器室应单独设置，中压及直流开关柜室、低压开关柜室、控制室、检修工具间均设置在地面层。牵引降压混合变电所设电缆夹层，且其设备层要考虑高出地面 1m 左右。在牵引降压混合变电所，应设置能贯通到站台板下的电缆竖井，使牵引降压混合变电所的中压电缆和牵引电缆直接接到车站站台板下，通过站台板下去往车站端头的牵引网上网点、回流点以及相邻车站。如果高架车站为岛式车站，则可在车站的中心线附近设置一个电缆竖井；如果高架车站是侧式站台，则需要在车站中心线两侧各设置一个电缆竖井。

（2）*牵引降压混合变电所布置在高架车站的旁边地面层*

当高架车站站台层下方地面作为汽车道时，牵引降压混合变电所可以设置在高架车站的旁边地面上，如图 16.2 所示。在这种情况下，牵引降压混合变电所可以布置成一层形式也可以布置成二层形式。路边牵引降压混合变电所需要与周边建筑物留出消防通道，还需要考虑设备运输通道。

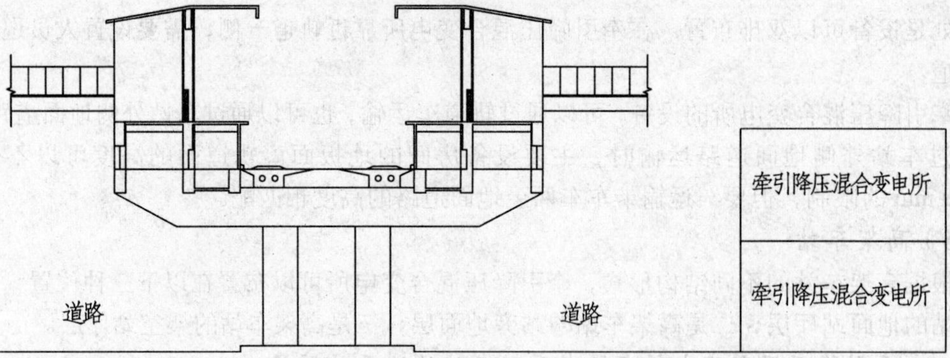

图 16.2　牵引降压混合变电所布置在高架车站站旁地面

牵引变压器、配电变压器由于体积大，重量大，不便于运输，因此布置在牵引降压混合变电所的一层。直流开关柜、整流器靠近牵引变压器也布置在一层。中压开关柜如果有条件，就布置在一层。低压开关柜可以布置在二层。一层设备层的下方，应当设置电缆夹层，在一层和二层之间，根据电缆的数量、弯曲半径等的要求可设置电缆夹层，也可以不设置电缆夹层。

在变电所的设计过程中，除考虑变电所本身上下层的电缆联系通道外，还要考虑从牵引降压混合变电所至车站站台板下的电缆通道，由于地面道路属于市政部门，协调难度比较大，因此，牵引降压混合变电所与车站之间的电缆通道一般不采用地面道路下电缆沟的方式，而一般通过车站的人行天桥，由电缆桥架敷设至车站，再引至车站站台板下。

（3）牵引降压混合变电所布置在高架车站的架空站厅层

当高架车站下方地面为汽车道，路边又无法布置牵引降压混合变电所时，牵引降压混合变电所只能设置在高架车站的架空站厅层，如图 16.3 所示。为了减少车站长度，牵引降压混合变电所一般布置在架空站厅层的一端，并在牵引降压混合变电所外侧设置一个吊装平台，变电所设备通过起重吊车吊装至平台。牵引变压器、配电变压器室尽可能靠近吊装平台布置。

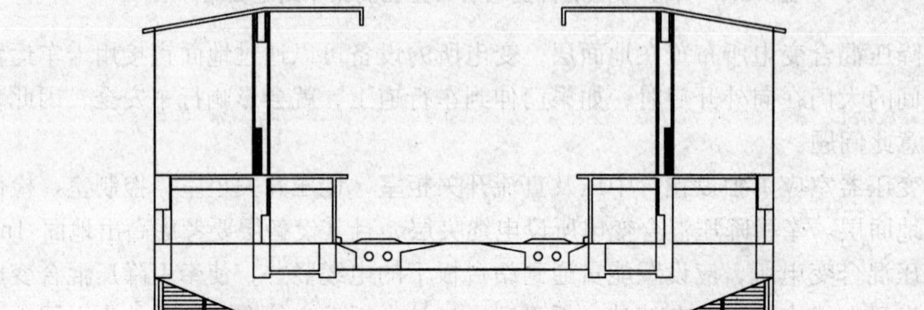

图 16.3　牵引降压混合变电所布置在高架车站架空站厅层

布置在高架车站架空站厅层的牵引降压混合变电所，需要设置电缆夹层。为了保证地面汽车道有足够的高度，电缆夹层底板往往做成反梁，反梁凸向电缆夹层，会影响夹层内的电缆敷设。因此，夹层的反梁和设备层的梁不要上下对应设置在同一断面上，否则上下梁之间的空隙会很小，电缆敷设困难。

由于牵引降压混合变电所电缆夹层空间紧张，低压开关柜等可以采用上进出线方式。

6）区　间

牵引变电所设置在区间时，对于地面线路，可布置在线路旁，对于高架线路，可以布置在高架桥下方。地下线路一般不设置区间牵引变电所。区间牵引变电所可以设置在房屋建筑内，也可以设置成箱式牵引变电所。箱式牵引变电所的优点是节省占地面积。当采用箱式牵引变电所时，要考虑箱式牵引变电所的运输路径、外引接地装置、电缆敷设路径等。

箱式牵引变电所与房屋式牵引变电所的区别在于，箱式牵引变电所设备维护时需要拆掉侧板，设备背后不需要设置专门的维护通道，也不需要预留专门的设备运输通道，但要保证设备操作通道。

箱式牵引变电所设备布置示意图如图 16.4 所示。

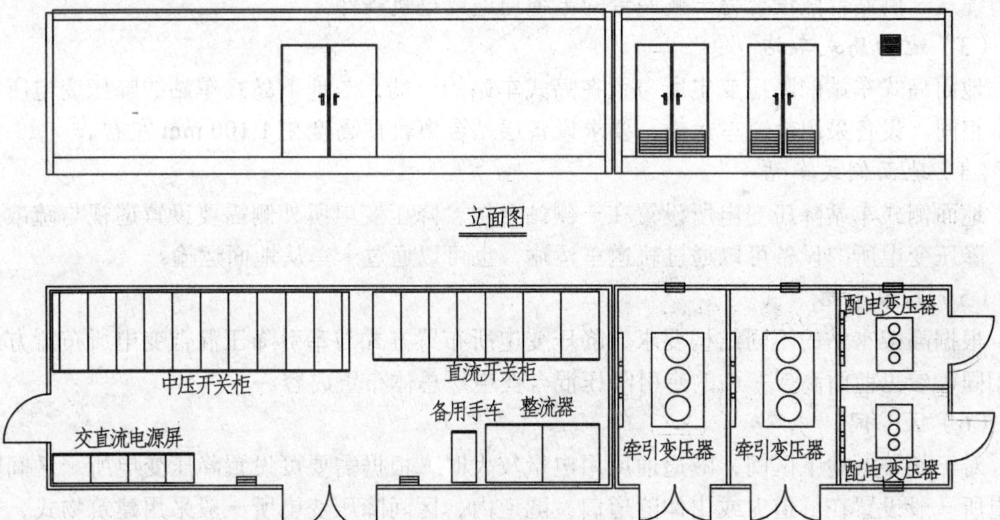

图 16.4　箱式牵引变电所设备布置示意图

7）车辆段

在车辆段，牵引变电所一般设在车辆段的咽喉区，并与降压变电所合建成牵引降压混合变电所。

车辆段牵引降压混合变电所可以单独建设，一般为一层建筑，也可以与其他建筑物合建。车辆段牵引降压混合变电所一般按有人值守设计。

16.3.3　降压变电所的总体布置

由于降压变电所的设备数量比牵引降压混合变电所少，因此，降压变电所占用面积比牵引降压混合变电所少，总体布置也相对简单一些。下面分别介绍几种不同形式的降压变电所布置要求：

（1）地下岛式车站

降压变电所在地下岛式车站布置时，优先考虑将变电所设备布置在站台层，这样便于设备通过轨道车运输。降压变电所内设置中压开关柜室、低压开关柜室、控制室。考虑到人员巡视方便，控制室靠近车站中心侧布置，并设置两个门，一个门通向车站，另一个门通向低压开关柜室或中压开关柜室。降压变电所的一侧墙壁直接贴邻轨道，另一侧需要设置人员巡视和疏散通道。

对于上下层平行换乘车站，为了供电方便，资源共享，可在其中的一层站台设置降压变电所；如果负荷较大，还可以在该站台的另一端再设置一座跟随式降压变电所。在交叉换乘车站，可以在两线站台层分别设置降压变电所。

位于站台层的降压变电所需要设置电缆夹层，其净高应满足规范要求。

为了控制车站长度，有的车站降压变电所可设计成车站外挂式。外挂式降压变电所的设备可采用竖井运输方式。

（2）地下侧式车站

位于地下侧式车站的降压变电所，布置在一侧站台的某一端，降压变电所靠近轨道侧，需要设置人员巡视与疏散的通道。由于降压变电所位于车站的一侧站台，因此，需要考虑预留电缆从一侧站台敷设至另一侧站台的电缆通道或过轨条件。

（3）地面岛式车站

地面岛式车站的降压变电所布置在岛式车站的一端，与地下岛式车站的降压变电所布置基本相同。设备采用轨道车运输，要求设备层站台离轨顶高度在 1 100 mm 左右。

（4）地面侧式车站

地面侧式车站降压变电所设置在一侧站台层，降压变电所外侧需要设置巡视与疏散的通道。降压变电所的设备可以通过轨道车运输，也可以通过卡车从地面运输。

（5）高架车站

根据高架车站的不同结构要求，降压变电所布置方式与牵引降压混合变电所布置方式基本相同，参见前面高架车站的牵引降压混合变电所总体布置内容。

（6）区　间

对于长、大地下区间，隧道通风用电量较大时，根据需要可设置降压变电所。区间降压变电所一般设置在隧道内或山体隧道口。隧道内，区间降压变电所一般采用建筑物式，需要对隧道局部开挖；在隧道口，可以采用箱式降压变电所。当采用箱式降压变电所时，可以采用跟随式降压变电所。

（7）车辆段、停车场

根据低压用电负荷，车辆段一般需要设置 2～3 座降压变电所，其中的一座降压变电所与牵引变电所合建为牵引降压混合变电所。其他的降压变电所可以设计成跟随式降压变电所，并与其他建筑物合建，布置在一层。降压变电所一般设置电缆夹层，并设置通向变电所外部的电缆通道。

16.4　变电所设备布置

变电所的设备布置是指根据变电所设备的房间划分、设备距墙体、设备间距的要求，以及维护通道、操作通道、运输通道的要求等，对各种设备进行合理排列与布置。什么情况下设备可以双排布置，什么情况下设备可以单排布置，什么设备之间可以排列成一排，什么设备之间应当有间距，这一切都是变电所设备布置的重要内容。下面介绍各种变电所的设备布置原则。

16.4.1 主变电所的设备布置

户内主变电所设有高压 GIS 室、主变压器室、接地兼所用变压器室、接地电阻室、中压开关柜室、控制室等，各房间设备布置要求如下。

（1）高压 GIS 室布置

高压 SF_6 全封闭组合电器（简称 GIS）可以布置在地面，例如位于两台主变压器之间；也可以布置在二层，靠近两台主变压器上空的地方，GIS 设备出线可直接与主变压器进线连接。

为了便于人员巡视维护，屋内 GIS 室应设置通道，通道除满足设备运输部件要求外，其最小宽度按规范要求不宜小于 1 500 mm。对于屋外 GIS，其通道要根据现场作业要求确定。

（2）主变压器布置

为了运输方便，主变压器室一般布置在一层。对于油浸式主变压器，主变压器下方需要设置储油设施。主变压器一次侧高压电缆通过主变压器室上部接至主变压器接线端子，二次侧中压出线则采用封闭母线接至中压开关柜。

每台主变压器布置在一个单独的房间内，有载调压开关也布置在主变压器室内，主变压器高度较高，一般占有一层和二层的两层空间。

（3）接地变压器室布置

根据需要，若主变电所设置接地变压器时，接地变压器可以和所用变压器合并，作为接地变压器兼所用变压器，其容量一般为 250～450 kV · A，多为干式变压器，一般不带外壳，采用单独房间安装。按照《3～110 kV 高压配电装置设计规范》（GB 50060—92）中 5.3.5 条规定：接地兼所用变的干式变压器与四周墙壁的净距不小于 600 mm；中压电压等级为 10 kV 时，离门的距离不小于 1 000 mm；中压电压等级为 35 kV 时，离门的距离为 1 200 mm。

（4）接地电阻室布置

接地电阻器需设置单独房间进行布置，接地电阻器外轮廓与四周墙壁的距离净距按照干式变压器的净距要求设置。

（5）中压开关柜室布置

35 kV 开关柜一般采用真空断路器气体绝缘金属全封闭设备，10 kV 开关柜一般采用真空断路器空气绝缘金属全封闭设备，这些设备都是无油设备，可以与其他低压设备布置在同一个房间，但一般情况下中压开关柜布置在单独房间内。根据房间具体布局，中压开关柜可以布置成单排，也可以布置成两排。

按照设计规范要求，中压开关柜室长度大于 7 000 mm 时，为了人员快速疏散，需要设置两个出口。

对于需要柜后维护的中压开关柜，柜后需要留出维护通道，柜前还需要留出操作通道。

对于手车式开关柜，当开关柜单排布置时，柜前的操作通道考虑手车拉出检修时仍然能够保证人员通过，长度按照单车长再增加 1 200 mm。当开关柜双排布置时，要考虑两侧手车同时拉出检修时人员能够通过，操作通道宽度需要满足双车长再增加 900 mm。

对于固定式开关柜，当开关柜单排布置时，柜前操作通道宽度为 1 500 mm。当双排布置时，柜前操作通道考虑两个开关柜同时操作，距离为 2 000 mm。

中压开关柜单排和双排布置时，各种通道要求见表 16.1。

表 16.1　中压配电装置室内各种通道的最小宽度（mm）

布置方式	通道种类		
	维护通道	操作通道	
		固定式	手车式
设备单排布置	800	1 500	单车长 + 1 200
设备双排布置	1 000	2 000	双车长 + 900

（6）控制室设备布置

主变电所的控制室，一般位于主变电所建筑物的上层，室内安装的主要设备有控制屏、信号屏、交直流电源屏，以及要求安装在控制室内的计量屏和保护屏。

控制室内各种屏的布置可采用一排或多排布置。控制室内布置在第一排的设备称为主环。主环可采用一字形、L 形或∏形布置，屏的布置方式视屏的数量多少而定。屏的布置要考虑使电缆最短、交叉最少。屏的布置要求监视、调试方便，力求紧凑，并应注意整齐、美观。主环设备是控制室内主要需要监视的设备，主环的正面布置控制屏、信号屏，而交直流电源屏布置在主环的侧面或正面的边上。

控制室设有两个出口，主环处需要设置一个出口，以方便进出，控制室的门不宜直接通向屋外，可以通过走廊或套间与屋外连接。

控制室各种屏的布置要求见表 16.2。

表 16.2　控制室各屏间及通道宽度（mm）

名　称	一般值	最小值	备注
屏背面距墙	1 000 ~ 1 200	800	
屏正面距屏背面		2 000	
屏边距墙	1 000 ~ 1 200	800	
主屏正面距墙	3 000	2 500	
单排布置屏正面距墙	2 000	1 500	

16.4.2　牵引降压混合变电所的设备布置

牵引降压混合变电所，其设备有些是工业与民用变电所同样具有的，有些则是城市轨道交通工程所特有的，例如，牵引变压器、整流器、直流开关柜、负极柜、排流柜、钢轨电位限制装置。这些特有设备在变电所的设备布置中，既遵循工业与民用变电所设计规范要求，又要符合城市轨道交通相关设计规范要求。

下面结合城市轨道交通特有设备的布置特点，介绍牵引降压混合变电所设备布置的一般要求。

牵引降压混合变电所一般设有牵引变压器室，中压及直流开关柜室、低压室、控制室、工具材料室。下面以地下岛式车站的牵引降压混合变电所为例，分别介绍各设备房间的布置要求。牵引降压混合变电所典型平面布置图如图 16.5 所示。

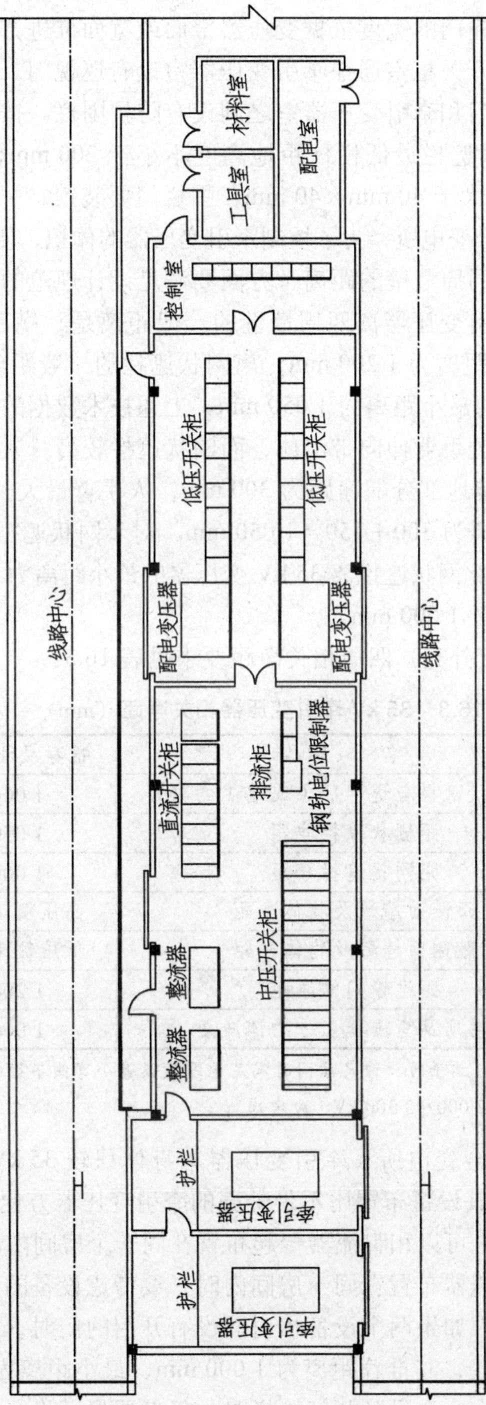

图 16.5 地下岛式车站牵引降压混合变电所典型平面布置图

（1）牵引变压器室布置

对于 35 kV 牵引降压混合变电所，需要设置两个牵引变压器室，牵引变压器室在面向轨道的某一侧设置运输门，运输门的宽度依据变压器窄面或宽面推进方式的不同而确定。为了对牵引变压器进行巡视，从开关柜室通往牵引变压器室设有巡视门。为了防止人进入牵引变压器室接触带电体，在巡视门和牵引变压器室之间设有防护围栏。按照设计规范，栅状遮拦高度不小于 1 200 mm，栅状遮拦最低栏杆距地高度不小于 200 mm；网状遮拦高度不小于 1 700 mm，网状遮拦孔不应大于 40 mm×40 mm；围栏门要装锁。

对于 35 kV 牵引降压混合变电所，为了控制牵引变压器的体积，便于运输，牵引变压器是不带外壳的，牵引变压器距四周墙壁的距离一方面要满足设计规范的要求，另一方面要满足电缆接线的要求。35 kV 牵引变压器离四周墙壁的一般距离是：高压侧 1 400 mm；低压侧 1 100 mm；离运输门的最小距离为 1 200 mm；离网状遮拦的一般距离为 1 000 mm，最小距离为 400 mm；离栅状遮拦的最小距离为 1 050 mm。上述技术数据的确定过程如下：考虑栅状遮拦高度较低，人可以通过手臂伸向带电体，而网状遮拦较高，人只能从网孔插入手指伸向带电体。35 kV 带电体至接地部分的净距为 300 mm，人手臂最大长度为 750 mm，所以栅状遮拦离 35 kV 带电体的距离为 300＋750＝1 050 mm。对于网状遮拦，人可以将手指伸入，手指最大长度为 100 mm，因此网状遮拦离 35 kV 变压器的最小距离为 300＋100＝400 mm。金属网栅遮拦与门的净距不小于 1 000 mm。

35 kV 牵引变压器（不带外壳）四周相关净距要求见表 16.3。

表 16.3　35 kV 牵引变压器相关净距（mm）

设备类型	名　称	推荐尺寸数值	最小尺寸数值
35 kV 牵引变压器（不带外壳）	栅状网状遮拦与巡视门（或墙）的净距	1 000	1 000
	距栅状遮拦净距	1 050	1 050
	距网状遮拦净距	1 000	400
	距侧面墙壁及物体净距	高压侧 1 400	1 000
	距侧面墙壁及物体净距	低压侧 1 100	1 000
	距运输门的净距	1 200	1 200
	距屋顶及变压器上方物体净距	1 000	800

注：① 当有电缆引接至变压器端子时，该尺寸同时满足电缆敷设最小弯曲半径的要求。
② 牵引变压器容量按照 2 000～3 300 kV·A 考虑。

对于 10 kV 牵引降压混合变电所，牵引变压器本身体积较 35 kV 小，因此一般都带有 IP2X 以上防护等级的外壳，其设备布置比不带外壳的牵引变压器方便得多。两台牵引变压器可以布置在同一个房间内，也可以和整流器一起布置在同一个房间内。

当两台牵引变压器、整流器布置在同一房间内时，要考虑设备的运输通道、维修通道、巡视通道、电缆通道的要求。如果两个设备相对面没有开启的门时，则不存在开门检修的问题，因此设备距离可以小一些，其推荐距离为 1 000 mm，最小距离为 800 mm。如果两个设备之间相对面有开启的门，当一个设备开门检修时，仍然要保证人员的通行，因此设备之间的距离要求大一些，推荐距离为 1 500 mm，最小距离为 1 200 mm。如果上述通道宽度不满足设备运输通道的要求，需要增加设备之间的净距。10 kV 牵引变压器（带外壳）及整流器四周相关净距要求见表 16.4。

表 16.4 10 kV 牵引变压器、整流器相关净距（mm）

设备类型	名称	推荐尺寸数值	最小尺寸数值
牵引变压器（带外壳）或整流器	距四周墙壁净距	1 000	800
	距门净距	1 200	1 000
	设备之间（相对面不开门）	1 000	800
	设备之间（相对面开门）	1 500	1 200

注：牵引变压器容量按照 1 250～2 500 kV·A 考虑。

（2）中压、直流开关柜室布置

中压、直流开关柜室布置的主要设备有：35 kV（10 kV）中压开关柜、直流开关柜、排流柜、钢轨电位限制装置、整流器、负极柜。当低压开关柜不布置在岛式车站的站台层时，配电变压器也布置在中压、直流开关柜室内。

中压开关柜单独排成一列，直流开关柜排成一列，负极柜可以和整流器并排布置，也可以和直流开关柜并排布置。当整流器布置在牵引变压器室时，负极柜就和直流开关柜并排布置；当整流器不和牵引变压器同室布置时，负极柜就和整流器并排布置。排流柜一般采用绝缘安装，可和整流器并排布置；钢轨电位限制装置一般不采用绝缘安装，单独布置。每一组并排布置的设备与相邻设备之间要有一定的间距，间距一般为 1 000 mm，最小间距为 800 mm。配电变压器布置在中压、直流开关柜室内时，每台变压器要单独布置，两台变压器相对面之间或变压器与其他设备相对面之间没有门时，不存在开门检修问题，相对距离推荐值为 1 000 mm，最小距离为 800 mm；如果配电变压器与开关柜的操作面相对，其间距需要满足操作通道的要求。两台配电变压器相对面或变压器与其他设备相对面均有门时，存在开门检修问题，相对距离推荐值为 1 500 mm，最小距离为 1 200 mm。

配电变压器与墙的净距推荐值为 1 000 mm，最小值为 800 mm。35 kV 配电变压器与门的净距推荐值和最小值均为 1 200 mm；10 kV 配电变压器与门的净距推荐值为 1 200 mm，最小值为 1 000 mm。配电变压器距墙体、门、其他设备的净距见表 16.5。

表 16.5 35 kV 配电变压器及 10 kV 配电变压器距墙体、门、其他设备的净距（mm）

设备类型	名称	推荐尺寸数值	最小尺寸数值
35 kV 配电变压器	距四周墙壁净距	1 000	800
	距门净距	1 200	1 200
	设备之间（相对面不开门）	1 000	800
	设备之间（相对面开门）	1 500	1 200
10 kV 配电变压器	距四周墙壁净距	1 000	800
	距门净距	1 200	1 000
	设备之间（相对面不开门）	1 000	800
	设备之间（相对面开门）	1 500	1 200

中压、直流开关柜室内的设备单排或者双排布置时，既要满足设计规范中关于操作通道和维修通道的要求，还要考虑设备运输通道、电缆敷设通道的要求。当开关设备单排布置时，距墙的维护通道推荐距离为 1 000 mm，最小距离为 800 mm；当设备双排布置时，距墙的维护通道最小距离为 1 000 mm。开关设备维修通道、操作通道的要求见表 16.6。

表 16.6 交流 35 kV（10 kV）开关柜及直流 1 500 V（750 V）设备操作及维护通道最小宽度（mm）

开关柜布置方式	柜后维护通道	柜前操作通道	
		固定式	手车式
单排布置	800	1 500	单车长度＋1 200
双排面对面布置	1 000	2 000	双车长度＋900
双排背对背布置	1 000	1 500	单车长度＋1 200

当牵引降压混合变电所电压等级为 35 kV 时，中压开关柜一般为气体绝缘开关柜，为固定式的开关柜。当 35 kV 开关柜与其他设备双排面对面布置时，柜前操作通道取 2 300 mm 比较合适。在变电所设备布置时，深度比较大的设备尽量与深度小的设备面对面布置，这样可以减少对变电所宽度的需求。根据计算，如果变电所内开关设备双排布置，一般要求牵引降压混合变电所的净宽度不小于 7 800 mm。

当牵引降压混合变电所电压等级为 10 kV 时，10 kV 开关柜多为手车式，手车长度约 700 mm，直流开关柜手车长度约 900 mm。当直流柜与 10 kV 开关柜面对面布置时，操作通道距离为 700＋900＋900＝2 500 mm。因此，当中压、直流开关柜室双排面对面布置时，牵引降压混合变电所的最小宽度为 7 500 mm（中压柜距墙 1 000＋中压柜深度 1 500＋操作通道 2 500＋直流柜深度 1 500＋直流柜距墙 1 000＝7 500 mm）。

（3）低压开关柜室布置

对于低压开关柜室，如果布置在岛式车站站台层，低压柜一般和配电变压器布置在同一个房间。同一段母线的配电变压器和低压柜可并排布置，两台配电变压器可以面对面布置，也可以与另一段母线的开关柜面对面布置。如果车站站台宽度满足要求，则两台配电变压器面对面布置。对于 35 kV 牵引降压混合变电所，两台配电变压器面对面布置所需要的最小宽度是 7 600 mm（变压器距门 1 200＋变压器深度 2 000＋变压器间距 1 200＋变压器深度 2 000＋变压器距门 1 200＝7 600 mm）。对于 10 kV 牵引降压混合变电所，由于 10 kV 配电变压器体积比 35 kV 配电变压器要小，离门的距离要求也小，因此，10 kV 牵引降压混合变电所低压柜双排布置时，牵引降压混合变电所低压开关室的最小宽度为 6 000 mm（变压器距门 1 000＋变压器深度 1 400＋变压器间距 1 200＋变压器深度 1 400＋变压器距门 1 000＝6 000 mm）。如果低压柜采用抽屉柜面对面排列时，则 10 kV 牵引降压混合变电所低压开关柜室最小宽度为 6 300 mm。以上净距是基于 1 000～1 600 kV · A 配电变压器容量考虑的，如果配电变压器容量减小，牵引降压混合变电所低压室需要的宽度有可能相应减少。低压开关柜及配电盘设备操作及维护通道最小宽度见表 16.7。

表 16.7 低压开关柜及配电盘设备操作及维护通道最小宽度（mm）

型　式	布置方式	屏前通道	屏后通道
固定式	单排布置	1 500	1 000
	双排面对面布置	2 000	1 000
	双排背对背布置	1 500	1 500
抽屉式	单排布置	1 800	1 000
	双排面对面布置	2 300	1 000
	双排背对背布置	1 800	1 000

（4）控制室布置

控制室应布置在靠近车站中心一侧，控制室内有两个门，一个门直接与车站用房走廊相连接，另一个门通向低压室或中压直流室。控制室内的主要设备有交流屏、直流屏、控制信号屏。由于控制室设备较少，控制室设备采用一字形单排布置，特别困难的情况下才采用双排或 L 形布置。控制室设备距侧墙净距为 1 000 mm，屏后维修通道为 1 000 mm。由于正线车站牵引降压混合变电所多为无人值守，因此，屏前操作通道为 2 000 mm。牵引降压混合变电所控制室各屏间及通道距离见表 16.8。

表 16.8　控制室各屏间及通道距离（mm）

名　　称	推荐值	最小值
单排布置屏正面距墙（无人值班）	2 000	1 500
单排布置屏正面距墙（有人值班）	3 000	3 000

（5）工具材料室布置

工具室与材料室宜贴邻布置，面积一般各为 10 m^2。

（6）站台宽度与牵引降压混合变电所设备布置

岛式车站站台宽度有 16 m、14 m、12 m、10 m 等不同宽度。不同的站台宽度，不同的柱网布置，使得牵引降压混合变电所的布置方式也不完全相同。对于站台宽度为 10 m 以上的岛式车站，柱网布置应尽量为变电所开关柜双排布置创造条件；对于站台宽度为 10 m 以下的岛式车站，由于站台宽度不足造成许多设备不能双排布置，因此，牵引降压混合变电所的长度会有所增加。为了控制车站长度，可以将低压开关柜移到车站站厅层或者采用外挂式牵引降压混合变电所。

16.4.3　降压变电所的设备布置

城市轨道交通用降压变电所，其主要设备与工业民用建筑降压变电所的一样，所不同的是设有钢轨电位限制装置。钢轨电位限制装置需要单独布置，它与其他设备的最小距离是 800 mm，与后侧墙壁之间的最小距离为 800 mm（作为维护通道），前面的操作通道要符合设备单排布置或设备双排布置的相关要求，具体可参照低压开关柜各种通道的布置要求。

降压变电所的设备布置与牵引降压混合变电所所遵循的原则一样，都要满足设备维护通道、操作通道、运输通道、电缆敷设的要求。由于降压变电所内设备种类与数量都相对较少，因此，降压变电所所占用的空间也相对较小，布置相对简单。

降压变电所一般分为中压开关柜室、低压配电室、控制室、工具材料室，中压开关柜室内布置有中压开关柜等，低压配电室内布置有配电变压器、低压开关柜等，控制室内布置有交直流电源屏、控制信号屏等。钢轨电位限制装置可以布置在中压开关柜室内，也可以布置在低压配电室或控制室内。降压变电所典型平面布置如图 16.6 所示。

降压变电所在地下岛式车站、地下侧式车站、地面岛式车站、地面侧式车站、高架车站、区间、车辆段的设备布置原则与牵引降压混合变电所基本相同，这里不再赘述。

根据工程实际情况，城市轨道交通工程的地面线路和高架线路可以采用箱式降压变电所。

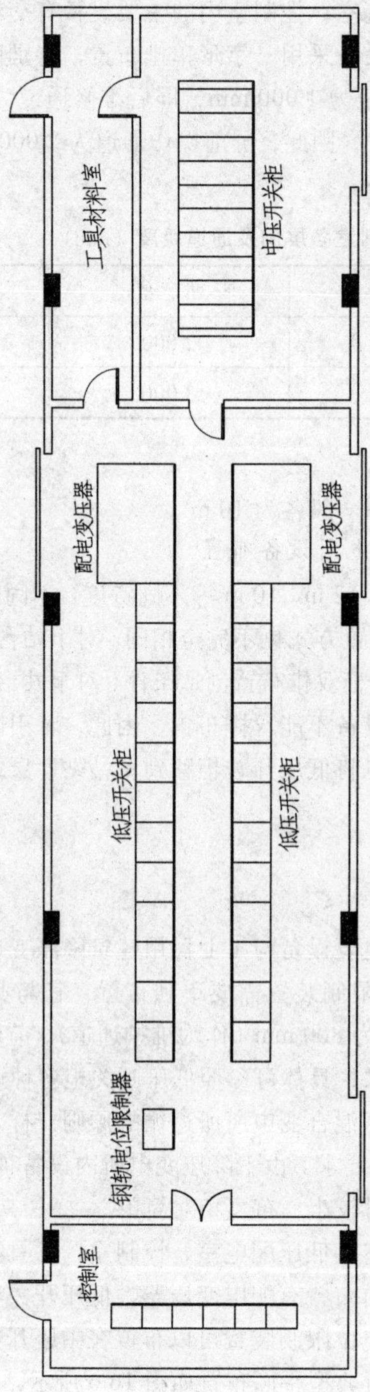

图 16.6 降压变电所典型平面布置图

16.5 孔洞预留及基础预埋

城市轨道交通变电所设备可简单分成两大类：一是变压器类设备，有牵引变压器、配电变压器、接地变压器、接地电阻器等；二是开关类设备，有高压 GIS 组合电器设备、整流器、直流开关柜、中压开关柜、钢轨电位限制装置、低压开关柜、交直流电源屏、继电保护屏、计量屏、控制信号屏等。

变电所设备的孔洞预留和基础预埋，包括变压器类设备孔洞预留和基础预埋、开关类设备孔洞预留和基础预埋、直流设备的绝缘安装、设备荷载的表达方式等几个方面。

16.5.1 变压器设备的孔洞预留和基础预埋

（1）孔洞预留

变压器一般预留三个电缆孔洞，即一次侧中压电缆孔洞、二次侧低压电缆孔洞、控制电缆和通信电缆孔洞，同时预留两个通风孔洞。

（2）基础预埋

变压器一般采用承重梁安装，承重梁上铺钢板，用于运输变压器，并避免损坏基础地面。钢板一般为 300 mm 宽，8 mm 厚，长度依据变压器外形及其至门的尺寸而定。

配电变压器和牵引变压器的孔洞预留和基础预埋分别如图 16.7 和图 16.8 所示。

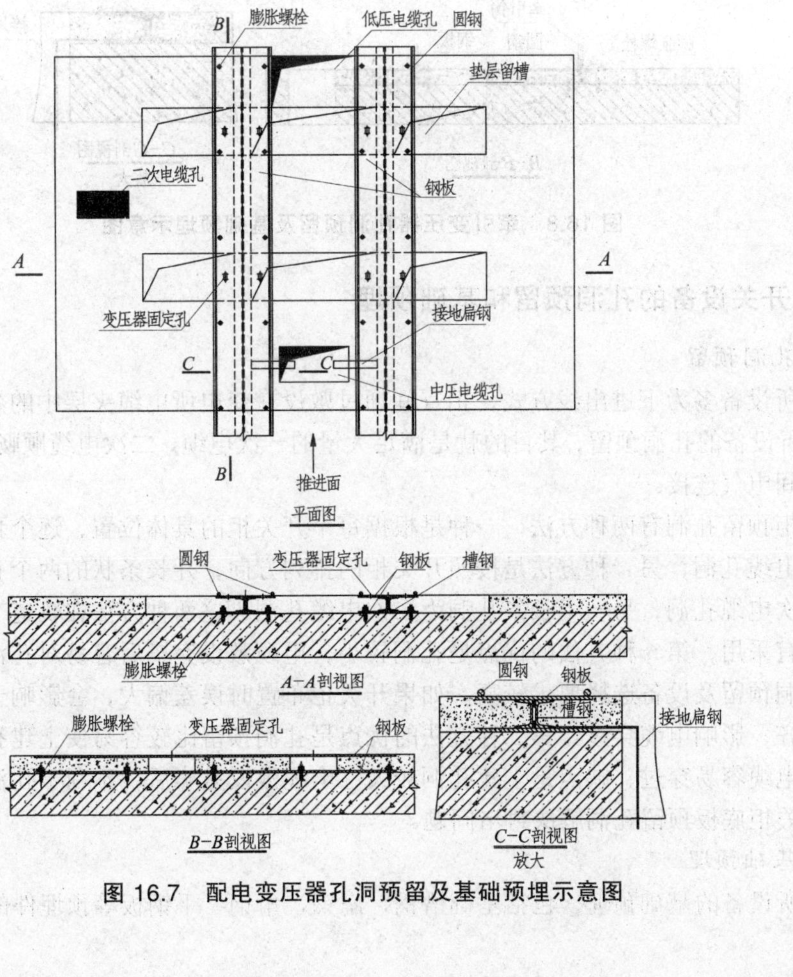

图 16.7 配电变压器孔洞预留及基础预埋示意图

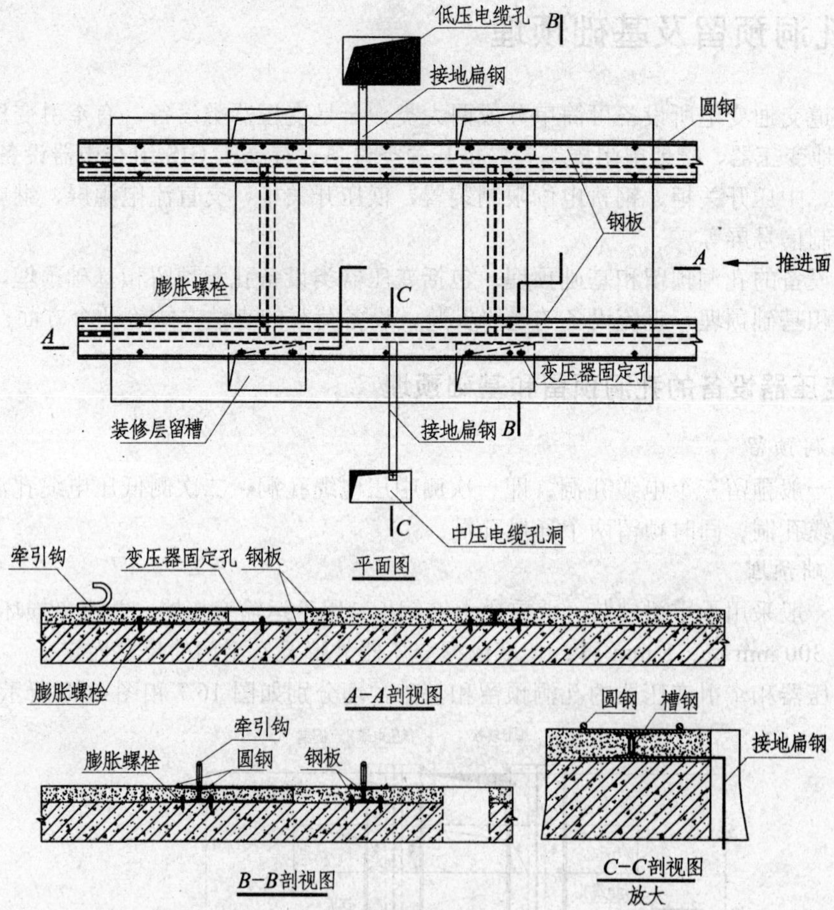

图 16.8　牵引变压器孔洞预留及基础预埋示意图

16.5.2　开关设备的孔洞预留和基础预埋

（1）孔洞预留

变电所设备多为下进出线方式，相互间通过敷设在变电所电缆夹层中的各种电缆进行连接。变电所设备的孔洞预留，其目的就是满足大量的一次电缆、二次电缆顺畅地进出开关柜，实现设备间电气连接。

开关柜预留孔洞有两种方法：一种是根据每个开关柜的具体位置，逐个预留一次电缆孔洞和二次电缆孔洞；另一种方法是按照开关柜的排列方向，开长条状的两个孔洞，一个长条孔洞为一次电缆孔洞，另一个长条孔洞为二次电缆孔洞。这两种方法在轨道交通变电所孔洞预留中均有采用，第一种方法的优点是孔洞较小，电缆敷设完毕后容易对孔洞进行封堵，缺点是对孔洞预留及设备选择要求较高，如果开关柜布置时误差偏大，会影响土建孔洞与开关柜孔洞对齐，影响电缆穿过。第二种方法的优点是孔洞预留比较容易使土建孔洞与开关柜孔洞对齐，电缆容易穿过，缺点是土建孔洞较大，电缆敷设完毕后，不利于孔洞封堵，但可以通过在开关柜底板预留孔洞解决封堵问题。

（2）基础预埋

变电所设备的基础预埋，包括基础槽钢、扁钢、角钢、平钢板等预埋件的预埋，其作用一是用于开关柜固定安装，开关设备通过基础预埋槽钢等与土建基础连接在一起实现固定；二是通过基础槽钢更容易使设备安装面平整。

根据开关柜的动荷载、静荷载来确定开关柜基础预埋槽钢的型号，一般采用 8# 槽钢或 10# 槽钢，槽钢可采用立放或者扣放。槽钢一般和开关柜排列方向一致，沿开关柜边缘，在开关柜端头，预埋端头槽钢。槽钢一般高出地面 10～30 mm。对于开关柜，基础槽钢水平度要求不大于 1 mm/m，整体长度方向不大于 5 mm。

槽钢与地板的固定通常有两种做法：一种是将垫块预埋入结构板中，用膨胀螺栓将槽钢和垫块进行连接，如图 16.9（a）所示；另一种是将 ∏ 形垫块预埋入结构板，槽钢和垫块之间采用焊接方式，如图 16.9（b）所示。垫块的间距沿开关柜的排列方向一般为 2～3 m，但不少于两块。

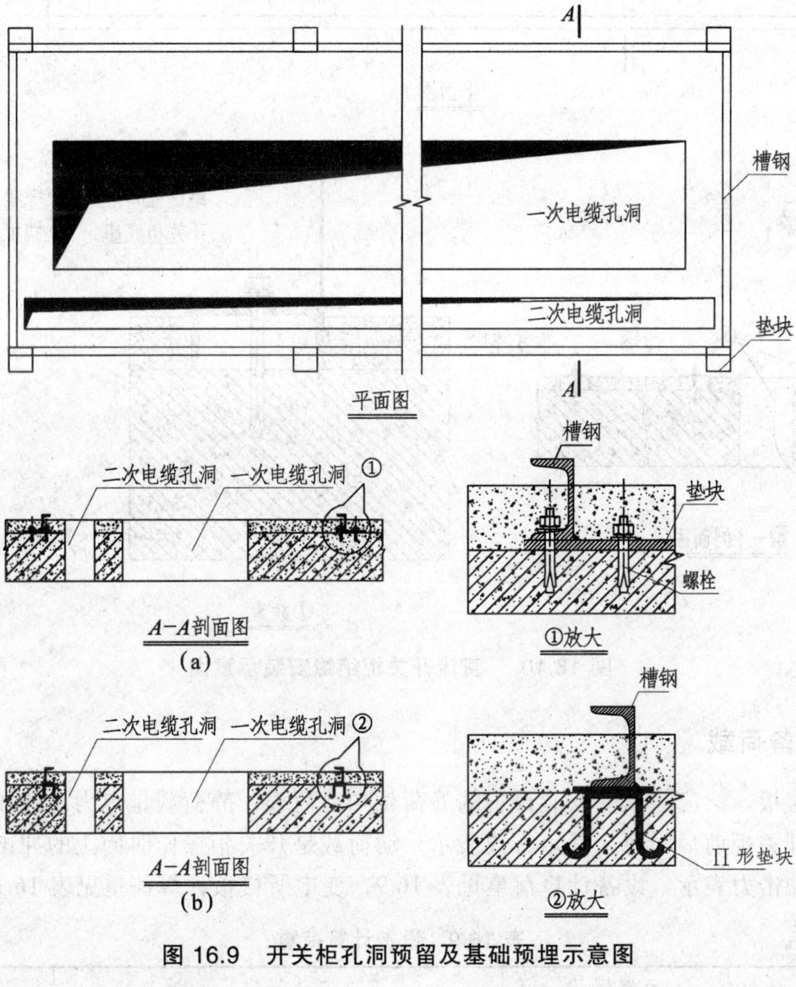

图 16.9　开关柜孔洞预留及基础预埋示意图

16.5.3　直流设备的绝缘安装

牵引整流机组、直流开关柜、负极柜、排流柜等直流设备采用绝缘法安装，如图 16.10 所示。具体方法是在开关柜与基础之间铺设 5 mm 厚的聚乙烯绝缘板垫。开关柜与地面的固定采用绝缘胀管螺栓，绝缘电阻要求如下：对于直流 1 500 V 设备，对地绝缘需要达到 100 kΩ；对于直流 750 V 设备，对地绝缘需要达到 50 kΩ。对于直流设备来讲，有的工程采用基础预埋槽钢；有的工程则没有采用基础预埋槽钢，而是完全靠地面自身找平设备安装面。

直流开关柜的孔洞预留及基础预埋与其他开关柜的做法类似，此处不再赘述。

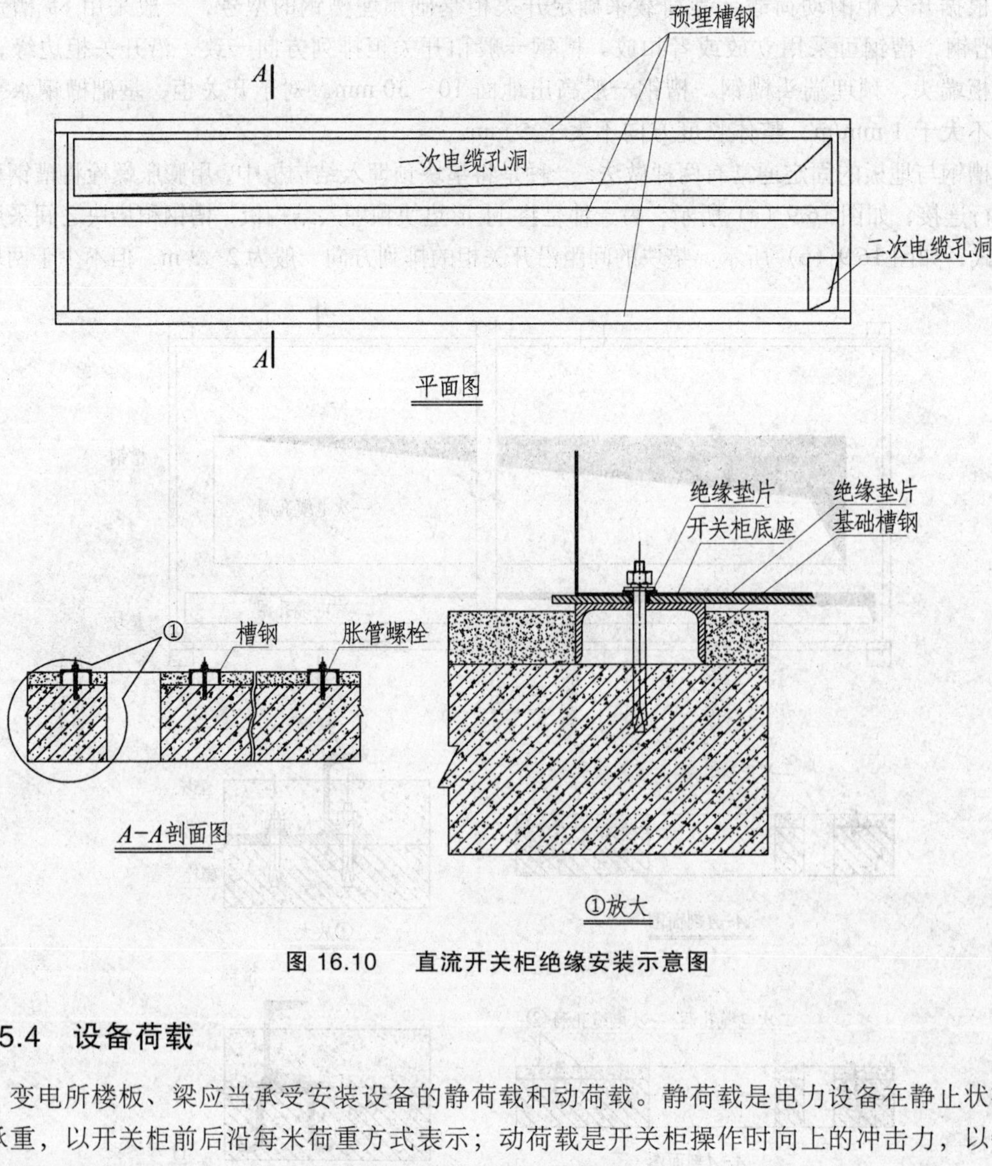

图 16.10　直流开关柜绝缘安装示意图

16.5.4　设备荷载

变电所楼板、梁应当承受安装设备的静荷载和动荷载。静荷载是电力设备在静止状态下的承重，以开关柜前后沿每米荷重方式表示；动荷载是开关柜操作时向上的冲击力，以每台开关柜向上冲击力表示。设备计算荷重见表 16.9，变电所楼板计算荷重见表 16.10。

表 16.9　设备计算荷重

名　称	示例型号	动荷载	静荷载
35 kV 中压开关柜	ZX2、8DA10	操作时每台开关柜尚有向上冲力 9 800 N	每边 12 500 N/m
10 kV 中压开关柜	JYN2-10、KYN-10	操作时每台开关柜尚有向上冲力 9 800 N	每边 4 900 N/m
低压配电柜	MNS		每边 2 500 N/m
低压电容器柜	MNS		每边 2 500 N/m
直流开关柜	8MF、KBP	操作时每台开关柜尚有向上冲力 9 800 N	每边 4 000 N/m

续表 16.9

名　称	示例型号	动荷载	静荷载
钢轨电位限制装置			每边 3 000 N/m
排流柜			每边 3 000 N/m
牵引整流机组			根据容量确定
10 kV 牵引变压器			根据容量确定
10 kV 配电变压器			根据容量确定
35 kV 牵引变压器			根据容量确定
35 kV 配电变压器			根据容量确定

表 16.10　变电所楼（地）板计算荷重

项　　目	活荷载标准值（kN/m^2）	备　　注
主控制室、继电器室的楼面	4	如果电缆层的电缆吊在主控制室或继电器室的楼板上，则应按照实际发生的最大荷载考虑
主控制楼电缆层的楼面	3	
电容器室的楼面	4～9	动荷载=每只电容器重量×9.8/（每只电容器底面积）
3～10 kV 配电室楼面	4～7	限于每组开关柜荷重≤8 kN，否则应按实际值
10 kV 牵引变压器室楼面	12～16	根据变压器容量确定
10 kV 配电变压器室楼面	10～14	根据变压器容量确定
35 kV 配电室楼面	4～8	限于每组开关柜荷重≤12 kN，否则应按实际值
35 kV 牵引变压器室楼面	18～22	根据变压器容量确定
35 kV 配电变压器室楼面	10～14	根据变压器容量确定
室内沟盖板	4	

16.6　对相关专业的要求

变电所及其设备布置与许多专业存在设计接口关系。现对建筑专业、结构专业、通风空调专业、给排水消防专业、防灾报警专业等提出如下要求。

1）对建筑专业的要求

变电所的长度、宽度、高度、柱网布局、电缆夹层高度、设备吊装孔位置与尺寸等应满足变电所总体布置及设备布置要求。

变压器运输时需要一定的空间裕度，变压器室门的宽度在推进面宽度的基础上再增加 500 mm，其高度比设备高度至少需要高出 500 mm。

对于中压开关柜（含 35 kV 和 10 kV）、直流开关柜、整流器等开关设备，按照目前设备外形尺寸，设备运输通过的门宽 2 500 mm、高 3 000 mm 即可满足要求。

由于控制室内设备尺寸基本为宽 800 mm×深 600 mm×高 2 200 mm，外形尺寸较小，因而控制室门的尺寸可采用 1 500 mm 宽、2 700 mm 高。

变压器室、配电室、电容器室的门应向外开启。相邻配电室之间有门时，开启方向一般是高压向低压方向，低压向无压方向。不同设备房间的门最好能双向开启。

变电所建筑物不低于二级防火等级，变电所的各种门窗均为甲级防火。

变电所的屋内净高与设备高度有关，一般在设备上方留有 500 mm 的净空。如果有通风管道，变电所高度应相应增加。

地下变电所电缆夹层梁底净高应不小于 1 500 mm，地面变电所电缆夹层梁底净高不小于 1 800 mm。电缆夹层设置人孔井，人孔井尺寸一般为 800 mm×800 mm 或 700 mm×700 mm，并设有垂直爬梯。

为了紧急状态下人员逃生疏散，变电所长度大于 7 000 mm 的配电室应设两个出口，并宜布置在配电室的两端；变电所长度大于 60 000 mm 时，宜增加一个出口。当变电所采用双层布置时，位于楼上的配电室应至少设一个通向室外的平台或通道的出口。

当变电所布置在地面车站、区间或车辆段时，中压配电室宜设不能开启的自然采光窗，窗台距室外地坪不宜低于 1 800 mm，并加设防盗设施；低压配电室可设能开启的自然采光窗。配电室临街的一面不宜开窗。

2）对结构专业的要求

变电所结构设计既要满足变压器、开关柜设备的静荷载要求，还要满足设备操作时的动荷载要求，并同时满足设备运输时的荷载要求。当地下车站变电所的一部分设备布置在站厅层时，需要设置吊装孔及吊装梁，吊装梁应当具有一定的承载能力。

当变电所位于高架站厅层时，为了保证汽车道的高度，变电所电缆夹层底板梁可设置成凸向夹层的反梁，此时底板梁与设备层的梁应错位布置，以免影响电缆穿过。

当变电所位于高架站厅层时，需要设置设备吊装孔或者是吊装平台，吊装平台应具有承载设备的能力，吊装孔上方应当设置吊装梁，吊装梁应当承受所吊装的最大设备的载荷。

3）对通风空调专业的要求

变电所内的牵引变压器、配电变压器、牵引整流器、开关柜在运行过程中发出热量，这些热量大小的数据需要提供给通风空调专业。变压器发热量与变压器的空载损耗和负载损耗有关，负载损耗与负载率又有关系。开关柜的发热量可参见表 16.11。

表 16.11　变电所设备发热量表

中压开关柜（W/每台）	直流开关柜（W/每台）	低压开关柜（W/每台）	低压电容器柜（W/kvar）
200	300	300	4

各设备室空调温度控制标准应满足设计规范要求：牵引变压器室、中压开关柜室、整流器室、直流开关柜室、低压配电室在夏季控制温度为 36°C（湿度不做要求）；控制室夏季控制温度为 27°C（湿度不大于 65%），冬季控制温度为 18°C，并要求温度、湿度能自动控制。

如果变电所采用 35 kV GIS 中压开关柜，则要求变电所中压开关柜室设置排风装置，排风装置宜装在中压开关柜室下部。如果有条件，宜在变电所（中压开关柜室）设置进风装置，进风口宜设在室内上部。

4）对给排水消防专业的要求

地上变电所设置手提式气体灭火器，地下变电所应设置气体自动灭火系统。

地面、地下变电所的电缆夹层应设置集水坑，用手提泵进行排水。电缆夹层应具有防水措施。

5）对防灾报警专业的要求

地上及地下变电所均需要设置防灾报警装置，当变电所发生火灾或电缆夹层温度超标时，自动发出声光报警。

6）对动力照明专业的要求

变电所照明宜单独设置。《地铁设计规范》（GB 50157—2003）规定，为了保证在电缆夹层中施工和维护人员的安全，低于 1 800 mm 的变电所电缆夹层应当采用安全电压照明。

7）其他要求

变压器室、开关柜室、控制室和电缆夹层等变电所设备房间均不允许与变电所无关的管线通过。

17 供电计算与分析

供电计算是开展城轨供电系统设计的基础和依据，供电系统的主要电气参数、供电设备的性能指标要求、供电方案的可行性和合理性、继电保护的动作整定值等都需要通过计算来确定和论证。

17.1 概 述

城轨供电系统设计的相关计算既有一般性又有特殊性。其一般性主要是指供电系统中交流系统的相关计算，如中低压交流短路计算、保护整定计算、低压负荷计算等，这些计算可以借鉴和利用电气设计手册和规范中已有的计算方法。其特殊性主要是指直流牵引供电系统的相关计算，如牵引负荷计算、牵引网电压水平计算、走行轨对地电位计算、直流短路及保护整定计算等，这些计算则需要根据系统设置情况，建立数学模型并进行推导计算。

本章计算内容共分为以下三个部分：

① 牵引供电计算，主要包括：牵引整流机组容量计算、牵引网电压损失计算、走行轨对地电位计算等。

② 短路及保护整定计算，主要包括：交流系统中低压短路及保护整定计算、直流系统短路及保护整定计算等。

③ 直流牵引供电系统参数选择计算，主要包括：牵引整流机组各项特性参数计算、直流快速断路器各项参数计算、直流牵引供电回路时间常数计算等。

本章对以上相关计算的意义、内容和方法进行说明和分析，并着重对计算原理与方法进行阐述。计算公式主要来源于两个方面：一是设计规范和手册中规定和推导出的理论计算公式；二是由工程经验总结出来并被实践证明适用于城轨供电系统设计的经验计算公式。

为便于理解和掌握计算公式，在介绍完计算方法后给出了相关计算示例。需要说明的是，在城轨供电系统的实际设计中，不同工程的计算条件、内容和过程不尽相同，但是各种计算的基本方法和原理应该是一致的。因此，在城轨供电系统设计时，应针对具体工程进行具体分析，首先确定实际计算条件，再灵活应用计算公式，最后得到准确计算结果。

17.2 牵引供电计算

牵引供电计算在城轨供电系统的设计工作中占有极其重要的地位，是进行供电系统设计必须的一项工作，它关系到供电系统构成、牵引供电方式、牵引变电所设置、牵引整流机组容量等多项系统设计的关键因素。

牵引供电系统的列车用电负荷较之一般电网固定负荷有很大差异，除了各负荷的大小随时间变化以外，其位置也是变化的（在线路上往返移动），各负荷之间的相对位置同样也是变化的，这给确定牵引供电系统的各项参数（包括负荷大小）带来了复杂性。

17.2.1 计算方法简介

关于牵引供电计算，当前较常用的有两种计算方法：一种是适用于设计后期的运行图法，另一种是适用于设计前期与后期的平均运量法。这两种方法都是建立在列车牵引计算基础上。

运行图法是一种最直接也是最复杂的计算方法，它是依据某个时间线路上正在运行的所有列车的工况（取流、惰行或停站）建立相应的数学模型，然后再对数学模型求解，从而计算出各种系统电气参数。其计算条件是必须具备详细的线路纵断面图、列车运行图以及列车在不同的运行区间的电流曲线、速度曲线和时间曲线。因而，运行图法更适用于初步设计及以后设计阶段。

平均运量法则是建立在概率论的基础上，即对偶然出现的个体事件，很难发现其规律性，但是对大量的事件群，就会发现有规律可寻。从统计定义来讲，观察和试验某一事件出现的频率，随着观察或试验次数的增加而呈现出一定的稳定性，即恒定在某一常数附近摆动，这一常数用来表征某一事件的概率。城市轨道交通中运行的车辆，就某一具体运行车辆而言，它可能处于取流状态，也可能处于惰行状态，或处于停站状态。但对于一条线路来说，比如全线有 30 列车辆在运行，就这 30 列车辆的事件群来说，它既不可能都处于取流状态，也不可能都处于惰行状态。从概率论上讲，应有 1/3 的列车在取流。在按平均运量法进行牵引供电计算时，其主要参数的平均值与有效值之间的关系应符合方差定律。

随着计算机技术的迅速发展，近年来牵引供电计算逐步通过计算机进行模拟仿真计算，这样可以大大提高工作效率和计算准确度。当前，这两种计算方法已被成功应用于国内多家设计单位开发的牵引供电仿真计算软件中。例如，基于运行图法，开发出的“城市轨道交通牵引供电仿真软件 URTPS V2.10”；基于平均运量法，开发出的“SUPPLY 2000”牵引供电计算软件。这些软件已多次成功应用于国内外城轨供电系统设计工作中，并取得了理想的效果。

17.2.2 运行图法

1）计算条件

利用运行图法进行牵引供电计算时，应具备以下计算条件：

① 线路资料：线路长度、坡度、车站数量、站间距等。

② 行车资料：运行交路、车辆编组、高峰小时发车对数、发车时间、停站时间等。

③ 列车资料：列车电流曲线、列车速度曲线和列车时间曲线等。

④ 牵引网资料：接触网和走行轨的单位阻抗等。

⑤ 电压参数：牵引变电所空载电压、牵引网额定电压等。

2）计算原理

运行图法是将供电区段在一定时间段里（如 2 h）的所有列车运行图［即各列车的 $t=f(l)$ 关系曲线］描绘在坐标图上。

现以最简单的单线路单边供电为例，对运行图法原理进行说明，如图 17.1 所示。

图 17.1 为 ABC 供电区段列车运行图，横坐标表示时间（t），纵坐标表示距离（l），三个车站分别为 A，B，C。牵引变电所设在 A 站，区段中（在 6：00～8：00 时间内）共有四列

列车运行，1、3 为下行列车，2、4 为上行列车。下行列车的用电电流情况（即 $i=f(l)$ 曲线）绘在图的左侧，横坐标为电流值 i，纵坐标为走行距离 l。上行列车的用电电流情况绘在图的右侧，坐标轴的表示方法同左侧。

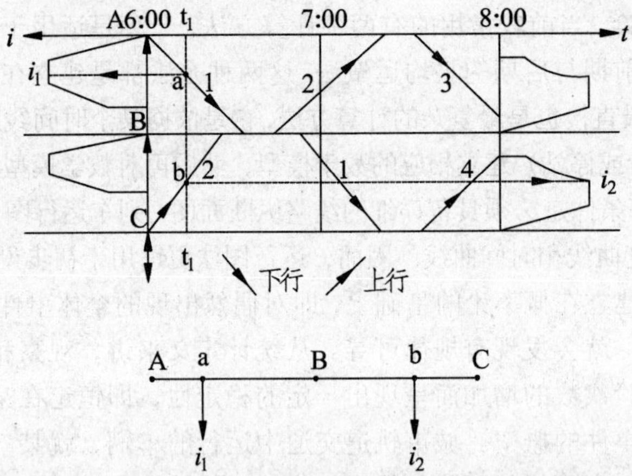

图 17.1　供电区段 ABC 列车运行图及列车用电流曲线

具体计算步骤如下：在运行图上取任意时刻，如 t_1—t_1 线，它与列车运行时间曲线 $t=f(l)$ 交点 a、b 表示此刻区段上有 1、2 两列车在运行，下行列车 1 此时取用的电流可从 a 点向左侧下行列车用电流曲线上查找得 i_1 值，同理上行列车 2 此时取用的电流可从 b 点向右侧查找得 i_2 值。这样就可以得到 t_1—t_1 时刻供电区段内运行着的列车数、它们各取用的电流值和列车所处在的位置，如图 17.1 所示，这样一张图被称为供电区段的“瞬时负荷”图。对该瞬时负荷图按电路计算的方法，可以计算出所需要的电气参数在该时刻的瞬时值，如馈线电流、列车电压降、牵引网电压损失等。

通常可以在计算时段内（如 2 h）的运行图取 n 个时刻（t_1，t_2，…，t_n），它们之间的间隔以 min 或 s 计算，这样就可以得到 n 张瞬时负荷图，进而可以得到 n 组所感兴趣的电气参数瞬时值。用相应的计算公式就可以计算出各电气参数的平均值、有效值等。

下面以计算单边供电区段馈电线平均电流值为例进行说明。

馈电线的瞬时电流计算公式如下：

$$i_A = i_1 + i_2 + \cdots + i_n \ \text{(A)} \tag{17.2-1}$$

式中　i_1，i_2，…，i_n——某瞬时由馈电线供电的各列车瞬时电流值（A）。

馈电线平均电流 I_A 的计算公式如下：

$$I_{Aj} = \frac{\sum_{j=1}^{n} i_{Aj}}{n} \ \text{(A)} \tag{17.2-2}$$

式中　i_{Aj}——馈电线第 j 时刻的瞬时电流（A）；

n——所取时刻的数量。

由此可见，人工用运行图法进行牵引供电计算相当麻烦，需要花费大量时间，对运行图较稳定的城市轨道交通系统，即不受其他交通形式干扰的城市轨道交通系统较准确，但其计算工作量大，如以 10 s 取一个时间间隔，则 1 h 有 6×60＝360 张瞬时图。因而运行图法更适合于借助计算机进行仿真计算[88]。

3）计算方法

这里的计算方法指的是利用运行图法进行牵引供电计算机仿真计算的方法。

如果列车的用电负荷不是随运行时间和列车位置发生变化的话，那么很容易建立数学模型并绘制出等效电路图，进行电流、电压、电阻、功率等电气参数的分析和求解。而实际上，列车的用电负荷是随时随地动态变化的，所以无法用一幅固定的等效电路图去描述一个动态的牵引供电系统网络。

利用第 17.2.3 小节中将要介绍的牵引供电计算的“平均运量法”，可以方便地计算出系统各电气参数的有效值和平均值，但不能较准确地进行电气参数瞬时值的计算。然而实际工程中，在分析和设计牵引供电系统时，又极其需要知道每时每刻线路上任意位置的各项电气参数，比如：任一时刻的牵引网电压降、走行轨对地电位、牵引变电所馈线电流、牵引变电所母线电流、牵引变电所功率，等等。

因此，在实际工程设计中，需要对牵引供电系统进行计算机仿真计算，以论证和确定系统的合理性和可行性。而要实现牵引供电系统的计算机仿真计算，就必须首先对直流牵引供电网络建立科学的数学模型。

（1）基本假设条件

在建立牵引供电仿真计算的数学模型之前，在满足工程计算精度要求的前提下，先进行以下基本假设：

① 假定全线各牵引变电所的交流侧电压相同且稳定，即不考虑交流系统变化对计算的影响。

② 假定将全线各牵引变电所变压器和整流器视为带内阻的电压源支路。

③ 假定牵引网系统为均匀对称结构，整个牵引网系统具有一致的单位长度电阻。

④ 将牵引网馈电点的坐标作为牵引变电所位置坐标，并认为牵引网馈电点与回流点处于同一坐标位置。

⑤ 将线路中运行的列车视为“理想电流源”，并按照运行图的描述在线路上移动。

⑥ 假设牵引供电网络中有 b 辆列车、N 座牵引变电所（$N>2$）、起始时刻，上行方向有多个列车在取流。

（2）数学模型的建立与求解

在上述假设条件下，下面只说明如何对上行线路建立数学模型，下行线路的模型建立类似。

首先根据列车运行图、列车牵引计算资料（主要指列车距离—电流曲线和列车距离—速度曲线，此信息由车辆和行车专业提供），确定起始时刻在上行方向列车数量 b、列车位置、列车电流向量 $[I_{a1}, I_{a2}, I_{a3}, \cdots, I_{ab}]$，然后以此为基础，建立起始时刻上行牵引供电网络的等效电路，如图 17.2 所示。

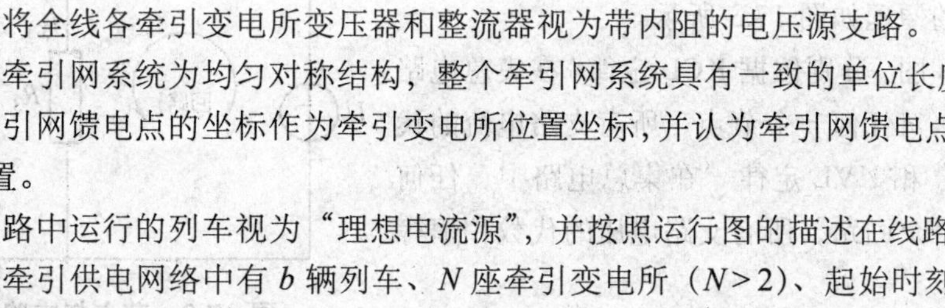

图 17.2　上行牵引供电网络数学模型

现对以上上行牵引供电网络的数学模型说明如下：

① 在以上等效电路中，牵引变电所的位置点和列车位置点将牵引网络分割成 N＋b－1 个支路。

② R_1，R_2，R_3，…，R_{N+b-1} 分别为第 1 支路，第 2 支路，第 3 支路，…，第 $N+b-1$ 支路的牵引网电阻。由于取流列车的位置是给定的，各牵引变电所位置是确定的，牵引网电阻是均匀对称的，因而可根据 $R_i=L_i r\,(i=1, 2, \cdots, N+b-1)$ 计算出上述电阻 $R_1, R_2, R_3, \cdots, R_{N+b-1}$，其中 L_1 为各点间的距离，r 为牵引网单位长度电阻。

③ 每个牵引变电所用一个理想电压源加等效电阻 R_S 来表示，R_S 为牵引网提供电源的等效电阻，其计算方法可参见“17.5.3.1 牵引变电所内阻”中的相关内容。

④ 从牵引网取流的列车可以当做一个电流源处理，其电流为 I。设各牵引网支路的电流为$[I_1, I_2, I_3, \cdots, I_{N+b-1}]$，各牵引变电所支路的电流为$[I_{N+b}, I_{N+b+1}, \cdots, I_{2N+b-1}]$。可令 $I=[I_1, I_2, I_3, \cdots, I_{N+b-1}, I_{N+b}, I_{N+b+1}, \cdots, I_{2N+b-1}]^T$；$B=[I_{a1}, I_{a2}, I_{a3}, \cdots, I_{ab}, 0, 0, \cdots, 0]^T$；设 A 为 $(b+2N-1)\times(b+2N-1)$矩阵，其中前 b 行由各个列车位置点根据基尔霍夫电流定律（KCL 定律）建立，$b+1$ 行到 $b+N$ 行由各个牵引变电所位置点根据 KCL 定律建立，从 $b+N+1$ 行到 $b+2N-1$ 行依次由相邻的两个牵引变电所的正极等电位点之间根据基尔霍夫电压定律（KVL 定律）建立。

上述矩阵的原理如图 17.3 所示。

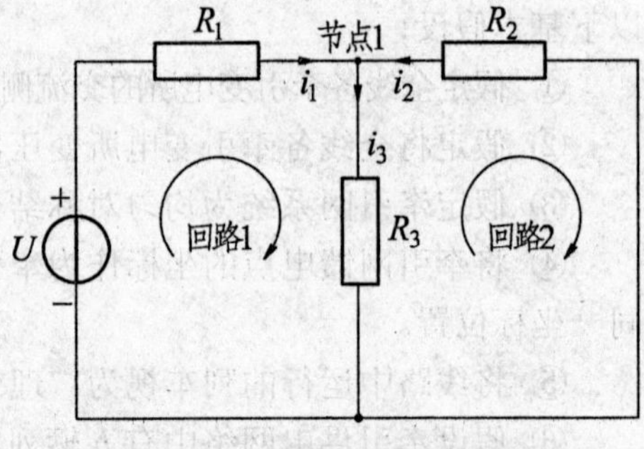

图 17.3 节点与支路示意图

对上述原理图，分别依据 KCL 定律“在集总电路中，任何时刻，对任何一个节点，所有支路电流的代数和恒等于零”和 KVL 定律“在集总电路中，任何时刻，对任何一个回路，所有支路电压的代数和恒等于零”列方程组：

对于节点 1 有：$i_1+i_2-i_3=0$；

对于回路 1 有：$R_1i_1+R_3i_3=U$；

对于回路 2 有：$-R_2i_2-R_3i_3=0$。

将上述三个方程组成的方程组以矩阵方程表示，则有：

$$\begin{pmatrix}1 & 1 & -1\\ R_1 & 0 & R_3\\ 0 & -R_2 & -R_3\end{pmatrix}\times\begin{pmatrix}i_1\\ i_2\\ i_3\end{pmatrix}=\begin{pmatrix}0\\ U\\ 0\end{pmatrix}$$

对该矩阵方程求解，可得各支路电流：

$$\begin{pmatrix}i_1\\ i_2\\ i_3\end{pmatrix}=\begin{pmatrix}1 & 1 & -1\\ R_1 & 0 & R_3\\ 0 & -R_2 & -R_3\end{pmatrix}^{-1}\times\begin{pmatrix}0\\ U\\ 0\end{pmatrix}$$

由此推广，可得到图 17.2 的矩阵方程为：

$$I=A^{-1}B$$

对该方程求解，可得电流 I，求得各支路电流以后，利用欧姆定律，可计算牵引网各点的电压：

$$\begin{pmatrix} U_1 \\ U_2 \\ U_3 \\ \vdots \\ U_{N+b} \end{pmatrix} = \begin{pmatrix} U_n \\ U_1 \\ U_2 \\ \vdots \\ U_{N+b-1} \end{pmatrix} - \begin{pmatrix} I_{N+b} & 0 & 0 & 0 \\ 0 & I_1 & 0 & 0 \\ 0 & 0 & I_2 & 0 \\ \vdots & \vdots & \vdots & \vdots \\ 0 & 0 & 0 & I_{N+b-1} \end{pmatrix} \times \begin{pmatrix} R_S \\ R_1 \\ R_2 \\ \vdots \\ R_{N+b-1} \end{pmatrix}$$

由于牵引供电网络是一个实时动态网络，因此以上计算只是在某一时刻的网络状态，对于下一个（$t+\Delta t$）时刻的计算，首先还是应根据列车运行图及列车牵引计算资料，确定在新时刻的列车数量与位置、负荷大小，相应地确定新时刻的牵引供电网络结构及负荷情况，建立起新时刻的牵引网等效网络图；然后再根据新等效网络图，依据以上方法建立新的矩阵方程，以此求解新扫描时刻的各项参数。

（3）电气参数的求解

有了上述牵引供电网络的电路模型后，就可以对系统的各项电气参数进行求解：

① 根据已经求出的上行牵引网各支路电流，可以求得牵引变电所上行馈线瞬时电流；

② 根据已经求出的上行牵引网各节点电压，利用插值法可求得上行牵引网任意非节点处的电压；

③ 同理，通过建立下行牵引网等效网络图，并求解各支路电流及各节点电压，即可计算出牵引变电所下行馈线瞬时电流、下行牵引网瞬时电压；

④ 根据各馈线瞬时电流及母线电压，可以得到各牵引变电所瞬时功率；

⑤ 对馈线瞬时电流曲线 $f(t)=I(t)$ 进行积分，得到各牵引变电所馈线平均电流；

⑥ 对牵引变电所馈线瞬时电流曲线 $f(t)=I(t)$ 的平方进行积分，得到各牵引变电所馈线有效电流；

⑦ 根据方差定律，可以求得牵引变电所母线有效电流；

⑧ 相应地可以求得：牵引变电所功率、某段牵引网平均功率损失、全线牵引网平均功率损失、牵引网能耗、回流网对地电位等。

（4）其他运行方式的数学模型

前面说明的是正常双边供电方式下的数学模型，其他运行方式下的数学模型可以进行如下考虑：

① 当端头牵引变电所解列时，端头牵引变电所至次端头牵引变电所供电之间，原本是双边供电，将改由次端头牵引变电所单边供电，此时等效网络按照去掉故障端头牵引变电所建立即可。

② 当中间牵引变电所解列时，分两种情况。

情况一：相应的供电区间采用“大双边供电方式”，此时的等效网络按照去掉故障中间变电所建立即可；

情况二：相应的供电区间采用单边供电方式，此时将原来的一个等效网络分成左右两个独立的等效网络建立即可。

③ 当某牵引变电所的一套机组退出运行时，在条件许可的情况下，另一套牵引整流机组应继续运行。此时，将该牵引变电所的内阻加大计算即可[89]。

17.2.3 平均运量法

17.2.3.1 计算条件

（1）假设条件

利用平均运量法进行牵引供电计算时，有三个基本假设条件：

① 馈电区间的列车数量不变，并等于平均列车数。

② 在线路上列车是运动的，其相对位置受运行条件的制约，即不可能出现两列车重合在一起的情况。

③ 列车电流在区间是任意变化的，但其列车平均电流和有效电流是不变的，对某一固定区间而言，其能耗是固定的。以一定的速度把一定重量的旅客通过具有自重的列车走相同的路线，从一个车站运送到另一个车站耗费的能量是一定的。

（2）计算条件

利用平均运量法进行牵引供电计算，需要以下计算条件：

① 车流密度：N 对/h；

② 列车编组：3～8 节/列；

③ 动车自重：$M(t)$，定员人数：a；

④ 拖车自重：$T(t)$，定员人数：b；

⑤ 列车平均运行速度：V，km/h；

⑥ 牵引网额定电压：U_C，kV；

⑦ 牵引网单位阻抗：r，Ω/km；

⑧ 列车单位能耗：ΔA，kW · h/t · km；

⑨ 供电距离：L，km。

17.2.3.2 计算原理

平均运量法计算电气参数的方法是按运输任务（运行的列车对数、牵引计算得到的列车电流等）对实际运行的列车情况做某些列车运行（或分布）规律的假设后，以较严密的数学方法——概率论为基础进行电气参数的计算。计算原理的核心是确定供电区段中的平均列车数。

为了说明该方法的基本思路，下面仍从单边供电区段出发，以利用平均运量法计算牵引变电所馈线平均电流 I_A 为例进行说明，I_A 的定义如下：

$$I_A = (i_1 + i_2 + \cdots + i_n)_{平均值} \quad (A) \tag{17.2-3}$$

式中 I_A——馈线平均电流（A）；

$(i_1+i_2+\cdots+i_n)_{平均值}$——取所有时刻$(i_1+i_2+\cdots+i_n)$的平均值，即为馈电线电流的平均值（A）。

根据数学概率论，当各列车取用电流为相互不相关时，即某列车取某一电流值时，它并不影响其他（$n-1$）列列车各取什么样的电流，也就是各列车之间所取电流有其随机性，互不影响和约束，实际上也反映了列车所处位置的各种可能性，这是比较接近实际情况的，这样可得：

$$(i_1 + i_2 + \cdots + i_n)_{平均值} = (I_1 + I_2 + \cdots + I_n) \tag{17.2-4}$$

式中 I_1，I_2，…，I_n——各列车在整个走行时间内的平均电流（A）。

如果运行着的列车是同类型状态的列车，则 $I_1=I_2=\cdots=I_n=I$，I 为同类型列车平均电流。所以

$$I_A=mI \quad (A) \tag{17.2-5}$$

式中　m——供电区段中的平均列车数，$m=N\dfrac{t}{T}$；[其中，N——要求在给定时间（T）内通过供电区段的列车数；t——列车通过供电区段所需的走行时间（s)]。

以上平均列车数公式可以这样理解：如果在“T”时间内要完成通过供电区段 N 列列车的任务，而且假定任何时刻区段（线路）上只有一列车，则完成以上任务需要（Nt）时间，而实际上是规定在“T”时间内要完成以上任务，所以如果（Nt）大于 T 时，则用一列车走过区段后再进入第二列车的方法是不能完成运输任务的，因此必须要同时多于一列车通过区段，则 $N\dfrac{t}{T}=m$ 就是要求同时通过（存在）区段的列车数，即平均列车数。

以上就是平均运量法的基本原理和思路，在计算出列车平均电流和供电区段内平均列车数后，就可以推算出一整套牵引供电系统参数计算公式[88]。

17.2.3.3　计算方法

利用平均运量法进行牵引供电计算，在工程设计中，既可以利用计算机编程实现，也可以人工进行计算。

1）列车平均电流

用平均运量法进行牵引供电计算应首先计算列车区间平均电流值。

列车在区间运行的平均电流，可以有两种方法计算，一是利用列车在区间运行的电流曲线和时间曲线；二是用单位能耗计算列车区间平均电流。在实际工程设计中，往往是供电设计和行车设计同时进行，如果在进行牵引供电计算时，在设计后期行车专业能提供列车电流曲线，则可利用方法一计算平均电流，若设计前期行车专业不能提供列车电流曲线，则可利用方法二计算平均电流。

（1）列车电流曲线法

如果具备列车在区间运行的电流曲线和时间曲线（图 17.4 所示为列车电流曲线图），则区间列车带电运行平均电流、运行平均电流、电流间断系数分别由以下计算公式求得。

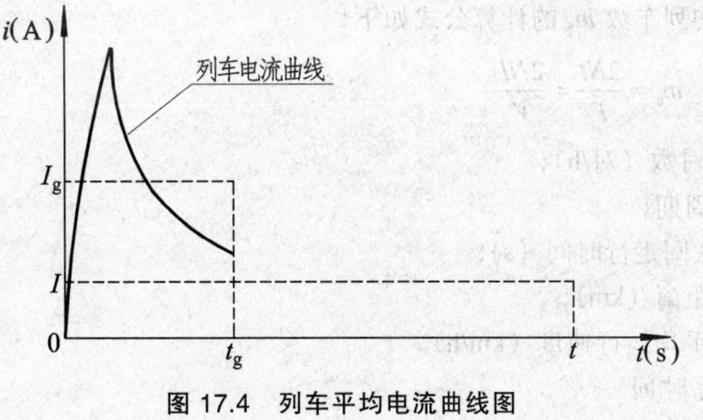

图 17.4　列车平均电流曲线图

列车区间带电运行平均电流 I_g 的计算公式如下：

$$I_g = \frac{\int_o^{t_g} i_g \mathrm{d}t}{t_g} \quad (\mathrm{A}) \tag{17.2-6}$$

列车区间运行平均电流 I 的计算公式如下：

$$I = \frac{I_g}{\alpha} \quad (\mathrm{A}) \tag{17.2-7}$$

列车区间电流间断系数 α 的计算公式[95]如下：

$$\alpha = \frac{I_g}{I} = \frac{t}{t_g} \tag{17.2-8}$$

式中　t——列车全走行时间（s）；

t_g——列车带电走行时间（s）；

α——列车电流间断系数。

（2）列车单位能耗法

用列车单位能耗计算列车平均电流 I 的计算公式如下：

$$I = \frac{\Delta AGV}{U_C} \quad (\mathrm{A}) \tag{17.2-9}$$

式中　ΔA——列车单位能耗（kW · h/t · km）；

U_C——牵引网额定电压（kV）；

V——列车平均运行速度（km/h）；

G——列车重量（t）；

$$G = x(M + 0.06a) + y(T + 0.06b)$$

其中　x 为动车数，y 为拖车数，M 为动车自重，T 为拖车自重，a 为动车每节载客人数，b 为拖车每节载客人数。

2）区间平均列车数

单行平均列车数 m 的计算公式如下：

$$m = \frac{Nt}{T} = \frac{NL}{V} \tag{17.2-10}$$

上、下行平均列车数 m_s 的计算公式如下：

$$m_s = \frac{2Nt}{T} = \frac{2NL}{V} \tag{17.2-11}$$

式中　N——列车对数（对/h）；

T——时间周期；

t——列车区间走行时间（s）；

L——区间距离（km）；

V——列车平均运行速度（km/h）。

3）区间走行时间

$$t = 3\,600\frac{L}{V} \quad (\mathrm{s}) \tag{17.2-12}$$

式中 L——站间距离（km）；

V——列车平均运行速度（km/h）。

4）牵引变电所馈线平均电流

单边供电时的计算公式如下：

$$I_A = mI \quad (A) \tag{17.2-13}$$

双边供电时的计算公式如下：

$$I_A = \frac{mI}{2} \quad (A) \tag{17.2-14}$$

式中 I——列车平均电流（A）；

m——单行平均列车数。

5）牵引变电所馈线有效电流

单边供电时的计算公式如下：

$$I_{xA}^2 = I_A^2\left[1+\frac{1.15\alpha-1}{m}\right] \quad (A) \tag{17.2-15}$$

双边供电时的计算公式如下：

$$I_{xA}^2 = I_A^2\left[1+\frac{1.33k_x^2-1}{m}\right] \quad (A) \tag{17.2-16}$$

式中 I_A——馈线平均电流（A）；

α——列车电流间断系数；

k_x^2——有效系数，取 1.15α。

6）牵引变电所母线有效电流

在进行牵引变电所母线有效电流计算时，应符合方差定律，即总量的方差等于各分量的方差之和。数学表达公式为：

$$I_{x\Sigma}^2 - I_{A\Sigma}^2 = \sum_{I_{xA1}}^{I_{xA4}} I_{x\Sigma}^2 - \sum_{I_{A1}}^{I_{A4}} I_{A\Sigma}^2 \tag{17.2-17}$$

式中 $I_{x\Sigma}^2$——牵引变电所母线总量有效电流的平方（A）；

$I_{A\Sigma}^2$——牵引变电所总量平均电流的平方（A）；

$\sum I_{x\Sigma}^2$——牵引变电所馈出线各分量有效电流的平方之和（A）；

$\sum I_{A\Sigma}^2$——牵引变电所馈出线各分量平均电流的平方之和（A）。

每个牵引变电所上、下行共有 4 路直流馈线，牵引变电所母线有效电流 $I_{x\Sigma}$用 4 路馈线有效电流 I_{xA1}、I_{xA2}、I_{xA3}、I_{xA4} 和馈线平均电流 I_{A1}、I_{A2}、I_{A3}、I_{A4} 表示为：

$$I_{x\Sigma}^2 = I_{xA1}^2 + I_{xA2}^2 + I_{xA3}^2 + I_{xA4}^2 + 2I_{A1}I_{A2} + 2I_{A1}\ I_{A3} + 2I_{A1}\ \ I_{A4} + 2I_{A2}\ I_{A3} + 2I_{A2}\ I_{A4} + 2I_{A3}\ I_{A4}$$

牵引变电所总有效电流 $I_{x\Sigma}$

$$I_{x\Sigma} = \sqrt{I_{x\Sigma}^2} \quad (A) \tag{17.2-18}$$

7）牵引变电所功率

$$P_{\Sigma}=k_{c}k_{\delta}U_{c}I_{x\Sigma}\quad(\text{kW})\tag{17.2-19}$$

式中 k_c——牵引网损耗加大系数；

k_δ——列车用电加大系数；

U_c——牵引网额定电压（kV）。

8）牵引变电所容量选择

$$S_{\Sigma}\geqslant 1.1P_{\Sigma}\tag{17.2-20}$$

牵引变电所总功率按正常双边供电计算；当一座牵引变电所故障解列时按大双边供电计算，其牵引整流机组的过负荷能力不超过 150% I_e。

9）列车给电运行时弓上电压损失平均值

单边供电时的计算公式如下：

$$\Delta u_{d}=\frac{I_{A}Lr}{3}\left(1+\frac{1.5\alpha-1}{m}\right)\quad(\text{V})\tag{17.2-21}$$

式中 Δu_d——电压损失平均值（V）；

I_A——单边供电平均电流（A）；

L——单边供电距离（km）；

r——牵引网单位电阻（Ω/km）；

α——列车电流间断系数；

m——区间平均列车数。

双边供电时的计算公式如下：

$$\Delta u_{d}=\frac{I_{A}Lr}{6}\left(1+\frac{2\alpha-1}{m}\right)\quad(\text{V})\tag{17.2-22}$$

式中 I_A——双边供电平均电流（A）；

L——双边供电距离（km）；

其余符号含义见式（17.2-21）有关部分。

10）列车启动时牵引网最大电压损失

单边供电列车启动时最大电压损失发生在供电区的终点，计算公式如下：

$$\Delta u_{dq\max}=I_{q\max}Lr+(m-1)\frac{I_{A}Lr}{2}\quad(\text{V})\tag{17.2-23}$$

双边供电列车启动时最大电压损失发生在供电区的中点，计算公式如下：

$$\Delta u_{sq\max}=\frac{I_{q\max}Lr}{4}+(m-1)\frac{I_{A}Lr}{8}\quad(\text{V})\tag{17.2-24}$$

式中 $I_{q\max}$——列车最大启动电流（A）；

其余符号含义见式（17.2-21）有关部分。

11）牵引网平均功率损失

单边供电时的计算公式如下：

$$\Delta p_{\mathrm{d}}=\frac{I_{\mathrm{A}}^{2}Lr}{3}\left(1+\frac{1.5k_{\mathrm{x}}^{2}-1}{m}\right)\quad(\mathrm{kW})\tag{17.2-25}$$

双边供电时的计算公式如下：

$$\Delta p_{\mathrm{d}}=\frac{I_{\mathrm{A}}^{2}Lr}{3}\left(1+\frac{2k_{\mathrm{x}}^{2}-1}{m}\right)\quad(\mathrm{kW})\tag{17.2-26}$$

式中 $k_{\mathrm{x}}^{2}=1.15\alpha$

其余符号含义见式（17.2-21）有关部分。

12）牵引网平均电压损失

计算平均电压损失对列车的辅助电机有意义。

单边供电时的计算公式如下：

$$\Delta u_{\mathrm{d}}=\frac{I_{\mathrm{A}}Lr}{3}\left(1+\frac{1}{2m}\right)\quad(\mathrm{V})\tag{17.2-27}$$

双边供电时的计算公式如下：

$$\Delta u_{\mathrm{d}}=\frac{I_{\mathrm{A}}Lr}{6}\left(1+\frac{1}{m}\right)\quad(\mathrm{V})\tag{17.2-28}$$

符号含义见式（17.2-21）有关部分。

13）牵引网最大平均电压损失

单边供电时发生在终点，计算公式如下：

$$\Delta u_{\mathrm{d\,max}}=\frac{I_{\mathrm{A}}Lr}{2}\left(1+\frac{1}{m}\right)\quad(\mathrm{V})\tag{17.2-29}$$

双边供电时发生在中点，计算公式如下：

$$\Delta u_{\mathrm{d\,max}}=\frac{I_{\mathrm{A}}Lr}{4}\left(1+\frac{1}{m}\right)\quad(\mathrm{V})\tag{17.2-30}$$

符号含义见式（17.2-21）有关部分。

14）走行轨电压损失

$$\Delta u_{\mathrm{Z}}=\left(\frac{R_{\mathrm{Z}}}{R_{\mathrm{J}}+R_{\mathrm{Z}}}\right)\Delta u\quad(\mathrm{V})\tag{17.2-31}$$

式中 R_Z——走行轨阻抗（Ω）；

R_{J}——接触网阻抗（Ω）；

Δu——牵引网电压损失（V）。

17.2.4 牵引整流机组容量计算的说明

17.2.4.1 计算意义

牵引整流机组的容量应依据牵引供电计算出的牵引负荷大小进行确定。城轨列车牵引负荷具有非连续性、波动大的特点，负荷大小应按有效值进行计算。

牵引整流机组的容量，根据以下原则确定：

① 应满足远期高峰小时运量的要求：在高峰小时牵引机组的负荷率宜在 90%～100%。

② 正常情况下，双机组并列运行，共同承担本所的牵引负荷。

③ 当任一座牵引变电所故障解列时，靠相邻牵引变电所的过负荷能力（150%I_n，2 h），不降低运送旅客的能力，使城市轨道交通正常运行。

④ 牵引整流机组（牵引变压器、整流器）的过负荷能力：100%I_n 连续运行；150%I_n 运行 2 h；300%I_n 运行 1 min。

⑤ 当牵引变电所内的一组牵引整流机组故障或检修退出运行时，另一组牵引整流机组在过负荷能力和谐波条件满足要求时可继续运行。

合理地进行牵引整流机组容量的计算与选择，可以有效保证牵引供电系统的合理性和经济性。

17.2.4.2 计算内容

基于以上牵引整流机组容量选择原则，牵引整流机组容量选择时需要计算以下内容：

① 正常双边运行方式下，各牵引变电所牵引整流机组承担的牵引负荷。

② 任一座中间牵引变电所解列，构成大双边供电方式的相邻牵引变电所牵引整流机组承担的牵引负荷。

③ 端头牵引变电所解列，次端头牵引变电所牵引整流机组承担的牵引负荷。

④ 牵引变电所一套牵引整流机组退出运行时，该所另一套牵引整流机组承担的牵引负荷。

17.2.4.3 计算方法

（1）由牵引变电所功率确定

先由“17.2.3.3 计算方法”中的 $P_\Sigma = k_c k_\delta U_c I_{x\Sigma}$ 求出牵引变电所功率，然后再由 $S_\Sigma \geqslant 1.1 P_\Sigma$ 确定牵引变压器容量 S_Σ。

（2）由列车单位能耗估算

列车单位能耗 ΔA 的数值是由已有线路经测试积累得来的，不同线路根据列车情况，ΔA 取不同数值。必须指出，从运行测试得来的ΔA 值，多数是在牵引变电所交流高压侧取得的，因此，它应包括列车的牵引用电、辅助设备用电、牵引网功率损失、牵引整流机组能量损失在内。

有了单位能耗 ΔA 以后，可按下列公式计算 1 h 牵引用电量 W:

$$W = \Delta AGLN \times 2 \quad (\mathrm{kW \cdot h}) \tag{17.2-32}$$

式中 ΔA——牵引单位能耗（kW · h/t · km）；

G——每列车总重量（t）；

L——牵引变电所供电距离（km）；

N——每小时开行列车对数，如开车间隔为 2 min，则 N＝30/h。

因为这里的 W 为 1 h 牵引用电量，故 W 的数值也就等于牵引变电所功率数。

17.2.5 牵引网电压损失计算的说明

17.2.5.1 计算意义

牵引网电压损失（压降）是验证全线牵引变电所设置是否合理的关键参数之一。《地铁设计规范》(GB50157—2003)规定:直流 750 V 牵引供电系统允许的电压波动范围为 500~900 V,直流 1 500 V 牵引供电系统允许的电压波动范围为 1 000~1 800 V。只有计算出各种运行方式下的牵引网电压损失才能确定牵引网电压水平是否能满足以上条件。

17.2.5.2 计算内容

为验证全线牵引变电所设置的合理性,牵引网电压损失计算需要计算以下内容:

① 正常双边运行方式下,供电区间牵引网产生的最大压降。

② 任一座中间牵引变电所解列,由相邻牵引变电所构成大双边运行方式下,供电的区间牵引网产生的最大压降。

③ 端头牵引变电所解列,由次端头牵引变电所单边供电的区间牵引网产生的最大压降。

17.2.5.3 计算方法

① 若利用运行图法计算牵引网电压损失,可以同时得到瞬时值和平均值,但宜通过仿真计算软件进行。

② 利用平均运量法计算牵引网电压损失,只能得到平均值,但这也能基本满足工程设计需要。列车给电运行时弓上电压损失平均值、列车启动时牵引网最大电压损失、牵引网平均电压损失、牵引网最大平均电压损失的具体计算公式见“17.2.3.3 计算方法”中相关内容。

17.2.6 走行轨对地电位计算的说明

17.2.6.1 计算意义

走行轨对地电位也是牵引供电计算内容之一。通过计算走行轨对地电位可以验证全线牵引变电所设置是否合理。《城市轨道交通直流牵引供电系统》(GB10411—2005)第 7.4.2 节规定:“利用走行轨回流,且在最大负载时,轨上任意一点对地电位差不应大于 90 V。”这也正是计算走行轨对地电位的意义和目的所在。同时,走行轨对地电位还是牵引供电系统杂散电流腐蚀防护设计的主要参数之一。

但是,计算得到的走行轨对地电位值并不是作为设置钢轨电位限制器的唯一依据。因为城市轨道交通线路在实际运营中,有时会有不明原因造成走行轨对地电位的升高。

17.2.6.2 计算内容

为验证全线牵引变电所设置的合理性以及开展杂散电流腐蚀防护设计,走行轨对地电位计算需要计算以下内容:

① 正常双边运行方式下,供电区间走行轨上最大的对地电位。

② 任一座中间牵引变电所解列,由相邻牵引变电所构成大双边供电的区间走行轨上最大的对地电位。

③ 端头牵引变电所解列,由次端头牵引变电所单边供电的区间走行轨上最大的对地电位。

17.2.6.3 计算方法

① 若利用运行图法计算走行轨对地电位,可以同时得到瞬时值和平均值,宜通过计算仿真软件进行。

② 若利用平均运量法计算走行轨对地电位，则走行轨对地电位的平均值，以走行轨电压损失值的 1/2 为参考。

17.3 配电变压器容量计算

配电变压器的容量需要在动力照明低压负荷齐全的基础上进行计算。在城市轨道交通车站、车辆段或控制中心，动力照明设备种类繁多，基本上不存在各机电设备同时工作的可能，而且各单种机电设备的多台设备也不会同时工作。因此，配电变压器容量不能简单地将各低压负荷容量进行叠加求得，而是应充分考虑城市轨道交通车站、车辆段或控制中心内各动力照明设备的运行特点，在考虑多台设备需要系数的基础上，对各低压负荷在不同运行方式下取同时系数后求得。

17.3.1 计算意义

目前在国内一些已建城市轨道交通线路中，存在配电变压器容量选择偏大的现象。造成配电变压器容量选择过大的主要原因是：动力照明专业向供电专业提供的低压用电负荷不准确、裕量大，同时供电专业对末端机电设备的运行工况了解不够，动力照明专业与供电专业相互间配合不足等。

对于配电变压器的容量，应充分考虑用电负荷的设备构成与运行工况，优化计算统计方法，合理进行选择，以达到投资合理、运行效率高、电能损耗小、运行费用低的目的。

17.3.2 计算内容

配电变压器容量计算需要计算以下内容：

① 各低压负荷的计算电流、计算功率、无功功率、视在功率，总负荷的计算功率、无功功率、视在功率。

② 补偿前的总功率因数、需要补偿的无功功率容量、补偿后的视在功率。

③ 正常情况下两台配电变压器分列运行承担全部低压负荷时，每台配电变压器的负载率。

④ 非正常情况下一台配电变压器承担全部一、二级低压负荷时，单台配电变压器的负载率。

17.3.3 计算方法

配电变压器容量计算需要具备以下计算条件：各种动力照明负荷的设备容量、需要系数、功率因数、低压配电系统补偿后的总功率因数（一般为 0.9）等。

配电变压器容量计算重点在于需要系数和同时系数的确定。

城市轨道交通的低压负荷主要分为两大类——动力负荷和照明负荷。

动力负荷主要有通信、信号、自动售检票、风机、水泵、电梯与扶梯、空调、维修电源等。这些设备的运行和启动时间是错开的。其中有些低压负荷，如各种动力维修电源等同时使用的概率更是微乎其微，针对这类负荷，可以取一个较低的需要系数。各种动力负荷的需要系数参考值见“17.3.4 计算示例”。

车站照明分为车站公共区和附属用房两部分。公共区的照明在运营的高峰时段全部打开，高峰过后，在设计措施上可考虑关掉一半照明，以为运营节电创造条件。管理房间的照明在工作时段全部开启，而设备房间的照明平时不开启，只在人员巡视和检修时全部开启。这种工况便要求合理选择照明负荷的需要系数。各种照明负荷的需要系数参考值见“17.3.4 计算示例”。

照明灯具不同，功率因数也不同。当选用功率因数较低的灯具时，一方面，动力照明应在设备末端做无功功率补偿设计；另一方面，在配电变压器出口侧设置无功功率集中补偿装置，以提高整个配电系统的功率因数。根据补偿后的功率因数反算配电系统的无功功率，再通过此时该无功功率和有功功率来计算配电变压器容量。

17.3.4 计算示例

典型车站配电变压器容量计算示例见表 17.1。车辆段和控制中心的配电变压器容量选取原则和计算方法与车站类似，只是低压负荷的种类和需要系数的选取有所不同。

表 17.1 典型车站配电变压器容量计算表

名　称	设备容量（kW）	需要系数	计算容量（kW）	功率因数 $\cos\varphi$	计算电流（A）	Q_{js}（kvar）	S_{js}（kV·A）
车站环控通风	560	0.8	424	0.8	805.3	318	530
车站水泵	45	0.8	36	0.8	68.4	27	45
区间排水泵站	30	0.8	24	0.8	45.6	18	30
通　信	20	0.8	16	0.8	30.4	12	20
信　号	20	0.8	16	0.8	30.4	12	20
综合控制室	15	0.8	12	0.8	22.8	9	15
AFC	40	0.8	32	0.8	60.8	24	40
FAS	8	0.8	6.4	0.8	12.2	4.8	8
BAS	12	0.8	9.6	0.8	18.2	7.2	12
变电所自用电	20	0.8	16	0.8	30.4	12	20
气体消防	12	0.4	4.8	0.8	9.1	3.6	6
自动扶梯、电梯	150	0.8	120	0.8	227.9	90	150
应急照明	30	1.0	30	0.8	57	22.5	37.5
公共区正常照明	50	1.0	50	0.8	95	37.5	62.5
区间正常照明	20	1.0	20	0.8	38	15	25
附属用房照明	40	0.8	32	0.8	60.8	24	40
广告照明	180	1.0	180	0.8	341.9	135	225
电开水器	8	0.7	5.6	0.8	10.6	4.2	7
清扫机械	80	0.3	24	0.8	45.6	18	30
区间维修	80	0.3	20	0.8	38	15	25
环控通风	200	0.8	160	0.8	303.9	120	200
负荷总容量	1620		1238			929	1 549
补偿前总功率因数 $\cos\varphi 1$				0.80			

续表 17.1

名　称	设备容量（kW）	需要系数	计算容量（kW）	功率因数 $\cos\varphi$	计算电流（A）	Q_{js}（kvar）	S_{js}（kV·A）
补偿后总功率因数 $\cos\varphi2$				0.90			
同时系数 $K\Sigma=$	0.75		924			726	1 198
补偿容量						240	
补偿后总容量			924			480	1 056
正常时，两台 800 kV·A 变压器分列运行，每台的负载率（以一、二级负荷选定变压器后计算正常负载率）	0.66						
全部一、二级负荷容量			830.3			622.7	1 037.9
补偿前总功率因数 $\cos\varphi1$				0.80			
$\tan\varphi1$	0.75						
补偿后总功率因数 $\cos\varphi2$				0.90			
$\tan\varphi2$	0.48						
同时系数 $K\Sigma=$	0.80		664.2			498.2	830.3
补偿容量						176.5	
补偿后一、二级负荷总容量			664.2			321.7	738
单台变压器退出运行时，单台 800 kV·A 变压器的负载率	0.92						

注：以上各设备容量，由各相关专业提供。这是计算的依据，只有原始数据正确，计算结果才符合实际需要。以上各需要系数可根据工程实际情况进行调整。

17.4 交流系统短路计算

城轨供电系统交流系统短路计算和一般供电系统的计算原理和方法是一致的。只要掌握了交流短路计算基础知识、有名单位制和标幺制的转换、交流电路等效网络的建立和变换、供电网络各部分阻抗的计算方法，就可以对各种接线方式的城轨供电系统任意一点处交流短路进行计算。

17.4.1 计算意义

在三相交流系统中可能发生各种形式的短路故障，主要有三相短路、两相短路和单相短路（单相接地故障）。通常三相短路电流最大；当短路点发生在发电机附近时，两相短路电流可能大于三相电流；当短路点靠近中性点接地的变压器时，单相短路电流也有可能大于三相短路电流。短路电流的大小取决于系统电源容量的大小、线路阻抗大小和短路点至电源点的距离。

交流系统短路计算应求出最大短路电流值，用以校验电气设备的动稳定、热稳定及分断能力，整定继电保护装置动作值；还应求出最小短路电流，用以校验继电保护装置灵敏系数。

17.4.2 计算内容

一般地，对城轨供电系统而言，中压网络需要计算最大运行方式下的三相短路电流、最小运行方式下的两相短路电流和单相接地电流，低压配电系统需要计算三相短路电流和单相接地故障电流。

对三相或单相短路电流而言，一般需要计算以下内容：

① i_p——短路电流峰值。

② I''_K——对称短路电流初始值。

③ I_K——稳态短路电流有效值。

17.4.3 计算方法

进行短路电流计算，首先要知道短路电路的电气参数，如电路元件的阻抗、电路电压、电源容量等，然后通过网络变换求得电源至短路点之间的等值总阻抗，最后按照公式或运算曲线求出短路电流。

短路电路的电参数可以用有名单位制表示，也可以用标幺制表示。有名单位制一般用于1 000 V以下低压网络的短路电流计算，标幺制则广泛应用于高压网络。由于城轨供电系统的交流短路计算具有一般性，在此对有名单位制和标幺制之间的关系及转换不再进行说明，可参考相关手册。

进行交流短路计算需要以下计算条件及假设：

① 电源侧系统短路容量，一般由电力部门提供。

② 短路回路各元件（包括变压器、电缆等）的阻抗。

③ 短路点的位置。

④ 基于短路前三相系统正常运行情况下的接线方式，不考虑仅在切换过程中短时出现的接线方式。

⑤ 设定短路回路各元件的感抗为一常数。若电压在6 kV以上，除电缆线路考虑电阻外，网络阻抗一般视为纯电抗（略去电阻）；若短路电路中总电阻大于电抗的1/3，则应计入有效电阻。

⑥ 需要理解标幺制和有名制的关系，掌握电路的网络变化方法（如串联、并联、星—三角变换等）。

17.4.3.1 中压交流系统

1）三相短路电流初始值 I''_K 的计算

（1）按标幺制计算

按标幺制计算，三相短路电流初始值 I''_K 的计算公式如下：

$$I_{*K} = S_{*K} = I''_* = \frac{1}{X_{*c}} \tag{17.4-1}$$

$$I''_K = I_{*K} I_j = I''_* I_j = \frac{I_j}{X_{*c}} \tag{17.4-2}$$

$$S_K = S_{*K} S_j = I_{*K} S_j = \frac{S_j}{X_{*c}} \tag{17.4-3}$$

式中　I_{*K}——短路电流交流分量有效值的标幺值；

S_{*K}——短路容量标幺值；

X_{*C}——短路电路总电抗（计算电抗）标幺值；

I''_K——短路电流初始值（kA）；

S_K——短路容量（MV · A）；

I_j——基准电流（kA）；

S_j——基准容量（MV · A）。

（2）按有名单位制计算

按有名单位制计算，三相短路电流初始值 I''_K 的计算公式如下：

$$I_K = I''_K = \frac{U}{\sqrt{3}X} \quad \text{(kA)} \tag{17.4-4}$$

如果 $R>\frac{1}{3}X$，则应计入有效电阻 R，计算公式如下：

$$I_K = I''_K = \frac{U}{\sqrt{3}Z} = \frac{U}{\sqrt{3}\sqrt{R^2+X^2}} \quad \text{(kA)} \tag{17.4-5}$$

式中　U——短路点所在处的网络平均电压（kV）；

Z——短路回路总阻抗（Ω）；

R——短路回路总电阻（Ω）；

X——短路回路总电抗（Ω）。

其中，Z 包括系统阻抗 Z_1 和电缆阻抗 Z_2 两部分，电缆阻抗可查询手册或样本得到，系统阻抗则由下式求得：

$$Z_1 = \frac{U_n^2}{S_K} \quad (\Omega) \tag{17.4-6}$$

式中　U_n——系统标称电压（kV）；

S_K——电源侧系统短路容量（MV · A）。

2）三相短路电流峰值 i_p 的计算和全电流最大有效值 I_p 的计算

根据短路电流变化可知，短路全电流峰值 i_p 包含有交流分量 i_{AC} 和直流分量 i_{DC}。短路电流直流分量的起始值 $A=\sqrt{2}I''_K$，短路全电流峰值 i_p 出现在短路发生后的半周期（0.01 s）内的瞬间，其值计算公式如下：

$$i_p = K_p\sqrt{2}I''_K \quad \text{(kA)} \tag{17.4-7}$$

短路全电流最大有效值 I_p 的计算公式如下：

$$I_p = I''_K\sqrt{1+2(K_p-1)^2} \quad \text{(kA)} \tag{17.4-8}$$

式中　K_p——短路电流峰值系数，$K_p = 1 + e^{-\frac{0.01}{T_f}}$；

T_f——短路电流直流分量衰减时间常数（s）（当电网频率为 50 Hz 时，$T_f=\dfrac{X}{314R}$）；

X——短路回路总电抗（Ω）；

R——短路回路总电阻（Ω）。

3）单相接地电容电流的计算

10 kV 电缆电路的单相接地电容电流的计算公式如下：

$$I_C=\frac{95+1.44S}{2\ 200+0.23S}U_r l\quad (A) \tag{17.4-9}$$

不同电压等级的单相接地电容电流的估算公式如下：

$$I_C=0.1U_r l\quad (A) \tag{17.4-10}$$

式中 S——电缆芯数的标称截面（mm^2）；

U_r——线路额定线电压（kV）；

L——线路长度（km）；

I_C——接地电容电流（A）。

17.4.3.2 低压交流系统

1）高压侧系统阻抗归算到低压侧

在计算 220/380 V 网络短路电流时，变压器高压侧系统阻抗需要计入。若已知高压侧系统短路容量 S，则归算到变压器低压侧的高压系统阻抗计算公式如下：

$$Z_S=\frac{(cU_n)^2}{S_k}10^3\quad (m\Omega) \tag{17.4-11}$$

式中 U_n——变压器低压侧标称电压，0.38（kV）；

c——电压系数，计算三相短路电流时取 1.05；

S_k——变压器高压侧系统短路容量（MV · A）。

如果不知道电阻 R_S 和 X_S 的确切值，可以认为：$R_S=0.1X_S$，$X_S=0.995Z_S$。

2）三相短路电流的计算

在 220/380 V 网络中，一般以三相短路电流为最大。低压网络三相起始短路电流交流分量有效值的计算公式如下：

$$\left.\begin{aligned}&I''=\frac{cU_n/\sqrt{3}}{Z}=\frac{1.05U_n/\sqrt{3}}{\sqrt{R^2+X^2}}=\frac{230}{\sqrt{R^2+X^2}}\quad (kA)\\&R=R_S+R_T+R_m+R_L\\&X=X_S+X_T+X_m+X_L\end{aligned}\right\} \tag{17.4-12}$$

式中 U_n——网络标称电压（线电压），220/380 V 网络为 380 V；

c——电压系数，计算三相短路电流时取 1.05；

Z、R、X——短路回路总阻抗、总电阻、总电抗（mΩ）；

R_S、X_S——变压器高压侧系统的电阻、电抗（归算到 400 V 侧）（mΩ）；

R_T、X_T——变压器的电阻、电抗（mΩ）；

R_m、X_m——变压器低压侧母线段的电阻、电抗（mΩ）;

R_L、X_L——配电线路的电阻、电抗（mΩ）。

只要 $\sqrt{R_T^2+X_T^2}/\sqrt{R_S^2+X_S^2}\geqslant 2$，变压器低压侧短路时的短路电流交流分量不衰减，即三相短路电流稳态值 $I_k=I''$。

三相短路电流峰值 i_p 的计算与高压系统相同。

3）单相接地电流的计算

在计算三相短路电流时阻抗指的是元件的相阻抗，即正序阻抗。因为已经假定系统是对称的，发生三相短路时只有正序分量存在，所以不需要特别提出序阻抗的概念。

在计算单相短路（包括单向接地故障）电流时，则必须理解和掌握序阻抗和相保阻抗的概念。在低压网络中发生不对称短路时，由于短路点离发电机较远，因此可以认为所有元件的负序阻抗等于正序阻抗，即等于相阻抗。

TN 接地系统的低压网络单相接地故障电流 I''_{k1} 的计算公式如下：

$$\left.\begin{aligned}
&I''_{k1}=\frac{cU_n/\sqrt{3}}{\dfrac{Z_1+Z_2+Z_0}{3}}=\frac{1\times U_n/\sqrt{3}}{\sqrt{\left(\dfrac{R_1+R_2+R_0}{3}\right)^2+\left(\dfrac{X_1+X_2+X_0}{3}\right)^2}}=\frac{220}{Z_{php}}\quad(\text{kA})\\
&R_1=R_{1S}+R_{1T}+R_{1m}+R_{1L}\\
&R_2=R_{2S}+R_{2T}+R_{2m}+R_{2L}\\
&R_0=R_{0S}+R_{0T}+R_{0m}+R_{0L}\\
&X_1=X_{1S}+X_{1T}+X_{1m}+X_{1L}\\
&X_2=X_{2S}+X_{2T}+X_{2m}+X_{2L}\\
&X_0=X_{0S}+X_{oT}+X_{0m}+X_{0L}
\end{aligned}\right\}\qquad(17.4\text{-}13)$$

式中 U_n——220/380 V 网络标称线电压，即 380 V;

c——电压系数，计算单相接地故障电流时取 1;

R_1、R_2、R_0——短路电流正序、负序、零序电阻（mΩ）;

X_1、X_2、X_0——短路电流正序、负序、零序电抗（mΩ）;

Z_1、Z_2、Z_0——短路电流正序、负序、零序阻抗（mΩ）;

R_{php}、X_{php}、Z_{php}——短路电路的相线—保护线回路（以下简称相保、保护线，包括 PE 线和 PEN 线）电阻、相保电抗、相保阻抗（mΩ）。

17.4.4 计算示例

现以城市轨道交通常用的双环网中压网络接线为例，计算交流系统短路电流，如图 17.5 所示。

已知：中压电压等级为 10 kV、电源侧系统短路容量 300 MV · A、外部电源电缆截面 300 mm²、中压网络电缆截面 240 mm²、配电变压器容量 1 000 kV · A、低压硬母线 3(125×10)＋2(80×8)（馈出 5 m)、低压馈出电缆 4×25＋1×16（馈出 25 m)。

计算：短路点 d_1 处的三相短路电流、d_2 处的三相短路电流和单相接地故障电流。

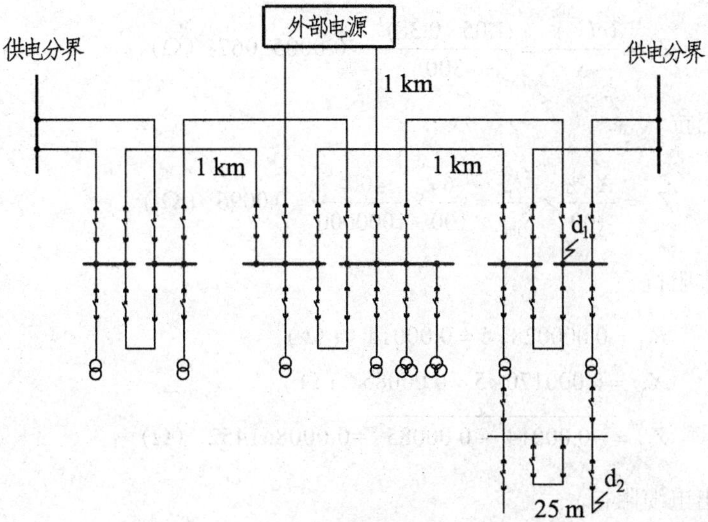

（a）实际双环网中压网络示意图

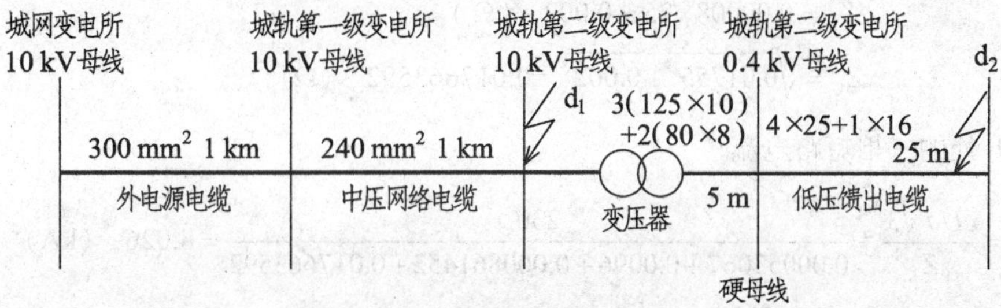

（b）短路计算等效网络示意图

图 17.5 交流短路计算示意图

解

（1）短路点 d_1 处的三相短路电流

① 系统阻抗：

$$Z_1 = \frac{U^2}{S} = 10.5^2/300 = 0.3675 \quad (\Omega)$$

② 外部电源电缆阻抗：查手册得 10 kV 300 mm² 电缆单位电阻 $R_2 = 0.064\ \Omega/\text{km}$，单位电抗 $X_2 = 0.076\ \Omega/\text{km}$，因此，外部电源电缆阻抗 $Z_2 = \sqrt{R_2^2 + X_2^2} = \sqrt{0.064^2 + 0.076^2} = 0.09935794\ \Omega$。

③ 中压网络电缆阻抗：查手册得 10 kV 240 mm² 电缆单位电阻 $R_3 = 0.091\ \Omega/\text{km}$，单位电抗 $X_3 = 0.087\ \Omega/\text{km}$，因此，外部电源电缆阻抗 $Z_3 = \sqrt{R_3^2 + X_3^2} = \sqrt{0.091^2 + 0.087^2} = 0.12589678\ \Omega$。

④ d_1 处的三相短路电流：

$$I_k = \frac{U}{\sqrt{3}Z} = \frac{U}{\sqrt{3}(Z_1 + Z_2 + Z_3)} = \frac{10.5}{\sqrt{3}(0.3675 + 0.09935794 + 0.12589678)} = 10.23 \quad (\text{kA})$$

（2）短路点 d_2 处的三相短路电流

① 高压侧系统阻抗归算到低压侧：

$$Z_S=\frac{(cU_n)^2}{S}=\frac{(1.05\times0.38)^2}{300}=0.00053067\ (\Omega)$$

② 变压器阻抗：

$$Z_T=\frac{X_D\%}{100}\times\frac{U_j^2}{S_{RT}}=\frac{6}{100}\times\frac{400^2}{1000000}=0.0096\ (\Omega)$$

③ 低压母排阻抗：

$$R_M=0.000028\times5=0.00014\ (\Omega)$$
$$X_M=0.000170\times5=0.00085\ (\Omega)$$
$$Z_M=\sqrt{0.00014^2+0.00085^2}=0.000861452\ (\Omega)$$

④ 低压馈出电缆阻抗：

$$R_L=0.000702\times25=0.01755\ (\Omega)$$
$$X_L=0.00008\times25=0.002\ (\Omega)$$
$$Z_L=\sqrt{0.01755^2+0.002^2}=0.017663592\ (\Omega)$$

⑤ d_2处的三相短路电流：

$$I''=\frac{cU/\sqrt{3}}{Z}=\frac{230}{0.00053067+0.0096+0.000861452+0.017663592}=8.026\ (\text{kA})$$

（3）d_2处的单相接地故障电流

查手册得各元件的相保阻抗如下：

① 高压侧系统相保阻抗：Z_{phpS}=0.00035128（Ω）

② 变压器相保阻抗：Z_{phpT}=0.00959785（Ω）

③ 低压母排相保阻抗：Z_{phpM}=0.00174903（Ω）

④ 低压馈出电缆相保阻抗：Z_{phpL}=0.054213（Ω）

⑤ d_2处的单相接地故障电流：

$$I_2''=\frac{220}{0.00035128+0.00959785+0.00174903+0.054213}=3.337\ (\text{kA})$$

17.5 直流系统短路计算

城市轨道交通直流牵引供电系统的短路计算有其特殊性，概括起来有以下四点：

① 供电电源多。城轨直流牵引供电系统，由多个牵引变电所与牵引网共同构成一个多电源的网络，当接触网发生短路时，并非只有靠近短路点的两座牵引变电所而是全线的牵引变电所都向短路点供电。

② 供电方式多。根据运营需要，每个供电分区都可以进行单边供电、双边供电或大双边供电。

③ 供电回路多。城轨直流牵引供电系统，因供电电源多、供电方式多，必然导致供电回路多、网络复杂化。

④ 回路参数多。因电源多、方式多、回路多，决定了供电网络中回路参数多。

所以对直流牵引供电系统短路不能直接套用一般的交流短路计算方法。而是应该根据直流牵引供电的特点，建立数学模型，利用基本电路定律（基尔霍夫电流电压定律、欧姆定律、叠加定理等），推导出一套符合短路试验结果、适合于工程设计的计算公式。这其中最关键的是直流牵引双边供电等效电路模型的建立。

17.5.1 计算意义

为使直流牵引供电系统在城市轨道交通中更有效地发挥作用，必须保证继电保护的可靠性、选择性、灵敏性和速动性。而直流系统短路计算正是城市轨道交通直流牵引供电系统设备选型及继电保护整定所必须具备的基础条件。只有在直流系统短路计算之后，才能够进行直流系统设备选型与继电保护整定。

具体而言，直流牵引供电系统短路计算有以下三个目的：

① 作为直流设备选型的依据。计算最大短路电流 $I_{k\max}$ 作为校核直流快速断路器的固有动作时间和极限分断能力的依据；

② 作为继电保护整定的依据。计算最小短路电流 $I_{k\min}$ 作为直流馈线开关保护整定的依据；

③ 作为城市轨道交通电动车辆主保护电器选择的依据。

17.5.2 计算内容

直流系统短路计算一般需要计算以下内容：

① 正常情况下双边供电时，各供电区间任一点的直流短路电流，并形成曲线。

② 任一中间牵引变电所解列时，由相邻牵引变电所构成大双边供电时的区间任一点的直流短路电流，并形成曲线。

③ 端头牵引变电所解列时，由次端头牵引变电所单边供电的区间任一点的直流短路电流，并形成曲线。

17.5.3 计算方法

直流牵引供电系统短路计算有以下两种方法：

1）电路图法

这一方法是针对城市轨道交通直流牵引供电系统供电电源多、供电回路多、供电方式多、回路参数多的特点，按照实际供电网络画出等效电路图、进行网络变换，在供电网络中只包括电阻。再将网络变换后的电路图利用基本定律－欧姆定律、基尔霍夫定律进行计算。该方法只能计算稳态短路电流 I_k，而不能计算供电回路的时间常数 T 和短路电流的上升率 di/dt，这是该计算方法的不足。

用电路图法进行直流短路计算需要以下两个假设条件：

① 牵引网供电网络中，电源电压 U 相同。

② 牵引变电所为电压源，其内阻 ρ 因不同的短路点而改变，不认为是一个固定值。

用电路图法进行直流短路计算需要输入以下三个条件：

① 牵引变电所直流母线电压 U（V）。

② 牵引变电所内阻 ρ（Ω）。

③ 牵引网（接触网、走行轨）电阻 R（Ω）。

2）示波图法

这一方法是建立在工程实践基础上，通过对现场短路试验所拍摄的示波图进行数理分析，而计算出相关参数。其优点是可以同时计算出直流回路的所有参数，即稳态短路电流 I_k、回路时间常数 T 和短路电流的上升率 di/dt。

以上两种直流短路计算方法中的大多数条件都可以直接得到，只有牵引变电所内阻需要计算得到。下面先介绍牵引变电所内阻的计算方法，然后再介绍直流短路计算方法。

17.5.3.1 牵引变电所内阻

牵引变电所内阻包括以下四个部分设备的阻抗：交流中压电缆、牵引变压器、整流器、直流电缆。牵引变电所的外特性为软特性，牵引变电所内阻实质上是外特性的斜率问题。即在不同点短路，短路电流不同，牵引变电所的内阻也不同。下面介绍从北京地铁现场短路试验中总结出来的，便于工程应用的两个经验简化公式，其计算结果包括了中压电缆和直流电缆。

（1）简化经验公式一

公式用变压器的短路电压 U_d、直流侧的额定电压 U_n、整流器的额定电流 I_n 来表示，用此公式计算牵引变电所内阻要求牵引变压器和整流器容量相匹配。计算公式[95]如下：

$$\rho = k_r \frac{U_n U_d}{100} \cdot \frac{1}{nI_n} \quad (\Omega) \tag{17.5-1}$$

式中 U_n——直流侧额定电压（kV）；

U_d——牵引变压器短路电压百分值；

I_n——容量相匹配的牵引整流机组直流额定电流（A）；

n——牵引整流机组套数；

k_r——内阻系数，根据短路点至变电所的不同距离，可取不同值。

（2）简化经验公式二

简化经验公式一中需要输入直流额定电流 I_n，计算多有不便。下面用牵引整流机组最通用的几个参数来表达牵引变电所的内阻公式，即变压器短路电压 U_d、直流侧的额定电压 U_n、变压器额定容量 S_T 来表示，无需知道牵引整流机组的直流侧额定电流。简化经验公式一分子分母均乘以 U_n 可得到简化经验公式二。计算公式[95]如下：

$$\rho = k_r \frac{U_d}{100} \cdot \frac{U_n^2}{0.9nS_T} \quad (\Omega) \tag{17.5-2}$$

式中 U_n——直流侧额定电压（kV）；

U_d——牵引变压器短路电压百分值；

S_T——变压器容量（MV · A）；

n——牵引整流机组套数；

k_r——内阻系数，根据短路点距离变电所的不同距离，可取不同值；

0.9——此处牵引变压器与整流器的匹配系数按 0.9 考虑。

注意，用上述两个简化经验公式计算的牵引变电所内阻，包括交流中压侧电缆、牵引变压器、整流器、直流电缆，计算精度已满足工程要求。

（3）计算示例

已知：牵引变电所两台牵引整流机组并列运行，直流侧额定电压 $U_n=825$ V，牵引变压器容量 $S_T=1\ 800$ kV · A，牵引变压器短路电压百分值 $U_d=7\%$，求牵引变电所内阻。

解 利用经验公式二，牵引变电所内阻为：

① 远点短路时（短路点距变电所＞400 m 时），k_r 可取 1。

$$\rho = k_r \frac{U_d}{100} \cdot \frac{U_n^2}{0.9nS_T} = \frac{7}{100} \times \frac{0.825^2}{0.9\times2\times1.8} = 0.015 \quad (\Omega)$$

② 距变电所 300 m 短路时，k_r 可取 1.075。

$$\rho = k_r \frac{U_d}{100} \cdot \frac{U_n^2}{0.9nS_T} = 1.075\times\frac{7}{100} \times \frac{0.825^2}{0.9\times2\times1.8} = 0.0158 \quad (\Omega)$$

③ 出口短路时，k_r 可取 1.3。

$$\rho = k_r = \frac{U_d}{100} \cdot \frac{U_n^2}{0.9nS_T} = 1.3\times\frac{7}{100} \times \frac{0.825^2}{0.9\times2\times1.8} = 0.0195 \quad (\Omega)$$

17.5.3.2 电路图法

电路图法计算时，按下列步骤和方法[95]进行：

① 按实际供电网络画等效电路图。

② 进行网络变换。

③ 分清网孔数目及其自阻和互阻。

④ 按等效电路图的网孔数列回路方程式。

⑤ 解联立方程组，求出未知数。

⑥ 应用以下三条基本定律，进行数学推导，求出相应计算公式：

• 欧姆定律（VCR）$u=ir$。在电路中，任何时刻，任何支路上，其电压降恒等于电流和电阻的乘积。

• 基尔霍夫电流定律（KCL）$\sum i=0$。在电路中，任何时刻，任何节点，流出节点的支路电流的代数和恒等于零。

• 基尔霍夫电压定律（KVL）$\sum u=0$。在电路中，任何时刻，流经任一回路所有支路的电压降的代数和恒等于零。

各种供电方式下直流短路电流计算公式推导如下：

（1）一座牵引变电所单边供电（不考虑相邻牵引变电所影响）

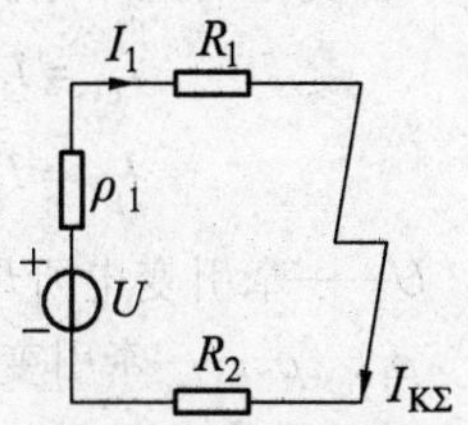

图 17.6 一座牵引变电所单边供电直流短路等效示意图（不考虑相邻牵引变电所影响）

① 等效电路图，如图 17.6 所示。

② 短路电流：

$$I_{\mathrm{K}} = \frac{U}{\rho_1 + R_1 + R_2} \quad (\mathrm{A}) \tag{17.5-3}$$

式中 U——牵引变电所母线电压（V）；

ρ_1——牵引变电所内阻（Ω）；

R_1——接触网电阻（Ω）；

R_2——走行轨电阻（上下行并联）（Ω）。

（2）一座牵引变电所单边供电（考虑相邻一座牵引变电所影响）

① 等效电路图，如图 17.7 所示。

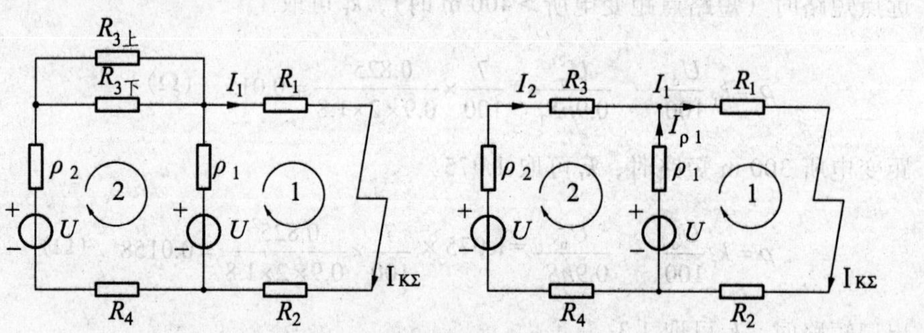

图 17.7 一座牵引变电所单边供电直流短路等效示意图（考虑相邻一座牵引变电所影响）

② 网孔电流。

根据 KVL 定律，对以上电路图可列方程：

网孔 1：$I_1R_{11} - I_2\rho_1 = U$

网孔 2：$I_2R_{22} - I_1\rho_1 = 0$

对以上方程求解得：

$$I_1 = \frac{U}{R_{11} - \dfrac{\rho_1^2}{R_{22}}} \quad (\mathrm{A}) \tag{17.5-4}$$

$$I_2 = I_1 \frac{\rho_1}{R_{22}} \quad (\mathrm{A}) \tag{17.5-5}$$

③ 总短路电流：

$$I_{\mathrm{K}\Sigma} = I_1 \quad (\mathrm{A}) \tag{17.5-6}$$

④ 各变电所短路电流：

$$I_{\rho 1} = I_1 - I_2 \quad (\mathrm{A}) \tag{17.5-7}$$

$$I_{\rho 2} = I_2 \quad (\mathrm{A}) \tag{17.5-8}$$

式中 U——牵引变电所母线电压（V）；

ρ_1、ρ_2——牵引变电所内阻（Ω）；

R——接触网电阻（Ω）；

R_2——走行轨电阻（上下行并联）（Ω）；

R_3——接触网电阻（上下行并联）（Ω）；

R_4——走行轨电阻（上下行并联）（Ω）；

R_{11}——回路 1 自阻，$R_{11}=\rho_1+R_1+R_2$（Ω）；

R_{22}——回路 2 自阻，$R_{22}=\rho_1+\rho_2+R_3+R_4$（Ω）。

（3）一座牵引变电所单边供电（考虑相邻两座牵引变电所影响）

① 等效电路图，如图 17.8 所示。

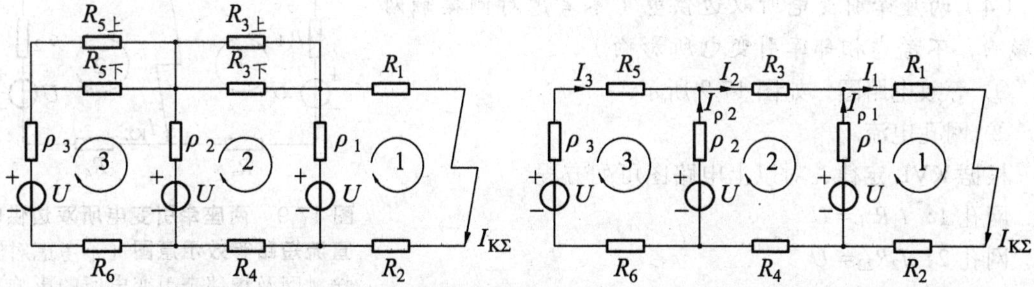

图 17.8　一座牵引变电所单边供电直流短路等效示意图（考虑相邻两座牵引变电所影响）

② 网孔电流。

根据 KVL 定律，对以上电路图可列方程：

网孔 1：$I_1R_{11}-I_2\rho_1=U$

网孔 2：$I_2R_{22}-I_1\rho_1-I_3\rho_2=0$

网孔 3：$I_3R_{33}-I_2\rho_2=0$

对以上方程求解得：

$$I_1=\frac{U}{R_{11}-\dfrac{\rho_1^2}{R_{22}-\dfrac{\rho_2^2}{R_{33}}}}\quad (A) \tag{17.5-9}$$

$$I_2=I_1\frac{\rho_1}{R_{22}-\dfrac{\rho_2^2}{R_{33}}}\quad (A) \tag{17.5-10}$$

$$I_3=I_2\frac{\rho_2}{R_{33}}\quad (A) \tag{17.5-11}$$

③ 总短路电流：

$$I_{K\Sigma}=I_1\quad (A) \tag{17.5-12}$$

④ 各变电所短路电流：

$$I_{\rho1}=I_1-I_2\quad (A) \tag{17.5-13}$$

$$I_{\rho2}=I_2-I_3\quad (A) \tag{17.5-14}$$

$$I_{\rho3}=I_3\quad (A) \tag{17.5-15}$$

式中　U——牵引变电所母线电压（V）；

ρ_1、ρ_2、ρ_3——牵引变电所内阻（Ω）；

R_1——接触网电阻（Ω）；

R_3、R_5——接触网电阻（上下行并联）（Ω）；

R_2、R_4、R_6——走行轨电阻（上下行并联）（Ω）；

R_{11}——回路 1 自阻，$R_{11}=\rho_1+R_1+R_2$（Ω）；

R_{22}——回路 2 自阻，$R_{22}=\rho_1+\rho_2+R_3+R_4$（Ω）；

R_{33}——回路 3 自阻，$R_{33}=\rho_2+\rho_3+R_5+R_6$（Ω）。

（4）两座牵引变电所双边供电（不考虑对侧接触网的影响，不考虑相邻牵引变电所影响）

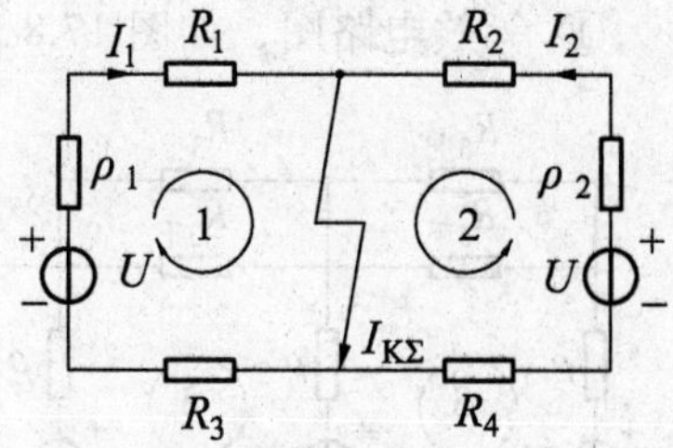

图 17.9　两座牵引变电所双边供电直流短路等效示意图（不考虑对侧接触网及相邻牵引变电所的影响）

① 等效电路图，如图 17.9 所示。

② 网孔电流。

根据 KVL 定律，对以上电路图可列方程：

网孔 1：$I_1R_{11}=U$

网孔 2：$I_2R_{22}=U$

对以上方程求解得：

$$I_1=\frac{U}{R_{11}}\quad(\mathrm{A})\tag{17.5-16}$$

$$I_2=\frac{U}{R_{22}}\quad(\mathrm{A})\tag{17.5-17}$$

③ 总短路电流：

$$I_{K\Sigma}=I_1+I_2\quad(\mathrm{A})\tag{17.5-18}$$

式中　U——牵引变电所母线电压（V）；

ρ_1、ρ_2——牵引变电所内阻（Ω）；

R_1、R_2——接触网电阻（Ω）；

R_4、R_5——走行轨电阻（上下行并联）（Ω）；

R_{11}——回路 1 自阻，$R_{11}=\rho_1+R_1+R_3$（Ω）；

R_{22}——回路 2 自阻，$R_{22}=\rho_1+R_2+R_4$（Ω）。

（5）两座牵引变电所双边供电（考虑对侧接触网的影响，不考虑相邻牵引变电所影响）

① 等效电路图，如图 17.10 所示。

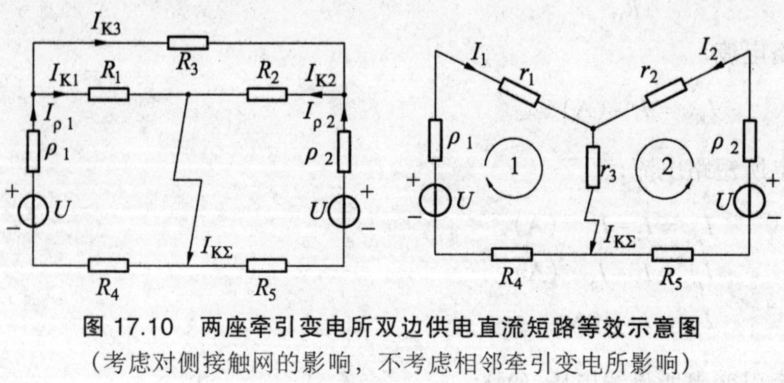

图 17.10　两座牵引变电所双边供电直流短路等效示意图

（考虑对侧接触网的影响，不考虑相邻牵引变电所影响）

② 网孔电流。

根据 KVL 定律，对以上电路图可列方程：

网孔 1：$I_1R_{11}+I_2r_3=U$

网孔 2：$I_2R_{22}+I_1r_3=U$

对以上方程求解得：

$$I_1=\frac{U}{R_{11}+\dfrac{R_{11}r_3-r_3^{\ 2}}{R_{22}-r_3}}\quad (\text{A}) \tag{17.5-19}$$

$$I_2=I_1\frac{R_{11}-r_3}{R_{22}-r_3}\quad (\text{A}) \tag{17.5-20}$$

③ 馈线短路电流。

星—三角变换电路图，如图 17.11 所示。

图中：

$$r_1=\frac{R_1R_3}{R_1+R_2+R_3}\quad (\Omega) \tag{17.5-21}$$

$$r_2=\frac{R_2R_3}{R_1+R_2+R_3}\quad (\Omega) \tag{17.5-22}$$

$$r_3=\frac{R_1R_2}{R_1+R_2+R_3}\quad (\Omega) \tag{17.5-23}$$

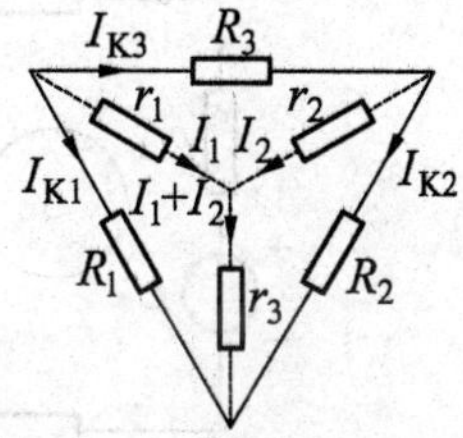

图 17.11　星—三角变换电路图

馈线短路电流如下：

$$I_{K1}=\frac{I_1r_1+(I_1+I_2)r_3}{R_1}\quad (\text{A}) \tag{17.5-24}$$

$$I_{K2}=\frac{I_2r_2+(I_1+I_2)r_3}{R_2}\quad (\text{A}) \tag{17.5-25}$$

$$I_{K3}=\frac{I_1r_1-I_2r_2}{R_3}\quad (\text{A}) \tag{17.5-26}$$

④ 总短路电流：

$$I_{K\Sigma}=I_{K1}+I_{K2}\quad (\text{A}) \tag{17.5-27}$$

⑤ 各变电所短路电流

$$I_{\rho1}=I_{K1}+I_{K3}\quad (\text{A}) \tag{17.5-28}$$

$$I_{\rho2}=I_{K2}-I_{K3}\quad (\text{A}) \tag{17.5-29}$$

式中　U——牵引变电所母线电压（V）；

ρ_1、ρ_2——牵引变电所内阻（Ω）；

R_1、R_2、R_3——接触网电阻（Ω）；

R_4、R_5——走行轨电阻（上下行并联）（Ω）；

R_{11}——回路 1 自阻，$R_{11}=\rho_1+r_1+r_3+R_4$（Ω）；

R_{22}——回路 2 自阻，$R_{22}=\rho_2+r_2+r_3+R_5$（Ω）。

（6）两座牵引变电所双边供电（考虑对侧接触网的影响，考虑相邻牵引变电所影响）

① 等效电路图，如图 17.12 所示。

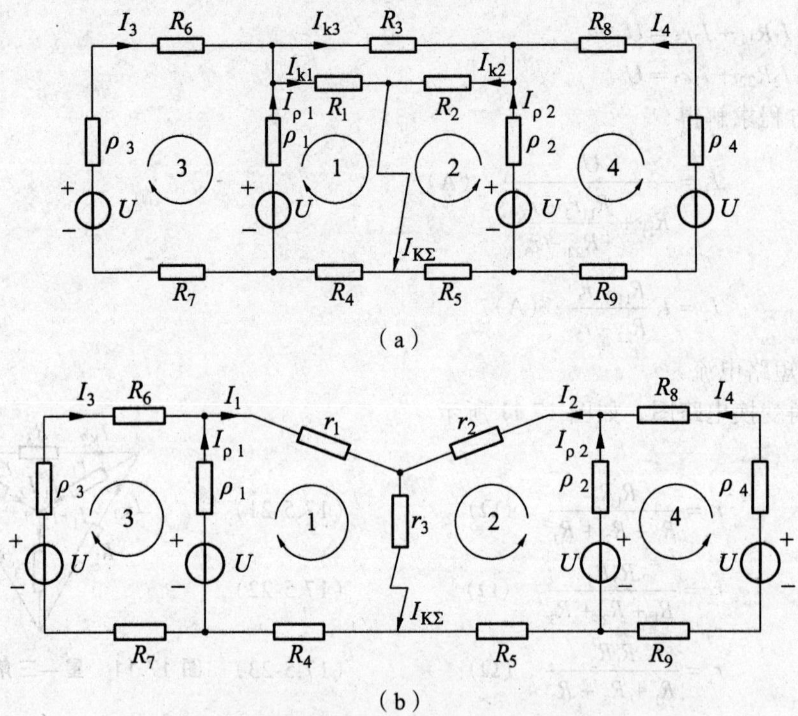

图 17.12　两座牵引变电所双边供电直流短路等效示意图

（考虑对侧接触网及相邻牵引变电所的影响）

② 网孔电流。

根据 KVL 定律，对以上电路图可列方程：

网孔 1：$I_1R_{11}+I_2r_3-I_3\rho_1=U$

网孔 2：$I_2R_{22}+I_1r_3-I_4\rho_2=0$

网孔 3：$I_3R_{33}-I_1\rho_1=0$

网孔 3：$I_4R_{44}-I_2\rho_2=0$

对以上方程求解得：

$$I_1=\frac{U}{R_{11}-\dfrac{\rho_1^2}{R_{33}}+\dfrac{\left(R_{11}-r_3-\dfrac{\rho_1^2}{R_{33}}\right)r_3}{R_{22}-r_3-\dfrac{\rho_2^2}{R_{44}}}}\quad \text{(A)} \tag{17.5-30}$$

$$I_2=I_1\frac{R_{11}-r_3-\dfrac{\rho_1^2}{R_{33}}}{R_{22}-r_3-\dfrac{\rho_2^2}{R_{44}}}\quad \text{(A)} \tag{17.5-31}$$

$$I_3=I_1\frac{\rho_1}{R_{33}}\quad \text{(A)} \tag{17.5-32}$$

$$I_4=I_2\frac{\rho_2}{R_{44}}\quad \text{(A)} \tag{17.5-33}$$

推论 1：如无回路 3，则将公式（17.5-30）、（17.5-31）、（17.5-32）中含有 R_{33} 的项取消（为 0）。则公式为：

$$I_1 = \frac{U}{R_{11} + \dfrac{(R_{11} - r_3)r_3}{R_{22} - r_3 - \dfrac{\rho_2^2}{R_{44}}}} \quad (\text{A}) \tag{17.5-34}$$

$$I_2 = I_1 \frac{R_{11} - r_3}{R_{22} - r_3 - \dfrac{\rho_2^2}{R_{44}}} \quad (\text{A}) \tag{17.5-35}$$

$$I_3 = 0 \quad (\text{A}) \tag{17.5-36}$$

$$I_4 = I_2 \frac{\rho_2}{R_{44}} \quad (\text{A}) \tag{17.5-37}$$

推论 2：如无回路 4，则将公式（17.5-30）、（17.5-31）、（17.5-33）中含有 R_{44} 的项取消（为 0）。则公式为：

$$I_1 = \frac{U}{R_{11} - \dfrac{\rho_1^2}{R_{33}} + \dfrac{\left(R_{11} - r_3 - \dfrac{\rho_1^2}{R_{33}}\right)r_3}{R_{22} - r_3}} \quad (\text{A}) \tag{17.5-38}$$

$$I_2 = I_1 \frac{R_{11} - r_3 - \dfrac{\rho_1^2}{R_{33}}}{R_{22} - r_3} \quad (\text{A}) \tag{17.5-39}$$

$$I_3 = I_1 \frac{\rho_1}{R_{33}} \quad (\text{A}) \tag{17.5-40}$$

$$I_4 = 0 \quad (\text{A}) \tag{17.5-41}$$

推论 3：如无回路 3 和 4，则将公式（17.5-30）、（17.5-31）、（17.5-32）、（17.5-33）中含有 R_{33}、R_{44} 的项取消（为 0），则公式恢复为：

$$I_1 = \frac{U}{R_{11} + \dfrac{(R_{11} - r_3)r_3}{R_{22} - r_3}} \quad (\text{A}) \tag{17.5-42}$$

$$I_2 = I_1 \frac{R_{11} - r_3}{R_{22} - r_3} \quad (\text{A}) \tag{17.5-43}$$

③ 根据星—角变换，可得各馈线短路电流：

$$I_{\text{K}1} = \frac{I_1 r_1 + (I_1 + I_2) r_3}{R_1} \quad (\text{A}) \tag{17.5-44}$$

$$I_{\text{K}2} = \frac{I_2 r_2 + (I_1 + I_2) r_3}{R_2} \quad (\text{A}) \tag{17.5-45}$$

$$I_{\text{K}3} = \frac{I_1 r_1 - I_2 r_2}{R_3} \quad (\text{A}) \tag{17.5-46}$$

④ 总短路电流：

$$I_{K\Sigma} = I_{K1} + I_{K2} \quad (A) \tag{17.5-47}$$

⑤ 各变电所短路电流

$$I_{\rho1} = I_{K1} + I_{K3} - I_3 \quad (A) \tag{17.5-48}$$

$$I_{\rho2} = I_{K2} - I_{K3} - I_4 \quad (A) \tag{17.5-49}$$

$$I_{\rho3} = I_3 \quad (A) \tag{17.5-50}$$

$$I_{\rho4} = I_4 \quad (A) \tag{17.5-51}$$

式中 U——牵引变电所母线电压（V）；

ρ_1、ρ_2、ρ_3、ρ_4——牵引变电所内阻（Ω）；

R_1、R_2、R_3、R_6、R_8——接触网电阻（Ω）；

R_4、R_5、R_7、R_9——走行轨电阻（上下行并联）（Ω）；

R_{11}——回路 1 自阻，$R_{11}+\rho_1+r_1+r_3+R_4$（Ω）；

R_{22}——回路 2 自阻，$R_{22}=\rho_2+r_2+r_3+R_5$（Ω）；

R_{33}——回路 3 自阻，$R_{33}=\rho_3+R_6+\rho_1+R_7$（Ω）；

R_{44}——回路 4 自阻，$R_{44}=\rho_2+R_8+R_9+\rho_4$（Ω）。

17.5.3.3 示波图法

如果条件允许的话，可对直流牵引供电系统进行现场短路试验，并拍得直流短路电流的局部示波图。利用局部示波图，通过理论研究就可以计算出直流稳态短路电流。

用示波图法进行计算时，按下列步骤[95]进行：

① 在局部示波图上取两点，并尽量靠近局部示波图的末端；

② 根据短路电流上升的公式列出两个指数方程式；

③ 求联立指数方程的两个解。

现对示波图法计算直流短路电流的过程，分述如下：

① 已知局部示波图，如图 17.13 所示。

② 在电流曲线上取两点，对于 K_1 点

$$i_1 = I_K(1-e^{-\frac{t_1}{T}}) \quad (A) \tag{17.5-52}$$

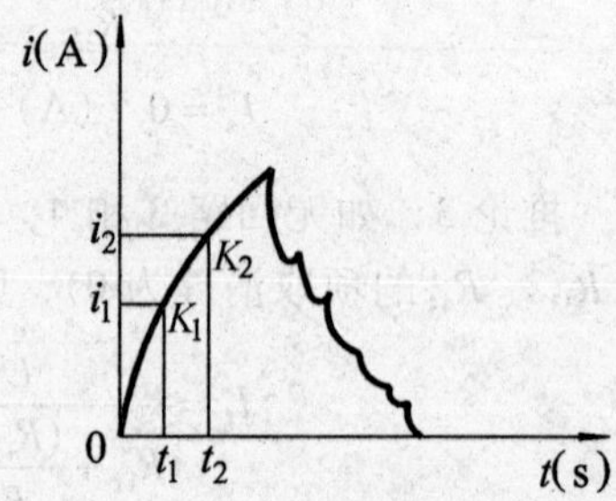

图 17.13 短路电流局部示波图

对于 K_2 点

$$i_2 = I_K(1-e^{-\frac{t_2}{T}}) \quad (A) \tag{17.5-53}$$

式中 i_1——示波图上取得的短路电流（A）；

i_2——示波图上取得的短路电流（A）；

t_1——示波图上取得的时间点（s）；

t_2——示波图上取得的时间点（令 $t_2=2t_1$）（s）；

I_K——稳态短路电流（A）；

T——时间常数（s）。

③ 在以上方程组中，t_1，i_1，t_2，i_2 为已知数，I_K、T 为未知数，求解方程组，可得短路电流和时间常数：

$$I_K = \frac{i_1}{2-\dfrac{i_2}{i_1}} \quad \text{(A)} \tag{17.5-54}$$

$$T = \frac{t_1}{\ln\left(\dfrac{i_2}{i_1}-1\right)} \quad \text{(S)} \tag{17.5-55}$$

符号含义见式（17.5-52）、（17.5-53）有关部分。

17.5.4 计算示例

（1）电路图法计算示例

已知：以北京地铁为例，牵引变电所双机组并联运行，750 V 低碳钢接触轨正常双边供电，短路时考虑对侧接触轨及相邻牵引变电所的影响，供电距离均为 2.6 km，在距 ρ_1 变电所 800 m 处发生短路，求短路电流 I_K 和各变电所供出的短路电流。

解 利用“17.5.3.2”节中“两座牵引变电所供电，考虑对侧接触网及相邻牵引变电所影响”中所述的方法进行计算。

通过已知条件可得各参数如下：接触轨电阻为 0.02 Ω/km；走行轨电阻为 0.01 Ω/km（上下行并联）；牵引变电所内阻 ρ=0.015 Ω（双机组并联）。

① 利用以上参数及给定条件计算等效电路图中电阻值：

R_1=0.016 Ω；R_2=0.036 Ω；R_3=0.052 Ω；R_4=0.008 Ω；R_5=0.018 Ω；R_6=0.026 Ω；R_7=0.026 Ω；R_8=0.026 Ω；R_9=0.026 Ω。

$$r_1 = \frac{R_1R_3}{R_1+R_2+R_3} = 0.008 \quad (\Omega)$$

$$r_2 = \frac{R_2R_3}{R_1+R_2+R_3} = 0.018 \quad (\Omega)$$

$$r_3 = \frac{R_1R_2}{R_1+R_2+R_3} = 0.005\,5 \quad (\Omega)$$

$$R_{11} = \rho_1 + r_1 + r_3 + R_4 = 0.036\,5 \quad (\Omega)$$

$$R_{22} = \rho_2 + r_2 + r_3 + R_5 = 0.056\,5 \quad (\Omega)$$

$$R_{33} = \rho_3 + R_6 + \rho_1 + R_7 = 0.082 \quad (\Omega)$$

$$R_{44} = \rho_2 + R_8 + R_9 + \rho_4 = 0.082 \quad (\Omega)$$

② 计算等效电路图中的电流：

$$I_1 = \frac{U}{R_{11}-\dfrac{\rho_1^2}{R_{33}}+\dfrac{\left(R_{11}-r_3-\dfrac{\rho_1^2}{R_{33}}\right)r_3}{R_{22}-r_3-\dfrac{\rho_2^2}{R_{44}}}} = 22\,309 \quad \text{(A)}$$

$$I_2 = I_1\frac{R_{11}-r_3-\dfrac{\rho_1^2}{R_{33}}}{R_{22}-r_3-\dfrac{\rho_2^2}{R_{44}}} = 13\,064 \quad \text{(A)}$$

$$I_3 = I_1 \frac{\rho_1}{R_{33}} = 4\,081 \quad (\text{A})$$

$$I_4 = I_2 \frac{\rho_2}{R_{44}} = 2\,390 \quad (\text{A})$$

③ 计算各馈线电流：

$$I_{\text{K1}} = \frac{I_1 r_1 + (I_1 + I_2) r_3}{R_1} = 23\,314 \quad (\text{A})$$

$$I_{\text{K2}} = \frac{I_2 r_2 + (I_1 + I_2) r_3}{R_2} = 11\,936 \quad (\text{A})$$

$$I_{\text{K3}} = \frac{I_1 r_1 - I_2 r_2}{R_3} = -1\,090 \quad (\text{A})$$

④ 计算短路点的总电流：

$$I_{\text{K}\Sigma} = I_{\text{K1}} + I_{\text{K2}} = 35\,250 \quad (\text{A})$$

⑤ 计算各变电所的短路电流：

$$I_{\rho1} = I_{\text{K1}} + I_{\text{K3}} - I_3 = 18\,143 \quad (\text{A})$$

$$I_{\rho2} = I_{\text{K2}} - I_{\text{K3}} - I_4 = 10\,674 \quad (\text{A})$$

$$I_{\rho3} = I_3 = 4\,081 \quad (\text{A})$$

$$I_{\rho4} = I_4 = 2\,390 \quad (\text{A})$$

（2）示波图法验证示例

2002 年国内某城市轨道交通工程进行了直流短路试验，并实拍了直流短路电流示波图，如图 17.14 所示。现结合该工程实例，对示波图法计算短路电流进行验证说明。

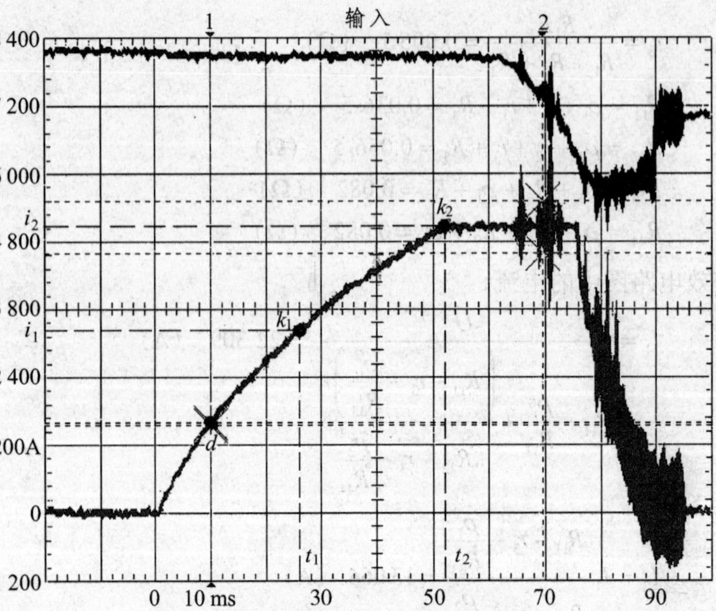

图 17.14　某工程直流短路试验示波图

试验条件：

① 选取牵引变电所某直流馈线开关。

② 牵引变压器：1 800 kV · A；整流器：1 650 kW；双机组并联。

③ 单边供电的短路位置距牵引变电所约 3.4 km。

④ 短路试验时的空载电压为 825 V。

根据上述已知条件进行相关计算如下：

利用“17.5.3.3 示波图法”中的方法，在直流短路电流波形图上取两点 $k_1(t_1, i_1)$ 和 $k_2(t_2, i_2)$；在直流短路波形图上查得两点坐标：k_1(26 ms，3 280 A) 和 k_2(52 ms，5 110 A)，则可以计算得：

短路电流时间常数：

$$T = \frac{-t_1}{\ln\left(\frac{i_2}{i_1}-1\right)} = \frac{-26}{\ln\left(\frac{5110}{3\,280}-1\right)} = \frac{-26}{-0.584} = 45 \quad (\text{ms})$$

稳态短路电流：

$$I_{\text{K}} = \frac{i_1}{2-\frac{i_2}{i_1}} = \frac{3\,280}{2-\frac{5110}{3\,280}} = \frac{3\,280}{0.442} = 7\,420 \quad (\text{A})$$

由此得到，任一时刻的短路电流为：

$$i = I_{\text{K}}(1-\text{e}^{\frac{-t}{T}}) = 7\,420\,(1-\text{e}^{\frac{-t}{45}}) \quad (\text{A})$$

17.6 继电保护整定计算

继电保护的整定计算是在完成了供电系统各种运行方式下交、直流短路计算的基础上进行的。因此，继电保护整定计算也是交、直流短路计算的目的之一。

17.6.1 计算意义

城轨供电系统继电保护与电力系统相比，既有通用性又有特殊性。通用性主要指中压和低压交流系统的继电保护，特殊性主要指直流牵引供电系统的继电保护。

城轨供电系统与电力系统一样，在运行中会发生各种故障，最常见的故障就是各种短路。继电保护装置就是要反映系统中的故障或不正常运行状态，通过断路器跳闸或发出故障信号。继电保护装置有四个基本要求，即可靠性、选择性、灵敏性和速动性。只有达到这四项基本要求，继电保护装置才能更加可靠地保证人员安全、设备安全和系统安全。而这四项基本要求正是通过选择合适的继电保护整定值来实现的。这也就是继电保护整定计算的意义所在。

17.6.2 计算内容

由于不同工程的继电保护配置方案不尽相同，因此相关计算也不一样。特别是中压网络，例如在北京地铁的供电系统中，既有线中压网络采用传统的电流保护，而新建线则采用纵差保护。城轨供电系统继电保护整定计算应至少包含以下内容：

① 变电所进线断路器保护整定计算。

② 变电所母线分段断路器保护整定计算。

③ 变电所联络馈线断路器保护整定计算。

④ 牵引变压器保护整定计算。

⑤ 配电变压器保护整定计算。

⑥ 备用电源自动投入装置保护整定计算。

⑦ 直流牵引系统保护整定计算。

⑧ 低压开关保护整定计算。

17.6.3 计算方法

进行供电系统继电保护整定计算，需要具备以下计算条件：

① 系统继电保护配置方案；

② 交流系统短路计算的相关条件（详见“17.4.3”）。

③ 直流系统短路计算的相关条件（详见“17.5.3”）。

④ 各种可靠系数、灵敏系数。

⑤ 与电力部门有接口的保护整定计算需要电力部门提供关口值。

下面对变电所各开关一些常用保护的整定计算进行分析。需要说明的是，下列计算方法中相关系数的取值应根据不同工程具体分析确定。

17.6.3.1 变电所进线断路器保护整定计算

1）过电流保护

① 保护装置的动作电流应躲过线路的过负荷电流，其计算公式如下：

$$I_{\mathrm{op\cdot K}} = K_{\mathrm{K}} K_{\mathrm{jx}} \frac{I_{\mathrm{gh}}}{K_{\mathrm{r}} n_{\mathrm{TA}}} \quad (\mathrm{A}) \tag{17.6-1}$$

式中 K_{K}——可靠系数，用于过电流保护时，一般取 1.2 或 1.5；

K_{jx}——接线系数，接于相电流时取 1，接于相电流差时取 $\sqrt{3}$；

K_{r}——微机综合保护装置的返回系数，一般取 0.85～0.9；

n_{TA}——电流互感器变比；

I_{gh}——线路过负荷电流（A），计算公式如下：

$$I_{\mathrm{gh}} = \frac{S}{\sqrt{3} U_{\mathrm{N}}} \quad (\mathrm{A}) \tag{17.6-2}$$

式中 U_{N}——系统额定工作电压（kV）；

S——变压器容量（kV · A）。

对变压器容量 S 进行如下说明：该容量是指在各种运行方式下，该进线开关所带变压器的容量和，且应考虑变压器的过负荷能力。应注意到对城轨变电所而言，牵引变压器和配电变压器的过负荷能力考虑有所不同。

② 保护装置的灵敏系数按最小运行方式下线路末端两相短路电流校验，其校验公式如下：

$$K_{sen}=\frac{I_{2K2\cdot min}}{I_{op\cdot K}}\geqslant 1.5 \tag{17.6-3}$$

式中 $I_{2K2\cdot min}$——最小运行方式下，线路末端两相短路稳态电流（A）。

保护装置的动作时限应与相邻元件进行配合。

若变电所为引入外部电源的开闭所，则过电流保护的整定值和延时时间还应小于电力部门提供的关口值。

2）电流速断保护

① 保护装置的动作电流应躲过线路末端短路时最大三相短路电流，其计算公式如下：

$$I_{op\cdot K}=K_K K_{jx}\frac{I''_{2K3\cdot max}}{n_{TA}}\quad (A) \tag{17.6-4}$$

式中 K_K——可靠系数，用于电流速断保护时，一般取 1.2 或 1.5；

K_{jx}——接线系数，接于相电流时取 1，接于相电流差时取 $\sqrt{3}$；

$I''_{2K3\cdot max}$——最大运行方式下，线路末端三相短路超瞬态电流（A）；

n_{TA}——电流互感器变比。

② 保护装置的灵敏系数按最小运行方式下线路始端两相短路电流校验，其校验公式如下：

$$K_{sen}=\frac{I''_{1K2\cdot min}}{I_{op\cdot K}}\geqslant 2 \tag{17.6-5}$$

式中 $I''_{1K2\cdot min}$——最小运行方式下，线路始端两相短路超稳态电流（A）。

若变电所为引入外部电源的第一级变电所，则速断保护的整定值还应与电力部门提供的关口值进行配合。

3）单相接地保护

保护装置的一次动作电流按躲过被保护线路外部单相接地故障时，从被保护元件流出的电容电流以及按最小灵敏系数 1.25 整定，其计算公式如下：

$$I_{op}\geqslant K_K I_{cx}\quad (A) \tag{17.6-6}$$

和

$$I_{op}\leqslant\frac{I_{c\Sigma}-I_{cx}}{1.25}\quad (A) \tag{17.6-7}$$

式中 K_K——可靠系数，用于单相接地故障保护时，无时限取 4～5 s，有时限取 1.5～2 s；

I_{cx}——被保护线路外部发生单相接地故障时，从被保护元件流出的电容电流（A）；

$I_{c\Sigma}$——电网的总单相接地电容电流（A）。

在实际工程中，单相接地保护整定值需要与电力部门提供的关口值配合。

4）纵联差动保护

（1）保护装置的动作电流

线路纵联差动保护装置在线路由短路容量相同的双侧电源供电时，不同短路故障情况下的动作电流及保护整定值见表 17.2。线路由单侧电源供电时，保护装置的动作电流为线路由双侧电源供电时保护装置动作电流的 3 倍。

表 17.2 不同短路故障情况下的动作电流及保护整定值

电流整定值（%）	故障形式的工作电流（为额定电流的百分比，%）		
	UVW 三相短路	UV、VW 二相短路	WU 二相短路
0.4	40	69	34.5
0.8	80	138	69
1.3	130	225	112.5

（2）保护装置的灵敏系数

$$K_{\text{sen}} = \frac{K_{\text{sen.xd}}}{n_{\text{TA}}} \times \frac{I_{\text{K3.min}}}{KI_{\text{r}}} \tag{17.6-8}$$

式中 $I_{\text{K3.min}}$——线路保护区内最小三相短路电流（A）；

$K_{\text{sen.xd}}$——相对灵敏系数，见表 17.3；

n_{TA}——电流互感器变比；

K——保护装置整定值，一般取 0.4、0.8 或 1.3；

I_{r}——保护装置额定电流。

表 17.3 线路纵联差动保护装置的相对灵敏系数

电源情况	故障形式的工作电流（为额定电流的百分比，%）		
	UVW 三相短路	UV、VW 二相短路	WU 二相短路
双侧电源	1	1/2	1
单侧电源	1/3	1/6	1/3

17.6.3.2 变电所母线分段断路器保护整定计算

1）过电流保护

① 保护装置的动作电流应躲过任一母线段的最大负荷电流，其计算公式如下：

$$I_{\text{op}\cdot\text{K}} = K_{\text{K}} K_{\text{jx}} \frac{I_{\text{fh}}}{K_{\text{r}} n_{\text{TA}}} \quad (\text{A}) \tag{17.6-9}$$

式中 K_{K}——可靠系数，用于过电流保护时，一般取 1.2 或 1.5；

K_{jx}——接线系数，接于相电流时取 1，接于相电流差时取 $\sqrt{3}$；

K_{r}——微机综合保护装置的返回系数，一般取 0.85～0.9。

n_{TA}——电流互感器变比；

I_{fh}——一段母线负荷电流（A），其计算公式如下：

$$I_{\text{fh}} = \frac{S}{\sqrt{3}U_{\text{N}}} \quad (\text{A}) \tag{17.6-10}$$

其中 U_{N}——系统额定工作电压（kV）；

S——变压器容量（kV · A）。

对变压器容量 S 进行如下说明：该容量是指各种运行方式下，一段母线所带变压器的容量和，且应考虑变压器的过负荷能力。

② 保护装置的灵敏系数按最小运行方式下母线两相短路时，流过保护安装处的短路电流校验。对后备保护，则按最小运行方式下相邻元件末端两相短路时，流过保护安装处的短路电流校验。其校验公式如下：

$$K_{\text{sen}} = \frac{I_{\text{K2}\cdot\min}}{I_{\text{op}\cdot\text{K}}} \geqslant 1.5 \tag{17.6-11}$$

$$K_{\text{sen}} = \frac{I_{\text{3K2}\cdot\min}}{I_{\text{op}\cdot\text{K}}} \geqslant 1.2 \tag{17.6-12}$$

式中 $I_{\text{K2}\cdot\min}$——最小运行方式下母线两相短路时，流过保护安装处的短路稳态电流（A）；

$I_{\text{3K2}\cdot\min}$——最小运行方式下相邻元件末端两相短路时，流过保护安装处的稳态电流（A）；

保护装置的动作时限，应与相邻元件进行配合。

2）电流速断保护

保护装置的动作电流应按最小灵敏系数 2 整定，其计算公式如下：

$$I_{\text{op}\cdot\text{K}} \leqslant \frac{I''_{\text{K2}\cdot\min}}{2n_{\text{TA}}} \quad (\text{A}) \tag{17.6-13}$$

式中 $I''_{\text{K2}\cdot\min}$——最小运行方式下母线两相短路时，流过保护安装处的超瞬态电流（A）；

n_{TA}——电流互感器变比。

17.6.3.3 变电所联络馈线断路器保护整定计算

1）过电流保护

与变电所进线断路器的保护整定计算类似，只是开关所带变压器容量之和 S 不同。计算方法参见式（17.6-1）、（17.6-2）和（17.6-3）。

2）电流速断保护

与变电所进线断路器的保护整定计算类似。计算方法参见式（17.6-4）和（17.6-5）。

3）单相接地保护

与变电所进线断路器的保护整定计算类似。计算方法参见式（17.6-6）和（17.6-7）。

在实际工程中，单相接地保护整定值需要与电力部门提供的关口值配合。

4）纵联差动保护

与变电所进线断路器的保护整定计算类似。计算方法参见式（17.6-8）。

17.6.3.4 牵引变压器保护整定计算

1）过电流保护

① 保护装置的动作电流应躲过可能出现的过负荷电流，其计算公式如下：

$$I_{\text{op}\cdot\text{K}} = K_{\text{K}} K_{\text{jx}} \frac{K_{\text{gh}} I_{\text{1rT}}}{K_{\text{r}} n_{\text{TA}}} \quad (\text{A}) \tag{17.6-14}$$

式中 K_{K}——可靠系数，用于过电流保护时，一般取 1.2 或 1.3；

K_{jx}——接线系数，接于相电流时取 1，接于相电流差时取 $\sqrt{3}$；

K_r——微机综合保护装置的返回系数，一般取 0.85～0.9；

K_{gh}——过负荷系数，根据牵引变压器的过负荷能力确定；

n_{TA}——电流互感器变比；

I_{1rT}——变压器高压侧额定电流（A）。

② 保护装置的灵敏系数按电力系统最小运行方式下，低压侧两相短路时流过高压侧保护安装处的短路电流校验，其校验公式如下：

$$K_{sen}=\frac{I_{2K2\cdot\min}}{I_{op\cdot K}}\geqslant 1.5 \tag{17.6-15}$$

式中 $I_{2K2\cdot\min}$——最小运行方式下变压器低压侧两相短路时，流过高压侧（保护安装处）的稳态电流（A）。

保护装置的动作时限应于下一级保护动作时限配合，一般取 0.5～0.7 s。

2）电流速断保护

① 保护装置的动作电流应躲开低压侧短路时，流过保护装置的最大短路电流，其计算公式如下：

$$I_{op\cdot K}=K_K K_{jx}\frac{I''_{2K3\cdot\max}}{n_{TA}}\quad(\text{A}) \tag{17.6-16}$$

式中 K_K——可靠系数，用于电流速断保护时，一般取 1.3 或 1.5；

K_{jx}——接线系数，接于相电流时取 1，接于相电流差时取 $\sqrt{3}$；

$I''_{2K3\cdot\max}$——最大运行方式下变压器低压侧三相短路时，流过高压侧（保护安装处）的超瞬态电流（A）；

n_{TA}——电流互感器变比。

电流速断保护装置的动作电流还应躲开变压器的励磁涌流值，该值由变压器制造厂家提供。

② 保护装置的灵敏系数按系统最小运行方式下，保护装置安装处两相短路电流校验，其校验公式如下：

$$K_{sen}=\frac{I''_{1K2\cdot\min}}{I_{op\cdot K}}\geqslant 2 \tag{17.6-17}$$

式中 $I''_{1K2\cdot\min}$——最小运行方式下，线路始端两相短路超稳态电流（A）。

3）单相接地保护

与变电所进线断路器的保护整定计算类似。计算方法参见式（17.6-6）和式（17.6-7）。在实际工程中，单相接地保护整定值需要与电力部门提供的关口值进行配合。

4）过负荷保护

保护装置的动作电流应躲开变压器额定电流，其计算公式如下：

$$I_{op\cdot K}=K_{jx}\frac{I_{1rT}}{K_r n_{TA}}\quad(\text{A}) \tag{17.6-18}$$

式中 K_{jx}——接线系数，接于相电流时取 1，接于相电流差时取 $\sqrt{3}$；

K_r——微机综合保护装置的返回系数，一般取 0.85～0.9；

n_{TA}——电流互感器变比；

I_{1rT}——变压器高压侧额定电流，对牵引变压器而言，此电流应结合变压器允许的过负荷能力考虑（A）。

保护装置的动作时间应躲过变压器允许的过负荷时间。

17.6.3.5 配电变压器保护整定计算

1）过电流保护

与牵引变压器的保护整定计算类似，只是过负荷系数 K_{gh} 的选取与牵引变压器不同。计算方法参见式（17.6-14）和式（17.6-15）。

2）电流速断保护

与牵引变压器的保护整定计算类似。计算方法参见式（17.6-16）和式（17.6-17）。

3）单相接地保护

与变电所进线断路器的保护整定计算类似。计算方法参见式（17.6-6）和式（17.6-7）。

在实际工程中，单相接地保护整定值需要与电力部门提供的关口值配合。

4）过负荷保护

与牵引变压器的保护整定计算类似。计算方法参见式（17.6-18），不同之处在于变压器高压侧额定电流 I_{1rT} 不考虑配电变压器的过负荷能力。

17.6.3.6 备用电源自动投入装置保护整定计算

35 kV 中压网络主保护一般采用纵差作为主保护，其备自投的工作时间不需进行整定配合。10 kV 中压网络主保护可采用纵差保护也可采用电流保护，当采用电流保护时，引入电源的第一级变电所的备自投需要与电力部门变电所配合，即第一级变电所备自投动作时间应躲开电力部门变电所备自投动作时间。下级各变电所之间备自投动作时间可以不进行配合，但需要与第一级变电所配合，即下级各变电所备自投动作时间应躲开第一级变电所备自投动作时间。

17.6.3.7 直流馈线开关大电流速断整定计算

直流馈线开关大电流速断保护属于开关本体自带，用于切断大的短路电流。大的短路电流对线路会造成巨大的损坏，故大的短路电流一出现应立即切断，其切断时刻应在其达到电流峰值之前。

对 I_{max} 进行整定，应依据各种运行方式下的直流短路电流进行。假设被保护线路短路电流的最小值为 $I_{d\,min}$，其动作电流可整定为 $I_{dz}>k_{rel}I_{d\,min}$（其中 k_{rel} 为可靠系数）。一旦检测到瞬时电流超过动作电流时，开关立即跳闸，其固有动作时间仅几毫秒。大电流脱扣保护非常灵敏，尤其电流上升非常快的近端短路，往往先于电流上升率及电流增量保护动作。

17.6.3.8 直流馈线保护死区分析

直流馈线保护是在直流牵引供电系统中最重要的保护，它以保障列车的正常运行、保护旅客的人身安全为第一要务。

直流馈线会因供电方式的不同而形成不同的保护死区，单边供电死区发生在供电区段的末端附近；大双边供电死区发生在供电区段的中点附近；运行列车主保护不能断弧时死区发生在电动车辆上，这可以发生在列车运行区间的任何位置。

保护死区的范围大小与供电方式、供电距离、保护措施有着密切的关系，采取适当的供电方式和保护装置，保护死区是完全可以消除的。

（1）单边供电时保护死区分析

保护死区的大小与开关整定值的大小和供电距离有关，当只靠开关本身整定值保护时，单边供电时形成死区的范围如图 17.15 所示。

由图 17.15 可见，单边供电时，开关整定值越大，保护死区越大；供电距离越长，保护死区也越大，图中 I_{zd} 为馈线开关整定值。$1.2I_{zd}$ 是考虑开关整定值有误差时确定保护死区的范围。

（2）大双边供电时保护死区分析

正常双边供电是不会形成死区的，因为区间任何一点发生短路，都可以使一端牵引变电所直流馈线开关跳闸，并使另一端牵引变电所馈线开关联跳。而采用大双边供电时，则在供电区的中点附近可能出现死区，如图 17.16 所示。这里所说大双边供电死区发生在中点是指馈线保护设置了双边联跳装置以后形成的死区。

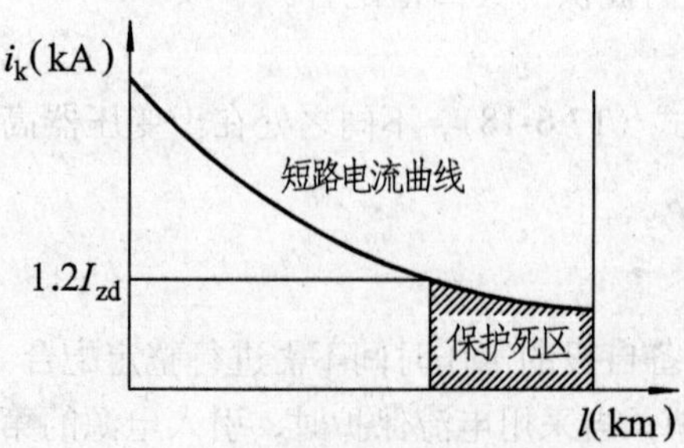

图 17.15　单边供电保护死区示意图

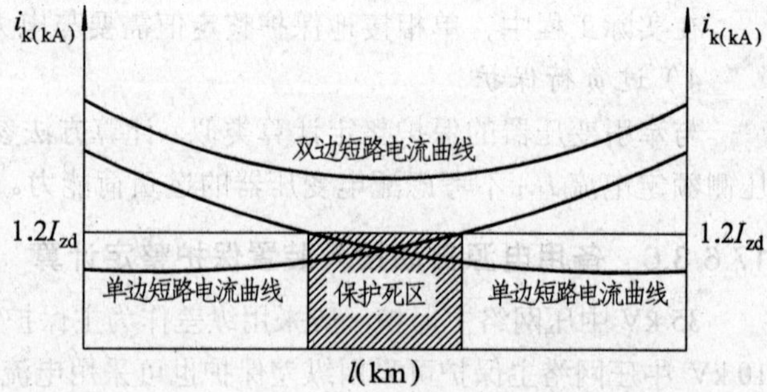

图 17.16　大双边供电保护死区示意图

（3）列车主保护不能断弧形成的死区

这一死区发生在列车上，位置可能发生在整个供电区间，它直接威胁旅客的生命安全。这要求变电所的馈线保护和车辆的主保护要相互配合和协调。

牵引变电所馈线保护和车辆主保护相互配合的基本原则如下：

① 车辆主保护应当“自己保护自己”，即城市轨道交通车辆在运行中无论在任何地点，当车辆发生内部短路故障时，其主保护应动作可靠，不允许有拉弧现象。

② 牵引变电所馈线保护应当延伸至车辆上，作为车辆主保护的后备，以防万一。

为使城市轨道交通列车运行更加安全，消除以上三种保护死区，可靠的办法就是直流馈线开关设置双边联跳、di/dt、ΔI 保护等装置[94]。

17.6.3.9　直流馈线 $di/dt+\Delta I$ 保护整定计算

直流牵引供电系统列车取流不是总保持在一个水平上，因受到列车启动、加速等操作环节的影响，馈线电流变化频繁而复杂。

直流牵引的正常电流与故障电流在特征上有比较明显的区别。例如，假设列车的最大工作电流为 4 kA，列车启动时电流从零增长到最大值需要 8 s，那么一列列车正常的启动电流上升率仅为 0.5 kA/s。而故障电流的上升率可达到列车启动电流的几十甚至上百倍。di/dt 电流上升率保护（di/dt 保护）和 ΔI 电流增量保护（ΔI 保护）就是根据故障电流和正常电流在上升率这一特征上的不同来实现保护功能的。

在实际运用中，di/dt 和 ΔI 是通过相互配合来实现保护功能的，而且这两种保护的启动条件通常都是同一个预定的电流上升率。在启动后，两种保护进入各自的延时阶段，互不影响，哪个保护先达到动作条件就由它来动作。一般情况下，d*i*/d*t* 保护主要针对中远距离的非金属性短路故障，Δ*I* 保护主要针对中近距离的非金属性短路故障（金属性直接短路故障由断路器自身的大电流脱扣装置来跳闸）。

1）保护原理与曲线图

（1）d*i*/d*t* 保护

在运行中，保护装置不断检测电流上升率。当电流上升率高于保护设定的电流上升率时，d*i*/d*t* 保护启动，进入延时阶段。若在整个延时阶段，电流的上升率都高于保护设定值，那么保护动作；若在延时阶段，电流上升率回落到保护设定值之下，那么保护返回。

图 17.17 表示了一个电流波形在两种保护整定值下的动作情况。在图中分别用“(1)”和“(2)”来代表这两种情况。图中，a 点电流上升率高于 d*i*/d*t* 保护整定值，保护启动。在 b 点，对于情况（1）来说保护延时达到 d*i*/d*t* 保护延时整定值，且在 ab 间电流上升率始终高于 d*i*/d*t* 保护整定值，保护动作；对于情况（2），在 c 点，电流上升率回落到保护整定值以下，而此时保护延时整定值尚未达到，保护返回。

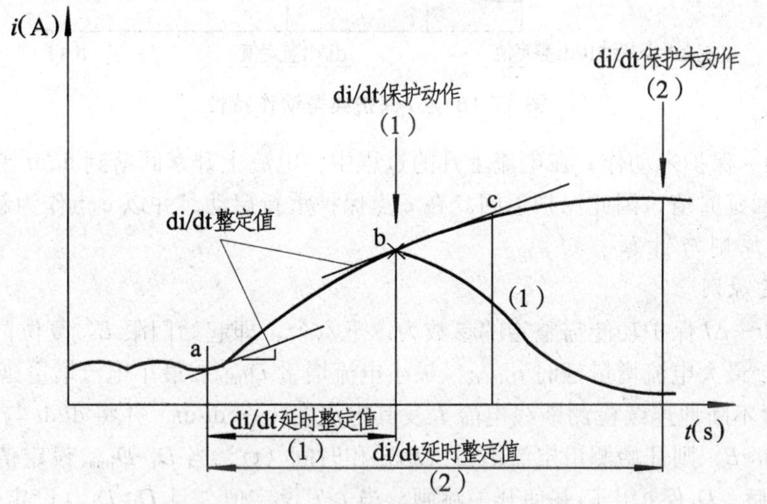

图 17.17　d*i*/d*t* 保护典型动作特性

（2）Δ*I* 保护

如果 Δ*I* 保护的电流上升率与 d*i*/d*t* 保护的相同，则在 d*i*/d*t* 保护启动的同时 Δ*I* 保护也启动进入保护延时阶段，从 Δ*I* 保护启动的时刻开始继电器以启动时刻的电流作为基准点计算相对电流增量。若电流上升率一直维持在保护整定值之上，在达到 Δ*I* 保护的延时整定值后，电流增量达到 Δ*I* 保护整定值，则保护动作。

在计算电流增量的过程中，允许电流上升率在相对较短的时间内回落到 d*i*/d*t* 保护整定值之下。只要这段时间不超过 d*i*/d*t* 返回延时整定值，则保护不返回，反之保护返回。

图 17.18 是 Δ*I* 保护针对几种典型电流的动作情况：

电流（1）：保护未动作，电流增量虽然超过 Δ*I* 整定值，但延时时间不足。

电流（2）：保护动作，电流增量超过 Δ*I* 整定值，延时时间满足。

电流（3）：保护动作，电流增量超过 Δ*I* 整定值，延时时间满足。在电流上升的过程中，虽然电流上升率曾经回落到 di/dt 整定值以下，但未达到 di/dt 返回延时值，因此保护未返回。

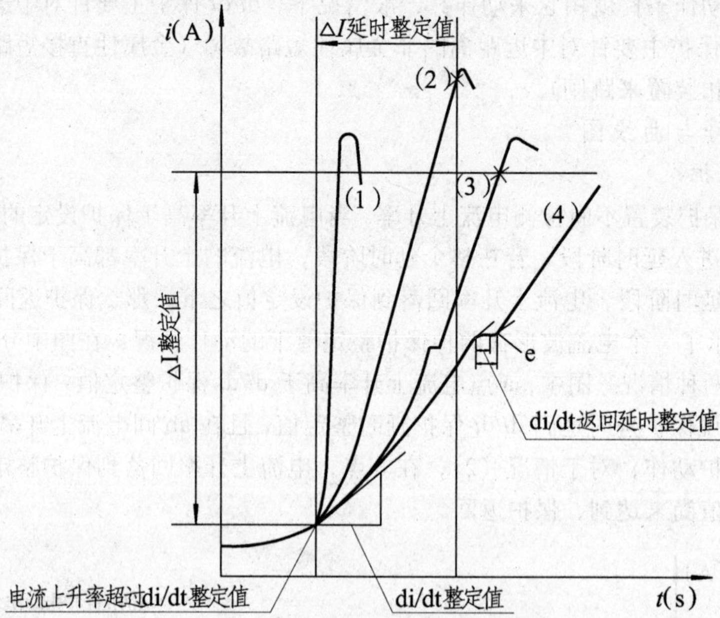

图 17.18　ΔI 保护典型动作特性

电流（4）：保护未动作，在电流上升的过程中，电流上升率回落到 di/dt 整定值以下，且超过 di/dt 返回延时值，因此保护返回。在 e 点保护重新启动，并以 e 点作为新基准点[90]。

2）整定原则与计算

（1）整定原则

采用 di/dt＋ΔI 保护功能需整定的参数为以下六个，即起始门限 E、复位门限 F、最大电流增量 D_{Imax}，最大电流增量延时 t_{DImax}，最小电流增量 D_{Imin}，最小电流增量延时 T。

保护装置不断地连续检测馈线电流 I_{f} 及其电流变化率 di/dt，并将 di/dt 与设定值 E 和 F 比较，若 di/dt>E，则开始测量电流增量（D_{I}）和时间（t）：当 $D_{\mathrm{I}}>D_{\mathrm{Imax}}$ 设定值，则经一段时间 t_{DImax} 延时后，D_{I} 保护出口并使开关跳闸；当 $t>T$ 设定值，且 $D_{\mathrm{I}}>D_{\mathrm{Imin}}$ 设定值，则 di/dt 保护出口并使开关跳闸。如果在检测到 D_{Imax} 设定值或 T 之前，di/dt<F 并保持 t_{DImax} 时间，则测量值 D_{I} 和 t 归零。

在双边供电线路中，di/dt 和 ΔI 保护整定的原则如下：

① di/dt 的整定值应尽可能的小，以获得尽可能大的保护范围。

② di/dt 的整定值还必须足够大，以躲过列车的启动电流和滤波器充电电流。

③ ΔI 的整定值应足够大，以躲过保护区域之外发生故障时的故障电流。

④ di/dt 的延时应足够长，以免越区跳闸。

（2）整定计算

直流短路电流的 $\dfrac{\mathrm{d}i}{\mathrm{d}t}$ 值可以根据下式求解：

$$\frac{\mathrm{d}i}{\mathrm{d}t}=I_{\mathrm{k}}\left[0-\mathrm{e}^{-\frac{t}{T}}\left(-\frac{1}{T}\right)\right]=\frac{I_{\mathrm{k}}}{T}\mathrm{e}^{-\frac{t}{T}} \tag{17.6-19}$$

式中　I_k——稳态直流短路电流值（A）；

t——短路时间点（s）；

T——供电回路时间常数。

当 $t=0$ 时短路电流的初始变化率 $\frac{di}{dt}_{t=0}=\frac{I_k}{T}$。

① E 和 F 的设定。

电流曲线的斜率 E（kA/s 或 A/ms）为保护装置的起始门限，当 $di/dt>E$ 时，保护装置启动。短路情况下的初始斜率可由 $(di/dt)_{t=0}$ 计算得出，为保证保护装置的可靠启动，$(di/dt)_{t=0}$ 应大于 E。另外考虑到短路故障发生时已存在一牵引电流，也就是在 $t=0$ 时，$i=I_{牵引}>0$，这样初始斜率将会小于在极端条件下（$t=0$ 时 $i=0$）计算出的值。因此，在通常情况下可将 E 设定为初始斜率计算值 $(di/dt)_{t=0}$ 的一半，以满足通常牵引负荷电流状况下保护检测的要求。为了能够辨识出任何情况下的短路故障，当牵引电流较高时可以适当降低设定值，但必须避免与列车正常牵引负荷电流混淆。

斜率 F（kA/s 或 A/ms）为保护装置的复位门限，当 $di/dt<F$ 时，保护装置复位，这一斜率值标志着短路故障的结束。F 值可适当降低以提高 $di/dt+\Delta I$ 保护精度，也就是说可更准确地辨识出发生在线路末端的短路故障。

② D_{Imax} 和 t_{DImax} 的设定

D_{Imax} 这一参数值应在列车运行情况下对系统进行全面测试得出，通常建议此参数可在最大牵引电流和短路电流之间或短路情况下 E 和 F 值所对应的电流之间选取，但不应小于列车启动电流。t_{DImax} 这一参数与 D_{Imax} 有关，表示保护动作的延时并可以消除寄生电流。

③ T 和 D_{Imin} 的设定。

T 这一参数可改变 di/dt 保护的动作检测值，当电流斜率大于斜率 E 时，开始进入 di/dt 保护分析过程，当分析持续时间 t 等于 T 时保护动作，在此期间电流增量小于等于 D_{Imax}，电流斜率值大于 F。通常建议 T 值为 1.5 倍的短路时间常数或短路情况下 di/dt 值从 E 到 F 所经历时间的 80%。

di/dt 保护动作的必要条件是从分析计算开始持续的时间 t 等于 T 时电流增量大于 D_{Imin}，D_{Imin} 的最大值应小于或等于线路末端短路电流或大于列车辅助电流。

由于线路及列车情况的复杂性，$di/dt+\Delta I$ 保护的整定值除了理论计算外，必须经过相应的现场试验来最终确定[90]。

17.6.3.10　直流框架泄漏保护与钢轨电位限制装置的保护整定计算

直流框架泄漏保护装置由电流检测元件和电压检测元件组成。

电流检测元件：接在绝缘的开关柜外壳和变电所接地网之间，一般设置一个能承受 100 kA 短路电流、电阻为 0.15 mΩ 的分流器与之并联。

电压检测元件：一端接于直流电源负极，另一端接设备外壳。测量电压时，0.15 mΩ 的分流器形成的电压可忽略不计。

直流牵引供电系统的接地网普遍采用综合接地网，即强弱电接地合一，排流柜和钢轨电位限制装置均接于此综合地网上，排流柜和钢轨电位限制装置均可看做是与轨地泄漏电阻并联，因而排流柜是否投入和是否动作都将对电流元件的动作特性产生一定的影响。

在正常情况下，排流柜和钢轨电位限制装置均处于断开状态，此时若发生框架泄漏故障，其实际泄漏回路为正极—设备外壳—电流元件—地网—钢轨—负极。由于大地与负极间缺少良好的电流通路，正极与外壳间绝缘降低后产生的泄漏电流需经泄漏电阻流回负极，其泄漏电流值较小，为保证保护装置的灵敏性，电流元件的动作设定值不宜过高，通常考虑设置在 100 A 以下。

电压检测元件由两段组成：I 段报警，II 段跳闸，如图 17.19 所示，它根据 EN50122-1 标准中的人体耐受电压—时间特性曲线进行整定[92]。

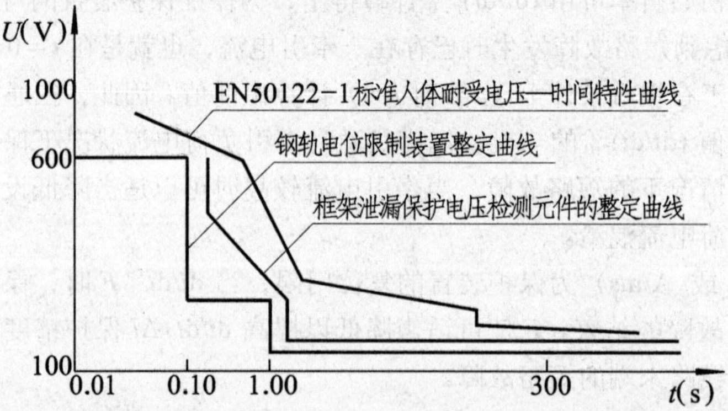

图 17.19　直流框架保护电压元件和钢轨电位限制装置的整定曲线

17.6.3.11　低压开关保护整定计算

1）进线开关

开关流过的额定电流计算公式如下：

$$I_{\mathrm{N}}=\frac{S}{\sqrt{3}U_{\mathrm{N}}}\quad(\mathrm{A}) \tag{17.6-20}$$

式中　U_{N}——额定工作电压（kV）；

S——配电变压器容量（kV · A）。

一般而言，低压进线开关可根据需要设置长延时过负荷保护、短路短延时保护、短路瞬动保护。

（1）长延时过负荷保护

长延时过负荷保护整定计算公式如下：

$$I_{\mathrm{op\cdot K}}=K_{\mathrm{K}}I_{\mathrm{N}}\quad(\mathrm{A}) \tag{17.6-21}$$

式中　I_{N}——开关流过的额定电流（A）；

K_{K}——可靠系数，一般可取 1.05。

（2）短路短延时保护

短路短延时保护整定计算公式如下：

$$I_{\mathrm{op\cdot K}}=mK_{\mathrm{K}}I_{\mathrm{r}}\quad(\mathrm{A}) \tag{17.6-22}$$

式中　m——过电流倍数，无确定值时，可取 4（3～5）；

I_{r}——配电变压器低压侧的额定电流（A）；

K_K——可靠系数，一般可取 1.3。

（3）短路瞬动保护（为保证馈线开关和进线开关具有完全选择性，该保护可关闭）

短路瞬动保护整定计算公式如下：

$$I_{op\cdot K}=K_K I_d \quad (A) \tag{17.6-23}$$

式中 K_K——可靠系数，一般可取 1.2；

I_d——出线端单相短路电流（A）。

短路瞬动保护的动作整定值还应躲过最大负荷的启动尖峰电流及其余负荷的工作电流。

2）母线分段开关

开关流过的额定电流计算公式如下：

$$I_N=\frac{S/2}{\sqrt{3}U_N} \quad (A) \tag{17.6-24}$$

式中 U_N——额定工作电压（kV）；

S——变压器容量（kV·A）。

一般而言，低压母线开关可根据需要设置长延时过负荷保护、短路短延时保护、短路瞬动保护。

（1）长延时过负荷保护

与进线开关整定计算类似，计算方法参见式（17.6-21）。

（2）短路短延时保护

与进线开关整定计算类似，计算方法参见式（17.6-22）。

母线分段开关和进线开关的短路短延时应至少保持一个时间级差。如当进线开关时限取 0.4 s 时，母线分段开关应取 0.2 s。

（3）短路瞬动保护（为保证母线分段开关与馈线开关和进线开关之间具有完全选择性，该保护可关闭）

与进线开关整定计算类似，计算方法参见式（17.6-23）。

瞬动保护的动作整定值，还应躲过最大负荷的启动尖峰电流及其余负荷的工作电流。

3）馈线开关

低压馈线开关的保护设置及整定值的选择根据回路负荷情况如动力还是照明、三相还是单相、大回路还是小回路等来确定，并且还应考虑与下级动力照明配电开关的选择性。低压馈线开关一般可根据需要设置长延时过负荷保护、短路短延时保护、短路瞬动保护和接地故障保护。

馈线开关的长延时保护动作整定值，应结合低压配电系统的接线形式及下一级开关的整定值统筹考虑。短路瞬动保护也应和下一级开关的短路瞬动保护之间考虑动作选择性配合。当低压配电系统采用 TN 接地系统时，若短路瞬动保护满足灵敏度要求，可用短路瞬动保护兼作接地故障保护用，而不用单独设置接地故障保护。若配电线路较长，接地故障电流较小，一般短路保护难以满足接地故障保护的灵敏度要求时，可以采用零序电流保护或漏电保护，实现接地故障保护功能。

17.7 蓄电池容量计算

17.7.1 计算意义

城市轨道交通工程有许多重要的设备系统，如通信系统、信号系统、变电所综合自动化系统等。这些系统是运营过程中必不可少的。因此，这些系统除了要求低压双电源供电以外，还需要设置应急 UPS 电源。在以往国内的城轨工程中，大多采用各设备系统单独设置 UPS 电源的方式，这种设置方式，存在投资重复、管理不便等问题。

近年来，随着系统集成的发展，许多城市的新建线路基于资源共享的理念，对各设备系统的 UPS 电源进行技术整合，设置了综合 UPS 电源系统。在车站内实现了 UPS 电源房间、容量、管理、监控和维护保养的综合与统一。

设置综合 UPS 电源系统以后，其蓄电池容量的计算选择显得尤为重要，若蓄电池容量选择过大，将造成不必要的浪费；若选择过小，则会造成应急情况下重要设备系统无法正常工作。蓄电池容量应在负荷资料齐全的基础上通过合理计算进行选择。

17.7.2 计算方法

综合 UPS 电源系统的蓄电池容量计算，需要具备以下条件：

① 综合 UPS 电源系统的设置方案，主要包括：整个车站共设几套 UPS 电源、每套 UPS 电源为哪些设备系统供电等；

② 被整合的各系统 UPS 电源需求，主要包括：电压制式、用电容量、供电时间等。

依据《电力工程直流系统设计技术规程》(DL/T 5044—2004)，可按电压控制法进行蓄电池容量计算，其方法和步骤如下：

• 按事故放电时间分别统计各系统事故放电容量；

• 根据蓄电池类型、放电终止电压和放电时间，确定相应的容量系数（K_{CC}）；

• 根据事故放电容量计算所需容量（C_C）。选取与计算容量最大值接近的蓄电池标称容量（C_{10} 或 C_5）。

其容量应满足事故全停电状态下时的持续放电要求，计算公式如下：

$$C_C \geqslant K_K \frac{C_{S.X}}{K_{CC}} \quad (A \cdot h) \tag{17.7-1}$$

式中 C_C——蓄电池 10 h 放电率计算容量（A · h）；

$C_{S.X}$——事故全停电状态下相对应的持续放电时间的放电容量（A · h）；

K_K——可靠系数，一般取 1.4；

K_{CC}——容量系数，在指定的放电终止电压下对应事故的放电时间，可由《电力工程直流系统设计技术规程》(DL/T 5044—2004) 中查得。

17.7.3 计算示例

1）已知 UPS 电源系统设置方案

各设备系统的 UPS 电源经过整合，整个车站共设置两套 UPS 电源装置：

① 通信系统、信号系统、AFC 系统、FAS 系统、综合监控系统、办公自动化系统、安全门系统和同一端动力照明配电系统的不间断电源装置整合在一起，形成第一套综合 UPS 电源装置；

② 变电所、变电所综合自动化系统综控屏和同一端动力照明配电系统的不间断电源装置整合在一起，形成第二套综合 UPS 电源装置。

各系统用电需求，见表 17.4。

表 17.4　各系统用电需求

序号	系统名称		电压制式及等级	UPS 电源容量（kW）	供电时间（min）
1	供电系统	变电所设备	220 V DC	5	60
		综合控制屏	220 V DC	1.5	60
			220 V AC	1.5	60
2	通信系统		220 V AC	15	240
			380 V AC	10	60
3	信号系统		380 V AC	25（按集中站考虑）	30
4	AFC 系统		380 V AC	40	30
5	安全门系统		220 V AC	15	60
6	办公自动化系统		220 V AC	1	120
7	动力照明配电系统应急照明		220 V AC	20	60
8	FAS 系统		220 V AC	5	60
9	综合监控系统		220 V AC	10	60

注：以上各设备系统用电需求由各相关专业提供。

2）计算两套 UPS 电源蓄电池容量的过程

（1）进行直流负荷统计

各设备系统的直流负荷统计见表 17.5。

表 17.5　直流负荷统计

序号	负荷名称	设备容量（kW）	负荷系数	电压制式及等级	计算电流（A）	经常负荷电流（A）	事故放电时间与放电容量（A·h）			
							持续（h）			
							0.5	1	2	4
						I_{jc}	$C_{S.0.5}$	$C_{S.1.0}$	$C_{S.2.0}$	$C_{S.4.0}$
1	通信系统	15	0.8	220 V AC	68	68				272
		10	0.8	380 V AC	15	15		15		
2	信号系统	25	0.8	380 V AC	38	38	19			
3	AFC 系统	20	0.8	380 V AC	30	30	15			
4	FAS 系统	5	0.8	220 V AC	23	23		23		
5	综合监控系统	10	0.8	220 V AC	45	45		45		
6	办公自动化系统	1	0.8	220 V AC	5	5			10	
7	安全门系统	15	0.8	220 V AC	68	68		68		
8	应急照明	10	1	220 V AC	45	45		45		
		10	1	220 V AC	45	45		45		
9	变电所设备	5	0.8	220 V DC	23	23		23		
10	综合控制屏	1.5	0.8	220 V DC	7	7		7		
		1.5	0.8	220 V AC	7	7		7		

注：以上各设备系统的经常负荷电流由各相关专业提供，其值应不大于计算电流，这里为计算方便，暂按与计算电流相同进行示例计算。

（2）确定相关系数

① 容量系数 K_{CC} 的确定：放电终止电压选择为 1.8 V，则放电时间为 0.5 h 时，查得 K_{CC} 取 0.26；放电时间为 1 h 时，查得 K_{CC} 取 0.41；放电时间为 2 h 时，查得 K_{CC} 取 0.6；放电时间为 4 h 时，查得 K_{CC} 取 0.76。

② 可靠系数 K_K 取 1.4。

（3）各系统蓄电池容量计算

① 通信系统：

$$C_{C1} \geqslant K_K \frac{C_{s.x}}{K_{CC}} = 1.4 \times \left(\frac{272}{0.76} + \frac{15}{0.41}\right) = 552 \quad (\text{A} \cdot \text{h})$$

② 信号系统：

$$C_{C1} \geqslant K_K \frac{C_{s.x}}{K_{CC}} = 1.4 \times \frac{19}{0.26} = 102 \quad (\text{A} \cdot \text{h})$$

③ AFC 系统：

$$C_{C1} \geqslant K_K \frac{C_{s.x}}{K_{CC}} = 1.4 \times \frac{15}{0.26} = 80 \quad (\text{A} \cdot \text{h})$$

④ FAS 系统：

$$C_{C1} \geqslant K_K \frac{C_{s.x}}{K_{CC}} = 1.4 \times \frac{23}{0.41} = 79 \quad (\text{A} \cdot \text{h})$$

⑤ 综合监控系统：

$$C_{C1} \geqslant K_K \frac{C_{s.x}}{K_{CC}} = 1.4 \times \frac{45}{0.41} = 154 \quad (\text{A} \cdot \text{h})$$

⑥ 办公自动化系统：

$$C_{C1} \geqslant K_K \frac{C_{s.x}}{K_{CC}} = 1.4 \times \frac{10}{0.6} = 23 \quad (\text{A} \cdot \text{h})$$

⑦ 安全门系统：

$$C_{C1} \geqslant K_K \frac{C_{s.x}}{K_{CC}} = 1.4 \times \frac{68}{0.41} = 232 \quad (\text{A} \cdot \text{h})$$

⑧ 应急照明（车站一端）：

$$C_{C1} \geqslant K_K \frac{C_{s.x}}{K_{CC}} = 1.4 \times \frac{45}{0.41} = 154 \quad (\text{A} \cdot \text{h})$$

⑨ 变电所：

$$C_{C1} \geqslant K_K \frac{C_{s.x}}{K_{CC}} = 1.4 \times \frac{23}{0.41} = 79 \quad (\text{A} \cdot \text{h})$$

⑩ 综合控制屏：

$$C_{C1} \geqslant K_K \frac{C_{s.x}}{K_{CC}} = 1.4 \times \frac{14}{0.41} = 48 \quad (\text{A} \cdot \text{h})$$

（4）整合后的蓄电池容量计算

各系统整合后，在发生事故的情况下，蓄电池的使用应考虑一定的同时系数。

① 第一套蓄电池容量=（通信系统、信号系统、AFC 系统、FAS 系统、综合监控系统、办公自动化系统、安全门系统、同一端动力照明配电系统的蓄电池容量之和）×同时系数。

② 第二套蓄电池容量=（变电所、综合控制屏、同一端动力照明配电系统的蓄电池容量之和）×同时系数。

以上同时系数的选择应根据不同工程各系统的具体工况进行确定。

17.8 系统电气参数选择

城轨供电系统中交流系统的电气参数和其他交流供电系统一样，比较容易确定。而直流牵引供电系统的电气参数则有一定的特殊性，并且由于工程应用范围不广泛，所受到的关注和研究成果也比较少。这里介绍的直流系统电气参数主要包括牵引整流机组参数、牵引供电回路时间常数和直流快速断路器的分断能力。这些参数有的通过理论分析求得，有的则通过现场试验获取。

17.8.1 牵引整流机组参数

17.8.1.1 牵引整流机组的负载特性及等效电路

以 750 V 系统为例说明，750 V 牵引整流机组负载特性曲线如图 17.20 所示，直流母线输出电压随负载增大而减小，当牵引整流机组负载率为 100% 时，直流母线输出电压不应低于 750 V。

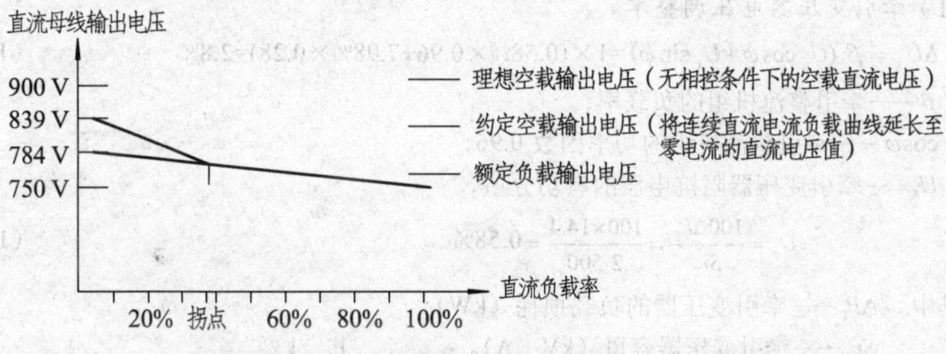

图 17.20 750 V 牵引整流机组负载特性曲线示意图

（1）牵引整流机组电负载曲线的拐点

整流器的输出电压是随着输出电流的增大而减小的，在这个曲线中可以看到曲线斜率是不一样的，两段不同斜率曲线的连接点称为拐点，此拐点一般位于 28%～40% 负载之间。拐点的位置与牵引变压器的藕合系数 K_C 有关，一般 K_C 越小，曲线的拐点就越趋于小负载，拐点之前，两台牵引变压器为推挽工作，拐点之后，两台变压器为并列工作。理想的工作方式是牵引整流机组并联工作。

为了使牵引变压器能够并联工作的范围尽可能大，则要求牵引变压器的藕合系数尽可能小。如果 K_C 在 0.1 左右，牵引整流机组特性曲线的拐点在 10% 负载。如果牵引整流机组工作不理想，就应当增加平衡电抗器。

（2）牵引变压器耦合系数的确定

图 17.21 为牵引变压器等效电路图。牵引变压器的耦合系数与一次线圈和二次线圈的阻抗比值有关，计算公式如下：

$$K_{\mathrm{C}}=\frac{X_1(X_2+X_3)}{X_2X_3} \tag{17.8-1}$$

式中　X_1——牵引变压器一次侧线圈感抗；

X_2、X_3——牵引变压器二次侧线圈感抗。

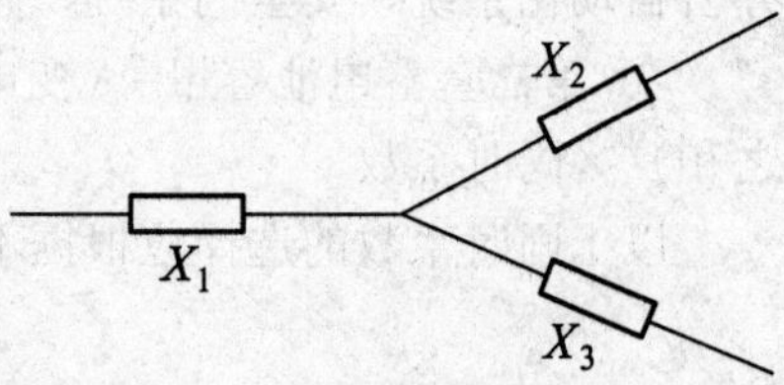

图 17.21　牵引变压器等效电路图

耦合系数 K_c 越小，牵引整流机组工作曲线越理想，但带来的问题是变压器体积增大。

（3）理想空载电压 U_{d0}、约定空载电压 U_{d0y}、额定负载电压 U_{dn}

如图 17.20 所示，牵引整流机组在空载状态下的实际直流输出电压称为理论空载电压，也就是计算出的 U_{d0}。约定空载电压是指牵引整流机组负载特性曲线在拐点处向 Y 轴方向做反向延长线，交于 Y 轴的交点处所对应的电压值即为约定空载电压值 U_{d0y}。

17.8.1.2　牵引整流机组电压调整率

牵引变压器和整流器组成的牵引整流机组的电压调整率问题，是合理确定牵引变压器阀侧电压的重要参数。电压调整率 $\Delta U=(U_{\mathrm{d0y}}-U_{\mathrm{dn}})/U_{\mathrm{d0}}$，此为理论定义公式。

牵引整流机组的电压调整率＝牵引变压器电压调整率＋整流器电压调整率。

以一套直流 750 V，容量为 2 500 kV · A 的牵引整流机组为例，其牵引变压器的负载损耗为 14.4 kW，阻抗电压百分比为 8%。以下为适用于工程设计的计算方法。

（1）牵引变压器电压调整率

$$\Delta U_{\mathrm{T}}=\beta\,(U_{\mathrm{a}}\cos\varphi+U_{\mathrm{r}}\sin\varphi)=1\times(0.58\%\times0.96+7.98\%\times0.28)=2.8\% \tag{17.8-2}$$

式中　β——牵引整流机组的负载率；

$\cos\varphi$——牵引整流机组的功率因数 0.96；

U_{a}——牵引变压器阻抗电压的有功分量，

$$U_{\mathrm{a}}=\frac{100\Delta P_{\mathrm{T}}}{Sr_{\mathrm{T}}}=\frac{100\times14.4}{2\,500}=0.58\% \tag{17.8-3}$$

其中　ΔP_{T}——牵引变压器的负载损耗（kW）；

Sr_{T}——牵引变压器容量（kV · A）。

U_{r}——牵引变压器阻抗电压的无功分量；

$$U_{\mathrm{r}}=\sqrt{U_{\mathrm{T}}^2-U_{\mathrm{a}}^2}=\sqrt{8^2-0.58^2}=7.98\% \tag{17.8-4}$$

当 $\cos\varphi=0.96$ 时，$\sin\varphi=0.28$。

（2）整流器电压调整率

整流器电阻为毫欧级，2 500 kV · A 容量配套的整流器上产生压降的工程测试值为 4～5 V，电压调整率：

$$\Delta U_{\mathrm{r}}=\frac{5}{750}=0.66\% \tag{17.8-5}$$

（3）牵引整流机组总的电压调整率

牵引变压器和整流器的电压调整率之和为 2.8%+0.66%＝3.46%。

牵引整流机组的电压调整率还应考虑牵引变压器和整流器连接电缆的影响因素。

17.8.1.3 牵引整流变压器二次侧电压

整流器直流侧输出电压与交流侧输入电压的比例关系问题是一个不被重视的问题。过去通常认为，整流器输出电压与输入电压是 1.35 倍的关系，其实整流器输出电压的比例关系是随着整流脉波数的不同而不同的，一般是随着整流脉波数的增大而增大。在 6 脉波整流时，牵引整流机组输出电压与输入电压的比例关系是 1.35 倍；在 12 脉波或 24 脉波整流时，比例系数将增大，如果继续按照 1.35 倍的关系确定牵引变压器的阀侧输出电压，将使整流器在实际运行时，直流输出电压值大于计算值（因参数有误所致）。当电网电压波动时，有可能使直流系统高于规定值。因此，有必要研究牵引变压器阀侧输出即整流器交流输入电压与整流器直流输出电压的比例关系，这是确定牵引变压器阀侧输出电压的首要问题。

（1）牵引变压器二次侧线电压 U_2 与整流器理想空载电压 U_{d0} 的关系

根据推导，P 脉波整流器输出直流电压计算公式如下：

$$U_{d0}=\frac{P\sqrt{2}U_2}{\pi}\sin\frac{\pi}{P}\cos\alpha \quad (\mathrm{V}) \tag{17.8-6}$$

对于二极管整流器 $\alpha=0$，则计算公式如下：

$$U_{d0}=\frac{P\sqrt{2}U_2}{\pi}\sin\frac{\pi}{P} \quad (\mathrm{V}) \tag{17.8-7}$$

式中 U_{d0}——整流器理想空载电压（V）；

P——整流脉波数；

U_2——牵引变压器二次侧线电压（V）；

α——整流控制角。

（2）阀侧电压与输出电压的关系表

利用上述公式计算在不同整流脉波时，城轨供电系统牵引变压器二次侧电压 U_2 与直流理想空载输出电压 U_{d0} 的关系，见表 17.6。

表 17.6 牵引变压器二次侧电压 U_2 与直流理想空载输出电压 U_{d0} 的关系表

项　目	U_2	$1.05U_2$	U_2	$1.05U_2$	U_2	$1.05U_2$	U_2	$1.05U_2$
U_2	1 180	1 239	1 220	1 281	610	640.5	595	624.75
12 脉波 U_{d0}	1 649.6	1 732.1	1 705.5	1 790.8	852.8	895.4	831.8	873.4
24 脉波 U_{d0}	1 664	1 747.2	1 720.4	1 806.4	860.2	903.2	839	881

利用上述公式计算国内城轨供电系统牵引变压器常用阀侧电压 U_2 与直流理想空载输出电压 U_{d0} 的关系，见表 17.7。

表 17.7 牵引变压器常用阀侧电压 U_2 与直流理想空载输出电压 U_{d0} 的关系表

脉波数	3	6	12	24	48	96	192
U_2	1 180	1 180	1 180	1 180	1 180	1 180	1 180
U_{d0}	1 062.362	1 593.539	1 649.628	1 663.988	1 667.561	1 668.478	1 668.685
U_{d0}/U_2	0.900 307	1.350 457	1.397 99	1.410 159	1.413 187	1.413 965	1.414 14

（3）牵引变压器的二次输出电压与整流器理想空载电压的倍数关系

由表 17.7 可见，在 6 脉波整流时，$U_{d0}=1.35U_2$，12 脉波整流时 $U_{d0}=1.397\,99U_2$；24 脉波整流时，U_{d0}=1.410 159U_2。因此，应当根据整流脉波数，确定牵引整流机组直流侧输出电压与牵引变压器阀侧电压的比例系数，再确定整流器的理想空载输出电压。

目前，国内城市轨道交通均采用单机组为 12 脉波、双机组等效 24 脉波整流方式。

（4）直流 750 V 系统牵引变压器阀侧电压的计算确定

原则一：当电网电压波动为最大正偏差时，牵引整流机组直流母线输出电压不超过规定值 900 V。

假定网侧电压允许最大正偏差为+7% 时，根据前面介绍的牵引变压器阀侧电压计算公式，

对于 12 脉波：

$$U_2=\frac{900}{1.397\,99\times1.07}=601.7\quad(\text{V})\tag{17.8-8}$$

对于 24 脉波：

$$U_2=\frac{900}{1.410\,159\times1.07}=596.5\quad(\text{V})\tag{17.8-9}$$

这说明当网侧电压波动为允许最大正偏差时，要保证 750 V 牵引整流机组直流母线输出空载电压不高于 900 V 的规定值，牵引变压器的阀侧电压对于 12 脉波不应高于 601.7 V，对于 24 脉波不应高于 596.5 V。

据此可初选牵引变压器阀侧电压为 590 V。

原则二：额定负载下牵引整流机组直流母线输出电压不低于 750 V。

针对上面初选的牵引变压器阀侧电压 590 V，下面校验一下当牵引整流机组在额定负载下工作时，直流母线输出电压能否满足不低于 750 V 的要求。

如果直流负载特性曲线没有拐点，则额定负载下的直流输出电压为：

$$U_d=590\times1.410\,159\times(1-0.043)=796\quad(\text{V})\tag{17.8-10}$$

其中，在此牵引整流机组的电压调整率按 4.3% 考虑（考虑了变压器与整流器之间的连接电缆的影响），因此可以满足不低于 750 V 的技术要求。

原则三：牵引变压器阀侧电压要大于其最小值。

由于牵引整流机组特性曲线有拐点，因此需要考虑拐点的影响。

额定负载下直流母线电压不应小于 750 V，据此可计算牵引整流机组的约定空载电压：

$$U_{d0y}=\frac{750}{(1-0.043)}=784\quad(\text{V})\tag{17.8-11}$$

与此对应的牵引变压器阀侧电压为最小值，计算结果如下：

对于 12 脉波：

$$U_2=\frac{784}{1.397\,99}=561\quad(\text{V})\tag{17.8-12}$$

对于 24 脉波：

$$U_2 = \frac{784}{1.410\,159} = 556 \quad (\text{V}) \tag{17.8-13}$$

因此，牵引变压器阀侧电压值不能低于 556 V。经过以上计算并综合考虑，假定牵引变压器阀侧电压为 590 V，在电网电压波动＋7% 时，牵引整流机组直流输出电压不超过 900 V；同时又能满足额定负载下牵引整流机组直流母线输出电压不低于 750 V。因此，对于直流 750 V 系统牵引变压器阀侧电压可选取 590 V。

17.8.2 直流牵引供电回路时间常数

17.8.2.1 概 述

直流牵引供电回路的时间常数 T 和交流电路的功率因数 $\cos\varphi$ 一样，都是反映电路中的电感 L 和电阻 R 之间关系的一个量值，只不过交流电路中的功率因数 $\cos\varphi$ 应用普遍，为大家所熟知，而直流电路的时间常数 T 在实际工程中是个应用面较窄、专业性较强的参数。只有在描述直流断路器的分断能力时才提及实验条件“按国标时间常数 $T=0.03$ s”。

城轨直流牵引供电回路中的电阻 R 很容易求得，而要得到供电回路中的电感 L 并不容易，尤其对于低碳钢接触轨更是如此。由接触轨构成的牵引网回路的时间常数（$T=L/R$）其实并不是个常数，因为接触轨、走行轨及周围环境（钢筋）均为铁磁物质，其电感量是变化的，这就决定了 T 不是一个常数，它是随着短路点距变电所的距离和短路电流的大小而变化的。北京地铁直流牵引供电回路这一参数是在 1981 年通过实验得以确定的。

17.8.2.2 时间常数定义

任一个直流回路加上电压后，电流的增长都符合以下公式的变化规律：

$$i = I_K(1-e^{-t/T}) = \frac{U}{R}(1-e^{-t/T}) \quad (\text{A}) \tag{17.8-14}$$

式中 I_K——稳态短路电流（A）；

U——回路电压（V）；

t——短路时间（s）；

R——回路电阻（Ω）；

T——时间常数（s），$T=L/R$。

其中 L 为回路电感（H），当 $t=T$ 时，则 $i=0.632I_K$。

从式（17.8-14）可知，当电流上升到 $0.632I_k$ 时所需的时间 t，即为该回路的时间常数 T。时间常数的物理意义是从某一时刻开始，电流如果以该时刻的速度变化下去，则经过 T 时刻后便达到稳态值，如图 17.22 所示。

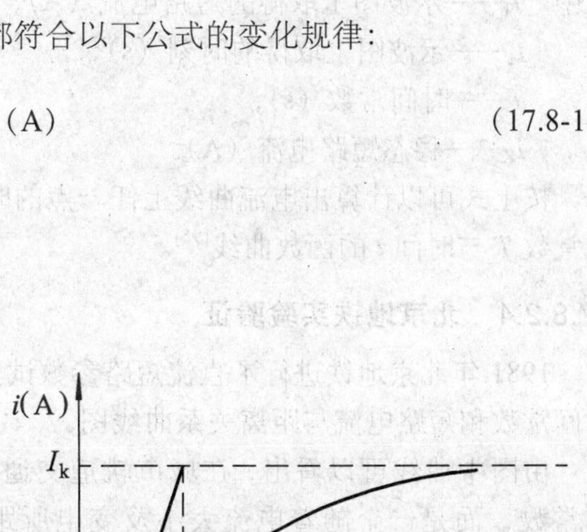

图 17.22 时间常数定义的电流曲线图

利用公式 $i=I_K(1-e^{-t/T})$ 对 t 求导数

$$\frac{\mathrm{d}i}{\mathrm{d}t}=I_{\mathrm{k}}\left[0-\mathrm{e}^{-\frac{t}{T}}\left(1-\frac{1}{T}\right)\right]=\frac{I_{\mathrm{k}}}{T}\mathrm{e}^{-\frac{t}{T}} \tag{17.8-15}$$

式中符号含义见式（17.8-14）有关部分。

当 $t=0$ 时短路电流的初始变化率 $\left.\frac{\mathrm{d}i}{\mathrm{d}t}\right|_{t=0}=\frac{I_{\mathrm{k}}}{T}$。

电流上升率、电流变化率、电流上升陡度等皆指 $t=0$ 时的电流变化率[95]。

17.8.2.3 示波图计算

（1）回路时间常数 T、短路电流 I_k 计算

在实际短路实验中，往往仅拍到局部示波图，如图 17.13 所示。其计算步骤和公式参见“17.5.3.3 示波图法”。

（2）电流曲线上任一点的时间常数计算

在示波图上任取一点 $K_1(t_1、i_1)$，则：

$$i_1=I_{\mathrm{K}}(1-\mathrm{e}^{-\frac{t_1}{T}})\quad(\mathrm{A}) \tag{17.8-16}$$

式中 t_1，i_1，I_{K} 均为已知值，经求解得电流曲线任一点的时间常数计算公式如下：

$$T=\frac{-t_1}{\ln\left(1-\frac{i_1}{I_{\mathrm{K}}}\right)}\quad(\mathrm{s}) \tag{17.8-17}$$

式中　i_1——示波图上取得的短路电流（A）；

t_1——示波图上取得的时刻（s）；

T——时间常数（s）；

I_{K}——稳态短路电流（A）。

按上式可以计算出电流曲线上任一点的时间常数，从而计算出各点的时间常数，绘出时间常数 T 与时间 t 的函数曲线[95]。

17.8.2.4 北京地铁实验验证

1981 年北京地铁进行了直流短路参数试验，图 17.23 是依据现场试验情况绘制出的一张时间常数和短路电流与距离关系曲线图。

由图中曲线可以看出，在城市轨道交通供电回路中，时间常数 T 并不是一个固定不变的常数，而是一个随着电流大小及变电所距离不同而变化的数值。图中 T_1、T_2 为单边供电时的时间常数，T_3 为双边供电时的时间常数。单边供电时，在牵引变电所出口处时间常数最小，$T=12$ ms 左右，在供电末端的时间常数最大，$T=70$ ms 左右；双边供电时，在变电所出口处时间常数最小，$T=14$ ms 左右，在供电区间中间时间常数最大，$T=50$ ms 左右。

直流牵引供电回路时间常数因为牵引网的材质不同而不同，如北京地铁 1、2 号线牵引网为低碳钢接触轨供电，属铁磁物质，故时间常数较大（70 ms 左右），而武汉城市轨道交通牵引网为钢铝复合轨供电，属非铁磁物质，故时间常数较小（45 ms 左右）[95]。

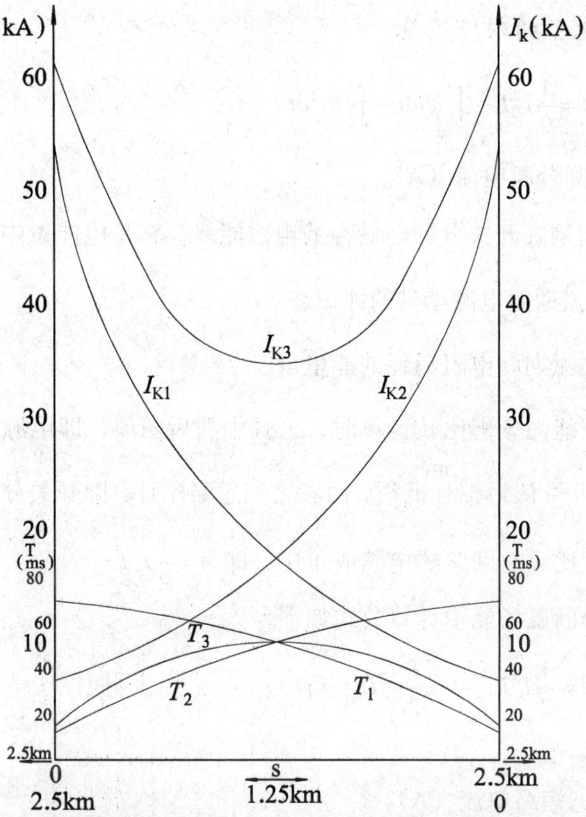

图 17.23 时间常数 T 和短路电流 I_K 与距离关系曲线图（2.5 km）

17.8.3 直流快速开关分断能力

17.8.3.1 概 述

直流快速开关的分断能力也称极限分断能力，是指开关在规定的试验条件下（试验电压 U、时间常数 T、稳态短路电流 I_k）的分断电弧能力。开关的极限分断能力并非其实际的分断能力，任何直流快速开关在分断短路电流时，都是在短路电流上升过程中分断的，而短路电流达到稳态值后，它就很难分断了。如开关的极限分断能力为最高电压 $U=900$ V、时间常数 $T=10$ ms 时，极限分断电流 $I_K=100$ kA，并不是开关实际能分断 100 kA 电流，而是在 100 kA 的短路电流上升过程中，开关将其遮断。所以要求直流快速开关具有“动作快、分断快、限流好”的特点。一般直流快速开关的固有动作时间为 2～4 ms，全分断时间在 20～30 ms 之间。

开关实际分断电流 I_s 与预期稳态短路电流 I_K 之比称为开关的限流系数 $k_x=I_s/I_K$。显然，限流系数 k_x 小于 1，一般在 0.5 左右。限流系数反映开关在极限分断能力时的限流能力。

17.8.3.2 直流快速开关分断能力计算

（1）计算目的

主要是分析直流快速开关在不同的分断电流 I_K 和回路时间常数 T 的情况下，对其分断能力进行比较，从而确定哪种情况对开关的要求更为严格。

（2）开关分断电弧的磁场能量

$$A=\frac{1}{2}I_s^2L+\int_0^t Ui\mathrm{d}t-\int_0^t Ri^2\mathrm{d}t \tag{17.8-18}$$

式中 I_s——开关实际分断电流（A）;

$\frac{1}{2}I_s^2L$——牵引网在开关分断前储存的电磁能量，它是电能量中的主要部分；

$\int_0^t Ui\mathrm{d}t$——燃弧期间电源续供的能量；

$\int_0^t Ri^2\mathrm{d}t$——燃弧期间电阻消耗的能量。

在进行开关分断能力分析比较计算时，公式中的后两项，即电源的续供能量 $\int_0^t Ui\mathrm{d}t$ 和电阻消耗的能量 $\int_0^t Ri^2\mathrm{d}t$ 可认为相互抵消，两者之和忽略不计。则开关分断磁场能量可简化为与分断电流的平方成正比、与回路的电感成正比，即 $A=\frac{1}{2}I_s^2L$。

相应地，开关分断磁场能量计算公式如下：

$$A=\frac{1}{2}I_s^2T\frac{U}{I_K}=\frac{I_s^2T}{2I_K}U\quad(\mathrm{j}) \tag{17.8-19}$$

式中 I_s——实际分断电流（A）;

I_K——预期稳态短路电流（A）;

U——回路电压（V）;

T——时间常数（s）。

（3）直流快速开关临界分断电流

在直流快速开关的分断能力技术指标中，经常有开关最小分断电流的要求。开关最小分断电流也称开关临界分断电流。离开时间常数 T 而谈开关的最小分断电流是没有任何意义的。开关最小分断电流大，并不意味着开关分断磁场能量大，因为分断电阻、电流没有能量释放，而分断感性电流有磁场能量释放，两者差异很大。因此，在直流供电回路中，开关的分断能力是和回路的时间常数 T 密切相关的。离开时间常数而谈开关的最小分断电流，很容易满足，也无任何实际意义[95]。

17.8.3.3 开关分断能力计算示例

假设开关的最大整定值为 $I_{zd}=9$ kA，固有动作时间 $S_{gy}=4$ ms。回路额定电压 $U=750$ V。直流快速开关的技术要求见表 17.8。

表 17.8 某招标文件对直流快速开关的技术要求

项目	稳态短路电流（kA）	时间常数（ms）
1	80	10
2	60	15
3	40	30
4	20	60

① 项目 1：$I_K=80$ kA，T=10 ms

短路电流上升到开关整定值 9 kA 时需要时间 t。

代入公式得：$9=80(1-e^{-t/10})$，

求解得：$t=1.193$（ms）。

到达开关整定值时间为 1.193 ms，开关开始动作时间 t_s＝到达开关整定时间＋开关固有动作时间＝1.193＋4＝5.193 ms，则开关实际分断电流：

$$I_s=80(1-e^{-5.193/10})=32.4 \quad (\text{kA})$$

开关限流系数

$$k_x=I_s/I_K=\frac{32.4}{80}\times 100\%=40.5\%$$

开关分断磁场能量

$$A_1=\frac{I_s^2 T_1}{2I_{K1}}U=\frac{32.4^2\times 10}{2\times 80}\times 0.75=49.2 \quad (\text{J})$$

② 项目 2：$I_K=60$ kA，$T=15$ ms

用项目 1 同样的计算方法得到：$A_2=41$ （J）

③ 项目 3：$I_K=40$ kA，$T=30$ ms

用项目 1 同样的计算方法得到：$A_3=46.1$ （J）

④ 项目 4：I_K=20 kA，T=60 ms

用项目 1 同样的计算方法得到：$A_4=105.9$ （J）

⑤ 从分断磁场能量的观点分析说明

$A_4=105.9>A_1=49.2>A_3=46.1>A_2=41$。这说明开关最小分断电流小，其分断磁场能量并不一定小，反之亦然。

另外，通过上面的计算可以得出如下结论：

第一项（80 kA、10 ms）是检验开关的分断速度；

第二项（60 kA、15 ms）无实际意义；

第三项（40 kA、30 ms）是按照国标检验开关的极限分断能力；

第四项（20 kA、60 ms）是检验开关的断弧能力，这一项要求比第一项要求更严格。

18　节能设计

能源是国民经济和社会发展的重要物质基础，是人类可持续发展的宝贵资源，世界各国在发展经济的同时，越来越重视节约能源。

我国的能源资源并不充裕，长期以来一直就是一个能源不足的国家，目前我国的人均能源资源占有量不到世界平均水平的一半，而我国的人均能源消耗量却位居世界第二位，约占世界能源消耗总量的11%。我国每吨标准煤的产出效率仅相当于日本的10.3%，欧盟的16.8%，美国的28.6%。能源浪费现象十分严重，这使我国工业产品成本过高，市场竞争力偏低。能源的浪费一方面将限制经济的高速持续发展，另一方面也造成了对环境的严重污染，因此必须把节约能源作为发展经济的主要措施，大力挖掘节能潜力，进一步提高能源利用率，从而使国民经济和社会发展得以保障，使人民生活需要得以满足。

18.1　概　述

城市轨道交通系统相对于其他城市公共交通工具而言，具有安全舒适、快速环保、运力大和能源消耗少的特点，因此得到快速推广和发展。按照同等运力比较，城市轨道交通的能耗只相当于小汽车的1/9，公交车的1/2，而且占地小，成本低。因此，选用城市轨道交通方式作为城市公共交通的主要形式，本身就具有重要的节能意义，有利于建设资源节约型、环境友好型社会。

但是城市轨道交通是中大运量的轨道运输系统，也是耗电量相当大的用户，因此在满足交通功能需求的同时，作为重点用能单位，也应遵守《中华人民共和国节约能源法》和节能相关规定，按照合理用能的原则，推进技术进步，加强节能管理，提高能源利用效率，降低成本，提高效益，减少环境污染。

城市轨道交通工程节能涉及设计、建设、运营等多个阶段，同时也是一项综合性大型工程，包括线路、行车组织、建筑装修、车辆、设备系统等各个专业，而这一切都涉及节能设计问题。这些设备系统有些是城市轨道交通工程所必不可少的，如车辆、供电、信号、通信等，还有些是以更好地服务于乘客为目的的，如电梯、自动扶梯、通风空调、照明等。在这些设备系统中，一些设施能耗较大，应尽量减少这些设备的能耗，因而在满足运营需要的基础上，应该合理地确定服务水平，确定节能原则，将节能的总要求贯彻在设计中。供电系统在城市轨道交通系统中，担负着为列车及各种动力照明设备提供电源的任务，供电系统方案及供电设备选择的合理性，直接影响城市轨道交通节能效果，具有极其重要的作用，因而本章主要介绍城轨供电系统的节能设计，包括变电所设置和变压器容量确定、中压网络电压等级选择、无功功率补偿、设备选型等方面，并重点介绍车辆再生制动能量吸收利用的节能措施。

18.2 供电系统能耗分析

18.2.1 用电分析

城市轨道交通运营过程中主要消耗电能，基本不消耗其他形式的能源主要能耗是电动客车的牵引用电和各种动力照明用电，如车站通风空调、电梯、自动扶梯、照明、水泵、各自动化系统、物业开发等耗电，以及车辆段、停车场用电。从下面的国内已运营的几条线路的数据统计，可以看到城市轨道交通用电的大致情况。表 18.1、18.2 分别为国内 A、B 两个城市部分线路的用电量统计情况[95]。

表 18.1 国内 A 城市地铁用电量初步统计

线路 1 和线路 2（无空调）单位年平均用电量（2002—2006 年）				
类 别	牵引用电量（kW·h/km）	动力照明用电量（kW·h/km）	牵引、动力照明用电量百分比（%）	用电指标（kW·h/km）
线路 1（5 年平均值）	176×10^4	102×10^4	63，37	278×10^4
线路 1（5 年最高值）	183×10^4	113×10^4	62，38	296×10^4
线路 2（5 年平均值）	216×10^4	103×10^4	68，32	319×10^4
线路 2（5 年最高值）	220×10^4	114×10^4	66，34	334×10^4
线路 3（有空调）单位年平均用电量（2002—2006 年）				
线路 3（5 年平均值）	162×10^4	220×10^4	42，58	382×10^4
线路 3（5 年最高值）	177×10^4	252×10^4	41，59	429×10^4
线路 4（地面线）单位年平均用电量（2005—2006 年）				
线路 4（2 年平均值）	47×10^4	42×10^4	54，46	89×10^4
线路 5（地面线）单位年平均用电量（2004—2006 年）				
线路 5（3 年平均值）	49×10^4	73×10^4	40，60	122×10^4

表 18.2 国内 B 城市地铁用电量初步统计（2003—2005 年）

类 别	牵引用电量（kW·h/km）	动力照明用电量（kW·h/km）	牵引、动力照明用电量百分比（%）	用电指标（kW·h/km）
线路 1（3 年平均值）	269×10^4	211×10^4	56，44	480×10^4
线路 1（3 年最高值）	301×10^4	247×10^4	55，45	548×10^4
线路 2（3 年平均值）	192×10^4	287×10^4	40，60	479×10^4
线路 2（3 年最高值）	201×10^4	301×10^4	40，60	502×10^4

根据上表及了解的其他情况进行分析，可以看到城市轨道交通工程地下线路车辆不设空调牵引用电和动力照明用电比例约各占 65% 和 35%，地下线路车辆设空调牵引用电量和动力照明用电量所占比例约各占 50%。经初步估算，设备的损耗会占到总用电量的 5% 左右。

18.2.2 能耗计算

通过对建设项目用电负荷的计算分析，选择合理的设计方案，遵循节能设计规范，推广使用节能新技术、新产品和新方法，来实现城市轨道交通线网建设持续发展的总目标。

城市轨道交通工程的能源消耗可用计算负荷和实际工作小时数计算。

供电系统的直接能耗是由运营列车在运行过程中直接产生的，直接能耗为直流牵引能耗，主要为列车运营过程中牵引电机和车辆电器的正常消耗和附加消耗的电能，如：牵引电机、空调器、电加热器、照明等，此外还包括：列车出/入库、列车试车和试验所消耗的电能，以及牵引供电系统的附加损耗，如：牵引网线路损耗、牵引整流机组损耗。直接能耗可以通过牵引计算确定，详见第 17 章供电计算与分析章节。

供电系统间接能耗由车站和区间的机电设备在运行过程中产生，这些设备主要包括：通风空调、电梯、自动扶梯、水泵、照明、通信、信号、AFC、BAS、FAS 以及其他系统设备等。机电设备计算负荷根据负荷统计确定，年用电量根据计算负荷及实际工作小时计算 。

列车空调的单位能耗计算公式如下：

$$\Delta A_{kT} = \frac{P_1}{VT} \quad (\text{kW} \cdot \text{h/t} \cdot \text{km}) \tag{18.2-1}$$

式中 P_1——1 辆车空调的功率（kW）；

V——列车平均运行速度（km/h）；

T——1 辆车的重量（定员）（t）。

列车空调的单位能耗大致为 $\Delta A_{kT} = 0.025 \sim 0.03$ kW · h/t · km。

18.2.3 单位能耗

牵引供电的能耗指标，以吨 · 公里的耗电量计算，这个指标可以反映城轨能耗的大小。城轨所用的车辆随着时代的变迁，先后已有四种车型：凸轮变阻车（早期）、斩波调压车、变频调压（VVVF）车、直线电机车，它们的单位能耗是不同的，除凸轮变阻车外，其他三种车辆都可以再生制动，只是再生比例不同而已。凸轮变阻车在我国已逐渐淘汰，不再生产。对于列车单位能耗，与车型和线路的条件有关，设计单位通过牵引计算可以得出，但由于是理论计算值，和实际值有差距，这里不作介绍。下面介绍在工程实践中的一些实测数值，这些测试数据不含列车辅助用电[95]。

① 北京城建设计研究总院于 1969 年、1981 年曾两次对北京地铁运行车辆（凸轮变阻车、斩波调压车）单位能耗进行实际测量，结果为：

- 凸轮变阻车的单位能耗为 $\Delta A = 0.06$ kW · h/t · km；
- 斩波调压车的单位能耗为 $\Delta A = 0.055$ kW · h/t · km。

② 北京地铁运营公司于 1999 年 3 月～2000 年 7 月，对运行车辆（凸轮变阻车、斩波调压车）的单位能耗也进行了实际测试，其结果为：

- 凸轮变阻车的单位能耗为 0.047～0.056 kW · h/t · km，平均值为 $\Delta A = 0.052$ kW · h/t · km；
- 斩波调压车的单位能耗平均值为 $\Delta A = 0.052$ kW · h/t · km 。如考虑再生，测试结果为 $\Delta A = 0.04$ kW · h/t · km ，再生比例为 20%。

③ 日本大阪地铁旋转电机车辆的单位能耗为 $\Delta A = 0.04$ kW · h/t · km ，再生比例 33%；如不考虑再生，则为 $\Delta A = 0.06$ kW · h/t · km 。

④ 关于直线电机车辆，因国内开通线路少，运营时间短，测试数据尚不完整，能耗情况还缺乏完整分析，与旋转电机车辆相比，目前能耗高出 30% 左右。日本大阪地铁 1993 年、

1995 年对直线电机车辆能耗的测试数据为 $\Delta A = 0.054 \sim 0.056$ kW · h/t · km（有再生）。

⑤ 关于 VVVF 车辆，目前的统计结果多在 $\Delta A = 0.04 \sim 0.052$ kW · h/t · km 之间。

18.2.4 容量指标

评价供电系统的优劣，除安全可靠性外，还应对牵引变电所设置及变压器安装容量进行衡量和评价，具体指标如下[95]：

① 牵引变电所平均间距（km）；

② 主变压器单位安装容量（kV · A/km）；

③ 牵引变压器单位安装容量（kV · A/km）；

④ 配电变压器单位安装容量（kV · A/km）。

（1）牵引变电所平均间距

$$l_n = \frac{L}{n-1} \tag{18.2-2}$$

式中 l_n——牵引变电所平均间距（km）；

L——正线线路总长度（km）；

n——正线牵引变电所数量。

显然，对于牵引网不同的电压制（直流 1 500 V、直流 750 V）、不同的形式和材质（柔性接触网、刚性接触网；低碳钢接触轨、钢铝复合接触轨），牵引变电所的平均间距是不同的。在电压质量相同的情况下，计算结果应当是采用刚性接触网比采用柔性接触网时牵引变电所平均间距大、采用钢铝复合轨比采用低碳钢接触轨时牵引变电所平均间距大。

（2）主变压器单位安装容量

当一座主变电所为多座牵引变电所和降压变电所供电时，同时系数取 $k_T = 0.7$，负载率 $\eta = 70\%$，若以通用设计条件列车 6 节编组，高峰小时车流密度 N＝30 对/h 计算，则主变电所单位安装容量为 $S_z = 3\,000 \sim 3\,500$（kV · A/km），其中下限值为 B 型车，上限值为 A 型车的。

（3）牵引变压器单位安装容量

它表示正线每公里牵引变压器的安装容量（kV · A/km），可以用来衡量一条线路牵引变电所安装容量的大小。用下式表达：

$$S_q = \frac{\sum_1^n S_n}{L} \tag{18.2-3}$$

式中 S_q——正线每公里牵引变压器安装容量（kV · A/km）；

$\sum_1^n S_n$——正线牵引变电所安装总容量（kV · A）；

L——正线线路长度（km）；

n——正线牵引变电所数量。

显然，牵引变电所单位安装容量因采用车辆形式、列车编组不同而不同，A 型车要比 B 型车的单位安装容量大。但是，从能量消耗的观点，单位安装指标是基本相同的。无论是采用运行图法还是采用平均运量法进行计算，所得结果应基本一致。

所谓单位安装指标，是指一列车单位重量（吨）运行一公里线路的安装容量，即每吨公里的安装容量。从能量消耗的观点出发，这一指标与牵引网电压制（直流 1 500 V、直流 750 V）、牵引网形式（架空接触网、接触轨）及牵引网的材质、列车重量均没有关系，这一指标应当是波动范围较小且较为稳定的一个数值，因为从能量守恒的观点看，运送每吨公里所消耗的能量是基本相同的。计算公式如下：

$$S_d = \frac{\sum_1^n S_n}{LT} = \frac{S_\Sigma}{LT} \tag{18.2-4}$$

式中　S_d——单位安装指标（kV · A/t · km）；

S_Σ——牵引变压器安装总容量（kV · A）；

T——列车重量（定员）（t）；

L——正线线路长度（km）。

若以列车 6 节编组的通用设计条件，车内设空调，高峰小时车流密度为 30 对/h，则牵引变电所单位安装指标为：

$$S_d = 6.5\sim7 \quad (\text{kV} \cdot \text{A/t} \cdot \text{km})$$

牵引变压器单位安装容量为：

$S_n = 1\,850\sim2\,000$　（kV · A/km），对于 B 型车

$S_n = 2\,200\sim2\,350$　（kV · A/km），对于 A 型车

城轨牵引变压器容量是按高峰小时牵引负荷选择的，故其负载率应在 95%～100%。

城轨用电负荷的特点是最大负荷发生在早高峰小时，与城市其他用户的用电高峰不重叠，故而不会对城市电网造成大的冲击。一条线路每公里牵引用电的年用电量按下式估算：

$$A = \Delta AGMT \tag{18.2-5}$$

式中　ΔA—— 列车年平均单位能耗（kW · h/t · km）；

G—— 一列车总重（t）；

M—— 通过这一公里线路的日发车总数（往返）（列）；

T—— 一年天数（365 天）。

若采用 B 型车、6 辆编组，有空调、高峰小时车流密度为 30 对/h，即：

$\Delta A = 0.06$ kW · h/t · km（列车年平均单位能耗）；

$G = 285$ t（一列车定员总重）；

$M = 486$（一天发车总数）。

将以上数据，代入式（18.2-5），则每公里年用电量为：

$$A = 0.06 \times 285 \times 486 \times 365 \approx 300 \times 10^4 \ \text{kW} \cdot \text{h/km}$$

（4）配电变压器单位安装容量

$$S_p = \frac{\sum_1^n S_{pn}}{L} \tag{18.2-6}$$

式中　S_p——正线每公里配电变压器的安装容量（kV · A/km）；

$\sum_{1}^{n} S_{pn}$——正线降压变电所安装总容量（kV · A）；

L——正线线路长度（km）；

n——正线降压变电所数量。

在车站设空调的线路，牵引负荷和动力照明负荷的年用电量基本相当，牵引变压器的容量是按早高峰小时负荷选择的，而配电变压器是按全天动力照明最大计算负荷选择的，其负载率为 70%，所以后者的单位安装容量不应大于前者，配电变压器单位安装容量为：

$$S_p < 2\,000 \text{ kV} \cdot \text{A/km}$$

18.3 供电系统设计与节能

供电系统的节能问题不是孤立的，它贯彻在设计、建设、运营各个环节。有时节能措施、服务标准、工程投资还会产生矛盾。但可以肯定的是供电系统设计对节能效果起着重要作用，系统设计、容量计算、设备配置、设备选型等都涉及节能问题。下面就供电系统方案设计方面的节能措施进行论述。

18.3.1 系统设计与节能

城轨供电系统要达到节能的目的，要求系统电压等级适宜、变电所设置及容量配置合理、设备及电缆选择适当，并具有方便灵活的系统运行方式。

1）主变电所设置与主变压器容量确定

（1）主变电所的设置

关于主变电所的节能措施，主要包含以下两个方面的内容：

① 主变电所布点。

合理设置主变电所，最好选在两条线交汇点并尽量靠近线路，既能实现资源共享，又能达到节能的效果。主变电所应位于所供电范围的中心，以各主变电所承担的负荷距离相等为宜，减少线路损耗。

② 主变电所数量。

结合城轨线网规划及供电网络规划尽量减少主变电所数量，减少主变电所设备损耗。

（2）主变压器容量的确定

主变电所一般设两台主变压器，主变压器容量选择原则应满足：

一台主变压器退出运行时，另一台主变压器应承担调度调整后供电分区的所有一、二级负荷。

当两台主变压器退出运行时，从相邻主变电所引入应急电源以维持城轨继续运行。

合理确定主变压器容量，其负载率应为 70%，使主变压器高效运行，降低损耗，取得节能效果。

2）中压网络电压等级选择

根据用电负荷及供电距离，合理确定中压网络电压等级。中压网络电压等级越高，线路损耗越小，但电压等级的提高会使设备造价增加，工程建设投资加大。目前国内城轨中压供电网络有 10 kV，35 kV 两种。这和各城市电网状况有关。

3）中压网络接线形式选择

城市轨道交通中压网络应分区合理，容易调度。接线形式应尽量能降低设备损耗和线路损耗，达到节能目的。

中压网络的接线形式，目前主要有两种：放射式中压网络接线和环网式中压网络接线。

从节能角度考虑，放射式接线由于每回电缆所承担的负荷较小，线路损耗较小，对城轨供电系统节能效果较好，但由于电缆回路较多，电缆数量多，投资过高，很不经济且增加了其运行的能耗。环网式接线电缆数量较少，经济性好，但由于每回电缆所承担的负荷较大，线路损耗较大，节能效果没有放射式接线好。

但综合可靠性、建设投资和节能效果，一般情况下多采用环网式中压网络接线形式。

在环网式中压网络接线形式基础上，应进行中压网络方案比选，优化电源引入位置和网络接线，确定合理的供电方案，以减少中压系统线路损耗。

4）中压网络运行方式选择

中压网络运行方式，主要分为正常运行方式、单故障运行方式以及双故障运行方式。应对各种运行方式下的损耗进行计算，对各种情况的节能效果进行分析，以确定更合理的运行方式。如在中压网络双故障运行方式下，需要对主变电所两路进线电源失电、电源开闭所两路进线电源失电、供电分区内下一级变电所两路进线电源失电等运行方式下的线路损耗进行计算分析。

5）系统电缆选择

合理确定系统电缆截面，减小中压网络的线路损耗，也可达到节能的效果。

按经济电流选择导线截面，可以实现电缆投资和电缆线路损耗费用之和最小化。有关资料表明，按经济电流选择电缆截面，会减少 35%～42% 的线路损耗。节能意义十分重大。

结合中压电缆使用寿命和近、远期之间的项目周期，按照远期负荷进行计算与选择，这也可以减少初近期的线路损耗，并节省电缆的二次投资和因电缆更换对运营造成的影响。

6）牵引变电所设置与牵引变压器容量确定

（1）牵引变电所的设置

合理设置牵引变电所，也可达到节能目的。牵引变电所的节能措施，主要包括以下几个方面：

在牵引变电所设计时，尽量保持牵引变电所两套牵引整流机组的负载平衡，一方面要降低两套牵引整流机组阻抗电压的不平衡度；另一方面从设备平面布置、电缆敷设方面尽量使两套机组的连接电缆阻抗尽量相等，从而降低能量损耗。

选择牵引变电所、接触网的合理运行方式，正常运行情况下，采用双机组运行、双边供电方式，使接触网损耗最小。

在负载率和谐波满足要求的前提下，当一套牵引整流机组退出运行时，采用单机组双边供电方式，可以减小牵引网的附加损耗。

（2）牵引变压器容量的确定

合理确定牵引变压器容量，其负载率为 95% 左右，使牵引变压器高效运行，并降低空载损耗。

根据工程实际需要，对牵引变压器容量通过计算可采用初近期和远期分别配置的方案，一方面可以提高牵引变压器的负载率，实现合理有效利用资源；另一方面可以降低牵引变压器的损耗，实现节能。

7）牵引网设置

牵引网系统的节能措施，主要包括以下几个方面：

（1）牵引网运行方式

采用正常双边供电或大双边供电，以减小牵引网损耗。

（2）牵引网电压等级的选择

合理选择牵引网系统电压级，可以减小牵引网系统损耗。直流 1 500 V 与直流 750 V 制式相比，可使牵引变电所数量减少，牵引网的电流也较小，相应地，可有效降低牵引变压器和接触网的电能损耗。

（3）牵引网材质、截面选择

合理选择牵引网材质和截面，如采用钢铝复合接触轨或刚性架空接触网，除了可减少牵引变电所数量外，对降低接触网的损耗也有较好效果。

（4）回流系统阻抗选择

上下行走行轨设置均流线，可降低牵引网回流系统阻抗，也可减小牵引网系统损耗。

8）降压变电所设置与配电变压器容量确定

（1）降压变电所的设置

合理设置降压变电所，兼顾节能与节省投资，应使降压变电所靠近负荷中心，尽量减小配电电缆长度，减少线路损耗。

对于建筑规模相对较小的车站，设一座降压变电所可以满足整个车站动力照明负荷的供电。但个别动力照明负荷的供电距离相对较远，设备电能损耗和线路损耗相对较大，整体节能效果一般。如该车站建筑规模相对较大，在负荷中心设置一座降压变电所和一座跟随式降压变电所，则各动力照明负荷的供电距离相对较近，设备电能损耗和线路损耗相对较低，节能效果也相对较好。

（2）配电变压器容量的确定

合理选择需要系数和同时系数，合理确定配电变压器，使配电变压器负载率约为 70%，以保证配电变压器高效运行。

对于车站配电变压器的容量，要在充分考虑车站负荷运行特点，分析各种动力照明负荷特性和各种设备工作特性的基础上，优化计算统计方法，合理进行配置。以达到投资合理、运行高效、电能损耗小、运行费用低的目的。

在全国许多已经建成的地铁线路中，降压变电所中配电变压器的容量选择存在偏大现象，在实际运营过程中，有些配电变压器的负载率只达到 20%～30%，与设计中 70% 左右的负载率相差甚远，致使配电变压器的空载损耗加大。除此之外，配电变压器容量选择过大还增加了设备投资，造成了不必要的浪费。

在确定配电变压器容量时，配电变压器的过载能力也是一个值得考虑的因素，目前，国内电气生产制造行业发展迅速，在技术上也有了日新月异的变化。现在有些厂商生产的配电变压器，其过载能力可以持续在 120%，甚至更高。所以可适当将配电变压器的负载率提高，以降低配电变压器的容量，相应减小损耗。

从节能的角度考虑，要实现配电变压器的合理配置并起到节能的效果，需要注意考虑以下几点：

① 各机电设备系统应结合运行需求和设备工况，采用合理有效的节能措施，从根本上降低用电负荷的容量，从而降低配电变压器的容量。

② 在各机电设备系统采用节能措施后，应采用合理、有效的计算办法，选取合理的需要系数和同时系数，降低配电变压器的计算容量，提高配电变压器的负载率。

③ 关于跟随式降压变电所的设置，应根据各车站的长度、建筑规模以及机电设备容量大小，进行综合计算分析，确定设置跟随式降压变电所的必要性。如果设置跟随式降压变电所，会减小低压配电的距离，降低线路损耗，有一定的节能效果。

（3）换乘车站降压变电所设置

根据建设时序换乘车站有以下三种情形：与已建线换乘、与同期建设线换乘、与规划线换乘。对这三种换乘车站，应从节能的角度综合考虑降压变电所的设置。总的原则是使配电变压器深入负荷中心，以减小低压电缆的损耗。

① 与已建线换乘的车站。

两条线路只能分别设置降压变电所，降压变电所至机电设备负荷的供电距离相对较近，设备电能损耗和线路损耗相对较低，节能效果相对较好。

② 与同期建设线换乘的车站。

对于“L”形、“十”字形、“T”形换乘车站，各线可单独设置降压变电所，对于平行叠摞换乘车站，一端设置一座降压变电所，另一端设置一座跟随式降压变电所。这样变电所可分别设置在各自线路的负荷中心，设备电能损耗和线路损耗相对较低，节能效果也相对较好。

③ 与规划线换乘的车站。

两条线路应分别设置降压变电所，节能效果相对较好。

如整个换乘车站只由一座降压变电所给车站的全部机电设备负荷提供电源，势必有些设备的供电距离比较远，线路损耗较大，节能效果不理想。

9）无功补偿与防止过补偿

供电系统设计中，需要考虑低压无功补偿，同时，也需要注意在电源端出现无功过补偿的问题。

对于动力照明配电系统中的一些感性负载，其无功容量一般比较大，相应无功损耗也比较大。为了降低无功损耗，达到节能的目的，供电系统及动力照明配电系统的设计，需要考虑一定的无功补偿措施，将无功损耗降到允许的范围内。

不同的灯具，功率因数也不同，当选用功率因数较低的灯具时，无功损耗比较大，若在末端不做相应的无功功率补偿设计，势必会提高配电系统的无功功率，从而加大配电变压器的容量。对此，一方面在设备末端做无功功率补偿设计；另一方面，在配电变压器出口侧设置无功功率集中补偿装置，以提高整个配电系统的功率因数。

针对无功电容过补现象，有的工程采用了设置电抗器的措施，通过电抗器抵消无功电容，但电抗器的发热量比较大，且解决无功电容过补问题的效果不佳。

为了解决电源引入端变电所存在的无功电容过补问题，可考虑在主变电所设置电能质量有源恢复系统，可同时起到谐波治理、电压补偿和无功补偿的作用。

无功补偿措施可参见本书相关章节。

10）电缆敷设方式

电缆敷设力求合理，为了减少运营期间的线路损耗，应尽量减少迂回敷设。中压环网电缆一般采用三芯电缆。当采用单芯电缆时，单芯电缆要求敷设成为品字形排列，以降低线路电抗，从而降低电缆损耗，同时也兼有降低涡流损耗的好处。

11）动力照明系统

在整个供电网络中，动力照明系统的各种用电设备是消耗电能的最终用户。各种用电设备的功率损耗与负载性质(电阻性、电感性、电容性)、产品结构、控制电路、运行方式等有关，降低功率损耗可以达到节能的目的。

照明配电系统应力求三相负荷平衡，并采用节能措施，降低照明配电系统的负荷容量，相应地可以降低配电变压器的容量，也降低了低压回路的负载损耗。

采用适当的照明照度，力求实用，针对不同场合要求应与建筑形式相配合。在确保车站、区间的各项正常功能的前提下，达到合理设置与有效节能。

按功能分区和使用要求的不同，照明控制采用集中控制、分散控制和自动控制相结合的方式，根据需要开启与关闭照明灯具，为节约用电创造条件。对于站厅、站台的照明，采用多路交叉供电，运营时通过节能运行模式，在非高峰时段采取打开一部分照明灯、关闭一部分照明灯的办法达到节能的目的。在楼梯、扶梯、自动售检票闸机、安全门(屏蔽门)边缘处，设置节电照明灯。

18.3.2 设备选择与节能

设备选择与节能，主要是指选用节能型电气设备来达到节能的目的。以下作简要介绍。

1）牵引变压器选型

牵引变压器应选择高效率、低损耗、噪音小的自冷干式变压器，而不选用带风机的强迫风冷式变压器，不设置风机，可降低电能损耗。

同时，合理选择牵引变压器二次侧电压等级，以便在远期非高峰时段，保持接触网电压水平不致于过高，从而减少列车因接触网电压过高而转为电阻制动的机会。

另外，在运营初期，由于运营行车间隔较大，当列车再生制动时，有可能引起接触网电压过高，列车会转为电阻制动，从而造成能量损失。因而合理选择牵引变压器的电压分接头，也可以避免或者减少列车因接触网电压过高转为电阻制动的机会。

2）配电变压器选型

配电变压器数量多，总能耗不能忽视，选择节能型配电变压器，降低变压器损耗是很重要的节能措施。配电变压器产品成熟，种类较多，自 S9 系列节能配电变压器面世并被广泛采用以来，配电变压器产品节能水平不断提高，其空载损耗和负载损耗都较低，节能效果良好。目前市场上也已出现了比 S9 系列更节能的产品如 S10、S11 系列，其中 S11 系列的空载损耗较 S9 系列低 75% 左右，负载损耗基本相等。

另外较新的非晶合金变压器节能效果更加突出，其空载损耗仅为 S9 型变压器的 1/5。非晶合金材料是美国一家公司首先研制成功的，于 1979 年用于制造变压器铁芯。与相同容量的常规硅钢片变压器相比，空载损耗可降低 70% 左右。目前，世界各国都在积极研究推广使用非晶合金变压器。

3）动力照明设备选型

动力照明设备应选用高效节能产品，如：高效电子节能器、节能灯（灯箱）等。

高效电子节能器是根据各种类型灯光照明系统的工作特性，用独特的设计，采用自动化控制原理，实现其合理的电流、电压调配，以达到最佳的节能效果。

高效电子节能器主要用于各种大面积灯光照明的配电系统。在灯光照度基本不变的情况下，根据灯具和供电情况的不同，节电效率可达到 10%～35%。同时，它也具有对供电电网不污染、体积小、寿命长、保护可靠的特点。

随着电光源的迅速发展，适合于各种场所使用的电光源品种越来越多，在使用中应根据实际情况出发，进行合理选配，尽量采用高效、节能、发光效率高的光源和高效灯具，如采用三基色双端荧光灯替代普通荧光灯管。和普通荧光灯管相比，高效节能三基色双端荧光灯不仅在亮度、色彩还原度方面有明显提高，而且更加节能。

另外，逐步用优质的紧凑型一体化节能灯取代白炽灯；用优质的电子整流器取代电感式整流器，采用新型节能环保灯箱等，都可以达到节能的目的。

4）二次回路设备选型

选用二次侧电流为 1 A 的电流互感器，与选用二次侧电流为 5 A 的电流互感器相比，相应二次回路的继电器等元器件则可以对应选用 1 A 的产品。这样，可以减少二次回路的电能损耗。

选用感应式带电显示装置，可以减少日常运行时带电显示装置的电能损耗。

18.3.3 列车再生制动能量利用

城市轨道交通是城市基础设施中的用电大户，而列车牵引用电占其中很大一部分，列车牵引用电又分为列车驱动与列车制动两部分能耗。把列车再生制动电能充分利用起来会大大节省电能。

当车流密度大，列车进站再生制动时的能量，大部分被其他运行车辆吸收；而当车流密度小，列车再生能量难以被运行车辆吸收。如何充分利用列车再生制动能量，是目前一个尚未很好解决的难题，主要涉及设备一次投资和实际使用效能的问题。

18.3.3.1 车辆再生制动能量分析

（1）车辆制动介绍

随着我国城市轨道交通建设的迅速发展，地铁及轻轨电动客车控制技术也得到长足的进步。车辆制动系统设有电制动和空气制动，为保证电制动的可靠性，又分为再生电制动和电阻制动，当再生制动失效时自动转换为电阻制动。空气制动是列车停车的保证，在制动系统中是不可缺少的，能独立完成制动作用。

（2）车辆制动能量

假设车辆的运行阻力为 F_W，制动初速度为 v，列车总重为 m，则产生的制动能量计算公式如下：

$$E = mv^2/2 - F_W S \qquad (18.3\text{-}1)$$

式中　E ——产生的制动能量；

S——车辆的制动距离。

车辆制动初速度越大所产生的制动能量也越大，同时制动距离和制动时间也越大，列车再生制动能量亦越大。

18.3.3.2 再生制动能量吸收装置特点介绍

车辆再生制动的最大优点是节能，但再生电能并不是都能被其他取流车辆吸收，剩余部分则消耗在车辆制动电阻上并转变为热能散发到空气中。

车辆再生制动产生的反馈能量一般为牵引能量的 30%左右。而这些再生能量被列车自用电消耗一部分，并按一定比例（一般为 20%～80%， 根据列车运行密度和区间距离的不同而不同）被其他相邻取流列车吸收利用外，剩余部分将主要被车辆的吸收电阻以发热的方式消耗掉。若受车辆空间所限，不能设置足以完全吸收这部分动能的装置，剩余能量只能由空气制动补充。

有资料表明，当列车发车的间隔较大时，再生制动能量被吸收的概率很小。由于车辆的制动主要发生在运行过程中，如果再生能量由车辆吸收电阻吸收，必将带来隧道和地下车站的温升问题，同时也增加了地下车站内空调系统的负荷，造成大量的能源损失，增加运行费用。

再生制动能量吸收装置将会降低隧道洞体和地下车站内温度并改善隧洞内空气质量。同时，可靠、合适的再生制动能量吸收装置的配置有助于减少车载设备（车辆制动电阻），减少车辆的运营维护工作量，降低车辆成本，减少车辆自重，从而降低列车能耗。

再生制动能量吸收装置一般可分为两种类型：消耗类和再利用类。

- 消耗类：电阻型。

在牵引变电所的直流母线上设置电阻型再生制动能量吸收装置。当处于再生制动工况下的列车产生的制动电流不能完全被其他车辆和本车的用电设备吸收时，再生制动能量吸收装置立即投入工作，吸收多余的再生电流并变成热量，散发到外界空气中。

电阻型再生制动能量吸收装置主要采用多相 IGBT 斩波器和吸收电阻配合的恒压吸收方式，根据再生制动时直流母线电压的变化状态调节斩波器的导通比，从而调整吸收功率，将直流电压恒定在某一设定值的范围内，并将制动能量消耗在吸收电阻上。

电阻型吸收装置的优点是控制简单，其主要缺点是车辆再生制动能量消耗在吸收电阻上，未加以利用；而且电阻散热也导致环境温度上升，若该装置设置在地下变电所内时，电阻柜需单独放置，而且该房间需要相应的通风动力装置，也增加了相应的二次能源消耗。

- 再利用类：电容储能型；飞轮储能型；逆变回馈型。

在牵引变电所的直流母线上设置再生制动能量吸收装置。当处于再生制动工况下的列车产生的制动电流不能完全被其他车辆和本车的用电设备吸收时，再生制动能量吸收装置立即投入工作，吸收多余的再生电流，使车辆再生电流持续稳定，以最大限度地发挥电制动性能。

1）电容储能装置

（1）电容储能装置特点

电容储能装置由西门子公司开发研制，它的核心技术是双电层电容器。双电层电容器具有很多突出的优点，首先它的使用寿命长、效率高、维护少、具有非常强的反复充放电能力，这一点很关键，因为在城市轨道交通车辆运行中，由于车站站间距较短，平均在 1～2 km 左右，车辆旅行速度也较高，在 35 km/h 左右，每一次车辆进站制动、启动都将使储能装置进行一次充放电过程，对电容的寿命是一个严格的考验。

由于车辆启动、制动能量都是短时负荷量，而双电层电容器的电能储存和释放能力在短时间内既可以成比例递增，也可以直线下降。因此双电层电容的特点，使电容储能装置具备和车辆运行配合，进而起到节约牵引电能的条件。

电容储能装置由三个部分组成，其一是与牵引供电系统相连的连接单元；其二是标准变流器；其三是双电层电容器组，如图 18.1 所示。

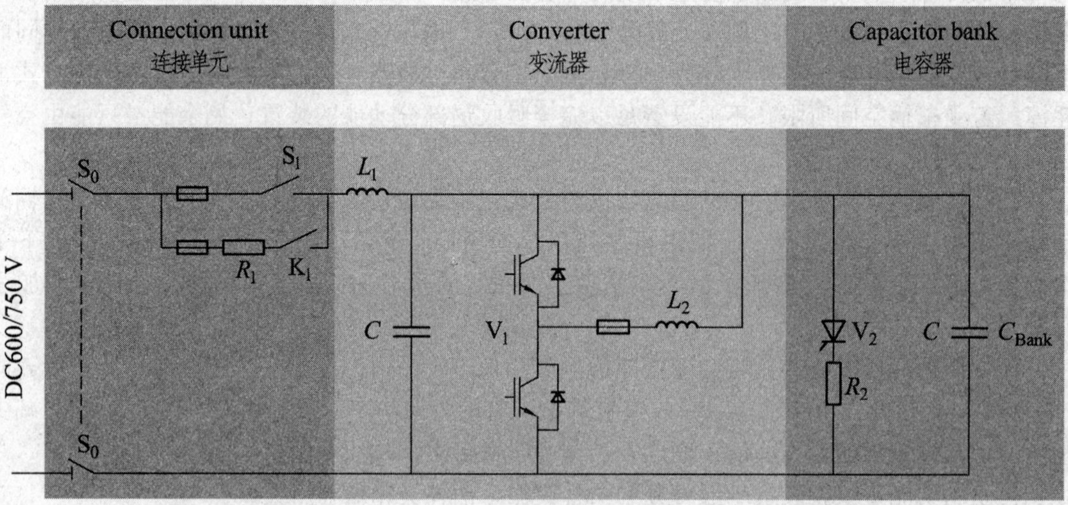

图 18.1 电容储能装置的组成

（2）电容储能装置的功能

① 节能作用。电容储能装置的应用，主要从运营的经济性角度考虑，是节约城市轨道交通电能成本的一项措施。

车辆进站制动时，首先车辆进行再生电制动，车辆的再生制动装置将车辆的动能转变为电能反馈给牵引网，并使牵引网电压升高，超过电容储能装置设定的电压限值时，电容储能装置快速存储再生制动电能；当车辆出站启动或加速时，牵引网电压下降，当低于电容储能装置设定的电压值时，电容储能装置快速释放存储的能量，提供给需要能量的列车。在保证列车运行的情况下，降低牵引供电系统的能量消耗。

② 稳压作用。由于电容储能装置能够在牵引网电压低于某一限定值时，向牵引网提供能源，因此也对稳定牵引网电压具有一定作用。

稳定网压和节能运行在电容储能装置的实际应用为两种不同使用工况，虽然在节能运行中必然出现对网压的稳定作用，但此时不是储能装置作用的主要方面。节能作用的电容储能装置设于车站变电所内，电容储能设备通过直流开关设备与牵引变电所直流正负母线或牵引网接触轨、走行轨相连接。

2）飞轮储能装置

（1）飞轮储能装置的组成

飞轮储能装置的核心是一个高密度合成磁筒，由碳/玻璃/碳纤维材料组合绕制而成，连续运转。磁筒内部装入了永久性磁粉，提供磁介质，固化后，磁内核按两种不同方式磁化。在其中一端，磁极呈圆周形状，形成半个无源磁轴承，转子余下部分的磁化是在轴向上，有十二极，形成一个永久磁机的转子。相应的有一个三相定子，组合起来就是一个完整的电机。转子设计的一个独特之处在于，它使用了一种零维护、低损耗的轴承。转筒在高真空中运行，使损耗降到最低。

（2）飞轮储能装置的控制

飞轮储能装置的控制电路，是由一个传统的三相 IGBT 电源转换器构成。动力控制同时采用同步和非同步 PWM，并有可变相位，从而可以对吸收和释放能量进行实时优化。非同步 PWM 的使用频率固定为 8 kHz，可驱动磁筒达到频率下限，约 30 000 rpm。高于此频率则使用 6 倍机械速率或 3 kHz 到 4.2 kHz 的同步 PWM，从而使转换损耗降至最低。

调整 IGBT 脉冲的相位和脉宽，电子控制系统可在 5 ms 内提供从零到最大值的能量传递，最高单元功率可达到 200 kW。能量传递大小和方向，由直流电压直接调控。通过算法控制 PWM 和相位，能对快速变化的直流电压做出迅速反应。

控制程序的核心，是基于直流电压并控制能量流(包括方向和大小)的算法，包括三个不同的区域：放电区、恢复区和充电区。

所有的电压都是作为额定空载电压的差值得出的，当系统能量需求发生变化时，空载电压水平可以改变，变化的方式可以调整整流器交流输入电压，或调整牵引变压器绕组的分接头。

（3）飞轮储能装置的运行方式

每个飞轮储能装置都是单一的系统，可独立运行。由于列车所需能量远高于单个飞轮储能装置的容量，每个储能装置也可并列运行。能量的输入和输出仍由直流系统电压值进行确定，在装置并列运行时，各并列单元设备能自动分配传输能量，当某单元故障，自动由系统切除，对其他装置的正常运行不造成影响。

3）逆变吸收装置

逆变吸收装置就是将车辆再生制动产生的直流能量转变成交流电能的转换装置，是与交流电能转变成直流电能的整流器相对应的。逆变吸收装置可以设置在牵引变电所或降压变电所。

（1）逆变吸收装置的组成

逆变吸收装置主要采用电力电子器件大功率晶闸管构成三相逆变器，逆变器的直流侧与牵引变电所中的直流开关柜母线相连，若设在降压变电所则与牵引网相连，其交流侧通过变压器接到城轨供电系统中压网络或低压网络。当车辆再生制动使直流电压超过规定值时，逆变器启动并从直流母线吸收电流，将再生直流电能逆变成工频交流电回馈至变电所交流设备母线。

逆变吸收装置由晶闸管逆变器、变压器、直流开关设备、交流开关设备、调节控制设备等测量控制元件及微机保护装置组成。

（2）逆变吸收装置的工作方式

逆变吸收装置将列车再生制动产生的能量吸收后，经逆变转换为交流电源，再经变压器送至变电所中压或低压母线。对于交流配电系统而言，输入直流电能，输出交流电能，相当于一个临时交流电源。逆变吸收装置的输出端可以经交流断路器与低压母排电气连接，向低压配电系统的动力照明设备提供电源。

逆变吸收装置的电压阀值与 VVVF 车辆再生制动的输出电压、整流器的输出电压相关。需要与车辆、整流器等制造商协商，确定逆变吸收装置的电压阀值，车辆与整流器可能带来局部技术改造，如车辆需要采取限压措施，整流器采取比较好的空载电压抑制措施。

（3）逆变吸收装置的特点

逆变吸收装置对列车再生制动能量利用率高，节能效果好；可减少列车制动电阻的容量；能量直接回馈到城轨内部电网，不需要配置储能元件等设备。但与整流器一样，它又是一个谐波源。

当逆变吸收装置经变压器输出电能，产生的谐波注入电网，谐波含量高，会产生比较大的电压畸变率，势必影响机电设备的使用寿命，谐波还会造成设备、线路损耗增大，运营费用提高。同时，临时电源接入后电源并列运行需要相角、相位、幅值、频率等相同，若不相同，将带来环流甚至短路故障发生，对可靠运行带来危害。解决这些问题，需要增加滤波设备、调相设备等，这会增加设备和土建投资。目前，国内已有城轨工程采用此类吸收装置。

18.3.3.3 再生制动能量吸收装置对比分析

通过以上介绍，现将电容储能、飞轮储能、电阻吸收和逆变吸收装置进行综合比较，见表 18.3。

表 18.3 电容储能、飞轮储能、电阻吸收和逆变吸收装置比较

	电容储能装置	飞轮储能装置	电阻吸收装置	逆变吸收装置
满足列车再生制动要求	满 足	满 足	满 足	满 足
能量利用效果	好	较 好	差	较 好
对环境影响	无	无	有	有
对牵引网的影响	具有稳压作用	具有稳压作用	无	无
对电网的影响	无	无	无	有谐波
对通风的需求	有	无特殊要求	有	无特殊要求
维护管理	少维护	有	有	有
国产化	没 有	没 有	有	有
参考设备单价（元）	350 万	600 万	200 万	300 万

从以上对比分析可以看到，电容储能装置的节能效果好，同时维护工作量少，兼有稳压作用，对电网无谐波影响等优点，但目前只有 750 V 电压等级的产品，还没有 1 500 V 电压等级的产品。电阻吸收装置的优点在于设备造价相对较低，控制维护简单，主要不足是车辆再生制动能量消耗在吸收电阻上，未加以利用。随着国产设备的发展，逆变吸收设备存在的谐波和价格两个方面的问题，得到了有效的控制和下降，在北京、重庆等多城市城轨工程已有应用。飞轮储能装置的核心技术受应用领域的影响，国内尚无应用。

18.3.4 国内车辆再生制动能量吸收装置应用

1）北京地铁

（1）既有线路

北京地铁 1、2 号线在建设初期，预留了第三套牵引整流机组的位置，以前，就曾讨论过

在这一位置可安装逆变装置，以实现列车再生制动能量的回收。由于既有线路改造难度大，在北京地铁 1、2 号线的改造工程中，未考虑实施。

（2）在建线路

在 2008 年之前新建线的方案设计阶段，主要就电容储能方式进行了讨论，按照业主、设计单位提供的资料，国外某公司也进行了相应仿真计算。计算结果表明：在列车行车间隔为 2 min 时，某运行列车再生制动的能量，大部分将被其他运行车辆吸收。列车间隔为 10 min 时，以旅行速度 35k m/h 考虑，列车间距为 5.8 km 左右，对某列车再生制动的能量，其他运行列车基本没有吸收作用。设置电容储能装置，在运行初期就可以大量吸收列车再生制动能量，节约电力能源。

北京地铁目前安装有 4 套电容储能装置电阻-逆变吸收装置和中压能馈装置已应用。

2）重庆单轨交通

重庆单轨交通 2 号线已采用 6 套电阻吸收装置，以吸收列车再生制动的能量。电阻柜设于室外，控制装置在车站内。

（1）主要技术参数

- 持续功率：926 kW。
- 短时功率：2 550 kW　20 s 周期 150 s。
- 额定工作电压：1 500 V。
- 额定工作电流：580 A。
- 短时电流：1 530 A　20 s。
- 瞬时电流：2 350 A。
- 电网电压恒定吸收平均控制值：1 630 V。
- 斩波器每相工作频率：150 Hz。
- 斩波器调节范围：5%～95%。
- 工作制：间隙工作制。

（2）设备简介

设备电气原理为四相斩波调阻系统，每相功率器件为 3 300 V/1 200 A IGBT，每相吸收电阻 2.5 Ω（4 相），电阻为 Ni-Cr 非磁性电阻带。设备为户外型自然冷却。

系统控制采用双微机控制方式，上位机主要执行设备的投入、退出、试验等操作，具有电流、电压曲线记录功能，并与电力监控系统有通信接口。下位机主要执行判断、斩波器投入、调节等功能，实现吸收功率平衡、稳定线网电压。

电阻吸收装置作为牵引供电系统在线设备，当线路列车再生制动能量不能被其他列车消耗时，通过线网电压变化实施控制，由电阻吸收装置消耗该部分的能量，根据吸收功率的大小自动调节导通比，维持线网电压恒定。

电阻吸收装置在车辆处于启动、加速、惰行、停站或线网无车辆运行时，不得投入工作。

再生制动试验电阻吸收装置记录曲线如图 18.2 所示。

3）广州地铁

广州地铁 4 号线也采用电阻吸收装置，与重庆单轨交通 2 号线所采用的为同一系列产品，除设备功率、工作电流不同外，其余基本相同。

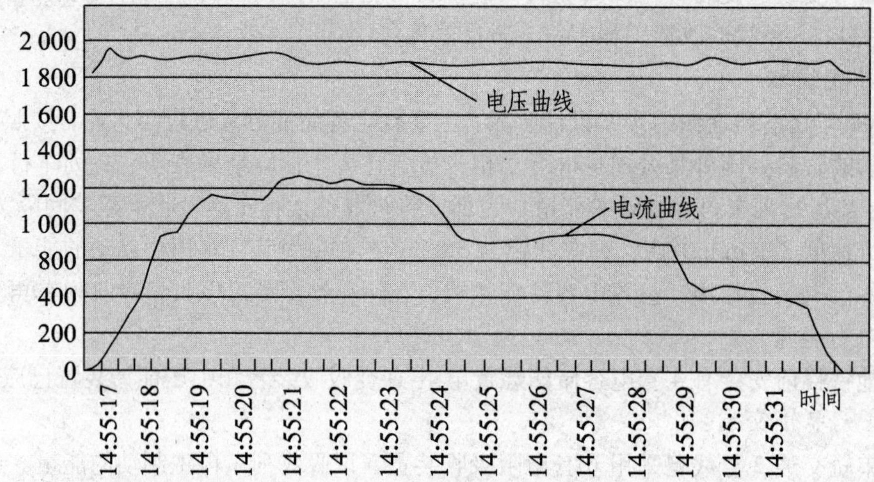

图 18.2　重庆单轨交通再生制动试验电阻吸收装置记录曲线

4）天津地铁

天津地铁 1 号线采用了 16 套电阻吸收装置，与上述重庆单轨、广州地铁所采用的为同一系列产品，除设备额定电压为 750 V，电网电压恒定吸收平均控制值为 850 V，斩波器每相工作频率为 100 Hz 等不同外，其余基本相同。

5）上海、深圳、南京等地铁

上海、深圳、南京等地铁工程目前没有使用再生制动能量吸收装置。

18.4　其他节能措施简介

城市轨道交通工程的节能涉及多系统多专业，前面介绍了供电系统设计节能，下面再对其他系统节能设计进行简单介绍。

18.4.1　线　路

① 线路纵断面设计，在有条件的地段设置节能坡，节省牵引耗电。

根据国内外地铁的运营经验，为了发挥节能坡的最大效果，变坡点应尽量靠近车站有效站台，坡度宜接近最大坡度，一般采用最大坡度减去 2‰～5‰，坡长可根据区间长度采用 200～300 m 为宜。但高架线路由于受桥下净空的限制，如果设置节能坡，则车站高度将会抬高 5～6 m，这将会降低乘客使用的方便度，并且增加乘客的高程损失，所以高架线路一般不考虑节能坡的设置[96]。

② 线路平面设计采用大曲线半径，减少列车运行阻力。

根据《地铁设计规范》（GB 50157—2003），一般情况下 A 型车的最小曲线半径为 350 m，B 型车的最小曲线半径为 300 m，较大的曲线半径，提高了乘客舒适度，减小列车运行阻力，在一定程度上起到了节能的效果。

③ 在有条件设置高架线路的地段尽量采用高架线路，以节省造价、节约能源。

18.4.2 行 车

① 合理制定运营方案，根据客流需求确定初、近、远期的列车运行交路，减少配车数量及列车走行公里数，降低能耗。

② 采用小编组、大密度，可以减小车站建筑规模，也会间接降低动力照明能耗。

③ 合理制订行车计划，在满足客流量要求的前提下，适当安排各时段的列车开行对数，提高列车满载率，减少列车空驶距离。

④ 优化配置系统设计运输能力。

⑤ 列车牵引计算，应遵循节能原则。

18.4.3 车 辆

（1）车体轻量化设计

车体由底架、侧墙、端墙、车顶等 4 大部分组成，一般采用整体承载方式，采用大型铝合金挤压型材或不锈钢制成。铝合金或不锈钢制作的车体与碳素钢车体相比，重量可降低 30%～35%，从而可实现车体的轻量化。车体轻量化对于城市轨道交通具有重要意义，不仅可以减少轴重，降低车辆对线路的冲击，减小车辆运行噪声，而且还可以大大节约能源消耗。

在列车空调系统中利用自动新风调节门来调整所需的新风量大小，可达到节能运营的目的[96]。

（2）车辆牵引控制方式

车辆采用交流牵引电动机变频变压控制（VVVF）的调速方式，已被公认为在调速性能和节能上是目前最为先进的调速方式，它与交流电机配合，无换向部分，运行可靠，过载能力强，结构简单，重量轻，几乎不需维修，可以有效地节约能源。

（3）辅助电源系统

静止逆变器是近几年发展起来的辅助电源系统。过去采用晶闸管的静止逆变器在容量大时，重量和体积也大，发展受到一定的限制。自 20 世纪 80 年代以来，随着大规模集成电路的出现，静止逆变器从可关断晶闸管（GTO）到绝缘栅极双极型晶体管（IGBT）再到智能化功率模块（IPM），体积越来越小，功能越来越强。采用绝缘栅极双极型晶体管（IGBT）或智能化功率模块（IPM）静止逆变器，因其具有体积小、重量轻、转换效率高、噪声低、输出电压频率精度高、维修工作量少及具有自我保护等优点，并且在较高的容量时仍可采用自然冷却的方式而不需采用电动机通风，因而可节约能源，并减少维修工作量。

（4）车辆制动系统

由于城市轨道交通站间距短，列车启制动频繁，制动减速度要求高，为此车辆一般都设有电制动系统，而且采用电制动也可有效地减小车轮、闸瓦磨耗及环境污染。城市轨道交通车辆采用的电制动方式一般有再生制动和电阻制动两种方式。再生制动的最大优点是节能，但再生电能不能或很难每次都全部被吸收。而电阻制动吸收性能稳定，但电能消耗在电阻上，不利于节约能源，而且车辆装设的大容量制动电阻，对车下设备的总体布置带来一定困难。目前城轨车辆都将再生制动、电阻制动、空气制动结合起来使用，这样既充分利用了再生制动的优点，又保证了电制动的稳定性，当列车速度降至很低或因故电制动不足时，最后才用空气制动，这样可大大减少环境污染。

18.4.4 通风空调系统

① 对于地下车站，可优先采用“大系统”；对于地面及高架车站，站台层充分利用自然通风，站厅层可采用可变制冷剂流量多联式空气调节系统。该系统采用变频技术，通过压缩机的变频，空调系统可以根据站厅负荷的变化调节输出的冷量，最大限度地节约通风空调系统的耗能。在楼梯口设空气幕减少空调冷量损失，节约能源。

② 车站设备用房在有对外窗户的情况下，考虑采用自然通风，仅在有工艺要求以及无窗的房间考虑设置分体空调。这样可大大减少空调系统设备的数量，同时也降低了空调系统的耗能。

③ 高架车站以及地面车站的风机、空调，应根据环境的变化自动启动或停止设备，减少不必要的能耗。

④ 通风系统大型风机应尽量采用变频技术。

⑤ 采用有效的风管、冷媒管等保温措施，减少冷量运输能耗。

⑥ 选用合理的室内温湿度标准，尽量取用温湿度的上限值，以减少空调冷负荷，降低制冷能耗。

⑦ 系统计算应包括系统管理的水路计算，选择扬程适宜的水泵和风机避免浪费。

18.4.5 给排水系统

① 给水系统尽量利用城市供水管网压力，能保证直供的生活、生产用水则采用管网直接供给，不能直供的则采用变频泵供水。消防水泵直接在城市供水管网上抽吸以充分利用管网压力。合理控制水泵压力，以满足使用要求为准，以减少设备耗能。

② 排水系统以重力流为主，仅在高差不能满足排水要求时，再设排水泵提升，以减少设备能耗。

③ 生产用水、设备冷却用水尽可能做到循环使用，以节约水资源并减少对环境的污染。

④ 设备、管材及管道接口选用行之有效的新技术、新工艺、新材料和新设备，以提高供水的安全可靠性，减少漏损，降低能耗。

⑤ 选用节水型卫生设备，节水也可间接节能。

18.4.6 自动扶梯

① 自动扶梯采用变频器一方面可有效降低机械能耗，另一方面可提高配电网的功率因数，降低线路损耗。据统计资料表明，使用变频器可以节约电能 30% 左右。

② 当无人乘梯时，保证扶梯自动平稳过渡到节能运行状态，以 1/5 的额定速度运行。扶梯空载时以节能速度模式运行，电流仅为空载时额定速度运行电流的 1/3。扶梯以节能速度运行，机械部分的磨耗也将大大降低，相对延长了扶梯的使用寿命。当有人乘梯时，保证扶梯自动以节能速度平稳过渡到额定速度运行。

18.4.7 信号系统

① 采用列车自动控制（ATC）系统，其中列车自动驾驶（ATO）系统，选择经济运营模式，充分利用列车最大加速度产生的动力，实现惰行，减少列车控制频度，降低牵引能耗，

使列车按最佳运行曲线，实现列车一次加速、惰行、制动后到达目的地，最大限度降低能耗。

② 采用列车自动控制方式，列车运行以 ATP 车载为主体信号，正常情况下信号机处于灭灯状态，降低信号机的电能消耗，实现节能。

18.4.8 自动售检票系统

① 系统运行具有关闭模式，利于节能。

自动售检票系统专用终端设备的运行特点是，短时周期性满载运行；轻载运行时间长；在非高峰小时期间，部分设备的利用率将降低。自动售检票系统具备关闭模式，在此模式下设备将关闭服务，处于最低功耗状态。在运营期间，可通过自动运行时间表、远程命令或设备本地控制将单台或部分售检票终端设备置于该模式。这种模式的设计将有利于节约能源[97]。

② 自动检票机门机控制方式具有常开常闭模式，利于节能。

对于门式自动检票机，将具备常开和常闭模式。当处于常开模式时，自动检票机仅当发现无效车票时，门机才动作，这样既减少了门机的动作次数，又降低了门机动作的功耗，有利于节约能源；当处于常闭模式时，自动检票机检测到有连续持有效车票乘客通过时，门机将闸门打开后，并不立即闭合，而是当乘客全部通过后才闭合，这样既提高了自动检票机的通过能力，又减少了门机的动作次数，也有利于节约能源[97]。

③ 合理配置加热装置，减少能耗。

④ 终端设备具有待机状态，可处于最低功耗运行状态，关键零部件等选用低功耗、高功率因数、高转换效率产品，以降低能耗。

18.4.9 BAS 系统

设置 BAS 系统，对通风空调、水泵、电梯、自动扶梯、照明等机电设备进行自动化监控。通过不同季节和全线不同车站的客流及温湿度等相关参数的合理设置，BAS 系统可以对上述设备进行自动开停等控制，减少不必要的能耗损失。

18.4.10 轨　道

轨道结构尽量统一形式，设备采用通用的零部件，尽量减少养护维修工作量，以达到间接节能的目的。

19 设计应用实例

本章简要介绍国内外五个城市轨道交通工程的供电系统设计实例。它们是北京地铁10号线一期工程、上海地铁2号线一期工程、广州地铁2号线工程、武汉轨道交通1号线一期工程、德黑兰地铁1&2线工程。这几个工程作为供电系统设计实例，各有特点。其外部电源方案有集中式供电，有分散式供电，也有混合式供电。其中压网络电压等级有35（33）kV、20 kV、10 kV；中压网络接线形式有双环网方式，也有辐射方式；有独立的牵引供电网络加独立的动力照明供电网络，也有牵引动力照明混合网络；牵引网系统有直流1 500 V，也有直流750 V；有柔性架空接触网，也有刚性架空接触网，还有接触轨。通过对这些设计实例的介绍，希望加深对前面18章内容的理解，并以此建立起对城轨供电系统的完整认识。

下面分成五节，对上述五个城轨工程的供电系统设计实例分别进行介绍。

19.1 北京地铁10号线一期工程供电系统

下面对北京地铁10号线一期工程的供电系统方案进行详细介绍，重点阐述供电系统的方案、构成及运行方式，同时对该工程的一些特点也做简单介绍。

19.1.1 工程概况

北京地铁10号线一期工程是北京轨道交通线网中一条先东西走向、后南北走向的半环线，线路北段主要沿巴沟路、海淀南路、知春路、北土城西路、北土城东路、太阳宫大街由西向东，在东段沿机场路、东三环路由北向南。线路起点为巴沟站，终点为劲松站。正线全长24.676 km，全部为地下线路。

全线共设有22座车站，平均站间距1 116 m，共有7座换乘车站。

在线路西北端的万柳地区沿万泉河路南北向设车辆段一处。

控制中心设在小营地区，与地铁5号线共建。

北京地铁10号线一期工程开工时间是2003年2月，预计通车时间是2008年6月。

19.1.2 供电系统构成

19.1.2.1 中压网络系统方案

该工程早在可研阶段，就对集中式供电和分散式供电方案进行了分析，并结合沿线城市电网的分布情况以及地铁自身变电所分布及容量情况，经技术经济比较，最终采用分散式供电方案。

城市电网电压等级为 10 kV，该工程直接从城市电网引入外部电源，在电源引入点设置 10 kV 电源开闭所。根据北京电力部门 10 kV 电源回路最大允许的负荷容量，结合地铁变电所分布及负荷容量，该工程全线共设 7 座电源开闭所，对应设 7 个供电分区，基本上每个供电分区给 3～4 座变电所提供电源。电源开闭所的位置分别是：巴沟车站、知春里车站、牡丹园车站、安贞门车站、三元桥车站、团结湖车站和双井车站，在以上车站设置电源开闭所，并与本车站的变电所合建。每座电源开闭所均从城市电网变电所引入两路 10 kV 电源至电源开闭所的两段母线。

全线共设有 24 座变电所（包括车辆段的一座牵引降压混合变电所和一座降压变电所），其中牵引降压混合变电所 14 座，降压变电所 10 座。

该工程中压网络采用双环网接线形式，如图 19.1 所示。

中压网络每座变电所为双电源、双电缆接线，相邻两座电源开闭所供电分区之间也采用双电源、双电缆接线，共同构成双环网络接线形式。

中压网络设置中压断路器作为开环点，此断路器称为应急联络开关，开环点的位置分别位于各电源开闭所供电分区分界点处，具体如下：

① 苏州街站为巴沟与知春里两座电源开闭所供电分区之间的开环点。

② 知春路站为知春里与牡丹园两座电源开闭所供电分区之间的开环点。

③ 健德门站为牡丹园与安贞门两座电源开闭所供电分区之间的开环点。

④ 芍药居站为安贞门与三元桥两座电源开闭所供电分区之间的开环点。

⑤ 亮马桥站为三元桥与团结湖两座电源开闭所供电分区之间的开环点。

⑥ 金台夕照站为团结湖与双井两座电源开闭所供电分区之间的开环点。

该工程的变电所类型分为：电源开闭所、牵引降压混合变电所、降压变电所，其中电源开闭所与所在车站的变电所合建。

根据牵引供电计算结果，同时考虑到产品规格的统一性及设备采购的便利性，该工程全线牵引变压器的装机容量共设有两个等级：1 600 kV · A 和 2 000 kV · A。

该工程列车编组为 B 型车 6 节编组，车站长度一般在 170 m 左右，站台宽度一般为 10 m、12 m 不等，整体上车站建筑规模不大，相应各设备系统的用电容量也不是太大，因此，正线每座车站只设一座降压变电所。车辆段建筑规模比较大，用电负荷较多且比较分散，按靠近负荷中心原则，车辆段内共设两座降压变电所。根据低压动力照明负荷统计及配电变压器容量计算，全线配电变压器装机容量配置共设有三个等级：800 kV · A、1 000 kV · A、1 250 kV · A。

各电源开闭所的供电范围及报装容量、各牵引变压器装机容量及各配电变压器装机容量见表 19.1。

注：⊗联络开关

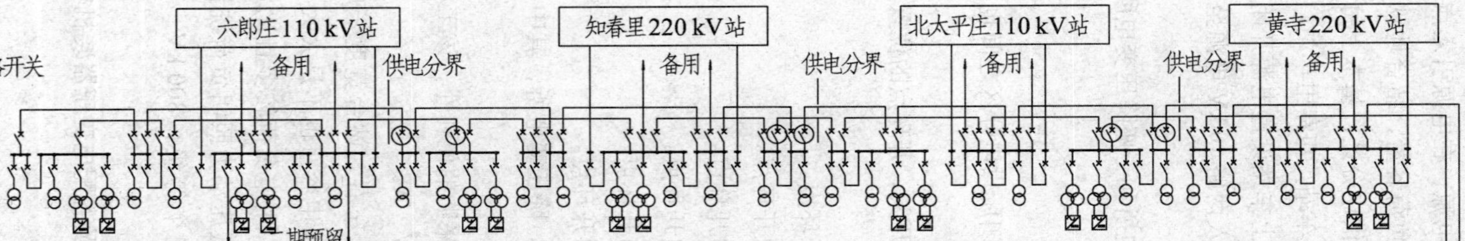

车站名称	车辆段混合所	车辆段降压所	巴沟	苏州街	海淀黄庄	知春里	知春路	西土城	牡丹园	健德门	北土城	安贞门
变电所类型	牵引降压	降压	开闭所牵引降压	牵引降压	降压	开闭所牵引降压	降压	牵引降压	开闭所降压	牵引降压	降压	开闭所牵引降压
站间距(m)		379	1 110	950	976	1 058	1 102	1 330	973	1 100	1 020	
牵引所间距(m)		379	1 110		1 926		2 160		2 303		2 120	
牵变容量(kV·A)	2×1 600		2×1 600	2×1 600		2×2 000		2×2 000		2×2 000		2×2 000
配变容量(kV·A)	2×1 250	2×1 250	2×1 000	2×800	2×800	2×800	2×800	2×1 000	2×800	2×800	2×800	2×1 000

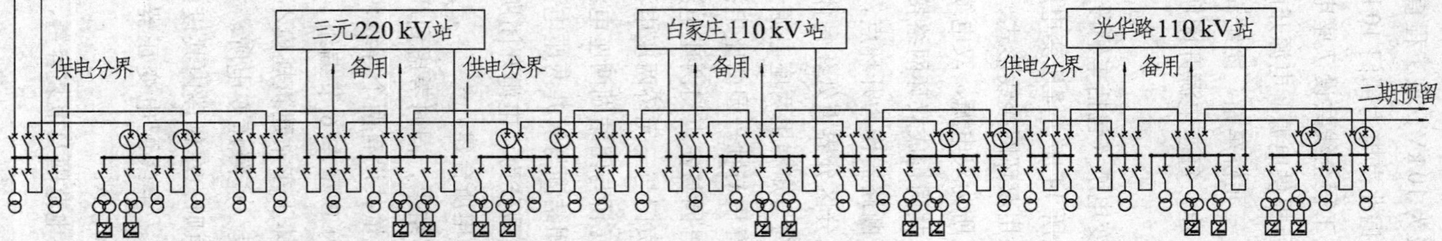

车站名称	惠新西街南口	芍药居	太阳宫	三元桥	亮马桥	农业展览馆	团结湖	呼家楼	金台夕照	国贸	双井	劲松
变电所类型	降压	牵引降压	降压	开闭所牵引降压	牵引降压	降压	开闭所牵引降压	降压	牵引降压	降压	开闭所牵引降压	牵引降压
站间距(m)	982	1 713	1 003	1 759	1 534	914	853	1 149	735	835	1759	1 007 470
牵引所间距(m)	2 695		2 762	1 534		1 767		1 884		2 594	1 007	470
牵变容量(kV·A)		2×2 000		2×2 000	2×2 000		2×2 000		2×2 000		2×2 000	2×1 600
配变容量(kV·A)	2×800	2×800	2×800	2×800	2×1 000	2×800	2×1 000	2×1 000	2×1 000	2×1 250	2×1 000	2×800

图 19.1　北京地铁 10 号线一期工程供电系统示意图

表 19.1 北京地铁 10 号线一期工程各变电所、电源开闭所的装机容量

序号	电源开闭所名称	车站名称	牵引变压器（kV·A）	配电变压器（kV·A）	合计（kV·A）	总计（kV·A）
1	巴沟电源开闭所	巴沟站	2×1 600	2×1 000	5 200	13 400
		车辆段	2×1 600	4×1 250	8 200	
2	知春里电源开闭所	苏州街站	2×1 600	2×800	4 800	13 600
		海淀黄庄站		2×800	1 600	
		知春里站	2×2 000	2×800	5 600	
		知春路站		2×800	1 600	
3	牡丹园电源开闭所	西土城站	2×2 000	2×1 000	6 000	13 200
		牡丹园站		2×800	1 600	
		健德门站	2×2 000	2×800	5 600	
4	安贞门电源开闭所	北土城站		2×800	1 600	14 800
		安贞门站	2×2 000	2×1 000	6 000	
		惠新西街南口站		2×800	1 600	
		芍药居站	2×2 000	2×800	5 600	
5	三元桥电源开闭所	太阳宫站		2×800	1 600	13 200
		三元桥站	2×2 000	2×800	5 600	
		亮马桥站	2×2 000	2×1 000	6 000	
6	团结湖电源开闭所	农业展览馆站		2×800	1 600	15 600
		团结湖站	2×2 000	2×1 000	6 000	
		呼家楼站		2×1 000	2 000	
		金台夕照站	2×2 000	2×1 000	6 000	
7	双井电源开闭所	国贸站		2×1 250	2 500	13 300
		双井站	2×2 000	2×1 000	6 000	
		劲松站	2×1 600	2×800	4 800	
8	总 计		52 800	44 300	97 100	97 100

根据牵引供电计算结果及动力照明负荷计算结果，统计出的各电源开闭所在正常情况下所承担的负荷容量及供电范围见表 19.2。

表 19.2 北京地铁 10 号线一期工程各电源开闭所正常情况下所承担的负荷容量

序号	电源开闭所名称	电源开闭所的供电范围	电源开闭所容量（kW）
1	巴 沟	巴沟、车辆段	12 222
2	知春里	苏州街、海淀黄庄、知春里、知春路	10 572
3	牡丹园	西土城、牡丹园、健德门	10 970
4	安贞门	北土城、安贞门、惠新西街南口、芍药居	13 136
5	三元桥	太阳宫、三元桥、亮马桥	10 098
6	团结湖	农业展览馆、团结湖、呼家楼、金台夕照	12 147
7	双 井	国贸、双井、劲松	10 753

19.1.2.2 中压网络运行方式

中压网络运行方式分为两类：正常运行方式、非正常运行方式。非正常运行方式包含：单电源运行方式和应急运行方式。在特殊情况如检修设备时，电源开闭所还可以通过合环选跳方式，实现不停电运行。

下面将选取知春里电源开闭所作为典型电源开闭所，对知春里电源开闭所供电分区的各种运行方式进行介绍。

(1) 正常运行方式

正常运行方式下，知春里电源开闭所供电范围内的各级变电所的进线开关、联络馈线开关均处在合闸工作位，母线分段开关处在分闸状态。

两个电源开闭所之间供电分界处的应急联络开关在正常运行方式下为常开状态。

知春里电源开闭所和巴沟电源开闭所之间的供电分界在苏州街站牵引降压混合变电所。知春里电源开闭所和牡丹园电源开闭所之间的供电分界在知春路站降压变电所。

正常运行方式下，知春里电源开闭所供电范围：苏州街站牵引降压混合变电所、海淀黄庄站降压变电所、知春里站牵引降压混合变电所、知春路站降压变电所。

(2) 单电源运行方式

当知春里电源开闭所的一路进线失电时，备自投装置动作，该进线开关失压跳闸，母线分段开关自动合闸，此时，由另一个进线电源承担知春里电源开闭所供电范围内的全部负荷。

当知春里电源开闭所的进线电源恢复后，根据调度令，将母线分段开关手动分闸，进线开关合闸。

当苏州街站牵引降压混合变电所或海淀黄庄站降压变电所或知春路站降压变电所的一路进线失电且有纵差保护等联跳信号条件时，备自投装置动作，母线分段开关合闸；否则，备自投装置不启动，需根据调度令，将该进行开关手动分闸，将母线分段开关手动合闸，此时，由另一个进线电源承担该变电所的全部负荷。

知春里电源开闭所供电范围内的各级变电所的进线开关在手动分闸或故障跳闸时，母线分段开关闭锁不自投。

(3) 应急运行方式

当知春里电源开闭所的一路进线电源失电时，备自投装置动作，该进线开关失压分闸，母线分段开关自动合闸，此时，若另一路进线电源也失电，则另一路进线开关保持原状态，母线分段开关自动分闸。

当两个进线电源失压后，供电分区重新划分。

此时，苏州街站牵引降压混合变电所Ⅰ、Ⅱ段母线上的应急联络开关的联锁以及知春路站降压变电所Ⅰ、Ⅱ段母线上的应急联络开关的联锁自动解除。

根据调度令，手动将另一路进线开关分闸。

根据调度令，将知春里电源开闭所引出至海淀黄庄站降压变电所的联络馈线开关分闸，此时新的供电分界点设在知春里电源开闭所处。

根据调度令，手动投入应急联络开关。

此时，由巴沟电源开闭所向苏州街站牵引降压混合变电所和海淀黄庄站降压变电所提供电源；由牡丹园电源开闭所向知春里站牵引降压混合变电所和知春路站降压变电所提供电源。

当知春里电源开闭所的任何一个进线电源恢复时，根据调度令，手动将苏州街站牵引降压混合变电所和知春路站降压变电所应急联络开关分闸，恢复苏州街站牵引降压混合变电所和知春路站降压变电所Ⅰ、Ⅱ段母线上的应急联络开关的联锁。

根据调度令，将知春里电源开闭所引出至海淀黄庄站降压变电所的联络馈线开关合闸。

根据调度令，将知春里电源开闭所的一个进线开关手动合闸，并将母线分段开关手动合闸，由一路进线电源给知春里电源开闭所供电范围内的全部负荷供电。

当知春里电源开闭所的另一路进线电源也恢复时，采用合环选跳方式选跳母线分段开关，恢复到正常运行方式。

（4）合环选跳方式

合环选跳：是指特殊情况下（如检修进线开关设备等）电源开闭所的进线开关和母线分段开关在倒闸切换过程中，为了不影响供电的连续性，在两个进线电源投入工作时，允许母线分段开关短时合闸。

正常运行时，合环选跳转换开关置于退出位。

当采用合环选跳方式时，合环选跳转换开关置于合环选跳位，可以合环选跳知春里电源开闭所的1号进线开关或2号进线开关或母线分段开关。

19.1.2.3　直流牵引供电系统接线方案

根据用户需求，该工程采用直流750 V牵引供电系统，牵引网采用上部授流钢铝复合接触轨供电方式。

直流750 V系统采用双母线系统接线形式，设直流工作母线和直流旁路母线。

直流750 V系统与整流器之间，正极连接为直流快速断路器，负极连接为电动隔离开关。

直流750 V母线上设置四路馈出线，分别向上、下行接触轨供电。馈线开关采用直流快速断路器。

设旁路直流母线及旁路电动隔离开关。

在直流工作母线和直流旁路母线之间，设直流快速断路器作为旁路开关（备用开关）。

负极柜内设两台电动隔离开关，并和整流器连接。在直流负极和走行轨之间，直接通过电缆连接。

在上行两上网电动隔离开关之间设纵向电动隔离开关；在下行两上网电动隔离开关之间设纵向电动隔离开关。

19.1.2.4　直流牵引供电系统运行方式

直流牵引供电系统的运行方式包含以下六种：

（1）双机组运行方式

牵引变电所采用双机组构成等效24脉波整流方式，无论是正常运行的情况还是一个中间牵引变电所退出运行的情况，牵引变电所都应采用双机组并列运行方式，以满足列车运行和抑制谐波的需要。

（2）单机组运行方式

当一台牵引整流机组退出时，运行方式有两种：方式一是由另一套牵引整流机组在过负荷、谐波含量允许以及不影响退出牵引整流机组检修的情况下，继续给列车提供直流电源；方式二是两台牵引整流机组同时退出运行，由左右相邻的两座牵引变电所构成大双边供电。

在全天运行中，除高峰小时以外的其他时间，在满足以下两个条件的情况下，可以采用单机组运行方式：

① 牵引负荷不能大于单机组允许的过负荷能力。

② 单机组12脉波整流所产生的谐波在允许范围内。

（3）双边供电运行方式

城市轨道交通的直流牵引供电系统，在正线的设计和运营中，均应采用双边供电方式。

（4）大双边供电运行方式

当直流牵引供电系统中任何一座牵引变电所退出运行时，利用相邻两座牵引变电所构成大双边供电，同时自动完成双边联跳关系的转换。

实现大双边供电有以下两种方式：

① 利用退出运行的牵引变电所的直流母线构成大双边供电。

② 利用牵引网纵向电动隔离开关构成大双边供电。

（5）单边供电运行方式

正线端头牵引变电所退出运行时，由正线次端头牵引变电所实行单边供电。

车辆段内牵引变电所实行单边供电。

当车辆段内牵引变电所退出运行时，由正线邻近的牵引变电所实行单边供电。

（6）其他运行方式

当一台直流馈出断路器发生故障时，通过旁路断路器替代故障馈出断路器，继续给列车提供直流牵引电源。

19.1.2.5　动力照明供电系统接线方案

每座降压变电所共设两台配电变压器，分别接在两段 10 kV 母线上。

配电变压器高压侧采用断路器连接并配置相应的保护。

配电变压器低压侧采用单母线分段接线形式，设母线分段断路器。在两段低压母线上设集中电容补偿装置，将低压配电系统的功率因素控制在 0.9 以上。

19.1.2.6　动力照明供电系统运行方式

动力照明供电系统有以下三种运行方式：

（1）正常运行方式

正常运行时，两台配电变压器分列运行，各带约一半的负荷。

（2）故障运行方式

当一台配电变压器退出运行时，切除全部三级负荷，由另一台配电变压器带全部一、二级负荷运行，以保证重要负荷的正常用电。

（3）火灾运行方式

当车站发生火灾时，由 FAS 系统发出指令，将低压非消防负荷馈出回路开关分闸。

19.1.3　其　他

下面介绍北京地铁 10 号线一期工程供电系统的一些特点。

19.1.3.1　中压网络保护配置方案

1）保护配置原则

① 提高供电的可靠性。

② 提高保护的选择性。

③ 正常运行状态下保证保护有选择性动作。

④ 非正常运行状态下可越级跳闸。

⑤ 在任何运行状态下不能失去保护。

⑥ 实现故障的快速隔离，优先考虑距离故障点最近的电源恢复系统供电。

2）保护配置方案

该工程中压网络保护配置方案见表 19.3。

表 19.3 北京地铁 10 号线一期工程中压网络保护配置方案

序 号	被保护单元名称	保护装置型号	保护功能配置
1	电源开闭所进线	7SJ632	低压闭锁过流后加速保护
			过流保护
			失压保护
			零序过流保护
2	非电源开闭所进线	7SD610	纵差保护
			过流保护（后备）
		7SJ622	低压闭锁过流后加速保护
			过流保护
			零序过流保护
3	联络馈线	7SD610	纵差保护
			过流保护（后备）
		7SJ622	过流保护
			零序过流保护
4	牵引变压器馈线	7SJ632	速断保护
			过流保护
			零序过流保护
			过负荷报警
			过温报警
			超温跳闸
			整流器一个硅元件故障报警
			整流器同臂两个硅元件故障跳闸
			被直流设备框架泄漏保护联跳
5	配电变压器馈线	7SJ622	速断保护
			过流保护
			零序过流保护
			过负荷报警
			过温报警
			超温跳闸
6	电源开闭所母线分段	7SJ632	合环选跳功能
			过流保护
			备用电源自投功能
7	非电源开闭所母线分段	7SJ632	过流保护
			备用电源自投功能

说明：

① 纵差保护装置 7SD610 的后备过流保护只有在纵差保护功能退出时才投入。

② 母线分段开关的过流保护为备自投充电保护，保护开放时间按 5 s 考虑。

③ 变电所进线回路正常情况下应投入过流保护、零序过流保护、低压闭锁过流后加速保护作为母线故障的保护。变电所联络馈线开关正常情况下应投入过流保护、零序过流保护作

为环网线路故障的保护。

④ 当中压网络环网线路上的光纤通信以及光纤纵差保护装置正常时，必须投入光纤纵差保护。

⑤ 当中压网络环网线路上的光纤通信不正常时，光纤纵差保护装置会立即闭锁光纤纵差保护功能，并投入后备过流保护，延时为 0.25 s。

3）非电源开闭所备自投逻辑

非电源开闭所进线配置 7SD610 和 7SJ622 保护装置，母线分段配置 7SJ632 保护装置。非电源开闭所备自投功能也是通过进线 7SD610、7SJ622 保护装置和母线分段 7SJ632 保护装置组合在一起，通过相应的 I/O 接点和保护装置内置的逻辑运算功能实现备自投功能。

当中压网络环网线路故障或上级变电所母线发生故障时，纵差保护将作用线路两侧开关跳闸，下级变电所对应母线失电。下级变电所母线分段 7SJ632 保护装置的无压检定及开关闭接点启动备自投，检定一段母线无压，另一段母线有压，环网线路开关闭接点接通，且没有闭锁条件（母线故障、PT 断线、正常分合闸操作等）时，经延时确认，启动母线分段开关合闸，恢复对失电母线供电，并保证不会向故障点反送电。

非电源开闭所备自投动作成功后，供电进线再失压，跳开母线分段断路器，其他断路器维持原状态。

（1）备自投充电逻辑

当Ⅰ母有压、Ⅱ母有压、母线分段开关在分位和备自投在投入位 4 个条件同时成立时，备自投装置开始充电。备自投充电逻辑由母线分段 7SJ632 保护装置实现。

（2）备自投启动逻辑

当Ⅰ（Ⅱ）段母线无压、母线 PT 工作正常（PT 手车在工作位、MCB 在合位）、Ⅰ（Ⅱ）进线断路器在分位、Ⅰ（Ⅱ）段进线纵差保护动作、Ⅰ（Ⅱ）段进线接收到对侧联跳信号等 5 个条件同时成立时，开始启动备自投功能。

备自投的启动逻辑由进线 7SD610 保护装置实现，并输出接点信号至母线分段 7SJ632 保护装置启动备自投。备自投启动逻辑如图 19.2 所示。

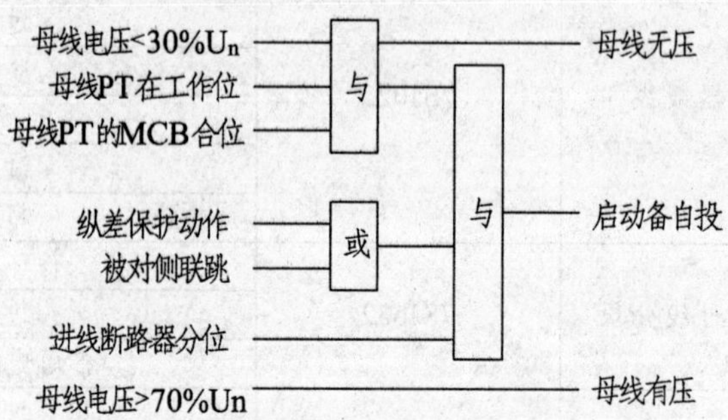

图 19.2 非电源开闭所备自投启动逻辑框图

（3）备自投执行逻辑

当备自投充电完成并接收到启动信号后，开始执行备自投功能：经过一定延时作用母线分段开关合闸，同时，上传备自投动作信号。

备自投的执行逻辑由母线分段 7SJ632 保护装置实现。

备自投执行逻辑如图 19.3 所示。

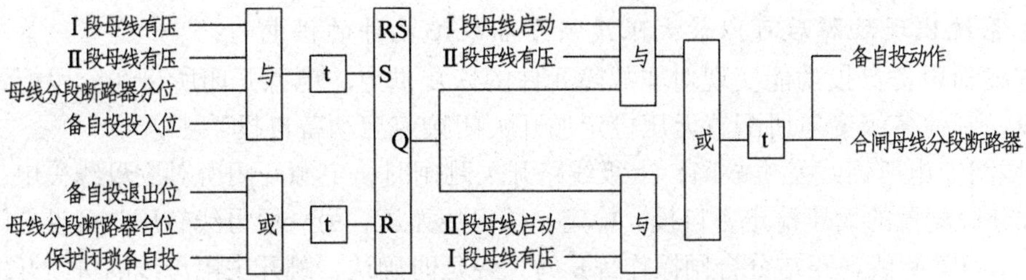

图 19.3 非电源开闭所备自投执行逻辑框图

4）母线无压母线分段开关跳闸逻辑

根据中压网络运行方式的界定，当变电所一路进线失压，该路进线开关分闸，母线分段开关合闸，由另一路进线电源继续供电；若另一路进线电源再失压，此时，该路进线开关保持原状态，母线分段开关自动分闸。母线无压母线分段开关跳闸逻辑就是实现上述功能。

当Ⅰ段母线无压、Ⅱ段母线无压、母线分段断路器手车在工作位、母线分段隔离手车在工作位、母线分段断路器在合闸位等 5 个条件同时成立时，母线无压母线分段开关跳闸逻辑开始启动，执行母线分段开关自动跳闸功能。

母线无压母线分段开关跳闸逻辑由母线分段 7SJ632 保护装置实现。

母线无压母线分段开关跳闸逻辑如图 19.4 所示。

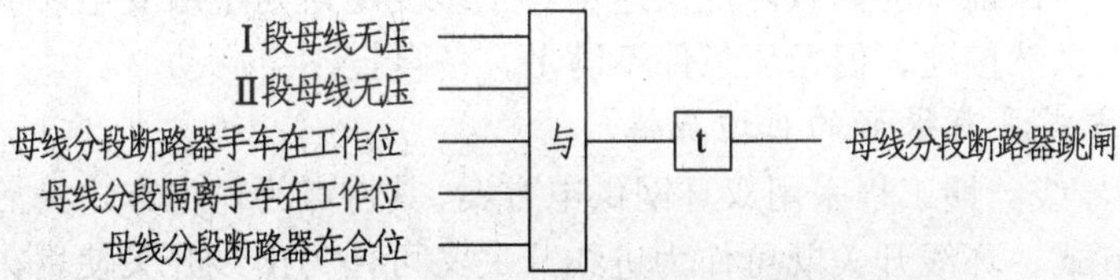

图 19.4 母线无压母线分段开关跳闸逻辑框图

电源开闭所与非电源开闭所的母线无压母线分段开关跳闸逻辑完全一致。

5）保护方案特点

北京地铁 10 号线一期工程中压网络保护配置方案具有以下几个方面的特点：

（1）解决了整个系统的选择性问题

北京地铁 10 号线一期采用多级供电方式，最多达到三级供电。针对上述现状，如果采用常规阶梯式保护配置方案将很难保证整个系统的选择性。

该工程采用了以下措施来保证系统的选择性：

① 利用线路纵差保护瞬动跳闸、区外故障可以可靠闭锁、可保护线路全长的特点，在环线发生故障时，保证与上级环线、城网变电所馈出线的选择性。当各级变电所或电源开闭所馈出线发生故障时，纵差保护瞬时动作，保证环线上流过穿越性故障电流时，其他保护不会误动作。当各级变电所或电源开闭所母线发生短路故障时，由进线的低压闭锁过流后加速保护动作，开关瞬时跳闸，和环网进出线过流保护的 0.5 s 有选择性配合。此时，纵差保护不启动。

② 各级变电所及电源开闭所的联络馈线配置纵差保护、低压闭锁过流后加速保护、过流保护、零序过流保护，保护的整定时限分别为 0 s，0.5 s，0.25 s。当联络馈线发生故障时，与城网变电所馈出线的选择性由阶梯式整定时限保证；与各级变电所及电源开闭所进线、母线分段、联络馈线的选择性由纵差保护的 0 s 和过流保护的 0.5 s 实现选择性配合。

（2）系统出现故障后可以最大限度恢复非故障元件的供电

该方案利用备自投功能实现对非故障元件的恢复供电。电源开闭所母线分段配置无压检定备自投，其他各级变电所配置无压检定加开关闭接点启动备自投。

① 城网变电所馈线发生故障，上级线路开关跳闸时，电源开闭所对应母线失电。电源开闭所母线分段配置的无压检定备自投，检定一段母线无压，另一段母线有压，且没有闭锁条件（母线故障、PT 断线、正常分合闸操作等）时，经延时确认，跳开失电母线的进线开关，并由该开关的闭接点启动母线分段开关合闸，恢复对失电母线供电，并保证不会向故障点反送电。

② 中压网络环线发生故障时，纵差保护将线路两侧开关跳开，下级变电所对应母线失电。下级变电所母线分段配置的无压检定加开关闭接点启动备自投，检定一段母线无压，另一段母线有压，环线故障线路开关闭接点接通，且没有闭锁条件时，经延时确认，启动母线分段开关合闸，恢复对失电母线供电，并保证不会向故障点反送电。

③ 电源开闭所或非电源开闭所母线发生故障时，进线开关的低压闭锁过流后加速保护动作，跳开母线上连接的所有环线开关，通过光纤通道联跳对侧环线开关，并闭锁本所备自投。故障母线失电，由本段母线供电的下级变电所对应母线失电，下级变电所母线分段配置的无压检定加开关闭接点启动备自投，检定一段母线无压，另一段母线有压，与故障母线相连的环线线路开关闭接点接通，且没有闭锁条件时，经延时确认，启动母线分段开关合闸，恢复对失电母线供电，并保证不会向故障点反送电。上级变电所与下级变电所故障母线相连的环线线路开关闭接点虽然接通，但无压条件不满足，备自投不会启动。

（3）对运行方式具有很好的自适应性

北京地铁 10 号线一期工程采用双环网供电方案，其特点为供电方式灵活，供电可靠性高，依据不同的运行方式，环线开关既可作为进线开关又可作为出线开关使用。本工程保护配置方案利用装置的逻辑编程功能，非电源开闭所的母线分段备自投采用无压检定加开关闭接点启动，利用线路纵差保护通过光纤通道远传联跳信号的方式，保证了不同运行方式下母线分段备自投的自适应性。该备自投逻辑不存在跳进线开关的逻辑，当任一环线开关由进线改为出线或由出线改为进线，均不需要切换备自投逻辑。

19.1.3.2 供电系统程控操作方案

为了方便今后的运营管理，北京地铁 10 号线一期工程供电系统设置程控操作。

根据和业主、运营方的多次协商、交流，最终确定了供电系统程控操作的五大功能以及具体做法。

程控操作主要完成如下功能：

（1）交流 10 kV 系统的程控操作

当电源开闭所的两路 10 kV 电源均失电时，需要重新划分供电分区，并通过倒闸操作由相邻供电分区越区给该电源开闭所对应的供电分区继续供电。

当非电源开闭所的两路 10 kV 电源均失电时，通过倒闸操作直接由相邻供电分区越区供电。

该工程将以上两种情况下的倒闸操作设置成程控操作。

（2）直流 750 V 系统的程控操作

根据北京地铁电力调度管理规程，在夜间列车停运后，需要通过倒闸操作使直流牵引供电系统停止供电。在早晨再通过倒闸操作使直流牵引供电系统开始供电。

该工程将夜间停电及早晨送电的倒闸操作设置成程控操作。

（3）牵引网供电分区停电的程控操作

在特殊情况下，根据运营电力调度需要，通过倒闸操作，将某个牵引网供电分区停电。该工程将这种情况下的倒闸操作设置成程控操作。

（4）实现大双边供电的程控操作

当正线中间的某座牵引变电所退出运行时，通过倒闸操作由相邻牵引变电所构成大双边供电。该工程将实现大双边供电的相关倒闸操作设置成程控操作。

（5）传动直流旁路开关的程控操作

根据北京地铁运营公司的管理规程，需要对牵引变电所的直流旁路开关进行定期传动测试。该工程将直流旁路开关的传动测试设置成程控操作。

程控操作仅提供一种便捷的操作方式，在具体运营调度操作时，需结合系统运行的实际情况，综合判别调用。

19.2 上海地铁 2 号线一期工程供电系统

19.2.1 工程概况

上海地铁 2 号线一期工程西起中山公园站，东至龙东路站，全长 16.671 km，设车站 12 座，1 座停车场。车站依次是中山公园站、江苏路站、静安寺站、石门一路站、人民公园站、河南中路站、陆家嘴站、东昌路站、东方路站、杨高路站、中央公园站和龙东路站。除龙东路站外，其余均为地下车站。2000 年 6 月 11 日全线试通车。

19.2.2 供电系统构成

上海地铁 2 号线一期工程外部电源方案为集中式供电，设 2 座 110 kV 主变电所。中压网络采用独立的 33 kV 牵引供电网络以及独立的 10 kV 动力照明供电网络。全线设 7 座牵引变电所（含停车场 1 座）、30 座降压变电所（含停车场 3 座）。上海地铁 2 号线一期工程供电系统如图 19.5、19.6 所示[100]。

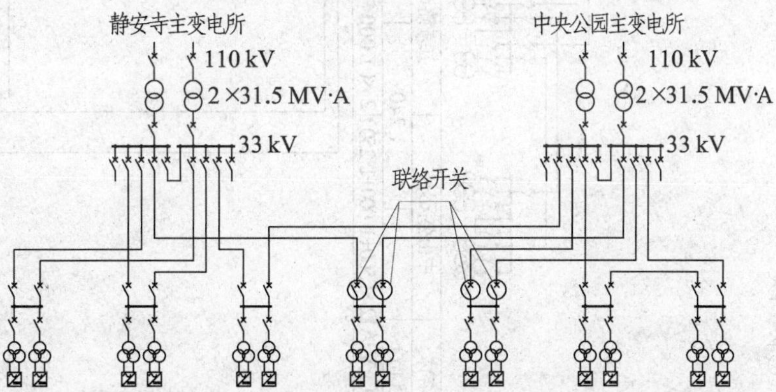

车站名称	中山公园站	静安寺站	人民公园站	陆家嘴站	东方路站	中央公园站	停车场
站间距(m)	2649	2820	2959	2612	3264	1824	
牵变容量(kV·A)	2×4500	2×4500	2×4500	2×4500	2×4500	2×4500	2×4500

图 19.5 上海地铁 2 号线一期工程牵引网络供电系统图

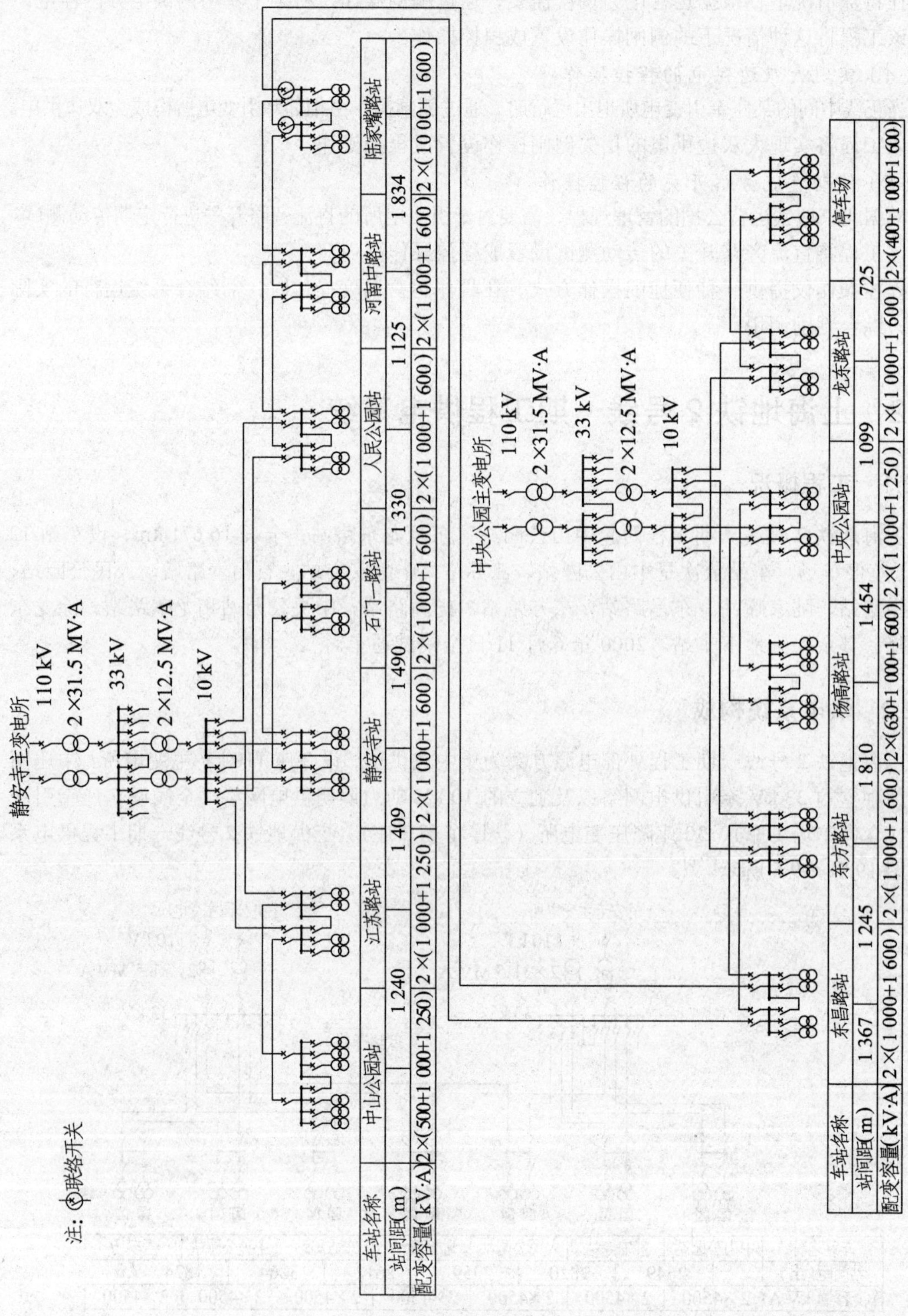

图 19.6 上海地铁 2 号线一期工程动力照明网络供电系统图

19.2.2.1 主变电所

上海地铁 2 号线一期工程设置的两座主变电所分别设于中央公园和静安寺。每座主变电所均从城市电网引入两路可靠的 110 kV 电源。静安寺站主变电所的两路电源引自华山区域变电所的两段母线，中央公园站主变电所的两路电源引自浦东区域变电所的两段母线，电源引入皆为 110 kV 电缆线路。两座主变电所供给该工程全线的牵引和动力照明用电。

每座主变电所为线路-变压器组接线方式。两路 110 kV 电源和两台主变压器分列运行，不设桥路开关。主变电所内设 33/10 kV 总配电变压器，专为动力照明网络供电，容量为 2×12.5 MV · A。中压侧 33 kV 和 10 kV 为分段单母线接线，设置分段开关。分段开关正常处于断开状态，失压自投，过流闭锁。每座主变电所的 33 kV 两段母线和 10 kV 两段母线各有 3 路馈出回路，供给牵引供电系统和动力照明供电系统用电。

主变压器采用油浸自冷、有载自动调压主变压器。主变电所采用了 SF_6 绝缘全封闭组合电器 GIS，占地面积较小。主变电所的平面布置较为紧凑，也特别注意了设备运输、安装和运行的要求，并设有通往地铁 2 号线的电缆通道，其断面为 2 m×2 m。

19.2.2.2 牵引变电所

上海地铁 2 号线一期工程正线设 6 座牵引变电所，即在中山公园站、静安寺站、人民公园站、陆家嘴站、东方路站、中央公园站和停车场各设一座牵引变电所。

牵引变电所的交流侧电压为 33 kV，采用单母线，双电源，一用一备；直流侧标称电压为 1 500 V。每座牵引变电所设两套牵引整流机组，单套牵引整流机组为 12 脉波整流方式，两套牵引整流机组接于同一段母线，构成等效 24 脉波整流方式。牵引变压器容量按远期高峰小时运量设计，为 4 500 kV · A。牵引变电所直流侧为单母线系统。牵引整流机组的直流侧设电动隔离开关，牵引变电所通过具有足够分断能力的直流快速开关向牵引网送电。

牵引变电所分就地和远动二级控制，各控制对象能单独进行控制方式转换。按远期无人值班设计。

19.2.2.3 牵引网

上海地铁 2 号线一期工程牵引网系统标称电压为直流 1 500 V，正极架空接触网供电，负极走行轨回流，架空接触网和走行轨构成牵引网。因受地下空间的限制，架空接触网采用了简单弹性悬挂。接触网从德国引进，采用西门子技术，牵引网回路电阻为 0.036 Ω/km，其截面积为 720 mm^2 的铜当量截面。

接触网正常运行时采用双边供电。在同一侧接触网的两个电分段间设纵向隔离开关，在一个牵引变电所故障解列时，可以通过纵向隔离开关构成大双边供电。大双边供电也可以通过牵引变电所的直流母线构成。接触网在设置牵引变电所车站的列车进站端、正线与车场的联络线之间、两正线间的渡线和车场各馈电区间及试验线设置了电分段。

有检查坑的尽头折返线接触网由牵引变电所单独回路供电，并从另一条正线接触网引入备用电源；没有检查坑的停车线接触网可以从一条正线接触网引入主电源，从另一条正线的接触网引入备用电源。上述电源的接引都经过隔离开关。

为了保证人身安全，走行轨对地间设置了钢轨电位限制器，当电压超过一定值时，钢轨电位限制器自动合闸接地。

停车场设置了牵引变电所，并对牵引网进行分区供电，在车场与正线牵引网电分段处，设置隔离开关，以便于引入备用电源。

19.2.2.4 降压变电所

上海地铁 2 号线一期工程共 12 座车站及 1 座停车场。每个地下车站的站台两端各设 1 座降压变电所，两座降压变电所分别负责半个车站和相邻半个区间的动力照明供电，其中中山公园站、人民公园站、杨高路站 3 座车站由于商业用电的需要，各增设了 1 座降压变电所。停车场在负荷中心设 3 座降压变电所。

降压变电所的两路 10 kV 电源有的来自主变电所 10 kV 母线，有的来自相邻的降压变电所 10 kV 母线。分段单母线，设置分段开关。正常情况下，母线分段开关打开。两台配电变压器分列运行，同时供电；当一台配电变压器故障解列时，自动切除三级负荷，另一台配电变压器可以承担全部一、二级负荷。

降压变电所 0.4 kV 低压侧为分段单母线，设分段开关，失压自投，过流闭锁，来电自复。低压侧采用了无功功率自动补偿装置，补偿电容采用干式无油设备，功率因数补偿到 0.9 以上。低压负荷按动力、照明、广告照明、空调分别计量，以便运行用电考核。在站台两端各设一组镉镍碱性蓄电池组，其容量选择满足变电所双路失压时，供给车站、区间 220 V 事故照明，时间不少于 30 min，以便使地下车站的旅客能安全撤出到地面。事故照明电源正常情况下由两路低压电源供电，两路电源一用一备，自动切换，只有当变电所双路电源失压时，才自动切换到蓄电池组供电。低压开关柜选用抽出式开关柜，低压主开关和馈出开关的分断容量满足变压器出口短路时断流容量的要求。

19.2.3 运行方式

19.2.3.1 33 kV 牵引供电网络

1）网络接线

上海地铁 2 号线一期工程设置了 7 座牵引变电所。如图 19.5 所示，其牵引网络构成为：中山公园站、静安寺站牵引变电所的两路 33 kV 电源分别来自静安寺主变电所的 33 kV Ⅰ、Ⅱ段母线；东方路站、中央公园站、停车场牵引变电所的两路 33 kV 电源分别来自中央公园主变电所的 33 kV Ⅰ、Ⅱ段母线；人民公园站牵引变电所的两路 33 kV 电源中分别引自静安寺站主变电所的Ⅱ段母线和中央公园站主变电所的 33 kV Ⅰ段母线。陆家嘴站牵引变电所的两路 33 kV 电源中分别引自静安寺站主变电所的 33 kV Ⅰ段母线和中央公园站主变电所的 33 kV Ⅱ段母线[100]。

静安寺主变电所的 33 kV Ⅱ段母线用 33 kV 电缆经人民公园站牵引变电所 33 kV 母线与中央公园主变电所 33 kV Ⅰ段母线联络；静安寺主变电所的 33 kV Ⅰ段母线用 33 kV 电缆经陆家嘴站牵引变电所 33 kV 母线与中央公园主变电所 33 kV Ⅰ段母线联络。

为使主变电所的两台主变压器负载平衡和高次谐波电流、谐波电压均衡，一期工程的 7 座牵引变电所的电源引入，按牵引负荷的大小，均衡地接入两座主变电所。在正常运行情况下，使两台主变压器的负载率尽量平衡。牵引变电所的电源引入及工作备用电源情况见表 19.4。

表 19.4　牵引变电所电源引入及工作备用电源情况

牵引变电所名称	工作电源	备用电源
中山公园	静安寺主变电所Ⅰ段母线	静安寺主变电所Ⅱ段母线
静安寺	静安寺主变电所Ⅰ段母线	静安寺主变电所Ⅱ段母线
人民公园	静安寺主变电所Ⅱ段母线	中央公园主变电所Ⅰ段母线
陆家嘴	中央公园主变电所Ⅱ段母线	静安寺主变电所Ⅰ段母线
东方路	中央公园主变电所Ⅰ段母线	中央公园主变电所Ⅱ段母线
中央公园	中央公园主变电所Ⅰ段母线	中央公园主变电所Ⅱ段母线
停车场	中央公园主变电所Ⅱ段母线	中央公园主变电所Ⅰ段母线

2）运行方式

（1）正常运行方式

正常情况下，每座主变电所的两路 110 kV 电源和两台主变压器分列运行。主变电所 33 kV 母线分段开关打开，两段母线分列运行。主变电所 33 kV 馈线向牵引负荷供电。

（2）故障运行方式

一座主变电所故障解列（不包括 33 kV 母线），由另一座主变电所向全线供电，不影响牵引供电系统的正常运行。

当静安寺主变电所故障解列时，该所的 33 kV 馈线开关处于分闸位置，合上中央公园主变电所的 33 kV 联络开关 H01 和静安寺主变电所的 33 kV 联络开关 H02，然后通过陆家嘴站和人民公园站的牵引变电所 33 kV 母线，将静安寺主变电所的 33 kVⅡ段母线与中央公园主变电所的 33 kVⅠ段母线联络，将静安寺主变电所的 33 kVⅠ段与中央公园主变电所的 33 kV Ⅱ段母线联络，最后合上静安寺主变电所的 33 kV 馈线开关，由中央公园主变电所向牵引供电系统供电，保证列车正常运行。

当中央公园主变电所故障解列时，也是通过陆家嘴站和人民公园站的牵引变电所将两座主变电所 33 kV 母线联络，保证牵引供电系统的正常运行。

一座主变电所的一路 110 kV 电源或主变压器故障解列（不包括 33 kV 母线），合上该所的 33 kV 母线分段开关，由另一台主变压器承担该主变电所的全部负荷，不影响牵引供电系统的正常运行。

两座主变电所每座各有一路 110 kV 电源或主变压器故障解列（不包括 33 kV 母线），合上各自的母线分段开关，分别由两座主变电所的另一台主变压器承担主变电所全部负荷，不影响牵引供电系统的正常运行。

一座主变电所故障解列，另一座主变电所一路 110 kV 电源或主变压器故障解列（不包括 33 kV 母线），合上 33 kV 母线分段开关，两座主变电所通过 33 kV 母线联络支援，全线只有一台主变压器运行，此时可以保证 6 节车编组，车流密度为 20 对/h 的牵引用电。

当牵引变电所一路 33 kV 进线电缆发生故障时，切除该故障电缆，合上该牵引变电所另一路 33 kV 进线开关，恢复供电。

19.2.3.2　10 kV 动力照明供电网络

1）网络接线

上海地铁 2 号线一期工程设置了 30 座牵引变电所，共设有 6 个供电分区，如图 19.6 所示，其动力照明供电网络构成为：静安寺主变电所为江苏路站和中山公园站、静安寺站和石门一路站、人民公园站和河南中路站及陆家嘴站三个分区供电，江苏路站、静安寺站、人民公园站的降压变电所两路 10 kV 电源分别来自静安寺主变电所的 10 kV Ⅰ、Ⅱ段母线，为电源引入点。中央公园主变电所为东方路站和东昌路站、中央公园站和杨高路站、龙东路站和停车场三个分区供电，东方路站、中央公园站、龙东路站的降压变电所两路 10 kV 电源分别来自中央公园主变电所的 10 kV Ⅰ、Ⅱ段母线，为电源引入点。陆家嘴站降压变电所的两路 10 kV 电源分别来自河南中路站降压变电所的 10 kV Ⅰ、Ⅱ段母线，并有两路 10 kV 电缆与相邻的东昌路站降压变电所的 10 kV Ⅰ、Ⅱ段母线进行联络[100]。

2）运行方式

（1）正常运行方式

正常情况下，每座主变电所的两路 110 kV 电源和两台总配电变压器分列运行。主变电所 10 kV 母线分段开关打开，两段母线分列运行。主变电所 10 kV 馈线向动力照明负荷供电。

（2）故障运行方式

一座主变电所故障解列（不包括 10 kV 母线），由另一座主变电所向全线供电，不影响动力照明供电系统的正常运行。

一座主变电所的一路 110 kV 电源或主变压器故障解列（不包括 10 kV 母线），合上 10 kV 母线分段开关，由另一台主变压器承担该主变电所的全部负荷，不影响动力照明供电系统的正常运行。

两座主变电所每座各有一路 110 kV 电源或主变压器故障解列（不包括 10 kV 母线），合上各自的母线分段开关，分别由两座主变电所的另一台主变压器承担主变电所全部负荷，不影响动力照明系统的正常运行。

一座主变电所故障解列，另一座主变电所一路 110 kV 电源或主变压器故障解列（不包括 10 kV 母线），合上 10 kV 母线分段开关，此时全线只有一台主变压器运行，地下车站切除三级负荷和部分一、二级负荷，每个车站的动力照明负荷允许有 530 kW，可以维持地铁的继续运行。可以继续运行的动力照明负荷分配为主要包括节电照明、房间照明、自动扶梯、环境通风、自动售检票、通信信号等。

一台总配电变压器故障解列时，切除正常供电范围内的三类负荷，合上 10 kV 母线分段开关，由另一台变压器承担全部一、二级负荷用电。

当降压变电所一路 10 kV 进线发生故障时，切除该故障线路，合上 10 kV 母线分段开关，恢复供电。

当降压变电所一台 10/0.4 kV 配电变压器发生故障或 0.4 kV 进线发失压故障时，该进线断路器跳闸后母线分段断路器自动投入，由另一台配电变压器供给两段母线上全部一、二级负荷；故障排除后，母线分段断路器自动跳闸，进线断路器合闸，恢复正常供电。

19.2.4 其　他

上海地铁 2 号线一期工程供电系统的设计结合当时工程的实际情况，有以下几个主要特点：

① 中压网络采用了独立的 33 kV 牵引供电网络和独立的 10 kV 动力照明供电网络。电压级不同，主要是由于上海地铁 2 号线客流量大，8 辆车编组，运行高峰小时车流密度为 30 对/h，牵引变压器安装容量达到 4 500 kV · A，牵引负荷大。在相同条件下，35 kV（33 kV）

电压级供电距离较 10 kV 牵引供电网络供电距离长，采用 35 kV（33 kV）作为牵引供电网络电压等级，牵引变电所设置的数量和间距更加合理。而对于动力照明供电网络，10 kV 电压级供电能力完全可以满足 2 号线动力照明负荷的用电需要，且成熟可靠。因此，上海地铁 2 号线采用了两个电压等级不同、网络相互独立的中压供电网络。

上海地铁 2 号线的牵引供电设备是由德国政府贷款西门子公司供货，而该公司中压设备电压等级不是国内常用的 35 kV，而是 33 kV，因此，工程最终采用的牵引供电网络电压为 33 kV。

② 两座主变电所的相互支援通过牵引变电所 33 kV 母线联络实现。人民公园站牵引变电所 33 kV 母线分别接至静安寺主变电所 33 kV Ⅱ段母线和中山公园主变电所 33 kV Ⅰ段母线，河南中路站牵引变电所 33 kV 母线分别接至静安寺主变电所 33 kV Ⅰ段母线和中山公园主变电所的 33 kV Ⅱ段母线。这样，在一座主变电所故障时，另一座主变电所两段 33 kV 母线可以分别经过人民公园站或河南中路站牵引变电所 33 kV 母线进行联络，相互支援。

③ 主变电所设置 33/10 kV 总配电变压器。初步设计方案中，在主变电所只设置了两台三线圈主变压器，将 110 kV 外部电源变压为 33 kV 和 10 kV 电压，分别为牵引供电网络和动力照明供电网络供电。但由于当时西门子公司没有三线圈变压器产品，因此，在主变电所设置了两台 33/10 kV 总配电变压器。这样，主变压器将 110 kV 外部电源变压为 33 kV，为牵引供电网络和总配电变压器供电，而总配电变压器再将 33 kV 变压为 10 kV，为动力照明供电网络供电。

19.3 广州地铁 2 号线工程供电系统

广州地铁 2 号线工程供电系统，为集中式外部电源方案，设有两座 110/33 kV 主变电所，中压网络为 33 kV 牵引动力照明混合网络，车站一端设置牵引降压混合变电所，另一端设置跟随式降压变电所，牵引网采用了刚性架空接触网，设电力监控系统。下面根据《广州地铁 2 号线设计总结》对本工程供电系统进行简单介绍。

19.3.1 工程概况

广州地铁 2 号线呈南北东西“L”走向，由琶洲起向西至江南西后，再向北穿越珠江，全长 23.265 km，共设 20 座车站。由南向北分别为：琶洲站、新港东站、磨碟沙站、赤岗站、客村站、鹭江站、中大站、晓港站、江南西站、市二宫站、海珠广场站、公元前站、纪念堂站、越秀公园站、广州火车站、三元里站、远景站、广州体育馆站、新市站、江夏站。其中公元前站是地铁 1 号线与 2 号线的换乘车站。2003 年 6 月 28 日开通三元里至琶洲 16 个站。

需要说明的是，根据广州市政府 2003 年 10 月 28 日批准的《广州市轨道交通线网规划》及 2005 年 2 月上报国家发改委的《广州市轨道交通建设规划调整》及批复意见，线网中的 2 号线呈南北走向，南起广州新客站，北至嘉禾，线路全长约 31.41 km，共设 24 座车站，其中包括从江南西至三元里已建成的运营线路 8.10 km 和 8 座车站；向南延伸段从 2 号线首期工程晓江区间预留接口处至广州新客站，线路长 13.96 km，设 9 座车站，原计划 2005 年 6 月动工，2008 年底建成；北延伸段从三元里站后折返线至嘉禾线路长 9.36 km，设 7 座车站，原计划 2006 年 6 月动工，2009 年底建成。

19.3.2 供电系统构成

广州地铁 2 号线全线负荷总容量初期为 47 330 kW。全线采用 110/33 kV 两级供电制式的集中式供电，牵引供电和动力照明合用一个中压网络供电，中压等级为 33 kV，采用双环网接线方式。全线 33 kV 供电环网中以 3 座或 4 座变电所为一个供电分区，共分 7 个供电分区。由一个主变电所的 33 kV 两段母线引出两回互为备用的电源，引至每个供电分区中一个牵引降压混合变电所或降压变电所，其他牵引降压混合变电所或降压变电所采用环网方式接入电源。车辆段单独从河南主变电所的两段母线上引入两回电源。在市二宫站设置环网联络开关，用于两主变电所之间的支援。供电系统如图 19.7 所示。

19.3.2.1 主变电所

广州地铁 2 号线首通段设瑶台和河南 2 座主变电所。2 座主变电所的主变压器容量分别为 2×40 MV · A 和 2×63 MV · A，全线配电变压器容量为 73.3 MV · A，牵引变压器容量为 61.8 MV · A。

19.3.2.2 牵引降压混合变电所

广州地铁 2 号线全线共设 9 座牵引降压混合变电所，分别位于三元里站、越秀公园站、海珠广场站、江南西站、中大站、客村站、磨碟沙站、琶洲站、车辆段。

牵引降压混合变电所主接线采用分段单母线形式，每段母线均有一路 33 kV 进线电源。每个牵引变电所内设置两套牵引整流机组，单套牵引整流机组为 12 脉波整流方式，两套牵引整流机组接于同一段母线，构成等效 24 脉波整流方式。33 kV 开关设备采用 SF_6组合电器，减少了设备用房面积。

19.3.2.3 降压变电所

广州地铁 2 号线全线共设 7 座降压变电所、8 座跟随式降压变电所、4 座冷站变电所。7 座降压变电所分别位于广州火车站站、纪念堂站、公园前站、市二宫站、晓港站、鹭江站、赤岗站、新港东站；8 座跟随式降压变电所分别位于三元里站、越秀公园站、江南西站、晓港站、中大站、鹭江站、客村站、车辆段；4 座冷站变电所分别位于广州火车站、海珠广场站、鹭江站、车辆段。

降压变电所 33 kV 侧主接线采用分段单母线形式，正常时母线分段开关打开，两路电源两台配电变压器分列运行。跟随式降压变电所 33 kV 侧采用线路-变压器组接线形式。低压侧均采用分段单母线接线形式。

19.3.2.4 牵引网

广州地铁 2 号线工程在国内首次采用了刚性架空接触网。刚性接触网在授流过程中基本不变形，其断面由汇流排、接触线、绝缘子、支持结构等组成；顺线路布置跨距一般为 6～8 m，锚段长度一般为 250～300 m，锚段中间设置中心锚结，拉出值一般为 ±200 mm/500 m。刚性悬挂汇流排、接触线顺线路无张力，利用汇流排燕尾槽自身弹性夹紧力夹持固定接触线，单位夹紧力为 100 N/cm。

19.3.2.5 电力监控

全线设一套电力监控系统，以实现对全线供电设备的远方集中监控，控制中心设在公园前控制中心大楼内。

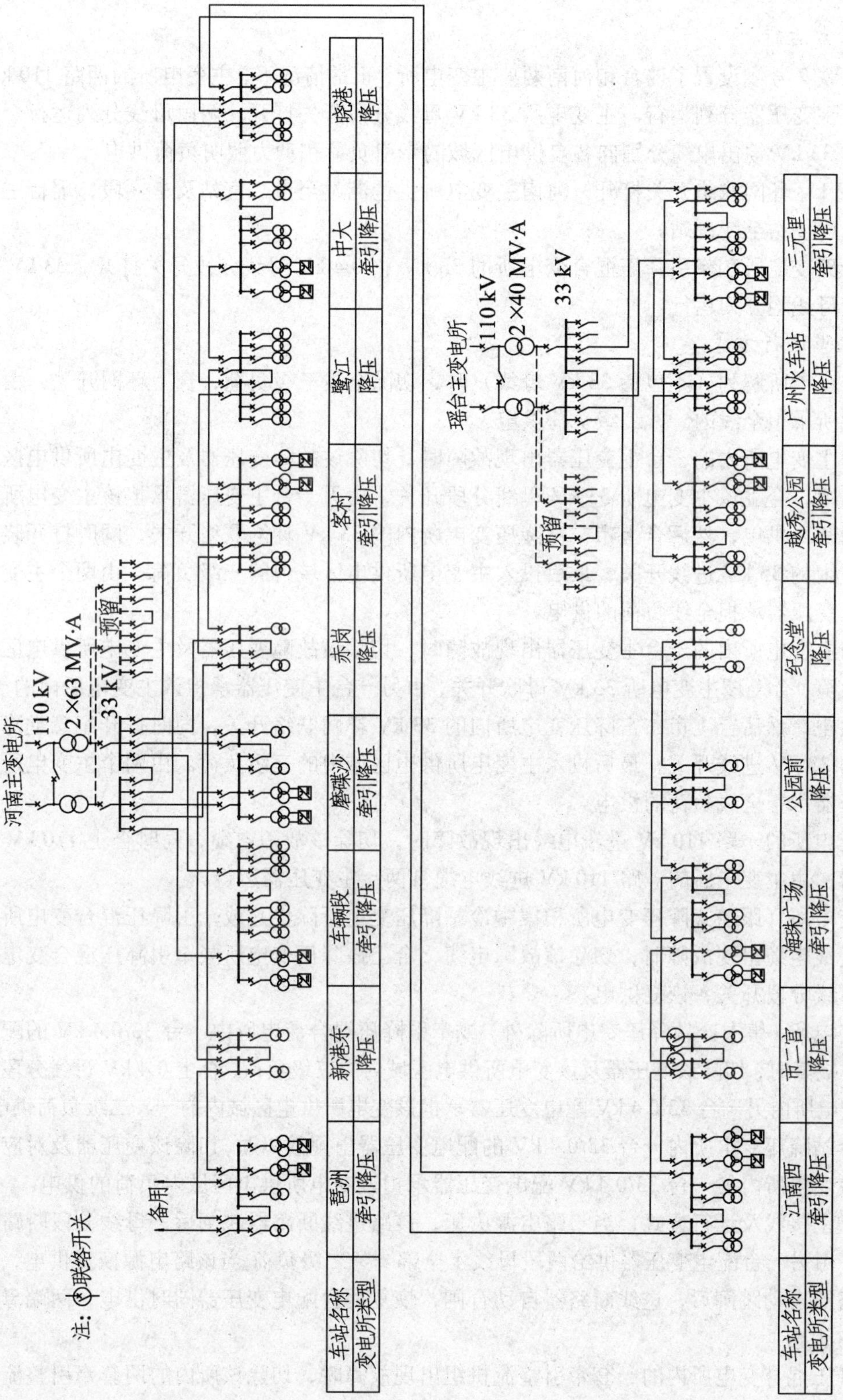

图 19.7　广州地铁 2 号线工程供电系统示意图

19.3.3 运行方式

（1）正常运行

广州地铁 2 号线设置了瑶台和河南两座主变电所，正常情况下，主变电所的两路 110 kV 电源和两台主变压器分列运行。主变电所 33 kV 母线分段开关打开，两段母线分列运行。主变电所通过 33 kV 馈出电缆分别向各自供电区域的牵引负荷和动力照明负荷供电。

正常 33 kV 环网联络开关打开，河南主变电所供琶洲站至市二宫站及车辆段，瑶台主变电所供海珠广场站至江夏站。

正常降压变电所和牵引降压混合变电所的 33 kV 和 0.4 kV 母线分段开关打开，33 kV 和 0.4 kV 两段母线均分列运行。

（2）故障运行方式

一个主变电所解列（不包括 33 kV 母线）时，切除全线三级负荷，合上环网开关，由另一个主变电所承担全线的一、二级负荷供电。

当河南主变电所内的一台主变压器出现故障时，切除该故障变压器及主变电所供电区域内的三级负荷，合上该主变电所 33 kV 母线分段开关，由另一台主变压器承担该主变电所内的一、二级负荷供电，然后合上市二宫降压变电所内的 33 kV 环网联络开关，同时打开晓港降压变电所内的 33 kV 进线开关，最后投入主变电所供电区域内的三级负荷。由两个主变电所的三台主变压器承担全线负荷的供电。

当瑶台主变电所内的一台主变压器出现故障时，切除该故障变压器及主变电所供电区域内的三级负荷，合上该主变电所 33 kV 母联开关，由另一台主变压器承担该主变电所内的一、二级负荷供电，然后合上市二宫降压变电所内的 33 kV 环网联络开关，同时打开纪念堂降压变电所内的 33 kV 进线开关，最后投入主变电所供电区域内的三级负荷。由两个主变电所的三台主变压器承担全线负荷的供电。

当主变电所的一路 110 kV 进线电缆出现故障时，切除该故障电缆，同时合上 110 kV 侧的桥断路器，由主变电所的一路 110 kV 进线电缆带两台主变压器运行。

降压变电所（跟随式降压变电所和集中冷站降压变电所除外）或牵引降压混合变电所一条 33 kV 进线电缆出现故障时，切除该故障电缆，合上该降压变电所或牵引降压混合变电所的 33 kV 母线分段开关，恢复供电。

降压变电所（集中冷站降压变电所除外）或牵引降压混合变电所内一台 33/0.4 kV 的配电变压器出现故障时，切除该变压器及该变电所供电区域内的三级负荷，合上 0.4 kV 母线分段开关，由该变电所内另一台 33/0.4 kV 配电变压器承担该变电所供电区域内的一、二级负荷供电。

集中冷站降压变电所内一台 33/0.4 kV 的配电变压器出现故障时，切除该变压器及对应的负荷，由该变电所内另一台 33/0.4 kV 配电变压器承担该变电所供电区域内负荷的供电。

0.4 kV 主接线及运行方式：当一路电源失压，该路进线断路器跳闸后，母线分段断路器自动投入，由另一台配电变压器供给两段母线上全部一、二级负荷;当该路电源恢复供电，母线分段断路器自动跳闸后，进线断路器自动合闸，恢复两台配电变压器同时供电，两端母线分段运行的状态。

牵引降压混合变电所内的一套牵引整流机组出现故障时，切除该所内的两套牵引整流机组，由相邻的牵引降压混合变电所通过接触网越区供电。

19.3.4 其 他

为满足在低净空隧道安装、载流面积大、列车速度 80 km/h 的运行要求，提高接触网系统的安全可靠性、降低工程造价，广州地铁 2 号线工程在接触网设计过程中，对刚性架空接触网进行了专题研究和零部件国产化研制，并将其研究成果成功应用于工程中。

刚性架空接触网国产化研制分为以下三个阶段：建立刚性悬挂示范段；进行系统零部件国产化；建立刚性悬挂试验段。

（1）建立刚性悬挂示范段

1999 年 6 月，在广州地铁 1 号坑口站下坡点至隧道洞口附近设计安装 108 m（隧道内 82 m，地面 26 m）刚性悬挂示范段，示范段刚性悬挂主要部件及汇流排为法国进口，其余为国产。1999 年 8 月 18 日，示范段全线投入试运行。示范段包括刚性悬挂不同跨距布置、锚段关节、刚柔过渡、模拟线岔、电分段等刚性悬挂主要结构。

示范段安装完毕后，利用计算机弓网检测装置对刚性悬挂进行了导高、拉出值、弓网动态垂直接触力、弓网动态水平接触力等刚性悬挂技术参数科学研究分析，对刚性悬挂弓网特性及匹配原则形成概念，并提出了指导刚性架空接触网工程设计施工的初步规范和准则。

（2）进行刚性悬挂系统零部件国产化研制

① 汇流排及其附件的国产化研制包括汇流排、汇流排接头、汇流排终端、刚柔过渡元件、汇流排保护罩等零部件。

汇流排：汇流排既是接触线的悬挂体，又肩负承载绝大部分电流的双重作用，汇流排截面为 2 213 mm^2，相当于铜当量截面 1 400 mm^2，是刚性悬挂最关键的部件，是国产化的重中之重。汇流排国产化研制的难点是确定汇流排的材质、燕尾槽的结构尺寸及挤压工艺，最关键的技术要求是确定燕尾槽的结构尺寸，因为汇流排通过自身夹紧力夹持固定接触线，在满足刚性悬挂机械性能的基础上，同时必须满足刚性悬挂整体载流的电气要求。1999 年底，汇流排及其附件国产化研制成功，产品通过出厂试验、型式试验均满足使用要求。

汇流排接头：用于连接每一段汇流排及终端，形成刚性悬挂整个锚段，汇流排中间接头的机电特性与汇流排相一致，其导电率不得低于汇流排，其研制难点是合理设计结构尺寸，保证刚性悬挂整体机械、电气性能的实现。

汇流排终端：用于刚性悬挂锚段关节、电分段、线岔等处，保证车辆受电弓平稳过渡。其截面尺寸、机电性能与汇流排完全一致，区别在于终端 1 500 mm 长度向上翘起 70 mm，制造长度 L 为 7 500 mm。

刚柔过渡元件：用于刚性悬挂与柔性悬挂的相互过渡处，其性能满足刚柔之间刚度的逐渐变化。

汇流排保护罩：用于隧道洞口及隧道内漏水处刚性悬挂汇流排的防尘、防雨、防水等。

② 主要零部件的国产化研制包括汇流排定位线夹、电连接线夹、中心锚结线夹、汇流排接地线夹、支持底座等部件国产化研制，这些部件构成了刚性悬挂的主要装配。

③ 绝缘子系列国产化研制。包括隧道内减振道床处用绝缘横撑（合成绝缘子）、刚性悬挂针式绝缘子（瓷绝缘子）、刚性悬挂中心锚结绝缘棒（合成绝缘子）等，研制全部已经应用到广州地铁 2 号线。

（3）建立刚性悬挂试验段

2000 年 4 月，利用刚性悬挂国产化部件，在广州地铁 1 号线设计安装了 135 m 刚性悬挂试验段。线路全部在隧道内，线路曲线半径为 400 m，2004 年 4 月 24 日投入试运行。试验段在总结示范段的基础上，对刚性悬挂主要结构、布置原则等进行优化设计和安装调整，并利用计算机弓网检测装置对刚性悬挂进行了弓网特性检测，在试验段设计、安装经验的基础上，提炼编制了刚性架空接触网技术要求规范和施工安装工艺。

通过建立刚性悬挂示范段、进行系统部件国产化和建立试验段三步曲，刚性架空接触网系统除刚性悬挂用分段绝缘器以外基本实现国产化。

19.4 武汉轨道交通 1 号线一期工程供电系统

19.4.1 工程概况

武汉轨道交通 1 号线线路全长 28.5 km，其中一期工程线路 10.177 km，为高架线路。沿线共设 10 座车站、1 个停车场和 1 个指挥中心。高架车站从西向东分别为宗关站、太平洋站、硚口路站、崇仁路站、利济北路站、友谊路站、江汉路站、大智路站、三阳路站、黄浦路站。硚口路停车场和指挥中心位于硚口路站附近。一期工程 2002 年正式开工，2004 年 7 月 28 日建成通车。

19.4.2 供电系统构成

根据武汉市地区电网的特点，武汉轨道交通 1 号线沿线电源供电能力较弱，分散引入不同分区电源容量对于地区电网压力过大，为此经多方研究，确定供电系统采用集中式供电方案。由于 1 号线沿线客流较少，列车编组小，远期为 2 动 2 拖 4 节编组形式，在综合考虑供电距离、系统容量、设备耐压和系统经济的因素上，中压网络采用交流 10 kV。

武汉轨道交通 1 号线设置 2 座 110/10 kV 主变电所，分别位于江汉路站和太平洋站附近。1 号线工程分期实施，先期实施的一期工程由江汉路主变电所供电，待二期工程太平洋主变电所建成后，两座主变电所为 1 号线全线供电，可相互支援。为保证一期工程的供电可靠性，江汉路主变电所的两路 110 kV 进线电源分别引自不同的 220 kV 地区变电所。

中压网络采用牵引供电系统和动力照明供电系统共用的混合式中压供电网络，共设置 5 个供电分区。

（1）外部电源

江汉路主变电所从城市电网引入两路独立的 110 kV 电源。江汉路主变电所 1 号进线引自 220 kV 武展变电站，2 号进线引自 220 kV 民生变电站。外线电源电缆采用电缆沟敷设进入江汉路主变电所内，江汉路主变电所采用小电阻接地系统，接地电流为 600 A。

（2）主变电所

江汉路主变电所设置在京汉大道和前进四路交叉路口附近，主体结构占地 18 m×41 m，整个主变电所的占地面积约 1 500 m^2。

主变电所设置两台主变压器，容量为 2×20 MV · A，另设两台 10/0.4 kV 所用配电变压器。主变电所主接线采用内桥式接线。

（3）中压网络

武汉轨道交通 1 号线一期工程供电系统如图 19.8[99] 所示，江汉路主变电所近期为 5 个供

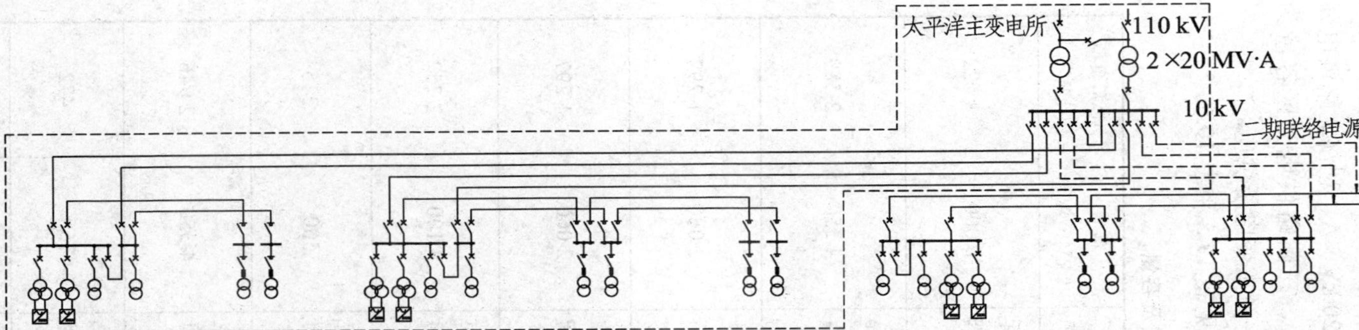

车站名称	古田一路	古田二路	古田三路	古田四路	汉西一路	宗关	太平洋	硚口
变电所类型	牵引降压	降压	牵引降压	降压	降压	牵引降压	降压	牵引降压
站间距(m)	300	1250	910	980	850	760	1580	1045
牵引所间距(m)	300	2160			2590		2625	
牵变容量(kV·A)	2×1800		2×1800			2×1800		2×2500
配变容量(kV·A)	2×250	2×250	2×250	2×250	2×250	2×250	2×250	2×250

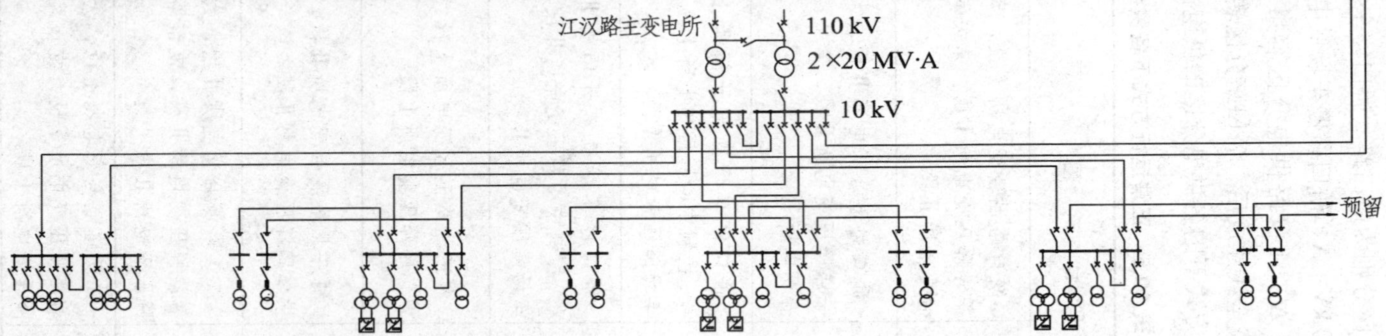

车站名称	硚口停车场	崇仁路	利济北路	友谊路	江汉路	大智路	三阳路	黄埔路
变电所类型	降压(直流开闭所)	降压	牵引降压	降压	牵引降压	降压	牵引降压	降压
站间距(m)	1 142	880	888	986	1 083	1 010	1 155	150
牵引所间距(m)		2 022		1 874		2 093		1 305
牵变容量(kV·A)			2×1 800		2×1 800		2×1 800	
配变容量(kV·A)	2×800+2×630	2×250	2×250	2×250	2×250	2×250	2×250	2×250

图 19.8 武汉轨道交通 1 号线一期工程供电系统示意图

电分区供电。供电分区分别为硚口路、硚口停车场、利济北路、江汉路和三阳路。硚口路供电分区容量为 10 350 kV · A、硚口路停车场供电分区容量为 4 120 kV · A、利济北路供电分区容量为 4 600 kV · A、江汉路供电分区容量为 5 100 kV · A、三阳路供电分区容量为 4 600 kV · A。1 号线全线建成后，硚口路分区转由二期工程太平洋主变电所供电。

正常和故障运行方式下的各供电分区的供电范围及容量分别见表 19.5 和表 19.6。

表 19.5　正常运行方式下各供电分区的供电范围及容量

<table>
<tr><th>序号</th><th colspan="3">供 电 范 围</th><th>电源引入点位置</th><th>容量
（kV · A）</th><th>计算负荷
（kW）</th></tr>
<tr><td rowspan="2">1</td><td rowspan="2">硚口路混合变电所</td><td>1 号进线</td><td>硚口路混合变电所Ⅰ段，太平洋降压变电所Ⅰ段，宗关混合变电所Ⅱ段。</td><td>江汉路主变电所 10 kV Ⅰ段母线馈出断路器</td><td>6 000</td><td>4 022</td></tr>
<tr><td>2 号进线</td><td>硚口路混合变电所Ⅱ段，太平洋降压变电所Ⅱ段，宗关混合变电所Ⅰ段。</td><td>江汉路主变电所 10 kV Ⅱ段母线馈出断路器</td><td>4 350</td><td>2 589</td></tr>
<tr><td rowspan="2">2</td><td rowspan="2">硚口路停车场降压变电所</td><td>1 号进线</td><td>硚口停车场直流开闭所Ⅰ段，控制中心降压变电所Ⅰ段，车场降压变电所Ⅰ段</td><td>江汉路主变电所 10 kV Ⅰ段母线馈出断路器</td><td>2 060</td><td>1 297</td></tr>
<tr><td>2 号进线</td><td>硚口停车场直流开闭所Ⅱ段，控制中心降压变电所Ⅱ段，车场降压变电所Ⅱ段</td><td>江汉路主变电所 10 kV Ⅱ段母线馈出断路器</td><td>2 060</td><td>1 297</td></tr>
<tr><td rowspan="2">3</td><td rowspan="2">利济北路混合变电所</td><td>1 号进线</td><td>利济北路混合变电所Ⅰ段，崇仁路降压变电所Ⅰ段</td><td>江汉路主变电所 10 kV Ⅰ段母线馈出断路器</td><td>4 100</td><td>2 752</td></tr>
<tr><td>2 号进线</td><td>利济北路混合变电所Ⅱ段，崇仁路降压变电所Ⅱ段</td><td>江汉路主变电所 10 kV Ⅱ段母线馈出断路器</td><td>500</td><td>315</td></tr>
<tr><td rowspan="2">4</td><td rowspan="2">江汉路混合变电所</td><td>1 号进线</td><td>江汉路混合变电所Ⅱ段，大智路降压变电所Ⅱ段，友谊路降压变电所Ⅱ段</td><td>江汉路主变电所 10 kV Ⅰ段母线馈出断路器</td><td>4 350</td><td>2 946</td></tr>
<tr><td>2 号进线</td><td>江汉路混合变电所Ⅰ段，大智路降压变电所Ⅰ段，友谊路降压变电所Ⅰ段</td><td>江汉路主变电所 10 kV Ⅱ段母线馈出断路器</td><td>750</td><td>472</td></tr>
<tr><td rowspan="2">5</td><td rowspan="2">三阳路混合变电所</td><td>1 号进线</td><td>三阳路混合变电所Ⅰ段，黄浦路降压变电所Ⅰ段</td><td>江汉路主变电所 10 kV Ⅰ段母线馈出断路器</td><td>4 100</td><td>3 255</td></tr>
<tr><td>2 号进线</td><td>三阳路混合变电所Ⅱ段，黄浦路降压变电所Ⅱ段</td><td>江汉路主变电所 10 kV Ⅱ段母线馈出断路器</td><td>500</td><td>315</td></tr>
</table>

表 19.6 故障运行方式下各供电分区的供电范围及容量

序号	供电范围		电源引入点位置	容量（kV·A）	计算负荷（kW）
1	硚口路混合变电所	硚口路混合变电所Ⅰ段，太平洋降压变电所Ⅰ段，宗关混合变电所Ⅱ段。 硚口路混合变电所Ⅱ段，太平洋降压变电所Ⅱ段，宗关混合变电所Ⅰ段	江汉路主变电所 10 kV 馈出断路器	10 350	6 611
2	硚口路停车场降压变电所	硚口停车场直流开闭所Ⅰ段，控制中心降压变电所Ⅰ段，车场降压变电所Ⅰ段。 硚口停车场直流开闭所Ⅱ段，控制中心降压变电所Ⅱ段，车场降压变电所Ⅱ段	江汉路主变电所 10 kV 馈出断路器	4 120	2 594
3	利济北路混合变电所	利济北路混合变电所Ⅰ段，崇仁路降压变电所Ⅰ段。 利济北路混合变电所Ⅱ段，崇仁路降压变电所Ⅱ段	江汉路主变电所 10 kV 馈出断路器	4 600	3 067
4	江汉路混合变电所	江汉路混合变电所Ⅱ段，大智路降压变电所Ⅱ段，友谊路降压变电所Ⅱ段。 江汉路混合变电所Ⅰ段，大智路降压变电所Ⅰ段，友谊路降压变电所Ⅰ段	江汉路主变电所 10 kV 馈出断路器	5 100	3 418
5	三阳路混合变电所	三阳路混合变电所Ⅰ段，黄浦路降压变电所Ⅰ段，三阳路混合变电所Ⅱ段，黄浦路降压变电所Ⅱ段	江汉路主变电所 10 kV 馈出断路器	4 600	3 570

（4）牵引供电系统

牵引供电系统将来自江汉路主变电所的 10 kV 电源，通过中压供电网络分配给牵引变电所（与车站降压变电所合建为牵引降压混合变电所，以下简称混合变电所），并经混合变电所降压整流成为直流 750 V，通过接触轨系统供给电动车辆用电。

武汉轨道交通 1 号线一期工程正线设置 5 座混合变电所，分别位于宗关站、利济北路站、硚口路站、江汉路站、三阳路站。混合变电所为两路 10 kV 进线电源，分别引自江汉路主变电所不同母线。

正常情况下，牵引供电负荷计算见表 19.7。

表 19.7　牵引供电系统负荷计算表

序号	变电所名称	距离（m）	双边供电牵引负荷（kW）	牵变容量（kV·A）	备　注
1	宗关	312	2 117	2×1 800	
		2 625			
2	硚口路		3 550	2×2 500	
		2 022			
3	利济北路		2 437	2×1 800	
		1 874			
4	江汉路		2 474	2×1 800	
		2 093			
5	三阳路	1 305	2 940	2×1 800	

1 号线一期工程采用直流 750 V 下部接触钢铝复合接触轨授电，走行轨回流方式，供给车辆牵引供电。正线车站混合变电所电分段设置为短轨式电分段。

5）动力照明供电系统

动力照明供电系统将来自江汉路主变电所的 10 kV 电源通过中压网络分配给降压变电所，并经降压变电所降压为交流 0.4 kV 供给动力照明设备用电。

武汉轨道交通 1 号线一期工程正线车站各设置一座降压变电所（在有牵引变电所的车站与牵引变电所合建成混合变电所），停车场设置两座降压变电所，其中一座降压变电所与停车场直流开闭所合建。指挥中心设置一座降压变电所。单独设置降压变电所的车站（含硚口停车场跟随式降压变电所）均采用 10 kV 负荷开关的接线形式。

19.4.3　运行方式

19.4.3.1　主变电所运行方式

1）正常运行方式

正常情况下，江汉路主变电所的两路交流 110 kV 电源分别供电给一台主变压器，两台主变压器分列运行，高压 110 kV 系统内桥在分闸位置。10 kV 中压侧为分段单母线，两段母线分段运行，两台进线断路器在合闸位置，母线分段断路器在分闸位置，失压自投，过流闭锁。

2）故障运行方式

（1）一路 110 kV 电源失电

一路高压 110 kV 电源失电，相应的高压 110 kV 进线断路器失压跳闸，中压 10 kV 相应进线断路器自动跳闸，中压 10 kV 母线分段断路器自动投入，中压 10 kV 全部负荷转移到一台主变压器上。根据调度令，手动合闸内桥断路器，手动分闸中压 10 kV 母线分段断路器，手动投入中压 10 kV 相应进线断路器，中压 10 kV 负荷恢复为两台主变压器供电，高压 110 kV 侧为单回电源供电，内桥断路器对两台主变压器进行保护。

高压 110 kV 失电电源恢复后，根据调度令，手动分闸内桥断路器，相应的中压 10 kV 进线断路器自动跳闸，中压 10 kV 母线分段断路器自动投入。再根据调度令，手动合闸高压 110 kV 进线断路器，手动分闸中压 10 kV 母线分段断路器，手动投入中压 10 kV 相应进线断路器。

（2）一台主变压器故障

一台主变压器故障，主变压器高压 110 kV 侧断路器保护动作跳闸，并联跳高压 110 kV

隔离开关和中压 10 kV 进线断路器，该主变压器退出运行，中压 10 kV 母线分段断路器自动投入，由另一台主变压器带全部中压 10 kV 系统负荷供电。主变压器故障排除后，根据调度令，手动合闸高压 110 kV 进线断路器，手动分闸中压 10 kV 母线分段断路器，手动合闸相应的中压 10 kV 进线断路器，恢复为正常运行方式。

（3）中压 10 kV 馈出电缆线路故障

当一路中压 10 kV 进线电源电缆出现故障时，主变电所内故障线路的 10 kV 馈出断路器保护动作跳闸，该线路所供电的变电所的 10 kV 进线断路器失压自动跳闸，中压 10 kV 母线分段断路器自动投入，由另一路中压 10 kV 进线供给本变电所负荷用电。线路故障排除恢复供电，手动或遥控分闸母线分段断路器，手动或遥控合闸进线断路器，手动或遥控合闸主变电所内的中压 10 kV 馈出断路器。

19.4.3.2 牵引供电系统运行方式

正常运行时，混合变电所两路 10 kV 进线电源分别向对应 10 kV 母线供电，在部分变电所的 10 kV 母线段设置出线，向相邻变电所供电。10 kV 分段单母线接线，设置母线分段断路器。两台进线断路器在合闸位置，母线分段断路器在分闸位置。

两套牵引整流机组接于交流 10 kV 同一段母线，并列运行，构成等效 24 脉波整流。牵引变压器为交流 10/0.61 kV 轴向四分裂环氧浇注干式变压器，整流器为大容量二极管 6 脉波串连构成 12 脉波整流。

当一路 10 kV 进线电源失电时，进线断路器失压跳闸，母线分段断路器合闸，由另一路 10 kV 进线向本所供电范围内的牵引负荷供电。

正常情况下，牵引网采用双边供电。

当混合变电所退出运行时，由相邻两座混合变电所通过本所直流 750 V 纵向联络开关实现大双边供电。

当一套牵引整流机组退出运行时，另一套牵引整流机组有条件时继续运行。

直流开闭所主接线如图 19.9 所示，硚口路停车场直流开闭所正常运行时，采用单边供电。

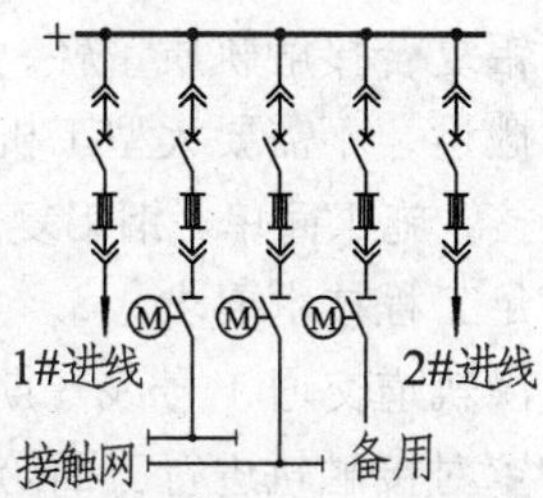

图 19.9 直流开闭所主接线示意图

当直流开闭所主供电源（引自硚口路混合变电所）退出运行时，备用电源（引自正线接触轨）投入，由备用电源供给停车场接触轨牵引用电。

当直流开闭所直流 750 V 母线出现故障时，正线接触轨与停车场接触轨直流联络电动隔离开关合闸，由正线接触轨供给停车场接触轨牵引供电。

19.4.3.3 动力照明供电系统运行方式

正线独立的降压变电所均采用环网负荷开关接线方式，两路 10 kV 进线电源分别引自上一级混合变电所不同母线。交流 10 kV 系统为分段单母线接线，不设置母线分段开关，并根据供电系统的要求，在部分变电所的 10 kV 母线段设置出线负荷开关，向相邻变电所供电。

当一路交流 10 kV 进线失电时，对应的低压 0.4 kV 进线断路器失压跳闸，低压 0.4 kV 母线分段断路器合闸，自动或者手动切除三级负荷，由另一路交流 10 kV 进线向本所供电范围内的一、二级负荷供电。

降压变电所每段 10 kV 母线接一台 10/0.4 kV 配电变压器，正常运行时，两台交流

10/0.4 kV 配电变压器分列运行，分别接于不同的交流 10 kV 母线，单台配电变压器负荷率约为 70% 左右。0.4 kV 母线采用分段单母线接线方式，设置母线分段断路器。正常运行方式下，母线分段断路器在分闸位置，交流 0.4 kV 系统设置失压自投、来电自复、过流闭锁，三级负荷自动切除，手动恢复。

当一台交流 10/0.4 kV 配电变压器退出运行时，根据负荷情况可自动或手动切除三级负荷，由另一台交流 10/0.4 kV 配电变压器负责向全所供电范围内的一、二级负荷供电。在确认不是由于交流 0.4 kV 侧过电流故障造成电源失压时，可投入低压 0.4 kV 母线分段断路器，恢复向本所全部一、二级负荷供电。当进线电源恢复时，母线分段断路器分闸，进线断路器合闸，恢复正常供电方式。

19.4.4 其　他

（1）钢铝复合接触轨的应用

在可行性研究报告和总体设计阶段，武汉轨道交通 1 号线一期工程接触轨系统设计方案为低碳钢接触轨，牵引变电所布点按此进行方案设计。随着钢铝复合接触轨技术的发展和产品的成熟，从节能角度以及一期工程线路不长、钢铝复合接触轨投资增加不多的实际情况出发，在初步设计阶段，经多方研究将低碳钢接触轨改为直流 750 V 下部接触钢铝复合接触轨，考虑到 1 号线一期工程牵引变电所布点和车站结合的实际情况，牵引变电所布点方案不做调整。

钢铝复合接触轨电阻率低，系统损耗小，节能效果好，供电质量高，电压损失小，牵引供电距离大，相对低碳钢接触轨可以减少牵引变电所布点数量，优化系统方案，节省工程投资。

钢铝复合接触轨质量轻，单根长度为 14 m 或 15 m，重量不超过 240 kg，四名施工人员便可以搬运，不需要大型工机具作业。两根钢铝复合接触轨之间为鱼尾板或者膨胀接头螺栓紧固连接，施工简单。钢铝复合接触轨固定安装在复合绝缘支架上，只需上下调整支架高度，即可满足工程技术要求。

武汉轨道交通 1 号线一期工程在国内首次采用了下部接触钢铝复合接触轨系统方案，并由防护罩对接触轨进行三面防护，人员触碰接触轨的概率降低，安全性好。另外，由于防护罩的遮挡作用，可避免接触轨覆冰覆雪，供电可靠性提高。

基于钢铝复合接触轨上述优点，自在武汉轨道交通 1 号线一期工程中应用以来，受到国内轨道交通建设行业的重视，在后续的其他城市轨道交通工程中得到了广泛应用。如北京地铁 5 号线、10 号线、4 号线、机场线，广州地铁 4 号线，天津地铁 1 号线等。

（2）短轨式电分段的应用

武汉轨道交通 1 号线一期工程在国内首次采用了短轨式电分段。国内城市轨道交通车辆初期为凸轮电阻车辆，每节车均为独立动车（取流车辆），两个受流器之间的距离为 12.6 m，相应的电分段设置为 14 m，这样可以保证车辆在跨越电分段过程中不会把线路故障通过车辆传输到相邻供电区间。随着车辆技术的发展，VVVF 车辆在城市轨道交通中大量应用，列车为动拖组合，贯通取流，列车前后受电距离远大于 14 m，若继续采用 14 m 电分段已经不能从根本上解决电分段问题。1 号线一期工程针对此技术问题进行深入研究，采用了短轨式电分段，成功解决了 VVVF 列车跨越电分段问题。关于短轨式电分段的技术分析见第 9.6 节。

（3）直流开闭所的应用

武汉轨道交通 1 号线一期工程停车场在国内首次采用了直流开闭所方案，主接线如

图 19.9 所示。

矸口停车场位于矸口路站附近，停车场规模较小，按照停两列车设计。基于此，考虑到供电可靠性、配电灵活性、可维护性、经济性以及矸口停车场与矸口路站距离近等特点，确定矸口停车场设置直流开闭所，为停车场两个分区牵引网供电。直流开闭所的直流主供电源引自矸口路站混合变电所直流 750 V 母线；备供电源引自正线接触轨，负极回路至正线回流网。

19.5 德黑兰地铁 1、2 号线工程供电系统

19.5.1 工程概况

伊朗德黑兰地铁 1、2 号线工程（以下简称德黑兰地铁工程）线路全长 46.5 km，其中地下线 31 km，地面线 15.5 km；共设 42 座车站、2 个车辆段和 1 个控制中心，两条线路呈十字型贯穿德黑兰市区的南北和东西。1995 年，中伊双方正式签署德黑兰地铁 1、2 号线工程机电系统总承包合同，1996 年工程正式开始实施。

中方承包的机电系统包括高压网、直流牵引及动力照明系统、通信信号及控制系统、车站及隧洞通风系统、大修厂及辅助设备共五个系统。中方负责提供设计、供货、安装、调试和质保期服务；伊方负责完成工程的全部土建工作，包括隧洞、车站、设备房和铺轨等，但线路、测量、铺轨设计、铺轨指导和监理等由中方负责。根据中伊双方协商，项目分多次进行开通。

项目一期工程 E2～M2 段从 2 号线西端 E2 车站向东延伸至市中心 M2 车站，长 9.2 km，设 9 座车站，工程范围还包括一座 63 kV 主变电所、一座车辆段和一处控制中心。2000 年 2 月 22 日 E2～M2 段正式投入商业试运营。

项目二期工程为德黑兰地铁 1 号线，先后分四段建设和开通。分别为第一段 B1～K1，第二段 K1～R1，第三段 B1～A1-1 和第四段 A1-1～A1-6。第一段 B1～K1 从市区南部到市中心，长 8.31 km，设 10 座车站，工程范围还包括一座 63 kV 主变电所和相应的控制中心设备。2001 年 8 月 28 日建成；第二段 K1～R1 从市中心到市区北部，长 6.57 km，设 7 座车站，工程范围还包括一座 63 kV 主变电所，于 2002 年 3 月 18 日建成；第三段 B1～A1-1 长 4 km，设 2 座车站，工程范围还包括一座 63 kV 主变电所和一个车辆段的停车检查功能，于 2002 年 10 月 23 日建成开通；第四段 A1-1～A1-6 长 6 km，设 4 座车站，于 2003 年 3 月 18 日建成并在霍梅尼纪念堂举行了隆重的开通庆典仪式。

项目三期工程为地铁 2 号线东段，先后分两段建设开通。分别为 M2～O2 和 O2～X2。第一段 M2～O2 长约 2 km，设 2 座车站，于 2004 年 3 月 17 日建成开通；第二段 O2～X2 段也是整个德黑兰地铁 1、2 号线工程的最后一段，从市中心到市区东部，长 8.8 km，设 8 座车站，于 2006 年 3 月 14 日正式开通运行。

19.5.2 供电系统构成

根据德黑兰当地的电压等级、供电情况和业主的供电要求，经各方协商最终采用集中式供电。德黑兰地铁 1、2 号线共设五座 63/20 kV 主变电所。高压系统采用 63 kV，中压系统采用 20 kV，从而在供电距离、系统容量、设备耐压、经济方面做到了比较好的平衡。

中低压配电系统，按其功能不同，分成“牵引供电系统”和“动力照明供电系统”，牵引

供电网络与动力照明供电网络相对独立运行，以减少两个网络之间的相互干扰和影响，提高各自网络的供电距离和供电可靠性。牵引供电系统的功能是：将来自于主变电所的 20 kV 电源，通过牵引中压网络分配给牵引变电所，并经牵引变电所降压整流变成直流 750 V，再通过接触轨系统供给电动车辆使用。动力照明供电系统的功能是：将来自于主变电所的 20 kV 电源，通过动力照明中压网络分配给动力照明变电所，并经动力照明变电所降压，变成供地铁动力照明等设备使用的 0.4 kV 低压电源。

德黑兰地铁的中压网络构成形式为：把全线的车站变电所划分成几个供电分区，每个分区通过最靠近主变电所的车站从主变电所利用负荷开关引入两路电源，分区内的各车站变电所以双环网形式连接，并设终端环网，以便最大限度保证供电系统的可靠性。

19.5.3 运行方式

19.5.3.1 高压系统简介

德黑兰地铁工程高压电网由 63 kV 高压供电线路和五座 63/20 kV 2×30 MV · A 主变电所组成。为了保证地铁线路正常、高效、安全地运行，德黑兰地铁高压电网中的各主变电所（AZADI，ABBAS ABAD，GHOURKHANEH，TEHRAN PARS，SOUTH）分别从五个国家电网变电站获得 63 kV 高压电源，并降压至 20 kV 后传送给地铁供电系统中各牵引变电所和降压变电所。

德黑兰地铁高压供电网络接线示意图如图 19.10 所示[101]。

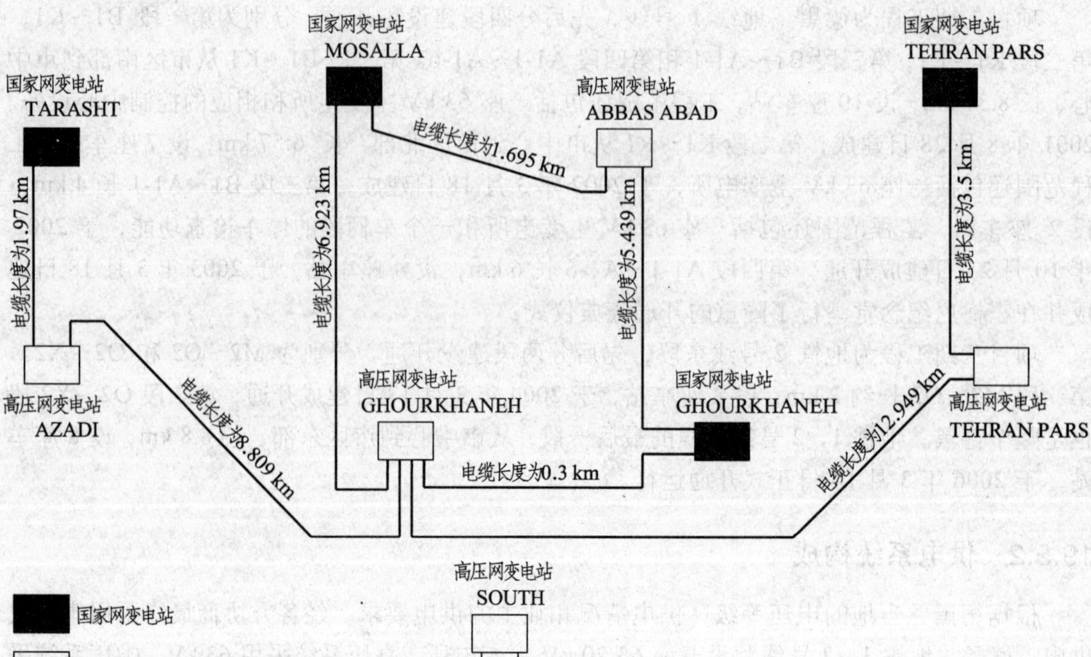

图 19.10 德黑兰地铁高压供电网络接线示意图

为保证地铁高压电网各主变电所均有两路独立的 63 kV 高压电源，城市电网各变电站与地铁高压电网各主变电所之间的供电方式如下：

① AZADI 主变电所由 TARASHT 国家电网变电站和 GHOURKHANEH 地铁主变电所分别获得两路 63 kV 高压电源。

② ABBAS ABAD 主变电所由 MOSALLA 国家电网变电站和 GHOURKHANEH 国家电网变电站分别获得两路 63 kV 高压电源。

③ GHOURKHANEH 主变电所由 GHOURKHANEH 国家电网变电站和 MOSALLA 国家电网变电站分别获得两路 63 kV 高压电源。

④ TEHRAN PARS 主变电所由 TEHRAN PARS 国家电网变电站和 GHOURKHANEH 地铁高压电网变电站分别获得两路 63 kV 高压电源。

⑤ SOUTH 主变电所由 SOUTH 国家电网变电站分别获得两路 63 kV 高压电源。

德黑兰地铁工程的五座主变电所各自分布在德黑兰市东西南北四个区域及市中心。其中，AZADI 主变电所位于城市西郊，是一座地上变电所，它座落于郊区电气化铁路与市区地铁线路的结合部位，主要向德黑兰地铁 2 号线的 E2 站到 M2 站区间的牵引变电所和降压变电所及西部车辆段供电。ABBAS ABAD 主变电所位于城市的北端，是一座地上变电所，主要向德黑兰地铁 1 号线的 R1 站到 J1 站区间牵引变电所和降压变电所供电。SOUTH 主变电所位于城市的南部,地铁大修厂的区域内，是一座地上变电所，主要向德黑兰地铁 1 号线的 H1 站到 A1-6 站的区间及大修厂供电。TEHRAN PARS 主变电所位于城市东部，是一座地上变电所，主要向地铁 2 号线的 N2 站到 X2 站区间的牵引变电所和降压变电所供电。GHOURKHANEH 主变电所位于城市的中心部位同时也是德黑兰地铁 1 号线和 2 号线的交叉点处，是一座地下变电所，是地铁其他四个地上主变电所的总备用变电所。它担负向其他四个主变电所提供备用高压电源的作用。德黑兰地铁工程高压电网五座主变电所与地铁线路一样呈十字星形布置，向德黑兰地铁线路提供安全可靠的动力电源。

19.5.3.2 牵引供电系统简介

1）牵引供电系统概述

德黑兰地铁工程的牵引变电所通过双环网形式，根据牵引负荷和系统压降的水平，将 2～3 个牵引变电所相互连接形成一组，接入相应的主变电所和备用主变电所。

一个 20 kV 环网回路的牵引变电所与另一个 20 kV 环网回路的牵引变电所相间而布，从而在一个环网回路故障退出运行的情况下，利用另一个环网回路的牵引变电所的大双边馈电能力保障系统的运行。

当一个牵引变电所由于故障退出运行时，通过牵引变电所的母线分段断路器将其与 20 kV 环网断开，保证所在 20 kV 环网系统可以继续工作，为环网上的其他牵引变电所继续供电。退出牵引变电所的功能由相邻的牵引变电所通过大双边馈电能力提供。

德黑兰地铁 1 号线工程 20 kV 牵引供电网络如图 19.11 所示[101]。

2）牵引变电所

德黑兰地铁的牵引变电所采用分段单母线形式，由三段母线构成，分别是两段环网母线，一段工作母线。两段环网母线分别接受来自不同高压主变电所或一个高压主变电所两段

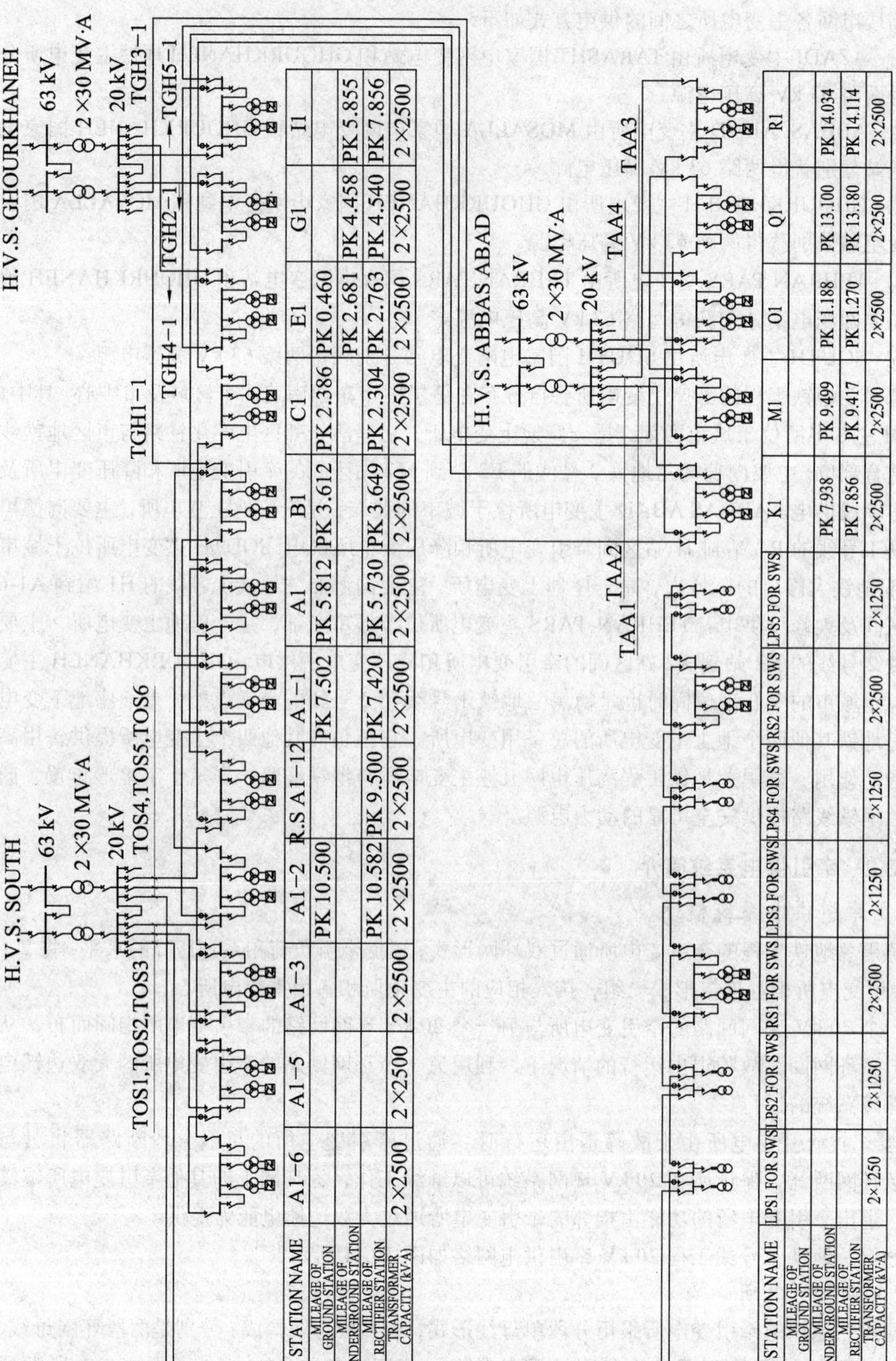

图 19.11 德黑兰地铁 1 号线工程 20 kV 牵引供电网络示意图

20 kV 母线的两路 20 kV 电源，平时一路电源作为主电源，通过母线分段断路器将主电源接入工作母线，为牵引系统供电；当主电源故障失压时，主电源侧的母线分段断路器断开，备用电源侧的母线分段断路器闭合，将牵引变电所内的 20 kV 热备用电源自动切换到工作母线，保证牵引变电所的正常运行；主电源恢复供电后，备用电源侧的母线分段断路器断开，主电源侧的母线分段断路器闭合，恢复主电源的工作。

德黑兰地铁工程典型牵引变电所的主接线如图 19.12 所示[101]。

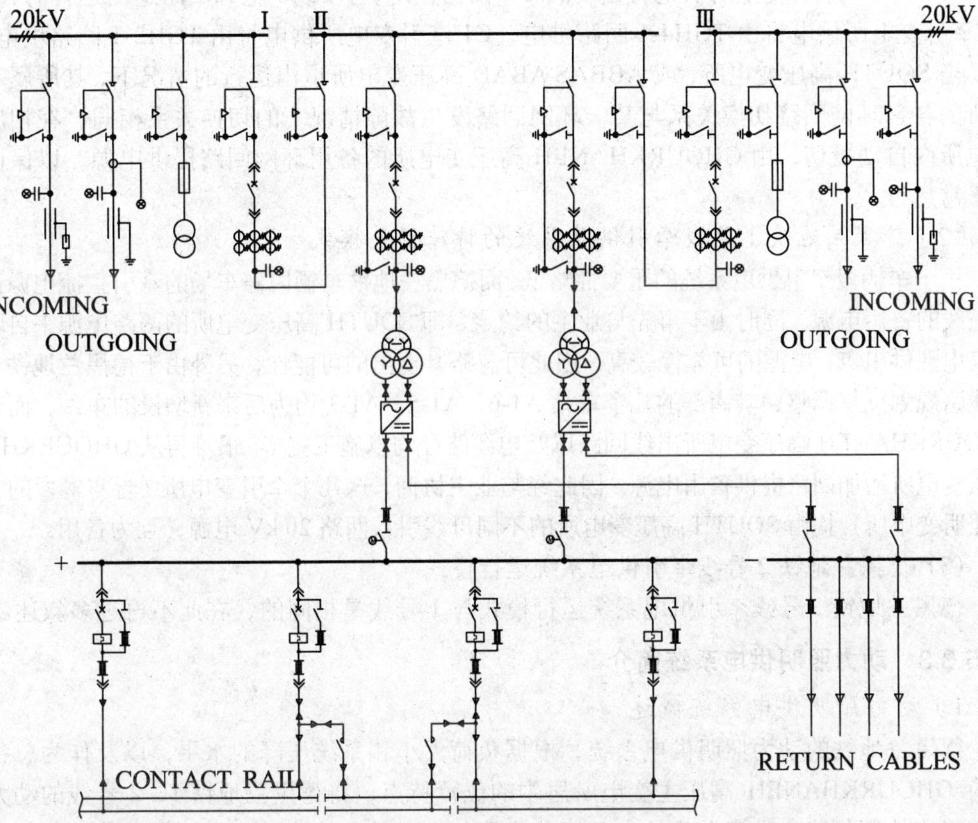

图 19.12　德黑兰地铁工程典型牵引变电所主接线示意图

3）牵引供电系统运行模式

（1）德黑兰地铁 1 号线牵引供电系统运行模式

德黑兰地铁 1 号线的牵引供电系统由 SOUTH 高压主变电所、GHOURKHANEH 高压主变电所、ABBAS ABAD 高压主变电所和 17 个沿线牵引变电所、两个车辆段牵引变电所、5 个车辆段降压变电所组成。正常情况下 SOUTH 高压主变电所和 ABBAS ABAD 高压主变电所为线路供电。GHOURKHANEH 高压主变电所作为系统总备用电源，在任何一路环网退出运行或任何一个主高压变电所退出运行的情况下，为牵引系统提供备用 20 kV 中压备用电源。

正常情况下，来自 ABBAS ABAD 高压主变电所的 TAA1 电源回路将为 G1、K1 牵引变电所供电，TAA2 电源回路将为 O1、R1 牵引变电所供电，TAA3 电源回路将为 E1、I1、M1 牵引变电所供电，TAA4 电源回路将为 Q1 牵引变电所供电；来自 SOUTH 高压变电所的 TSO3 电源回路将为 A1-2、A1-1、B1 牵引变电所供电，TSO6 电源回路将为 A1-12、A1、C1 牵引变电所供电。

当某一环网回路发生故障的情况下，来自 GHOURKHANEH 高压主变电所的备用环网回路将在相应牵引变电所内自动投切为牵引网络供电。当 TAA1 电源回路退出运行时，G1 牵引变电所将由 TGH2-1 回路供电，K1 牵引变电所将由 TGH3-1 回路供电；当 TAA2 电源回路退出运行时，O1、R1 牵引变电所将由 TGH3-1 回路供电；当 TAA3 电源回路退出运行时，E1 牵引变电所将由 TGH4-1 回路供电，I1、M1 牵引变电所将由 TGH5-1 回路供电；当 TAA4 电源回路退出运行时，Q1 牵引变电所将由 TGH5-1 回路供电；当 TSO3 电源回路退出运行时，A1-2、A1-1、B1 牵引变电所供电将由 TGH1-1 回路供电；当 TSO5 电源回路退出运行时，A1-12、A1 牵引变电所供电将由 TGH4-1 回路供电，C1 牵引变电所供电将由 TGH2-1 回路供电。

当 SOUTH 高压变电所，或 ABBAS ABAD 高压变电所退出运行的情况下，其所属牵引变电所的各自环网回路切换关系与某一环网回路发生故障情况下的切换关系相同，在相应牵引变电所内自动投切，由 GHOURKHANEH 高压变电所的备用环网回路提供电源，以保证系统的正常运行。

（2）德黑兰地铁 1 号线牵引供电系统的特殊供电模式

由于车辆段牵引供电系统的重要性略低，而德黑兰地铁车辆段停车场的牵引直流电源设有引自正线的备用电源。同时由于事先与业主的约定，即 SOUTH 高压变电所的两路电源来自不同的国家电网供电点，电源的可靠性较高，因此可忽略其退出的可能性；另外由于德黑兰地铁 1 号线的线路规划反复调整，其南部的几个车站 A1-6、A1-5、A1-3 均为后来新增设的车站，而当时从 GHOURKHANEH 高压变电所出线回路以及电缆路径均以施工完毕，很难再从 GHOURKHANEH 高压变电所增加回路提供备用电源。因此经与业主协商，这几个牵引变电所（含车辆段的 5 个动力照明变电所）均由 SOUTH 高压变电所的不同母线引入两路 20 kV 电源，互为备用。

（3）德黑兰地铁 2 号线牵引供电系统运行模式

德黑兰地铁 2 号线牵引供电系统运行模式与 1 号线是相同的，在此不再过多叙述。

19.5.3.3 动力照明供电系统简介

1）动力照明供电系统概述

德黑兰地铁的动力照明供电系统，根据负荷大小和系统压降的水平，以及作为总备用电源的 GHOURKHANEH 高压主变电所居中的位置特点，将德黑兰地铁 1、2 号线的动力照明供电网络从两条线路十字交叉的中部切分成四条相对独立的 20 kV 中压供电臂，每条供电臂上的降压变电所通过双环网形式相互连接后接入相应主高压变电所和备用高压变电所。环网终端设置可手动投切的终端环网柜，以实现闭环运行。部分环网间设置环网联络柜，以便最大限度保证供电的可靠性。

德黑兰地铁 1 号线 20 kV 动力照明供电网络如图 19.13 所示[101]。

2）降压变电所

德黑兰地铁的降压变电所采用分段单母线形式，由两段母线构成，每段母线均由环网进线、环网出线、熔丝-负荷开关馈出单元组成，部分降压变电所还设置了终端环网柜，和/或环网联络柜。环网柜、终端环网柜、环网联络柜均不设保护，采用电动操作。熔丝-负荷开关馈出单元采用手动操作。

一个车站的两个降压变电所通过低压侧的母线分段断路器经母线电缆连接，实现一个车站的两个降压变电所之间失压互投来电自复的备用关系。

德黑兰地铁典型降压变电所的主接线如图 19.14 所示[101]。

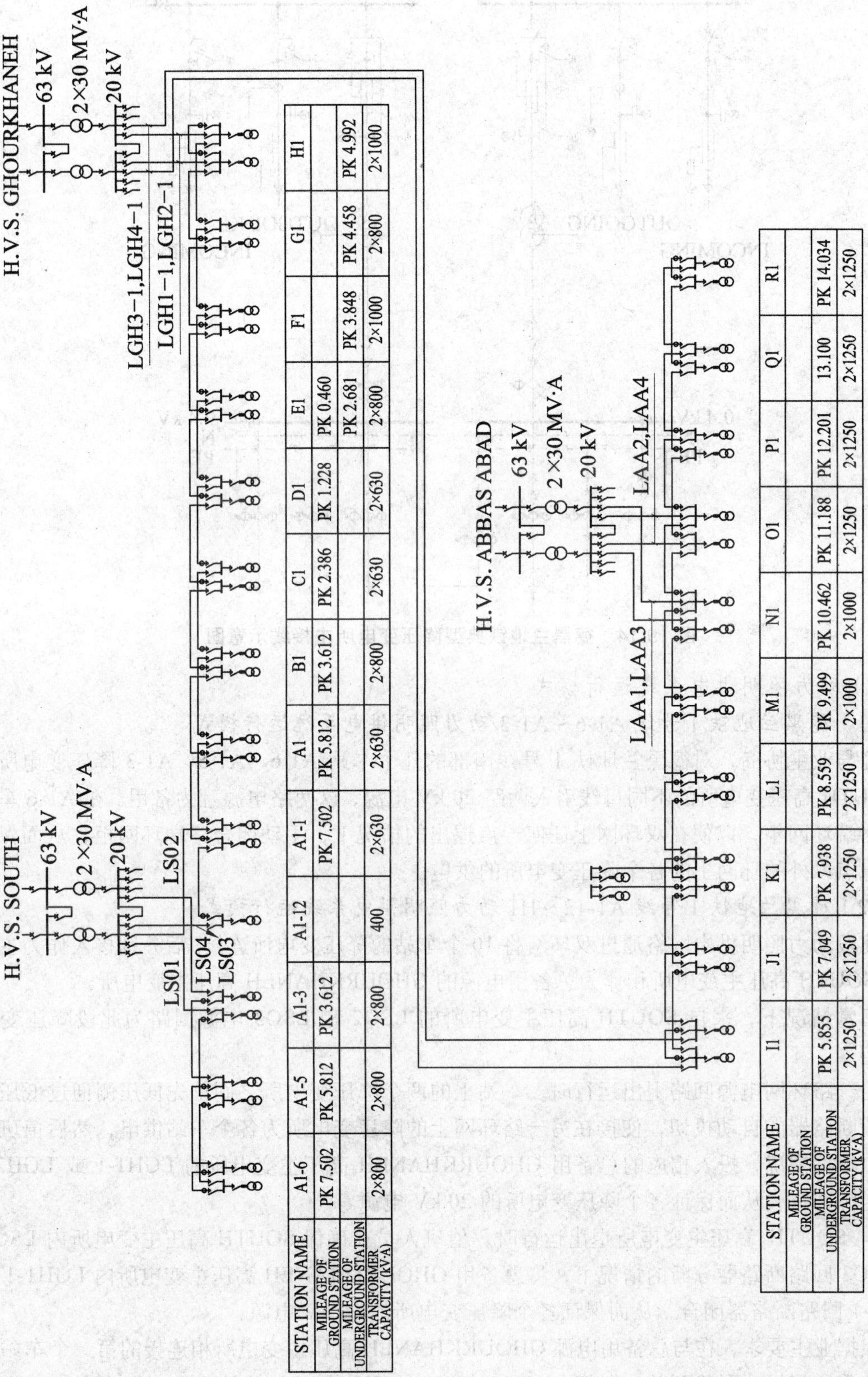

STATION NAME	A1-6	A1-5	A1-3	A1-12	A1-1	A1	B1	C1	D1	E1	F1	G1	H1
MILEAGE OF GROUND STATION	PK 7.502	PK 5.812	PK 3.612		PK 7.502	PK 5.812	PK 3.612	PK 2.386	PK 1.228	PK 0.460			
MILEAGE OF UNDERGROUND STATION										PK 2.681	PK 3.848	PK 4.458	PK 4.992
TRANSFORMER CAPACITY (kV·A)	2×800	2×800	2×800	400	2×630	2×630	2×800	2×630	2×630	2×800	2×1000	2×800	2×1000

STATION NAME	I1	J1	K1	L1	M1	N1	O1	P1	Q1	R1
MILEAGE OF GROUND STATION										
MILEAGE OF UNDERGROUND STATION	PK 5.855	PK 7.049	PK 7.938	PK 8.559	PK 9.499	PK 10.462	PK 11.188	PK 12.201	13.100	PK 14.034
TRANSFORMER CAPACITY (kV·A)	2×1250	2×1250	2×1250	2×1250	2×1000	2×1000	2×1250	2×1250	2×1250	2×1250

图 19.13 德黑兰地铁 1 号线工程 20 kV 动力照明供电网络示意图

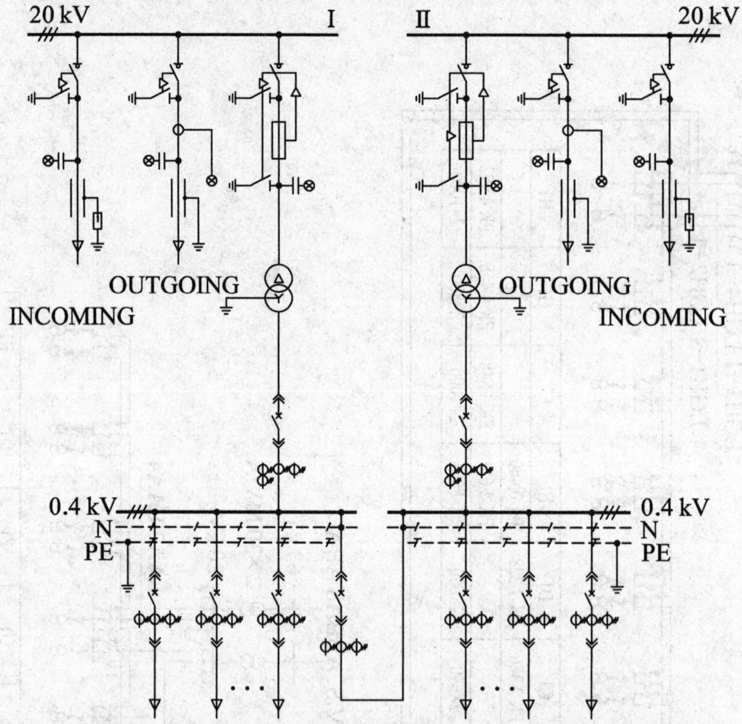

图 19.14　德黑兰地铁典型降压变电所主接线示意图

3）动力照明供电系统运行模式

（1）德黑兰地铁 1 号线 A1-6～A1-3 动力照明供电系统运行模式

经与业主协商，对德黑兰地铁 1 号线南部的几个车站 A1-6、A1-5、A1-3 降压变电所均由 SOUTH 高压变电所的不同母线引入两路 20 kV 电源，这两路电源互为备用。在 A1-6 车站设置终端环网柜，以便在双环网上任何一点退出的情况下，手动闭合终端环网柜，从而保证除故障点以外的环网上的各个降压变电所的供电。

（2）德黑兰地铁 1 号线 A1-12～H1 动力照明供电系统运行模式

此段动力照明供电网络通过双环网将 10 个车站的降压变电所连接，后分别接入作为主电源的 SOUTH 高压主变电所和作为总备用电源的 GHOURKHANEH 高压主变电所。

正常情况下，来自 SOUTH 高压主变电所的 LSO2 和 LSO3 电源回路为此段降压变电所供电。

当一路环网电源回路退出运行时，车站上的两个降压变电所之间首先低压侧通过低压母线分段断路器的自动投切，使接在另一路环网上的降压变电所为各个车站供电，然后值班人员可以根据情况，投入相应的总备用 GHOURKHANEH 高压主变电所的 LGH1-1 或 LGH2-1 环网电源回路，从而保证各个降压变电所的 20 kV 电源。

当 SOUTH 高压主变电所退出运行时，值班人员在确保 SOUTH 高压主变电所内 LSO2 和 LSO3 回路断路器分断的情况下，将总备用 GHOURKHANEH 高压主变电所内 LGH1-1 或 LGH2-1 回路断路器闭合，从而保证各个降压变电所的 20 kV 电源。

根据业主要求，在与总备用电源 GHOURKHANEH 高压主变电所相连接的第一个车站的降压变电所间设置联络开关，以便在 GHOURKHANEH 高压主变电所投入运行时，LGH1-1

或 LGH2-1 中的一个回路发生故障情况下，通过联络开关将两路环网并接，利用剩余的一路 20 kV 电源为两个环网回路供电。

（3）德黑兰地铁 1 号线 I1～R1 动力照明供电系统运行模式

此段动力照明供电网络以 ABBAS ABAD 高压主变电所为分界点，I1、J1、K1、L1、M1、N1 车站的降压变电所通过双环网分别接入主电源的 ABBAS ABAD 高压主变电所和作为总备用电源的 GHOURKHANEH 高压主变电所；O1、P1、Q1、R1 车站的降压变电所通过双环网接入主电源的 ABBAS ABAD 高压主变电所，并通过设在 N1 和 O1 车站降压变电所内的常开联络开关为与 GHOURKHANEH 高压主变电所连接提供可能，在网络终端的 R1 车站设置终端环网，以便在此段双环网上任何一点退出的情况下，手动闭合终端环网柜，从而保证除故障点以外的环网上的各个降压变电所的供电。

正常情况下，来自 ABBAS ABAD 高压主变电所的 LAA1 和 LAA3 电源回路为 I1、J1、K1、L1、M1、N1 车站的降压变电所供电；LAA2 和 LAA4 电源回路为 O1、P1、Q1、R1 车站的降压变电所供电。

在 O1、P1、Q1、R1 车站区段内环网上任何一点故障，或 LAA2（LAA4）电源回路退出运行的情况下，车站上的两个降压变电所之间首先通过低压侧母线分段断路器的自动投切，使接在另一路环网上的降压变电所为各个车站供电，然后值班人员可以根据情况，投切终端环网，从而保证除故障点以外的环网上的各个降压变电所的供电。

当 ABBAS ABAD 高压主变电所退出运行情况下，值班人员在确保 ABBAS ABAD 高压主变电所内 LAA1、LAA2、LAA3、LAA4 回路断路器分断的情况下，将总备用 GHOURKHANEH 高压主变电所内 LGH3-1 或 LGH4-1 回路断路器闭合，同时闭合设在 N1 和 O1 车站降压变电所内的联络开关，从而保证 GHOURKHANEH 高压主变电所对 I1 到 R1 整个区间降压变电所的供电。

根据业主要求，在与总备用电源 GHOURKHANEH 高压主变电所相连接的第一个车站的降压变电所间设置联络开关，其原因与 A1-2～H1 段相同。

（4）德黑兰地铁 2 号线动力照明供电系统运行模式

德黑兰地铁 2 号线动力照明供电系统运行模式与 1 号线是相同的，在此不再过多叙述。

19.5.4 其　他

作为一条由我国设计的国际地铁线路，有一些做法可以供国内地铁工程借鉴。

（1）20 kV 系统的采用

由于在德黑兰城市电网中，20 kV 作为一个标准电压等级而被广泛采用，因此 20 kV 自然成为德黑兰地铁中压网络所采用的电压等级。通过实际设计和使用，充分证明了 20 kV 电压等级的一些优势：

① 20 kV 中压网络是国际标准电压级，在国际上有众多厂家的产品可供选择。设备技术先进，体积适中，占地面积小，有利于减小车站体量，节省土建投资。

② 20 kV 中压网络的输电容量大，输送距离远。在德黑兰地铁的中压网络中，其动力照明网络甚至可以通过一路环网回路实现对整条馈电臂（总长约 10 km，总容量约 10 MV · A）供电；而牵引网络的一路环网电源一般也可实现对 3 座牵引变电所（单个牵引变电所容量为 2×2 500 kV · A，总长大约 6 km）的负荷供电。

③ 20 kV 电压等级适中，与 35 kV 设备相比其设备价格较低。

（2）牵引网络和动力照明网络的分置

德黑兰地铁中压系统的牵引网络和动力照明网络是相互独立的，各自形成独立运行的系统。这种中压网络的特点是大大减小了牵引网络和动力照明网络之间的干扰和影响，大大提高了各自运行的可靠性。同时，由于两个网络系统分开运行，每个系统所带的负荷相对减少，这对于提高中压网络的供电距离是有利的。

（3）20 kV 环网开关的选用

德黑兰地铁工程中压网络环网接线的最大特点是采用负荷开关（并非断路器）作为变电所进出线开关。其优点如下：

① 接线简单，通过与上级变电所的配合，实现了可靠的保护和灵活的运行。

② 可以带负荷操作。

③ 开关柜体积大为减小，相应地减少了占用变电所的面积。

（4）20 kV 电缆的敷设

德黑兰地铁工程沿线 20 kV 电缆采用了在轨道旁边设置电缆槽并加盖板的敷设方式。这一方面方便了电缆的敷设施工，另一方面也有利于降低供电系统对通信系统的干扰，同时也降低了列车出轨及一些意外情况对供电回路可能的损坏，提高了供电系统的可靠性。

参考文献

1 地铁设计规范 GB 50157—2003．北京：中国计划出版社，2003

2 任元会等．工业与民用配电设计手册．北京：中国电力出版社，2005

3 北京地铁 10 号线二期工程供电系统投标文件．北京城建设计研究总院有限责任公司，2007

4 3～110 kV 高压配电装置设计规范 GB 50060—92．北京：中国计划出版社，1992

5 35～110 kV 变电所设计规范 GB 50059—92．北京：中国计划出版社，1993

6 北京地铁 10 号线二期工程供电系统初步设计．北京城建设计研究总院有限责任公司，2007

7 民用建筑电气设计规范 JGJ/T16—92．北京：中国计划出版社，1993

8 魏晓东．城市轨道交通自动化系统与技术．北京：电子工业出版社，2004

9 施仲衡．地下铁道设计与施工．陕西：陕西科学技术出版社，2006

10 孙章，何宗华，徐金祥．城市轨道交通概论．北京：中国铁道出版社，2000

11 何宗华，汪松滋，何其光．城市轨道交通运营组织．北京：中国建筑工业出版社，2003

12 中国市政工程设计 50 年．中国勘察设计协会市政工程设计分会，2005

13 城市公共交通分类标准 CJJ/T114—2007．北京：中国建筑工业出版社，2007

14 陆化普，朱军，王建伟．城市轨道交通规划的研究与实践．北京：中国水利水电出版社，2001

15 市政公用工程设计文件编制深度规定．中华人民共和国建设部，2004

16 张金力．精心创造精品－滨海快速轨道交通工程．北京：中国铁道出版社，2005

17 何宗华．城市轻轨交通工程设计指南．北京：中国建筑工业出版社，1993

18 半导体变流器与供电系统的兼容及干扰防护导则 GB/T 10236—2006．北京：中国标准出版社，2006

19 电能质量公用电网谐波 GB/T 14549—93．北京：中国标准出版社，1993

20 张永康．地铁供电系统外部电源供电方式的分析与比较．城市轨道交通研究，2005(6)：80～82

21 罗安．电网谐波治理和无功补偿技术及装备．北京：中国电力出版社，2006

22 贾沛建、唐军．无功补偿技术对低压电网功率因数的影响．节能与环保，2005（12）：19～22

23 网络供电系统资源共享和系统优化建设指导意见 STB-GD-010001（试行）．上海申通集团有限公司，上海申通轨道交通研究咨询有限公司，2006

24 杨兴山．分析中压网络和牵引机组对功率因数的影响．都市快轨交通，2007（3）：76～78

25 城市电力规划规范 GB/50293—1999．北京：中国建筑工业出版社，1999

26 史承逵．城网 110 kV 变电所设计思路．电网技术，2000（9）：46～48

27 水利电力部西北电力设计院．电力工程电气设计手册（1）．北京：水利电力出版社，1989

28 西安交通大学主编．电力工程．北京：电力工业出版社，1981

29 于松伟．城市轨道交通供电系统的中压网络研究．中国交通运输协会城市轨道交通专业委员会首届中青年专家论文集，2002（10）：445～453

30 城市电力网规划设计导则 Q/GDW156—2006．北京：中国电力出版社，2007

31 王宏．香港地铁直流牵引供电系统钢轨电位限制装置的设计．中国交通运输协会城市轨道交通专业委员会首届中青年专家论文集，2002（10）：442～444

32 10 kV 及以下变电所设计规范 GB50053—94．北京：中国计划出版社，1994

33 电力装置的继电保护和自动装置设计规范 GB50062—92．北京：中国计划出版社，1992

34 微机继电保护装置运行管理规程 DL/T 587—1996．北京：工人出版社，1996

35 微机线路保护装置通用技术条件 GB/T 15145—2001．北京：中国标准出版社，2003
36 高压开关设备和控制设备标准的共用技术要求．GB 11022—1999．北京：中国标准出版社，1999
37 供配电系统设计规范 GB50052-95．北京：中国计划出版社，1996
38 低压配电设计规范 GB50054-95．北京：中国计划出版社，1996
39 王谦甫等．建筑电气专业设计技术措施．北京：中国建筑工业出版社，1999
40 贺威俊等．电力牵引供变电技术．成都：西南交通大学出版社，1998
41 电力工程设计手册．上海：上海科学技术出版社，1981
42 电力系统继电保护（下册）．北京：水利电力出版社，1979
43 王素卿等．全国民用建筑工程设计技术措施（电气）．北京：中国计划出版社，2003
44 宋文义．膨胀接头的设置及计算．都市快轨交通，2005（5）：35～37
45 周菁．武汉轨道交通接触轨系统电分段的设置．北京城建设计研究院有限责任公司电气文集，2002：104～109
46 周菁．钢铝复合接触轨系统的研究与应用报告，2004
47 钢铝复合轨产品介绍．拉伊台克、西门子、比威（天津）电气化系统有限责任公司、南京赛彤铁路电气化有限公司、中铁电气化局集团宝鸡器材厂、日立电线株式会社、住友电气工业株式会社
48 防护罩及支架产品资料．北京鼎昌复合材料有限责任公司、哈尔滨复合材料公司
49 电气化铁道设计手册接触网．铁道部电气化工程局电气化勘测设计处．北京：中国铁道出版社，1983
50 于万聚，刘润田．接触网设计及检测原理．北京：中国铁道出版社，1991
51 于万聚，盛竞成．电气化铁路接触网 CAD 系统．成都：西南交通大学出版社，1998
52 中国铁路工程总公司．工人岗位培训教材－接触网工．北京：中国铁道出版社，1995
53 城市轨道交通直流牵引供电系统 GB/T10411—2005．北京：中国标准出版社，2005
54 地铁杂散电流腐蚀防护技术规程 CJJ49—92．北京：中国计划出版社，1993
55 李威．地铁杂散电流腐蚀监测及防护技术．徐州：中国矿业大学出版社，2004
56 北京地铁一期工程迷流电腐蚀防护措施及其效果．北京地铁管理处科研所，1980
57 关于北京地铁迷流及电腐蚀防护问题的研究报告．北京地铁管理处科研所，1980
58 电腐蚀防止对策．译自日本《电腐蚀防止对策手册》．北京地下铁道科学技术研究所，1991
59 汪园园．杂散电流“源处理”方法的研究与探讨．城市轨道交通研究，2001（1）：42～45
60 李守本，姚萍，王洪仁，张克宇．上海轨道交通明珠线杂散电流防护与监测系统．材料开发与应用，2001（6）：23～26
61 地铁暗挖法施工复-西区段杂散电流腐蚀防护对策研究．北京市地下铁道设计研究所，1994
62 张兴昭．直流牵引供电系统中的迷流分布浅析．地铁杂散电流腐蚀防护研讨会论文集，1994
63 李如霜．聂维田．地铁杂散电流及其防护．地铁杂散电流腐蚀防护研讨会论文集，1994
64 地区电网调度自动化系统 GB/T13730—2002．北京：中国标准出版社，2002
65 地区电网调度自动化设计技术规程 DL5002—91．北京：中国电力出版社，1991
66 配电网自动化系统远方终端 DL/T 721—2000．北京：中国电力出版社，2000
67 远动终端设备 GB/T13729—2002．北京：中国标准出版社，2002
68 城市快速轨道交通工程项目建设标准（试行本）．北京市城建设计研究院、建设部城市建设研究院编制，1999
69 北京地铁 1、2 号线设备消隐改造工程初步设计．北京城建设计研究总院有限责任公司，2005
70 武汉轨道交通 2 号线一期工程初步设计．北京城建设计研究总院有限责任公司，2007
71 袁志宏．一种新型轨道交通形式的电力监控系统特点分析．轨道交通，2007（5）：51～52

72 电力监控系统产品资料. 北京四方继保自动化股份有限公司、北京和利时系统工程股份有限公司、北京南瑞系统控制公司
73 交流电气装置的过电压保护和绝缘配合 DL/T620—1997. 北京：中国电力出版社，1997
74 王厚余. 低压电气装置的设计安装和检验. 北京：中国电力出版社，2003
75 陈先禄，刘渝根，黄勇. 接地. 重庆：重庆大学出版社，2001
76 林琅. 现代建筑电气技术资质考试复习问答. 北京：中国电力出版社，2001
77 牵引变压器整流器-湘潭电机集团有限公司. 中国电气工程大典初稿，2006
78 电力工程电缆设计规范 GB50217—94. 北京：中国计划出版社，1994
79 电气装置安装工程 电缆线路施工与验收规范 GB50168—2006. 北京：中国计划出版社，2006
80 电气装置安装工程 电气设备交接试验标准 GB50150—2006. 北京：中国计划出版社，2006
81 高层民用建筑设计防火规范 GB50045—95（2005 版）. 北京：中国计划出版社，2005
82 建筑设计防火规范 GB50016—2006. 北京：中国计划出版社，2006
83 阻燃和耐火电线电缆通则 GB/T 19666—2005. 北京：中国标准出版社，2005
84 套管紧定式钢导管电线管路施工及验收规程 CECS120—2007. 北京：中国计划出版社，2007
85 干式电力变压器技术参数和要求 GB/T10228—2004. 北京：中国标准出版社，2004
86 户内交流高压开关柜订货技术条件 DL/T404—1997. 北京：中国电力出版社，2004
87 3～35 kV 交流金属封闭设备 GB3906—2006. 北京：中国标准出版社，2006
88 郑瞳炽，张明锐. 城市轨道交通牵引供电系统. 北京：中国铁道出版社，2000
89 史凤丽，于松伟. 地铁牵引供电系统数学模型的建立与求解. 北京联合大学学报，2003（2）：60～62
90 董斌. 地铁直流牵引供电系统中的 di/dt 和 ΔI 保护. 机车电传动，2003（5）：38～39
91 于喜林. DDL 保护在直流牵引供电系统中的应用. 电气化铁道，2004（1）
92 朱德敏，王纯伟，赵明. 框架泄漏保护装置的应用与分析. 电气化铁道，2004（1）：34～36
93 北京地下铁道供电回路参数实验报告. 北京：基建工程兵科研设计院，1981
94 黄德胜. 地铁牵引供电系统保护. 都市快轨交通，2005（6）：65～67
95 黄德胜. 地铁供电与随笔. 北京城建设计研究总院有限责任公司，2005
96 南京地铁 2 号线东延线工程可行性研究报告. 北京城建设计研究总院有限责任公司，2007
97 上海市轨道交通 13 号线工程可行性研究报告. 北京城建设计研究总院有限责任公司，2007
98 北京地铁 10 号线一期工程供电系统设计文件. 北京城建设计研究总院有限责任公司，2007
99 武汉轨道交通 1 号线一期工程供电系统设计文件. 北京城建设计研究总院有限责任公司，2004
100 上海地铁 2 号线一期工程供电系统设计文件. 北京城建设计研究总院有限责任公司，1998
101 德黑兰地铁 1&2 线供电系统设计文件. 北京城建设计研究总院有限责任公司、中机中电设计研究院，1996
102 广州市地下铁道总公司，广州市地下铁道设计研究院. 广州地铁 2 号线设计总结. 北京：科学出版社. 2005
103 Railway applications-fixed installation. EN50122-1:1998
104 Railway applications-Fixed-installations-Part2:Protective provisions against the effects of stray currents caused by d.c. traction systems. BS EN 50122-2:1999
105 Railway application-Fixed installation-Part 1:Protective provisions relating to electrical safety and earthing IEC-62128-1-2003

后　记

当最后一遍书稿终于完成的时候，我的心中深感欣然与释然，同时又充满了感激。

早在2003年底，我和杨兴山、韩连祥、张巍等几位同仁，就想对我院城市轨道交通工程供电系统多年来的设计工作进行一次全面总结，并编写一本关于城轨供电系统设计方面的书，以继承既有设计经验，吸纳当前设计新知，提升设计服务水平，指导后续工程设计。但由于种种原因，此事未能如愿。

2006年底，当我和西南交通大学出版社高平先生叙谈时，我流露出在技术上一直想写点东西的想法，对此，作为大学同窗好友，高平先生极其赞同。就这样，在沉寂3年之后，总结写书的事又被重新提起。

2007年春节前夕，我们四位主编沟通了想法，统一了思想，确立了目标。2007年“五一”节前，完成了编写策划及编写大纲。节日期间，各执笔人分头开始了编写工作。5月13日框架，6月1日初稿，6月22日征求意见稿，8月23日送审稿，11月9日送社稿，2008年春节前夕形成了“齐、清、定”稿，4月15日完成了第一遍编辑校对……就在第二遍编辑校对工作紧张有序进行过程中，2008年5月12日，四川汶川突发8.0级特大地震，灾难深重！出版社所在地成都，震感强烈。在余震不断、困难万千的情况下，本书编辑高平先生、万方女士，仍然一丝不苟、忘我工作，令人感动！在此，特向出版社全体编校人员致以崇高敬意并表示衷心感谢！

每一位执笔人都是单位的专业技术骨干，其设计工作已经相当繁重。为了编写本书，各执笔人牺牲了节假日等业余时间，放弃了与家人团聚，加班加点，异常辛苦，有的人写得眼睛发花、有的人写得手指发麻、有的年轻妈妈晚上哄孩子入睡之后，再抓紧时间写作到凌晨……，如果没有各编写人如此的付出与牺牲，不可能写成此书，更不可能在短时间内写成此书。所以，作为此书的策划者、第一作者、统稿人，本人真诚地感谢各位编写人员及其家人的热情支持与忘我奉献！其实，在这里，我看到了一种勇于牺牲的奉献精神，一种积极向上的进取精神、一种紧密合作的团队精神，一种令人骄傲的企业凝聚力！我为在总院工作而自豪！

今年，2008年，北京城建设计研究总院将迎来50周年庆典，此书也是北京城建设计研究总院老中青三代供电设计人员，呈献给总院的院庆礼物。

目前，我国城市轨道交通建设已进入了新一轮建设高潮，许许多多的设计者们，正殚精竭虑、日夜奋战。

谨以此书献给忘我工作的城市轨道交通工程供电系统的设计者们。

于松伟

2008年初夏雨夜于北京